Verbraucherschutz beim Kauf beweglicher Sachen

Europäische Hochschulschriften
Publications Universitaires Européennes
European University Studies

Reihe II
Rechtswissenschaft

Série II Series II
Droit
Law

Bd./Vol. 3921

PETER LANG
Frankfurt am Main · Berlin · Bern · Bruxelles · New York · Oxford · Wien

Pierre Frotscher

Verbraucherschutz beim Kauf beweglicher Sachen

PETER LANG
Europäischer Verlag der Wissenschaften

Bibliografische Information Der Deutschen Bibliothek
Die Deutsche Bibliothek verzeichnet diese Publikation in der Deutschen Nationalbibliografie; detaillierte bibliografische Daten sind im Internet über <http://dnb.ddb.de> abrufbar.

Zugl.: Bayreuth, Univ., Diss., 2004

D 703
ISSN 0531-7312
ISBN 3-631-52574-5

www.peterlang.de

Meiner Familie

Vorwort

Die vorliegende Arbeit wurde im Oktober 2003 fertiggestellt und im Wintersemester 2003/04 von der Rechts- und Wirtschaftswissenschaftlichen Fakultät als Dissertation angenommen. Für die Drucklegung wurde die Arbeit soweit möglich im Februar 2004 aktualisiert und die Verweise auf Internetfundstellen überprüft.

Sehr herzlich danken möchte ich meinen Doktorvater und verehrten Lehrer Herrn Prof. Dr. Lutz Michalski. Die Zeit die ich an seinem Lehrstuhl verbringen durfte, war nicht nur fachlich überaus interessant und lehrreich, sondern auch menschlich ein großer Gewinn. Nicht zuletzt gab er den Anstoß zu der vorliegenden Arbeit, förderte sie durch wichtige inhaltliche Anregungen und gab mir die nötigen Freiräume zur ihrer Verwirklichung.

Besonderer Dank gilt auch Herrn Prof. Dr. Karl-Georg Loritz, dessen rasche Zweitkorrektur angesichts der absehbaren UWG-Reform nicht zu hoch eingeschätzt werden kann.

Für wertvolle Hinweise, Diskussionen und kritische Auseinandersetzungen gilt mein aufrichtiger Dank Herrn Dr. Joerg Brammsen, Herrn Rupert Doehner, Herrn Dr. Frank Ebbing und Herrn Dr. Lars O. Fuchs. Für die mühevolle Durchsicht des Manuskriptes sei vor allem Frau Maresa Mertel gedankt. Zum Gelingen der Arbeit in besonderem Maße beigetragen haben zudem Frau Gertrud Berneth, Frau Rita Egermann, Frau Beatrice Langer, Herr Christian Reinert und Herr Stefan Schumann.

Ganz besonderer Dank gilt meiner geliebten Ehefrau Isabel. Sie hielt mir nicht nur in jeder Hinsicht den Rücken frei, sondern unterstützte mich auch sonst in jeder erdenklichen Weise und be- und geleitete mich durch alle Höhen und Tiefen bei der Entstehung dieser Arbeit.

Schließlich möchte ich mich bei meinen lieben Eltern bedanken, die mir immer ein sorgenfreies Leben ermöglichten und mich stets ermutigten meine Ziele zu verwirklichen.

Bayreuth/Zschopau, Februar 2004 — Pierre Frotscher

Inhaltsübersicht

Inhaltsverzeichnis

Abkürzungsverzeichnis

a.A.	andere Ansicht
ABlEG	Amtsblatt der Europäischen Gemeinschaften
Abs.	Absatz
AbsFondsG	Gesetz über die Errichtung eines zentralen Fonds zur Absatzförderung der deutschen Land- und Ernährungswirtschaft
AbzG	Abzahlungsgesetz
AcP	Archiv für die civilistische Praxis
a.E.	am Ende
AG	Amtsgericht/Aktiengesellschaft
AGB	Allgemeine Geschäftsbedingungen
allg.	allgemein
AMG	Arzneimittelgesetz
AnwBl.	Anwaltsblatt
Art.	Artikel
AtomG	Atomgesetz
ausf.	ausführlich
AuslInvG	Gesetz über den Vertrieb ausländischer Investmentanteile und über die Besteuerung der Erträge aus ausländischen Investmentanteilen
BAG	Bundesarbeitsgericht
BauPG	Bauproduktengesetz
BayObLG	Bayerische Oberste Landesgericht
Bd.	Band
BDSG	Bundesdatenschutzgesetz
BetrVG	Betriebsverfassungsgesetz
BfARM	Bundesinstitut für Arzneimittel und Medizinprodukte
BGB	Bürgerliches Gesetzbuch
BGB-InfoV	BGB-Informationspflichten-Verordnung
BGBl.	Bundesgesetzblatt
BGH	Bundesgerichtshof
BGHZ	Entscheidungen des Bundesgerichtshofs in Zivilsachen (amtliche Sammlung)
BKR	Bank- und Kapitalmarktrecht
BR-Drs.	Bundesrats-Drucksache
BSE	Bovine Spongoiforme Enzephalopathie
BT-Drs.	Bundestags-Drucksache
BTMG	Betäubungsmittelgesetz
BVerfG	Bundesverfassungsgericht
BVerfGE	Entscheidungen des Bundesverfassungsgerichts (amtliche Sammlung)
bzw.	beziehungsweise
CE	Communauté Européenne
CEN	Comité Européen de Normalisation
ChemG	Chemikaliengesetz
c.i.c.	culpa in contrahendo (jetzt geregelt in §§ 311 Abs. 2, 241 Abs. 2 BGB)
CISG	Convention on Contracts for the International Sale of Goods, sog. Wiener UN-Kaufrechtsübereinkommen
CR	Computer und Recht

DAR	Deutsches Autorecht
DB	Der Betrieb
DDR	Deutsche Demokratische Republik
ders.	derselbe
d.h.	das heißt
dies.	dieselbe, -n
DIHK	Deutsche Industrie - und Handelskammer
DStR	Deutsches Steuerrecht
EG	Europäische Gemeinschaft
eG	eingetragene Genossenschaft
EGBGB	Einführungsgesetz zum Bürgerlichen Gesetzbuch
endg.	endgültig
EnVKG	Energieverbrauchskennzeichnungsgesetz
EnVKVO	Energieverbrauchskennzeichnungsverordnung
EU	Europäische Union
EuGH	Gerichtshof der Europäischen Gemeinschaften
EuGVÜ	Brüsseler Übereinkommen über die gerichtliche Zuständigkeit und die Vollstreckung gerichtlicher Entscheidungen in Zivil- und Handelssachen
EuGVVO	VO über die gerichtliche Zuständigkeit und die Anerkennung und Vollstreckung von Entscheidungen in Zivil- und Handelssachen
EuZW	Europäische Zeitschrift für Wirtschaftsrecht
e.V.	eingetragener Verein
EVÜ	Römische EWG-Übereinkommen über das auf vertragliche Schuldverhältnisse anzuwendende Recht
EWiV	Europäische Wirtschaftliche Interessenvereinigung
EWR	Europäischer Wirtschaftsraum
EWS	Europäisches Wirtschafts- und Steuerrecht
f.; ff.	folgende; fortfolgende
FAZ	Frankfurter Allgemeine Zeitung
FKVO	VO über die Kontrolle von Unternehmenszusammenschlüssen
Fn.	Fußnote
FS	Festschrift
GbR	Gesellschaft bürgerlichen Rechts
GefStoffVO	Gefahrenstoffverordnung
GenTG	Gesetz zur Regelung der Gentechnik
GKG	Gerichtskostengesetz
GmbH	Gesellschaft mit beschränkter Haftung
GoA	Geschäftsführung ohne Auftrag
GRUR	Gewerblicher Rechtsschutz und Urheberschutz
GSG	Gesetz über technische Arbeitsmittel (Gerätesicherheitsgesetz)
GS	Geprüfte Sicherheit
GWB	Gesetz gegen Wettbewerbsbeschränkungen (Kartellgesetz)
HGB	Handelgesetzbuch
h.L.	herrschende Lehre
h.M.	herrschende Meinung
HMWG	Gesetz über die Werbung auf dem Gebiete des Heilwesens (Heilmittelwerbegesetz)
hrsg.	herausgegeben

Hs.	Halbsatz
i.d.F.	in der Fassung
i.E.	im Ergebnis
IHK	Industrie- und Handelskammer(n)
InsO	Insolvenzordnung
IPRax	Praxis des Internationalen Privat- und Verfahrensrechts
i.S.d.	im Sinne der/des
i.S.v.	im Sinne von
IuKDG	Informations- und Kommunikationsdienste-Gesetz
i.V.m.	in Verbindung mit
JA	Juristische Arbeitsblätter
Jura	Juristische Ausbildung
JuS	Juristische Schulung
JZ	Juristen Zeitung
KAGG	Gesetz über Kapitalgesellschaften
KG	Kammergericht/Kommanditgesellschaft
KGaA	Kommanditgesellschaft auf Aktien
KSchG	Kündigungsschutzgesetz
LG	Landgericht
LMBG	Lebensmittel- und Bedarfsgegenständegesetzes
LMK	Kommentierte BGH-Rechtsprechung Lindenmaier-Möhring
LMKV	Lebensmittel-KennzeichnungsVO
lit.	litera
LKV	Los-KennzeichnungsVO
m. Anm.	mit Anmerkung
MDR	Monatszeitschrift für Deutsches Recht
MedizinprodukteG	Medizinproduktegesetz
Mio.	Millionen
MMR	MultiMedia und Recht
Montan-MitbestG	Montan-Mitbestimmungsgesetz
m.w.N.	mit weiteren Nachweisen
NJW	Neue Juristische Wochenschrift
NLV	Neuartige Lebensmittel- und Lebensmittelzutaten-Verordnung
NKV	Nährwert-KennzeichnungsVO
Nr.	Nummer
NZA	Neue Zeitschrift für Arbeitsrecht
NZG	Neue Zeitschrift für Gesellschaftsrecht
OHG	Ordentliche Handelsgesellschaft
OWiG	Gesetz über Ordnungswidrigkeiten
PAngV	Preisangabenverordnung
ProdSG	Produktsicherheitsgesetz
RabattG	Rabattgesetz
RabelsZ	Rabels Zeitschrift für ausländisches und internationales Privatrecht
RBerG	Rechtsberatungsgesetz
RdA	Recht der Arbeit

Rdn.	Randnummer/n
RIW	Recht der internationalen Wirtschaft
RL	Richtlinie
Rs.	Rechtssache
RT-Verh.	Reichstags
S.	Seite/Satz
s.	siehe
Schufa	Schutzgemeinschaft für allgemeine Kreditsicherung
Slg.	Rechtsprechungssammlung des EuGH
SMG	Schuldrechtsmodernisierungsgesetz
s.o.	siehe oben
sog.	sogenannte, -n, -r, -s
s.u.	siehe unten
TDG	Teledienstleistungsgesetz
TKG	Textilkennzeichnungsgesetz
TzWrG	Gesetz über die Veräußerung von Teilnutzungsrechten an Wohngebäuden
u.a.	unter anderen
UKlaG	Gesetz über Unterlassungsklagen bei Verbraucherrechts- und anderen Verstößen (Unterlassungsklagengesetz)
Umweltmed Forsch Prax	Umweltmedizin in Forschung und Praxis
UStG	Umsatzsteuergesetz
UWG	Gesetz gegen den unlauteren Wettbewerb
v.	von/vom
VersR	Versicherungsrecht
vgl.	vergleiche
VO	Verordnung
vzbv	Verbraucherzentrale Bundesverband e.V.
VuR	Verbraucher und Recht
WaffG	Waffengesetz
WaschMG	Wasch- und ReinigungsmittelG
WeinG	Weingesetz
WiStG	Wirtschaftsstrafgesetz
WM	Wertpapiermitteilungen
WRP	Wettbewerb in Recht und Praxis
WuW	Wirtschaft und Wettbewerb
WuW/E	Wirtschaft und Wettbewerb – Entscheidungssammlung zum Kartellrecht
ZEuP	Zeitschrift für europäisches Privatrecht
ZG	Zeitschrift für Gesetzgebung
ZGS	Zeitschrift für das gesamte Schuldrecht
ZHR	Zeitschrift für das gesamte Handelsrecht und Wirtschaftsrecht
ZIP	Zeitschrift für Wirtschaftsrecht
ZLR	Zeitschrift für das gesamte Lebensmittelrecht
ZRP	Zeitschrift für Rechtspolitik
Z/T	Ziegler/Tremel, Verwaltungsgesetze des Freistaates Bayern, Textsammlung
ZZP	Zeitschrift für Zivilprozess

Einleitung

Die Verbraucherschutzdebatte reißt nicht ab. Europäische Vorgaben zum Schutz des Verbrauchers, neue Verbraucherschutzgesetze, fast tägliche Erklärungen von Politikern zur Begründung oder Forderung der ein oder anderen verbraucherschützenden Maßnahme, Stellungnahmen des Verbraucherschutzministeriums, Öffentlichkeitsarbeit der Verbraucherverbände oder Lebens- und Futtermittelskandale haben nicht nur in den Medien höchste Priorität, sondern zwingen immer wieder zu einer erneuten rechtlichen Betrachtung und Bewertung.

Die Gesetzgebung – sowohl auf nationaler als auch auf europäischer Ebene –, die sich ausweislich ihrer Bezeichnung oder der im Gesetzgebungsverfahren gegebenen Begründung mit dem Schutz des Verbrauchers befasst, ist kaum mehr zu überblicken[1]. Zumeist ausgehend von Vorgaben europäischer Richtlinien kam es gerade in den letzten Jahren zu zahlreichen verbraucherschützenden Gesetzen[2].

Noch umfangreicher ist die verbraucherrechtliche Literatur. Während sich in der älteren Literatur noch einige Werke finden, in denen versucht wurde, das geltende Verbraucherrecht in seiner Gesamtheit darzustellen[3], beschränkt sich die neuere Literatur jedoch immer mehr auf das Herausgreifen und Erörtern einzelner Probleme oder setzt übergeordnete Schwerpunkte. Grund hierfür dürfte vor allem ein – durch § 13 BGB nun auch gesetzlich vorgegebener – weiter Verbraucherbegriff sein, der sachlich allein durch das Abstellen auf eine private Zweckbestimmung eingegrenzt wird. Eine umfassende Erörterung des Verbraucherschutzes würde folglich in der Sache weitgehend auf eine Gesamtdarstellung des Privatrechts hinauslaufen. Indes erscheint eine zusammenhängende Erörterung des Verbraucherschutzes durchaus angebracht, lassen sich doch nur so mögliche Lücken, zu weitgehende Regelungen oder Wertungswidersprüche offenbaren. Hinzu kommt, dass es nicht nur für die Verbraucherdiskussion an sich, sondern auch für den Verbraucher selbst, überaus hilfreich sein dürfte, die bestehende faktische Situation des Verbraucherschutzes zu klären.

Insofern bedarf es deshalb einer Eingrenzung, die sowohl den zu erörternden Rahmen sinnvoll eingrenzt, als auch die beabsichtigte Gesamtbetrachtung nicht übermäßig beeinträchtigt. Dies soll vorliegend zum einen durch das Abstellen auf den Verbraucherschutz beim Kauf beweglicher Sachen erreicht werden. Hierbei handelt es sich nicht nur um die praktisch häufigste Konstellation rechtsgeschäftlichen Verbraucherhandelns, welches umgangssprachlich in erster Linie mit dem Begriff des Verbrauchs assizoiert wird, sondern auch um einen Bereich, für den der Gesetzgeber selbst, durch die spezielle Regelung des

---

1 So schon *Kemper*, Verbraucherschutzinstrumente, S. 22. Die europäische Kommission sah sich gar gezwungen, eine Studie zur „*Zusammenstellung der gemeinschaftlichen Rechtsvorschriften bezüglich des Verbrauchers*“ auszuschreiben – vgl. ABlEG Nr. C 170 v. 14.6.1996, S. 21. Eine umfangreiche Zusammenfassung der europäischen Gesetzgebung zum Verbraucherschutz findet sich unter http://europa.eu.int/scadplus/leg/de/s16000.htm.

2 Vgl. ausf. unten 1.Teil, B.

3 Vgl. *Reich/Micklitz*, Verbraucherschutzrecht in der Bundesrepublik Deutschland, 1980; *v. Hippel*, Verbraucherschutzrecht, 1986.

Verbrauchsgüterkaufs in den §§ 474 ff. BGB eine gewisse Eigenständigkeit anerkannt hat.

Zum anderen soll eine Begrenzung über den Sinn und Zweck des Verbraucherschutzes erfolgen. Nicht jede im Einzelfall für den Verbraucher beim Kauf beweglicher Sachen günstige Regelung soll betrachtet werden, sondern nur solche, die ihm – wenn auch im weitesten Sinne – gerade gegenüber Unternehmern Schutz gewähren.

In diesem Rahmen soll umfassend in den folgenden 9 Teilen der Arbeit untersucht werden, wie der Verbraucher geschützt wird.

Die beiden ersten Teile legen dabei den Grund für die weitere Darstellung. Während sich der 1. Teil mit dem Hindergrund des Verbraucherschutzes, insbesondere seinem Sinn und Zweck und seiner Entwicklung beschäftigt, dient der 2. Teil der ausführlichen Erörterung der wesentlichen Begriffe des Verbrauchers, des Unternehmers und des Verbrauchsgüterkaufs.

Konkret mit dem Schutz des Verbrauchers im Wettbewerbsrecht befassen sich dann die Teile 3. und 4. Teil, wobei sich der 3. Teil dem Kartellrecht und der 4. Teil dem Recht des unlauteren Wettbewerbs widmet. In beiden Teilen wird dabei zunächst allgemein die bestehende Rechtslage beschrieben und die bisherige Berücksichtigung des Verbraucherschutzes erläutert, um darauf aufbauend eigene Ansätze zur Verbesserung zu entwickeln. Angesichts der beabsichtigten Novellierungen beim Recht des unlauteren Wettbewerbs werden zudem die anstehenden Änderungen aus Verbrauchersicht betrachtet.

Der 5. Teil behandelt das produktbezogene Verbraucherinformationsrecht ausgehend vom Recht der Preisangaben und der Mengenkennzeichnung über die Kennzeichnungspflichten hin zur staatlichen Verbraucherinformation und den sonstigen Verbraucherinformationsmöglichkeiten.

Nicht nur wegen seines Umfangs, sondern auch wegen seiner für den Verbraucher unmittelbaren Bedeutung bildet der im 6. Teil niedergelegte rechtsgeschäftliche Schutz des Verbrauchers einen der Schwerpunkte der Arbeit. Ausgehend vom Verbraucherschutz bei der Vertragsanbahnung insbesondere durch die §§ 241 a, 661 a BGB, werden weitergehend die Einschränkungen der Vertragsfreiheit zu Gunsten des Verbrauchers, insbesondere auch durch die §§ 305 ff. BGB erörtert. Es folgen Ausführungen zu den vertragsbezogenen Informationspflichten, zu den verbraucherspezifischen Vertragslösungsrechten und zum Schutz des Verbrauchers im Gewährleistungsrecht.

Wie der Verbraucher durch das Produktsicherheitsrecht geschützt wird, ist – unterteilt in Lebensmittelrecht, Arzneimittelrecht, Gerätesicherheit nach dem GSG und sonstigen produktbezogenen Sicherheitsbestimmungen – Gegenstand des 7. Teils.

Die Produkthaftung wird im 8. Teil erläutert. Untersucht wird insbesondere, welche Ansprüche dem Verbraucher aus der deliktischen Produkthaftung und dem ProdHaftG zustehen.

Der 9. und damit letzte Teil der Arbeit beschäftigt sich schließlich mit der Rechtsdurchsetzung und erörtert dabei nicht nur Fragen nach dem anwendbaren Recht und dem zuständigen Gericht im Zusammenhang mit der individuellen Durchsetzung von Verbraucherrechten, sondern geht auch auf die Klagemöglichkeiten der Verbraucherverbände ein und wirft einen Blick auf die außergerichtliche Streitbeilegung.

1.Teil: Grundlagen des Verbraucherschutzes

A. Sinn und Zweck des Verbraucherschutzes

In den umfangreichen Materialien zum Verbraucherschutz finden sich zahlreiche Ausführungen zur Verbraucherpolitik[4], zum Verbraucherinteresse[5], zur Schutzwürdigkeit des Verbrauchers[6] oder es erfolgt sogar eine Definition des Verbraucherschutzes[7]. Fast vergeblich sucht man dagegen konkrete Ausführungen zum Sinn und Zweck des Verbraucherschutzes[8].

Eine explizte Herausarbeitung von Sinn und Zweck des Verbraucherschutzes bietet sich aber schon deshalb an, weil hierdurch nicht nur eine nötige Eingrenzung des Verbraucherschutzes erreicht, sondern auch der Telos zur Auslegung verbraucherrechtlicher Normen nutzbar gemacht werden kann.

I. Ausgleich der typisierten Unterlegenheit des Verbrauchers gegenüber dem Unternehmer

Der im Sozialstaatsprinzip (Art. 20 Abs. 1 GG) verfassungsrechtlich verankerte soziale Schutzgedanke[9] gebietet es, dem sozialen und wirtschaftlichen Ungleichgewicht entgegenzuwirken und den Schwächeren vor dem Stärkeren zu schützen[10].

Im Laufe der Zeit hat sich die Meinung durchgesetzt[11], dass der Verbraucher als Nachfrager von Waren und Dienstleistungen den Anbietern (Herstellern und Händlern) durch den Wandel der gesellschaftlichen und wirtschaftlichen Verhältnisse strukturell unterlegen ist[12].

Als Ursache wird zum einen die durch zunehmende Unternehmenskonzentration und durch wettbewerbsbeschränkende Vereinbarungen oder Verhaltensweisen wachsende Marktmacht der Anbieter genannt[13].

---

4 *Bievert/Fischer-Winkelmann/Rock*, Grundlagen der Verbraucherpolitik; *dies.*, Verbraucherpolitik in der Marktwirtschaft; *Mitropoulos*, Verbraucherpolitik in der Marktwirtschaft.

5 *Scherhorn*, Verbraucherinteresse und Verbraucherpolitik.

6 *Dichtl*, Schutzwürdigkeit des Verbrauchers, S. 23 ff.; *Kilian*, Der Verbraucherbegriff in der Europäischen Union, S. 10 f.

7 *Scherhorn*, Verbraucherinteresse und Verbraucherpolitik, S. 126 f. und 156 definiert den Verbraucherschutz als Inbegriff aller Maßnahmen, „*die die Verbraucher durch Gesetze und Verordnungen vor Schaden bewahren sollen, wie er vor allem aus der Unübersichtlichkeit des Marktes, aus Täuschung durch den Anbieter und aus Nebenwirkungen des Konsums resultieren kann*".

8 So findet sich lediglich bei *Medicus*, FS Kitawaga, S. 484 ff. eine kritische Auseinandersetzung mit dem Sinn des Verbraucherschutzes.

9 Vgl. *v. Hippel*, Verbraucherschutz, S. 270.

10 Vgl. BVerfG, NJW 1990, S. 1469 f.; BVerfGE 89, 214, 232 = NJW 1994, 36, 38 = JZ 1994, S. 406 m. Anm. *Wiedemann*; *Medicus*, JuS 1996, S. 761; *Singer*, JZ 1995, S. 1133 ff.; *Tonner*, JZ 1996, S. 534 f.

11 Vgl. insbesondere *Gröner/Köhler*, Verbraucherschutzrecht und Marktwirtschaft, S. 49; *v. Hippel*, Verbraucherschutz, S. 4; *Kemper*, Verbraucherschutzinstrumente, S. 36 ff.; *Sander*, Individualansprüche des Verbrauchers bei unlauterem Wettbewerb, S. 30; kritisch aber *Medicus*, FS Kitawaga, S. 484 ff.

12 Ob dem wirklich so ist, soll hier nicht problematisiert werden – kritisch *Medicus*, FS Kitawaga, S. 484 ff. Soweit konkrete verbraucherschützende Maßnahmen und Regelungen untersucht werden, wird aber auf die jeweilige Unterlegenheit des Verbrauchers einzugehen sein.

13 *Gröner/Köhler*, Verbraucherschutzrecht in der Marktwirtschaft, S. 49; *Bievert/Fischer-Winkelmann/Rock*, Verbraucherpolitik in der Marktwirtschaft, S. 209; *v. Hippel*, Verbraucherschutz, S. 3 f.; *ders.* JZ 1972, S. 417; *Reich/Tonner/Wegener*, Verbraucher und Recht, S. 20; *Sander*, Individualansprüche des

Des weiteren wird auf die immer schwieriger werdende Orientierung der Verbraucher hingewiesen. Das – zunehmend internationale – Angebot an Waren und Dienstleistungen wachse beständig und lasse sich kaum mehr überschauen. Dem einzelnen Verbraucher sei es daher – sowohl technisch als auch zeitlich – kaum mehr möglich, die zahlreichen Angebote bezüglich Qualität, Preis und sonstigen Konditionen zu unterscheiden, was ihm gegenüber den versierteren und besser organisierten Anbieter erheblich benachteilige[14]. Neue Werkstoffe und Fertigungsmethoden erschweren und verhindern eine Beurteilung der Einzelprodukte und damit verbundene Gefahren für Sicherheit, Gesundheit und Vermögen zusehends. Durch seine isolierte, passive und rezeptive Stellung sei der Konsument strukturell den am Markt tätigen Unternehmen der Produktion und des Handelns unterlegen[15]. Die Abhängigkeit von bestimmten Produkten und die finanzielle Überlegenheit der Anbieter verstärkten zudem die Unterlegenheit des Verbrauchers[16].

Zusätzlich wird angeführt, dass das nicht nur streng kalkulierte, sondern auch emotionale und impulsive Handeln des Verbrauchers den Anbietern große Beeinflussungsmöglichkeiten durch den Einsatz von Werbung und Marketing eröffne[17].

Hinzu kämen schließlich noch Defizite bei der Rechtsdurchsetzung[18] und Schwierigkeiten bei der Institutionalisierung und Organisation von Verbraucherinteressen[19].

Bei all den Gesichtspunkten fällt auf, dass nicht auf die individuelle Schutzwürdigkeit, sondern auf die allgemeine, typische Schutzbedürftigkeit abgestellt wird, Besonderheiten des Einzelfalls grundsätzlich also keine Rolle spielen. Dies ist indes nicht zu beanstanden. Das BVerfG hat in seinem Beschluss vom 7.2.1990[20] betont, dass Merkmale, bei denen Vorschriften zum Schutz von Ungleichgewichtslagen ansetzen können, sich *„nur typisierend erfassen"* ließen und dem Gesetzgeber insofern ein weiter Beurteilungs- und Gestaltungsspielraum zusteht[21].

Vor diesem Hintergrund kann der Sinn und Zweck des Verbraucherschutzes vor allem darin gesehen werden, die Stellung des Verbrauchers als privat handelnde Person zu stärken, um einer typisierenden Unterlegenheit gegenüber dem Unternehmer vorzubeugen bzw. eine bestehende Unterlegenheit gegenüber dem Unternehmer auszugleichen.

Verbrauchers bei unlauterem Wettbewerb, S. 30; *Simitis*, Verbraucherschutz, Schlagwort oder Rechtsprinzip?, S. 100.

14 *V. Hippel*, Verbraucherschutz, S. 4; *ders.* JZ 1972, S. 417; vgl. auch *van den Bergh/Lehmann*, GRUR Int. 1992, S. 591.

15 *Reich/Micklitz*, Verbraucherschutz in der Bundesrepublik Deutschland, S. 3.

16 *Sander*, Individualansprüche des Verbrauchers bei unlauterem Wettbewerb, S. 30.

17 *V. Hippel*, Verbraucherschutz, S. 4.; *ders.* JZ 1972, S. 417; *Reich*, Markt und Recht, S. 183; *Simitis*, Verbraucherschutz, Schlagwort oder Rechtsprinzip?, S. 101 und 103; *Dick*, Das Verbraucherleitbild in der Rechtsprechung, S. 4 spricht insofern von Rationalitätsdefiziten.

18 *V. Hippel*, Verbraucherschutz, S. 4, *H. Koch*, Verbraucherprozessrecht, S. 21 ff.

19 Vgl. *Dick*, Das Verbraucherleitbild in der Rechtsprechung, S. 5 f.

20 BVerfGE 81, 242 ff. = NJW 1990, S. 1469 ff. = JZ 1990, 491 m. Anm. *Wiedemann*.

21 BVerfG, NJW 1990, S. 1470. Zur Typisierung als Technik der Vereinheitlichung – vgl. *Drebes*, Vom Schutz des Kreditsicherungsnehmers zum Verbraucherschutz, S. 49 ff. Vgl. auch unten 2. Teil, A. IV. 4.

II. Inhalt des Unterlegenheitsausgleichs

Inhaltlich geht es beim Ausgleich der Unterlegenheit des Verbrauchers gegenüber dem Unternehmer um den Schutz seiner Selbstbestimmung und Entscheidungsfreiheit und darüber hinaus auch um den Schutz vor Gefahren und Schäden.

1. Schutz der Selbstbestimmung und Entscheidungsfreiheit

Die Vertragsfreiheit, d.h. die Freiheit des Einzelnen, seine Lebensverhältnisses durch Verträge eigenverantwortlich zu gestalten, ist Ausfluss der Privatautonomie und gehört mithin zu den grundlegenden Prinzipien unserer Rechtsordnung[22]. Sie ist Teil des Rechts auf freie Entfaltung der Persönlichkeit und gem. Art. 2 Abs. 1 GG verfassungsrechtlich gewährleistet[23], unterliegt aber den Schranken der verfassungsmäßigen Ordnung[24]. Aus der dem Sozialstaatsprinzip erwachsenden Pflicht sozialem und wirtschaftlichem Ungleichgewicht entgegenzuwirken und den Schwächeren vor dem Stärkeren zu schützen, lässt sich insbesondere auch ableiten, dass Selbstbestimmung für den einen Teil nicht zur schrankenlosen Fremdbestimmung wird[25].

Verbraucherschutz dient also vor allem dazu, effektiv zu verhindern, dass durch einseitige Fremdbestimmung des überlegenen Vertragsteils die durch Art. 2 Abs. 1 GG geschützte Selbstbestimmung und Entscheidungsfreiheit der unterlegenen Partei einschneidend verletzt wird und Verträge verbindlich werden, die der Vertragsgerechtigkeit und damit auch dem Sozialstaatsgebot widersprechen[26].

2. Schutz vor Gefahren und Schäden

Im Hinblick auf die für den Verbraucher nicht mehr zu überblickenden Gefährdungen aus einzelnen Produkten wird neben dem Schutz der Selbstbestimmung und Entscheidungsfreiheit der Schutz vor Gefahren und Schäden besonders hervorgehoben[27]. Auch hier kann auf die Unterlegenheit des Verbrauchers abgestellt werden, die sich insofern begründen lässt, als dass mögliche Gefahren und Schäden durch einzelne Produkte, vor allem auch im lebenswichtigen Lebensmittelbereich, auf Grund der steigenden Komplexität der Fertigungsmethoden und Produktzusammensetzungen kaum mehr beurteilt werden können[28]. Dass Unternehmer gegebenenfalls in gleichem Maße zu schützen sind, steht der Einordnung als Verbraucher-

---

22 Grundlagend *St. Lorenz*, Der Schutz vor dem unerwünschten Vertrag, S. 15 ff.

23 BVerfGE 8, 328, BVerwGE 1, 323; Palandt/*Heinrichs*, Einf. § 145 Rdn. 7; *Larenz*, SR I, S. 59; *St. Lorenz*, Der Schutz vor dem unerwünschten Vertrag, S. 18 ff.

24 BVerfGE 12, 347.

25 Vgl. BVerfG, NJW 1990, S. 1470; NJW 1994, S. 38; *Larenz/Wolf*, AT, § 42 Rdn. 2.

26 *Damm*, VersR 1999, S. 129 ff.; *Drexl*, Die wirtschaftliche Selbstbestimmung, S. 466 ff., 487; *Engelhardt*, Europäisches Verbraucherrecht im BGB, S. 48 ff.; *Fuchs*, AcP 196 (1996), S. 313; *St. Lorenz*, Der Schutz vor dem unerwünschter Vertrag, S. 21; *Larenz/Wolf*, AT, § 42 Rdn. 4.

27 So proklamiert die Verbraucherbotschaft von *John F. Kennedy* vom 15.3.1962, zitiert bei *v. Hippel*, Verbraucherschutz, S. 281 ff. „*The Right to safety – to be protected against the marketing of goods which are hazardous to health or life*". Die von der Generalversammlung der Vereinten Nationen am 9.4.1985 angenommenen Richtlinien zum Verbraucherschutz vom 9.4.1985 nennen das „*Recht auf Schutz seiner Gesundheit und Sicherheit*" und *Möllers*, JuS 1999, S. 1192 führt den Schutz vor Gesundheits- und Körperverletzungen auf.

28 Vgl. *v. Hippel*, Verbraucherschutzrecht, S. 4 in Bezug auf die Schutzwürdigkeit des Verbrauchers.

schutz ebenso wenig entgegen wie der Einfluss volkswirtschaftlicher Gesichtspunkte, wie die Sicherung von Qualität und allgemein der Schutz vor gefährlichen Produkten[29].

III. Bestimmung des zu erörternden Verbraucherschutzrechts durch Abstellen auf den Sinn und Zweck des Verbraucherschutzes

Das UKlaG definiert in § 2 Abs. 1 S. 1 Verbraucherschutzgesetze als Vorschriften, die dem Schutz der Verbraucher dienen und führt in § 2 Abs. 2 einen nicht abschließenden Katalog von Regelungen hierzu auf. Nach der Gesetzesbegründung „*dient*" eine Norm dem Schutze der Verbraucher, wenn dies ihr eigentlicher Sinn ist[30]. Die Norm kann demnach zwar auch anderen Zwecken dienen, jedoch genügt es nicht, wenn der Verbraucherschutz nur eine untergeordnete Bedeutung hat oder nur eine zufällige Nebenwirkung ist[31]. Konkrete Folgerungen lassen sich daraus aber nur bedingt ableiten, da die Frage offen bleibt, wann eine Norm denn nun den Verbraucher schützt und sich daran das weitere Abgrenzungsproblem anknüpft, ob der Verbraucherschutz nur eine untergeordnete Bedeutung hat oder nur eine zufällige Nebenwirkung ist. Ein Abstellen auf § 2 UKlaG zur Bestimmung der zu erörternden Normen im Rahmen der vorliegenden Arbeit verbietet sich zudem auch deshalb, weil der gesetzgeberische Hintergrund und die Art der in § 2 Abs. 2 UKlaG aufgeführten Regelungen auf einen primär ökonomischen Hintergrund verweisen, der eine Erfassung des Gesundheits- und Sicherheitsbereichs fraglich erscheinen lässt[32]. Die beabsichtigte umfassende Darstellung des Verbraucherschutzes orientiert sich daher bewusst nicht an § 2 UKlaG.

Die zu erörternden Verbraucherschutzgesetze sollen vielmehr im Hinblick auf den Sinn und Zweck des Verbraucherschutzes dahingehend festgelegt werden, dass es sich um Normen handeln muss, die direkt oder indirekt eine typisierende Unterlegenheit des Verbrauchers gegenüber dem Unternehmer verhindern oder ausgleichen.

Ist Zweck des Verbraucherschutzes die Bekämpfung der allgemein angenommenen Unterlegenheit des Verbrauchers gegenüber dem Unternehmer, dann können Verbraucherschutznormen auch nur solche sein, zu deren Schutzzweck der Ausgleich einer solcher Unterlegenheit gehört.

Dabei ist nicht erforderlich, dass explizit der Schutz des Verbrauchers bezweckt wird. Auch eine ausdrücklich Bezugnahme auf den Verbraucher hat allenfalls hinweisende Funktion. Selbst Rechtsvorschriften die nur mittelbar dem Schutz des Verbrauchers dienen, die wie etwa das UWG, auch den Konkurrentenschutz bezwecken[33] oder die sich wie die §§ 305 ff. BGB auch an den Unternehmer richten, sind als Verbraucherschutznormen einzuordnen, da sie zumindest auch die Unterlegenheit des Verbrauchers gegenüber dem Unternehmer verhindern oder ausgleichen wollen. Soweit es um den Schutz des Verbrauchers vor Gefahren und

---

[29] *Sander*, Individualansprüche des Verbrauchers bei unlauterem Wettbewerb, S. 30.
[30] BT-Drs. 14/2658 S. 53.
[31] BT-Drs. 14/2658 S. 53.
[32] Vgl. MünchKomm/ *Micklitz*, § 22 AGBG Rdn. 37.
[33] Vgl. *Emmerich*, Unlauterer Wettbewerb, S. 15 ff.; *Köhler/Piper*, UWG, Einf. Rdn. 23.

Schäden durch einzelne Produkte geht, kann der Unterlegenheitsausgleich sogar weitgehend aus der hier bestehenden besonderen Schutzwürdigkeit des Verbrauchers hergeleitet werden.

Nicht dem Verbraucherschutzrecht zugerechnet werden vorliegend dagegen Normen, die selbst im weitesten Sinne nicht auch an eine hypothetische und typisierende Unterlegenheit des Verbrauchers anknüpfen. Dies gilt insbesondere für Vorschriften, die die Sicherung der Willensfreiheit (§§ 116 ff. BGB) bezwecken oder allgemein der Erhaltung des Vertragsgleichgewichts oder der Vertragsdurchführung dienen.

In der verbraucherrechtlichen Literatur finden sich hierzu dennoch vielfach Ausführungen. So gehen beispielsweise *Borchert*[34] und *Drexl*[35] auf die Anfechtung und auf das Recht der Leistungsstörungen ein und *Kemper*[36] behandelt Vertragslösungsrechte bei fehlerhafter Willensbildung. Dabei ist sicherlich richtig, dass sich die einschlägigen Vorschriften im Einzelfall zugunsten des Verbrauchers auswirken. Sie bezwecken jedoch nicht den Ausgleich von typisierten Ungleichgewichtslagen und sollen daher – soweit keine verbraucherrechtlichen Besonderheiten bestehen – nicht erörtert werden.

Verzichtet wird auch auf eine Darstellung des Datenschutzes[37], obgleich sich hieraus aus Verbrauchersicht durchaus relevante Rechtsfragen etwa im Zusammenhang mit der Weitergabe von Daten an die Schufa[38] und die Datenerfassung im Rahmen von Kundenbindungssystemen[39] ergeben. Jedoch geht es hierbei weniger um den Ausgleich der Unterlegenheit des Verbrauchers gegenüber dem Unternehmer als um den Schutz seiner informellen Selbstbestimmung[40].

Schließlich soll auch nicht auf das in den §§ 304 ff. InsO geregelte Verbraucherinsolvenzverfahren[41] eingegangen werden. Es ist zwar für natürliche Personen durchzuführen, die zum Zeitpunkt des Insolvenzeröffnungsantrags keine oder nur geringfügige selbständige wirtschaftliche Tätigkeit ausüben, also vor allem für Verbraucher. Dabei soll das Verbraucherinsolvenzverfahren aber nicht eine Unterlegenheit gegenüber Unternehmern ausgleichen[42] – was auch durch den fehlenden Bezug zum Ursprung der

---

34 *Borchert*, Verbraucherschutzrecht, S. 9 und S. 15 ff.

35 *Drexl*, Die wirtschaftliche Selbstbestimmung des Verbrauchers, S. 308 ff.

36 *Kemper*, Verbraucherschutzinstrumente, S. 207 ff.

37 Ausführungen hierzu finden sich bei *Borchert*, Verbraucherschutzrecht, S. 86 ff.

38 1927 wurde die erste „*Schutzgemeinschaft für allgemeine Kreditsicherung*", kurz Schufa, gegründet. Seit 2000 sind die bisherigen acht Schufa-Gesellschaften in der Schufa Holding AG vereint. Unter deren Dach fließen Angaben über Geschäfte zusammen, die mit Kredit zu tun haben.
Zur Unwirksamkeit einer „*Schufa-Klausel*" in Keditverträgen nach § 9 AGBG/§ 307 BGB bei uneingeschränktem Recht zur Kreditdatenübermittlung – vgl. BGH, NJW 1986, S. 46 ff.

39 Vgl. LG München I, VuR 2001, S. 229 ff., das ein klauselmäßiges Einverständnis zur Verarbeitung und Nutzung der personenbezogenen Angaben als Verstoß gegen § 9 AGBG/§ 307 BGB i.V.m. §§ 4 und 28 BDSG ansah – vgl. dazu auch *Ernst*, VuR 2001, S. 225 ff.; allg. zur Entwicklung des Datenschutzes bei Werbung und Marketing *Gola/Klug*, NJW 2003, S. 2426 f. m.w.N.

40 Grundlegend zum Recht der informationellen Selbstbestimmung – BVerfGE 65, 1 ff.

41 Vgl. dazu *Frege/Keller/Riedel*, Insolvenzrecht, Rdn. 2219; *Smid*, Grundzüge des Insolvenzrechts, § 30 Rdn. 1 ff.; *Zimmermann*, Insolvenzrecht, S. 136 ff.

42 Nach *Zimmermann*, Insolvenzrecht, S. 136 ist die Bezeichnung des Verbraucherinsolvenzverfahrens missverständlich, weil die §§ 304 ff. InsO mit Verbraucher i.S.d. Verbraucherschutzes nichts zu tun haben.

Schuld deutlich wird[43]. Mit dem Verbraucherinsolvenzverfahren wollte der Gesetzgeber vielmehr allgemein ein vereinfachtes Verfahren zur Restschuldbefreiung schaffen, das den Bedürfnissen von Verbrauchern und Kleingewerbetreibenden angepasst ist und nicht zu einer übermäßigen Belastung der Gerichte führt[44].

B. Die Entwicklung des Verbraucherschutzes

Verbraucherschutz gehört zu den international aktuellsten rechtspolitischen Themen und Forderungen unserer Zeit und gilt allgemein als moderner Problembereich. Indes lassen sich die Ursprünge des Verbraucherschutzes weit zurückverfolgen, wenngleich er der Sache nach zunächst in der Wirtschafts-, genauer Marktpolitik, enthalten war[45].

I. Stufen historischer Entwicklung seit dem Mittelalter[46]

Bereits in der mittelalterlichen Stadtwirtschaft finden sich erste Ansätze zur Kontrolle der Warenqualität[47], der Preispolitik[48] und der Durchsetzung der Gewerbefreiheit und des Wettbewerbs[49].

Die zunehmenden wirtschaftlichen Verflechtungen führten ab dem 16. Jahrhundert dazu, dass neben dem Fortleben der mittelalterlichen Zünfte und der damit gegebenen Abhängigkeit der Verbraucher von lokalen Monopolen, mit Verlagssystem und Handel die Vorteile und Risiken des freien Marktes verstärkt zur Geltung kamen[50]. Neben zahlreichen Regelungen zur Sicherung der Warenqualität[51] wurde vor allem im 18. Jahrhundert die Pflicht zur Kennzeichnung der eigenen Waren, also der Markenzwang, zum weit verbreiteten Mittel um (auch) die Einhaltung der einschlägigen Qualitätenordnungen durchzusetzen und zu kontrollieren[52]. Um der Warenverteuerung entgegenzuwirken regelten zahlreiche

---

43 Selbst wenn die Schuld aus einer früheren gewerblichen Tätigkeit stammt, kommt das Verbraucherinsolvenzverfahren zur Anwendung – vgl. OLG Celle, ZIP 2000, S. 802; OLG Schleswig, NJW-RR 2000, S. 865.

44 Vgl. BT-Drs. 12/7302, S. 189; *Frege/Keller/Riedel*, Insolvenzrecht, Rdn. 2219.

45 Vgl. HdVR/*Hart*, Gruppe A Rdn. 6.

46 Wurzeln eines „*Verbraucherschutzes*“ lassen sich noch viel früher finden. Schon im Codex Hammurabi, dem ältesten schriftlich niedergelegten Gesetzeswerk, finden sich Vorschriften über den Betrug an Sklaven und geschäftlich Unerfahrenen und Produkthaftungsregelungen – zu letzteren vgl. *Schmidt-Salzer*, Produkthaftung, Bd. III/1, Rdn. 4001 ff., 4046.

47 Diese erfolgte in erste Linie durch die Zünfte, die etwa die Art und Weise der Arbeit vorschrieben, das Material und dessen Behandlung bestimmten oder etwa Strafen für die Anfertigung und den Verkauf schlechter Waren festsetzte. Ausf. *Schuhmacher*, Verbraucher und Recht in historischer Sicht, S. 18 f.

48 Vor allem in den Städten wurden zahlreiche Fest- und Höchstpreise festgelegt, zum Teil auch um den Kartellbestrebungen der Zünfte zu begegnen, auch finden sich Maßnahmen, wie etwa Vor- und Aufkaufsverbote, gegen die spekulative Warenverteuerung, insbesondere gegen den Warenwucher. Ausf. *Schuhmacher*, Verbraucher und Recht in historischer Sicht, S. 19 ff.

49 So werden 1264 in Erfurt die Innungen der Fleischer und Bäcker abgeschafft, 1279 sämtliche Zünfte der Stadt Würzburg aufgehoben, 1348 in Köln die Bruderschaft der Fleischer verboten und in Breslau werden 1395 periodisch wiederkehrende freie Märkte für Fleisch und Brot angeordnet. Ausf. *Schuhmacher*, Verbraucher und Recht in historischer Sicht, S. 21 f.

50 *Schuhmacher*, Verbraucher und Recht in historischer Sicht, S. 23 ff.

51 Auch das aus deutscher Sicht besonders relevante Reinheitsgebot für Bier aus dem Jahr 1516 fällt in diese Zeit – vgl. http://www.bier-art.de/index.cfm?ct=161.

52 *Wadle*, Fabrikzeichenschutz und Markenrecht, S. 20 ff.

Landesverordnungen Verbote des Vor- oder Aufkaufes[53]. Wettbewerbsförderung als probates Mittel, um die Abhängigkeit des Publikums von den lokalen Monopolen der Zünfte zumindest zu mildern, erfolgte etwa über Verbote von Preisabsprachen, Erleichterungen bei Meisterprüfungen und beim Gewerbeeintritt, Niederlassungsfreiheit und Schaffung von Handwerksprivilegien außerhalb der Zünfte[54].

Mit dem im 19. Jahrhundert endgültig zum Durchbruch gelangenden Gewerbefreiheit[55] und der daraus resultierenden Wettbewerbsfreiheit mit Industrialisierung und beginnender Massenproduktion, wurde dem bisherigen Verbraucherschutz, der im Wesentlichen Folge des Zunftsystems und der mit ihm verbundenen Wettbewerbsbeschränkungen war, der Boden entzogen. Man glaubte ohne ein besonderes Verbraucherschutzrecht auskommen zu können und vertraute den Kräften des freien Marktes. Spätestens mit der großen Depression von 1873 bis 1896 setzte aber ein intensiver Konzentrations- und Kartellierungsprozess[56] ein, der ein System der Krisenbewältigung auf Kosten der Verbraucher brachte[57]. Insbesondere beim Industrieproletariat und bei anderen ökonomischen Randschichten der Bevölkerung manifestierten sich Schutzbedürfnisse, die gerade durch den sich selbst überlassenen Markt hervorgerufen wurden[58].

Als Reaktion auf Kartellbildung und der Herausbildung lokaler Monopole, einhergehend mit der schlechten sozialen und wirtschaftlichen Lage der Arbeitnehmerhaushalte, kam es zur Bildung von Konsumgenossenschaften[59]. Durch gemeinsamen Einkauf von Waren konnten die Konsumgenossenschaften den Monopolen der Letztverkäufer entgegentreten und ihren Mitgliedern günstigere Preise bieten. Diese Konsumgenossenschaften können mithin als erste und zudem erfolgreiche Selbsthilfeorganisationen der Verbraucher angesehen werden.

Um den mit dem Gewerbetrieb im Umherziehen einhergehenden Gefahren für die öffentliche Sicherheit, Gesundheitspflege, Sittlichkeit und Ordnung zu begegnen, erfolgte durch die §§ 55, 56 GewO des Norddeutschen Bundes von 1869 – die ab dem 1. Januar 1973 schließlich

---

53 So regelte z.B. § 1292 des Allgemeinen Preußischen Landrechts von 1794: „*Wer durch Auf- und Vorkäuferey Lebensmittel und andre allgemeine Bedürfnisse vertheuert, oder die Zufuhr derselben zu den öffentlichen Märkten zu hindern oder zu schwächen unternimmt, soll nach Bestimmungen der Polizeygesetze eines jeden Orts, nachdrücklich bestraft werden.*“ Vgl. dazu auch *Crebert*, Künstliche Preissteigerung durch Für- und Aufkauf, S. 177 ff.

54 *Schuhmacher*, Verbraucher und Recht in historischer Sicht, S. 30 ff.

55 Die ersten gesetzlichen Fixierungen einer Gewerbefreiheit fanden unmittelbar nach dem Zusammenbruch des Heiligen Römischen Reichs Deutscher Nation in Preußen statt. Im „*Edikt über die Bauernbefreiung*“ vom 9. Oktober 1807 wurde die Ständeordnung in Bezug auf die Gewerbebefugnis beseitigt und das „*Gewerbesteueredikt vom 2. November 1810*“ hob den Zunftzwang auf und führte die Gewerbefreiheit ein.

56 Neben der wirtschaftlichen Lage begünstigte insbesondere die Großzügigkeit der Gerichte die verstärkte Kartellbildung (1897 ließ das Reichsgericht das sächsische Holzstoffkartell zu – vgl. RGZ 38, 155, 158 ff.) – vgl. auch *Emmerich*, Kartellrecht, S. 11; *Köhler*, Lexikon der europäischen Rechtsgeschichte, S. 281.

57 *Sombart*, Der moderne Kapitalismus, S. 696.

58 *Schuhmacher*, Verbraucher und Recht in historischer Sicht, S. 35.

59 In Deutschland entstanden zunächst als Vorläufer der späteren Konsumgenossenschaften sog. Assoziationen: 1845 der „*Spar- und Konsumverein*“ in Chemnitz, 1848 die „*Allgemeine Arbeiterverbrüderung*“ in Berlin. In schneller Folge wurden in der zweiten Hälfte des 19. Jahrhunderts weitere Kooperativen organisiert, die sich 1903 im „*Zentralverband Deutscher Konsumvereine*“ zusammenschlossen – vgl. *Kuhlmann*, Verbraucherpolitik, S. 22. 1903 wurde die Hausfrauenvereinigung des Katholischen Deutschen Frauenbundes und 1915 der Deutsche Hausfrauen-Bund gegründet, die den Schwerpunkt ihrer Arbeit bis heute auf Information und Beratung setzen.

im gesamten Deutschen Kaiserreich galten[60] – ein erster Schutz vor den Risiken von Haustür- und ähnlichen Geschäften. Zahlreiche Gegenstände waren danach vom Betrieb des Hausiergewerbes ausgeschlossen und die *„Hausierer"* bedurften zudem eines Legitimationsscheines[61].

Die §§ 73 bis 75 GewO enthielten Regelungen, wie in den Gewerbebetrieben der Bäcker und der Gastwirte die verlangten Preise für Waren und Dienstleistungen anzugeben und kenntlich zu machen waren[62].

Das Nahrungsmittelgesetz von 1879 versuchte den Klagen zu begegnen, die die durch Verfälschung herbeigeführte Verringerung des Nahrungs- und des Verkaufswertes der Lebensmittel sowie die daraus erwachsenden Gesundheitsgefährdungen betrafen[63].

Zur Bekämpfung der Missstände beim Abzahlungs- und Ratenkauf trat 1894 das AbzG in Kraft[64].

Auf dem Gebiet des Wettbewerbsrechts kam es 1874 zum Markenschutzgesetz[65] und 1894 zum Warenzeichengesetz[66]. Zur Bekämpfung des unlauteren Wettbewerbs wurde 1896 das UWG[67] erlassen. Wenngleich diese Gesetze nicht primär den Schutz des Verbrauchers bezweckten, schützten sie diesen zumindest mittelbar vor *„Verfälschungen"* und *„betrügerischen Maßnahmen"*[68].

Keine sozialen Neuerungen zum Schutz des Schwachen gegen den Starken enthielt das am 1.1.1900 in Kraft getretene BGB. Zwar setzte sich in den 90er Jahren des 19. Jahrhunderts die Erkenntnis durch, dass auch dem Zivilrecht eine *„soziale Aufgabe"* zuzuordnen war[69], jedoch hielt man die Frage als zu wenig diskutiert und die soziale Strömung noch zu sehr im Fluss, als dass man solche, die Vertragsfreiheit einschneidende Regelungen ins BGB aufnahm. Man befürchtete eine Gefahr für die Schädigung der *„gesunden"* Wirtschaft. Das BGB wurde als eine unpolitische Kodifikation beständiger Grundlagen betrachtet, die auf lange Zeit unangefochten bleiben sollten. Regelungen *„politischer"* Fragen sollte deshalb im

---

60 *Geyer*, Der Gedanke des Verbraucherschutzes im Reichsrecht des Kaiserreichs und der Weimarer Republik, S. 9 ff.

61 Ausgeschlossen war etwa der Vertrieb von Alkohol, Lotterielosen, explosiver Stoffe und Arzneimittel. 1883 wurde der Katalog u.a. auf Gold- und Silberwaren, Anteilsscheine auf Wertpapiere und Waffen ausgeweitet. Zudem erfolgte in § 56 Abs. 2 Nr. 10 GewO eine Beschränkung des sog. Kolportage-Buchhandels

62 *Geyer*, Der Gedanke des Verbraucherschutzes im Reichsrecht des Kaiserreichs und der Weimarer Republik, S. 79 ff.

63 Begründung des Regierungsentwurfs, RT-Verh., Band 55, Aktenstück Nr. 7, S. 173.

64 *Geyer*, Der Gedanke des Verbraucherschutzes im Reichsrecht des Kaiserreichs und der Weimarer Republik, S. 48 ff.

65 RT-Verh., Band 36, Aktenstück Nr. 20.

66 RT-Verh., Band 136, Aktenstück Nr. 70.

67 Gesetz v. 27. Mai 1896 (RGBl. 1896, S. 145) – vgl. auch *v. Stechow*, Das Gesetz zur Bekämpfung des unlauteren Wettbewerbs vom 27. Mai 1896, passim.; *Wadle*, JuS 1996, S. 1064 ff.

68 Vgl. für das Markenschutzgesetz die allgemeine Begründung zum Entwurf, RT-Verh., Band 36, Aktenstück Nr. 20, S. 634; für das Warenzeichengesetz *Roeren*, RT-Verh. Band 134, S. 879; für das UWG die Begründung zum Entwurf, RT-Verh., Band 151, Aktenstück Nr. 35, S. 101.

69 Vgl. insbesondere *v. Gierke*, Die soziale Aufgabe des Privatrechts, passim; vgl. auch *Jastrow*, Gutachten, 22. Deutscher Juristentag (1893), Band 1, S. 285 – 287, 313; *Hausmann*, Veräußerung beweglicher Sachen gegen Ratenzahlung, S. 78 – 85.

Wesentlichen in Spezialgesetzen außerhalb der Kodifikationen erfolgen[70]. Allein im Rahmen des § 138 Abs. 2 BGB kam es zur Berücksichtigung individueller Beeinträchtigungen in Gestalt von Zwangslage, Unerfahrenheit, Mangel an Urteilsvermögen oder erheblicher Willensschwäche[71].

Mit Beginn des 1. Weltkrieges drückte die Kriegswirtschaft den Unternehmer-Verbraucher-Beziehungen sowie den auf sie zugreifenden rechtlichen Maßnahmen ihren Stempel auf. Sich abzeichnende Probleme bei der Versorgung der zivilen Bevölkerung mit Nahrungs- und Bedarfsmitteln führte bereits am 13. Dezember 1914 zur Bildung eines „*Kriegsausschusses für Konsumenteninteressen*". Zur Sicherstellung der Massenversorgung mit Lebensmitteln stellte der Ausschuss jährliche Wirtschaftspläne zur Lebensmittelpolitik auf und gab Leitlinien u.a. zur gerechten Verteilung auf alle Verbraucher auf, wofür das Lebensmittelkarten-System sorgen sollte[72].

Diese „*Verbraucher-Vertretung*" im Krieg und die damit gemachten Erfahrungen waren ausschlaggebend dafür, dass in der Weimarer Reichsverfassung eine besondere Vertretung der Verbraucherinteressen geplant war. In dem nach Art. 165 Abs. 3 WRV zu bildenden Reichswirtschaftsrat sollten auch die Vertreter der Verbraucherinteressen Sitz und Stimme haben. Aber schon im vorläufigen Reichswirtschaftsrat[73] hatte die „*Verbraucherschaft*" nicht die herausragende Stellung, die ihr anfangs zugedacht war. Zu heterogen war ihr Gebilde und zu sehr waren die entsandten Vertreter als Vertreter der Verbraucherschaft immer auch ihren entsandten Verbänden und Sonderinteressen verpflichtet[74]. In den Gesetzesentwürfen zum endgültigen Reichswirtschaftsrat tauchten spezielle Vertreter der Verbraucherinteressen daher schon gar nicht mehr auf, so dass es auf das letztliche Scheitern des Gesetzes über den Reichswirtschaftsrat gar nicht mehr ankam[75].

Das Überhandnehmen der Kartelle, die allgemeine Verschlechterung der wirtschaftlichen Verhältnisse nach dem 1. Weltkrieg und der wachsende öffentliche Druck führten 1923 zur Kartellverordnung[76], die aber lediglich ein Missbrauchsverbot enthielt, das praktisch wirkungslos blieb[77].

Zur Erweiterung des Schutzes des Verbrauchers vor Gesundheitsschädigungen und vor

---

70 *Geyer*, Der Gedanke des Verbraucherschutzes im Reichsrecht des Kaiserreichs und der Weimarer Republik, S. 70; vgl. auch *Planck*, AcP 75 (1889), S. 327 ff.

71 Vgl. *Möllers*, JuS 1999, S. 1192.

72 *Geyer*, Der Gedanke des Verbraucherschutzes im Reichsrecht des Kaiserreichs und der Weimarer Republik, S. 129 ff.

73 In der Zeit ihres Bestehens war es der Nationalversammlung nicht möglich, den mit vielen offenen Fragen belasteten Reichwirtschaftsrat zu errichten. Durch VO vom 4. Mai 1920 (RGBl. 1920, S. 858) wurde aber zumindest ein vorläufiger Reichwirtschaftsrat bestehend aus 326 Mitglieder ins Leben gerufen. Vgl. *Geyer*, Der Gedanke des Verbraucherschutzes im Reichsrecht des Kaiserreichs und der Weimarer Republik, S. 123 ff.

74 *Geyer*, Der Gedanke des Verbraucherschutzes im Reichsrecht des Kaiserreichs und der Weimarer Republik, S. 137 f.

75 *Geyer*, Der Gedanke des Verbraucherschutzes im Reichsrecht des Kaiserreichs und der Weimarer Republik, S. 136 f.

76 NotVO v. 2.11.1923, RGBl. 1923 I, S. 1067, 1090 – vgl. *Rittner*, Wettbewerbs- und Kartellrecht, S. 120 f.

77 *Emmerich*, Kartellrecht, S. 11; *Köhler*, Lexikon der europäischen Rechtsgeschichte, S. 281.

betrügerischen Übervorteilungen im Verkehr mit Lebensmitteln durch staatliche Maßnahmen löste 1927 ein neues Lebensmittelgesetz[78] das Nahrungsmittelgesetz von 1879 ab.

Während des Naziregimes ist in dem hier interessierenden Rahmen des Verbraucherrechts vor allem die Einführung des international singulären, von mittelständischen, teilweise nationalsozialistischen Gesichtspunkten geprägten Rabattgesetzes zu verzeichnen[79]. Reichsstellen zur Überwachung der Wirtschaft, Devisengesetze zur Kontrolle der Einfuhr und Ausfuhr von Waren, Einschränkungen der Gewerbefreiheit und Bestimmungen wie das Zwangskartellgesetz, die Kriegswirtschaftsverordnung und die Preisstrafrechtsverordnung spiegelten die herrschende Zwangswirtschaft wieder.

II. Verbraucherschutz in der Bundesrepublik Deutschland[80]

Nach dem 2. Weltkrieg beherrschte zunächst ein liberal-konservativer Grundgedanke die Politik, die daher primär durch Wettbewerb den Verbraucherschutz gewährleisten wollte. Indes blieb es zunächst den Alliierten vorbehalten 1947 mit ihren Dekartellierungsgesetzen in Deutschland ein Kartell- und Monopolisierungsverbot einzuführen[81]. Erst nach erheblichen Bemühungen kam es am 27.7.1957 schließlich zur Verabschiedung des GWB[82].

Die Gründung der Arbeitsgemeinschaft der Verbraucherverbände (AgV) als „*Verband der Verbände*" erfolgte am 30.4.1953 vor dem Hintergrund, die verbraucherpolitische Arbeit an eine zentrale Interessenvertretung zu delegieren[83]. Die bis zu Beginn der sechziger Jahre in allen Bundesländern einschließlich West-Berlins gegründeten Landesverbraucherzentralen schlossen sich bis 1971 dem AGV an. 1961 führte der AGV zum ersten Mal einen vergleichenden Warentest durch. Die intensiven Auseinandersetzungen um diese Tests mündeten trotz heftigen Widerstandes der Wirtschaft 1964 in der Gründung einer eigenständigen Organisation: der Errichtung eines Warentest-Instituts in Form einer Stiftung des privaten Rechts, der Stiftung Warentest[84].

Basierend auf den Untersuchungen von *Raiser*[85] ging der BGH seit 1956[86] verstärkt zur

---

78 Gesetz über den Verkehr mit Lebensmitteln und Bedarfsgegenständen v. 5. 7.1927 (RGBl. 1927, S. 134).

79 Ausdruck des nationalsozialistischen Denkens war insbesondere § 6 RabattG, der es etwa Warenhäuser und Konsumvereinen verbot, einen Barzahlungsnachlass zu gewähren und sich vor allem gegen die vielfach jüdischen Warenhäuser und politisch links orientierten Konsumvereine richtete – vgl. auch den Beschluss des BVerfG vom 11.4.1967 der § 6 RabattG für unvereinbar mit dem GG erklärt – NJW 1967, S. 1459.

80 In der DDR dürfte sich die Frage nach Verbraucherschutz nicht so gestellt haben. Schon der erste Ansatzpunkt des Verbraucherschutzes, nämlich das Wettbewerbsrecht ging in der Planwirtschaft ins Lehre. Zudem lagen die Probleme der verbrauchenden Bevölkerung weniger in ihrer Unterlegenheit gegenüber den Anbietern, etwa auf Grund nicht mehr überschaubarer, zahlreicher Angebote, sondern darin, dass qualitativ hochwertige Waren kaum zur Verfügung standen. Vgl. aber *Letowski*, RabelsZ 40 (1976) zum Verbraucheschutz in Polen, S. 654 ff. sowie *Schricker*, GRUR Int. 1970, S. 37.

81 *Emmerich*, Kartellrecht, S. 11.

82 BGBl. 1957 I, S. 1081 in Kraft seit 1.1.1958.

83 Vgl. zur Geschichte der Verbraucherverbände in Deutschland: http://www.vzbv.de/start/index.phtml?page=wir&pagelink=geschichte.

84 Die Stiftung erhält trotz ihrer privatrechtlichen Organisation Bundesmittel zum Ausgleich dafür, dass sie keine Einnahmen durch Werbeanzeigen in ihren Publikationen erzielen darf. Diese Zuwendungen betrugen im Jahr 2002 5,9 Mio. Euro und wurden im Jahr 2003 auf 6,5 Mio. Euro erhöht. Damit erwirtschaftet die Stiftung Warentest fast 90 Prozent ihrer Einnahmen selbst – vgl. Zeitschrift „*test*" 8/2003, S. 3.

85 *Raiser*, Das Recht der allgemeinen Geschäftsbedingungen, passim.

offenen richterlichen Inhaltskontrolle von Allgemeinen Geschäftsbedingungen, gestützt auf §§ 138, 242 BGB und zum Teil auch § 315 BGB a.F., über.

Anfang der 60er Jahre war vor allem die Contergan-Katastrophe Auslöser und Symbol der Verbraucherschutzdiskussion[87].

1965 wurde den Verbraucherverbänden durch die Novellierung des UWG die Klagebefugnis zugestanden, die Unterlassung unlauteren Wettbewerbs gerichtlich zu erzwingen[88]. Diese Aufgabe wurde 1966 dem von der AGV und den Landesverbraucherzentralen gegründeten Verbraucherschutzverein (VSV) mit Sitz in Berlin übertragen.

Am 18.10.1971 legte die Bundesregierung erstmals einen „*Bericht zur Verbraucherpolitik*"[89] vor. Der Bericht enthielt kritische Anmerkungen zur Stellung der Verbrauchers, insbesondere angesichts fortgeschrittener Unternehmenskonzentration. Weiter stellte die Bundesregierung fest, dass die Marktstellung des Verbrauchers durch staatliche Maßnahmen verbessert werden müsse und gab einen Überblick über Zielsetzungen der Verbraucherpolitik und vorgesehene verbraucherpolitische Maßnahmen. Zusätzlich wurde 1972 beim Bundeswirtschaftsminister ein Verbraucherbeirat eingerichtet.

Eine durchgreifende Reform des deutschen Lebensmittelsrechts erfolgte 1974 durch das LMBG[90].

In einem „*Zweiten Bericht der Bundesregierung zur Verbraucherpolitik*" vom 20.10.1975[91] schrieb die Bundesregierung ihr verbraucherpolitisches Programm fort. Es wurde der „*aktive Verbraucher*" gefordert und Schutz der Konsum- und Vertragsfreiheit verlangt. Der Schwerpunkt der rechtlichen Verbraucherpolitik sollte vor allem in der Wettbewerbs- und Informations- und Schutzpolitik liegen[92].

Zur Umsetzung der verbraucherschutzpolitischen Programme und später verstärkt auch europarechtlicher Vorgaben[93] kam es zu einer Vielzahl unterschiedlicher verbraucherschutzrelevanter Novellierungen und Gesetzesänderungen, die zum Teil ausdrücklich auf den Schutz des Verbrauchers abstellten und deren bedeutsamste zumindest kurz aufgeführt werden sollen:

So wurden bereits 1973 vertikale Preisbindungen durch die 2. Kartellgesetznovelle[94] verboten

---

86 BGHZ 22, 90, 97 ff.; vgl. auch *Ulmer* in Ulmer/Brandner/Hensen, AGBG, Einl. Rdn. 8.

87 Zur Contergan-Katastrophe – vgl. *Böhm*, Die Entschädigung der Contergan-Kinder, passim; *Lohmann*, Umweltmed Forsch Prax 2000, S. 295 ff. und unter http://www.contergan.de/wissensw.htm.

88 Gesetz zur Änderung des Gesetzes gegen den unlauteren Wettbewerb, des Warenzeichengesetzes und des Gebrauchsmustergesetzes v. 21.7.1965, BGBl. 1965 I, S. 625.

89 Vgl. „*Bericht zur Verbraucherpolitik*" v. 18.10.1971, BT-Drucks. 6/2724.

90 BGBl. 1974 I, S. 1945; letzte Fassung v. 9.11.1997 (BGBl. 1997 I , S. 2296), zuletzt geändert durch Gesetz v. 8.8.2002 (BGBl. 2002 I , S. 3116).

91 Vgl. „*Zweiter Bericht der Bundesregierung zur Verbraucherpolitik*" v. 20.10.1975, BT-Drucks. 7/4181 – abgedruckt bei *v. Hippel*, Verbraucherschutz, S. 295 ff.

92 Vgl. die im Bericht angestrebten verbraucherpolitischen Ziele, BT-Drucks. 7/4181 – *v. Hippel*, Verbraucherschutz, S. 296.

93 Vgl. unten IV. Zur Europäisierung des Verbraucherrechts vgl. auch *Tonner*, JZ 1996, S. 537 ff.

94 Gesetz v. 3.8.1973 – BGBl. 1973 I, S. 917; zahlreiche weitere Novellen machten 1998 eine Neuverkündigung des GWB erforderlich – BGBl. 1998 I, S. 2546.

und die VO über Preisangaben[95] erlassen. 1974 wurde das AbzG novelliert und ein Widerrufsrecht eingeführt[96], Gerichtsstandsvereinbarungen durch die Gerichtsstandsnovelle[97] weitgehend auf Vollkaufleute beschränkt, das Lebensmittelgesetz reformiert[98] und die gewerbepolizeilichen Befugnisse gegen unzuverlässige Gewerbetreibende in § 35 GewO verschärft[99]. Zwei Jahre später kam es zur Neuordnung des Arzneirechts[100], zur Einführung des Fernunterrichtsgesetzes[101] und des AGBG[102]. 1979 wurde das Reisevertragsrecht in das BGB inkorporiert[103] und das Gerätesicherheitsgesetz neugefasst[104]. Dem Schutz gegen die Gefahren des Direktvertriebes diente das HausTWG von 1986[105] und das im gleichen Jahr verabschiedete Gesetz zur Neuregelung des Internationalen Privatrechts[106] regelte in Art. 29 EGBGB Einschränkungen der Rechtswahl bei Verbraucherverträgen. Im Zuge der UWG-Reform von 1986[107] kam es u.a. zur Einführung des § 13 a UWG, der die Rechtsstellung des Verbrauchers im Wettbewerbsrecht stärken sollte[108]. 1990 trat das ProdHaftG[109] in Kraft und ein Jahr später löste das VerbrKrG das AbzG ab[110]. In das AGBG wurden 1996 Sonderregelungen zum Schutz vor missbräuchlichen Klauseln in Verbraucherverträgen aufgenommen[111]. 1997 trat das TzWrG in Kraft[112]. Das Gesetz über Fernabsatzverträge und andere Fragen des Verbraucherrechts vom 27.6.2000 regelte nicht nur im FernAbsG den Verbraucherschutz bei Vertragsschlüssen unter Einsatz von Fernkommunikationsmitteln, sondern führte die zentralen Begriffe des Verbrauchers und des Unternehmers in das BGB ein, vereinheitlichte das Widerrufs- und Rückgaberecht und erweiterte das

---

95 Gesetz v. 10.5.1973 - BGBl. 1973 I, S. 461 – das Preisangabenrecht musste 1985 neu geregelt werden (BGBl. 1985 I, S. 580), da das BVerfG durch Beschluss vom 8.11.1983 (BVerfGE 65, 248) die Preisangabenverordnung von 10.5.1973 wegen der nicht ausreichenden Ermächtigungsgrundlage für verfassungswidrig erklärte, vgl. *Baumbach/Hefermehl*, § 3 UWG Anhang 2 Rdn. 2.

96 Gesetz v. 15.5.1974 – BGBl. 1974 I, S. 1169 in Kraft getreten am 1.10.1974.

97 Gesetz v. 21.3.1974 – BGBl. 1974 I, S. 753.

98 Gesetz v. 15.8.1974 – BGBl. 1974 I, S. 1945.

99 Gesetz v. 13.2.1974 – BGBl. 1974 I, S. 161.

100 AMG v. 24.8.1976 – BGBl. 1976 I, S. 2445.

101 Gesetz v. 24.8.1976 – BGBl. 1976 I, S. 2525.

102 Gesetz v. 9.12.1976 – BGBl. 1976 I, S. 3317; vgl. zur Entstehung des AGB-Gesetzes *Hensen*, FS Heinrichs 1998, S. 335 ff.; *Ulmer* in Ulmer/Brandner/Hensen, AGBG, Einl. Rdn. 12 ff.; MünchKomm/*Micklitz*, Vor §§ 13, 14 Rdn. 18.

103 Gesetz v. 4.5.1979 – BGBl. 1979 I, S. 509.

104 Gesetz v. 13.8.1979, BGBl. I, S. 1432. Das GSG selbst trat am 1.12.1968 in Kraft (durch Gesetz v. 24.6.1968, BGBl. 1968 I, S. 717 und wurde zunächst Maschinenschutzgesetz genannt – vgl. ausf. *Peine*, GSG, Einführung Rdn. 1 ff.; zur Entwicklung als Verbraucherschutzgesetz vgl. auch *Lukes*, RdA 1969, S. 220 ff.

105 Gesetz v. 16.1.1986 – BGBl. 1986 I, S. 122; zur Entstehungsgeschichte und Zielsetzung – vgl. *St. Lorenz*, Der Schutz vor dem unerwünschten Vertrag, S. 122 ff.; *Teske*, ZIP 1986, S. 627.

106 Gesetz v. 15.12.1989, BGBl. 1989 I, S. 2198.

107 Vgl. dazu *Tonner*, NJW 1987, S. 1917 ff.

108 Vgl. BGH, WRP 1994, S. 29 – Folgeverträge; *St. Lorenz*, Der Schutz vor dem unerwünschten Vertrag, S. 365 ff.

109 Gesetz v. 15.12.1989 – BGBl. 1989 I, S. 2198 – in Kraft getreten gem. § 19 ProdHaftG am 1.1.1990.

110 Gesetz v. 17.12.1990 – BGBl. 1990 I, S. 2840 – in Kraft getreten am 1.1.1991 – vgl. dazu auch *Emmerich*, JuS 1991, S. 705 ff.

111 Gesetz v. 19.7.1996 – BGBl. 1996 I, S. 1013, vgl. dazu *Heinrichs*, NJW 1995, S. 153 ff.; *ders.* 1996, S. 2190 ff.

112 Gesetz v. 20.12.1996 – BGBl. 1996 I, S. 2154), Neufassung durch Bekanntmachung v. 29.6.2000 – BGBl. 2000 I, S. 957).

Verbandsklageverfahren[113]. Aufgehoben wurden durch Gesetz vom 23.7.2001 die ZugabeVO und das RabattG[114]. Durch das Schuldrechtsmodernisierungsgesetz vom 26.11.2001[115] kam es schließlich zur Einarbeitung des AGBG (vgl. §§ 305 ff. BGB n.F.), des HausTWG (vgl. §§ 312 f. BGB n.F.), des FernAbsG (§§ 312 b ff. BGB n.F.), des TzWrG (§§ 481 ff. BGB n.F.) und des VerbrKrG (§§ 491 ff. BGB n.F.) in das BGB und zur Aufnahme der Verbandsklage bei unzulässigen Allgemeinen Geschäftsbedingungen und Verbraucherschutzgesetzwidrigen Praktiken ins neue Unterlassungsklagengesetz. Gescheitert ist dagegen im Mai 2002 das Verbraucherinformationsgesetz und Gesetz zur Nutzung von Daten zum Verbraucherschutz[116]. Das OLG-VertrÄndG vom 23.7.2002[117] änderte im Hinblick auf die Heininger-Entscheidung des EuGH[118] Vorschriften über das Widerrufsrecht des Verbrauchers[119].

Auf organisatorischer Seite kam es 1978 zur Gründung der Stiftung Verbraucherinstitut durch die Stiftung Warentest und die AgV, deren Aufgabe es sein soll, Grundsätze, Modelle und Einzelmaterialien für die Verbraucherbildung und -information zu erarbeiten sowie diesbezüglich Fortbildungsveranstaltungen anzubieten. Die Änderung des Rechtsberatungsgesetzes erweiterte 1980 die informatorischen Möglichkeiten der Verbraucherverbände.

1985 gründete sich mit der „*Verbraucher Initiative e.V.*“ eine von den etablierten Verbraucherverbänden selbständige Mitgliederorganisation, die vor allem Fragen des gerechten Handels und eines ethisch und ökologisch verantwortlichen Konsums thematisiert[120].

Das Ende der DDR und der sich aus der Währungsunion und mithin der Einführung der Marktwirtschaft ergebende enorme Beratungs- und Aufklärungsbedarf führte seit Februar 1990 zur Gründung von Landesverbraucherzentralen in den fünf neuen Bundesländern, die bis zum Dezember 1990 dem AgV beitraten[121].

Der schrittweise Rückzug der Bundesregierung aus der Finanzierung der Verbraucherzentralen löste ab 1992 eine Strukturdebatte und ein Überdenken der bisherigen Aufgaben- und Arbeitsteilung zwischen AgV, VSV und Stiftung Verbraucherinstitut aus. Der von zahlreichen Zwischenschritten begleitete Reformprozess fand seinen Abschluss in der

---

113 BGBl. 2000 I, S. 897 mit Berichtigung S. 1139.

114 BGBl. 2001 I, S. 1661.

115 BGBl. 2001 I, S. 3138; vgl. auch BT-Drs. 14/6040, BR-Drs. 338/01, BT-Drs. 14/7052 sowie Palandt/*Heinrichs*, Einl v § 241 Rdn. 21 ff. m.w.N.

116 Der Bundesrat lehnte das Gesetz am 31.5.2002 ab (vgl. BR-Drs. 425/02); zum Gesetzesentwurf der Bundesregierung – vgl. BT-Drs. 14/8738; zur Stellungnahme des Bundesrats und Gegenäußerung der Bundesregierung – vgl. BT-Drs. 14/8992; zur Beschlussempfehlung des Ausschusses für Verbraucherschutz, Ernährung und Landwirtschaft – vgl. BT-Drs. 14/9056.

117 BGBl. 2002 I, S. 2850; vgl. dazu *Fischer*, VuR 2002, S. 309 ff.

118 Urteil v. 13.12.2001 – NJW 2001, S. 281 ff. – vgl. auch *Staudinger*, NJW 2002, S. 653 ff.; *J. Hoffmann*, ZIP 2002, S. 145; Folgeentscheidung dazu BGH, NJW 2002, S. 1881 ff. – vgl. dazu *Wolf*, BKR 2002, S. 614 ff.

119 S.u. 6. Teil, E. I. und III. 3.

120 Im Internet vertreten unter http://www.verbraucher.org/.

121 Vgl. zur Geschichte der Verbraucherverbände in Deutschland: http://www.vzbv.de/start/index.phtml?page=wir&pagelink=geschichte.

Gründung des Verbraucherzentrale Bundesverbandes e.V. (vzbv) am 1.11.2000, in dem die AgV, der VSV und die Stiftung Verbraucherinstitut aufgingen[122].

Nicht nur die gekürzten finanziellen Mittel für die Verbraucherverbände, sondern auch die Bedeutungslosigkeit des Interministeriellen Ausschusses für Verbraucherfragen und des Verbraucherbeirats beim Wirtschaftsministerium, zeugten von dem zurückgehenden Stellenwert der Verbraucherpolitik in Deutschland in den 90iger Jahren.

Die BSE-Krise[123] und der aus ihr resultierende Zusammenbruch des Rindfleischmarktes sollen für die Zukunft zu einer politischen Neubewertung des Verbraucherschutzes führen: Im Januar 2001 traten die bisherigen Bundesminister für Gesundheit und für Landwirtschaft zurück und aus dem bisherigen Bundesministerium für Ernährung, Landwirtschaft und Forsten (BMLF) wurde das neustrukturierte Bundesministerium für Verbraucherschutz, Ernährung und Landwirtschaft, das erstmals den Verbraucherschutz explizit im Namen trägt und in dem der Verbraucherschutz gebündelt werden soll. Gleichzeitig kündigte der Bundeskanzler eine Wende in der Verbraucherpolitik an, wonach der Verbraucherschutz künftig ganz oben stehen soll. Wie dies konkret geschehen soll, darüber gibt der Aktionsplan Verbraucherschutz 2003 der Bundesregierung[124] Auskunft.

III. Eckpunkte der internationalen Entwicklung des Verbraucherschutzes[125]

Bereits 1959 wurde in Großbritannien eine erste amtliche Kommission unter dem Vorsitz des Juristen *Molony* einberufen, um zu prüfen, ob und gegebenenfalls welche Reformen zum Schutz des Verbrauchers wünschenswert seien. Der im Jahre 1962 vorgelegte – auf den Warenkauf beschränkte – Bericht der Kommission[126] enthielt zahlreiche Reformvorschläge, wie etwa die Schaffung einer zentralen Institution zum Schutz der Verbraucher[127] und die Errichtung eines örtlichen Verbraucherberatungsdienstes[128].

Relativ früh begann auch die Zusammenarbeit nationaler Verbraucherschutzorganisationen, mit der Gründung der „*Consumer International*" (CI)[129] im Jahr 1960.

Entscheidende Impulse für die Entwicklung einer expliziten Verbraucherschutzgesetzgebung auch in Deutschland dürfte vor allem die berühmte Verbraucherbotschaft *J.F. Kennedy* vom

---

122 Vgl. zur Geschichte der Verbraucherverbände in Deutschland: http://www.vzbv.de/start/index.phtml?page=wir&pagelink=geschichte.

123 Ausf. zur BSE-Krise – *Krell*, ZLR 2001, S. 23 ff.

124 Im Internet unter: http://www.verbraucherministerium.de/verbraucher/verbraucherinfos.htm.

125 Ausf. *v. Hippel*, Verbraucherschutz, S. 5 ff.

126 Final Report of the Commitee on Consumer Protection. Presented to Parliament by the President of the Board of Trade by Command of Her Majesty July 1962. Nach dem Ausschuss-Vorsitzenden pflegt man den Bericht als „*Molony Report*" zu bezeichnen.

127 Molony Report, S. 267 ff., 278 ff. In Großbritannien verwirklicht durch die Berufung eines Ministers für Verbraucherschutz im Jahre 1972 – vgl. *v. Hippel*, Verbraucherschutz, S. 5.

128 Molony Report, S. 160 ff. In Großbritannien wurde dies durch Schaffung des Amts eines „*Director General of Fair Trading*" durch den Fair Trading Act verwirklicht, der sowohl für die Durchsetzung kartellrechtlicher Vorschriften als auch für den Schutz der Verbraucher vor unlauteren Geschäftsmethoden sorgen soll – vgl. *v. Hippel*, Verbraucherschutz, S. 5.

129 Nähere Informationen finden sich unter http://www.consumersinternational.org.

15.3.1962 gegeben haben[130]. In ihr wurden erstmals *„Verbrauchergrundrechte"*, wie das Recht auf Sicherheit, Information, Auswahl und Anhörung, proklamiert, ein Programm zum Schutze der Verbraucher skizziert und die Schaffung eines Verbraucherbeirats angeordnet[131]. In Gedenken hieran findet jedes Jahr am 15.3. der internationale Weltverbrauchertag statt, an dem Verbraucherorganisationen weltweit an die Schutzinteressen von Verbrauchern und Verbraucherinnen erinnern.

Im *„Brüsseler Übereinkommen über die gerichtliche Zuständigkeit und die Vollstreckung gerichtlicher Entscheidungen in Zivil- und Handelssachen"* (EuGVÜ) vom 27.9.1968[132] wird der Verbraucher in den Art. 13-15 international vor ihm nachteiligen Gerichtsständen geschützt[133].

Bei der OECD besteht seit dem 12. November 1969 ein Ausschuss für Verbraucherpolitik, zu dessen Mandat die Überprüfung von Fragen der Verbraucherpolitik und des Verbraucherrechts in den Mitgliedsstaaten im Hinblick auf einen effizienten, transparenten und fairen globalen Markt für Verbraucher gehört[134].

Auch der Europarat beschäftigte sich in mehreren Empfehlungen mit dem Schutz des Verbrauchers, wobei insbesondere die Entschließung der Beratenden Versammlung über eine Verbraucherschutz-Charta vom 17.5.1973 zu nennen ist, die das Recht auf Schutz und Unterstützung, auf Regress, auf Information, auf Verbraucherausbildung und auf Repräsentation und Beratung aufführt[135]. Im Internet bietet er zudem Informationen zu Themen wie Kosmetika, Aromastoffe, Verbrauchsgegenstände, Ernährung, Nahrungsmittel und Nahrungsmittelsicherheit, Pestizide und Pharmazeutika an[136].

Das Wiener Übereinkommen über Verträge über den internationalen Warenkauf (CISG) vom 11.4.1980[137] geht insofern auf den Verbraucherkauf ein, als es in Art. 2 a) CISG das UN-Kaufrecht ausnimmt, wenn die Ware lediglich für den persönlichen oder häuslichen Gebrauch bestimmt ist, aber unter dem Vorbehalt, dass der Verkäufer dies erkennen konnte.

Am 9.4.1985 wurden in einer Resolution der Generalversammlung der Vereinten Nationen Richtlinien für den Verbraucherschutz aufgestellt und folgende Ziele abgeleitet[138]:

---

130 Siehe Special Message to the Congress on Protection the Consumer Interest vom 15.3.1962 abgedruckt bei *v. Hippel*, Verbraucherschutz, S. 281 ff.

131 Zur weiteren Entwicklung unter Präsident *Johnson* und auch allg. zur Entwicklung des Verbraucherschutzes in anderen Staaten bis 1970 – vgl. *Schricker*, GRUR Int. 1970, S. 34 ff.

132 Im Bereich der EU ist das EuGVÜ nun weitgehend durch die EG-Verordnung über die gerichtliche Zuständigkeit und die Anerkennung und Vollstreckung von Entscheidungen in Zivil- und Handelssachen (EuGVVO) v. 22.12.2000 abgelöst wurden.

133 S.u. 9.Teil, B. III.

134 Vgl. näher unter www.oecd.org/pdf/M00017000/M00017725.pdf, S. 27 f.; das Mandat des Ausschusses besteht zunächst bis zum 31.12.2004.

135 Abgedruckt bei *v. Hippel*, Verbraucherschutz, S. 446 ff.

136 Unter der Adresse: http://www.coe.fr/soc-sp.

137 BGBl. 1989 II, S. 588.

138 Zitiert nach *v. Hippel*, Verbraucherschutz, S. 486; vgl. auch *Kuhlmann*, Verbraucherpolitik, S. 11; die englische Originalfassung findet sich unter http://www.un.org/documents/ga/res/39/a39r248.htm. Zum Hintergund vgl. auch http://www1.umn.edu/humanrts/links/consumerprotection.html.

- Schutz des Verbrauchers vor Gefahren für seine Gesundheit und Sicherheit,
- Förderung und Schutz von wirtschaftlichen Interessen der Verbraucher,
- Zugang zu angemessenen Informationen, die fundierte Entscheidungen zur Verwirklichung von Bedürfnissen ermöglichen,
- Verbrauchererziehung,
- wirkungsvolle Möglichkeiten für Wiedergutmachung und Schadensersatz,
- Freiheit, Verbrauchervertretungen gründen zu können, die wirkungsvoll in der Verfolgung von Verbraucherinteressen arbeiten.

Die Richtlinien wurden am 22.12.1999 um das Ziel der Förderung eines nachhaltigen Verbrauchs erweitert[139].

IV. Verbraucherschutz im Rahmen der Europäischen Gemeinschaft[140]

1. Grundlagen

Bereits im EWG-Vertrag vom 25.3.1957 tauchte der Begriff des Verbrauchers im Bereich der Agrarpolitik und bei der Wettbewerbspolitik auf[141] und auch in der Präambel und Art. 2 fand seine Position im Rahmen der „*stetigen Verbesserung der Lebensbedingungen*" und die „*beschleunigte Hebung der Lebenshaltung*" ihren rechtlichen Niederschlag[142]. Trotzdem richtete sich der EWG-Vertrag aber zunächst primär an die Produzenten[143], was aber einer Etablierung einer eigenständigen EG-Verbraucherpolitik zu Beginn der siebziger Jahre nicht entgegenstand.

So erarbeitete die europäische Kommission im Zuge der internationalen Verbraucherschutzbewegung in zwei verbraucherpolitischen Programmen aus den Jahren 1975[144] und dann wieder 1981[145] Grundsätze und Prioritäten zu Verwirklichung der Verbraucherinteressen, die sie in fünf fundamentale Rechte wie folgt zusammenfasste:

- das Recht auf Schutz seiner Gesundheit und Sicherheit,
- das Recht auf Schutz seiner wirtschaftlichen Interessen,
- das Recht auf Wiedergutmachung erlittenen Schadens,
- das Recht auf Unterrichtung und Bildung,
- das Recht auf Vertretung (Recht, gehört zu werden).

---

139 Vgl. http://www.un.org/esa/sustdev/dec54_449.pdf.

140 Vgl. auch MünchKomm/*Micklitz*, Vor §§ 13, 14 Rdn. 23 ff.; *Reich/Micklitz*, Europäisches Verbraucherrecht, passim; *Drexl*, Die wirtschaftliche Selbstbestimmung des Verbrauchers, S. 44 ff.; *Tonner*, JZ 1996, S. 537 ff.

141 Art. 39 Abs. 1 lit. e (jetzt Art. 33 EG-Vertrag), Art. 40 Abs. 2 (jetzt Art. 34 EG-Vertrag), Art. 85 Abs. 3 (jetzt Art. 81 EG-Vertrag) und Art. 86 II lit. b (jetzt Art. 82 EG-Vertrag).

142 Vgl. *Drexl*, Die wirtschaftliche Selbstbestimmung des Verbrauchers, S. 44.

143 *Reich/Micklitz*, Europäisches Verbraucherrecht, S. 14.

144 ABlEG C 92 v. 25.4.1975, abgedruckt bei *v. Hippel*, Verbraucherschutz, S. 454 ff.

145 ABlEG C 133 v. 3.6.1981, abgedruckt bei *v. Hippel*, Verbraucherschutz, S. 467 ff.

Auch die Rechtsprechung des EuGH befasste sich schon frühzeitig mit Verbraucherinteressen und entwickelte insbesondere seit der Cassis-Entscheidung vom 20.2.1979[146] den Gedanken des Verbraucherschutzes als einen immanenten Rechtfertigungsgrund einzelstaatlicher Beschränkungen des freien Waren- und Dienstleistungsverkehrs[147].

Mitte der 80er Jahre kam es, zunächst gestützt auf Art. 100 EGV (jetzt Art. 94 EGV) zum Erlass zahlreicher verbraucherschützender Richtlinien, was vor allem deshalb problematisch war, weil diese Vorschrift an sich nur Richtlinien in Bezug auf Vorschriften der Mitgliedsstaaten erlaubte, die sich unmittelbar auf die Errichtung oder das Funktionieren des Gemeinsamen Marktes auswirkten[148].

Die Einheitliche Europäische Akte vom 28.2.1986[149] erweiterte deshalb die Rechtssetzungskompetenz durch Art. 100 a EGV (jetzt Art. 95 EGV) insbesondere dahingehend, dass auch Maßnahmen die sich mittelbar auf die Errichtung und das Funktionieren des Binnenmarktes auswirken, zulässig sind. Zudem hob die Einheitliche Europäische Akte die Regeln der Einstimmigkeit für die Verabschiedung von Richtlinien in vielen der Bereiche auf, die direkt oder indirekt mit dem Verbraucherschutz in Verbindung standen[150].

In seiner Verbraucherschutzentschließung vom 23.6.1986[151] erklärt sich auch der Europäische Rat zur Mitwirkung bei der Sicherung eines hohen Niveaus an Verbraucherschutz bereit und in der Entschließung des Rates vom 13.7.1992[152] wurden die künftigen Prioritäten für den Ausbau der Verbraucherschutzpolitik aufgeführt.

Der Maastrichter EU-Vertrag[153] dehnte die europäischen Kompetenzen zum Verbraucherschutz seit dem 1.11.1993 nochmals aus, indem er in Art. 3 lit. s) EGV (jetzt Art. 3 lit. t) EGV) zu den Tätigkeiten der Gemeinschaft auch *„einen Beitrag zur Verbesserung des Verbraucherschutzes"* zählte und in Art. 129 a EGV (jetzt Art. 153 EGV) eine erstmalige gesetzliche Grundlage für eine binnenmarktunabhängige Verbraucherschutzpolitik schuf[154].

Letzte Etappe[155] in der in der Entwicklung einer eigenständigen Verbraucherpolitik bildet der Amsterdamer Vertrag vom 19. 06.1997[156], der Art. 129 a EGV in den neuen Art. 153 EGV

---

146 EuGH, RS 120/78 (Rewe/Bundesmonopolverwaltung für Branntwein), Slg. 1979, S. 649 ff.

147 Vgl. auch *Reich/Micklitz*, Europäisches Verbraucherrecht, S. 16.

148 Zur Problematik der auf Art. 100 EGV basierenden Verbraucherschutzgesetzgebung – vgl. *Drexl*, Die wirtschaftliche Selbstbestimmung des Verbrauchers, S. 47.

149 ABlEG Nr. L 169 v. 29.6.1987, S. 15.

150 Vgl. ausf. *Reich/Micklitz*, Europäisches Verbraucherrecht, S. 17.

151 ABlEG Nr. C 167, v. 5.7.1986, S. 1.

152 ABlEG Nr. C 186, v. 23.7.1992, S.1.

153 ABlEG Nr. C 191, v. 7.2.1992, S. 1.

154 Zum Verbraucherschutz nach Maastricht allg. *Drexl*, Die wirtschaftliche Selbstbestimmung des Verbrauchers, S. 54 ff.; *Micklitz/Reich*, EuZW 1992, S. 593; *Reich/Micklitz*, Europäisches Verbraucherrecht, S. 18.

155 Der noch nicht in Kraft getretene Vertrag von Nizza v. 26.1.2001 behält den Stellenwert des Verbraucherschutzes mit dem entsprechenden Rechtsrahmen bei.

156 ABlEG Nr. C 340 v. 2.10.1997, S. 173; in Kraft seit dem 1.5.1999.

überführte, eigenständige Verbraucherrechte schuf und die Kompetenzen der Gemeinschaft erweiterte[157].

Neben dem Primärrecht und dem auf seiner Basis ergangenen Sekundärrecht[158] sind Grundlage der Verbraucherschutzpolitik der Europäischen Gemeinschaft die verbraucherpolitischen Aktionspläne[159] und Strategien[160] und die Ratsentschließungen über die Verbraucherpolitik[161].

Zur Unterstützung und Beratung der Kommission besteht ein Verbraucherausschuss, der sich aus Vertretern nationaler und europäischer Verbraucherorganisationen zusammensetzt[162]. Zu letzteren gehören etwa das bereits 1962 gegründete „*BEUC, le Bureau Européen des Unions de Consommateurs*“ [163] und die seit 1999 bestehende „*Association of European Consumers*” (AEC)[164].

Am 2.10.2001 hat die Kommission ein „*Grünbuch zum Verbraucherschutz in der EU*“[165] zur Diskussion gestellt, das sich vor allem mit der Einführung einer Generalklausel im Marktverhaltensrecht und mit der Koordinierung der Rechtsdurchsetzung beschäftigt.

Die 1999 eingerichtete Generaldirektion für Gesundheit und Verbraucherschutz soll schließlich eine bessere Lebensqualität durch Gewährleistung eines hohen Schutzniveaus für die Gesundheit, die Sicherheit und die wirtschaftlichen Interessen der Verbraucher sowie für die Gesundheit der Bevölkerung fördern[166].

---

157 Vgl. ausf. *Reich/Micklitz*, Europäisches Verbraucherrecht, S. 19 ff.; *Drexl*, Die wirtschaftliche Selbstbestimmung des Verbrauchers, S. 57 f.

158 S.u. 2.

159 Der Verbraucherpolitische Aktionsplan 1999-2001 findet sich unter: http://europa.eu.int/comm/dgs/health_consumer/library/legislation/ap/ap01_de.pdf.

160 Vgl. die Verbraucherpolitische Strategie 2002 – 2006 v. 7.4.2002, Kom (2002) 208 endg.

161 Z.B. die Entschließung des Rates v. 28.6.1999 über die Verbraucherpolitik der Gemeinschaft 1999-2001, ABlEG C 206, v. 21.7.1999, S. 1.

162 Beratendende Verbraucherausschüsse bestehen seit 1973. Sie unterlagen ständigen Veränderungen, insbesondere hinsichtlich ihrer Größe. Der zur Zeit bestehende Verbraucherausschuss beruht auf Kommissionsbeschluss v. 4.5.2000 – vgl. ABlEG Nr. L 111 v. 9.5.2000, S. 30.

163 Nähere Informationen finden sich unter http://www.beuc.org. Das BEUC hat seinen Sitz in Brüssel, und bündelt die Interessen der nationalen Verbraucherorganisationen gegenüber den EU-Institutionen. Es vertritt derzeit 34 nationale Verbraucherorganisationen – inklusive den vzbv.

164 Nähere Informationen finden sich unter http://www.consumer-aec.org/english/index.htm#. Er repräsentiert 33 nationale Verbraucherorganisationen – aus Deutschland ist die „*Verbraucher Initiative e.V.*“ (im Netz unter http://www.verbraucher.org/) Mitglied des AEC.

165 Kom (2001) 531 endg. – vgl. auch EuZW 2002, S. 162.

166 Vgl. dazu unter http://www.europa.eu.int/comm/dgs/health_consumer/index_de.htm.

2. Wichtige sekundärrechtliche Rechtsakte

Europäische Verbraucherschutzgesetzgebung erfolgt – bedingt durch das Abstellen auf Art. 100 EGV als Rechtsgrundlage – vor allem durch Richtlinien. Die wichtigsten[167] sind:

RL 84/450/EWG – über irreführende Werbung, ABlEG Nr. L 250 v. 19.9.1984, S. 17; RL 85/374/EWG – Produkthaftungs-RL, ABlEG Nr. L 210, S. 29, zuletzt geändert durch die RL 1999/34/EG v. 10. 5.1999; RL 85/577/EWG – Haustürgeschäftswiderrufs-RL, ABlEG Nr. L 372 v. 31.12.1985, S. 31; RL 87/102/EWG – Verbraucherkredit-RL, ABlEG Nr. L 42 v. 12.2.1987, S. 48, zuletzt geändert durch RL 98/7/EG[168], ABlEG Nr. L 101 v. 1.4.1998, S. 17; RL 89/552/EWG – Fernsehtätigkeits-RL: Art. 10 bis 21, ABlEG Nr. L 298 v. 17. 10. 1989, S. 23, geändert durch die RL 97/36/EG, ABlEG Nr. L 202 v. 30. 7. 1997, S. 60; RL 90/314/EWG – Pauschalreise-RL, ABlEG Nr. L 158 v. 23. 6. 1990, S. 59; RL 92/28/EWG über die Werbung für Humanarzneimittel, ABlEG Nr. L 113 v. 30. 4. 1992, S. 13; RL 92/59/EWG über die allgemeine Produktsicherheit, ABlEG Nr. L 228 v. 11.8.1992, S. 24; RL 93/13/EWG – Missbräuchliche-Klausel-RL, ABlEG Nr. L 95 v. 21. 4. 1993, S. 29; RL 94/47/EG – Timesharing-RL, ABlEG Nr. L 280 v. 29. 10. 1994, S. 83; RL 97/7/EG – Fernabsatz-RL, ABlEG Nr. L 144 v. 4. 6.1997, S. 19; RL 98/6/EG – über den Schutz der Verbraucher bei der Angabe der Preise der ihnen angebotenen Erzeugnisse, ABlEG Nr. L 80 v. 18.3.1998, S. 27; RL 98/27/EG – über Unterlassungsklagen zum Schutz der Verbraucherinteressen, ABlEG Nr. L 166 v. 11.6.1998, S. 51; RL 99/44/EG – Verbrauchsgüterkauf-RL, ABlEG Nr. L 171 v. 7.7.1999, S. 12; RL 2000/31/EG – über den elektronischen Geschäftsverkehr (E-Commerce-RL – ECRL), ABlEG Nr. L 178 v. 17.7.2000, S. 1; RL 2001/37/EG – Tabak-RL, ABlEG Nr. L 194 v. 18.7.2001, S. 26[169]; RL 2001/95/EG – Produktsicherheits-RL, ABlEG Nr. L 11 v. 15.1.2001, S. 4[170].

Unmittelbar geltende Verordnungen finden sich etwa bei landwirtschaftlichem Einschlag oder zum Gesundheitsschutz, insbesondere im Rahmen der Lebensmittelsicherheit[171]. Daneben enthält auch die seit dem 1.3.2002 geltende EuGVVO[172] verbraucherrelevante Normen[173] und im Wettbewerbsrecht ist eine VO über Verkaufsförderung im Binnenmarkt geplant[174].

---

[167] Die Zahl der europarechtlichen Rechtsvorschriften, die den Verbraucher betreffen ist mittlerweile derart groß, dass selbst die europäische Kommission keinen Überblick mehr hat und eine Studie zur *„Zusammenstellung der gemeinschaftlichen Rechtsvorschriften bezüglich des Verbrauchers“* ausgeschrieben hat – vgl. ABlEG Nr. C 170 v. 14.6.1996, S. 21 – eine umfangreiche Zusammenfassung der europäischen Gesetzgebung zum Verbraucherschutz findet sich nun unter http://europa.eu.int/scadplus/leg/de/s16000.htm.

[168] Weitere Neuerungen zur Harmonisierung der Rechts- und Verwaltungsvorschriften der Mitgliedsstaaten über den Verbraucherkredit wurden von der europäischen Kommission am 11.9.2002 (Kom (2002) 443 endg.) vorgeschlagen – vgl. *Danco*, WM 2003, S. 853 ff.; kritisch *Rohe*, BKR 2003, S. 267 ff.

[169] Bestätigt durch Entscheidung des EuGH v. 10.12.2002 – Rs. C-491/01. Die Tabak-RL von 1998 – ABlEG L 213 v. 20.7.1998, S. 9 – wurde vom EuGH am 5.10.2000 mangels Kompetenz noch für nichtig erklärt, Rs. C-376/98, Slg. 2000, I-8419 – vgl. dazu *Amtenbrink*, VuR 2001, S. 163 ff.; *Bertling* in: Lebensmittelrechts-Hdb. III 181 a. Geplant ist weiter eine RL zur Angleichung der Rechts- und Verwaltungsvorschriften der Mitgliedsstaaten über Werbung und Sponsoring zugunsten von Tabakerzeugnissen – vgl. 2001/0119 (COD); KOM/2002/0699 endg.

[170] Durch die Produktsicherheits-RL 2001/95/EG wird die RL 92/59/EWG über die allgemeine Produktsicherheit ab dem 15.1.2004 aufgehoben – vgl. auch *Reich/Micklitz*, Europäisches Verbraucherrecht, S. 907.

[171] Vgl. etwa die VO (EG) Nr. 258/97 v. 27.1.1997 über neuartige Lebensmittel und neuartige Lebensmittelzutaten, ABlEG Nr. L 43 v. 14.2.1997 S. 1 oder die VO Nr. 178/2002 v. 28.1.2002 zur Festlegung der allgemeinen Grundsätze und Anforderungen des Lebensmittelrechts, zur Errichtung der Europäischen Behörde für Lebensmittelsicherheit und zur Festlegung von Verfahren zur Lebensmittelsicherheit, ABlEG Nr. L 31 v. 1.2.2002, S. 1.

[172] Vgl. Art. 76 EuGVVO.

[173] S.u. 9. Teil, B. I. und II.

[174] S.u. 4. Teil, E. I. 1.

C. Die Verbraucherschutzdebatte im Schrifttum

Die deutsche Verbraucherschutzgesetzgebung seit den 70er Jahren war ihrerseits Anlass wissenschaftlicher Diskussion um Berechtigung, Natur und richtigen Standort des Verbraucherrechts, insbesondere im Verhältnis zum allgemeinen Privatrecht[175].

I. Verbraucherschutzkonzepte

Anfangs stand vor allem die Frage im Vordergrund, wie ein effektiver Verbraucherschutz zu erreichen sei, wobei es zur Entwicklung verschiedener Verbraucherschutzkonzepte kam[176].

Basierend auf der liberalen marktwirtschaftlichen Vorstellung, dass der Staat möglichst nicht in wirtschaftliche Vorgänge eingreifen soll und ausgehend vom Leitbild der Konsumentensouveränität und der Vorstellung vom *„homo oeconomicus“*, war nach dem sogenannten Informationsmodell die Schaffung, Erhaltung und Sicherung der Funktionsfähigkeit von Wettbewerb und die Gewährleistung ausreichender Information des Verbrauchers ausreichend[177]. Die diesem Modell zu Grunde liegenden Prämissen eines funktionierenden Wettbewerbs, dem Leitbild der Konsumentensouveränität und der Fähigkeit des Verbrauchers zu rationalen Entscheidungen wurden jedoch als realitätsfern kritisiert[178] und es kam zur Entwicklung alternativer Modelle.

So finden sich bei *Simitis*[179] und *Bievert/Fischer-Winkelmann/Rock*[180] Ansätze zur Berücksichtigung der Verbraucherinteressen bereits bei den Produktionsentscheidungen, mittels öffentlicher Kontrolle der Produzenten durch eine Verbraucherschutzbehörde[181] und Herstellung einer Gegenmacht der Betroffenen[182] bzw. mittels Verbraucherräte bei den Unternehmen und frühzeitiger Tests der Produkte[183]. Auch *Hart/Joerges*[184] sehen den Schwerpunkt bei der Bildung einer Verbrauchergegenmacht, die das organisatorische

---

175 Vgl. insbesondere *Dauner-Lieb*, Verbraucherschutzrecht durch Ausbildung eines Sonderprivatrechts für Verbraucher; *Dichtl*, Verbraucherschutz in der Marktwirtschaft; *Drexl*, Die wirtschaftliche Selbstbestimmung der Verbrauchers; *v. Hippel*, Verbraucherschutz; *Joerges*, Verbraucherschutz als Rechtsproblem; *Reich*, Markt und Recht, 1977, S. 179 ff.; *Reich/Micklitz*, Verbraucherschutzrecht in der Bundesrepublik Deutschland; *Reich/Tonner/Wegener*, Verbraucher und Recht; *Simitis*, Verbraucherschutz, Schlagwort oder Rechtsprinzip?; *Westermann*, Verbraucherschutz, S. 1-122.

176 Angesichts der kaum mehr zu überblickenden Literatur zum Thema Verbraucherschutz erhebt die folgende Darstellung keinen Anspruch auf Vollständigkeit – vgl. auch die Ausführungen von *Dick*, Das Verbraucherleitbild der Rechtsprechung, S. 24 ff.; *Drexl*, Die wirtschaftliche Selbstbestimmung des Verbrauchers, S. 25 ff.; HdVR/*Hart*, Gruppe A Rdn. 24 ff.; Soergel/*Pfeiffer*, § 13 BGB Rdn. 17 ff.

177 Vgl. dazu ausf. *Dauner-Lieb*, Verbraucherschutzrecht durch Ausbildung eines Sonderprivatrechts fir Verbraucher, S. 62 ff.; *Dick*, Das Verbraucherleitbild der Rechtsprechung, S. 12 ff., 25 ff.; *Drexl*, Die wirtschaftliche Selbstbestimmung des Verbrauchers, S. 26 ff.; HdVR/*Hart*, Gruppe A Rdn. 24 ff.

178 *Dick*, Das Verbraucherleitbild der Rechtsprechung, S. 29 ff. m.w.N.; *Drexl*, Die wirtschaftliche Selbstbestimmung des Verbrauchers, S. 29; *Simitis*, Verbraucherschutz, Schlagwort oder Rechtsprinzip?, S. 97 ff.

179 *Simitis*, Verbraucherschutz, Schlagwort oder Rechtsprinzip?, passim. insbesondere aber S. 156.

180 *Bievert/Fischer-Winkelmann/Rock*, Plädoyer für eine neue Verbraucherpolitik, passim, insbesondere aber S. 22.

181 *Simitis*, Verbraucherschutz, Schlagwort oder Rechtsprinzip?, S. 157, 232, 269 ff.

182 *Simitis*, Verbraucherschutz, Schlagwort oder Rechtsprinzip?, S. 157, 231.

183 *Bievert/Fischer-Winkelmann/Haarland/Köhler/Rock*, Plädoyer für eine neue Verbraucherpolitik, S. 25.

184 *Hart/Joerges*, in Assmann/Brüggemeier/Hart/Joerges, Wirtschaftsrecht als Kritik des Privatrechts, S. 83 ff.

Übergewicht der Unternehmensseite ausgleicht und die Organisations- und Artikulationsfähigkeit der Verbraucher sowie die Institutionalisierung der Verbraucherpartizipation fördert[185].

Vor allem *Reich*[186] und *Reifner*[187] befürworten schließlich zusätzliche, marktkompensatorische Maßnahmen[188], da sie die Selbstregulierungskräfte des Marktes für nicht besonders erfolgreich halten. Während *Reich* eine Dreiteilung des Zivilrechts in Verbraucherrecht, Unternehmerrecht und Bürgerrecht vorschlägt[189], wo innerhalb des Verbraucherrechts dann je nach konkreter Schutzbedürftigkeit differenziert werden kann[190], will *Reifner* mittels einer *„sozialen Auslegung"* insbesondere in Bereichen, in denen eine besondere Angewiesenheit auf Konsum besteht, den Verbraucherschutz zur Durchsetzung verhelfen[191].

Hält man sich die Rechtsentwicklung vor Augen und betrachtet den gegenwärtig Stand des Verbraucherschutzes, dann wird deutlich, dass Verbraucherschutz zwar nach wie vor auch, aber schon lange nicht mehr allein auf Wettbewerb und Verbraucherinformation basiert. Neben der Entstehung von – größtenteils staatlich geförderten – Verbraucherverbänden, die immer mehr politischen Einfluss gewinnen[192], kam es – bedingt auch durch die Lobbyarbeit eben dieser Verbraucherverbände[193] – zu zahlreichen verbrauerschützenden Normen[194], die immer öfter zielbezogen und ergebnisorientiert das Verhalten von Anbietern und Nachfragern lenken und privatautonomes Handeln insofern einschränken[195]. Die Rechtswirklichkeit hat also die partizipatorischen und kompensatorischen Ansätze aufgegriffen und sie ergänzend neben dem Informationsansatz herangezogen. Dadurch wird deutlich, dass das eigentliche Problem weniger bei einer theoretischen Fundierung des Verbraucherschutzes liegt, sondern in der Ermittlung optimaler Lösungen[196], die zwangsläufig alle Ansätze heranzuziehen haben.

---

185 *Hart/Joerges*, in Assmann/Brüggemeier/Hart/Joerges, Wirtschaftsrecht als Kritik des Privatrechts, S. 107 ff., 134.

186 *Reich*, Markt und Recht, passim; *ders.*, ZRP 1974, S. 187 ff.; *ders.*, JZ 1975, S. 550 ff; *Reich/Tonner/Wegener*, Verbraucher und Recht, S. 21 ff.

187 *Reifner*, Alternatives Wirtschaftsrecht am Beispiel der Verbraucherverschuldung, passim.

188 Vgl. dazu auch *Schmude*, FS Ballerstedt, S. 481 ff. und *E. Schmidt*, JZ 1980, S. 155 ff.

189 *Reich*, Markt und Recht, S. 195; *Reich/Tonner/Wegener*, Verbraucher und Recht, S. 18.

190 *Reich/Micklitz*, Verbraucherschutz in der Bundesrepublik Deutschland, S. 4.

191 *Reifner*, Alternatives Wirtschaftsrecht am Beispiel der Verbraucherverschuldung, S. 91 ff.

192 Vgl. nur die Vertretung der Verbraucherverbände im Verbraucherausschuss der europäischen Kommission – Einzelheiten im Beschluss der Kommission vom 4.5.2000 zur Einsetzung eines Verbraucherausschusses – ABIEG Nr. L 111 v. 9.5.2000, S. 30.

193 Lobbyarbeit gegenüber Wirtschaft und Politik ist erklärtes Anliegen des vzbv.

194 S.o. B. II.

195 Zwar mag man die Richtigkeit kompensatorischer Maßnahmen nach wie vor bezweifeln, jedoch werden sie in der europäischen und deutschen Gesetzgebung sowie der Rechtsprechung nahezu widerspruchslos angewandt.

196 So schon *v. Hippel*, Verbraucherschutz, S 271 und auch *Joerges*, AG 1983, S. 65 spricht von einem *„Entdeckungsverfahren Praxis"*; vgl. auch *Hart/Köck*, ZRP 1991, S. 64; *Drebes*, Vom Schutz des Kreditsicherungsnehmers zum Verbraucherschutz, S. 47 f. Nach MünchKomm/*Micklitz*, Vor §§ 13, 14 Rdn. 17 handelte es sich bei den Verbraucherschutzmodellen um eine Auseinandersetzung um die geeigneten Mittel.

II. Notwendigkeit und Stellung des Verbraucherschutzes

Die generelle Notwendigkeit eines Verbraucherschutzes ist weitgehend anerkannt[197] und wird auch politisch einmütig propagiert[198]. Bedingt durch die Vorgaben europarechtlicher Richtlinien beschränkt man sich bei der Erörterung der gesetzgeberischen Maßnahmen zum Verbraucherschutz weitgehend auf die Exegese der Neuerungen[199]. Insofern führt die stetige Europäisierung des Verbraucherschutzes[200] letztlich dazu, dass die einzelnen Umsetzungsakte immer weniger auf ihre Erforderlichkeit selbst hinterfragt werden, sondern nur noch erörtert wird, ob die Umsetzung den europäischen Vorgaben entspricht und ob sie konkret so sinnvoll war.

Gerade die Einarbeitung der zentralen Begriffe des Verbraucherrechts und zahlreicher verbraucherschützender Normen in das BGB[201] und die immer weitreichenderen und allgemeineren Bestimmungen zum Schutz des Verbrauchers werfen die nach wie vor nicht abschließend geklärte Frage nach dem Verhältnis des Verbraucherrechts zum allgemeinen Privatrecht und zum richtigen Standort des Verbraucherrechts auf.

Überwiegend wird das Verbraucherrecht nicht als eigenständiges Rechtsgebiet gesehen, sondern als Aspekt des allgemeinen Privatrechts[202]. Auch die Einarbeitung des Verbraucherschutzes ins BGB und mithin ins Privatrecht selbst wird weitgehend nicht kritisiert, wohl aber die konkrete Art und Weise[203]. Die Forderung eines speziellen Verbraucherschutzgesetzes nach Vorbild des österreichischen Konsumentenschutzgesetzes oder des französischen „*Code de Consumation*“ findet sich kaum[204].

Dessen ungeachtet rechtfertigen die nicht zu leugnenden Besonderheiten des Verbraucherrechts im Bezug auf das Zivilrechtssystem und das erkennbare Bedürfnis, die für den Verbraucher geschaffenen Sonderregelungen in einem eigenem Zusammenhang zu dokumentieren, zumindest eine zusammenfassende Darstellung des Verbraucherrechts.

---

197 Kritisch aber *v. Westphalen*, DB 1981, S. 61 ff.; *Gärtner*, JZ 1992, S. 73, *Hübner*, FS Börner, S. 717 ff.; *Medicus*, FS Kitawaga, S. 471 ff.

198 Vgl. etwa die Begründung zum HTWG, BT-Drs. 10/2876, S. 6 ff.

199 So *Hübner*, FS Börner, S. 717.

200 S.o. B. IV.

201 S.o. B. II.

202 Vgl. ausf. *Bydlinski*, System und Prinzipien des Privatrechts, S. 415 ff. allg. zur Diskussion um Sonderprivatrechte, S. 708 ff. konkret zum Sonderprivatrecht für Verbraucher; *Drexl*, Die wirtschaftliche Selbstbestimmung des Verbrauchers, S. 71 ff.; vgl. auch *Gärtner*, BB 1995, S. 1753 ff; aus österreicherischer Sicht *Krejci*, Festgabe Mayrhofer, S. 119 ff.

203 Vgl. Palandt/*Heinrichs*, § 12 Rdn. 1; *Flume*, ZIP 2000, S. 1427 f.

204 Vgl. aber *Berger*, Jura 2001, S. 293; zum Ganzen auch *Duve*, Jura 2002, S. 293 m.w.N.. Der Kodifikationsgedanke wird unter 2. Teil, A. IV. im Zusammenhang mit der Kritik an der Konturenlosigkeit des geltenden Verbraucherbgriffs und unter 6. Teil, C. IV. 8. im Zusammenhang mit dem Transparenzgebot nochmals aufgegriffen. Kritisch zu einem „*Verbrauchergesetzbuch*“ *Roth*, JZ 1999, S. 533; *Dauner-Lieb*, Verbraucherschutz durch Ausbildung eines Sonderprivatrechts für Verbraucher, S. 141 ff.; *Westermann*, Verbraucherschutz, S. 67 ff.

D. Methoden des Verbraucherschutzes

Die beabsichtigte Darstellung des Verbraucherschutzes beim Verbrauchsgüterkauf, die auch auf dessen richtigen Umfang und Umsetzung eingehen soll, legt es nahe, auf die generell bestehenden Methoden des Verbraucherschutzes einzugehen, um hieraus mögliche Alternativen ableiten zu können.

Im Hinblick auf ihre Wirkungsweise lassen sich, basierend auf den verschiedenen Verbraucherschutzkonzeptionen[205], informatorische, kompensatorische und partizipatorische Methoden des Verbraucherschutzes unterscheiden.

Der Vorstellung von Privatautonomie werden vor allem die informatorischen Methoden gerecht[206], die sich primär darauf beschränken, Informationsdefizite bei Verbrauchern und Wettbewerbsbeschränkungen der Anbieter durch eine aktive staatliche Wettbewerbspolitik und Verbesserung der Markttransparenz mittels verbrauchergerichtete Informationspolitik zu beseitigen. Sicherung des Wettbewerbs durch das Kartellrecht als Ausgangspunkt[207] und Anerkennung und Postulierung von produkt- und vertragsbezogenen Informationspflichten des Vertragspartners bzw. Herstellers zur Kompensation des Informationsdefizits des Verbrauchers sind hier einzuordnen. Wichtige Informationskanäle des Verbrauchers sind zudem die Verbraucherberatung vor allem durch die Verbraucherzentralen der Länder, die Massenmedien, wie der Zeitschriften „*test*“ und „*Finanztest*“ der staatlich unterstützten Stiftung Warentest sowie von Informationsportalen im Internet[208].

Dagegen begrenzen kompensatorische Maßnahmen die Privatautonomie durch Einschränkungen der Handlungsmöglichkeiten des Unternehmers bzw. Ausweitung der Befugnisse des Verbrauchers zum Teil erheblich. Zahlreiche Ge- und Verbote und die Ausweitung der rechtsgeschäftlichen Lösungsmöglichkeiten durch Einräumung von Widerrufsrechten sind Zeugnis des hohen Stellenwerts dieser Art des Verbraucherschutzes. Gerade das Vordringen kompensatorischer Maßnahmen zwingt aber zu berücksichtigen, dass diese nicht nur den Beigeschmack staatlichen Bevormundung haben[209], sondern vielfach auch zu einer Verteuerung, Verlangsamung und der Rechtssicherheit des Verbrauchers gerade abträglichen Verkomplizierung des Rechtsverkehrs führen.

Direkte partizipatorische Einflussnahmen der Verbraucher auf die Entscheidungsprozesse von Unternehmern finden sich kaum und stehen auch im Spannungsverhältnis zur unternehmerischen Entscheidungsfreiheit und mithin zur allgemeinen Handlungsfreiheit und dem Schutz des Eigentums. Dagegen ist die Lobbyarbeit der Verbraucherverbände auf die

---

205 S.o. C. I.

206 Vgl. *Grundemann*, JZ 2000, S. 1137 f. der auf „*Information als Instrument zur Förderung der Privatautonomie*“ eingeht.

207 Vgl. auch *Gröner/Köhler*, Verbraucherschutz in der Marktwirtschaft, S. 17 ff.

208 Neben dem reinen Preisvergleich bieten viele Seiten die Möglichkeit, Erfahrungsberichte anderer Verbraucher abzurufen – vgl. etwa www.ciao.com oder www.dooyoo.de. Zudem finden sich auf den Seiten der Verbraucherverbände und -zentralen regelmäßig eine Reihe nützlicher Informationen. Der Freistaat Bayern hat unter http://www.vis.bayern.de/ sogar ein eigenes Verbraucherinformationssystem eingerichtet.

209 Nach *Hübner*, FS Börner, S. 722 f. werde der politisch als „*mündig*“ angesehene Bürger durch das übersteigerte Verbraucherschutzrecht in eine „*Kleinkinderbewahranstalt*“ eingewiesen.

Verbraucherpolitik sowohl auf nationaler als auch auf europäischer Ebene gerade vor dem Hintergrund der zahlreichen Interessenvertretungen der Unternehmer wichtig und schreitet immer mehr voran. Wegen der tatsächlichen Schwierigkeiten bei der Bündelung von Verbraucherinteressen und der finanziellen Überlegenheit der Unternehmerverbände gehört zu den partizipatorischen Maßnahmen auch die wirtschaftliche Förderung der Verbraucherverbände. Schließlich kommt sogar eine direkte Beteiligung der Verbraucher in Betracht, wie etwa das im Auftrag des Bayerischen Staatsministeriums für Gesundheit, Ernährung und Verbraucherschutz erarbeitete Bürgergutachten zum Verbraucherschutz zeigt, in dem stellvertretend für alle bayerischen Verbraucher nach dem Zufallsprinzip ausgewählte Bürgerinnen und Bürger ihre Vorstellungen von Verbraucherschutz formulierten[210].

Im Rahmen dieser Möglichkeiten kann weiter allgemein zwischen Instrumenten des Verbraucherschutzes ohne staatliche Reglementierung und des Verbraucherschutzes durch staatliche Regulierung unterschieden werden[211]. Gerade die Wahrung der Privatautonomie legt es nahe, die Lösung des Verbraucherschutzproblems in größtmöglichem Umfang den Verbrauchern und den Unternehmern zu überlassen oder zumindest so zu lenken, dass es einer gesetzlichen Regulierung kaum oder überhaupt nicht bedarf. Entsprechende Verbraucherschutzinstrumente sind die Organisation der Verbraucher in Vereinigungen oder Verbänden, die Durchführung staatlicher Verbraucheraufklärung, -bildung und -beratung sowie die Selbstregulierung[212]. Staatlich regulierende Maßnahmen verbessern dagegen die Stellung des Verbrauchers durch Festlegung der Rahmenbedingungen für das Tätigwerden des Verbrauchers auf dem Markt und darüber hinaus durch Einräumung von Individualrechten oder ermöglichen und organisieren die kollektive Durchsetzung von Verbraucherrechten[213].

---

210 Zum Bürgergutachten vgl. unter http://www.stmgev.bayern.de/blickpunkt/index.html.
211 Vgl. *Kemper*, Verbraucherschutzinstrumente, passim.
212 *Kemper*, Verbraucherschutzinstrumente, S. 66 ff.
213 *Kemper*, Verbraucherschutzinstrumente, S. 151 ff.

E. Ausblick und neuere Tendenzen des Verbraucherschutzes

Dass auch heute noch Defizite beim Verbraucherschutz zu verzeichnen sind, insbesondere was die Prävention von Schäden angeht[214], haben nicht zuletzt die zahlreichen Lebensmittelskandale gezeigt[215].

Eine weitere Herausforderung ist die Internationalisierung des Handels, die es der nationalen Politik nur noch in begrenzten Umfang erlaubt, effektiv zu regulieren und den Verbraucher zu schützen[216].

Zunehmend einbezogen in die Verbraucherschutzdebatte werden zudem Elemente des Umweltschutzes[217]. Dies ergibt sich insbesondere daraus, dass das ökologische Bewusstsein der Verbraucher gewachsen ist, verstärkt die Konsequenzen einzelner Produkte auf die Umwelt beachtet werden und – auf Grund häufiger negativer Erfahrungen mit industrieller Massenproduktion – immer mehr Wert auf ökologische Produkte gelegt wird.

---

214 Vgl. *v. Hippel*, Aus Politik und Zeitgeschichte 24/2001, S. 16 ff., im Netz unter: http://www.das-parlament.de/2001/24/Beilage/2001_24_004_5650.html.

215 Zuletzt waren vor allem Nitrofen und Acrylamid in den Schlagzeilen – Informationen hierzu finden sich unter http://www.verbraucherministerium.de/verbraucher/verbraucherinfos.htm.

216 *Müller*, Aus Politik und Zeitgeschichte 24/2001, S. 14 im Netz unter http://www.das-parlament.de/2001/24/Beilage/2001_24_003_5649.html.

217 *Drexl*, Die wirtschaftliche Selbstbestimmung des Verbrauchers, S. 58 f.; *Gärtner*, JZ 1992, S. 76; *Hart/Köck*. ZRP 1991, S. 66; *Schmidt-Salzer*, NJW 1994, S. 1314.

2.Teil: Begriffsbestimmung

Im Folgenden werden die Begriffe Verbraucher, Unternehmer und Verbrauchsgüterkauf erläutert. Der beabsichtigten umfassenden Darstellung des Verbraucherschutzes beim Kauf beweglicher Sachen soll dabei insofern Rechung getragen werden, als über die reine Darstellung der einzelnen Merkmale hinaus, auch auf sich anschließende praktische Konsequenzen, dogmatische Probleme und sonstige naheliegende Fragen eingegangen wird.

A. Der Verbraucher

Man könnte meinen, dass sich mit der Einführung der Legaldefinition des Verbrauchers in § 13 BGB eine breite Erörterung des Verbraucherbegriffs erübrigt. Indes enthält schon Art. 29 EGBGB für das internationale Privatrecht eine von § 13 BGB abweichende Begriffsbestimmung des Verbrauchers. Neben zahlreichen problematischen Detailfragen zeigt sich zudem, dass sich die Verbraucherdefinition des § 13 BGB von ihren etymologischen Wurzeln entfernt hat und viel zu weit geht, um eine brauchbare Grundlage für eine verbraucherrechtliche Dogmatik darzustellen.

I. Der ökonomische und allgemeine Verbraucherbegriff

Der Begriff „*Verbraucher*" stammt ursprünglich aus dem ökonomischen Bereich[218] und dient dort der Beschreibung der Stellung des Verbrauchers am Markt.

Als Komplementärbegriff zur Produktion wird „*Verbrauch*" bzw. „*Konsum*" dort ganz allgemein als „*der Verzehr von Gütern (Waren und Diensten) zur Bedürfnisbefriedigung*" verstanden[219]. Privater Verbrauch (als Gegenstück zum öffentlichen Verbrauch) ist „*die gewollte, d.h. der Bedürfnisbefriedigung dienende, Vernichtung des Marktwertes von Waren und Dienstleistungen durch private Haushalte*"[220]. Verbraucher sind folglich jene Wirtschaftssubjekte, „*deren wirtschaftliche Handlungen im Verzehr wirtschaftlicher Werte bestehen und einen unmittelbaren Bezug zur individuellen Bedürfnisbefriedigung aufweisen*"[221].

Dies entspricht auch dem, was allgemein unter Verbraucher verstanden wird, nämlich eine Person, die Waren kauft oder verbraucht[222] bzw. ein Käufer von Waren und Dienstleistungen zur eigenen Bedürfnisbefriedigung[223].

Sowohl dem ökonomischen als auch dem allgemeinen Verbraucherbegriff war also eine Anknüpfung zum Bezug von Waren und Dienstleistungen immanent.

---

218 *Reich/Micklitz*, Verbraucherschutzrecht in der Bundesrepublik Deutschland", Rdn. 5 f.; *Sander*, Individualansprüche des Verbrauchers bei unlauterem Wettbewerb, S. 29.

219 Siehe *Picot*, in Handwörterbuch der Absatzwirtschaft, Sp. 2011; diff. *T. Schneider*, BB 1974, S. 764; *Reich/Tonner/Wegener*, Verbraucher und Recht, S. 9 ff.; Brockhaus, Band 23, Stichwort: Verbraucher.

220 *Mähl*, in Handwörterbuch der Absatzwirtschaft, Sp. 2020.

221 Siehe *Wiswede*, in Handwörterbuch der Absatzwirtschaft, Sp. 2028.

222 Vgl. Duden, Bedeutungswörterbuch – Stichwort: Verbraucher.

223 Vgl. Brockhaus-Enzyklopädie, Band 23, Stichwort: Verbraucher.

II. Der Verbraucherbegriff im Recht

Die moderne deutsche Verbraucherschutzgesetzgebung geht maßgeblich auf das Recht der Europäischen Gemeinschaften zurück[224]. Von diesem ausgehend wurde der Verbraucherschutz zu einem wesentlichen Schutzprinzip des bürgerlichen Rechts[225]. Daher soll zunächst die Entwicklung des Verbraucherbegriffs im Rahmen des Rechts der Europäischen Gemeinschaft dargestellt werden.

1. Die Entwicklung des Verbraucherbegriffs in der Europäischen Gemeinschaft[226]

Im Recht der europäischen Gemeinschaften fehlt eine allgemeine primärgesetzliche Definition des Verbraucherbegriffs. Gleichwohl ist die Europäische Gemeinschaft gem. Art. 3 lit. t) EGV verpflichtet *„einen Beitrag zur Verbesserung des Verbraucherschutzes"* zu leisten und Art. 153 EGV legt als vertragliches Ziel die Förderung der Interessen der Verbraucher und die Gewährung eines hohen Verbraucherschutzniveaus fest. Weitere Erwähnung finden die Verbraucher in Art. 33 Abs. 1 lit. e), 34 Abs. 2 S. 2, 81 Abs. 3 und 82 S. 2 lit. b) EGV.

Im europäischen Sekundärrecht kam es, gestützt auf Art. 94 und 95 EGV (früher Art. 100 und 100a EGV), vor allem zu zahlreichen Rechtsakten, die dem Schutz des Verbrauchers dienen sollen[227].

Nicht in all diesen Richtlinien erfolgt eine ausdrückliche Bezugnahme auf den Begriff des Verbrauchers. So bezieht sich etwa die Produkthaftungs-RL auf den Geschädigten und die Timesharing-RL auf den Erwerber, obgleich in den Begründungen der Rechtsakte der Schutz des Verbrauchers immer mit angeführt wird.

Die Haustürgeschäftswiderrufs-RL, die Verbraucherkredit-RL, die Missbräuchliche-Klausel-RL, die Fernabsatz-RL und die Verbrauchsgüterkauf-RL definieren den Verbraucher im Wesentlichen als *„eine natürliche Person, die bei den von der Richtlinie erfassten Geschäften zu einem Zweck handelt, der nicht ihrer beruflichen oder gewerblichen Tätigkeit zugerechnet werden kann"*[228]. Kern dieser Verbraucherdefinition ist demnach zum einen das Handeln einer natürlichen Person zu privatem Zweck, aber auch die Anknüpfung an den Bezug von Waren und Dienstleistungen ist noch gegeben. Dies ergibt sich nicht explizit, aber daraus, dass der Verbraucher bei den von der jeweiligen RL erfassten Geschäften handeln muss und alle der eingangs erwähnten Richtlinien sich auf Verträge über Waren und Dienstleistungen beziehen[229]. Dies gilt selbst für die Verbraucherkredit-RL, denn sie dient dem Schutz des Verbrauchers der zum Zwecke des Erwerbs von Waren oder der Inanspruchnahme von Dienstleistungen einen Kredit aufnimmt[230]. Verbraucher im Sinne dieser Richtlinien sind also

---

224 S.o. 1. Teil, B. IV.

225 Palandt/*Heinrichs*, § 13 Rdn. 1.

226 Vgl. auch *Kilian*, Der Verbraucherbegriff in der Europäischen Union, S. 12 ff.

227 S.o. 1. Teil, B. IV. 2.

228 Vgl. Art. 2 Haustürgeschäftswiderrufs-RL; Art. 1 Abs. 2 lit. a Verbraucherkredit-RL, Art. 2 lit. b Missbräuchliche-Klausel-RL; Art. 2 Nr. 2 Fernabsatz-RL.

229 Vgl. Art. 1 Abs. 1 Haustürgeschäftswiderrufs-RL; Begründung und Art. 4 Missbräuchliche-Klausel-RL sowie *Heinrichs*, NJW 1996, S. 2191; Begründung (2) und Art. 1 Nr. 1 Fernabsatz-RL.

230 Vgl. die Begründung zur Verbraucherkredit-RL.

nur die natürlichen Personen, die zu privatem Zweck Verträge über Waren oder Dienstleistungen schließen.

Dieser Bezug zu Verträgen über Waren und Dienstleistungen geht allerdings in der RL über den elektronischen Geschäftsverkehr verloren. Nach der dortigen Verbraucherdefinition des Art. 2 lit. e) ist Verbraucher *„jede natürliche Person, die zu Zwecken handelt, die nicht zu ihren gewerblichen, geschäftlichen oder beruflichen Tätigkeiten gehören"*. Der Bezug auf die von der Richtlinie erfassten Geschäfte wird nicht mehr aufgestellt[231].

Eine den persönlichen Anwendungsbereich ausdehnende Verbraucherdefinition enthält Art. 2 Nr. 4 der Pauschalreise-RL. Verbraucher ist hier *„die Person, welche die Pauschalreise bucht"*. Zudem werden ausdrücklich auch Personen, in deren Namen gebucht wird und spätere Erwerber in den Geltungsbereich der RL ausdrücklich mit einbezogen. Eine Einschränkung auf natürliche Personen oder zumindest auf einen privaten Zweck der Reise erfolgt nicht. Bei der Buchung von Pauschalreisen, d.h. die im voraus festgelegte Verbindung von mindestens zwei touristischen Dienstleistungen[232], sind also auch geschäftlich tätige Freiberufler oder juristische Personen geschützt[233], wenngleich dies faktisch keine große praktische Bedeutung haben dürfte, da primär natürliche Personen zu privaten Zweck Pauschalreisen buchen.

Im Rahmen des Schutzes des Verbrauchers bei Preisangaben bezogen sich die Richtlinien 79/581/EWG[234] und 88/314/EWG[235] in ihrem Art. 1 auf den *„Letztverbraucher"*, ohne diesen näher zu umschreiben. Sie wurden durch die RL 98/6/EG[236] aufgehoben, die nunmehr auf den *„Verbraucher"* abstellt und diesen in Art. 2 lit. e) als *„jede natürliche Person, die ein Erzeugnis für Zwecke kauft, die nicht im Zusammenhang mit ihrer kommerziellen oder beruflichen Tätigkeit stehen"* definiert.

In den europäischen Verordnungen enthält – soweit ersichtlich – allein die VO über die gerichtliche Zuständigkeit und die Anerkennung und Vollstreckung von Entscheidungen in Zivil- und Handelssachen (EuGVÜ) vom 21.12.2000 eine Verbraucherdefinition[237]. Im Rahmen der internationalen gerichtlichen Zuständigkeit für Verbrauchersachen definiert Art. 15 Abs. 1 EuGVVO den Verbraucher als eine Person die einen Vertrag *„zu einem Zweck abgeschlossen hat, der nicht der beruflichen oder gewerblichen Tätigkeit dieser Person*

---

231 Nach ihrer Begründung bezieht sich die Richtlinie auf den Binnemarkt allgemein, also auch auf die Niederlassungsfreiheit. Auch soll die Richtlinie allgemein den Rahmen für den Binnenmarkt bezüglich bestimmter rechtlicher Aspekte des elektronischen Geschäftsverkehrs und zur Sicherstellung des freien Verkehrs von Diensten der Informationsgesellschaft festlegen.

232 Vgl. Art. 2 Nr. 1 Pauschalreise-RL.

233 *Dreher*, JZ 1997, S. 168; *Roth*, JZ 1999, S. 532..

234 RL über den Schutz des Verbrauchers bei der Abgabe der Lebensmittelpreis, ABlEG Nr. L 158 v. 19.6.1979, S. 19.

235 RL über den Schutz der Verbraucher bei der Abgabe der Preise von anderen Erzeugnissen als Lebensmittel, ABlEG Nr. L 142 v. 7.6.1988, S. 19.

236 RL über den Schutz der Verbraucher bei der Abgabe der Preise der ihnen angebotenen Erzeugnisse, ABlEG Nr. L 80 v. 18.3.1998, S. 27.

237 ABlEG Nr. L 12 v.16.1.2001, S. 1 – in Kraft getreten am 1.3.2002. Daneben finden sich auch in zahlreichen Verordnungen aus dem Agrarbereich verbraucherschützende Gesichtspunkte – vgl. z.B. VO EWG/2377/90 zur Schaffung eines Gemeinschaftsverfahrens für die Festsetzung von Hoechstmengen für Tierarzneimittelrückstände in Nahrungsmitteln tierischen Ursprungs, ABlEG Nr. L 224, S. 1.

zugerechnet werden kann". Dies entspricht wörtlich der Verbraucherdefinition in Art. 13 Abs. 1 des – nunmehr von der EuGVVO weitgehend abgelösten – Übereinkommens über die gerichtliche Zuständigkeit und die Vollstreckung gerichtlicher Entscheidungen in Zivil- und Handelssachen (EuGVÜ) vom 27.9.1968[238]. In diesem völkerrechtlichen Vertrag[239] beschränkt Art. 13 Abs. 1 Nr. 3 EuGVÜ indes die Anwendung der Norm zumindest auf Verträge zur Erbringung einer Dienstleistung oder der Lieferung beweglicher Sachen. Dieser Bezug geht in der Parallelnorm des Art. 15 Abs. 1 lit. c) der EuGVVO verloren.

2. Die Entwicklung des Verbraucherbegriffs im deutschen Recht[240]

Keine ausdrückliche Nennung des Begriffs Verbraucher, aber in der Sache ein Abstellen auf diesen, enthielt bereits das AbzG vom 16.5.1894, in dem der sachliche Anwendungsbereich auf Abzahlungskäufe über dem Käufer übergebene bewegliche Sachen beschränkt war und in persönlicher Hinsicht der Käufer kein Kaufmann sein durfte[241].

In der Gesetzessprache tauchte der Begriff des Verbrauchers zunächst im verwaltungsrechtlichen Gebiet auf[242]. Ausgangspunkt war insofern die gesetzliche Definition in § 2 Abs. 1 MilchG von 1930[243]. Sachlich auf Milch und Milchprodukte beschränkt, stellte die dortige Definition des Verbrauchers auf den Bezug der Ware *„zum persönlichen Genuss oder zur Verwendung im eigenen Haushalt"* ab. Im Wege einer Fiktion (*„Als Verbraucher gelten auch..."*) erweiterte § 2 Abs. 2 MilchG den Verbraucherbegriff auf gewisse gewerbliche Verbraucher, die von den milchwirtschaftlichen Unternehmen abzugrenzen waren[244]. Nur auf den Verbraucher i.S.d. § 2 Abs. 1 MilchG bezog sich schließlich der Begriff des *„letzten Verbrauchers"* in § 6 Abs. 1 MilchG.

Der Verbraucherdefinition des § 2 Abs. 1 MilchG entspricht weitgehend auch die Legaldefinition in § 6 Abs. 1 LMBG von 1974[245]. Danach ist *„Verbraucher im Sinne des Gesetzes derjenige"*, an den erfasste Waren *„zur persönlichen Verwendung oder zur Verwendung im eigenen Haushalt abgegeben werden"*. Auch zahlreiche weitere Gesetze und Verordnungen aus dem Lebensmittelrecht[246] sowie das TKG[247] stellten und stellen auf diese Definition ab, verwenden aber zum Teil den Ausdruck des *„letzten Verbrauchers"*.

---

238 Die Verbraucherdefinition des Art. 13 EuGVÜ dürfte damit die erste Verbraucherdefinition auf europäischer Ebene gewesen sein.

239 Grundlegend zur Rechtsnatur des EuGVÜ *Schwartz*, FS Grewe, S. 551 – der EuGVÜ ist allerdings durch seine Entstehung und die dem EuGH eingeräumte Auslegungskompetenz in besonderer Weise mit der EG verbunden – vgl. *Kropholler*, Europäisches Zivilprozessrecht, Einl. Rdn. 12.

240 Vgl. auch *Kilian*, Der Verbraucherbegriff in der Europäischen Union, S. 6 ff.

241 *Medicus*, FS Kitawaga, S. 472 f. – auch in der Vorbereitung des Gesetzes im Jahr 1891 war vom Schutz der *„verbrauchenden Bevölkerung"* die Rede, vgl. *Benöhr*, ZHR 138 (1974), S. 492.

242 Ausf. *Drebes*, Vom Schutz des Kreditsicherungsnehmers zum Verbraucherschutz, S. 57 f.; *T. Schneider*, BB 1974, S. 765 ff.

243 RGBl. I, S. 421 – mittlerweile abgelöst durch das Milch- und Margarinegesetz von 1990 (BGBl. I S. 1471), das in § 2 Abs. 2 die ursprüngliche Verbraucherdefinition weitgehend übernommen hat.

244 Siehe *T. Schneider*, BB 1974, S. 765.

245 BGBl. I 1974, S. 1945; das Lebensmittel- und Bedarfsmittelgesetz löste damit das Lebensmittelgesetz von 1927 ab.

246 Vgl. ausf. *T. Schneider*, BB 1974, S. 765.

247 Vgl. § 1 Abs. 1 Nr. 1 Textilkennzeichnungsgesetz (TKG), i.d.F. v. 14.8.1986 (BGBl. 1986 I, S. 1285).

Keine Legaldefinitionen des Verbrauchers findet sich im Wettbewerbsrecht, obgleich sich bereits im § 1 des RabattG von 1933[248] der Begriff des *„letzten Verbrauchers“* fand. Das Gesetz gegen den unlauteren Wettbewerb von 1909 erwähnt in § 13 UWG seit 1965[249] im Zusammenhang mit der Einräumung eines Klagerechts für Verbraucherverbände den Verbraucher, ohne diesen aber näher zu umschreiben. Die 1969 eingeführten §§ 6 a und 6 b UWG stellen dagegen auf den Begriff des *„letzten Verbrauchers“* ab und auch die PAngV[250] bezieht sich in § 1 Abs. 1 auf den *„Letztverbraucher“*. Für die §§ 6 a und 6 b UWG ist dabei anerkannt, dass Letztverbraucher nur der sein kann, der Waren zu privatem Bedarf erwirbt, sie also nicht weiter veräußern oder sonst gewerblich verwenden will[251]. Strittig ist allein, ob auch der Gewerbetreibende, der seinen privaten Bedarf deckt, erfasst wird, weil er nicht mit geschäftungewandten privaten Verbrauchern gleichgesetzt werden könnte und nicht desselben Schutzes wie diese bedürfe. Gleichwohl bejaht die wohl überwiegende Meinung die Letztverbrauchereigenschaft von Gewerbetreibenden, da sie deren Bedarfsdeckung nicht von der des privaten Letztverbrauchers unterscheidet[252]. Anderes ergibt sich dagegen aus der Gesetzestechnik für die PAngV. Hier folgt aus § 7 Abs. 1 Nr. 1 PAngV, der Personen, die Waren und Leistungen in ihrer selbständig beruflich und gewerblich Tätigkeit verwerten, von der Anwendung der PAngV ausnimmt, dass diese zunächst vom Begriff des Letztverbrauchers in § 1 Abs. 1 PAngV erfasst werden[253]. Ein weiterer Unterschied zwischen den §§ 6 a und 6 b UWG und der PAngV ist, dass die Vorschriften des UWG an den Verkauf von Waren anknüpfen, während die PAngV auch die Anbietung von Leistungen erfasst.

Nach der Verbraucherdefinition des Art. 29 Abs. 1 EGBGB von 1986[254] liegt im Rahmen des Internationalen Privatrechts ein Verbrauchervertrag *„bei Verträgen über die Lieferung beweglicher Sachen oder die Erbringung von Dienstleistungen zu einem Zweck, der nicht der beruflichen oder gewerblichen Tätigkeit des Berechtigten zugerechnet werden kann“*, vor. Auch hier ist also noch ein Waren- und Dienstleistungsbezug gegeben.

Dieser Bezug geht dann im VerbrKrG vom 17.12.1990[255], dass die Verbraucherkredit-RL[256] umsetzte, verloren. Nach § 1 Abs. 1 VerbrKrG war beim Abschluss von Kredit- und Kreditvermittlungsverträgen jede natürliche Person Verbraucher, *„es sei denn, dass der Kredit nach dem Inhalt des Vertrages für ihre bereits ausgeübte gewerbliche oder selbständige*

---

248 RGBl. I 1933, S. 1011. Das RabattG wurde zusammen mit der Zugabeverordnung mit Gesetz vom 23.7.2001 ersatzlos gestrichen (BGBl. I 2001, S. 1661 und 1663).

249 Vgl. BGBl. I 1965, S. 625. Während das Klagerecht der Verbraucherverbände zunächst in § 13 Abs. 1 a UWG geregelt war, findet es sich nun in § 13 Abs. 2 Nr. 3 UWG.

250 Die Preisangabenverordnung ist am 14.3.1985 erlassen wurden (BGBl 1985 I, S. 580) – zu den Vorgängerregelungen und Änderungen der PAngV vgl. *Köhler/Piper*, Einf. PAngV Rdn. 2 ff.

251 Vgl. *Köhler/Piper*, § 6 a UWG, Rdn. 13.

252 *Köhler/Piper*, § 6 a UWG, Rdn. 17 ff. m.w.N.

253 Ähnlich war auch die Gesetzestechnik in § 1 Abs. 1 RabattG i.V.m. § 9 Nr. 1 RabattG, wobei aber schon die Verwertung für berufliche Zwecke die Geltung des RabattG ausschloss – vgl. *T. Schneider*, BB 1974, S. 766.

254 BGBl. II 1986, S. 809; Art. 29 Abs. 1 EGBGB entspricht Art. 5 Abs. 1 EVÜ v. 19.6.1980.

255 BGBl. I 1990, S. 2840. Das VerbrKrG ist durch das Schuldrechtmodernisierungsgesetz vom 26.11.2001 (BGBl. I 2001, S. 3138 ff.) in das BGB (§§ 491 ff. BGB) eingearbeitet wurden.

256 RL 87/102/EWG – ABlEG Nr. L 42 v. 12.2.1987, S. 48.

berufliche Tätigkeit bestimmt ist." Nach dieser Begriffsbestimmung war demnach ausreichend, dass eine natürliche Person – sachlich beschränkt auf den Abschluss von Kredit- und Kreditvermittlungsverträgen – zu privatem Zweck handelt. Auf den Bezug von Waren und Dienstleistungen kam es beim Abschluss der Kredit- und Kreditvermittlungsverträge – im Gegensatz zur Verbraucherkredit-RL[257] und dem AbzG – gar nicht mehr an. Zudem waren auch Existenzgründer von der Verbraucherdefinition erfasst.

Der Definition des VerbrKrG angelehnt war die Legaldefinition, auf die der Gesetzgeber im Rahmen der Umsetzung der Missbräuchlichen-Klausel-RL[258] bei der Einfügung von § 24 a AGBG durch Gesetz vom 19.7.1996 abstellte. Die Norm definierte den Verbraucher als *„natürliche Person, die den Vertrag zu einem Zweck abschließt, der weder einer gewerblichen noch einer selbständigen beruflichen Tätigkeit zugerechnet werden kann*". Auch hier fehlte jeder Bezug zum Erwerb von Waren bzw. der Inanspruchnahme von Dienstleistungen.

Dieser Begriffsbestimmung entsprach sinngemäß auch die Definition des *„Erwerbers*" in § 1 Abs. 1 TzWrG als die *„natürliche Person, die bei Vertragsschluss außerhalb ihrer gewerblichen oder beruflichen Tätigkeit handelt*".

Nicht auf den Verbraucher, sondern auf den *„Teilnehmer*" als die Person, die am Fernunterricht teilnimmt, stellt das FernUSG von 1976[259] ab, ohne diesen näher zu definieren.

Das HausTWG von 1986[260] bezog sich auf den *„Kunden*", der in § 1 Abs. 1 HausTWG als der Erklärende einer *„auf den Abschluss eines Vertrages über eine entgeltliche Leistung gerichteten Willenserklärung*" definiert wurde.

Durch das Gesetz über Fernabsatzverträge und andere Fragen des Verbraucherrechts sowie zur Umstellung von Vorschriften auf Euro vom 27.6.2000[261] wurde in § 13 BGB für das bürgerliche Recht eine einheitliche Definition des Verbrauchers, als Zentralbegriff des Verbraucherrechts aufgenommen. Die unterschiedlichen Definitionen und Bezeichnungen des geschützten Personenkreises im HausTWG, VerbrKrG und TzWrG wurden harmonisiert, durch den einheitlichen Begriff des *„Verbrauchers*" ersetzt[262] und auch das gleichzeitig eingeführte FernAbsG[263] nahm von Anfang an hierauf Bezug.

Die Definition des Verbrauchers in § 13 BGB lehnt sich dabei im Wesentlichen am Wortlaut des § 24 a AGBG a.F. an[264]. Verbraucher ist demnach *„jede natürliche Person, die ein*

---

257 S.o. 1.

258 RL 93/13/EWG – ABlEG Nr. L 95 v. 21.5.1993, S. 29.

259 Gesetz v. 24.8.1976 – BGBl. 1976 I, S. 2525; neugefasst durch Bekanntmachung v. 4.12.2000, BGBl. 2000 I, S. 1670; geändert durch Art. 25 des Gesetzes v. 23.7.2002, BGBl. 2002 I, S. 2850.

260 Gesetz v. 16.1.1986 – BGBl. 1986 I, S. 122.

261 BGBl. 2000 I, S. 897 mit Berichtigung auf S. 1139.

262 Erhalten blieb die Bezeichnung des *„Teilnehmers*" im FernUSG, da dieser typischerweise, aber nicht zwingend, zugleich Verbraucher ist – vgl. *Bülow/Artz*, NJW 2000, S. 2050.1

263 Vgl. Art. 1 des Gesetzes über Fernabsatzverträge und andere Fragen des Verbraucherrechts sowie zur Umstellung von Vorschriften auf Euro v. 27.6.2000 (BGBl. I 2000, S. 897 mit Berichtigung auf S. 1139).

264 Nach § 24 a AGBG kam es darauf an, dass eine natürliche Person ein Rechtsgeschäft zu einem Zweck abschließt, der weder *„einer*" gewerblichen noch *„einer*" beruflichen Tätigkeit zugerechnet werden kann. § 13 BGB nimmt dagegen (wie früher § 1 Abs. 1 VerbrKrG) Bezug auf *„ihre*" gewerbliche oder selbständige Tätigkeit. Dadurch wird der unzutreffende Eindruck erweckt, dass der Verbraucher an sich eine gewerbliche oder selbständige berufliche Tätigkeit ausüben muss. Diese sprachliche Ungenauigkeit

Rechtsgeschäft zu einem Zweck abschließt, der weder ihrer gewerblichen noch ihrer selbständigen beruflichen Tätigkeit zugerechnet werden kann".

III. Der Verbraucherbegriff in der juristischen Literatur

Auch in der Rechtswissenschaft finden sich unterschiedliche Definitionen des Verbrauchers.

Ursprünglich stellte die Rechtswissenschaft[265] zunächst im Wesentlichen auf die, auch dem internationalen Sprachgebrauch[266] entsprechende Definition des Verbrauchers als diejenige Person, „*der Waren oder Dienstleistungen zur privaten Verwendung geliefert werden*", ab. Wesentliche Merkmale des Verbrauchers sind demnach:

- die private Bedürfnisbefriedigung
- mittels dem Erwerb von Waren und Dienstleistungen,

wobei aus dem Merkmal der privaten Bedürfnisbefriedigung grundsätzlich folgte, dass nur natürliche Personen Verbraucher sein können[267].

Indes wurden selbst bei Abstellen auf diese Definition zum Teil Rechtsgebiete erörtert, die überhaupt nicht an den Bezug von Waren und Dienstleistungen anknüpften.

So rechnet *v. Hippel* dem Problemkreis Verbraucherschutz – zumindest im weiteren Sinne – auch den Schutz des Immobilienkäufers, des Bauherrn, des Mieters, des Heimbewohners, des Maklerkunden, des Werkstattkunden, des Patienten, des Bankkunden und des Kapitalanlegers zu[268]. Bei *Borchert* finden sich Ausführungen zum Mieterschutz[269]. Oftmals wird auch die Problematik der Bürgschaften im Rahmen des Verbraucherschutzes erörtert[270].

Die wohl weiteste Verbraucherdefinition legt *Drexl* in seiner Studie zur wirtschaftlichen Selbstbestimmung des Verbrauchers zu Grunde. Unter Verbraucher versteht er „*jede natürliche Person, die nicht zu beruflichen oder gewerblichen Zwecken im wirtschaftsrelevanten Rechtsverkehr handelt oder sonst – z.B. als Adressat von Werbung – betroffen ist*"[271].

---

wird zurecht kritisiert – vgl. *Flume*, ZIP 2000, S. 1427 f. – bei der Auslegung des § 13 BGB aber weitgehend übergangen – vgl. Jauernig/*Jauernig*, BGB, § 13 Rdn. 3; Palandt/*Heinrichs*, § 13 Rdn. 3.

265 Vgl. *v. Hippel*, Verbraucherschutz, S. 3; *Kemper*, Verbraucherschutzinstrumente, S. 26 f.; *Reich/Micklitz*, Verbraucherschutzrecht in der Bundesrepublik Deutschland, Rdn. 18; *T. Schneider*, BB 1974, S. 768; *Borchert*, Verbraucherschutzrecht, S. 1.; *Goll*, GRUR 1976, S. 488.

266 Vgl. die Consumer Protection Charter des Europarats vom 17.5.1973, die den Verbraucher als „*a physical or legal person to whom goods are supplied and services provided for private use*" defniert. Auch die Verbraucherdefinition in Art. 3 lit f) des türkischen Verbraucherschutzgesetzes v. 23.2.1995 bezieht sich auf Waren und Dienstleistungen.

267 Vgl. *Heinbuch*, Theorien und Strategien des Verbraucherschutzes am Beispiel des Fernunterrichtschutzgesetzes, S. 37 ff.; *Teske* in Magoulas/Ahrens, Recht und Ökonomie beim Konsumentenschutz und Konsumentenkredit, S. 17; *T. Schneider*, BB 1974, S. 768 der dies dahingehend einschränkt, dass es sich tendenziell um natürliche Personen handeln muss.

268 *V. Hippel*, Verbraucherschutz, S. 262 f.

269 *Borchert*, Verbraucherschutz, S. 44 ff.; auch der 2. verbraucherpolitische Bericht der Bundesregierung geht in Punkt 6 auf „*Wohnungspolitische Regelungen*" ein und der Mieterverein ist Mitglied beim vzbv.

270 Vgl. *Hommelhoff*, Verbraucherschutz im System des deutschen und europäischen Privatrechts, S. 13 ff.; *Drexl*, Die wirtschaftliche Selbstbestimmung des Verbrauchers, S. 505 ff.

271 *Drexl*, Die wirtschaftliche Selbstbestimmung des Verbrauchers, S. 11.

Schon im Hinblick auf die Verbraucherdefinitionen in § 1 Abs. 1 VerbrKrG, § 24 a AGBG und der EG-Richtlinien setzt sich aber auch in der Literatur die Definition des Verbrauchers als *„eine Person, die einen Vertrag nicht für ihre gewerblichen oder beruflichen Zwecke abschließt“* mehr und mehr durch[272].

Die Einführung der Legaldefinition des Verbrauchers in § 13 BGB dürfte für die Zukunft die Begriffsbildung auch in der Literatur im Wesentlichen in diesem Sinne festlegen.

IV. Stellungnahme

1. Notwendigkeit eines einheitlichen Verbraucherbegriffs

Die Entwicklung des Verbraucherschutzes zu einem wesentlichen Bestandteil der deutschen Rechtsordnung mit zahlreichen Vorschriften die sich explizit auf den Verbraucher beziehen, drängte eine einheitliche Begriffsbestimmung geradezu auf. Zu wissen, ob einzelne verbraucherschützende Normen in persönlicher Hinsicht eingreifen, kommt in Sachen Rechtsicherheit nicht nur dem Unternehmer, sondern auch dem Verbraucher selbst zu Gute[273]. Dass in bestimmten Situationen, wie etwa bei der Produkthaftung, der zu schützende Personenkreis weiter zu fassen ist, stünde dem nicht entgegen, da die Festlegung des Verbrauchers nicht einhergeht mit der Feststellung der mangelnden Schutzwürdigkeit von Nichtverbrauchern.

Im Hinblick auf die Einheit der Rechtsordnung und als Grundlage der Entwicklung eines in sich stimmigen Konzepts zum Schutz des Verbrauchers bedürfte es daher an sich einer bereichsübergreifenden Verbraucherdefinition[274].

2. Kritik an der Konturenlosigkeit des geltenden Verbraucherbegriffs

Die Entwicklung des Verbraucherbegriffs sowohl im Gesetz als auch in der Literatur zeigt deutlich den Wandel einer einst auf den Verbrauch abstellenden Abgrenzungseinheit hin zu einer *„Hilfsfigur“*[275]. War früher durch die Anknüpfung an den Erwerb von Gütern und Dienstleistungen noch zumindest eine gewisse sachliche Eingrenzung gegeben, ist der insofern allgemein an den Abschluss von Rechtsgeschäften anknüpfende Verbraucherbegriff des § 13 BGB weitgehend konturlos und tatbestandlich völlig losgelöst von der ursprünglichen Bedeutung des Begriffs *„Verbrauch“*[276].

---

272 *Larenz/Wolf*, AT, § 42 Rdn. 27, 36 ff.

273 Nach *Kilian*, Der Verbraucherbegriff in der Europäischen Union, S. 179 soll der Vorteil allein beim Vertragspartner des Verbrauchers liegen. Ob ein Berufen auf Verbraucherrechte möglich ist oder nicht, ist aber gerade auch essentiell für den Verbraucher.

274 *Drebes*, Vom Schutz des Kreditsicherungsnehmers zum Verbraucherschutz, S. 72 ff. will statt auf den Verbraucher auf das Verbrauchergeschäft abstellen. Damit ist m.E. nicht viel gewonnen und wird auch dem Sinn des Verbraucherschutzes nicht gerecht, der, wie das Wettbewerbsrecht oder §§ 241 a, 661 a BGB zeigen, ein Eingreifen auch ohne Vorliegen eines Verbrauchervertrages erfordert.

275 *Pfeiffer*, Der Verbraucher nach § 13 BGB, S. 141.

276 Vgl. auch *Duve*, Jura 2002, S. 794. Interessant ist, dass die Gegner der Einbeziehung des Arbeitnehmers in den Verbraucherbegriff zur Begründung auf den ursprünglichen Sinn des *„Verbrauchs“* abstellen – vgl. etwa *Bauer/Kock*, DB 2002, S. 43 unter Verweis auf den Duden, Bedeutungswörterbuch, 2. Aufl. (1985).

Der weite, allein durch die private Zweckbestimmung sachlich eingeschränkte Verbraucherbegriff des § 13 BGB steht so im Ergebnis synonym für den zu privaten Zwecken Handelnden. Etymologisch wäre es daher besser gewesen, nicht auf den Verbraucher, sondern auf den nicht zu professionellen Zwecken bzw. zu privaten Zwecken Handelnden abzustellen.

Die allumfassende Verbraucherdefinition des § 13 BGB hat sicherlich den Vorteil, dass sie den geschützten Personenkreis lückenlos erfasst. Andererseits wird dieser einheitliche Verbraucherbegriff durch mangelnde Präzision erkauft, begründet doch jedes rechtsgeschäftliche private Handeln die Verbrauchereigenschaft. Erfasst wird der private Verkäufer und Käufer, der private Schenker und Beschenkte, der private Vermieter ebenso wie der private Mieter, der Arbeitnehmer[277] und der zu privaten Zwecken beschäftigende Arbeitgeber[278], der private Auftraggeber und der privat handelnde Beauftragte, selbst der sich zu privaten Zwecken Verbürgende ist Verbraucher i.S.d. § 13 BGB[279]. Als Anknüpfungspunkt eines speziellen Verbraucherrechts gerät die Definition des § 13 BGB damit aber viel zu weit. Insbesondere die verschiedenen Interessenlagen, die bei den einzelnen Vertragstypen zu beachten und zu berücksichtigen sind, dürften die Herausarbeitung eines allgemeinen Verbraucherschutzrechts unmöglich machen. Nicht von ungefähr kommt etwa die Diskussion, ob die Verbraucherrechte bei Abschluss, Änderung, Aufhebung und Abwicklung des Arbeitsvertrags eingreifen[280].

Eine einschränkende, etwa auf den Erwerb von Gütern oder Dienstleistungen abstellenden Begriffsbestimmung, wäre daher eher in der Lage gewesen, einen zusammenhängenden Verbraucherschutz ähnlich dem Mieterschutz oder dem Arbeitnehmerschutz zu entwickeln[281].

Insofern hätte sich dann die weitere Differenzierung zwischen Verbraucherschutzregelungen im engeren Sinne, die auf die Rechtsbeziehungen zwischen Verbraucher und Unternehmer abstellen und solchen Regelungen angeboten, die zwar die Unterlegenheit des Verbrauchers gegenüber dem Unternehmer verhindern oder ausgleichen, darüber hinaus aber auch andere

---

In § 13 BGB findet sich indes keine über den privaten Zweck hinausgehende sachliche Einschränkung, so dass die Ausklammerung des Arbeitsnehmers zwar sinnvoll sein mag, aber contra legem erfolgen würde.

277 Gerade die Verbrauchereigenschaft des Arbeitnehmers im Verhältnis zum Arbeitsgeber hat unter den Arbeitsrechtlern zu Streit und zum Teil zu erheblichem Widerstand geführt – für die Verbrauchereigenschaft *Boemke*, BB 2002, S. 97; *Däubler*, NZA 2001, S. 1333 f.; vgl. auch BT-Drs. 14/7052, S. 189 f.; einschränkend *Annuß*, NJW 2002, S. 2844 ff.; *Bauer/Kock*, DB 2002, S. 43 ff.; *Fiebig*, DB 2002, S. 1608 ff.; *Hromadka*, NJW 2002, S. 2524; *Hümmerich/Holthausen*, NZA 2002, S. 173 ff.; *Natzel*, NZA 2002, S. 595 ff. Das BAG hat mit Urteil vom 27.11.2003 (Az.: 2 AZR 177/03) die Streitfragen offen gelasssen, ein Widerrufsrecht nach § 312 BGB bezüglich einer im Personalbüro des Arbeitsgebers geschlossenen arbeitsrechtlichen Beendigungsvereinbarungen aber im Ergebnis abgelehnt.

278 Z.B. bei der Beschäftigung einer Putzfrau für den Haushalt oder eines Kindermädchens.

279 Vgl. *Flume*, ZIP 2000, S. 1428.

280 Vgl. zu diesem Streit die Nachweise bei Palandt/*Heinrichs*, Einf v § 611 Rdn. 7 b. *Bülow/Artz*, Verbraucherprivatrecht, S. 20 f. weisen darauf hin, dass zwischen dem Anwendungsbereich des § 13 BGB und dem sachlichen Anwendungsbereich der konkreten verbraucherprivatrechtlichen Materie zu differenzieren ist. Da letztere – bis auf die Sonderregelung in § 310 Abs. 4 BGB – regelmäßig keine vertragsspezifische Einschränkungen vornehmen, dürfte indes mit der Begründung der Verbrauchereigenschaft die Anwendung der verbraucherschützenden Regeln auf den Arbeitsvertrag vorgegeben sein.

281 Was nicht ausschlösse, dass in Teilbereichen, wie etwa bei der Einbeziehung von AGB und im Rahmen des § 312 BGB, der Schutz von Verbraucher, Mieter und Arbeitnehmer gleich läuft.

Intentionen verfolgen und sich deshalb nicht allein auf den Verbraucher beziehen. Für die Vorschriften des Verbraucherschutzes im engeren Sinne würde – soweit nicht der Sachzusammenhang im Einzelfall überwiegt[282] – eine Zusammenfassung in eine Verbraucherschutzkodifikation nahe liegen[283].

3. Konsequenz aus dem geltenden Verbraucherbegriff

Durch den allumfassenden Verbraucherbegriff des § 13 BGB erfolgt eine Entpersonalisierung des Verbraucherbegriffs[284].

Die damit einhergehenden Konturenlosigkeit der Verbraucherbestimmung des § 13 BGB hat damit erst recht zur Folge, dass die Frage „*Wer ist ein Verbraucher?*" – fast jeder – durch die Frage „*Wer bedarf in welcher Situation eines besonderen Schutzes?*" zumindest überlagert wird und die von *Medicus* aufgeworfene Vermutung, dass es sich letztlich um die Frage nach dem richtigen Recht handelt[285], bestätigt sich.

4. Verbraucherbegriff und Schutzbedürftigkeit

Verbraucher i.S.d. § 13 BGB sind alle nicht zu gewerblichen oder selbständig beruflichen Zwecken Handelnden. Auf ihre intellektuellen Fähigkeiten oder ökonomischen Verhältnisse kommt es dabei nicht an[286]. Erfasst werden Analphabeten genauso wie Hochschulabsolventen, Sozialhilfeempfänger genauso wie Millionäre. Das Gesetz bedient sich also eines hohen Maßes an Abstrahierung bzw. Typisierung zur Festlegung des zu schützenden Personenkreises. Dass im Einzelfall daher auch Personen in den Genuss von verbraucherschützenden Vorschriften kommen, obgleich sie ihrem unternehmerischen Vertragspartner sogar überlegen sind, ergibt sich zwangsläufig[287]. Dies ist aber nur notwendige Konsequenz daraus, dass die Festlegung des persönlichen Schutzumfangs die schutzbedürftigen Personen lückenlos erfassen soll und dem Gesetzgeber insofern ein weiter Beurteilungs- und Gestaltungsspielraum zusteht, was auch vom BVerfG im Grundsatz anerkannt wird[288]. Auch Praktikabilität und Rechtssicherheit lassen sich als Gründe für eine gewisse Pauschalierung anführen[289]. Da sich aus der Begriffsbestimmung selbst keine konkreten Folgen ergeben, ist ein gegen das Übermaßverbot verstoßender Eingriff in

---

282 Dies gilt insbesondere für die Vorschriften zur Gestaltung rechtsgeschäftlicher Schuldverhältnisse durch Allgemeine Geschäftsbedingungen (§§ 305 ff. BGB). Sie gelten zunächst ganz allgemein, verschärfen den Schutz gegenüber dem Verbraucher in § 310 Abs. 3 BGB und beschränken ihn gegenüber Unternehmern durch § 310 Abs. 1 BGB. Eine entsprechend getrennte Regelung würde ein zusammenhängendes Rechtsgebiet unsachgemäß und die Rechtsanwendung erschwerend, aufspalten.

283 Der Kodifikationsgedanke wird im 6. Teil, C. IV. 8. nochmals im Zusammenhang mit dem Transparenzgebot aufgegriffen. Kritisch zu einem „*Verbrauchergesetzbuch*" *Roth*, JZ 1999, S. 533; *Dauner-Lieb*, Verbraucherschutz durch Ausbildung eines Sonderprivatrechts für Verbraucher, S. 141 ff.; *Westermann*, Verbraucherschutz, S. 67 ff.

284 *Duve*, Jura 2002, S. 795.

285 *Medicus*, FS Kitawaga, S. 284 ff., 286.

286 *Palandt/Heinrichs*, § 13 Rdn. 2.

287 *Bydlinski*, System und Prinzipien, S. 733 f.; *Engelhardt*, Europäisches Verbraucherrecht im BGB, S. 54.

288 BVerfG, NJW 1990, S. 1469.

289 Vgl. auch *Medicus*, JuS 1996, S. 767; *Drebes*, Vom Schutz des Kreditsicherungsnehmers zum Verbraucherschutz, S. 49 ff.

grundrechtlich geschützte Handlungsfreiheiten des anderen Vertragsteils[290] aus dem Verbraucherbegriff allein nicht ableitbar.

Im Zusammenhang mit den einzelnen Verbraucherschutznormen sollte jedoch der konkreten Schutzbedürftigkeit sowohl bei der Bestimmung der personellen als auch der sachlichen Reichweite Berücksichtigung finden, um zumindest in Extremfällen eine teleologische Reduktion vornehmen zu können[291]. Auch ist zu beachten, dass die durchaus erforderliche Verallgemeinerung nicht dazu führt, dass die rechtsgeschäftliche Handlungsfreiheit generell auf der Basis der schutzwürdigsten Individuen aufbaut und mithin zur Bevormundung der weniger Schutzwürdigen führt. Ein typisierender Schutz sollte sich insbesondere an den bestehenden, individuellen Schutzmöglichkeiten und -bedürfnissen messen[292].

Die Diskussion zum richtigen Umfang des Verbraucherschutzes muss daher sowohl die typisierende als auch die konkrete Schutzwürdigkeit des Verbrauchers berücksichtigen. Auch wenn die Verbraucherschutzgesetze auf die Unterlegenheit des Verbrauchers im Allgemeinen abstellen, müssen auch die Auswirkungen im Einzelfall beachtet werden. Zudem sollten, gerade vor dem Hintergrund des typisierenden, allgemeinen Schutzes des Verbrauchers, pragmatische Erwägungen Berücksichtigung finden, denn was im Einzelfall zum Schutz des Verbrauchers gedacht ist, kann für die Verbraucher in der Gesamtheit durchaus auch negative Folgen haben.

V. Die einzelnen Merkmale des Verbrauchers nach § 13 BGB

Die Legaldefinition des § 13 BGB wird im Wesentlichen von zwei Elementen geprägt. In persönlicher Hinsicht stellt sie auf die Qualität des Verbrauchers als natürliche Person ab. In sachlicher Hinsicht kommt es darauf an, dass der Verbraucher zu privaten Zwecken handelt. Den juristischen Rahmen schließt schließlich das Erfordernis des Abschlusses eines Rechtsgeschäfts.

1. Natürliche Person

Verbraucher können nach dem Wortlaut des § 13 BGB zunächst alle Menschen als natürliche Personen sein. Eine Eingrenzung durch Bezugnahme auf intellektuelle Fähigkeiten oder finanzielle Verhältnisse besteht nicht[293]. Selbst Rechtskundige, die im Einzelfall dem Unternehmer weit überlegen sind, können Verbraucher sein[294].

---

290 Vgl. *Medicus*, FS Kitawaga, S. 472.

291 So generell auch *Bydlinski*, System und Recht, S. 733 f.; kritisch *Engelhardt*, Europäisches Verbraucherrecht im BGB, S. 54.

292 In diesem Sinne auch *Hübner*, FS Börner, S. 717 ff.

293 *Bülow/Artz*, NJW 2000, S. 2050; Palandt/*Heinrichs*, § 13 Rdn. 2; vgl. auch *Kappas*, NJW 1997, S. 2653 ff. der in Bezug auf BGH, NJW 1997, S. 2685 ff. auf die Frage eingeht, ob „*Reiche*" möglicherweise keines Verbraucherschutzes bedürfen.

294 Vgl. *Engelhardt*, Europäisches Verbraucherrecht im BGB, S. 54 ff.; zur Schutzbedürftigkeit des Verbrauchers siehe auch oben IV. 4.

a. Geschäftsunfähigkeit und beschränkte Geschäftsfähigkeit

Trotz der Bezugnahme auf den Abschluss von Rechtsgeschäften steht auch Geschäftsunfähigkeit bzw. beschränkte Geschäftsfähigkeit der Verbrauchereigenschaft nicht entgegen[295]. Soweit sie selbst keine wirksamen Willenserklärungen abgeben können, nehmen sie doch durch wirksame Vertretung am Rechtsverkehr teil[296].

b. Beteiligung mehrerer Personen

aa. Ob am maßgeblichen Rechtsgeschäft mehrere Personen als Gesamtschuldner kraft gemeinsamer Verpflichtung (§ 427 BGB), Schuldbeitritt oder Schuldübernahme, beteiligt sind, steht der Subsumtion unter § 13 BGB nicht entgegen[297]. Soweit § 13 BGB auf *„jede natürliche Person"* abstellt, liegt hierin keine numerische Begrenzung, sondern dient der Unterscheidung von der juristischen Person[298].

bb. Problematisch ist, wie sich der Umstand auswirkt, wenn nicht allen beteiligten Personen Verbrauchereigenschaft zukommt. Grundsätzlich hat die Feststellung der Verbrauchereigenschaft für jede Person gesondert zu erfolgen[299], da die gleichzeitige Beteiligung von *„Nichtverbrauchern"*, die typische Schutzbedürftigkeit des Verbrauchers nicht aufhebt, die aus dem Aufeinandertreffen von professionellem und nichtprofessionellem Handeln resultiert[300]. Demzufolge sind die verbraucherschützenden Normen nur auf die am Vertragsschluss beteiligten Verbraucher anzuwenden[301]. Bei der Ausübung eines Widerrufsrechts durch einen Verbraucher treten dessen Wirkungen aber auch für die Nichtverbraucher ein, da diese sonst weiter an einem Vertrag festhalten müssten, den sie allein so nicht abgeschlossen hätten[302].

In Fällen gesamtschuldnerischer Verpflichtung in Folge kumulativer Schuldübernahme oder Schuldbeitritts begründet § 425 BGB die Möglichkeit, der Verbraucherqualität bei nur einem Teil der Verpflichteten angemessen Rechnung zu tragen, mit der Folge, dass die Verbraucherrechte nur gegenüber den als Verbraucher Beteiligten eingreifen[303]. Über § 417 BGB kann sich aber auch der nichtverbraucherische Schuldübernehmer oder

---

295 *Bülow*, Verbraucherkreditrecht, § 491 Rdn. 51; *Engelhardt*, Europäisches Verbraucherrecht im BGB, S. 53.

296 Zur Maßgeblichkeit des Vertretenen bei der Ermittlung der Verbrauchereigenschaft – s.u. VI. 2.

297 *Engelhardt*, Europäisches Verbraucherrecht im BGB, S. 56 f.; MünchKomm/ *Ulmer* § 1 VerbrKrG Rdn. 18, 31 ff.; *Ulmer* in Ulmer/Brandner/Hensen, AGBG, § 24 a Rdn. 20; zur Einbeziehung des Bürgen vgl. unten VI. 3. a.

298 Vgl. auch BGH , NJW 2002, S. 368.

299 Vgl. BGHZ 133, 71, 76 ff. = NJW 1996, S. 2156; 133, 220, 222 f. = ZIP 1996, S. 1667; 134 94, 97 = NJW 1997, S. 654.

300 *Engelhardt*, Europäisches Verbraucherrecht im BGB, S. 57; MünchKomm/ *Wendehorst*, § 312 b Rdn. 16.

301 BGHZ 133, 71, 76 ff. = NJW 1996, S. 2156; 133, 220, 222 f. = NJW 1997, S. 654; *Bülow*, Verbraucherkreditrecht, § 491 Rdn. 54; *Engelhardt*, Europäisches Verbraucherrecht im BGB, S. 57.

302 Wie hier im Ergebnis MünchKomm/ *Wendehorst*, § 312 d Rdn. 52 mit Verweis auf § 351 BGB, bei dem nach h.M. die Wirkungen des Rücktritts für alle Personen einheitlich eintreten, selbst wenn der Rücktrittsgrund nur in der Person eines Beteiligten vorliegt – vgl. BGH, NJW 1976, S. 1931; Palandt/*Heinrichs*, § 351 Rdn. 2. Beachte aber MünchKomm/ *Ulmer*, § 355 Rdn. 25, der § 139 BGB heranzieht und die Anwendung des § 351 BGB ablehnt, mit der Begründung, dass § 357 Abs. 1 S. 1 BGB nur die Rechtsfolgen regele und daher nicht auf § 351 BGB verweise. Inwiefern die Wirkungen des Widerrufs auch andere nicht zum Widerruf Berechtigte treffen, ist aber durchaus den Rechtsfolgen zuzurechnen, dass zumindest insofern ein Verweis auf § 351 BGB zu bejahen ist.

303 So *Ulmer* in Ulmer/Brandner/Hensen, AGBG, § 24 a Rdn. 31.

Schuldbeitretende[304] auf die Einwendungen und Einreden des verbraucherischen bisherigen Schuldners berufen[305]. Bei Schuldübernahme ist auch eine ausdrückliche oder stillschweigende Übertragung denkbar[306].

Bei Vertragsübernahme gehen die Verbraucherrechte der alten Partei auf die neue Partei über. Es handelt sich dabei um abgeleitete Verbraucherrechte, deren Bestand sich ausschließlich nach den Voraussetzungen richtet, die in der Person der alten Partei gegeben sind[307].

c. Personengemeinschaften

aa. Personengemeinschaften, wie z.B. Bruchteilsgemeinschaften, Wohneigentümergemeinschaften oder Gesamthandsgemeinschaften wie die GbR, die eheliche Gütergemeinschaft (§§ 1415 ff. BGB) oder Erbengemeinschaft (§§ 2032 ff. BGB), werden überwiegend als Verbraucher behandelt, wenn sie nicht zu gewerblichen oder selbständig beruflichen Zwecken handeln[308] und nur aus natürlichen Personen bestehen[309]. Begründet wird dies damit, dass natürliche Personen persönlich mitverpflichtet werden und es im Ergebnis keinen Unterschied machen darf, ob eine natürliche Person oder eine Personengemeinschaft handelt[310]. Bei Innengesellschaften, die als solche nicht am Rechtsverkehr teilnehmen[311], kommt hinzu, dass hier von vornherein eine natürliche Person Vertragspartner wird, auch wenn sie im Innenverhältnis für Rechnung der Gesamthand handelte[312]. Der BGH stellte im Rahmen des VerbrKrG zudem klar, dass der Begriff *„natürliche Person"* in § 13 BGB zur Unterscheidung von der juristischen Person verwandt wurde und daher hierunter auch eine gesellschaftsrechtlich verbundene Gruppe von natürlichen Menschen zu verstehen ist[313].

bb. Problematisch ist allerdings die Einordnung der GbR, soweit sie als Außengesellschaft am Rechtsverkehr teilnimmt und ihr mithin Rechtsfähigkeit zukommt[314]. In § 14 Abs. 1 BGB

---

304 Zur entsprechenden Anwendungen des § 417 BGB auf den Schuldbeitretenden – vgl. OLG Nürnberg, ZIP 2000, S. 1975.

305 MünchKomm/*Wendehorst*, § 312 d Rdn. 56 stellt beim Schuldbeitritt nicht auf § 417 BGB sondern auf § 770 BGB analog ab.

306 Vgl. Palandt/*Heinrichs*, § 417 Rdn. 3 – vgl. zur Übertragung von Verbraucherrechten auch unten IV. 3. b. aa.

307 MünchKomm/*Wendehorst*, § 312 d Rdn. 57; so auch zum Widerrufsrecht nach § 7 Abs. 1 VerbrKrG a.F. BGH, NJW 1999, S. 2666; NJW 1996, S. 2095; NJW 1995, S. 2290. Davon ist zu unterscheiden, ob die Vertragsübernahme selbst Verbraucherrechte begründet.

308 Bei der GbR wird dabei auf den Zweck der Gesellschaft abgestellt – vgl. Erman/*Werner*, § 24 a AGBG, Rdn. 16; *Ulmer* in Ulmer/Brandner/Hensen, AGBG, § 24 a Rdn. 22.

309 *Bülow*, Verbraucherkreditrecht, § 491 Rdn. 55; MünchKomm/*Micklitz*, § 13 Rdn. 15; MünchKomm/*Ulmer*, § 1 VerbrKrG Rdn. 17; *Ulmer* in Ulmer/Brandner/Hensen, AGBG, § 24 a Rdn. 20 ff.; *Wolf/Horn/Lindacher*, AGBG, Art. 2 RiLi Rdn. 5.

310 *Ulmer* in Ulmer/Brandner/Hensen, AGBG, § 24 a Rdn. 20 ff.; MünchKomm/*Ulmer*, § 1 VerbrKrG Rdn. 20; Soergel/*Häuser*, § 1 VerbrKrG Rdn. 22; *Artz*, JZ 2002, S. 558.

311 Innengesellschaften sind in der Regel etwa die Ehegattengesellschaften und Bauherrengemeinschaften – vgl. dazu ausf. Palandt/*Sprau*, § 705 Rdn. 33 ff..

312 Vgl. zur Verbrauchereigenschaft der Innengesellschaft *Kessal-Wulf*, FS Sonnenschein, S. 678 f.; *Ulmer* in Ulmer/Brandner/Hensen, AGBG, § 24 a Rdn. 22.

313 Vgl. BGH, NJW 2002, S. 368 für § 1 VerbrKrG.

314 Vgl. zur Rechtsfähigkeit der GbR: BGH, NJW 2001, S. 1056 ff. dazu *K. Schmidt*, NJW 2001, S. 993 ff.; siehe auch BGH, NJW 2002, S. 1207; NJW 2003, S. 1445 ff.; *Kessal-Wulf*, FS Sonnenschein, S. 671 ff.; Palandt/*Sprau*, § 705 Rdn. 24.

werden neben natürlichen Personen – im Gegensatz zu § 13 BGB – auch rechtsfähige Personengesellschaften ausdrücklich in den persönlichen Anwendungsbereich des Unternehmerbegriffs mit einbezogen. Der Gesetzgeber trennt hier also zwischen natürlichen Personen einerseits und rechtsfähigen Personengesellschaften andererseits. Der Umkehrschluss liegt daher nahe, dass rechtsfähige Personengesellschaften, wie die rechtsfähige GbR nicht von § 13 BGB erfasst werden[315].

Gegen die Erfassung der GbR vom Verbraucherbegriff lässt sich zudem anführen, dass sie nach europäischem Recht unter den umfassenden gemeinschaftlichen Begriff der juristischen Person fällt und der nationale Gesetzgeber nicht über die Vorgaben der EG-RL hinausgehen wollte[316].

Der generelle Ausschluss rechtsfähiger Personengesellschaften unter Abstellen auf den Wortlaut des § 14 Abs. 1 BGB hätte aber zur Folge, dass das Vorliegen der Voraussetzungen des § 13 BGB an Zufälligkeiten, wie das Handeln als Einzelner oder gemeinsam, nur intern oder auch nach außen geknüpft wird. Zudem ist nach § 13 BGB *„jede"* natürliche Person geschützt, sofern sie nicht gewerblich oder selbständig beruflich tätig ist. Dies rechtfertigt es durchaus, der wohl überwiegenden Literaturauffassung und der Rechtsprechung des BGH zu folgen und die Verbrauchereigenschaft des § 13 BGB auch bei der rechtsfähigen GbR zu bejahen, sofern diese nicht kommerzielle Zwecke verfolgt[317].

cc. Ein weiteres Problem ergibt sich dann, wenn an der Personengemeinschaft eine juristische Person beteiligt ist. Soweit die Verbrauchereigenschaft der GbR bejaht wird, erfolgt dies in der Regel unter der Einschränkung, dass es sich um einen Zusammenschluss natürlicher Personen handelt[318]. Dies legt nahe, dass bereits die Beteiligung einer juristischen Person an einer Personengemeinschaft, deren Verbrauchereigenschaft von vornherein ausschließt.

Gerade vor dem Hintergrund der Schutzbedürftigkeit der beteiligten natürlichen Personen kann dem aber nicht gefolgt werden. Wenn auch die Beteiligung einer juristischen Person in der Regel gegen einen nichtkommerziellen Zweck der Personengemeinschaft spricht, ist er doch nicht ausgeschlossen, etwa wenn wohltätige Zwecke gefördert werden sollen. Dass die bloße Beteiligung einer juristischen Person an einer Personengemeinschaft deren Verbrauchereigenschaft nicht per se ausschließen sollte, wird noch offensichtlicher, wenn etwa an einer Erbengemeinschaft eine juristische Person beteiligt ist[319].

Fraglich ist, wie in solchen Fällen zu verfahren ist. Die Einzelbetrachtung hilft hier nicht

---

315 So auch *Engelhardt*, Europäisches Verbraucherrecht im BGB, S. 60; *Kessal-Wulf*, FS Sonnenschein, S. 680 f.; kritisch zur Verbrauchereigenschaft der GbR auch Jauernig/*Jauernig*, BGB, § 13 Rdn. 2; MünchKomm/*Basedow*, § 310 Rdn. 43; Staudinger/*Kessal-Wulf*, § 1 VerbrKrG Rdn. 26; *Fehrenbacher/Herr*, BB 2002, S. 1006; *Krebs*, DB 2002, S. 517 ff.

316 So MünchKomm/*Basedow*, § 310 Rdn. 43; *Krebs*, DB 2002, S. 517 ff.

317 Vgl. BGH, NJW 2002, S. 368 m.w.N.; *Flume*, ZIP 2000, S. 1428; *Ulmer* in Ulmer/Brandner/Hensen, AGBG, § 24 a Rdn. 22; *Martis*, MDR 1998, S. 1189; im Ergebnis auch *Engelhardt*, Europäisches Verbraucherrecht im BGB, S. 58 ff.

318 BGH, NJW 2002, S. 368; *Ulmer* in Ulmer/Brandner/Hensen, AGBG, § 24 a Rdn. 22; *Wolf/Horn/Lindacher*, AGBG, Art. 2 RiLi Rdn. 5; Soergel/*Häuser*, § 1 VerbrKrG Rdn. 22.

319 Dies ist ohne weiteres denkbar, kommt der juristischen Person doch Erbfähigkeit zu – vgl. Palandt/*Edenhofers*, § 1923 Rdn. 7.

weiter. Auf Grund der gesamthänderischen Bindung ist eine getrennte Gewährung der Verbraucherrechte praktisch ausgeschlossen. Daher sollte vielmehr auch hier der von der Personengemeinschaft verfolgte Zweck entscheidend sein und mithin ihre Verbrauchereigenschaft nur dann wegfallen, wenn sie zu gewerblichen oder selbständig beruflichen Zwecken handelt.

d. Juristische Personen

Juristische Personen werden de lege von § 13 BGB nicht erfasst[320].

Insbesondere bei nichtwirtschaftlichen Vereinen (Idealvereinen) und gemeinnützigen Stiftungen wird der Ausschluss zum Teil aber für nicht sachgerecht gehalten, da in ihrer Arbeit weder eine gewerbliche noch selbständig berufliche Tätigkeit gesehen werden kann[321]. Die Erfassung von Idealvereinen würde zudem der bisherigen Rechtsprechung zu § 1 Abs. 1 HausTWG entsprechen, wonach auch Idealvereine als *„Kunden"* in Betracht kamen[322]. Andererseits handelt es sich auch beim Idealverein und der gemeinnützigen Stiftung um rechtsfähige Körperschaften, deren Handeln nur sie selbst unmittelbar berechtigt und verpflichtet und nicht natürliche Personen, so dass sich das Bejahen der Verbrauchereigenschaft vor dem Hintergrund des Schutzes natürlicher Personen nicht aufdrängt.

e. Vor-Gesellschaften

Aus den Ausführungen zu den Personengemeinschaften und der dort festgestellten Bedeutung der Zweckbestimmung ergibt sich auch, dass Vor-Gesellschaften im Gründungsstadium der juristischen Personen nicht vom Verbraucherbegriff erfasst werden, dienen sie doch der Vorbereitung der gewerblichen oder selbständigen beruflichen Tätigkeit der werdenden juristischen Person[323]. Es handelt sich um *„quasi-juristische Personen"*[324]. Eine Ausdehnung des Verbraucherschutzes auf die Existenzgründungsphase[325] dürfte gerade auch vor dem Hintergrund des § 507 BGB ausgeschlossen sein, der für Existenzgründer nur die Anwendung der §§ 491 bis 506 BGB begründet, nicht aber die generelle Verbrauchereigenschaft[326].

f. Organmitglieder

Die einzelnen Organmitglieder von juristischen Personen können – soweit sie ihrerseits die Voraussetzungen des § 13 BGB erfüllen – ohne weiteres Verbraucher sein. Ihre Organstellung allein, verhindert nicht per se ihre Verbrauchereigenschaft. Zu prüfen ist bei ihnen aber

---

320 Vgl. MünchKomm/*Micklitz*, § 13 Rdn. 12; MünchKomm/*Basedow*, § 310, Rdn. 43; Palandt/*Heinrichs*, § 13 Rdn. 2; siehe auch EuGH, NJW 2002, S. 205 zum Verbraucherbegriff der Missbräuchlichen-Klausel-RL.

321 Vgl. insbesondere *Flume*, ZIP 2000, S. 1428; kritisch auch *Engelhardt*, Europäisches Verbraucherrecht im BGB, S. 63 f.; *Faber*, ZEuP 1998, S. 854 ff.; MünchKomm/*Micklitz*, § 13 Rdn. 13; *Roth*, JZ 2000, S. 1014.

322 Vgl. AG Hamburg, BB 1988, S. 869 mit kritischer Anmerkung von *Teske*, BB 1988, S. 871; vgl. auch MünchKomm/*Micklitz*, § 13 Rdn. 13.

323 *Bülow*, Verbraucherkreditrecht, § 507 Rdn. 6 m.w.N.; *Ulmer* in Ulmer/Brandner/Hensen, AGBG, § 24 a Rdn. 21; MünchKomm/*Basedow*, § 310 Rdn. 46; *Artz*, Der Verbraucher als Kreditnehmer, S. 222 ff.

324 *Bülow*, Verbraucherkreditrecht, § 507 Rdn. 6.

325 So MünchKomm/*Ulmer*, § 1 VerbrKrG Rdn. 19; *v. Westphalen/Emmerich/v. Rottenburg*, VerbrKrG, § 1 Rdn. 31.

326 Dazu ausf. unten 2. c.

besonders sorgfältig, wo sie nicht zu gewerblichen oder selbständig beruflichen Zwecken handeln[327].

g. Nichtrechtsfähiger Verein

Problematisch ist auch die Einordnung des nichtrechtsfähigen Idealvereins[328]. Dieser ist zwar keine juristische Person, kann aber als Körperschaft auch nicht den natürlichen Personen zugeordnet werden[329]. Zu beachten ist aber, dass der im Namen des nicht eingetragenen Vereins Handelnde selbst gem. § 54 S. 2 BGB auf Erfüllung haftet[330]. Berücksichtigt man die Rechtsprechung des BGH zur Verbrauchereigenschaft im Rahmen des VerbrKrG und sieht man von § 13 BGB *„jede“* natürliche Person geschützt, die nicht gewerblich oder selbständig beruflich tätig ist, dann liegt auch die Erfassung des nichtrechtsfähigen Idealvereins nahe, soweit er von einer natürlichen Person vertreten wird[331]. Allerdings hätte dies zur Folge, dass die Eintragung des Vereins zum Verlust der Verbrauchereigenschaft führt, der nicht eingetragene Verein also gegenüber dem eingetragenen Verein insofern privilegiert wäre.

h. Stellungnahme

Die Ausführungen zur persönlichen Reichweite des Verbraucherbegriffs zeigen, dass die Begrenzung des Verbraucherbegriffs auf natürliche Personen immer dann unbefriedigend ist, wenn die Tätigkeit des Rechtsträgers selbst nicht gewerblichen oder selbständig beruflichen Zwecken zugerechnet werden kann. Der BGH hat dem insofern schon Rechnung getragen, als er unter Abstellen auf den Schutz der natürlichen Personen im Rahmen des VerbrKrG die Verbrauchereigenschaft der GbR bejahte, soweit keine gewerbliche oder selbständig berufliche Tätigkeit vorliegt. Das Merkmal *„natürliche Person“* dient also primär zur Abgrenzung zur juristischen Person, wobei selbst hier Einschränkungen beim nichtwirtschaftlichen Verein und der gemeinnützigen Stiftung diskutiert werden. Vor diesem Hintergrund stellt sich die Frage, ob es nicht besser gewesen wäre, allein auf den Zweck abzustellen und die Verbrauchereigenschaft unabhängig vom Rechtsträger immer dann zuzubilligen, wenn kein gewerblicher oder selbständig beruflicher Zweck verfolgt wird[332].

---

327 Vgl. dazu weiter unten 2. g.

328 Gegen die Verbrauchereigenschaft: *Engelhardt*, Europäisches Verbraucherrecht im BGB, S. 63 ff.; MünchKomm/ *Ulmer*, VerbrKrG, § 1 Rdn. 20; Palandt/*Heinrichs*, § 13 Rdn. 2; *Ulmer* in Ulmer/Brandner/Hensen, AGBG, § 24 a Rdn. 22; für die Verbrauchereigenschaft: Erman/*Werner*, § 24 a AGBG Rdn. 16; *Faber*, ZEuP 1998, S. 854 ff.; *Flume*, ZIP 2000, S. 1428; *Wolf/Horn/Lindacher*, AGBG, Art. 2 RiLi Rdn. 5.

329 Vgl. *Michalski*, GR 2, S. 25.

330 Dazu Palandt/*Heinrichs*, § 54 Rdn. 13.

331 So auch Erman/*Werner*, § 24 a AGBG Rdn. 16.

332 Diesen Weg geht etwa das österreichische Konsumentenschutzgesetz, wonach jeder als Verbraucher gilt, für den das Geschäft nicht zum Betrieb seines Unternehmens gehört. Eine derart funktionale Begriffsbestimmung lässt keine Rückschlüsse darauf zu, ob nur natürlichen oder auch juristischen Personen Verbraucherstatus zukommen kann – vgl. MünchKomm/ *Micklitz*, § 13 Rdn. 14.

2. Nicht gewerblicher oder selbständig beruflicher Tätigkeit zurechenbarer Zweck

§ 13 BGB bindet den Verbraucherbegriff an den Zweck des Handelns. Dieser darf – vom Gesetz negativ formuliert – „*weder ihrer gewerblichen noch ihrer selbständig beruflichen Tätigkeit*“ zugerechnet werden können. Daraus folgt, dass - positiv umschrieben - die Verbrauchereigenschaft jedenfalls immer dann vorliegt, wenn zu einem privatem Zweck gehandelt wurde[333]. Zur privaten Sphäre gehören etwa Urlaub, Freizeit, Sport, Gesundheitsvorsorge, aber auch die Verwaltung und Anlage von eigenem Vermögen[334].

Bei der Beurteilung der Verbrauchereigenschaft einer natürlichen Person kommt sowohl die Einordnung in den privaten, als auch in den gewerblichen oder selbständig beruflichen Bereich in Betracht.

Soweit man vom persönlichen Anwendungsbereich des Verbraucherbegriffs grundsätzlich auch die Personengemeinschaften, den nichtrechtsfähigen Idealverein oder gar den Idealverein und die gemeinnützigen Stiftung erfasst sieht, kommt es darauf an, ob der von ihnen verfolgte Zweck der privaten, nichtkommerziellen oder der gewerblichen bzw. selbständigen beruflichen, kommerziellen Sphäre zuzurechnen ist.

Die verbleibenden juristische Personen sind zumeist Kaufleute[335], so dass nach § 343 Abs. 1 HGB alle zum Betrieb des Handelsgewerbes gehörenden Geschäfte Handelsgeschäfte sind und mithin grundsätzlich ein gewerblicher Zweck vorliegen wird[336].

a. Vermögensanlage und -verwaltung

Der Bereich der eigener Vermögensanlage und -verwaltung ist grundsätzlich als private Zwecksetzung einzustufen[337]. Soweit allerdings Elemente vorliegen, die über das hinausgehen, was mit einer privaten Vermögensverwaltung typischerweise verbunden ist, kommt auch die Einordnung als geschäftliche – sei es gewerblich oder selbständig beruflich[338] - Tätigkeit in Betracht. Bei der insofern erforderlichen Abgrenzung kommt es

---

333 Insofern hätte der Verbraucher auch positiv als „*natürliche Person, die zu privaten Zwecken handelt*“ bestimmt werden können. Diesen Weg hat etwa der Schweizer Gesetzgeber beschritten – vgl. dazu MünchKomm/*Micklitz*, § 13 Rdn. 27. Fraglich ist allerdings, ob aus der Ablehnung des privaten Zwecks zwingend eine gewerbliche bzw. selbständig berufliche Zweckbestimmung des Handelns folgt – s.u. B. V.

334 Ausf. s.u. a.

335 Formkaufleute i.S.d. § 6 Abs. 2 HGB sind: die AG (§ 3 Abs. 1 AktG), die GmbH (§ 13 Abs. 3 GmbHG), die KGaA (§§ 3 Abs. 1, 278 Abs. 3 AktG), die eG (§ 17 Abs. 2 GenG) oder die EWIV (§ 1 EWIVG) – vgl. *Baumbach/Hopt*, HGB, § 6 Rdn. 6.

336 Soergel/*Pfeiffer*, § 13 Rdn. 34 weist darauf hin, dass es das Gesellschaftsrecht ermöglicht „an sich „ private Zwecke mit den Mittel einer Kapitalgesellschaft zu verfolgen. Die hierin liegende bewusste Entscheidung ist zu respektieren und auch aus Gründen der Rechtssicherheit ist dann privates Handeln zu verneinen.

337 Dazu allg. Palandt/*Heinrichs*, § 13 Rdn. 3 i.V.m. § 14 Rdn. 2; MünchKomm/*Basedow*, § 310 Rdn. 39; Soergel/*Pfeiffer*, § 13 Rdn. 32; *Ulmer* in Ulmer/Brandner/Hensen, AGBG, § 24 a Rdn. 25; *Bülow/Artz*, Verbraucherprivatrecht, S. 21; *Dauner-Lieb/Heidel/Lepa/Ring*, Das neue Schuldrecht, § 12 Rdn. 7. Zum Teil wird die Verbrauchereigenschaft des „*Vermögensverwalter*“ abgelehnt, soweit er als Anbieter im Wettbewerb mit anderen Leistungen gegen Entgelt anbietet.

338 Im Handelsrecht ist es – auch im Hinblick auf § 105 Abs. 2 HGB – strittig, ob die bloße Vermögensverwaltung gewerblich erfolgen kann – vgl. *Baumbach/Hopt*, HGB, § 1 Rdn. 13 f., § 105 Rdn. 13 m.w.N. Für die vorliegende Abgrenzung zur privaten Zweckbestimmung kann dies indes dahinstehen, da hierfür generell die geschäftliche Tätigkeit das Pendant bildet.

nach Ansicht des BGH[339] auf den organisatorischen und zeitlichen Aufwand der Vermögensverwaltung an. Insbesondere ist das Halten von Geschäftsanteilen an einer Kapitalgesellschaft keine gewerbliche Tätigkeit, sondern Vermögensverwaltung[340]. Auch die Höhe der verwalteten Werte ist nicht maßgeblich[341]. Dagegen spricht die Ausrichtung auf eine Vielzahl gleichartiger Geschäfte für ein professionelles Vorgehen[342]. Die Grenze zur gewerblichen bzw. selbständig beruflichen Tätigkeit wird überschritten, wenn der Kunde Anlagegeschäfte zum Gegenstand einer planmäßigen, auf Dauer angelegten, der Gewinnerzielung dienenden Tätigkeit am Markt für Vermögensanlagen macht[343].

b. Kleingewerbliche und nebenberufliche selbständige Tätigkeit

Handeln, das dem gewerblichen[344] oder selbständig[345] beruflichen Bereich zuzuordnen ist, wird de lege ausgenommen. Eine Differenzierung nach dem Umfang der Gewerbeausübung bzw. nach haupt- oder nebenberuflicher selbständiger Tätigkeit nimmt das Gesetz nicht vor. Da der Verbraucherbegriff des § 13 BGB zur privaten Zweckbestimmung abgrenzen will, muss auch Handeln für eine kleingewerbliche und nebenberufliche selbständige Tätigkeit die Verbrauchereigenschaft ausschließen. Schutzwürdigkeitserwägungen können – zumindest gegenüber Verbrauchern i.S.d. § 13 BGB – kein anderes Ergebnis begründen. Auch die kleingewerbliche und die Nebenerwerbstätigkeit führen zu geschäftlichen Erfahrungen und Kenntnissen, die eine Überlegenheit gegenüber zu privaten Zwecken Handelnden begründet. Neben dem fehlenden Rückhalt im Wortlaut des § 13 BGB würde sich zudem auch die Frage nach der Vereinbarkeit mit den europäischen Richtlinienvorgaben stellen. Zwar gestatten die europäischen Vorgaben einen weitgehenderen Schutz des Verbrauchers[346]. Die Ausdehnung des von § 13 BGB erfassten Personenkreises würde aber einhergehen mit der Herausnahme dieser Personen aus dem Unternehmerbegriff und so diesen gegenüber zum Ausschluss der Verbraucherrechte, also zu Beschränkungen des Verbraucherschutzes führen.

Anzudenken wäre aber, die Verbrauchereigenschaft von Kleingewerbetreibenden und Nebenerwerbstätigen dann zu bejahen, wenn deren Vertragspartner Unternehmer i.S.d. § 14 BGB ist. Dies hätte ohne Zweifel einen Gewinn für die Einzelfallgerechtigkeit zur Folge, wenn sich etwa der einfache Klempner gegenüber seinen unternehmerischen Kunden auf verbraucherschützende Normen z.B. zur Rechtswahl berufen könnte[347]. Dagegen spricht aber

---

339 BGH, NJW 2002, S. 386 mit Anm. *Artz*, JZ 2002, S. 457. Insofern könnte auch auf die Kasuistik zu § 15 EStG zurückgegriffen werden – so auch *Bülow*, Verbraucherkreditrecht, § 491 Rdn. 65 m.w.N.

340 Für das Halten von GmbH-Geschäftsanteilen - vgl. BGHZ 133, 71, 78.

341 BGH, NJW 2002, S. 368; *Bülow*, Verbraucherkreditrecht, § 491 Rdn. 66; MünchKomm/*Ulmer*, § 1 VerbrKrG Rdn. 23; Staudinger/*Hopt/Mülberg*, § 609 a BGB Rdn. 26; *Artz*, JZ 2002, S. 459.

342 *V. Westphalen/Emmerich/v. Rottenburg*, VerbrKrG, § 1 Rdn. 9.

343 *Ulmer* in Ulmer/Brandner/Hensen, AGBG, § 24 a Rdn. 25; vgl. auch Soergel/*Pfeiffer*, § 13 Rdn. 33.

344 Hauptmerkmale einer gewerblichen Tätigkeit sind die erkennbar planmäßige, auf Dauer angelegte, selbständige, wirtschaftliche Tätigkeit am Markt unter Ausschluss freiberuflicher, wissenschaftlicher und künstlerischer Tätigkeit - vgl. zum Gewerbebegriff *Baumbach/Hopt*, § 1 Rdn. 11 ff.

345 Zum Begriff der Selbständigkeit – vgl. § 84 Abs. 1 S. 2 BGB und die Kommentierung bei *Baumbach/Hopt*, § 84 Rdn. 35 ff.

346 Vgl. z.B. Art. 8 Abs. 2 Verbrauchsgüterkauf-RL; Art. 8 Abs. 2 Haustürwiderrufs-RL; Art. 14 Fernabsatz-RL; Art. 15 Verbraucherkredit-RL.

347 Beispiel nach *Medicus*, FS Kitawaga, S. 485.

nicht nur die fehlende Verankerung in § 13 BGB und den europäischen Richtlinienvorgaben, sondern auch der Verlust an Rechtssicherheit, da die Verbrauchereigenschaft der Kleingewerbetreibenden und Nebenerwerbstätigen von der Einordnung des Vertragspartners abhängen würde. Dass im Einzelfall das Eingreifen von Verbraucherrechten durchaus angemessen erscheinen mag[348], rechtfertigt daher nicht, ihnen die Verbrauchereigenschaft einzuräumen. Die typisierende Erfassung des geschützten Personenkreises in § 13 BGB würde sonst um Personen erweitert, bei denen die Annahme der Schutzwürdigkeit gegenüber Unternehmern unter Umständen im Einzelfall, nicht aber gerade im Allgemeinen greift. Auch die kleingewerbliche und die Nebenerwerbstätigkeit führen zu Erfahrungen und Erkenntnissen, die die rechtsgeschäftliche Unterlegenheit gegenüber haupterwerbstätigen Unternehmern in der Regel ausgleichen. Kleingewerbetreibende und selbständige Nebenerwerbstätige sind daher im Rahmen eines typisierenden Verbraucherschutzes von der Verbrauchereigenschaft auszunehmen.

c. Existenzgründung

Der kommerziellen Zweckbestimmung unterfallen auch die der Existenzgründung dienenden Geschäfte[349], verfolgen sie doch, wenn auch in der Zukunft liegende, selbständige berufliche oder gewerbliche Zwecke[350]. Die hierauf bezogene Ausnahmevorschrift des § 3 Abs. 1 Nr. 2 VerbrKrG für Finanzierungshilfen, die der Existenzgründung natürlicher Personen dienen und 50.000,- € nicht übersteigen, ist insofern in § 13 BGB nicht übernommen worden, jedoch wird der gesetzliche Verbraucherschutz im Rahmen der §§ 491 bis 506 BGB über § 507 BGB n.F. auf diese Fälle erstreckt[351]. Existenzgründer sind demnach also keine Verbraucher[352], werden aber im Rahmen der §§ 491 bis 506 BGB wie Verbraucher geschützt, soweit sie als Privatpersonen Finanzierungshilfen bis 50.000,- € in Anspruch nehmen.

Eine Ausdehnung des Verbraucherbegriffs auf Existenzgründer kann auch nicht aus Schutzwürdigkeitserwägungen bejaht werden[353]. Der Existenzgründer handelt gerade nicht zu privatem Zweck. § 13 BGB stellt auf eine typisierende Schutzbedürftigkeit ab, die bei

---

348 Vgl. MünchKomm/ *Micklitz*, § 13 Rdn. 43; *Medicus*, FS Kitawaga, S. 485.

349 Zur Frage ab welchem Zeitpunkt keine Existenzgründung sondern bereits Ausübung der gewerblichen oder selbständig beruflichen Tätigkeit vorliegt – vgl. BGH, NJW 2002, S. 2031 m.w.N.

350 MünchKomm/ *Basedow*, § 310 Rdn. 46; *Ulmer* in Ulmer/Brandner/Hensen, AGBG, § 24 a Rdn. 25.; *Pfeiffer*, Der Verbraucherbegriff als zentrales Merkmal im europäischen Privatrecht, S. 35 f.

351 Der Gesetzesentwurf der Bundesregierung sah noch vor, im Rahmen der §§ 491-506 BGB die Verbraucherdefinition auf Existenzgründer auszuweiten – vgl. BT-Drs. 14/6040, S. 255. Der Bundesrat kritisierte dies als Aufweichung des Verbraucherbegriffs – vgl. Anlage 2 zu BT-Drs. 14/6857, S. 32. Daraufhin kam es zur jetzigen Gesetzesfassung, wonach Existenzgründer nicht mehr als Verbraucher eingestuft, sondern lediglich die Vorschriften der §§ 491 bis 506 BGB für entsprechend anwendbar erklärt werden. Mithin lässt sich nur schwer vertreten, dass ein allgemeiner Rechtsgedanke dahingehend bestehe, dass Existenzgründer Verbraucher sind – so aber MünchKomm/ *Micklitz*, § 13, Rdn. 41; Palandt/*Heinrichs*, 61. Aufl., § B Rdn. 3; wie hier *Bülow/Artz*, Verbraucherprivatrecht, S. 22 f.; *Soergel/Pfeiffer*, § 13 Rdn. 35.

352 OLG Oldenburg, NJW-RR 2002, S. 641; *Bülow/Artz*, Verbraucherprivatrecht, S. 22 f.; *Soergel/Pfeiffer*, § 13 Rdn. 35; *Tonner*, BB 2000, S. 1414; a.A. Palandt/*Heinrichs*, § 13 Rdn. 3; MünchKomm/ *Micklitz*, § 13 Rdn. 38 ff.; wohl auch *Grziwotz*, FamRZ 2002, S. 1005.

353 So aber MünchKomm/ *Micklitz*, § 13 Rdn. 38 ff.

jemandem, der im Hinblick auf eine Geschäftsgründung handelt, nicht im gleichem Maße bejaht werden kann, wie bei jemandem, der allein zu privaten Zwecken handelt. Zudem hat der BGH[354] auch bereits zu § 6 Nr. 1 HausTWG a.F., der Verträge von der Anwendung dieses Gesetzes ausnahm, wenn der Kunde „*in Ausübung einer selbständigen Erwerbstätigkeit*" handelte, entschieden, dass eine weitere, bisher nicht aufgenommene Erwerbstätigkeit die Verbrauchereigenschaft ausschließen würde.

Im Ergebnis scheidet daher die Anwendung des Verbraucherrechts auch auf diejenigen aus, die ein Unternehmen übernehmen, selbst wenn dies im Rahmen einer vorweggenommenen Erbfolge erfolgt[355].

d. Existenzbeendigungsverträge

Auch Geschäfte, die zur Beendigung einer gewerblichen oder beruflichen Tätigkeit dienen (Existenzbeendigungsverträge), sind nicht der privaten Sphäre zuzuordnen. Insbesondere erfordert nicht der Schutzzweck eine Einbeziehung, denn es ist davon auszugehen, "*dass ein durchschnittlich erfahrener Gewerbetreibender den Wert seines Gewerbebetriebes und die Bedeutung aller Rechtsgeschäfte, die dessen Verkauf erfordert, kennt, so dass er entsprechende Verpflichtungen nicht unüberlegt ... eingehen wird*"[356].

e. Abhängige berufliche Tätigkeit

Im Gegensatz zum europäischen Sekundärrecht hebt nach deutschem Recht der Bezug zur abhängigen beruflichen Tätigkeit die Verbrauchereigenschaft nicht auf[357]. Mithin ist auch der Arbeitnehmer Verbraucher i.S.d. § 13 BGB, wenn er Arbeitskleidung oder einen PKW für die Fahrt zur Arbeit kauft[358]. Die Einbeziehung von Nichtselbständigen in den Verbraucherschutz ist im Hinblick auf die Richtlinienvorgaben nicht unproblematisch. Die europäischen Vorgaben gestatten zwar strengere Regelungen zum Verbraucherschutz, jedoch führt die Bejahung der Verbrauchereigenschaft der Nichtselbständigen zwangsläufig zur Verneinung ihrer Unternehmereigenschaft, mit der Folge, dass ihnen gegenüber ein Berufen auf die Verbraucherrechte ausscheidet. Für Verbraucher, die mit einem Nichtselbständigen Verträge abschließen, würde mithin ein niedriges Schutzniveau gelten, was gegen die Richtlinienvorgaben verstoßen würde[359]. Indes sind kaum Fälle denkbar, in denen ein

---

354 BGH, NJW 1994, S. 2760; a.A. MünchKomm/*Micklitz*, § 13 Rdn. 40 f.+

355 Vgl. dazu *Grziwotz*, FamRZ 2002, S. 1005 f. der im Ergebnis allerdings anderer Ansicht ist.

356 Vgl. MünchKomm/*Basedow*, § 310 Rdn. 46 mit Verweis auf EuGH, Slg. 1991 I, 1189 Erwägung 18 (di Pinto); siehe auch *Remien*, ZEuP 1994, S. 39 ff.; *Pfeiffer*, Der Verbraucherbegriff als zentrales Merkmal im europäischen Privatrecht, S. 33 f.

357 In den europäischen Richtlinien die sich mit dem Verbraucherschutz befassen, sind auch diejenigen natürlichen Personen vom Begriff des Verbrauchers ausgeschlossen, die zu einem Zweck handeln, der ihrer beruflichen Tätigkeit zuzurechnen ist – s.o. II. 1.

358 *Ulmer* in Ulmer/Brandner/Hensen, AGBG, § 24 a Rdn. 22; MünchKomm/*Basedow*, § 310 Rdn. 44; die Gesetzesbegründung führt die Fälle auf, dass ein Lehrer sich einen Computer anschafft, um Klassenarbeiten zu entwerfen, oder der Angestellte, der eine Kaffeemaschine für sein Büro kauft – vgl. BT-Drs. 14/6040, S. 243.

359 So zutreffend auch Bamberger/Roth/*Faust*, § 474 Rdn. 12. Zur Problematik der Verbrauchereigenschaft des Arbeitnehmer im Arbeitsrecht – s.o. IV. 2., Fußnote 277.

Nichtselbständiger in dieser Eigenschaft im eigenen Namen[360] mit einem Verbraucher Verträge abschließt[361]. Soweit es im Einzelfall aber doch hierzu kommt[362], muss die Verbrauchereigenschaft des Nichtselbständigen – im Rahmen einer richtlinienkonformen Auslegung – wegfallen, wenn dies anderenfalls die Verbraucherrechte eines rein privat handelnden Verbrauchers ausschließen würde[363].

f. Arbeitnehmerähnliche Personen

Arbeitnehmerähnliche Personen (z.B. Heimarbeiter, Einfirmenvertreter, freie Mitarbeiter) werden den unselbständig beruflich Tätigen überwiegend gleichgestellt, soweit sie nicht zu den gewerblich tätigen Unternehmern gehören[364]. Dies ist nicht unproblematisch. Zwar sind arbeitnehmerähnliche Personen gegenüber ihrem Auftraggeber einem Arbeitnehmer vergleichbar sozial schutzbedürftig[365]. Jedoch kommt es hierauf im Rahmen des § 13 BGB nicht an. Arbeitnehmerähnliche Personen sind persönlich unabhängig[366] und üben daher eine selbständige Tätigkeit[367] aus. Die klare, schon über die Richtlinienvorgaben hinausgehende Einbeziehung der unselbständig beruflichen Tätigkeit spricht daher gegen eine Erstreckung auf die – wenn auch wirtschaftlich abhängige – gewerbliche oder selbständige Tätigkeit der arbeitnehmerähnlichen Personen[368].

Zu beachten ist aber, dass arbeitnehmerähnliche Personen ähnlich wie Arbeitnehmer praktisch kaum in eigenem Namen mit einem Verbraucher kontrahieren. Nimmt man Gewerbetreibende, wie z.B. Handelsvertreter [369] von vornherein heraus – wofür insbesondere deren geschäftliche Erfahrenheit spricht –, bleiben nur noch freie Mitarbeiter und bestimmte Heimarbeiter[370]. Diesen gegenüber Unternehmern die Verbrauchereigenschaft einzuräumen, scheint vom Telos her (=Ausgleich einer typisierenden Ungleichgewichtslage) gerechtfertigt, da sie im Allgemeinen kaum mehr geschäftliche Erfahrungen aufweisen werden, als ein vergleichbarer Arbeitnehmer. Soweit sie ausnahmsweise mit einem zu rein privaten Zwecken handelnden Verbraucher rechtsgeschäftlich in Berührung kommen, greifen aber auch hier die einschränkenden Erwägungen, die bereits bei der Erörterung der Verbrauchereigenschaft von

---

360 Soweit der Nichtselbständige im Namen seines Arbeitgeber handelt, ist – unabhängig von der Vertretungsmacht – auf die Verbrauchereigenschaft des Arbeitgebers abzustellen, vgl. unten VI. 2. a. und b.

361 So auch *Wolf/Horn/Lindacher*, AGBG, Art. 2 RiLi Rdn. 15.

362 Bamberger/Roth/*Faust*, § 474 Rdn. 12 führt als Beispiel auf, dass ein Lehrer auf eigene Rechnung Schulbücher kauft und zum Selbstkostenpreis weiter verkauft.

363 So auch Bamberger/Roth/*Faust*, § 474 Rdn. 12.

364 *Bülow*, Verbraucherkreditrecht, § 491 Rdn. 69; *Ulmer* in Ulmer/Brandner/Hensen, AGBG, § 24 a Rdn. 23; MünchKomm/ *Ulmer*, § 1 VerbrKrG Rdn. 21.

365 BAG AP ArbGG 1979 § 5 Nr. 12; BVerfGE 59, 231; vgl. auch die Legaldefinition des § 12 a TVG und *Schaub*, Arbeitsrechtshandbuch, § 9 Rdn. 2.

366 *Schaub*, Arbeitsrechtshandbuch, § 9 Rdn. 1

367 Vgl. dazu MünchKomm/ *Müller-Glöge*, § 611 Rdn. 156; *Faber* ZEuP 1998, S. 871. Soweit bloße Scheinselbständigkeit vorliegt, also an sich eine abhängige selbständige Tätigkeit gegeben ist, stellt sich gegenüber einen auf die Selbständigkeit gutgläubig vertrauenden Dritten das Problem der Rechtsscheinhaftung – s.u. VI. 5. und B. IV. 3.

368 *Brandner* in Ulmer/Brandner/Hensen, AGBG, § 24 Rdn. 13.

369 Vgl. *Baumbach/Hopt*, § 84 Rdn. 33.

370 Vgl. zur Gewerbsmäßigkeit der Heimarbeit *Schmidt/Koberski/Tiemann/Wascher*, HAG, § 2 Rdn. 8 ff., 35.

Arbeitnehmern angeführt wurden[371]. Die Verbraucherrechte der *„originären"* Verbraucher dürfen durch die Bejahung der Verbrauchereigenschaft arbeitnehmerähnlicher Personen nicht eingeschränkt werden. Ansonsten sollten arbeitnehmerähnliche Personen, soweit sie kein Gewerbe treiben, auf Grund ihrer wirtschaftlichen Unselbständigkeit mit Hinweis auf ihre Schutzwürdigkeit nicht unter den Begriff der selbständigen Tätigkeit subsumiert werden.

g. Geschäftsführung

Bei der Geschäftsführung durch Gesellschafter einer oHG, KG oder kommerziell tätigen GbR liegt eine selbständige berufliche Tätigkeit vor, weil die Gesellschafter nicht im Dienste eines anderen stehen[372]. Die Geschäftsführung von Kapitalgesellschaften ist dagegen an sich keine selbständige berufliche Tätigkeit, sondern eine angestellte berufliche Tätigkeit[373]. Fraglich ist, ob dies auch in den Fällen sachgerecht ist, in denen der zur Geschäftsführung Befugte auf Grund der Zahl seiner Gesellschaftsanteile weitgehend selbständig handeln kann[374]. Zwischen geschäftsführenden Gesellschaftern einer oHG, KG oder GbR und weitgehend selbständig handelnden Geschäftsführenden einer GmbH besteht dann hinsichtlich ihrer Autonomie kein Unterschied, so dass sich eine differenzierte Behandlung nicht rechtfertigen lässt. Beide Gruppen gehen folglich einer selbständigen beruflichen Tätigkeit nach und sind nicht als Verbraucher anzusehen, soweit sie Rechtsgeschäfte im Hinblick auf ihre Tätigkeit vornehmen[375].

h. Gemischte Zweckbestimmung

Besondere Probleme ergeben sich vor allem dann, wenn die als Verbraucher in Betracht kommende Person gleichzeitig eine gewerbliche oder selbständige berufliche Tätigkeit ausübt. Denn in diesem Fall ist die Zweckbestimmung des Rechtsgeschäfts nicht schon durch die Funktion des Kunden als Verbraucher vorgegeben[376]. Nach einhelliger Meinung entscheidet für die Zuordnung zum privaten oder unternehmerischen Verkehr nicht der innere Wille, sondern der gegebenenfalls durch Auslegung zu ermittelnde Inhalt des Rechtsgeschäfts[377]. Zunächst ist also der ausdrücklich oder konkludente Vertragszweck

---

371 S.o. e.

372 Für die Gesellschafter der KG und OHG - vgl. *Ulmer* in Ulmer/Brandner/Hensen, AGBG, § 24 a Rdn. 25; für die Gesellschafter einer kommerziell tätigen GbR muss das gleiche gelten, ist ihre Tätigkeit doch auch selbständig. A.A. *Dauner-Lieb/Dötsch*, DB 2003, S. 1666 ff. die mit Verweis auf die BGH-Rechtsprechung zur Verbrauchereigenschaft der GmbH-Geschäftsführer auch die Verbrauchereigenschaft der Personengesellschafter bejahen. In der Tat ist eine Ungleichbehandlung nicht gerechtfertigt, aber wohl eher in dem Sinne, dass beiden Personengruppen nicht unter § 13 BGB zu subsumieren sind.

373 Für die Geschäftsführung einer GmbH - BGHZ 133, 71, 78 = NJW 1996, S. 2156 ff.; daran anschließend BGHZ 133, 220, 223 = NJW 1996, S. 2865; BGH, NJW 1997, S. 1443 f.; BGHZ 144, 370 = NJW 2000, S. 3133 ff.; BGH; a.A. OLG Oldenburg, DB 2000, S. 1457; *Hänlein*, DB 2001, S. 1186 f. im Hinblick auf die im Einzelfall fehlende Schutzbedürftigkeit *Kurz*, NJW 1997, S. 1828 f.

374 *Ulmer* in Ulmer/Brandner/Hensen, AGBG, § 24 a Rdn. 25 zieht die Grenze bei einer maßgeblichen, die Sperrminorität von 25 % überschreitenden Beteiligung.

375 So auch *Bülow*, Verbraucherkreditrecht, § 491 Rdn. 68 m.w.N.; a.A. der BGH, BGHZ 133, 71, 77 f. - der die Verbrauchereigenschaft bejahte, obgleich die zu beurteilende Person Mehrheitsgesellschafterin und Alleingeschäftsführerin der GmbH war; vgl. auch BGHZ 144, 370.

376 *Ulmer* in Ulmer/Brandner/Hensen, AGBG, § 24 a Rdn. 24.

377 *Heinrichs*, NJW 1996, S. 2191; Palandt/*Heinrichs*, § 13 Rdn. 3; *Ulmer* in Ulmer/Brandner/Hensen, AGBG, § 24 a Rdn. 24; *Wolf/Horn/Lindacher*, AGBG, § 24 a Rdn. 29.

heranzuziehen und, falls ein solcher fehlt, auf den erkennbaren Vertragszweck abzustellen[378]. Insofern können auch die Begleitumstände des Vertrages, wie etwa der Ort des Vertragsschlusses und die Nutzung des Vertragsgegenstandes herangezogen werden[379].

Strittig ist, was in den Fällen zu gelten hat, in denen Zweifel bei der Auslegung bleiben, insbesondere bei den sog. Mischfällen, in denen der Vertragsgegenstand teils zur privaten, teils zur gewerblichen bzw. selbständigen beruflichen Nutzung bestimmt ist.

aa. Mit Verweis auf das Ziel eines effektiven Verbraucherschutzes fordert eine Mindermeinung, dass die Ziel- und Zwecksetzung des abgeschlossenen Vertrags eindeutig und ausschließlich der gewerblichen oder selbständigen Tätigkeit zugerechnet werden muss, um die Verbrauchereigenschaft ausschließen zu können[380]. Demnach würde also jede auch private Zweckverfolgung ausreichen.

bb. Die wohl herrschende Auffassung differenziert danach, ob die gewerbliche bzw. selbständige berufliche Zweckbestimmung überwiegt[381]. Nur wenn dies der Fall ist, ist die Verbrauchereigenschaft abzulehnen.

cc. Nach einer im Vordringen befindlichen dritten Ansicht reicht dagegen schon die teilweise gewerbliche oder selbständig berufliche Zweckbestimmung zum Ausschluss der Verbrauchereigenschaft aus[382]. Nur bei einer ausschließlichen privaten Zweckbestimmung kann demnach die Verbrauchereigenschaft bejaht werden.

dd. Gegen die herrschende Ansicht (oben bb.) spricht, dass sie im Einzelfall schwierige Gewichtungen und komplizierte und unsichere Bewertungen nach sich zieht. Zudem enthält § 13 BGB vom Wortlaut her, im Gegensatz zu § 609 a Abs. 1 Nr. 2, 2. HS BGB a.F.[383] oder Art. 9 lit. b) ii) der Produkthaftungs-RL gerade kein Abstellen auf die *überwiegende* bzw. *hauptsächliche* Nutzung.

Andererseits ist aus dem Wortlaut des § 13 BGB gleichfalls nicht ableitbar, ob eine nur teilweise private Zweckbestimmung die Verbrauchereigenschaft begründet oder gerade ausschließt[384], was eine vermittelnde Ansicht nahe legt. Der Gesetzgeber beabsichtigte bei der

---

378 *Ulmer* in Ulmer/Brandner/Hensen, AGBG, § 24 a Rdn. 24.

379 *Wolf/Horn/Lindacher*, AGBG, Art. 2 RiLi Rdn. 6.

380 *Schwerdtfeger*, DStR 1997, S. 500; *v. Westphalen*, BB 1996, S. 2101; Erman/*Werner*, BGB, § 24 a AGBG Rdn. 19.

381 AnwK-BGB/*Ring*, § 13 Rdn. 19; *Wolf/Horn/Lindacher*, AGBG, § 24 a Rdn. 23; MünchKomm/*Basedow*, § 310 Rdn. 47; MünchKomm/Ulmer, § 1 VerbrKrG Rdn. 24 ff.; Palandt/*Heinrichs*, § 13 Rdn. 3; *Heinrichs*, NJW 1995, S. 159 und NJW 1996, S. 2191; *Pfeiffer*, NJW 1999, S. 173; *ders.*, Der Verbraucherbegriff als zentrales Merkmal im europäischen Privatrecht, S.37 f.; Soergel/*Pfeiffer*, § 13 BGB Rdn. 38; *Bülow/Artz*, Verbraucherprivatrecht, S. 22.

382 *Faber*, EuZP 1998, S 891; AnwK-BGB/*Reiff*, § 489 Rdn. 13; Jauernig/*Jauernig*, BGB, § 13 Rdn. 3; *Ulmer* in Ulmer/Brandner/Hensen, AGBG, § 24 a Rdn. 26; *Jauernig*, FS Schlechtriem, S. 569 ff.

383 § 609 a BGB a.F. regelte das ordentliche Kündigungsrecht des Darlehensnehmers. Als Folge des SMG findet sich nun sein Regelungsgehalt im Wesentlichen in § 489 BGB. Zu den Änderungen der Vorschrift gehört dabei die Anpassung des § 609 a Abs. 2 Nr. 2 BGB a.F., der Darlehen die ganz oder überwiegend für Zwecke einer gewerblichen oder beruflichen Tätigkeit bestimmt waren, vom Kündigungsrecht ausnahm, an § 13 BGB.

384 Nach MünchKomm/*Basedow*, § 310 Rdn. 47 und *v. Westphalen*, BB 1996, S. 2101 soll der Wortlaut nahe legen, dass schon ein teilweise privater Zweck zur Begründung der Verbrauchereigenschaft ausreicht, während *Faber*, ZEuP 1998, S. 886 die Formulierung dahingehend deutet, dass eine ausschließlich private

Anpassung der Regelung des § 609 Abs. 1 Nr. 2 BGB a.F. an § 13 BGB durch den neuen § 489 Abs. 1 Nr. 2 BGB auch keine inhaltliche Änderung des geltenden Rechts[385], was ebenfalls für ein Abstellen auf die überwiegende Zweckbestimmung spricht. Nach herrschender Meinung entscheidet zudem auch bei Art. 29 EGBGB[386] und Art. 5 EVÜ[387] der überwiegende Zweck.

Dagegen kann der von der Mindermeinung (oben aa.) vertretene Ausschluss der Verbrauchereigenschaft erst bei eindeutiger Zuordnung zur gewerblichen oder selbständig beruflichen Tätigkeit schon in der Begründung nicht überzeugen. Der Verweis auf einen effektiven Verbraucherschutz geht insofern ins Leere, als ein Verbraucher überhaupt erst vorliegen muss, bevor dessen effektiver Schutz erörtert werden kann. Als Definitionsnorm kommt § 13 BGB kein besonderer Normzweck zu[388].

Gewichtige Gründe sprechen aber für die im Vordringen befindliche Ansicht (oben cc.), wonach allein die ausschließliche private Zweckbestimmung die Verbrauchereigenschaft begründet. So wird im Rahmen der Interpretation des Art. 2 lit. a) CISG, auf Grund der Entstehungsgeschichte der Norm ein Verbraucher nur dann bejaht, wenn dieser ausschließlich zu privatem Zweck handelt[389]. Auch die zu § 343 HGB einhellig vertretene Auffassung, dass bereits die teilweise Zugehörigkeit eines Geschäfts zu einem Handelsbetrieb dieses zu einem Handelsgeschäft macht[390], deutet daraufhin, dass schon die teilweise gewerbliche oder selbständig berufliche Zweckbestimmung die Verbrauchereigenschaft ausschließt[391]. Für eine derartig einschränkende Auslegung spricht zudem eine am Sinn und Zweck des Verbraucherschutzes orientierte Auslegung. Es geht um den Schutz des geschäftlich Unerfahrenen. Ist der Vertrag aber auch nur teilweise der unternehmerischen Sphäre zuzuordnen, ist eine auszugleichende Unterlegenheit nicht mehr gegeben.

Da der Verbraucherbegriff in § 13 BGB Ausgangspunkt des vor allem auf EG-Richtlinien beruhenden Verbraucherschutzes ist, liegt die Anrufung des EuGH über die richtlinienkonforme Auslegung nahe[392]. Dabei ist zu berücksichtigen, dass der EuGH sich bereits bei der Auslegung der Art. 13. ff EuGVÜ umfassend mit der Auslegung des Begriffs

---

Zweckbestimmung erforderlich ist. Nach *Ulmer* in Ulmer/Brandner/Hensen, AGBG, § 24 a Rdn. 26 ist der Wortlaut des § 13 BGB daher ambivalent.

385 Vgl. die Begründung des Koalitionsentwurfs v. 14.5.2001, BT-Drs. 14/6040, S. 253, dazu auch *Jaunernig*, FS Schlechtriem, S. 573.

386 Vgl. MünchKomm/ *Martiny*, BGB, Art. 29 EGBGB Rdn. 5.

387 Vgl. dazu den *Giuliano/Legarde*-Bericht zu Art. 5 EVÜ – ABIEG 1980 C 282/1, 23 = BT-Drs. 10/503, S. 55, abgedruckt bei *Kropholler*, Europäisches Zivilprozeßrecht, Art. 13 EuGVÜ Rdn. 5; kritisch *E. Lorenz*, RIW 1987, S. 576; nach *Rudisch*, Grenzüberschreitender Schutz bei Verbrauchergeschäften, S. 216 soll die behauptete Privatnutzung genügen vorbehaltlich eines Gegenbeweises des Unternehmers.

388 *Ulmer* in Ulmer/Brandner/Hensen, AGBG, § 24 a Rdn. 26.

389 Vgl. *Faber*, ZEuP 1998, S. 886 m.w.N.; Schlechtriem/*Ferrari*, CISG, Art. 2 Rdn. 12; a.A. Soergel/*Lüderitz*, Art. 2 CISG Rdn. 3.

390 Vgl. *Baumbach/Hopt*, HGB, § 343 Rdn. 3: entfernter lockerer Zusammenhang genügt, also auch bei Anschaffung eines Gegenstandes sowohl für den Geschäfts- als auch den Privatbereich.

391 *Ulmer* in Ulmer/Brandner/Hensen, AGBG, § 24 a Rdn. 26.

392 MünchKomm/ *Basedow*, § 310 Rdn. 47.

des Verbrauchers auseinandersetzen musste[393]. Er hat sich dabei für eine enge Auslegung des Verbraucherbegriffs ausgesprochen[394] und jeglichen Bezug zu einer gegenwärtigen oder zukünftigen beruflichen oder gewerblichen Tätigkeit oder Zielsetzung als die Verbrauchereigenschaft ausschließend angesehen[395]. Diese Rechtsprechung zu Grunde legend, liegt ein Abstellen auf die überwiegende Zweckbestimmung nahe. Ob dieser eingeschränkte Verbraucherbegriff dem Personenkreis, der durch die europarechtlichen Richtlinien geschützt werden soll, ausreichend Rechnung trägt, müsste letztlich durch den EuGH entschieden werden[396].

In der Praxis dürften die Unterschiede zwischen der bislang herrschenden Auffassung und der im Vordringen befindlichen Ansicht gar nicht all zu sehr divergieren. Denn letztlich obliegt der Nachweis der Verbrauchereigenschaft dem, der sich auf sie beruft[397]. Im Streitfall nachzuweisen, dass ein Rechtsgeschäft zu überwiegend privatem Zweck abgeschlossen wurde, dürfte nicht viel einfacher sein, als der Nachweis der ausschließlich privaten Zweckbestimmung. Einfacher zu handhaben wäre auf jeden Fall das Ausreichen einer auch nur teilweisen gewerblichen bzw. selbständigen Zweckbestimmung zum Ausschluss der Verbrauchereigenschaft, was auch im Einklang mit der bisherigen EuGH-Rechtsprechung zum Verbraucherbegriff im Rahmen der Art. 13 ff. EuGVÜ stehen würde.

i. Branchenfremde Nebengeschäfte

Soweit ein Geschäft – gegebenenfalls unter Heranziehung der Grundsätze zur gemischten Zweckbestimmung – der gewerblichen oder selbständig beruflichen Tätigkeit zugerechnet werden kann, ist die Verbrauchereigenschaft des Handelnden ausgeschlossen. Ausnahmen für sogenannte atypische oder branchenfremde Nebengeschäfte lassen sich aus dem Wortlaut des § 13 BGB nicht ableiten und sind daher – anders als etwa in Frankreich[398] - in Deutschland nicht zuzulassen. Dies folgt schon aus dem praktischen Bedürfnis heraus, einen gewissen Gleichklang mit den handelsrechtlichen Vorschriften zu erlangen, da sonst möglicherweise sowohl kaufmännische Vorschriften (über § 344 HGB, da zum Handelsgeschäft gehörend) als auch verbraucherschützende Normen (da branchenfremdes Nebengeschäft) eingreifen würden. Auch ist selbst bei branchenfremden Nebengeschäften die geschäftliche Unerfahrenheit des Unternehmers gerade bei typisierter Betrachtung nicht mit der eines

---

393 Vgl. insbes. folgende Entscheidungen: EuGH, 21.6.1978, Rs. C-150/77 EuGHE I 1978, 1431 (Bertrand); EuGH, 17.6.1992, Rs. C-26/91, EuGHE I 1992, 3967 = EWS 1994, S. 245, 286 (Handte); EuGH, 19.1.1993, Rs. C-89/91, EuGHE I 1993, 139 = EWS 1993, S. 71; EuGH, 3.7.1997, Rs. C-269/95 (Shearson); EuGH v. 3.7.1997, RS. C 269/95 (Benincasa/Dentalkit), Slg. 1997, I – 3767 = EWS 1997, S. 270.

394 Vgl. EuGH, EWS 1997, S. 271 Rdn. 16; dazu auch *Pfeiffer*, Der Verbraucherbegriff als zentrales Merkmal im europäischen Privatrecht, S. 24 f.; *Lutz/Neumann*, RIW 1999, S. 827 ff.

395 Vgl. EuGH, EWS 1997, S. 270 Rdn. 18, dazu auch *Lutz/Neumann*, RIW 1999, S. 827 ff.

396 Insofern bestünde eine Vorlagepflicht - vgl. dazu *Streinz*, Europarecht, Rdn. 564. Eine weite Auslegung würde dagegen den von den Richtlinien zu schützen beabsichtigten Personenkreis auf jeden Fall erfassen. Einer Vorlage zum EuGH bedürfte es dann nicht, da es dem nationalen Gesetzgeber – unabhängig von den Öffnungsklauseln in den Richtlinien – gestattet ist, auch Personen, die europarechtlich nicht als Verbraucher anzusehen sind, als solche zu behandeln.

397 Vgl. dazu unten VI. 1.

398 Vgl. dazu MünchKomm/*Micklitz*, § 13 Rdn. 17; *Pfeiffer*, Der Verbraucherbegriff als zentrales Merkmal im europäischen Privatrecht, S. 34.

geschäftlich untätigen Verbrauchers gleichzusetzen. Hinzu kommt, dass eine Erweiterung des Verbraucherbegriffs auf branchenfremde Nebengeschäfte nur den natürlichen Personen, nicht aber den juristischen Personen, die per se vom persönlichen Anwendungsbereich ausgenommen sind, zu Gute käme, was mithin einen Verstoß gegen den Gleichbehandlungsgrundsatz bedeutete. Schließlich zeigt nicht nur die einschränkende Rechtsprechung des EuGH zur gemischten Zweckbestimmung[399], sondern auch das Abstellen des EuGH auf die Zugehörigkeit eines Geschäfts zur gewerblichen oder beruflichen Tätigkeit, also in dessen Rahmen und Zusammenhang[400], dass europarechtlich dem weiten französischen Verbraucherbegriff nicht gefolgt wird.

3. Rechtsgeschäft

Nach dem Wortlaut des § 13 BGB ist Verbraucher nur, wer ein Rechtsgeschäft *„abschließt"*.

Diese Beschränkung wird überwiegend als verfehlt angesehen[401]. Eines Verbraucherschutzes bedarf es schon vor der eigentlichen rechtsgeschäftlichen Tätigkeit. So ist der Verbraucher etwa im Rahmen der §§ 312 b ff. BGB schon vor Abschluss des eigentlichen Vertrages auf Informationen des Unternehmers angewiesen. Selbst der Gesetzgeber zeigt durch die §§ 241 a, 661 a BGB und die zahlreichen vorvertraglichen Informationspflichten, dass die Verbrauchereigenschaft unabhängig vom Abschluss eines Rechtsgeschäfts vorliegen kann. Entscheidend ist daher, ob eine natürliche Person bei einem Vorgang, der die Begründung rechtsgeschäftliche Rechte oder Pflichten zur Folge haben soll, zu einem privaten Zweck handelt oder nicht[402]. Dabei kann hypothetisch darauf abgestellt werden, ob ein zu Stande kommendes Rechtsgeschäft, der privaten oder der gewerblichen oder selbständigen beruflichen Tätigkeit zuzurechnen wäre[403].

---

399 S.o. h. dd.

400 EuGH Urt. v. 4.3.1991, RS. C-361/90 di Pinto, Slg. 1991, I-1206 hat deshalb die Anwendung der Haustürwiderrufs-RL auf den Verkauf eines Gewerbebetriebs an der Haustür zurückgewiesen; **a.A.** war Generalanwalt *Mischo*, mit der Begründung, dass ein unmittelbarer Zusammenhang mit dem Geschäftszweck bestehen müsste, der beim Verkauf des Geschäftsbetriebs nicht gegeben sei – vgl. dazu auch MünchKomm/*Micklitz*, Vor §§ 13, 14 Rdn. 81.

401 Vgl. Palandt/*Heinrichs*, § 13 Rdn. 4; Jauernig/*Jauernig*, BGB, § 13 Rdn. 5; MünchKomm/*Micklitz*, § 13 Rdn. 44 ff.; *Riehm*, Jura 2000, S. 505; vgl. auch LG Wuppertal, NJW-RR 2001, S. 1275 im Rahmen des § 661 a BGB.

402 Vgl. auch *Riehm*, Jura 2000, S. 505, der an einen *„rechtlich relevanten Vorgang"* anknüpft.

403 Ähnlich *Berger*, JuS 2001, S. 651.

VI. Annexprobleme im Zusammenhang mit der Verbrauchereigenschaft nach § 13 BGB

1. Darlegungs- und Beweislast für die Verbrauchereigenschaft

Die Darlegungs- und Beweislast entscheidet darüber, was in den Fällen zu gelten hat, in denen die einzelnen Voraussetzungen des § 13 BGB nicht zur vollen Überzeugung des Gerichts feststehen. Sie ist vor allem von der Problematik der gemischten Zweckbestimmung zu unterscheiden.

Während nach § 1 Abs. 1 VerbrKrG[404] die Darlegungs- und Beweislast für die fehlende Verbrauchereigenschaft des Darlehensnehmers durch die Formulierung *„es sei denn, dass"* beim Darlehensgeber/Unternehmer lag[405], enthält § 13 BGB keinen Hinweis zur Beweislastverteilung. Es greifen somit die allgemeinen Grundsätze der Beweislastverteilung, wonach derjenige, der sich auf den Schutz einer Norm beruft, beweisen muss, dass deren Voraussetzungen vorliegen[406]. Demnach obliegt der Beweis für das Vorliegen der Verbrauchereigenschaft also dem, der sie für sich in Anspruch nehmen will[407]. Im Einzelfall dürfte allein der Zweckbestimmung besondere Beweisrelevanz zukommen, denn wer handelte, ist schon bei der Aktiv- oder Passivlegitimation festzustellen und der Rechtsgeschäftsabschluss ist regelmäßig im Rahmen der Anspruchsbegründung zu erörtern.

Ist der Betreffende nicht selbst gewerblich oder beruflich tätig, ist der Nachweis der privaten Zweckbestimmung unproblematisch, da dann überhaupt nur ein Handel zu privaten Zwecken in Betracht kommt.

Fraglich ist dagegen, welche Anforderungen an den Nachweis der Verbrauchereigenschaft zu stellen sind, wenn der sich auf § 13 BGB Berufende selbst auch ein Unternehmen betreibt.

a. In diesen Fällen wird zum Teil vertreten, dass hier die Vermutungsregel des § 344 HGB – für Kaufleute direkt, sonst analog – eingreift[408], d.h. dass die von einem Unternehmer vorgenommenen Rechtsgeschäfte im Zweifel zu geschäftlichen Zwecken abgeschlossen wurden.

Auch wenn die Vermutungsregel nur im Zweifel gilt und widerlegt werden kann, hätte dies zur Folge, dass weitgehend von einem Unternehmensgeschäft auszugehen ist und die Verbrauchereigenschaft abzulehnen wäre. Denn ein Zweifelsfall ist bei § 344 HGB nur dann zu verneinen, wenn der geschäftliche oder private Charakter eines Geschäfts mit

---

404 Zur Beweislastverteilung im Rahmen des VerbrKrG – vgl. *Bülow*, NJW 1998, S. 3454 ff.

405 Durch das Gesetz über Fernabsatzverträge und andere Fragen des Verbraucherrechts blieb diese Beweislastverteilung zunächst erhalten – dazu *Bülow/Artz*, NJW 2000, S. 2055 – wurde aber im Rahmen des SMG und der Einarbeitung des VerbrKrG ins BGB aufgegeben – vgl. *Bülow*, Verbraucherkreditrecht, § 491 Rdn. 73; § 507 Rdn. 9.

406 Dazu BGH, NJW-RR 1993, S. 1262; BAG, BB 1995, S. 468; *Thomas/Putzo*, Vorbem. § 284 Rdn. 23; *Michalski*, ZPO, S. 150 f.

407 Vgl. Palandt/*Heinrichs*, § 13 Rdn. 3 f.; MünchKomm/*Wendehorst*, § 312 b Rdn. 20; *Wendehorst*, DStR 2000, S. 1311; *Bülow/Artz*, Verbraucherprivatrecht, S. 19; *Heinrichs*, NJW 1996, S. 2191; *Ulmer* in Ulmer/Brandner/Hensen, AGBG, § 24 a Rdn. 27; **a.A.** *Berger*, JuS 2001, S. 651; *ders.* Jura 2001, S. 290.

408 Palandt/*Heinrichs*, § 13 Rdn. 3; *Ulmer* in Ulmer/Brandner/Hensen, AGBG, § 24 a Rdn. 27; *Wolf/Horn/Lindacher*, § 24 a AGBG, Rdn. 23; *Larenz/Wolf*, AT, § 42 Rdn. 44.

hinreichender Eindeutigkeit feststeht. Dazu reicht der ersichtliche Bezug zum Betrieb des Unternehmens bzw. dessen Fehlen nicht aus. Erforderlich für den Ausschluss eines Zweifelsfalls ist vielmehr die eindeutige Zugehörigkeit des fraglichen Geschäfts zum unternehmerischen bzw. zum privaten Interessenkreis[409]. Wird demnach also meist ein Zweifelsfall zu bejahen sein, so bliebe noch § 344 Abs. 1 HGB zu widerlegen. Dies würde aber den Nachweis erfordern, dass ein vom Unternehmer eingegangenes Geschäft auch für den Geschäftsgegner erkennbar nicht dem Betrieb des Unternehmens dienen sollte[410].

b. Dieser weitgehende Ausschluss der Verbrauchereigenschaft von privat handelnden Unternehmern ist für andere Autoren ausschlaggebend dafür, die Anwendung der Auslegungsregel des § 344 Abs. 1 HGB abzulehnen[411]. Besonders weitgehend wird zum Teil sogar gefordert, dass – wenn nicht ein objektiver Bezug zu einer gewerblichen oder freiberuflichen Tätigkeit vorliegt - im Zweifel ein Verbrauchergeschäft vorliegen soll[412].

c. Die Anwendung des § 344 HGB ist in der Tat abzulehnen. Die aus ihr folgende weitgehende Ablehnung der Verbrauchereigenschaft für privat handelnde Unternehmer ist in den EU-Richtlinien zum Verbraucherschutz nicht angelegt und würde daher gegen die vom EuGH geforderte richtlinienkonforme Auslegung[413] verstoßen[414]. Zudem verfolgt § 344 HGB den Zweck, den Kaufmann/Unternehmer in Zweifelsfällen zur Einhaltung der verschärften handelsrechtlichen Vorschriften zu verpflichten, nicht aber ihn im Zweifel von verbraucherschützenden Normen auszunehmen[415].

Dass im Zweifel ein Verbrauchergeschäft vorliegen soll, wird zum Teil auch bei Art. 5 EVÜ und Art. 13 EuGVÜ vertreten[416]. Jedoch findet diese Auslegungsregel in § 13 BGB keinen Niederschlag und dürfte auch zu der vom EuGH verfolgten restriktiven Auslegung des Verbraucherbegriffs [417] im Widerspruch stehen.

Auszugehen ist daher von der Darlegungs- und Beweislast des Verbrauchers, die durch Vermutungsregeln weder erschwert noch erleichtert wird. Bei Massengeschäften des täglichen Lebens, die typischerweise mit Verbrauchern geschlossen werden, können die Grundsätze des Anscheinsbeweises[418] eingreifen. Ansonsten bleibt es beim Grundsatz der freien Beweiswürdigung (§ 286 Abs. 1 ZPO), wobei der Richter die äußeren Gesamtumstände, insbesondere Art, Zweck und Ort des Vertrages, zu berücksichtigen hat[419].

---

409 Vgl. *Pfeiffer*, NJW 1999, S. 174; *Ulmer* in Ulmer/Brandner/Hensen, AGBG, § 24 a Rdn. 27 m.w.N. will § 344 HGB bei Geschäften, die typischerweise von Verbraucher geschlossen werden, ausschließen.

410 Vgl. OLG Köln, MDR 1972, S. 865; BGH, WM 1976, S. 424.

411 *Dauner-Lieb/Heidel/Lepa/Ring*, Das neue Schuldrecht, § 12 Rdn. 8; *Härting*, FernAbsG, Einl. Rdn. 56; *Pfeiffer*, NJW 1999, S. 174; MünchKomm/ *Wendehorst*, § 312 b Rdn. 21; offen MünchKomm/ *Basedow*, § 310 Rdn. 49.

412 *Pfeiffer*, NJW 1999, S. 174.

413 Vgl. dazu *Streinz*, Europarecht, Rdn. 405.

414 *Pfeiffer*, NJW 1999, S. 174; MünchKomm/ *Wendehorst*, § 312 b Rdn. 21.

415 So *Härting*, FernAbsG, Einl. Rdn. 56.

416 *Reithmann/Martiny*, Internationales Vertragsrecht, Rdn. 717; *Geimer/Schütze*, Europäisches Zivilverfahrensrecht, Art. 13 EuGVÜ Rdn. 18 .

417 Vgl. oben V. 2. h. dd.

418 Vgl. zum Anscheins- bzw. prima-facie-Beweis Zöller/ *Greger*, ZPO, Vor § 284 Rdn. 29 ff.

419 Im Ergebnis ähnlich MünchKomm/ *Basedow*, § 310 Rdn. 49.

2. Handel für Dritte und Verbrauchereigenschaft

a. Wirksame Stellvertretung

Bei wirksamer Stellvertretung wird das abgeschlossene Rechtsgeschäft nach § 164 Abs. 1 S. 1 BGB dem Vertretenen zugerechnet, so dass folglich auch auf dessen Verbrauchereigenschaft abzustellen ist[420]. Dafür spricht, dass der Vertreter des Schutzes des Verbraucherrechts nicht bedarf, weil er von den Folgen seiner Willenserklärung gem. § 164 Abs. 1 BGB nicht betroffen wird. Zudem könnte sich sonst auch ein Unternehmer leicht den Schutzbereich der Verbrauchergesetze erschleichen, indem er den Vertragsschluss einem Verbraucher überließe[421].

Fraglich ist, ob vor dem Hintergrund des § 166 BGB die Verbrauchereigenschaft des Vertretenen dann wegfällt, wenn der Vertreter, würde er das Rechtsgeschäft für sich abschließen, Unternehmer i.S.d. § 14 BGB wäre. Dafür lässt sich auf den ersten Blick die Rechtsprechung des BGH zum Widerrufsrecht bei Haustürgeschäften anführen, wonach hinsichtlich der situationsbezogenen Voraussetzungen auf den Vertreter abzustellen ist[422]. Jedoch ging es in den Entscheidungen des BGH um die Frage, ob bei Mängeln der Vertragserklärung auf die Person des Vertreters oder die des Vertretenen abzustellen ist, nicht aber darum, wen die rechtlichen Folgen des Vertreterhandelns treffen[423]. Die Wirkungen des Rechtsgeschäft treffen bei wirksamer Stellvertretung aber allein und unmittelbar den Vertretenen[424]. Auf diesen bezieht sich § 13 BGB wenn er darauf abstellt, dass das abgeschlossene Rechtsgeschäfts nicht „*ihrer*" – d.h. des Vertretenen - gewerblichen oder selbständig beruflichen Tätigkeit zugerechnet werden kann. Zwar lässt sich einwenden, dass bei einer Vertretung durch einen Unternehmer die Schutzwürdigkeit des Verbrauchers wegfällt, handelt für ihn doch eine geschäftlich erfahrene Person. Dies rechtfertigt aber keine Ablehnung der Verbrauchereigenschaft, treffen doch die rechtlichen Folgen gerade einen Verbraucher und keinen Unternehmer[425]. Es wäre zudem auch eine erhebliche Einschränkung des Stellvertretungsrechts, wenn der Vertretene bei Vertretung durch einen Unternehmer seine gesamten Verbraucherrechte verlieren würde. Schließlich wird auch der Vertragspartner hinreichend durch das Offenkundigkeitsprinzip geschützt. Vertretung durch einen Unternehmer beseitigt daher nicht die Verbrauchereigenschaft des Vertretenen.

Eine andere Frage ist, ob der Vertreter die Verbraucherrechte des Vertretenen, etwa ein Widerrufsrecht, gelten machen kann. Dies hängt von der Reichweite der Vollmacht ab, die

---

420 Vgl. BGH, NJW-RR 1991, S. 1074 f.; NJW 2000, S. 2268 ff.; MünchKomm/*Wendehorst*, § 312 b Rdn. 19; MünchKomm/*Ulmer*, § 355 Rdn. 24; *Berger*, Jura 2001, S. 290; *Bülow/Artz*, Verbraucherprivatrecht, S. 26. Dies gilt auch dann, wenn der Vertreter zunächst ohne Vertretungsmacht handelte und der Vertretene später das Rechtsgeschäft genehmigt.

421 *Berger*, Jura 2001, S. 290.

422 BGH, NJW 2000, S. 2268 f. und S. 2271; vgl. dazu auch unten 6. Teil, E. II. 1. b. aa. (2).

423 Eine Differenzierung, auf die auch der BGH in seinen Entscheidungen abstellt – vgl. BGH, NJW 2000, S. 2268.

424 Palandt/*Heinrichs*, § 164 Rdn. 15; Jauernig/*Jaunernig*, § 164 Rdn. 10; *Brox*, BGB AT, Rdn. 489.

425 Vgl. BGH, NJW 1988, S. 1378 f.; MünchKomm/*Micklitz*, § 13 Rdn. 24; für den AGB-Bereich – *Brandner* in Ulmer/Brandner/Hensen, AGBG, § 24 Rdn. 16.

sich vielfach konkludent auf die Ausübung des Widerrufsrechts erstrecken wird[426].

b. Vertretung ohne Vertretungsmacht

Weiter ist dem Problem nachzugehen, was für den Fall gilt, wenn bei Handeln für einen Unternehmer, für den das Rechtsgeschäft also gerade seiner gewerblichen bzw. selbständig beruflichen Tätigkeit zugerechnet werden kann, keine Vertretungsmacht besteht und mithin eine Einstandspflicht nach § 179 BGB begründet wird.

Der BGH hat im Rahmen des Widerrufsrechts nach § 6 Nr. 1 HausTWG a.F. entschieden, dass der vollmachtslose Vertreter das Widerrufsrecht anstelle des Kunden ausüben kann, soweit nicht der Vertreter den Vertrag für Zwecke der selbständigen Erwerbstätigkeit des Kunden abgeschlossen hat[427]. Der vollmachtslose Vertreter kann demnach also nur dann Verbraucherrechte geltend machen, wenn bei dem, in dessen Namen er handelte, die Verbrauchereigenschaft vorliegt[428].

Möglicherweise ergibt sich etwas anderes daraus, dass § 13 BGB im Gegensatz zu § 6 Nr. 1 HausTWG nicht allgemein auf die Ausübung einer selbständigen Erwerbstätigkeit abstellt, sondern die Zurechnung des Rechtsgeschäfts zu *„ihrer"* gewerblichen oder selbständig beruflichen Tätigkeit verlangt. Bei einem vollmachtslosen Vertreter, der in Ausübung nicht seiner sondern der gewerblichen oder selbständig beruflichen Tätigkeit des angeblich Vertretenen handelt, käme eine solche Zurechnung nicht in Betracht. Er wäre folglich Verbraucher und ihm müssten mithin auch die Verbraucherrechte zustehen.

Insofern ist aber zu beachten, dass selbst die wahlweise bestehende Erfüllungsverpflichtung in § 179 I BGB den Vertreter nicht zum Vertragspartner macht, sondern nur eine Haftung wie durch Rechtsgeschäft begründet[429]. Die Verbrauchereigenschaft des § 13 BGB bezieht sich dagegen grundsätzlich auf rechtsgeschäftliche Verpflichtungen. Für ein Abstellen auf die Person, die bei wirksamer Vertretung Vertragspartei geworden wäre, spricht zudem vor allem der Schutz der anderen Vertragspartei, die von einem Unternehmensgeschäft ausgeht und etwaigen, gegenüber einem Verbraucher bestehenden Belehrungspflichten nicht nachkommt[430]. Trotz der einschränkenden Formulierung des § 13 BGB ist also weiterhin davon auszugehen, dass bei vollmachtlosem Vertreterhandeln auf die Verbrauchereigenschaft des Vertretenen abzustellen ist[431]. Ausgehend von der Schutzwürdigkeit des anderen Vertragspartners, sollten aber ab dessen Kenntnis von der vollmachtlosen Vertretung durch einen Verbraucher, die ab jetzt möglichen Verbraucherrechte eingreifen. Relevant ist dies insbesondere für die Belehrungspflicht des § 286 Abs. 3 S. 1, Hs. 1 BGB.

---

426 MünchKomm/ *Wendehorst*, § 312 d Rdn. 59; MünchKomm/ *Ulmer*, § 355 Rdn. 24.

427 Vgl. BGH, NJW-RR 1991, S. 1074 f.; vgl. auch *Fischer/Machunsky*, HTWG, § 1 Rdn. 65.

428 So auch *Berger*, Jura 2001, S. 291; a.A. MünchKomm/ *Wendehorst*, § 312 b Rdn. 19 die auf die Verbrauchereigenschaft des falsus procurator abstellt, dies allerdings wieder für den Fall einschränkt, wenn dieser im Namen eines Unternehmers handelte, so dass i.E. keine große Abweichungen bestehen.

429 BGH, NJW 1970, S. 241; BGH, NJW-RR 1991, S. 1075; Bamberger/Roth/*Habermeier*, § 179 Rdn. 22; MünchKomm/*Schramm*, § 179 Rdn. 28; Palandt/*Heinrichs*, § 179 Rdn. 5.

430 Vgl. BGH, NJW-RR 1991, S. 1075; *Fischer/Machunsky*, HTWG, § 1 Rdn. 65.

431 Einschränkend *Fischer/Machunsky*, HTWG, § 1 Rdn. 65 wenn der Vertreter seine Vertretungsmacht gerade deshalb überschreitet, weil er von der anderen Vertragspartei überrascht und überrumpelt wird.

Fraglich ist, ob ein Abstellen auf die Partei, die bei wirksamer Vertretung Vertragspartner geworden wäre, auch dann gerechtfertigt ist, wenn ein Unternehmer ohne Vertretungsmacht für einen Verbraucher handelte. Dies hätte zur Folge, dass ihm gegenüber einem Unternehmer Verbraucherrechte zustehen würden bzw. ein Verbraucher ihm gegenüber keine Verbraucherrechte geltend machen könnte. Soweit indes keine Haftungsbeschränkung nach § 179 Abs. 2 und 3 BGB einschlägig ist und der Vertragspartner nach § 179 Abs. 1 BGB Erfüllung verlangen kann, ist nicht einzusehen, warum der unternehmerische falsus procurator derart privilegiert sein soll, dass ihm gegenüber einem unternehmerischen Vertragspartner Verbraucherrechte zustehen bzw. ein Verbraucher ihm gegenüber keine Verbraucherrechte gelten machen kann[432].

c. Strohmanngeschäfte

Lässt ein Unternehmer einen Dritten für sich handeln, dann wird, da der Dritte nicht als Vertreter, sondern im eigenen Namen auftritt, der Dritte verpflichtet. Folglich ist daher bei der Feststellung der Verbrauchereigenschaft auf den Dritten abzustellen. Hierbei ist aber zu berücksichtigen, dass der Dritte nicht für seine, sondern für Rechnung des Unternehmers handelt, so dass mithin bei der Zweckbestimmung der nichtprivate Zweck des Unternehmers durchschlägt und die Verbrauchereigenschaft des Strohmanns ausscheidet[433].

3. Einbeziehung Dritter in den Verbraucherschutz

Wie bereits bei der Erörterung der Auswirkungen des Vertretungsrechts auf das Verbraucherrecht deutlich geworden ist, ist das Eingreifen verbraucherschützender Normen davon abhängig, dass der durch das Rechtsgeschäft Verpflichtete Verbraucher ist[434].

Fraglich ist, ob darüber hinaus auch Dritte in den Anwendungsbereich verbraucherschützender Normen einbezogen werden können. Heftig diskutiert wurde und wird insbesondere, inwiefern einem Bürgen der gleiche Verbraucherschutz zu gewähren ist, wie dem Hauptschuldner[435]. Zudem sind weitere Konstellationen zu erörtern, in denen nicht selbst Vertragspartei gewordene Dritte verbraucherschützende Normen für sich in Anspruch nehmen können.

a. Bürge und Verbraucherschutz

Die Rechtsprechung zur Anwendung verbraucherschützender Normen auf den Bürgen ist wenig stringent.

---

432 Zu diesem Ergebnis kommt man auch, wenn man von vornherein auf die Verbrauchereigenschaft des falsus procurator abstellt, diesem aber für den Fall, dass er im Namen eines Unternehmers gehandelt hat, die Verbraucherrechte verwehrt – vgl. MünchKomm/*Wendehorst*, § 312 b Rdn. 19. A.A. ist MünchKomm/*Ulmer*, § 355 Rdn. 24, der darauf abstellt, dass der Geschäftspartner über § 179 Abs. 1 BGB nicht besser gestellt werden soll, als wenn die Vertretungsmacht bestünde und verweist darauf, dass allgemein anerkannt ist, dass der vollmachtlose Vertreter ein dem Vertretenen zustehendes Anfechtungsrecht ausüben kann – vgl. BGH, NJW 2002, S. 1867. Dabei übersieht er m.E., dass es beim Anfechtungsrecht gem. § 166 Abs. 1 BGB auf die Willensmängel des Vertreters ankommt.

433 Vgl. BGH, NJW 2002, S. 2030 f.

434 S.o. 2. Zur Mitverpflichtung des Ehegatten im Rahmen des § 1357 BGB und den daraus resultierenden Folgen s.u. 6.

435 Vgl. *Pfeiffer*, ZIP 1998, S. 1129; bei Mitverpflichtung Dritter vgl. auch oben V. 1. b.

aa. Im Rahmen des Widerrufsrecht bei Haustürgeschäften[436] (vgl. jetzt § 312 BGB) hat der IX. Senat des BGH die Bürgschaft zunächst nicht als entgeltlichen Vertrag angesehen und mithin ein Widerrufsrecht des Bürgen abgelehnt[437]. Der XI. Senat des BGH tendierte dagegen dahin die Entgeltlichkeit zu bejahen, da der Bürge eine Verpflichtung eingehe, und bejahte mithin die Anwendung des Widerrufsrechts[438]. Als daraufhin der IX. Senat des BGH die Frage dem EuGH vorlegte[439], entschied dieser, dass der Anwendungsbereich der Haustürwiderrufs-RL auch Bürgschaften erfasse, wenn der Hauptschuldner Verbraucher ist, die Hauptschuld in einer Haustürsituation begründet wurde und der Bürge sich zu einem Zweck verpflichtet hat, der nicht seiner beruflichen oder gewerblichen Tätigkeit zugerechnet werden kann[440]. Dem folgt nun der IX. Senat des BGH[441], verlangt aber – vielleicht abweichend von der in diesem Punkt unklaren Entscheidung des EuGH[442] – auch für die Übernahme der Bürgschaft neben der Verbrauchereigenschaft des Bürgen ausdrücklich eine Haustürsituation.

bb. Im Rahmen des Widerrufsrechts bei Verbraucherkreditverträgen (vgl. jetzt §§ 491 ff. BGB) lehnte der IX. Senat des BGH ein Widerrufsrecht bei einer Bürgschaft für einen Geschäftskredit ab, ließ aber – im Hinblick auf die EuGH-Entscheidung zur Haustürwiderrufs-RL[443] – offen, ob dies auch für Bürgschaften für private Kredite gilt[444]. In seiner Entscheidung vom 23.3.2000 lehnte der EuGH dann eine Anwendung der Verbraucherkredit-RL auf Bürgschaftsverträge ab, selbst wenn weder der Bürge noch der Kreditnehmer im Rahmen ihrer Erwerbstätigkeit handelten[445]. Er begründet dies damit, dass die Bürgschaft weder nach dem Wortlaut, der Systematik noch den Zielen der Verbraucherkredit-RL unterfalle. Gerade in der Beschränkung der Verbraucherkredit-RL auf den Kreditvertrag sieht er zudem den entscheidenden Unterschied zur Haustürwiderrufs-RL, die sich nicht auf bestimmte Vertragstypen beschränkt. Durch die Entscheidung sollte mithin keine Korrektur der bisherigen Rechtsprechung erfolgen[446]. Bürgen können demnach durchaus den gleichen Schutz verbraucherschützender Normen in Anspruch nehmen wie der Hauptschuldner, soweit diese Vorschriften nicht den sachlichen Anwendungsbereich zusätzlich einschränken. Gerade dies war aber nach Ansicht des EuGH – anders als bei der Haustürwiderrufs-RL – bei der Verbraucherkredit-RL der Fall, weil sie sich auf bestimmte

---

436 Vgl. dazu auch *St. Lorenz*, NJW 1998, S. 2937 ff.; *Pfeiffer*, NJW 1996, S. 3297 ff.

437 BGHZ 113, 287 = NJW 1991, S. 975; BGH, NJW 1991, S. 2905.

438 BGH, NJW 1993, S. 1594; vgl. auch BGH, NJW 1996, S. 55 für den Widerruf eines Sicherungsvertrags.

439 Vgl. BGH, NJW 1996, S. 930 = ZIP 1996, S. 375, vgl. dazu *Pfeiffer*, NJW 1996, S. 3297 ff.

440 EuGH Urt. v. 7.3.1998, Rs. C-45/96 Dietzinger, Slg. 1998, I-1199 = NJW 1998, 1295; vgl. dazu die Anmerkung von *Micklitz*, EuZW 1998, S. 252 sowie *St. Lorenz*, NJW 1998, S. 2838 f.; *Reinicke/Tiedtke*, ZIP 1998, S. 893 ff.

441 BGH, NJW 1998, S. 2356.

442 So Palandt/*Heinrichs*, Ergänzungsband zur 61. Aufl., § 312 Rdn. 7; *Pfeiffer*, ZIP 1998, S. 1134.

443 EuGH Urt. v. 7.3.1998, Rs. C-45/96 Dietzinger, Slg. 1998, I-1199 = NJW 1998, 1295.

444 BGHZ 138, 321 = NJW 1998, S. 1939.

445 EuGH Urt. v. 23.3.2000 – Rs. C-208/98 Berliner Kindl = NJW 2000, 1323; vgl. auch die BGH-Rechtsprechung: BGH, NJW 1998, S. 1939.

446 Vgl. EuGH, NJW 2000, S. 1324 Rdn. 24; a.A. MünchKomm/*Micklitz*, § 13 Rdn. 22, der die Entscheidung als obiter dictum interpretiert, nach der Sicherungsgeschäfte nicht als ein Binnenmarktproblem zu behandeln sind und hierin eine Korrektur der vorherigen Rechtsprechung sieht.

Vertragstypen, nämlich Kreditverträge beschränkt.

cc. Bei der Frage, ob ein Bürge verbraucherschützende Vorschriften für sich in Anspruch nehmen kann, ist zunächst zu beachten, dass er selbst ein Rechtsgeschäft abschließt und er daher, soweit die Bürgschaft nicht seiner gewerblichen oder selbständig beruflichen Tätigkeit zugerechnet werden kann, selbst ohne weiteres Verbraucher i.S.d. § 13 BGB sein kann.

Es ist daher in einer ersten Stufe die Verbrauchereigenschaft des Bürgen zu prüfen, wobei allein auf das vom Bürgen abgeschlossene Rechtsgeschäft abgestellt werden sollte, da es ja um dessen Verbraucherschutz geht. Verbürgt sich ein Verbraucher in einer Haustürsituation, dann sollte der Einordnung der Hauptschuld in den Erwerbs- oder in den Privatbereich keine Relevanz mehr zukommen[447].

In einer zweiten Stufe ist dann der sachliche Anwendungsbereich der konkreten Verbraucherschutznormen zu prüfen[448]. Dabei kann es durchaus zu unterschiedlichen Schutzbereichen kommen und es müssen mithin nicht alle verbraucherschützenden Normen auf den Bürgen anwendbar sein. Ein Abstellen auf die mangelnde Entgeltlichkeit zum Ausschluss der Bürgschaft im Rahmen der §§ 491 ff. BGB[449] überzeugt allerdings nicht, da auch § 312 BGB eine entgeltliche Leistung verlangt und trotzdem dem Grundsatz nach Bürgschaftsverträge erfasst[450]. Entscheidend könnte vielmehr sein, dass die §§ 491 ff. BGB eben einen Kreditvertrag verlangen, also einen Vertrag, bei dem der Kreditgeber dem Verbraucher einen Kredit in Form eines Zahlungsaufschubs, eines Darlehens oder einer sonstigen Finanzierungshilfe gewährt oder zu gewähren verspricht[451]. Von der Schutzwürdigkeit her kann aber auch diese Differenzierung kaum überzeugen, insbesondere vor dem Hintergrund, dass der Schuldbeitritt nicht als Kreditvertrag angesehen wird und trotzdem der beitretende Verbraucher die Verbraucherdarlehensvorschriften für sich in Anspruch nehmen kann[452].

Darüber hinaus ist es erforderlich, den Unternehmer im Wege des *„Einwendungsdurchgriffs“* daran zu hindern, sich gegenüber dem als Verbraucher beitretenden Bürgen im Hinblick auf den Umfang der Haftung auf missbräuchliche Vertragsbedingungen aus dem Hauptvertrag zu berufen[453].

Ist schließlich der Bürge kein Verbraucher, wohl aber der Hauptschuldner, dann sollte dem Bürgen ein Leistungsverweigerungsrecht entsprechend § 770 BGB zustehen, solange der

---

447 So auch Palandt/*Heinrichs*, § 312 Rdn. 7 *Pfeiffer*, ZIP 1998, S. 1132 ff.; *Reinicke/Tiedtke*, ZIP 1998, S. 894 ff.; *St. Lorenz*, NJW 1998, S. 2938 f.; a.A. *Vowinckel*, DB 2002, S. 1362 ff., der Bürgschaftsverträge nicht originär von § 312 BGB erfasst sieht und daher am sog. doppelten Haustürerfordernis im Sinne der Rechtsprechung des EuGH und des IX. Senats des BGH festhält.

448 Dazu ausf. s.u. 6.Teil, E. II.

449 Vgl. Palandt/*Heinrichs*, § 491 Rdn. 12.

450 S.u. 6. Teil, E. II. 1. b. bb.

451 So der EuGH, NJW 2000, S. 1324 Rdn. 17.

452 Seit BGHZ 133, 71, 74 f. = NJW 1996, S. 2156; vgl. BGH, NJW 2000, S. 3497 m.w.N.; Palandt/*Heinrichs*, § 491 Rdn. 11.

453 *Ulmer* in Ulmer/Brandner/Hensen, AGBG, § 24 a Rdn. 31.

Hauptschuldner etwa noch ein Widerrufsrecht i.S.d. § 355 BGB geltend machen kann[454].

b. Drittbegünstigung

Soweit Dritte in dem von einen Verbraucher mit einem Unternehmer geschlossenen Vertrag einbezogen werden, stellt sich die Frage, inwieweit diese als Verbraucher i.S.d. § 13 BGB zu verstehen sind bzw. inwieweit diese für sich verbraucherschützende Normen in Anspruch nehmen können. Der Wortlaut des § 13 BGB mit seiner Bezugnahme auf denjenigen, der ein Rechtsgeschäft abschließt, spricht dagegen[455]. Insbesondere bezieht die Regelung nicht, wie Art. 2 Nr. 4 der Pauschalreise-RL, ausdrücklich auch *„übrige Begünstigte"* oder *„Erwerber"* mit ein[456]. Jedoch steht dem die Anwendung der Grundsätze für den Vertrag zugunsten Dritter nicht entgegen[457], mit der Folge, dass – wenn nicht konkret geregelt – durch Auslegung zu ermitteln ist, inwieweit dem Dritten auch Verbraucherrechte zustehen[458]. Ob der Dritte selbst Verbraucher ist, ist mit Ausnahme von Umgehungsgeschäften irrelevant, wenn der Vertrag selbst mit einem Verbraucher zu Stande kommt[459].

Soweit dem Unternehmer Informationspflichten obliegen, sind diese gegenüber dem Vertragspartner zu erfüllen, auch wenn die Leistung an einen Dritten zu erbringen ist[460]. Dies kann zu einer erheblichen Mehrbelastung des Unternehmers führen, wenn er bei Lieferung an Dritte zusätzlich eine gesonderte Belehrung an den Verbraucher senden müsste. Insofern könnte man aber den Dritten als zur Entgegennahme der Erklärung ermächtigt ansehen, so dass im Ergebnis die Information gegenüber dem Dritten genügt[461].

c. Weiterveräußerung der Ware durch den Verbraucher an Dritte

Für den hier interessierenden Rahmen des Verbrauchsgüterkaufs ist zudem die Fallkonstellation relevant, dass ein Verbraucher die von dem Unternehmer erworbene Ware an einen Dritten weiterveräußert. Insofern kommt eine Abtretung der Verbraucherrechte bzw. zumindest eine Ermächtigung zur Geltendmachung in Betracht. Bereits höchstgerichtlich anerkannt ist die Zulässigkeit der Abtretung von Sachmängelgewährleistungsrechten[462]. Sie sind bei Leistungsstörungen im Zweifel mit abgetreten[463]. Für Verbraucherrechte, wie etwa Widerrufsrechte, sollte grundsätzlich das gleiche gelten[464]. Für den weiterveräußernden Verbraucher entfällt das Interesse an der Geltendmachung der bestehenden Verbraucherrechte. Für den Unternehmer aus dem Ausgangsgeschäft wird es regelmäßig keine große Rolle spielen, wer die bestehenden Verbraucherrechte letztlich geltend macht. Ob

---

454 So auch MünchKomm/ *Ulmer*, § 355 Rdn. 32.

455 MünchKomm/ *Micklitz*, § 13 Rdn. 26.

456 S.o. A. II. 1.

457 MünchKomm/ *Micklitz*, § 13 Rdn. 26.

458 Palandt/*Heinrichs*, § 328 Rdn. 6.

459 So auch LG Frankfurt/Main, Urteil v. 1.11.2000 Az. 2/1 S 164/00 und die Anmerkung von *Mankowski*, VuR 2002, S. 269 ff.; vgl. auch MünchKomm/ *Wendehorst*, § 312 b Rdn. 17.

460 Vgl. BT-Drs. 14/2658, S. 39.

461 So *Lütcke*, Fernabsatzrecht, § 312 c Rdn. 98.

462 Vgl. für Wandlung und Minderung – BGHZ 95, 252; für den Nachbesserungsanspruch – BGHZ 96, 147.

463 Palandt/*Heinrichs*, § 398 Rdn. 18 a; vgl. auch MünchKomm/ *Roth*, § 398 Rdn. 98 f.

464 A.A. wohl *Bülow*, Verbraucherkreditrecht, § 491 Rdn. 84, der im Rahmen der Forderungsabtretung bei einem Verbraucherkredit darauf verweist, dass der Verbraucher weiter Vertragspartner bleibt. Dies hindert aber m.E. nicht die Übertragung der Verbraucherrechte selbst.

der Dritte selbst Verbraucher ist, spielt dabei auch keine Rolle, da er die Verbraucherrechte des veräußernden Verbrauchers geltend macht. Eine Ausnahme ist nur dann zu machen, wenn der Verbraucher als Strohmann für einen Unternehmer handelt. Dann liegt vor vornherein eine Umgehung vor und es bestehen gar keine Verbraucherrechte[465].

In Betracht kommt zudem auch ein vertraglicher Ausschluss der Abtretbarkeit der Verbraucherrechte durch den Unternehmer, was wohl selbst formularmäßig nicht gegen §§ 138, 307 BGB verstößt, da in der Regel ein berechtigtes Interesse des Schuldners an einer Vereinfachung der Vertragsabwicklung zu bejahen ist[466]. In diesem Fall stehen dem veräußernden Verbraucher die Verbraucherrechte weiterhin zu und soweit nichts gegenteiliges vereinbart ist, sollte gegenüber dem Dritten aus dem Weiterveräußerungsvertrag die Nebenpflicht zur Geltendmachung bestehen.

d. Schutz der Gesundheit, der körperlichen Unversehrtheit oder des Eigentums Dritter

Der Schutz vor Verletzungen der Gesundheit, der körperlichen Unversehrtheit oder des Eigentums, kann gegebenenfalls über die Grundsätze zum Vertrag mit Schutzwirkung zugunsten Dritter[467] erfolgen. Darüber hinaus beschränken sich die insofern schützenden Verbraucherschutzgesetze in der Regel nicht auf den vertragschließenden Verbraucher, sondern schützen die Geschädigten allgemein.

4. Disposition über die Verbrauchereigenschaft

a. Ausschluss der Verbrauchereigenschaft

Wer die Voraussetzungen des § 13 BGB erfüllt, ist Verbraucher. Dies ist zwingend, kann also nicht durch entsprechende – selbst individualrechtliche – Vereinbarungen negiert oder umgangen werden. Absprachen über die Verbrauchereigenschaft können allenfalls klarstellende bzw. deklaratorische Wirkung haben. Vorformulierte Vertragsbedingungen wie etwa: „*Das vorliegende Rechtsgeschäft wurde im Rahmen der unternehmerischen Betätigung der Vertragsparteien geschlossen.*“ sind deshalb ähnlich wie Klauseln, die eine AGB-Kontrolle durch die Erklärung, „*dass die Vertragsbedingungen im Einzelnen ausgehandelt wurden*“[468], verhindern wollten, gem. § 309 Nr. 12 BGB unwirksam[469]. Individualrechtlich wäre eine solche Vereinbarung allenfalls im Rahmen des § 286 ZPO zu berücksichtigen, könnte aber keinesfalls eine nachgewiesene Verbrauchereigenschaft und mithin das Eingreifen von Verbraucherschutznormen verhindern[470], da von diesen grundsätzlich nicht zulasten des Verbrauchers abgewichen werden darf[471].

---

465 *Wolf/Horn/Lindacher*, AGBG, Art 2 RiLi Rdn. 14.
466 Vgl. Palandt/*Heinrichs*, § 399 Rdn. 10 m.w.N.
467 Palandt/*Heinrichs*, § 328 Rdn. 13 ff. m.w.N.
468 BGH NJW 1999, S. 379; OLG Stuttgart NJW-RR 1986, S. 275.
469 Vgl. jetzt auch AG Zeven, ZGS 2003, S. 158 ff. Zur Unzulässigkeit der Versicherung Kaufmann zu sein – vgl. *Wolf/Horn/Lindacher*, AGBG, § 24 Rdn. 7.
470 Vgl. auch *Bülow*, Verbraucherkreditrecht, § 491 Rdn. 70 in Bezug auf Scheinselbständigkeit. Etwas anderes gilt aber dann, wenn der Vertragspartner auf Grund zurechenbaren Rechtsscheins von der Unternehmereigenschaft des Scheinselbständigen ausgehen konnte – s.u. 5. a.
471 Vgl. §§ 312 f Abs. 1, 475, 487, 506 BGB.

b. Vereinbarung der Verbrauchereigenschaft

Für die gegenteilige Fallkonstellation, nämlich dass die Verbrauchereigenschaft einer Vertragspartei vereinbart wird, gilt zunächst, dass der Gesetzgeber in § 13 BGB die Verbrauchereigenschaft festgelegt hat und diese mithin nicht durch vertragliche Vereinbarungen begründet werden kann. Soweit hierdurch Verbraucherrechte der anderen Vertragspartei beschnitten werden, etwa weil indirekt die Unternehmereigenschaft des Vertragspartners verneint wird, folgt die Unwirksamkeit einer solchen Vereinbarung zudem wiederum aus dem zwingenden Verbraucherrecht.

Für den Fall, dass eine Umgehung des Verbraucherschutzrechtes nicht zu befürchten ist, weil beide Parteien Unternehmer sind, kann eine die Verbrauchereigenschaft begründende Vereinbarung dahingehend ausgelegt werden (§§ 133, 157 BGB), dass zumindest die entsprechenden Normen des Verbraucherschutzes, wenn auch nicht per Gesetz, so doch per vertraglicher Vereinbarung Vertragsbestandteil geworden sind, was auf Grund der Vertragsfreiheit keinen grundsätzlichen Bedenken unterliegt.

Sind beide Parteien Verbraucher, so hat die vertragliche Vereinbarung der Verbrauchereigenschaft nur deklaratorische Wirkung. Im Einzelfall könnte zu prüfen sein, ob durch die explizite Vereinbarung der Verbrauchereigenschaft einer Partei die Geltung verbraucherschützender Normen auch gegenüber dem nichtunternehmerischen Vertragspartner vereinbart werden sollte. Aus Gründen der Rechtssicherheit ist hier aber besser eine ausdrückliche Einbeziehung des Verbraucherschutzrechts zu fordern.

5. Rechtsscheinshaftung versus Verbrauchereigenschaft

a. Verbraucher tritt gegenüber einem Unternehmer wie ein Unternehmer auf

Soweit ein Verbraucher gegenüber einem Unternehmer[472] wie ein Unternehmer auftritt bzw. vorgibt, dass er im Rahmen seiner gewerblichen oder selbständig beruflichen Tätigkeit handelt, so ist ihm nach den Grundsätzen der Rechtsscheinhaftung[473] oder zumindest wegen rechtsmissbräuchlichen Verhaltens nach § 242 BGB[474] ein Berufen auf seine Verbrauchereigenschaft zu versagen. Hierfür spricht vor allem die Schutzwürdigkeit des gutgläubigen Dritten, der von einem Unternehmergeschäft ausgeht und deshalb gerade Verpflichtungen die ihm gegenüber einem Verbraucher oblägen, nicht nachkommt[475]. Auch im Gemeinschaftsrecht ist der Grundsatz von Treu und Glauben anerkannt[476] und muss dazu führen, dass der Verbraucher sich jedenfalls nicht entgegen seiner eigenen Einlassungen bei

---

472 Zum gegenteiligen Fall, dass ein Verbraucher gegenüber einem Verbraucher wie ein Unternehmer auftritt – s.u. B. IV. 3.

473 Vgl. dazu *Baumbach/Hopt*, HGB, § 5 Rdn. 9 ff.

474 Im Rahmen der vergleichbaren Problematik der Lehre vom Scheinkaufmann ist strittig, ob durch Anwendung dieser Lehre zwingende Schutzvorschriften umgangen werden können – vgl. dazu *Canaris*, Handelsrecht, § 6 Rdn. 23 ff. Soweit dies entgegen der h.L. abgelehnt wird – etwa *Canaris*, Handelsrecht, § 6 Rdn. 25 – wird aber zumindest die Heranziehung von § 242 BGB bejaht.

475 Insofern sind die gleichen Erwägungen wie im Rahmen des § 179 BGB einschlägig – s.o. b.

476 EuGH, Slg. 1976, 1851 Erwägungen 11 (Segoura./.Bonakdarian); EuGH Slg. 1984, 2417 Erwägungen 18 (Tilly Russ).

Vertragsschluss später auf seine Verbrauchereigenschaft berufen kann[477].

Freilich sollten im Hinblick auf die fehlende Dispositionsbefugnis über die Verbrauchereigenschaft[478] strenge Anforderungen an die hierzu zu begründende Rechtsscheinsgrundlage und die Gutgläubigkeit des Vertragspartners gestellt werden. Insbesondere besteht keine Offenbarungspflicht des Verbrauchers. Da die Beweislast für das Eingreifen der Grundsätze zur Rechtsscheinshaftung zudem grundsätzlich dem obliegt, der sich auf sie beruft[479], also insofern dem Unternehmer, dürfte praktisch nur in eindeutigen Fällen ein Berufen auf die Verbrauchereigenschaft ausgeschlossen sein. Dem, der unter diesen Voraussetzungen in der Lage ist, bei einem gewissenhaften Unternehmer den Rechtsschein zu begründen selbst Unternehmer zu sein, kann zudem eine gewisse geschäftliche Erfahrenheit und mithin mangelnde individuelle Schutzwürdigkeit unterstellt werden, die es rechtfertigt, von dem auf eine typisierende Schutzwürdigkeit abstellenden Verbraucherrecht abzuweichen[480].

b. Unternehmer tritt gegenüber einem Unternehmer als Verbraucher auf

Begründet dagegen ein Unternehmer gegenüber einem anderen Unternehmer den Rechtsschein, ein Verbraucher zu sein, dann stehen ihm deshalb nicht die Verbraucherrechte zu. Dies folgt schon daraus, dass der Rechtsschein nur für, nicht gegen den gutgläubig Vertrauenden wirkt[481]. Für den Fall, dass der unternehmerische Vertragspartner aber das Verhalten durchschaut hat und hiergegen keine Einwände erhoben hat, ist anzudenken, ob gegebenenfalls eine konkludente vertragliche Einbeziehung der Verbraucherschutznormen erfolgte.

---

477 MünchKomm/*Basedow*, § 310 Rdn. 48; a.A. aber wohl *Bülow*, Verbraucherkreditrecht, § 491 Rdn. 70, der in Bezug auf das Verbraucherkreditrecht für einen Ausschluss von dessen Anwendung wegen rechtsmissbräuchlichen Verhaltens keinen Raum sieht.

478 S.o. 4. b.

479 Vgl. Heymann/*Emmerich*, HGB, § 5 Rdn. 15.

480 Noch weiter geht Art. 2 lit. a) CISG, der die Anwendbarkeit des CISG nur dann ausschließt, wenn der Verbrauchercharakter des Kaufs für den Verkäufer nicht erkennbar war – vgl. auch unten 9. Teil, A. I. Da indes auch die mangelnde Erkennbarkeit vom Verkäufer zu beweisen ist, dürften die praktischen Abweichungen nicht allzu erheblich sein.

481 *Baumbach/Hopt*, HGB, § 5 Rdn. 15.

6. Verbrauchereigenschaft im Rahmen des § 1357 BGB

§ 1357 BGB, der gem. § 8 Abs. 2 LPartG auch auf eingetragene Lebenspartnerschaften Anwendung findet[482], regelt die sogenannte Schlüsselgewalt, die den haushaltsführenden Ehegatten im Rahmen der ehelichen Wirtschaftsgemeinschaft in die Lage versetzen soll, seine Aufgaben mit der nötigen wirtschaftlichen Bewegungsfreiheit nach außen zu erfüllen[483].

Nimmt ein Ehepartner Geschäfte zur angemessenen Deckung des Lebensbedarfs der Familie vor, dann ist der private Charakter des Rechtsgeschäfts und mithin die Verbrauchereigenschaft des handelnden Ehegatten evident. Da bei solchen Geschäften gem. § 1357 Abs. 1 S. 2 BGB grundsätzlich auch der andere Ehegatte nicht nur mitverpflichtet, sondern auch mitberechtigt wird, stehen auch diesem die Verbraucherrechte zu[484].

Soweit Widerrufsrechte im Raum stehen, ergeben sich eine Reihe weiterer umstrittener Folgeprobleme.

Zum einen sind die Rechtsfolgen strittig, wenn nicht beide Ehegatten zusammen das Rechtsgeschäft widerrufen, sondern der Widerruf durch einen Ehegatten – nicht auch stellvertretend für den anderen – erfolgt[485]. Um ein inhaltlich unterschiedliches Fortwirken des Vertrages für die Ehegatten zu verhindern, sollte aus § 1357 Abs. 1 BGB auch gefolgert werden, dass sich die Rechtsfolgen des Widerrufs eines Ehegatten[486] auf beide Partner erstrecken[487].

Weiter ist umstritten, wann die Widerrufsfrist des nach § 1357 Abs. 1 S. 2 BGB mitverpflichteten Ehegatten beginnt[488]. Mangels Einblicks des Unternehmers in die Familienverhältnisse seines Vertragspartners sollte hier die Widerrufsfrist für beide Ehegatten mit der Belehrung des handelnden Ehegatten zu laufen beginnen[489].

Schließlich stellt sich im Rahmen von Haustürwiderrufsgeschäften noch das weitere Problem, inwiefern die vorhergehende Bestellung des Unternehmers[490] durch einen der Ehegatten den Verlust des Widerrufsrechts nach § 312 Abs. 3 Nr. 1 BGB zur Folge hat[491]. Da sich der Ausschluss des Widerrufsrechts bei vorheriger Bestellung darin begründet, dass hierdurch die

---

482 Kritisch zur Berechtigung dieser Gleichstellung Palandt/*Brudemüller*, § 8 LPartG Rdn. 2; einschränkend auch *Dethloff*, NJW 2001, S. 2601.

483 Palandt/*Brudemüller*, § 1357 Rdn. 1; allg. zu § 1357 BGB auch *Huber*, Jura 2003, S. 145 ff.; *Rauscher*, Familienrecht, § 14 Rdn. 274 ff.

484 Palandt/*Brudermüller*, § 1357 Rdn. 11; *Brox*, FS Mikat, S. 849; *Cebulla/Pützhoven*, FamRZ 1996, S. 1126; *Fischer/Machunsky*, HTWG, § 1 Rdn. 67; a.A. *Gernhuber/Coester-Waltjen*, Familienrecht, § 19 IV 7.

485 Vgl. ausf. *Cebulla/Pützhoven*, FamRZ 1996, S. 1126 ff.

486 Soweit § 357 Abs. 1 S. 1 BGB auch auf § 351 S. 1 BGB verweist – ablehnend MünchKomm/ *Ulmer*, § 355 Rdn. 25 – und demnach der Widerruf nur gemeinsam ausgeübt werden kann, sollte sich zumindest aus § 1357 BGB ergeben, dass nicht nur bezüglich des zu Grunde liegenden Vertrags, sondern auch bezüglich des Widerrufs das Handeln eines Ehepartners ausreicht.

487 Im Ergebnis so auch *Cebulla/Pützhoven*, FamRZ 1996, S. 1127 f.; *Schwab*, Familienrecht, Rdn. 160; *Wacke*, NJW 1979, S. 2589; a.A. *Brox*, FS Mikat, S. 849 ff. wonach der Widerruf nicht Wirkung für den anderen hat, für das Geschäft des nicht widerrufenden Ehegatten aber § 139 BGB heranzuziehen ist.

488 Vgl. ausf. *Cebulla/Pützhoven*, FamRZ 1996, S. 1129 f.

489 A.A. *Brox*, FS Mikat, S. 850 f. allerdings vor dem Hintergrund, dass das Widerrufsrecht trotz fehlender Belehrung gem. § 2 Abs. 1 S. 4 HTWG a.F. einen Monat nach Erbringung der Leistung erlischt.

490 S.u. 6. Teil, E. II. 1. b. dd.

491 Vgl. ausf. *Cebulla/Pützhoven*, FamRZ 1996, S. 1130 f. m.w.N.

Überrumpelungsgefahr weitgehend entfällt, ist ein Ausschluss nur berechtigt, wenn der handelnde Ehegatte die Bestellung selbst vorgenommen hat bzw. zumindest von der Bestellung durch den anderen Ehepartner wusste[492]. Ist dies nicht der Fall, dann sollte für beide Ehepartner ein Widerrufsrecht bestehen[493]. Auch der nichthandelnde Ehegatte, der die vorhergehende Bestellung vorgenommen hatte, ist schützenswert, da er über § 1357 Abs. 1 BGB aus einem Vertrag mitverpflichtet wird, der in einer Haustürsituation mit den dort immanenten Gefahren geschlossen wurde.

7. Verbrauchereigenschaft und Rechtsnachfolge

Bereits bei der Weiterveräußerung der gekauften Ware durch den Verbraucher an Dritte wurde klargestellt, dass Verbraucherrechte grundsätzlich abgetreten werden können[494]. Kommt es anderweitig, etwa durch Vertragsübernahme oder Erbschaft, zur Rechtsnachfolge so sind dem Rechtsnachfolger in gleichem Maße die Verbraucherrechte zu gewähren bzw. zu verwehren, wie sie dem ursprünglichen Rechtsinhaber zustanden, unabhängig davon, ob der Rechtsnachfolger nun selbst auch Verbraucher ist[495]. Abzustellen ist also auf den ursprünglichen Rechtsinhaber. Soweit die Verbrauchereigenschaft erst für spätere Vorgänge relevant wird – etwa im Rahmen des § 286 Abs. 3 BGB – sollte indes mangels Schutzwürdigkeit des Rechtsnachfolgers auf diesen abgestellt werden[496].

---

492 So auch *Cebulla/Pützhoven*, FamRZ 1996, S. 1130 f.; *Brox*, FS Mikat, S. 852; MünchKomm/ *Ulmer*, § 312 Rdn. 30.

493 A.A. insfoern *Brox*, FS Mikat, S. 852.

494 S.o. 3. c.

495 So auch für die Erbschaft *Bülow*, Verbraucherkreditrecht, § 491 Rdn. 96; für die Vertragsübernahme vgl. BGHZ 129, 371, 375 mit Bspr. *Emmerich*, JuS 1995, S. 1132; BGHZ 142, 23; BGH, NJW 1996, S. 2094; a.A. für die Vertragsübernahme allerdings *Bülow*, Verbraucherkreditrecht, § 491 Rdn. 90 ff.

496 Ähnlich wie im Rahmen der Vertretung ohne Vertretungsmacht – s.o. 2. b.

B. Der Unternehmer

Ein weiterer zentraler Begriff im Zusammenhang mit dem Verbraucherschutz ist der des Unternehmers. Zum Teil wird sogar bei der Feststellung der Verbrauchereigenschaft darauf abgestellt, dass der andere Vertragspartner Unternehmer ist[497]. Dies findet indes in der Verbraucherdefinition keinen Anhaltspunkt und ist auch nicht erforderlich. Richtig ist zwar, dass es eines Schutzes des Verbrauchers nur bedarf, wenn dieser einem Unternehmer gegenübersteht, weil nur dann eine Ungleichgewichtslage bestehen kann, die es auszugleichen gilt[498]. Jedoch betrifft dies eben die Frage, wann es eines Verbraucherschutzes bedarf und nicht wann jemand Verbraucher ist.

Für das bürgerliche Recht wurde der Begriff des Unternehmers erstmals im Rahmen der Umsetzung der Missbräuchlichen-Klausel-RL in § 24 a Nr. 1 AGBG legal definiert. Durch das Handelsrechtsreformgesetz vom 22.6.1998[499] wurde die Legaldefinition in § 24 Nr. 1 AGBG wörtlich übernommen und später durch das Gesetz über Fernabsatzverträge und andere Fragen des Verbraucherrechts sowie zur Umstellung von Vorschriften auf den Euro vom 27.6.2000 in § 14 BGB eingearbeitet. Seinen Ursprung hat der Unternehmerbegriff indes im Wirtschaftsrecht, so dass zunächst kurz die dortigen Begriffsbestimmungen Betrachtung finden sollen.

I. Der Unternehmerbegriff außerhalb des Verbraucherrechts

1. Überblick über die verschiedenen Unternehmerbegriffe

Um es vorweg zu nehmen: Trotz der Wichtigkeit des Unternehmers in Wirtschaft und Recht gibt es keinen einheitlichen Rechtsbegriff des Unternehmers. So orientiert sich das Kartellrecht nahezu ausnahmslos am Unternehmensbegriff und versteht ihn als jedwede Tätigkeit im selbständigen geschäftlichen Verkehr[500]. Im Konzernrecht verwenden die §§ 15 ff. AktG den Unternehmensbegriff, der vor allem dem Schutz der Gesellschaftsgläubiger und der Minderheitsaktionäre Rechnung trägt[501]. Im Steuerrecht definiert § 2 Abs. 1 UStG den Unternehmer als denjenigen, der eine gewerbliche oder berufliche Tätigkeit selbständig ausübt. Soweit auf dem Gebiet des Arbeitsrechts auf das Unternehmen abgestellt wird[502], versteht man hierunter eine organisatorische Einheit, die bestimmt wird durch den wirtschaftlichen oder ideellen Zweck, dem ein Betrieb oder mehrere organisatorisch verbundene Betriebe desselben Unternehmens dienen[503]. Auch das HGB nimmt in § 1 Abs. 2, § 2 S. 1 und § 3 Abs. 2 HGB den Begriff des Unternehmens auf, richtet sich aber nach wie

---

497 So *Bülow/Artz*, NJW 2000, S. 2050 f.

498 S.o. 1.Teil, A. I.

499 BGBl. 1998 I, S. 1474.

500 *Emmerich*, Kartellrecht, S. 16 ff.

501 Vgl. *Emmerich/SonnenscheinHabersack*, Konzernrecht, S. 31 ff.

502 Hauptanknüpfungspunkt der arbeitsrechtlichen Regelungen ist der Begriff des Betriebs. Auf den Begriff des Unternehmens wird aber beispielsweise in den §§ 47 ff., §§ 106 ff. BetrVG; § 1 Montan-MitbestG, § 1 Abs. 1 KSchG abgestellt. Vgl. auch *Schaub*, Arbeitsrechtshandbuch, § 18.

503 *Gitter/Michalski*, Arbeitsrecht, S. 43; *Schaub*, Arbeitsrechtshandbuch, § 18 Rdn. 10 m.w.N.

vor nicht an den Unternehmer bzw. die Unternehmensträger, sondern an die Kaufleute[504]. Das Handelsvertreterrecht stellt darüber hinaus in § 84 Abs. 1 HGB auf den Unternehmer ab, ohne ihn aber zu definieren. Zum Schutz des Handelsvertreters wird der Unternehmerbegriff hierbei weit ausgelegt[505]. Schließlich beziehen sich die werkvertraglichen Regeln der §§ 631 ff. BGB auf den Begriff des Unternehmers. Er dient hier allein zur Bestimmung des Vertragspartners des Bestellers beim Werkvertrag. Daher bedarf es keinerlei Einschränkungen in persönlicher oder sachlicher Hinsicht. Auch derjenige, der privat, etwa im Rahmen eines Hobbys, die Herstellung eines Werks verspricht, kann daher Unternehmer i.S.d. §§ 631 ff. BGB sein[506].

2. Notwendigkeit verschiedener Unternehmerbegriffe

Die verschiedenen Rechtsgebiete entscheiden also eigenständig darüber, zu welchem Zweck sie den Unternehmensbegriff einsetzen, was aber letztlich zu funktionell richtigen Abgrenzungen führt[507]. Auf Grund der unterschiedlichen Zweckrichtungen verbietet sich sogar eine Vereinheitlichung des Unternehmensbegriffs. Darin liegt der Unterschied zum Verbraucherbegriff. Geht man davon aus, dass der Begriff des Verbrauchers typisierend den Personenkreis festlegen soll, der vor der potentiellen und tatsächlichen Überlegenheit des Unternehmers zu schützen ist, dann bedarf es hierfür einer grundsätzlich einheitlichen Begriffsbildung, da nur so ein weitgehend stimmiges und konsequentes Gesamtkonzept erreicht werden kann[508].

Die im Rahmen der vorliegenden Ausführungen relevante Unternehmerdefinition, soll den Kontrahenten des Verbrauchers bestimmen, um die abstrakte Schutzwürdigkeit des Verbrauchers festzustellen. Deshalb bedarf es einer verbraucherspezifischen Begriffsbestimmung, zu der sich die Unternehmerdefinitionen aus anderen Rechtsgebieten nur bedingt eignen, wenn sie sich auch nicht ausschließen mögen.

II. Der Unternehmerbegriff in den EG-Richtlinien zum Verbraucherschutz

In den diversen Verbraucherschutzrichtlinien wird der *„Gegenspieler“* des Verbrauchers recht uneinheitlich bezeichnet. So beziehen sich die Haustürwiderrufs-RL und die Missbräuchlichen-Klausel-RL auf den Gewerbetreibenden[509], die Verbrauchsgüterkauf-RL und die Time-Sharing-RL stellen auf den Verkäufer ab[510], die Fernabsatz-RL bestimmt als

---

504 Vgl. die Regierungsbegründung zum Handelsregisterreformgesetz 1988, BT-Drucks 13/8444, S. 22 f.; zu der Forderung das Handelsrecht zu einem Außenprivatrecht der Unternehmen fortzubilden – vgl. *K. Schmidt*, Handelsrecht, § 3 I; gegen ihn *Canaris*, Handelsrecht, § 1 Rdn. 23 ff.

505 *Baumbach/Hopt*, HGB, § 84 Rdn. 27 m.w.N.

506 Allerdings weist *Flume*, ZIP 2000, S. 1428 zu recht daraufhin, dass die Geltung zweier Unternehmerbegriffe im BGB vom Gesetzgeber hätte beachtet werden müssen.

507 *Baumbach/Hopt*, HGB, Einl. v. § 1 Rdn. 31.

508 Dies schließt Erweiterungen des Schutzbereichs im Einzelfall nicht aus, jedoch sollten diese klar herausgearbeitet werden.

509 Vgl. Art 2 Haustürwiderrufs-RL; Art. 2 lit. c) Missbräuchliche-Klausel-RL.

510 Vgl. Art 1 lit. c) Verbrauchsgüterkauf-RL; Art. 2 Time-Sharing-RL.

Gegenpart des Verbrauchers den Lieferer[511] und die Verbraucherkredit-RL bezieht sich auf den Kreditgeber[512]. Trotz dieser unterschiedlichen Bezeichnungen divergieren die dazu gehörenden Definitionen in der Sache aber nicht, denn es erfolgt immer ein Abstellen auf die Ausübung einer gewerblichen oder beruflichen Tätigkeit[513].

III. Der Unternehmerbegriff des § 14 BGB

Als Gegenbegriff zu jenem des Verbrauchers in § 13 BGB definiert § 14 Abs. 1 BGB den Unternehmer als *„natürliche oder juristische Person oder eine rechtsfähige Personengesellschaft, die bei Abschluss eines Rechtsgeschäfts in Ausübung ihrer gewerblichen oder selbständigen beruflichen Tätigkeit handelt"*.

Hinsichtlich der einzelnen Merkmale lässt sich wiederum – wie beim Verbraucher – zwischen einem persönlichen und einem sachlichen Element sowie dem Erfordernis des Rechtsgeschäftsabschlusses differenzieren.

1. Persönlicher Anwendungsbereich

Unternehmer können sowohl natürliche als auch juristische Personen sein. Erfasst ist zudem ausdrücklich auch die rechtsfähige Personengesellschaft, die in § 14 Abs. 2 BGB als *„Personengesellschaft, die mit der Fähigkeit ausgestattet ist, Rechte zu erwerben und Verbindlichkeiten einzugehen"* definiert wird[514]. Erfasst sind damit vor allem OHG, KG, Partnerschaft und EWiV, aber auch die nach der neueren Rechtsprechung[515] gleichfalls rechtsfähige GbR.

Da der persönliche Anwendungsbereich des § 14 BGB jeden erfassen will, der in Ausübung seiner gewerblichen oder beruflichen Tätigkeit handelt, kommt ihm keine Begrenzungsfunktion zu[516] und hätte daher auch weggelassen werden können[517].

2. Sachlicher Anwendungsbereich

a. Gewerbliche oder selbständige berufliche Tätigkeit

Entscheidend für die Unternehmereigenschaft ist die Zweckrichtung des Handelns, die entweder gewerblich oder selbständig beruflich sein muss.

Gewerbliche Tätigkeit ist das Handelsgeschäft oder das sonstige Gewerbe i.S.d. Gewerbeordnung. Selbständig berufliches Handeln liegt vor allem bei den Angehörigen der freien Berufe vor, die traditionell nicht als Gewerbe eingeordnet werden.

---

511 Vgl. Art. 2 Nr. 3 Fernabsatz-RL.

512 Vgl. Art. 1 Abs. 2 lit. c) Verbraucherkredit-RL.

513 Ausf. MünchKomm/*Micklitz*, Vor §§ 13, 14 Rdn. 90 ff.

514 Kritisch zu dieser *„tautologischen Begriffsbestimmung"* *Flume*, ZIP 2000, S. 1428; *Hensen*, ZIP 2000, S. 1151.

515 BGH, NJW 2001, S. 1056 ff., siehe dazu *K. Schmidt*, NJW 2001, S. 993 ff.; siehe auch BGH NJW 2002, S. 1207.

516 In diesem Sinne auch Bamberger/Roth/*Schmidt-Räntsch*, § 14 Rdn. 5.

517 Etwa derart, dass Unternehmer jeder ist, der zu gewerblichen oder selbständig beruflichen Zwecken handelt.

Von der Definition des § 14 BGB sind – neben den Kaufleuten[518] – Freiberufler ebenso erfasst wie Handwerker, Landwirte und Kleingewerbetreibende, die nicht im Handelsregister eingetragen sind[519]. Der werbende Weiterbetrieb eines Unternehmens durch einen Testamentsvollstrecker oder einen Insolvenzverwalter beseitigt die Unternehmereigenschaft nicht[520].

Erforderlich ist allein das planmäßige, dauerhafte und entgeltliche Anbieten von Leistungen am Markt[521]. Eine Gewinnerzielungsabsicht ist nicht erforderlich[522], so dass auch Einrichtungen des öffentlichen Rechts unter den Unternehmerbegriff fallen, soweit sie Leistungen gegen Entgelt erbringen und die Leistungsbeziehung nicht ausschließlich öffentlich-rechtlich organisiert ist[523].

Die unselbständige berufliche Tätigkeit wird dagegen grundsätzlich nicht erfasst[524]. Auch Sportvereinen oder gemeinnützigen Stiftungen, die auf andere Zwecke ausgerichtet sind, können grundsätzlich nicht im Rahmen einer gewerblichen oder beruflichen Tätigkeit handeln und stehen deshalb außerhalb des Unternehmerbegriffs[525].

b. Keine Differenzierung nach dem Grad der Geschäftserfahrung

Die Unternehmerdefinition des § 14 BGB nimmt keine Differenzierung nach dem Grade der Geschäftserfahrung oder ähnlicher Kriterien vor. Vorstellbar wäre etwa eine Einschränkung des Unternehmerbegriffs ähnlich wie seinerseits für Minderkaufleute in § 4 HGB a.F., die de facto für das Handelsrecht insofern auch heute noch gilt, als Kleingewerbetreibende, deren Unternehmen nach Art und Umfang keinen in kaufmännischer Weise eingerichteten Geschäftsbetrieb erfordert, keine Kaufleute i.S.d. § 1 HGB mehr sind[526].

Die Herausnahme von Personengruppen, deren Unternehmen nach Art und Umfang keinen in kaufmännischer Weise eingerichteten Geschäftsbetrieb erfordert, vermag im Einzelfall auch durchaus sachgerecht erscheinen, wenn man etwa an den einfachen Klempner denkt, der für einen privat handelnden Vertragsanwalt tätig wird. Indes findet sich weder in § 14 HGB noch in den europäischen Richtlinien eine dahingehende Einschränkung[527]. Hinzu kommt, dass trotz vorhandener Härtefälle durchaus eine gewisse Typizität dahingehend besteht, dass auch der nur im geringeren Umfang gewerblich oder selbständig beruflich Tätige dem rein privat

---

518 Wer Kaufmann ist bestimmt sich nach den §§ 1-3, 5, 6 HGB, so dass auch der Scheinkaufmann erfasst ist – vgl. *Wolf/Horn/Lindacher*, AGBG, § 24 Rdn. 7.

519 Palandt/*Heinrichs*, § 14 Rdn. 2.

520 Palandt/*Heinrichs*, § 14 Rdn. 2; *Ulmer* in Ulmer/Brandner/Hensen, AGBG, § 24 Rdn. 10.

521 *K.Schmidt*, Handelsrecht, § 9 IV.

522 *Ulmer* in Ulmer/Brandner/Hensen, AGBG, § 24 Rdn. 10 und § 24 a Rdn. 16; im Rahmen der Definition des Gewerbes zur Feststellung der Kaufmannseigenschaft wird vom BGH noch Gewinnerzielungsabsicht verlangt – vgl. BGHZ 49, 258, 261; einschränkend aber BGHZ 95, 258, 261; nach jetzt wohl h.M. soll es dagegen darauf ankommen, ob das Unternehmen nach betriebswirtschaftlichen Grundsätzen geführt und am Markt im Wettbewerb mit Privatunternehmen tätig wird – vgl. *Baumbach/Hopt*, HGB, § 1 Rdn. 15 f.

523 Palandt/*Heinrichs*, § 14 Rdn. 2; Bamberger/Roth/*Schmidt-Räntsch*, § 14 Rdn. 7; Auch die Missbräuchliche-Klausel-RL, auf deren Grundlage § 24 a AGBG in Kraft trat, bezieht in Art. 2 lit. c) ausdrücklich Tätigkeiten aus dem öffentlich-rechtlichen Bereich mit ein.

524 Zur Vereinbarkeit mit den europäischen Vorgaben – vgl. bereits oben A. V. 2. e.

525 MünchKomm/*Basedow*, § 310 Rdn. 41; *Wolf/Horn/Lindacher*, AGBG, Art. 2 RiLI Rdn. 11.

526 Vgl. dazu *Canaris*, Handelsrecht, § 1 Rdn. 36.

527 Zu einem entsprechenden Regelungsvorschlag vgl. *Canaris*, Handelsrecht, § 1 Rdn. 37.

handelnden Verbraucher rechtsgeschäftlich überlegen ist.

Anzudenken wäre aber zumindest eine Einschränkung dahingehend, dass die Unternehmereigenschaft von Kleingewerbs- oder Nebenerwerbstätigen dann wegfällt, wenn der Vertragspartner seinerseits über geschäftliche Erfahrungen verfügt, weil er zwar nicht bei dem betreffenden Rechtsgeschäft (dann wäre er von vornherein kein Verbraucher), aber sonst auch selbst unternehmerisch i.S.d. § 14 BGB tätig wird. Dagegen spricht aber wiederum die fehlende Verankerung in § 14 BGB und den europäischen Richtlinien. Nach dem Wortlaut und den Konzeptionen der Verbraucherschutzrichtlinien soll im Gegenteil gerade auch der privat handelnde Unternehmer Verbraucherschutzrechte in Anspruch nehmen können[528]. Zudem käme es zum Verlust an Rechtssicherheit, wenn die Unternehmereigenschaft zusätzlich von Umständen des Vertragspartners abhängen würde.

Bleibt es also bei der fehlenden Differenzierung nach dem Grade an Geschäftserfahrung, dann muss folglich auch das Handeln im Rahmen einer kleingewerblichen oder nebenberuflichen selbständigen Tätigkeit unter § 14 BGB subsumiert werden[529].

c. In Ausübung

Zur Begründung der Unternehmereigenschaft muss das rechtsgeschäftlich relevante Verhalten in Ausübung gewerblicher oder selbständig beruflicher Tätigkeit erfolgen. Der Sache nach entspricht dies weitgehend dem von § 13 BGB ausgenommenen sachlichen Anwendungsbereich, so dass auf die dortigen Ausführungen verwiesen werden kann[530].

§ 14 BGB ist von seinem Wortlaut her aber insofern restriktiver als § 13 BGB, als er nicht auf die bloße Zurechnung zum unternehmerischen Verkehr abstellt, sondern dass maßgebliche Verhalten gerade *„in Ausübung“* der unternehmerischen Tätigkeit erfolgen muss. Konsequenzen für die Rechtsanwendung werden hieraus überwiegend nicht gezogen. Insbesondere werden auch vorbereitende, rechtsgeschäftliche Tätigkeiten, die der Existenzgründung dienen, als von § 14 BGB erfasst angesehen[531].

Die Erfassung der Existenzgründer als Unternehmer ist aber weder mit dem Wortlaut des § 14 BGB vereinbar, noch sachlich erforderlich. Vorbereitende Verträge sind zwar schon der unternehmerischen Tätigkeit zurechenbar, so dass Existenzgründer keine Verbraucher i.S.d. § 13 BGB sind[532], jedoch werden hierdurch eben erst die für die Ausübung der unternehmerischen Betätigung erforderlichen Grundlagen geschaffen, nicht aber schon ausgeübt. Die Begründung der Unternehmereigenschaft durch vorbereitende Betätigungen hätte zudem als einzige praktische Konsequenz, dass Verbraucher, die mit einem Existenzgründer kontrahieren, gegebenenfalls Verbraucherrechte in Anspruch nehmen

---

528 Vgl. für die Missbräuchliche-Klausel-RL – *Pfeiffer*, NJW 1999, S. 173 f. mit Verweis zur Rechtsprechung des EUGH, SLG. 1991, 1189 – di Pinto zur Haustürgeschäftswiderrufs-RL.

529 Palandt/*Heinrichs*, § 14 Rdn. 2; diff. MünchKomm/*Micklitz*, § 13 Rdn. 42 f. – vgl. zur Parallelproblematik, ob die kleingewerbliche und nebenberufliche selbständige Tätigkeit die Verbrauchereigenschaft ausschließt s.o. A. V. 2. b.

530 S.o. A. V. 2.

531 Palandt/*Heinrichs*, § 14 Rdn. 2; *Brandner* in Ulmer/Brandner/Hensen, AGBG, § 24 Rdn. 15.

532 S.o. A. V. 2. c.

können. Soweit sich hierfür überhaupt Fallgruppen finden lassen, ist hier keine typisierte Überlegenheit des Existenzgründers gegenüber dem Verbraucher ersichtlich, die ein Eingreifen der Verbraucherrechte rechtfertigen. Für den Existenzgründer werden die abgeschlossenen Rechtsgeschäfte regelmäßig genauso selten sein, wie für den mit ihm kontrahierenden Verbraucher.

Geschäfte zur Abwicklung des Unternehmens werden dagegen, solange das Unternehmen noch besteht, in Ausübung unternehmerischer Tätigkeit vorgenommen[533]. Das gleiche gilt für branchenfremde Geschäfte. Soweit aber das ganze Unternehmen veräußert wird, hat dies nichts mehr mit der Ausübung der unternehmerischen Tätigkeit zu tun. Es ist der unternehmerischen Tätigkeit zwar zurechenbar, so dass der Veräußernde kein Verbraucher i.S.d. § 13 BGB ist[534], jedoch stellt die Aufgabe der unternehmerischen Betätigung eben deren Beendigung und nicht deren Ausübung dar. Die praktische Relevanz der Ablehnung der Unternehmereigenschaft wird aber, wegen der in der Regel fehlenden Verbrauchereigenschaft des Vertragspartners (soweit dieser Existenzgründer ist greift § 13 BGB nicht) sehr gering sein.

d. Anlage und Verwaltung eigenen Vermögens

Kein Unternehmer ist grundsätzlich, wer lediglich sein eigenes Vermögen anlegt und verwaltet[535]. Jedoch kann ein gewisser zeitlicher und organisatorischer Umfang die Grenze zur gewerblichen Tätigkeit überschreiten[536]. Zur Abgrenzung könnte insofern auf die Kasuistik zu § 15 EStG abgestellt werden[537]. Eine Differenzierung dahingehend, dass die Verwaltung und Anlage eigenen Vermögens nur dann nicht unter § 14 BGB fällt, wenn der Eigentümer Leistungen nachfragt, wohl aber wenn er (etwa als Vermieter) im Wettbewerb mit anderen planmäßige Leistungen gegen ein Entgelt anbietet[538], findet im Gesetzeswortlaut keinen Rückhalt. Erforderlich ist vielmehr eine gewerbliche oder selbständige berufliche Tätigkeit. Zwar ist möglicherweise auch der Vermögensanleger bzw. -verwalter seinem Vertragspartner etwa auf Grund häufigerer rechtsgeschäftlicher Betätigungen überlegen; jedoch ist dies noch vager und noch verallgemeinerter als der ohnehin auf eine typisierte Überlegenheit abstellende § 14 BGB. Hierdurch würde ein Weg eingeschlagen, der die Gefahr begründet, generell bei Überlegenheit eines Vertragspartners gesetzgeberische Korrekturen eingreifen zu lassen. Letztlich dürfte es beim EuGH liegen, den Umfang des Unternehmerbegriffs festzulegen, da hierdurch der Umfang zahlreicher verbraucherschützender Richtlinien betroffen ist[539].

---

533 Palandt/*Heinrichs*, § 14 Rdn. 2.
534 S.o. A. V. 2. d.
535 Palandt/*Heinrichs*, § 14 Rdn. 2; *Pfeiffer*, NJW 1999, S. 172; MünchKomm/ *Basedow*, § 310 Rdn. 39.
536 MünchKomm/ *Basedow*, § 310 Rdn. 39.
537 Vgl. bereits oben A. V. 2. a.
538 So Palandt/*Heinrichs*, § 14 Rdn. 2; a.A. Staudinger/*Schlosser*, § 24 a AGBG Rdn. 29.
539 So auch MünchKomm/ *Basedow*, § 310 Rdn. 39.

e. Unternehmereigenschaft bei familienrechtlichen Verträgen

Die private Zweckbestimmung und mithin der Wegfall der Unternehmereigenschaft scheint bei familienrechtlichen Verträgen an sich offensichtlich. In Einzelfällen, etwa wenn ein als Bauträger tätiger Ehegatte eine Immobilie auf seinen haushaltsführenden Ehepartner überträgt, können hieran aber Bedenken aufkommen. Grundsätzlich wird hier aber die private Veranlassung überwiegen[540].

3. Rechtsgeschäft

Die Beschränkung des Unternehmerbegriffs auf den Abschluss von Rechtsgeschäften ist wie im Rahmen des § 13 BGB als sprachlich ungenau anzusehen[541]. Die Unterscheidung zwischen Unternehmer und Verbraucher wird schon vor Rechtsgeschäftsschluss und zudem selbst dann virulent, wenn es gar nicht zum Abschluss eines Rechtsgeschäfts kommt[542].

VI. Annexprobleme im Zusammenhang mit der Unternehmereigenschaft des § 14 BGB

1. Darlegungs- und Beweislast

Hinsichtlich der Eigenschaft als Verbraucher wurde bereits ausgeführt, dass derjenige, der sich auf seine Verbrauchereigenschaft beruft, für diese auch darlegungs- und beweispflichtig ist, ohne dass Vermutungsregeln erschwerend oder erleichternd eingreifen[543].

Vom beweisrechtlichen Grundprinzip ausgehend, wonach jede Partei die Voraussetzungen der ihr günstigen Normen, also derjenigen, deren Rechtswirkungen ihr zu Gute kommen, zu beweisen hat[544], ist der Verbraucher auch für die Unternehmereigenschaft seines Vertragspartners beweispflichtig, denn nur deren Vorliegen begründet das Eingreifen für ihn günstigere Verbraucherschutznormen. Fraglich ist, ob er sich hierbei auf die Vermutungsregelung des § 344 HGB – direkt bzw. für nicht kaufmännische Unternehmer entsprechend[545] – stützen kann, wonach im Zweifel ein Handelsgeschäft des kaufmännischen/unternehmerischen Kunden vorliegt. Dies wird im Rahmen des § 24 AGBG a.F./§ 310 BGB n.F. von *Pfeiffer* abgelehnt, mit der Begründung, dass sonst bei unternehmerisch tätigen Personen eine Vermutung gegen das Handeln als Verbraucher bestünde, was mit dem *effet utile* der Richtlinienvorgabe des Art. 2 lit. b) Missbräuchliche-

540 Vgl. dazu *Grziwotz*, FamRZ 2002, S. 1004 f.

541 Palandt/*Heinrichs*, § 14 Rdn. 4; *Riehm*, Jura 2000, S. 505; *Engelhardt*, Europäisches Verbraucherrecht im BGB, S. 106.

542 Vgl. bereits oben A. V. 3.

543 S.o. B. III. 2. a.

544 BGH, RR 1993, 1262; BAG, BB 1995, S. 468; *Thomas/Putzo*, Vorbem. § 284 Rdn. 23.

545 Die entsprechende Anwendung des § 344 HGB auf nichtkaufmännische Unternehmer wird allgemein bejaht und auch die Gesetzesmaterialien lassen erkennen, dass das Gesetz selbst eine „*Gleichsetzung*“ von Kaufleuten und unternehmerischen Nichtkaufleuten anstrebt – so *Pfeiffer*, NJW 1999, S. 173 für § 24 AGBG; vgl. auch *Faber*, ZEuP 1998, S. 866; Palandt/*Heinrichs*, § 14 Rdn. 2; *Wolf/Horn/Lindacher*, AGBG, § 24 a Rdn. 23.

Klausel-RL nicht vereinbar sei[546]. Diesen Erwägungen kann jedoch nicht zugestimmt werden.

Steht fest, dass eine Vertragspartei Verbraucher ist, dann können der anderen Vertragspartei – unabhängig davon, ob sie Verbraucher ist oder nicht – keine Verbraucherschutzrechte zustehen. Mithin können dem Vertragspartner eines Verbrauchers keine in EG-Richtlinien vorgesehenen Rechte beschnitten werden und eine Heranziehung des § 344 HGB kann dann auch nicht gegen das Gebot richtlinienkonformer Auslegung verstoßen. Die Heranziehung des § 344 HGB begegnet daher insofern keinen grundlegenden Bedenken. Hat also der Verbraucher seine Verbrauchereigenschaft dargelegt und notfalls bewiesen, dann kann er sich hinsichtlich des Nachweises der Kaufmanns- bzw. Unternehmereigenschaft seines Vertragspartners im Zweifelsfall grundsätzlich auf die Vermutungsregelung des § 344 HGB stützen. Diesem obliegt es dann gegebenenfalls nachzuweisen, dass das fragliche Geschäft zweifelsfrei zu seinem privaten Interessenkreis gehört[547]. Im Ergebnis ergeben sich hinsichtlich der Darlegungs- und Beweislast damit auch keine Abweichungen zu der Konstellation, dass der Vertragspartner des Verbrauchers selbst behauptet Verbraucher zu sein, denn auch hier würde ihm der Nachweis obliegen, dass das Geschäft zweifelsfrei seiner privaten Sphäre zuzuordnen ist[548].

Fraglich ist, ob eine Ausnahme im Rahmen des § 24 AGBG a.F./§ 310 BGB n.F. zu machen ist. Im Rahmen der §§ 305 ff. BGB kommt es primär nicht auf die Verbrauchereigenschaft, sondern auf die Einbeziehung von AGB an. Geschieht dies durch einen Verbraucher, ist mithin auch dessen Vertragspartner durch die §§ 305 ff. BGB geschützt. Das Eingreifen der Vermutungsregelung des § 344 HGB hätte dann in Zweifelsfällen zur Folge, dass privat handelnde Unternehmer ihre fehlende Unternehmereigenschaft beweisen müssten, wenn sie die für sie ungünstige Einschränkung der §§ 305 ff. BGB nach § 310 Abs. 1 BGB verhindern wollten. Gegen die Richtlinienvorgaben verstößt dies aber nicht. Die Missbräuchliche-Klausel-RL bezieht sich nämlich nur auf den Schutz des Verbrauchers gegenüber Gewerbetreibenden (= zu unternehmerischen Zwecken Handelnden, vgl. Art 2. lit. c) der RL)[549]. Vorgaben hinsichtlich des Schutzes eines Verbrauchers gegenüber missbräuchlichen Klauseln eines anderen Verbrauchers enthält die Richtlinie nicht. Wenn also feststeht, dass AGB durch einen Verbraucher in den Vertrag einbezogen wurden, dann kann dieser in Zweifelsfällen § 344 HGB zur Begründung der Unternehmereigenschaft seines Vertragspartners heranziehen, ohne dass dies gegen das Gebot der richtlinienkonformen Auslegung verstößt.

---

546 *Pfeiffer*, NJW 1999, S. 173 f.

547 Heymann/*Horn*, HGB, § 344 Rdn. 6; *Baumbach/Hopt*, HGB § 344 Rdn. 3.

548 S.o. B. III. 2. a.

549 Vgl. die Begründung der RL: "*Diese Vorschriften sollen für alle Verträge zwischen Gewerbetreibenden und Verbrauchern gelten.*" sowie Art. 6 Abs. 1 der RL.

2. Vertragsschluss durch Vertreter

Wie bereits im Rahmen der Erörterung des Verbraucherbegriffs ausführlich dargestellt[550], kommt es bei Vertragschluss durch einen Vertreter auf die Tätigkeit des Vertretenen an[551]. Der Vertretene muss also Unternehmer i.S.d. § 14 BGB sein. Die Einordnung der Tätigkeit des Vertreters ist selbst bei Vertretung ohne Vertretungsmacht ohne Belang[552].

3. Rechtsschein

Soweit durch entsprechendes Auftreten bei Vertragsschluss der Rechtsschein unternehmerischen Handelns erweckt wird, begründet dies gegenüber einem gutgläubigen Verbraucher[553] die Unternehmereigenschaft des § 14 BGB unter Heranziehung der Grundsätze zur Rechtsscheinshaftung[554]. Gerade wer sich nach außen wie ein Unternehmer aufführt, also rechtsgeschäftliche Versiertheit zur Schau stellt, sollte hieran gebunden sein[555]. Praktische Relevanz kommt dem auch im Rahmen des § 661 a BGB zu. Werden Gewinnzusagen allein vor dem Hintergrund vorgenommen, vermögensschädigende Handlungen zu veranlassen, dann liegt an sich keine unternehmerische Tätigkeit vor, weil keine entgeltliche Leistung am Markt angeboten wird[556]. Jedoch ist zumindest der Anschein ein unternehmerischer Tätigkeit gegeben[557].

V. Verhältnis zwischen Verbraucher und Unternehmer

Verbraucher- und Unternehmereigenschaft schließen sich gegenseitig insoweit aus, als dass eine Person bei Abschluss eines Vertrages nicht gleichzeitig Unternehmer i.S.d. § 14 BGB und Verbraucher i.S.d. § 13 BGB sein kann[558].

Bei juristischen Personen, ist die Verbrauchereigenschaft grundsätzlich von vornherein ausgeschlossen[559]. Daraus folgt aber noch nicht zwingend, dass sie Unternehmer i.S.d. § 14 BGB sind, da nicht alle juristischen Personen einen gewerblichen bzw. selbständig beruflichen Zweck verfolgen müssen. Übt eine juristische Person nichtkommerzielle Zwecke aus, kommt ihr zwar keine Verbrauchereigenschaft zu, sie ist aber auch nicht Unternehmerin[560].

Auf Grund des nicht kongruenten Wortlauts von § 13 BGB („*zurechenbar*“) und § 14 BGB („*in Ausübung*“) ist es zudem auch bei Existenzgründern möglich, dass sie zwar noch keine

---

550 S.o. A. VI. 2.
551 *Brandner* in Ulmer/Brandner/Hensen, AGBG, § 24 Rdn. 16.
552 Strittig, a.A. MünchKomm/ *Ulmer*, § 355 Rdn. 24, s.o. A. VI. 2. Fußnote 432.
553 Zum umgekehrten Fall, dass sich ein Unternehmer wie ein Verbraucher geriert – s.o. A. VI. 5. b.
554 Vgl. dazu *Baumbach/Hopt*, HGB, § 5 Rdn. 9 ff.; *K. Schmidt*, Handelsrecht, § 10 VIII.
555 Im Ergebnis ebenso – *Brandner* in Ulmer/Brandner/Hensen, AGBG, § 24 Rdn. 11; Wolf/Horn/Lindacher, AGBG § 24 Rdn. 7.
556 *Chr. Schneider*, BB 2002, S. 1655.
557 *Chr. Schneider*, BB 2002, S. 1655.
558 *Pfeiffer*, NJW 1999, S. 174.
559 Zum Teil strittig – ausf. s.o. A. V. 1. e. und f.
560 Da nach h.M. Personengemeinschaften Verbraucher sein können, kommt ihnen bei nichtkommerzieller Zweckverfolgung Verbrauchereigenschaft bzw. bei kommerzieller Zweckverfolgung Unternehmereigenschaft zu, so dass hier ein entweder-oder-Verhältnis besteht.

Unternehmer sind, aber auch nicht als Verbraucher i.S.d. § 13 BGB angesehen werden können.

Diese, auf den ersten Blick systemwidrige Konsequenz lässt sich in den aufgeführten Fallkonstellationen dadurch rechtfertigen, dass hier weder eine typisierende Unterlegenheit gegenüber Unternehmern noch eine generelle Überlegenheit gegenüber Verbrauchern angenommen werden kann. Nimmt man gar eine teleologische Reduktion des § 14 HGB bei Nebenerwerbstätigen bzw. Personen vor, deren Tätigkeit nicht den Umfang des § 1 Abs. 2 HGB erreicht[561], wäre dies eine weitere Fallgruppe, bei der die Verneinung der Verbrauchereigenschaft nicht zwangsläufig die Unternehmereigenschaft begründet.

Insoweit gibt es also durchaus eine Zwischenkategorie zwischen Verbraucher und Unternehmer[562]. Man muss bei Abschluss eines Rechtsgeschäfts nicht entweder Verbraucher oder Unternehmer sein, sondern kann auch keiner dieser Personengruppen angehören[563].

Abbildung: Verhältnis zwischen Verbraucher und Unternehmer

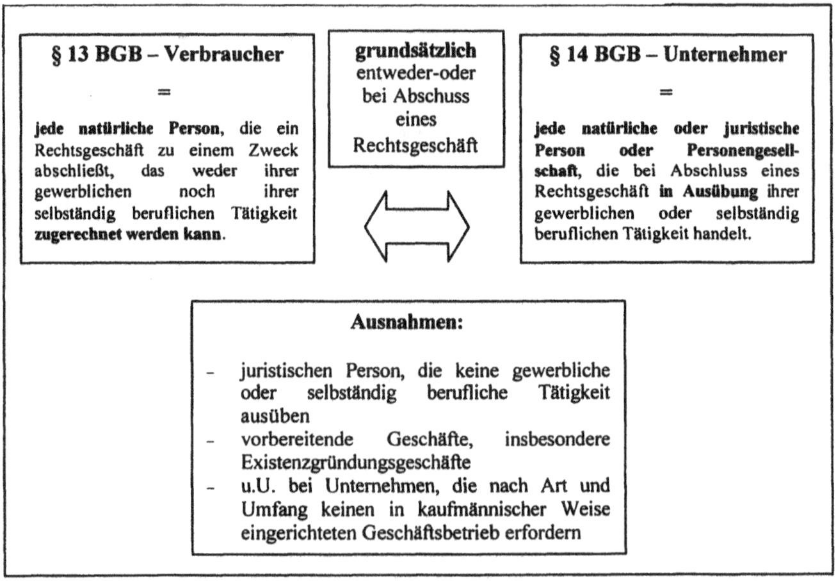

---

561 S.o. III. 2. b.

562 A.A. MünchKomm/*Micklitz*, § 13 Rdn. 42, der ausdrücklich eine Zwischenkategorie ablehnt. Vgl. auch *Pfeiffer*, NJW 1999, S. 171, der von einem kontradiktorischen Verhältnis ausgeht, zumindest insofern, dass niemand zugleich Verbraucher und Unternehmer sein kann – vgl. auch *Dauner-Lieb/Dötsch*, DB 2003, S. 1666

563 Vgl. auch *Dauner-Lieb/Dötsch*, DB 2003, S. 1666 f., die ausdrücklich eine eigenständige dritte Kategorie annehmen; *Krebs*, DB 2002, S. 520, der insofern den Begriff „*Zivilperson*" vorschlägt.

VI. Verhältnis zwischen Unternehmer und Kaufmann

Der in § 14 BGB eingefügte weite Unternehmensbegriff drängt die Bestimmung seines Verhältnisses zum engen Kaufmannsbegriffs des HGB auf.

Bereits durch die Handelsrechtsreform im Jahr 1998 hat sich der Kaufmannsbegriff dem Unternehmerbegriff angenähert. Jedoch blieb der Kaufmannsbegriff weiter der zentrale Anknüpfungspunkt für das Handelsrecht als das Sonderprivatrecht für Kaufleute. Die Geltung handelsrechtlicher Normen hängt nach wie vor von der Kaufmanneigenschaft ab[564]. Weitergehenden Reformwünschen, etwa zur Umformung des HGB in ein allgemeines Unternehmensrecht und umfassende Einbeziehung der freien Berufe[565] oder gar Auflösung des HGB[566], wurde bewusst eine Absage erteilt[567]. Nach wie vor werden mithin freie Berufe grundsätzlich überhaupt nicht, sowie kleine Gewerbebetrieb und land- und forstwirtschaftliche Unternehmen nur fakultativ vom HGB erfasst. Den sich hieraus im Einzelfall ergebenden Wertungswidersprüchen wird zum Teil durch analoge Anwendung handelsrechtlicher Vorschriften und Grundsätze Rechnung getragen[568]. Die durch § 14 BGB erfolgte Gleichstellung von Kaufleuten, Angehöriger freier Berufe, Kleingewerbetreibenden und Land- und Forstwirte im Rahmen des Verbraucherschutzes legt dies umso mehr nahe. Die Zulassung der Rechtsform der GmbH und AG für die freien Berufe[569], die ohne Rücksicht auf den Gegenstand des Unternehmens gem. § 6 Abs. 2 HGB die Formkaufmanneigenschaft begründet, stellt die Sonderstellung von Freiberuflern zusätzlich in Frage.

Indes steht einer generellen Ablösung des Kaufmannsbegriffs durch den weiteren Unternehmerbegriff des § 14 BGB nicht nur der Wortlaut und die Systematik des HGB entgegen[570]. Die Unanwendbarkeit zahlreicher Vorschriften des HGB, die den Kern des Handelsrechts bilden, wie die Regelungen zum Handelsregister, die Haftung nach §§ 25 ff. HGB und die §§ 238 ff. HGB zu den Handelsbüchern, auf Kleingewerbetreibende oder Angehörige freier Berufe ist durchaus sachgerecht[571]. Somit wird wohl auch zukünftig eine generelle Gleichstellung von Kaufleuten i.S.d. HGB und Unternehmern i.S.d. § 14 BGB ausscheiden, zumal im Hinblick auf die Gewerbesteuer auch finanzielle Ressentiments eine Rolle spielen. Dies sollte jedoch nicht daran hindern, dort Differenzierungen aufzugeben, wo sie offensichtlich verfehlt sind. Gerade im rechtsgeschäftlichen Bereich bietet sich die weitgehende Anwendung handelsrechtlicher Vorschriften auf Unternehmer i.S.d. § 14 BGB

---

564 Sog. subjektives System, im Gegensatz zum objektiven System, das auf die Natur des betreffenden Rechtsgeschäfts abstellt – vgl. *Canaris*, Handelsrecht, § 1 Rdn. 1 ff.

565 Vgl. statt vieler *K. Schmidt*, Handelsrecht, § 3 m.w.N.; ders., DB 1994, S. 515 ff.; ders. ZIP 1997, S. 909 ff.; eine kritische Auseinandersetzung zu den Schwächen der handelsrechtlichen Anknüpfung an den Kaufmann findet sich bei *Henssler*, ZHR 161 (1997), S. 14 ff., 22 ff.

566 Vgl. dazu *Canaris*, Handelsrecht, § 1 Rdn. 38 f.

567 Begründung des Regierungsentwurfs, BT-Drs. 13/8444, S. 22 f.

568 Vgl. etwa die analoge Anwendung des § 362 HGB – vgl. *Baumbach/Hopt*, HGB, § 362 Rdn. 3 – oder der Grundsätze des kaufmännischen Bestätigungsschreibens – vgl. *Baumbach/Hopt*, HGB, § 346 Rdn. 18.

569 Vgl. für die GmbH grundlegend BayObLG, NJW 1995, S. 199 ff.; für die AG BayObLG, NZG 2000, S. 649 f.

570 *Canaris*, Handelsrecht, § 1 Rdn. 24.

571 *Canaris*, Handelsrecht, § 1 Rdn. 40 ff.

an. So ist nicht einzusehen warum Rechtsanwälte oder Wirtschaftsprüfer generell keine Vereinbarungen über den Erfüllungsort (vgl. § 29 Abs. 2 ZPO) oder über den Gerichtsstand (vgl. § 38 Abs. 1 ZPO) eingehen können. Auch die unterschiedliche Anwendbarkeit von Vorschriften, je nach dem, ob es sich um einen Arzt oder Apotheker, einen Architekten oder einen Bauunternehmer handelt, vermag nicht zu überzeugen[572].

Andererseits ist auch ein pauschales Abstellen auf den Unternehmer, etwa bei der Formlosigkeit der Bürgschaft nach § 350 HGB, nicht sachgerecht. Insofern bietet sich eine Differenzierung nach dem Grade der Geschäftserfahrung an, die sich an den Kriterien des § 1 Abs. 2 HGB orientiert und einen *„nach Art und Umfang in unternehmerischer Weise eingerichteten Geschäftsbetrieb"* verlangt[573]. Dies würde zumindest den augenscheinlichsten Ungereimtheiten Rechnung tragen, ohne im Einzelfall den nötigen Schutz der Kleinunternehmer außer Acht zu lassen.

VII. Mögliche rechtsgeschäftliche Konstellationen bei Abstellen auf Verbraucher, Unternehmer und Kaufmann

Die möglichen rechtsgeschäftlichen Konstellationen und damit die Konsequenzen auf das anzuwendende Recht, die sich bei Abstellen auf Verbraucher und Unternehmer und die weitere Differenzierung zwischen Unternehmer und Kaufmann ergeben, sind vielfältig[574].

Noch komplizierter würde es, wenn man auch noch die weder dem § 13 BGB noch dem § 14 BGB zuordenbaren Fallkonstellationen einbezieht.

Hinzu kommt weiter, dass etwa § 286 Abs. 3 BGB oder § 1031 Abs. 5 ZPO nur auf das Vorhandensein eines Verbrauchers abstellen und § 312 e BGB Informationspflichten des Unternehmers aufstellt, wobei gleichgültig ist, ob ein Verbraucher oder ein Unternehmer Vertragspartner ist.

Die Aufgabe des Kaufmannsbegriffs im rechtsgeschäftlichen Bereich unter Heranziehung des Unternehmensbegriffs würde, wegen der hier befürworteten Differenzierung zwischen Klein- und Großunternehmen[575], auf die Zahl der möglichen rechtsgeschäftliche Konstellationen keine Auswirkungen haben. Es käme jedoch zu einer Verschiebung dahingehend, dass des öfteren ein beiderseitiges *„Handelsgeschäft"* (besser Unternehmergeschäft) gegeben wäre und es keiner analogen Anwendung handelsrechtlicher Normen bedürfte.

---

572 *Canaris*, Handelsrecht, § 1 Rdn. 34.
573 Vgl. auch den Regelungsvorschlag bei *Canaris*, Handelsrecht, § 1 Rdn. 37.
574 Siehe die folgende Übersicht.
575 S.o. VI.

Tabelle: Mögliche rechtsgeschäftliche Konstellationen bei Abstellen auf Verbraucher, Unternehmer und Kaufmann

Vertragspartner 1	Vertragspartner 2	Anzuwendendes Recht
Verbraucher i.S.d. § 13 BGB	Verbraucher i.S.d. § 13 BGB	BGB ohne Geltung der verbraucherschützenden Normen im engeren Sinne[576]
Verbraucher i.S.d. § 13 BGB	Unternehmer i.S.d. § 14 BGB, der kein Kaufmann i.S.d. HGB ist	BGB inklusive der verbraucherschützenden Normen im engeren Sinne; grundsätzlich keine Anwendung des Handelsrecht
Verbraucher i.S.d. § 13 BGB	Unternehmer i.S.d. § 14 BGB, der zugleich Kaufmann i.S.d. HGB ist	BGB inklusive der verbraucherschützenden Normen im engeren Sinne; Anwendung des Handelsrechts, soweit kein beiderseitiges Handelsgeschäft erforderlich
Unternehmer i.S.d. § 14 BGB, der kein Kaufmann i.S.d. HGB ist	Unternehmer i.S.d. § 14 BGB, der kein Kaufmann i.S.d. HGB ist	BGB ohne Geltung der verbraucherschützenden Normen im engeren Sinne; Anwendung des Handelsrechts, soweit entsprechende Anwendung auf Unternehmer bejaht wird
Unternehmer i.S.d. § 14 BGB, der kein Kaufmann i.S.d. HGB ist	Unternehmer i.S.d. § 14 BGB, der zugleich Kaufmann i.S.d. HGB ist	BGB ohne Geltung der verbraucherschützenden Normen im engeren Sinne; Anwendung des Handelsrechts, soweit kein beiderseitiges Handelsgeschäft erforderlich ist oder entsprechende Anwendung auf Unternehmer bejaht wird
Unternehmer i.S.d. § 14 BGB, der zugleich Kaufmann i.S.d. HGB ist	Unternehmer i.S.d. § 14 BGB, der zugleich Kaufmann i.S.d. HGB ist	BGB ohne Geltung der verbraucherschützenden Normen im engeren Sinne; uneingeschränkte Anwendung des Handelsrechts

576 Unter verbraucherschützenden Normen im engeren Sinne werden dabei die Regelungen verstanden, die sich explizit auf die Rechtsbeziehungen zwischen Verbraucher und Unternehmer beziehen – s.o. A. IV. 2.

C. Der Verbrauchsgüterkauf

Die vorliegende Arbeit bezieht sich sachlich auf den Verbraucherschutz beim Kauf beweglicher Sachen. Diese Anknüpfung orientiert sich dabei bewusst an der Begriffsbestimmung des Verbrauchsgüterkaufs in § 474 Abs. 1 BGB, die durch das SMG vom 26.11.2001 neu in das deutsche Recht eingeführt wurde. Gesetzgeberischer Anlass für die Regelung des Verbrauchsgüterkaufs war ihrerseits die Verbrauchsgüterkauf-RL[577], die bis zum 1.1.2002 umzusetzen war.

I. Begriffsbestimmung

Während die Verbrauchsgüterkauf-RL in Art. 1 Abs. 2 lit. b) ihren sachliche Anwendungsbereich durch die Legaldefinition des Begriffs „*Verbrauchsgüter*" festgelegt wird, stellt § 474 Abs. 1 BGB auf den Begriff des „*Verbrauchsgüterkaufs*" ab, den es als den Kauf einer beweglichen Sache eines Verbrauchers von einem Unternehmer umschreibt.

1. Persönliche Reichweite

Aus dieser Definition folgt zunächst für den persönlichen Anwendungsbereich, dass Käufer ein Verbraucher und Verkäufer ein Unternehmer sein muss. Bei Kaufverträgen von Unternehmern oder Verbrauchern untereinander oder dann, wenn ein Verbraucher eine Sache an einen Unternehmer verkauft, ist mithin kein Verbrauchsgüterkauf gegeben[578].

2. Sachliche Reichweite

In sachlicher Hinsicht erfolgt zum einen eine Einschränkung auf Kaufverträge. Die Inanspruchnahme von Dienstleistungen mittels Werk- und Dienstvertrag unterfällt damit grundsätzlich nicht dem Verbrauchsgüterkauf[579].

Zum anderen erfolgt eine Beschränkung auf den Erwerb von beweglichen Sachen. Nicht betroffen sind also der Kauf von Immobilien und der Rechtskauf[580]. Auch Wertpapiere, die Rechte verbriefen, unterfallen daher vom Sinn her nicht dem Verbrauchsgüterkauf.

Aus der Definition des Sachbegriffs in § 90 BGB folgt zudem, dass nicht körperliche Gegenstände wie Strom[581] und nicht fest abgrenzbare Allgemeingüter wie frei fließendes

---

577 RL 1999/44/EG v. 25.5.1999, ABlEG L 171, S. 12 ff. Zur RL vgl. *Reich/Micklitz*, Europäisches Verbraucherrecht, S. 645 ff.; zur Umsetzung vgl. *Honsell*, JZ 2001, S. 278 ff.; *Pfeiffer*, ZGS 2002, S. 94 f., 138 ff., 217 ff., 390 ff.

578 Vgl. die Begründung des Regierungsentwurfs, BT-Drs. 14/6040, S. 243.

579 Beachte aber § 651 S. 1 BGB und § 480 BGB, die den Anwendungsbereich der §§ 474 ff. BGB insofern auf Werklieferungsverträge bzw. Tauschverträge erweitern. Vgl. für den Tausch AnwK-BGB/*Büdenbender*, § 480 Rdn. 2, der darauf hinweist, dass Tauschverträge in der Praxis überwiegend zwischen Privatpersonen geschlossen werden; für den Werklieferungsvertrag *Mankowski*, MDR 2003, S. 857 ff.

580 AnwK-BGB/*Büdenbender*, § 474 Rdn. 3. Die Nichtgeltung für den Rechtskauf hat zur Folge, dass es zukünftig nicht mehr dahinstehen kann, ob der Erwerb von Software dem Sach- oder dem Rechtskauf zuzuordnen ist – vgl. Palandt/*Putzo*, § 433 Rdn. 8 und § 453 Rdn. 8 f.

581 Auf die Lieferung von Strom werden zwar die Regelungen zum Sachkauf über § 453 BGB entsprechend angewendet – vgl. Palandt/*Putzo*, § 453 Rdn. 6. Jedoch scheidet mangels physischer Konsistenz selbst bei leitungsgebundenem Strom eine Anwendung der Vorschriften über den Verbrauchsgüterkauf aus – vgl.

Wasser und Luft vom Anwendungsbereich der Regelungen zum Verbrauchsgüterkaufs ausgenommen sind[582]. Mit der Abfüllung in ein begrenztes Volumen oder in einer bestimmten Menge, wozu auch eine leitungsgebundene Abgrenzung ausreicht[583], werden aber insbesondere Wasser und Gas zu (beweglichen) Sachen, so dass bei entsprechenden Versorgungsverträgen die §§ 474 ff. BGB zu beachten sind[584].

Ob es sich um neue oder gebrauchte Sachen handelt, ist unerheblich. Dies ergibt sich im Umkehrschluss aus § 476 Abs. 1 S. 2 BGB, der vom Schutz der §§ 474 ff. BGB[585] lediglich die gebrauchten Sachen ausnimmt, die in einer öffentlichen Versteigerung[586] verkauft werden, an der der Verbraucher persönlich teilnehmen kann.

Im Gegensatz zu Art. 1 Abs. 2 lit. b) der Verbrauchsgüterkauf-RL nimmt § 474 BGB Güter die auf Grund von Zwangsvollstreckungsmaßnahmen oder anderen gerichtlichen Maßnahmen verkauft werden, nicht vom Verbrauchsgüterkauf aus. Diese scheinbare Erweiterung hat auf Grund der Regelung des § 806 ZPO, die bei der Veräußerung eines gepfändeten Gegenstandes die Gewährleistung ohnehin ausschließt, aber keine praktischen Auswirkungen[587].

---

auch die Begründung des Regierungsentwurfs, BT-Drs. 14/6040, S. 243 sowie Art. 1 Abs. 2 lit. b) Verbrauchsgüterkauf-RL.

582 Vgl. dazu BGB-RGRK, § 90 Rdn. 13 m.w.N.; Palandt/*Heinrichs*, § 90 Rdn. 1; Überbl v § 90 Rdn. 8.

583 Vgl. BR-Drs. 338/01, S. 60 mit Verweis auf MünchKomm/*Holch*, § 90 Rdn. 6 ff. Der Bundesrat nahm die Erfassung von leitungsgebundenem Strom und Gas zum Anlass insofern eine Ausnahmeregelung vom Anwendungsbereich des Verbrauchsgüterkaufs anzuregen, was aber von der Bundesregierung abgelehnt wurde – vgl. BT-Drs. 14/6857, S. 62.

584 Vgl. die Begründung des Regierungsentwurfs, BT-Drs. 14/6040, S. 243; Palandt/*Putzo*, Vorb v § 474 Rdn. 3. Unklar ist die Erfassung von Wärme. An sich ist Wärme im gleichem Maße wie Strom als unkörperlicher Gegenstand den Regelungen zum Verbrauchsgüterkauf entzogen. Die Begründung des Regierungsentwurfs stellt bei Fernwärme indes darauf ab, dass es sich hierbei um einen Aggregatzustand von Wasser handelt – vgl. BT-Drs. 14/6040, S. 243, so dass insofern wohl doch ein „*Verbrauchsgut*" vorliegt.

585 Der Wortlaut des § 474 Abs. 1 S. 2 BGB legt nahe, dass der Kauf gebrauchter Sachen in einer öffentlichen Versteigerung, an der der Verbraucher persönlich teilnehmen kann, zwar unter den Begriff des Verbrauchsgüterkaufs fällt, für diesen aber die §§ 474 ff. BGB nicht gelten – so auch Bamberger/Roth/*Faust*, § 474 Rdn. 17. Art. 1 Abs. 3 Verbrauchsgüterkauf-RL legt indes eher eine Herausnahme aus dem Verbrauchsgüterbegriff an sich nahe, da er den Mitgliedsstaaten nur gestattet, derartig zu erwerbende Sachen vom Begriff der Verbrauchsgüter auszunehmen. Im Ergebnis ergeben sich aber keine Unterschiede.

586 Vgl. zur öffentlichen Versteigerung die Legaldefinition des § 383 Abs. 3 BGB.

587 Vgl. die Begründung des Regierungsentwurfs, BT-DS 14/6040 S. 243.

II. Notwendigkeit des Terminus „*Verbrauchsgüterkaufs*“

Die Einführung des „*Verbrauchsgüterkaufs*“ ist bedingt durch Weite des Verbraucherbegriffs, die sich vom Begriff des „*Verbrauchs*“ losgelöst hat[588].

Im Ergebnis geht es um den Schutz des Verbrauchers beim Kauf von Waren. Das hiervon unbewegliche Sachen ausgenommen sind, folgt an sich schon aus dem Begriff „*verbrauchen*“. Auch, dass nur solche Kaufverträge erfasst sind, bei denen der Verbraucher als Käufer und der Unternehmer als Verkäufer fungiert, ließe sich hieraus ableiten. Gegenüber einem Verbraucherschutz, der an einen eingeschränkten, den historischen und etymologischen Wurzeln folgenden Verbraucherbegriff anknüpfen würde, ergibt sich durch den Verbrauchsgüterkauf nur die weitere Einschränkung, dass die Inanspruchnahme von Dienstleistungen nicht erfasst wird. Dies ließe sich aber auch durch eine Bezugnahme auf den Kaufvertrag erreichen.

Ein Abstellen auf den Verbrauchsgüterkauf zur Modifizierung des Kaufrechts für Verbraucher wäre also bei einer einschränkenden Begriffsbestimmung des Verbrauchers nicht erforderlich gewesen, sondern hätte aus der Verbraucherdefinition selbst folgen können. Der Verbraucherschutz im Kaufrecht hätte dann einfach durch die Bezugnahme auf Kaufverträge zwischen Verbrauchern und Unternehmern umschrieben werden können.

Der weite, ganz allgemein auf den Abschluss von Rechtsgeschäften abstellende Verbraucherbegriff des § 13 BGB, machte jedoch die Festlegung erforderlich, dass die §§ 474 ff. BGB nur beim Kauf beweglicher Sachen des Verbrauchers vom Unternehmer eingreifen.

588 S.o. A.

3.Teil: Der Schutz des Verbrauchers durch das Kartellrecht

A. Einleitung

Das Kartellrecht hat vor allem die Aufgabe, den Wettbewerb zu schützen. Ohne den Wettbewerb mehrerer voneinander unabhängig anbietender Unternehmer besteht für die Marktgegenseite, in erster Linie also die Verbraucher, keine Alternative mehr, unter denen sie entsprechend ihren Präferenzen wählen können. Notwendige Folge wäre, dass sich die anbietenden Unternehmer nicht mehr um die Wünsche ihrer Kunden zu kümmern bräuchten und dass sie die Preise weitgehend beliebig hoch festsetzen könnten[589]. Nicht zu unrecht bezeichnet deshalb der englische Molony Report[590] den Wettbewerb als des Verbrauchers „besten Freund“[591]. Eine Privatrechtsordnung, wie die der Bundesrepublik, die auf der optimalen Bedürfnisbefriedigung jedes Einzelnen durch privatautonomes Handeln beruht, in der sich die Interessen der am Markt Beteiligten idealtypisch ausgleichen, muss daher gewährleisten, dass keine Seite der anderen die Bedingungen diktieren kann.

Das Kartellrecht dient dabei aber nur mittelbar und auch nicht ausschließlich dem Verbraucherschutz. Unmittelbarer Schutzgegenstand des Kartellrechts ist die Erhaltung der Wettbewerbsordnung[592]. Geschützt wird der Verbraucher aber zumindest indirekt durch die Unterbindung von Wettbewerbschränkungen, was ihm die Möglichkeit sichert, auf mehrere unabhängige Anbieter zurückzugreifen, ihm so eine gewisse Marktmacht einräumt und somit seine Rechte als abhängiger Marktteilnehmer im Hinblick auf Gleichheit und – soweit möglich – Freiheit im Vertragsrechtsverkehr gewährleistet[593]. Dies kommt natürlich auch nachfragenden Unternehmern zu Gute. Darüber hinaus dient das Kartellrecht vor allem den anbietenden Unternehmen, indem es die Freiheit des Marktzugangs vor Wettbewerbs-beschränkungen der Konkurrenz schützt. Die nachfolgenden Ausführungen beschränken sich daher auf einen Überblick und eine Hervorhebung spezieller für den Verbraucherschutz relevanter Gesichtspunkte.

---

589 Vgl. *Emmerich*, Kartellrecht, S. 2. *Adam Smith*, Der Wohlstand der Nationen, S. 54 schrieb bereits 1776: *„Der Monopolist versorgt den Markt ständig mangelhaft und befriedigt die Nachfrage niemals ganz, so dass er seine Ware weit über den natürlichen Preis verkaufen kann, wodurch seine Einkünfte, ob Lohn oder Gewinn, beträchtlich über die natürliche Höhe steigen.*“

590 S.o. 1. Teil, B. III.

591 Vgl. *v. Hippel*, Verbraucherschutz, S. 27 i.V.m. Molony Report, S. 295 f.

592 Langen/*Bunte*, Kartellrecht, Einführung zum GWB Rdn. 49; *Rittner*, Wettbewerbs- und Kartellrecht, S. 116; Wiedemann/*Wiedemann*, Hdb. Kartellrecht, § 1 Rdn. 1.

593 *Shoda*, FS Rittner, S. 654 f.; *Bunte*, Kartellrecht, S. 5; *Goll*, GRUR 1976, S. 492 f. Vgl. auch Emmerich, WuW 2003, S. 255 der darauf hinweist, dass es in einer Wettbewerbsordnung – an sich – allein um den Schutz des Verbrauchers gehen dürfte.

B. Rechtlicher Rahmen

Grundlegende Kodifikation des deutschen Kartellrechts ist das GWB[594]. Auf europäischer Ebene sind die Art. 81 ff. EGV sowie die dazu erlassene Durchführungsverordnung Nr. 17[595], die Art. 65 f. EGKSV und die FKVO[596] zu beachten. Auf internationaler Ebene sind schließlich das 1948 beschlossene GATT (The General Agreement on Tariffs and Trade) und das 1994 beschlossene GATT 94 und GATS (General Agreement on Trade in Services) zu nennen[597].

C. Das deutsche Kartellrecht

I. Gegenstand des deutschen Kartellrechts

Als Grundnorm des deutschen Kartellrechts verbietet § 1 GWB Wettbewerbsbeschränkungen zwischen miteinander in Wettbewerb stehenden Unternehmen (horizontale Wettbewerbsbeschränkungen). Erfasst werden sowohl konkrete Vereinbarungen zwischen Wettbewerbern, wie Preis-, Gebiets- und Quotenabsprachen[598], als auch Beschlüsse von Unternehmensvereinigungen, wie z.B. der Industrie- und Handelskammer über die zu fordernden Preise ihrer Mitglieder[599] und abgestimmte Verhaltensweisen, in Folge vorheriger gegenseitiger Informationen über zukünftiges Verhalten am Markt[600].

Gesetzliche Ausnahmen und Möglichkeiten der Freistellung vom Kartellverbot des § 1 GWB finden sich in den §§ 2 bis 8 GWB[601].

In den §§ 14 bis 18 GWB sind Inhalt und Grenzen vertikaler Wettbewerbsbeschränkungen geregelt[602], also von Beschränkungen, die zwischen Unternehmen verschiedener Wirtschaftsstufen vereinbart werden. Verboten ist demnach, einem anderen Unternehmen Vorschriften hinsichtlich des Inhalts der von ihm in der Folge abzuschließenden Folge- oder Zweitverträge

---

594 Zur Geschichte des GWB – vgl. *Bunte*, Kartellrecht, S. 13 ff.; *Emmerich*, Kartellrecht, S. 12 f.; *Rittner*, Wettbewerbs- und Kartellrecht, S. 123 ff. Im Zusammenhang mit der ab den 1.5.2004 geltenden VO 1/2003 (ABlEG v. 4.1.2003 Nr. L 1, S. 1), ist eine Anpassung des GWB geplant – vgl. den Entwurf von Eckwerten einer 7. GWB-Novelle des Bundesministeriums für Wirtschaft und Arbeit v. 24.2.2003 in WuW 2003, S. 379 ff; dazu auch *Möschel*, WuW 2003, S. 571; *Rittner*, WuW 2003, S. 451.

595 VO Nr. 17/62 v. 6.2.1962 (ABlEG 1962, S. 204); zuletzt geändert durch VO Nr. 1216/99 (ABlEG 1999 Nr. L 148, S. 5 f.). Die VO Nr. 17/62 wird ab dem 1.5.2004 weitgehend abgelöst durch die VO Nr. 1/2003 v.16.12.2002 (ABlEG v. 4.1.2003 Nr. L 1, S. 1) – vgl. dazu *Hossenfelder/Lutz*, WuW 2003, S. 118 ff.

596 VO Nr. 4064/89 über die Kontrolle von Unternehmenszusammenschlüssen v. 21.12.1989 – ABlEG 1989 Nr. L 395, S. 1; modifiziert durch VO Nr. 1310/97 v. 30.6.1997 – ABlEG 1997 Nr. L 180, S. 1; berichtigt ABlEG 1998 Nr. L 40, S. 17. Die Europäische Kommission hat zudem am 11.12.2002 eine umfassenden Reform der FKVO beschlossen, vgl. WuW 2003, S. 45 ff., vgl. dazu auch *Bartosch*, WuW 2003, S. 574 ff.; *v. Hinten-Reed/Camesasca/Schedl*, RIW 2003, S. 321 ff.

597 Vgl. dazu *Herdegen*, Völkerrecht, § 55; *Kimminich/Hobe*, Einführung in das Völkerrecht, S. 323 ff., 332 ff.

598 *Emmerich*, Kartellrecht, S. 33 f.; *Zimmer* in Immenga/Mestmäcker, § 1 Rdn. 84 ff.

599 *Emmerich*, Kartellrecht, S. 37 f.; *Zimmer* in Immenga/Mestmäcker, § 1 Rdn. 126 ff.

600 *Emmerich*, Kartellrecht, S. 34 ff.; *Zimmer* in Immenga/Mestmäcker, § 1 Rdn. 96 ff.

601 *Bunte*, Kartellrecht, S. 108 ff.; *Emmerich*, Kartellrecht, S. 60 ff.

602 *Bunte*, Kartellrecht, S. 142 ff.; *Emmerich*, Kartellrecht, S. 98 ff.; *Rittner*, Wettbewerbs- und Kartellrecht, S. 250 ff.

mit Dritten aufzuerlegen[603]. Typisches Beispiel ist die Preisbindung, etwa durch Festlegung des Endverkaufspreises (in einem sog. Erstvertrag) gegenüber dem Verbraucher (sog. Zweitvertrag). In § 15 GWB findet sich allerdings gleich eine wichtige Ausnahme hinsichtlich der Preisbindung bei Verlagserzeugnissen[604]. Verbote, die einem Vertragspartner den Abschluss bestimmter Verträge mit Dritten verbieten, unterliegen gem. § 16 GWB einer Missbrauchsaufsicht, sind also nicht von vornherein unwirksam. Besondere Regeln gelten nach §§ 17, 18 GWB für Lizenz- und Know-how-Verträge.

Zum Schutz des freien Wettbewerbs vor Beschränkungen ist zudem gem. § 19 Abs. 1 und 4 GWB die missbräuchliche Ausnutzung einer marktbeherrschenden Stellung verboten[605] und besteht gem. § 20 GWB ein Behinderungs- und Diskriminierungsverbot[606]. Das in § 20 Abs. 4 S. 2 geregelte Verbot von Verkäufen unter Einstandspreisen ist dabei allerdings offenkundig verbraucherfeindlich[607]. Unter den Voraussetzungen des § 21 GWB sind Boykotte verboten und § 22 GWB erweitert den Schutz des Wettbewerbs vor Beschränkungen durch Vertrag oder Abstimmung auf den Schutz vor Wettbewerbsbeschränkungen durch Empfehlungen[608]. Nach Maßgabe der §§ 35 ff. GWB erfolgt eine Kontrolle von Unternehmenszusammenschlüssen[609].

II. Behörden

Zur Durchsetzung des GWB sind das Bundeskartellamt mit Sitz in Bonn, die Landeskartellbehörden und der Bundeswirtschaftsminister zuständig. Nach der Generalklausel des § 48 Abs. 2 GWB liegt das Schwergewicht der Aufgabenverteilung beim Bundeskartellamt, das immer dann zuständig ist, wenn die Wirkung der Marktbeeinflussung oder des wettbewerbsbeschränkenden oder diskriminierenden Verhaltens oder einer Wettbewerbsregel über das Gebiet eines Landes hinausreicht. Daneben besteht seit 1973 eine Monopolkommission, deren Aufgabe vor allem darin besteht, alle zwei Jahre ein sogenanntes Hauptgutachten über die Entwicklung der Unternehmenskonzentration und über die

603 Der BGH hat mit Urteil v. 8.4.2003 (WRP 2003, S. 899 ff.) entschieden, dass die faktische Preisfestlegung durch den Hersteller im Rahmen von Verkaufsförderaktionen dann nicht gegen § 14 GWB verstößt, wenn die Preisgestaltungsfreiheit des Händlers nur für kurze Zeit und praktisch nicht spürbar eingeschränkt wird.

604 Zum Schutz der Verlage und des Sortiments besteht sogar ein Buchpreisbindungsgesetz (BGBl. 2002 I, S. 3448) – kritisch dazu, insbesondere in Bezug auf die negativen Auswirkungen auf den Verbraucher *Emmerich*, WuW 2003, S. 225.

605 *Bunte*, Kartellrecht, S. 299 ff.; *Emmerich*, Kartellrecht, S. 165 ff.; *Rittner*, Wettbewerbs- und Kartellrecht, S. 299 ff.

606 *Bunte*, Kartellrecht, S. 243 ff.; *Emmerich*, Kartellrecht, S. 249 ff.; *Rittner*, Wettbewerbs- und Kartellrecht, S. 334 ff.; Wiedemann/*Richter*, Hdb. Kartellrecht, §§ 18 ff.

607 Vgl. zu § 20 Abs. 4 S. 2 GWB BGH, WuW/E DE-R 1042 „WalMart" und *Gassner/Dangelmaier*, WuW 2003, S. 491 ff. m.w.N. In diesem Zusammenhang ist auch den Vorstoß der Verbraucherschutzministerin *Künast* von Anfang 2003 zu sehen, die mit Hilfe des Wettbewerbsrechts gegen das Preisdumping der Lebensmitteldiscounter vorgehen wollte – dazu s.u. Fußnote 903.

608 Bunte, Kartellrecht, S. 232 ff.; *Emmerich*, Kartellrecht, S. 207 ff.; *Rittner*, Wettbewerbs- und Kartellrecht, S. 316 ff.

609 *Bunte*, Kartellrecht, S. 210 ff.; *Emmerich*, Kartellrecht, S. 211 ff.; Wiedemann/*Lübbert*, Hdb. Kartellrecht, §§ 14 ff.

Anwendung der §§ 35 bis 43 GWB zu erstatten (§ 44 Abs. 1 S. 1 GWB)[610].

Zur Kontrolle der ehemaligen Monopolunternehmen Deutsche Post AG und Deutsche Telekom AG und zur Gewähr von Chancengleichheit neuer Wettbewerber besteht seit 1998 eine Regulierungsbehörde, die über eine bloße „*ex-post*" Missbrauchsaufsicht hinaus eine sektorspezifische Regulierung solange vornehmen soll, bis ein funktionsfähiger Wettbewerb in den Märkten der Post und Telekommunikation hergestellt ist[611].

III. Sanktionen

Zur Bekämpfung wettbewerbsbeschränkender Verhaltensweisen besteht nach dem GWB zum einen die Möglichkeit auf kartellbehördliches Einschreiten. Zum anderen eröffnet § 33 GWB den Weg zur Privatklage. Aus § 134 BGB ergibt sich zudem die Nichtigkeit kartellrechtswidriger Absprachen.

1. Behördliche Sanktionen

Die Kartellbehörden können in folgenden Fällen und Formen gegen Beschränkungen des Wettbewerbs vorgehen:

a. Nach § 32 GWB können sie zur Durchsetzung wettbewerbsrechtlicher Verbote, insbesondere des Kartellverbots (§ 1 GWB), des Preis- und Konditionenbindungsverbots (§ 14 GWB), des Verbots über den Inhalt des Schutzrechts hinausgehender Beschränkungen in Schutzrechtsverwertungsverträgen (§§ 17, 18), des Missbrauchsverbots (§ 19) und der verschiedenen Diskriminierungsverbote des § 20 GWB sowie der Verbote der §§ 21 und 22 Abs. 1 GWB, Untersagungsverfügungen erlassen. Diese Verfügungen sind nicht vom Verschulden der Beteiligten abhängig. Für das Verfahren gilt das Opportunitätsprinzip, so dass seine Einleitung und Durchführung im Ermessen der Kartellbehörden steht[612]. Ein Antragsrecht Dritter auf Einschreiten der Kartellbehörden sieht das Gesetz nicht vor und wird daher allenfalls bei drohendem schwerem Schaden des Antragstellers, der auf andere Weise nicht abgewendet werden kann, bejaht[613].

b. Bei vorsätzlichem oder fahrlässigem Verstoß gegen eine Untersagungsverfügung kann die Kartellbehörde nach Maßgabe des § 34 GWB den Mehrerlös, den das Unternehmen hierdurch erzielt, abschöpfen. Die Mehrerlösabschöpfung ist subsidiär gegenüber Schadensersatzleistungen nach § 33 GWB[614] und entfällt gem. § 34 Abs. 1 S. 2 GWB auch, wenn der Mehrerlös durch Geldbuße nach § 81 II GWB[615] ausgeglichen ist. Hierdurch soll eine Doppelbelastung des betroffenen Unternehmens vermieden werden[616]. Durch die in § 34 Abs. 4 GWB vorgesehene Anordnung des Absehens von der Vollstreckung bzw. der

---

610 Vgl. auch unter http://www.monopolkommission.de/mopoko.htm.

611 Vgl. auch unter http://www.regtp.de/behoerde/start/fs_01.html.

612 Vgl. *Emmerich*, Kartellrecht, S. 366; *ders.* in Immenga/Mestmäcker, § 32 Rdn. 8; *Bechthold*, GWB, § 32 Rdn. 8.

613 Vgl. ausf. *Emmerich* in Immenga/Mestmäcker, § 32 Rdn. 8 m.w.N..

614 Dazu s.u. 2. a.

615 Dazu s.u. d.

616 *Mestmäcker* in Immenga/Mestmäcker, § 34 Rdn. 18.

Rückerstattungspflicht wird sichergestellt, dass auch bei nachträglicher Auferlegung der Schadensersatzpflicht die Mehrerlösabschöpfung zurücktritt.

c. Soweit Kartelle vom Kartellverbot des § 1 GWB freigestellt sind, besteht die Gefahr, dass diese privilegierte Stellung in einer missbilligenden Art ausgenutzt wird. Um dieses zu verhindern, unterliegen sie einer Missbrauchsaufsicht durch die Kartellbehörde[617]. § 12 I GWB stellt der Kartellbehörde insofern ein abgestuftes Instrumentarium zur Verfügung, das sie nach pflichtgemäßem Ermessen ausüben kann. Nach § 12 Abs. 1 Nr. 1 GWB besteht zunächst die Möglichkeit, die beteiligten Unternehmen aufzufordern, einen beanstandeten Missbrauch abzustellen. Ein bestimmtes zukünftiges Verhalten kann die Kartellbehörde aber nur in Ausnahmefällen vorschreiben[618]. Soweit bereits eine Vereinbarung bzw. ein Beschluss missbräuchlich ist oder wenigstens ein missbräuchliches Verhalten begünstigt, kann die Kartellbehörde den beteiligten Unternehmen nach § 12 Abs. 1 Nr. 2 GWB aufgeben, diese zu ändern. Falls dies nicht ausreichend oder erfolgversprechend erscheint, kann die Vereinbarung bzw. der Beschluss gem. § 12 Abs. 1 Nr. 3 GWB sogar verboten werden. Nach Maßgabe des § 12 Abs. 2 GWB kann eine Freistellung von § 1 GWB, die nach § 10 GWB erfolgte, widerrufen, geändert oder mit Auflagen versehen werden.

d. Schließlich kann die Kartellbehörde bei Zuwiderhandlungen gegen gesetzliche Verbote oder vollziehbare Verwaltungsakte der Kartellbehörden ein Bußgeldverfahren nach § 81 GWB einleiten. Die Verhängung von Bußgeld steht im pflichtgemäßen Ermessen der Kartellbehörde (§ 47 OWiG). Der Bußgeldrahmen beläuft sich gem. § 81 Abs. 2 GWB auf 500.000 € und darüber hinaus auf das Dreifache des durch die Zuwiderhandlung erzielten Mehrerlöses.

Submissionskartelle können gem. § 298 StGB sogar strafrechtlich verfolgt werden.

2. Zivilrechtliche Sanktionen

a. Unterlassungs- und Schadensersatzanspruch aus § 33 S. 1 GWB

Die effektive Durchsetzung des Wettbewerbsrechts bedarf nicht nur der Tätigkeit der Kartellbehörden, sondern ist zu einem guten Teil davon abhängig, ob es gelingt, das Interesse der von wettbewerbsbeschränkenden Maßnahmen Betroffenen an einer Durchsetzung der kartellrechtlichen Verbote in den Dienst der Wettbewerbspolitik zu stellen[619]. Deshalb räumt § 33 S. 1 GWB bei Verstößen gegen Vorschriften des GWB oder gegen Verfügungen der Kartellbehörden einen Unterlassungs- und bei Vorsatz oder Fahrlässigkeit sogar einen Schadensersatzanspruch für Dritte ein. Voraussetzung ist allerdings, dass die Vorschrift oder die Verfügung den Schutz eines anderen bezweckt.

Wie im Rahmen des § 823 Abs. 2 BGB gilt als Schutzgesetz dabei jede Rechtsnorm i.S.d. Art. 2 EGBGB, die nach Sinn und Zweck dazu zu dienen bestimmt ist, einzelne oder einzelne

---

617 *Immenga* in Immenga/Mestmäcker, § 12 Rdn. 4; *Bunte* in FK, § 12 GWB 1999 Rdn. 1; Langen/*Kiekert*, Kartellrecht, § 12 Rdn. 2.

618 *Immenga* in Immenga/Mestmäcker, § 12 Rdn. 47 m.w.N.

619 *Emmerich*, Kartellrecht, S. 359.

Personenkreise, wenn auch nur neben der Allgemeinheit, gegen die Verletzung eines bestimmten Rechtsguts zu schützen[620]. Schutzgesetze sind demnach etwa das Kartellverbot des § 1 GWB, das Preis- und Konditionenbindungsverbot des § 14 GWB, das Missbrauchsverbot § 19 GWB, die Behinderungs- und Diskriminierungsverbote des § 20 GWB, das Boykottverbot und das Druckverbot des § 21 GWB[621]. Schutzverfügungen sind daran anschließend alle Verfügungen, die ein Gebot oder Verbot enthalten, das den Schutz bestimmter Personen oder Personenkreise gegen ihre Schädigung seitens der Adressaten der Verfügung bezweckt. Dies sind vor allem die Anordnungen, mit denen die Behinderung von Wettbewerbern oder die Ausbeutung von Abnehmern untersagt wird[622].

Was konkret den erfassten Personenkreis betrifft, so sind in den Schutzbereich der Schutzgesetzte bzw. Schutzverfügungen regelmäßig die betroffenen Konkurrenten einbezogen[623]. Darüber hinaus wird auch die Einbeziehung von Lieferanten und Abnehmern, etwa im Rahmen des § 1 GWB oder des § 14 GWB zunehmend bejaht[624].

Ob auch der einzelne Verbraucher nach § 33 GWB vorgehen kann, wird noch weitgehend abgelehnt, da die kartellrechtlichen Vorschriften keine Schutzgesetze zugunsten des Verbrauchers seien[625]. In der neueren kartellrechtlichen Literatur finden sich aber verstärkt Ansätze, die den Schutzcharakter einzelner kartellrechtlicher Vorschriften auch zugunsten des Verbrauchers bejahen[626].

b. Nichtigkeit vertraglicher Abreden

Kartellrechtswidrige Abreden, die gegen Vorschriften des GWB, wie etwa §§ 1, 14, 17, 19, 22, 40 GWB oder gegen eine Untersagungsverfügung verstoßen, sind zudem gem. § 134 BGB nichtig[627]. Daran anschließende Verträge sind von der Nichtigkeitsfolge aber nur erfasst, wenn es sich um Ausführungsverträge handelt, die von den Parteien zur Durchführung, Ergänzung oder Absicherung der bereits vorhandenen oder beschlossenen Wettbewerbsbeschränkungen abgeschlossen werden[628]. Folgeverträge, die die Kartellmitglieder in Ausführung der Kartellabsprache mit Dritten abschließen, etwa der Verkauf der kartellierten Ware an den Verbraucher, sind dagegen wirksam[629].

---

620 *Emmerich* in Immenga/Mestmäcker, § 33 Rdn. 9; vgl. auch *Bechthold*, GWB, § 33 Rdn. 4; Wiedemann/*Topel*, Hdb. Kartellrecht, § 50 Rdn. 56.

621 Vgl. ausf. *Emmerich* in Immenga/Mestmäcker, § 33 Rdn. 12 ff.; *Roth* in FK, § 33 GWB 1999 Rdn. 33 ff.; Wiedemann/*Topel*, Hdb. Kartellrecht, § 50 Rdn. 60 ff.

622 *Emmerich* in Immenga/Mestmäcker, § 33 Rdn. 34; *Roth* in FK, § 33 GWB 1999 Rdn. 92 ff.; Wiedemann/*Topel*, Hdb. Kartellrecht, § 50 Rdn. 67 ff.

623 Zu den Einzelheiten vgl. *Emmerich* in Immenga/Mestmäcker, § 33 Rdn. 12 ff.; Langen/*Bornkamm*, § 33 Rdn. 6 ff., 30 ff.; Wiedemann/*Topel*, Hdb. Kartellrecht, § 50 Rdn. 75 f.

624 *Emmerich* in Immenga/Mestmäcker, § 33 Rdn. 15 und Rdn. 20.

625 Vgl. *Goll*, GRUR 1976, S. 492; *Tilmann*, ZHR 141 (1977), S. 39 ff., 79 f.; *Bechthold*, GWB, § 33 Rdn. 4.

626 *Roth* in FK, § 33 GWB 1999 Rdn. 51 für § 1 GWB, Rdn. 60 für § 14 GWB, Rdn. 69 für § 19 GWB jeweils m.w.N.

627 Vgl. Wiedemann/*Topel*, Hdb. Kartellrecht, § 50 Rdn. 1 ff.; zum Verbotsgesetzcharakter Palandt/*Heinrichs*, § 134 Rdn. 19.

628 Wiedemann/*Topel*, Hdb. Kartellrecht, § 50 Rdn. 21.

629 *Bunte*, Kartellrecht, S. 95 f.; Wiedemann/*Topel*, Hdb. Kartellrecht, § 50 Rdn. 20 f.

IV. Verfahren

Kartellrechtliche Verfahren sind die Verfahren in Verwaltungssachen (§§ 54 bis 80 GWB), das Bußgeldverfahren (§§ 81 bis 86 GWB) und das Verfahren in bürgerlichen Kartellrechtsstreitigkeiten (§§ 87 bis 96 GWB). Soweit das Verwaltungsverfahren auf die Fusionskontrolle gerichtet ist, finden sich in den §§ 35 ff. GWB weitere zu beachtende Verfahrensregeln.

a. Das Verwaltungsverfahren ist das Verfahren, in dem die Kartellbehörde über den Erlass oder Nichterlass einer Verfügung entscheidet[630]. Es wird von Amts wegen oder auf Antrag eingeleitet. Dabei kann gem. § 54 Abs. 1 S. 2 GWB die Einleitung von Amts wegen auch auf Grund entsprechenden Ersuchens eingeleitet werden, was der Sache nach auch anonyme Anzeigen ermöglicht[631]. Das Verfahren ist weitgehend justizförmig ausgestaltet und wird, wie § 57 Abs. 1 GWB zum Ausdruck bringt, vom Untersuchungsgrundsatz beherrscht. Neben dem Antragsteller und den vom Verfahren Betroffenen sind gem. § 54 Abs. 2 Nr. 3 GWB auch Personen und Personenvereinigungen, deren Interessen durch die Entscheidung erheblich berührt werden, am Verfahren zu beteiligen, soweit die Kartellbehörde sie auf ihren Antrag hin beigeladen hat. Dabei steht ihr grundsätzlich ein Ermessen zu, soweit nicht der Schutz subjektiver Rechte eine notwendige Beiladung erfordert[632]. Davon unabhängig besteht gem. § 56 Abs. 2 GWB die Möglichkeit zur fakultativen Anhörung der vom Verfahren berührten Wirtschaftskreise. Gegen Verfügungen der Kartellbehörde steht den am Verfahren Beteiligten die Beschwerde nach §§ 63 ff. GWB zum OLG, das für den Sitz der Kartellbehörde zuständig ist, und gegebenenfalls weiter die Rechtsbeschwerde nach §§ 74 ff. GWB zum BGH zur Verfügung. Für dieses gerichtliche Verfahren müssen sich die Beteiligten durch Rechtsanwälte vertreten lassen (§§ 68, 76 Abs. 5 GWB).

b. Im Bußgeldverfahren werden die Ordnungswidrigkeiten nach § 81 GWB verfolgt[633]. Das Bußgeldverfahren richtet sich grundsätzlich nach den §§ 35 ff. OWiG. Das GWB regelt lediglich die Zuständigkeit und den Instanzenzug in den §§ 82 ff. GWB abweichend. Die Bußgelder werden von der nach § 48 GWB zuständigen Kartellbehörde verhängt (§ 82 GWB). Rechtsbehelfe sind der Einspruch (§§ 67 ff. OWiG) und die Rechtsbeschwerde (§ 79 OWiG). Abweichend vom OWiG sind für diese Rechtsbehelfe das OLG und der BGH zuständig (§§ 83 und 84 GWB).

c. Für bürgerlich-rechtliche Streitigkeiten auf Grund des GWB, z.B. die Schadensersatzklage nach § 33 GWB, enthalten die §§ 87 bis 90 GWB Sonderregeln. Sie betreffen vor allem die gerichtliche Zuständigkeit. So ist unabhängig vom Streitwert erstinstanzlich ausschließlich die Kammer für Handelssachen der Landgerichte zuständig (§§ 87, 95 GWB). Zudem ist das Bundeskartellamt über jede anhängige Rechtsstreitigkeit gem. § 90 GWB von den Gerichten zu unterrichten. Über die Berufung entscheidet ein Kartellsenat des OLG, über die Revision der Kartellsenat des BGH (§§ 91, 94 GWB).

---

630 *Bunte*, Kartellrecht, S. 299 ff.; *Emmerich*, Kartellrecht, S. 364 ff.
631 *Emmerich*, Kartellrecht, S. 365.
632 Vgl. dazu *K. Schmidt* in Immenga/Mestmäcker, § 54 Rdn. 43 ff.
633 Vgl. dazu *Bunte*, Kartellrecht, S. 304; *Emmerich*, Kartellrecht, S. 368.

V. Verbraucherschutz im deutschen Kartellrecht

1. Bestandsaufnahme

Gerade vor dem Hintergrund, dass dem Kartellrecht zur Erhaltung des Wettbewerbs und mithin für den Verbraucherschutz entscheidende Bedeutung zukommt, fällt auf, dass der Verbraucher in den nationalen kartellrechtlichen Vorschriften kaum eine Rolle spielt. Explizit nimmt das GWB nur in den §§ 7, 15 und 23 GWB Bezug auf den Begriff des Verbrauchers. Strittig ist, ob Verbraucherverbände am Verwaltungsverfahren beteiligt werden können[634]. Selbst eine generelle Bejahung würde nur bedingt weiterhelfen, da die Beteiligung selbst letztlich weitgehend vom Ermessen der Kartellbehörden abhängt[635].

Echte durchsetzbare Beteiligungsrechte des Verbrauchers oder zumindest von Verbraucherschutzorganisationen bzw. eine einklagbare Berücksichtigung verbraucherrechtlicher Gesichtspunkte finden sich im GWB nicht. Gegen Kartellrechtsverstöße haben weder die Verbraucherschutzorganisationen noch der einzelne Verbraucher einklagbare Möglichkeiten, um diesen effektiv zu begegnen. Sowohl im Verwaltungs- als auch im Bußgeldverfahren gilt das Opportunitätsprinzip. Zivilrechtliche Klagen nach § 33 GWB zugunsten der Verbraucher sind auf Grund der nicht abschließenden Klärung, ob das Kartellrecht auch dem Individualschutz der Verbraucher dient, zumindest mit einem erhöhten Prozessrisiko belastet.

Selbst die Ministererlaubnis für Kartelle nach § 8 GWB muss zwar nach dem Gemeinwohl notwendig sein; die Entscheidung hierüber obliegt aber allein dem Wirtschaftsminister.

2. Änderungsvorschläge

Nimmt man den Verbraucherschutz ernst, dann bedarf es schon auf kartellrechtlicher Ebene einer angemessenen Berücksichtigung des Verbrauchers. Hier kann nicht nur reaktiv bestehenden Missbräuchen, sondern präventiv und aktiv möglichen zukünftigen Missständen begegnet werden, die sich über kurz oder lang nachteilig auf die Stellung des einzelnen Verbrauchers auswirken können.

Da ein Abstellen auf den einzelnen Verbraucher im Kartellrecht zu unbestimmt sein dürfte und dieser auch kaum in der Lage sein wird, kartellrechtliche Tatbestände auf ihre Auswirkungen auf seine Stellung als Verbraucher hin zu beurteilen, wird es letztlich vor allem den Verbraucherverbänden zukommen, auf dieser Ebene für entsprechenden Schutz zu sorgen.

Dass die Kartellbehörden dem allein nicht gerecht werden können, kann schon aus der bisherigen weitgehenden Nichtberücksichtung der Belange des Verbrauchers im Kartellrecht und seinem geringen Stellenwert im GWB geschlossen werden. Ein Verweis auf die mittelbare Gewährleistung des Verbraucherschutzes durch die jeweiligen Konkurrenten greift

---

634 Dafür *K. Schmidt* in Immenga/Mestmäcker, § 51 Rdn. 37; dagegen *Bracher* in FK, § 54 GWB 1999 Rdn. 61.

635 *Bechthold*, GWB, § 54 Rdn. 9; *Bracher* in FK, § 54 GWB 1999 Rdn. 68 ff.

zum einen deshalb zu kurz, weil es solche unter Umständen gar nicht gibt bzw. immer auch die Möglichkeit besteht, dass deren Benachteiligungen anderweitig – im schlechtesten Fall wiederum durch wettbewerbswidrige Vereinbarungen – ausgeglichen und mithin deren Vorgehen unterbunden wird. Zum anderen kommt es den Konkurrenten primär auf ihre wirtschaftlichen Interessen an. Sie quasi als Anwalt der Interessen der Verbraucher zu betrachten, würde den bestehenden Interessenwidersprüchen nicht gerecht.

Im Einzelnen sind daher aus Verbraucherschutzgesichtspunkten folgende Revisionen des deutschen Kartellrechts zu diskutieren:

a. Angemessene Beteiligung des Verbrauchers am Gewinn bei allen Kartellen

Die in § 7 GWB vorgesehene Beteiligung des Verbrauchers am entstehenden Gewinn könnte auf alle nach den §§ 2 ff. GWB freistellbaren Kartelle ausgedehnt werden. Die Beschränkung auf sonstige Kartelle ist nicht sachgerecht, da bei der Zulassung jeder Art von Kartellen der Wettbewerb eingeschränkt und mithin direkt oder indirekt die Position des Verbrauchers auf der Marktgegenseite beeinträchtigt wird. Zudem dürfen auch nach europäischem Recht Kartelle generell gem. Art. 81 III EGV nur zugelassen werden, wenn eine angemessene Beteiligung des Verbrauchers am Gewinn erfolgt.

Dabei ist zu beachten, dass unter „*Gewinn*" alle mit dem Kartell verbundenen Vorteile im weitesten Sinne zu verstehen sind, also nicht nur Preissenkungen, sondern auch die Gewährleistung einer gleichbleibenden Qualität, die regelmäßige Versorgung der Abnehmer, die Verbreiterung des Angebots, die Verbesserung der Umweltfreundlichkeit der Produkte, die Einführung neuer Produkte sowie die Gewährleistung eines auf die Bedürfnisse der Kunden zugeschnittenen Kundendienstes[636]. Bei einer solch weiten Bejahung des „*Gewinns*" könnte selbst bei Strukturkrisenkartellen eine Beteiligung des Verbrauchers erfolgen. Härtefällen könnte insofern Rechnung getragen werden, als bei bloßer Verringerung von Verlusten ein entstehender Gewinn abgelehnt wird.

Was als Beteiligung des Verbrauchers „*angemessen*" ist, hängt vom Einzelfall ab. Um eine Einbeziehung der Verbraucherpositionen zu gewährleisten, sollte die Festlegung der „*Angemessenheit*" zumindest unter verfahrensrechtlicher Beteiligung von Verbraucherverbänden erfolgen.

b. Verfahrensrechtliche Beteiligung der Verbraucherverbände

Zur Gewährleistung der Verbraucherinteressen im Kartellverfahren sollten die Beteiligungsrechte der Verbraucherverbände gestärkt bzw. neu eingeführt werden.

Zum einen könnte den Verbraucherverbänden ein Antragsrecht zur Eröffnung des Verwaltungsverfahrens bei der Kartellbehörde derart eingeräumt werden, dass entweder die Kartellbehörde zur Verfahrenseinleitung verpflichtet bzw. ähnlich dem Klageerzwingungsverfahren nach § 172 StPO die Nichteinleitung des Verfahrens gerichtlich

---

636 *Emmerich*, Kartellrecht, S. 86.

nachgeprüft werden kann[637]. Hierdurch würde sichergestellt, dass Verhaltensweisen, die gerade aus Verbrauchersicht einen Verstoß gegen das GWB nahe legen, der kartellrechtlichen Untersuchung unterworfen werden.

Zusätzlich sollte den Verbraucherverbänden die generelle Möglichkeit zur Beteiligung am Verfahren auf Antrag eingeräumt werden. Die bisherige Regelung des § 54 Abs. 2 Nr. 3 GWB setzt hierfür voraus, dass Personen oder Personenvereinigungen in ihren Interessen durch die Kartellentscheidung erheblich berührt werden. Eine Ausweitung auf Verbraucherschutzorganisationen ist schon deshalb erforderlich, weil die Feststellung der erheblichen Berührung eigener Interessen dann Probleme bereitet, wenn es sich, wie beim vzbv um einen Dachverband verbraucherorientierter Verbände handelt, dem selbst aber keine Verbraucher als Mitglieder angehören.

Als Verfahrensbeteiligte wären die Verbraucherverbände nach § 56 Abs. 1 GWB zu hören. Sollten sie keinen Antrag auf Verfahrensbeteiligung stellen, so sollte ihnen über § 56 Abs. 2 GWB hinaus ein obligatorisches Anhörungsrecht zustehen.

Bei der Frage, welchen Verbraucherverbänden diese Beteilungsrechte zustehen, liegt eine Regelung ähnlich dem § 13 Abs. 2 Nr. 3 UWG nahe, die darauf abstellt, dass es sich um Verbände handelt, die den Anforderungen des § 4 Abs. 2 UKlaG gerecht werden.

Zu überdenken ist schließlich ob die Ministererlaubnis nach §§ 8, 41 GWB nach wie vor allein in den Händen des Wirtschaftsministers liegen sollte. Dieser wird vor allem wirtschaftliche Erwägungen und weniger die Auswirkungen der Wettbewerbsbeschränkungen auf die Stellung des Verbrauchers berücksichtigen. Hier liegt zumindest eine Anhörung des Verbraucherschutzministeriums nahe.

c. Verschärfung der behördlichen Sanktionen

Eine Verschärfung der behördlichen Sanktionen erscheint angesichts des Bußgeldrahmens des § 81 Abs. 2 GWB, der sich nicht auf einen festen Geldbetrag beschränkt, sondern das Dreifache des erlangten Mehrerlöses betragen kann, nicht erforderlich. Zur Wahrung des Sanktionscharakters sollte aber sichergestellt sein, dass sich die Geldbuße nicht allein in einer Abschöpfung des Mehrerlöses beschränkt. Vor diesem Hintergrund ist vor allem die volle Anrechnung verhängter Geldbußen auf die Mehrerlösabschöpfung nach § 34 GWB problematisch. Zumindest ein Teil der Geldbuße sollte auch nach Abschöpfung des Mehrerlöses wirksam sein, um den Sanktionscharakter der Geldbuße zu erhalten.

d. Klagebefugnis für Verbraucherverbände

aa. Unterlassungsklagen

Weiter ist zu erwägen, Verbraucherverbände – ähnlich wie in § 13 II Nr. 3 UWG[638] – auch im Rahmen des Kartellrechts zu Unterlassungsklagen zu ermächtigen[639]. Dies könnte durch eine entsprechende Erweiterung des § 33 S. 2 GWB erfolgen. Die Vorschrift räumt bislang nur

---

637 So schon *Goll*, GRUR 1976, S. 495.

638 S. u. 4. Teil, C. II. 2.

639 Vgl. *v. Hippel*, JZ 1972, S. 423; *Schricker*, GRUR Int. 1974, S. 381; kritisch *Goll*, GRUR 1976, S. 494 f.

Verbänden zur Förderung gewerblicher Interessen – zu denen Verbraucherverbände nicht gezählt werden[640] – die Geltendmachung von Unterlassungsansprüchen ein.

Dass das gegenwärtige Kartellrecht keine unmittelbaren Ansprüche enthält, mit denen verbraucherschädigende Verhalten verfolgt werden können, steht dem nicht zwingend entgegen[641]. Nach überwiegender Meinung setzt auch die Klagebefugnis der Verbände zur Förderung gewerblicher Interessen keine Rechtsverletzungen ihrer Mitglieder voraus. Ausreichend ist vielmehr die Verletzung eines Schutzgesetzes oder einer Schutzverfügung, soweit durch das fragliche Delikt der Aufgaben- und Tätigkeitskreis des Verbandes berührt wird[642]. Letzteres ließe sich im Hinblick auf Verbraucherverbände bei kartellrechtlichen Verstößen auf Grund deren grundsätzlich nachteiliger Wirkungen auf den Wettbewerb und mithin auf die Stellung des Verbrauchers bejahen. Nicht umsonst wird der Schutzgegenstand des Kartellrechts als das Recht abhängiger oder relativ schwächerer Marktteilnehmer, insbesondere der Verbraucher, auf Gleichheit und wirkliche Freiheit im Vertragsrechtsverkehr bezeichnet[643].

In diesem Zusammenhang sind die §§ 2, 3 UKlaG zu beachten[644]. Diese räumen Verbraucherverbänden, soweit es sich um qualifizierte Einrichtungen i.S.d. § 4 Abs. 2 UKlaG handelt, einen Anspruch auf Unterlassung bei Zuwiderhandlungen gegen verbraucherschützende Normen ein. Möglicherweise besteht also schon eine Klagebefugnis der Verbraucherverbände bei Verstößen gegen Vorschriften des GWB, wenn und soweit diese als Verbraucherschutzgesetze i.S.d. § 2 UKlaG[645] anzusehen sind. Insbesondere bei § 14 GWB drängt sich der verbraucherschützende Charakter auf. Die Norm schützt allgemein jeden durch Preis- und Konditionenbindung betroffenen Dritten[646], also auch den Verbraucher[647], der durch die Beschränkung der Inhaltsfreiheit einer Vertragspartei in seiner wirtschaftlichen Handlungsfreiheit beeinträchtigt wird.

Gegen die Erfassung einzelner Normen des GWB von § 2 UKlaG dürfte aber vor allem sprechen, dass dies weder durch die Unterlassungsklagen-RL noch vom deutschen Gesetzgeber beabsichtigt wurde. Auch in den Kommentierungen findet sich keine Bezugnahme auf Vorschriften des GWB[648]. Zwingend und im Wortlaut verankert ist die Nichterfassung zumindest einzelner Normen von § 2 UKlaG allerdings nicht. Eine ausdrückliche Regelung der Klagebefugnis erscheint aber jedenfalls angezeigt.

---

640 Vgl. *Emmerich* in Immenga/Mestmäcker, § 33 Rdn. 59.

641 So aber *Goll*, GRUR 1976, S. 491 f.; 494.

642 Vgl. *Emmerich* in Immenga/Mestmäcker, § 33 Rdn. 60, allerdings insofern wieder einschränkend, als ein Mitgleid des Verbandes durch den Verstoß betroffen sein könnte. Nach Wiedemann/*Topel*, Hdb. Kartellrecht, § 50 Rdn. 76 soll es mit Verweis auf BGH, WuW/E 2977/2979 ausreichen, dass die verletzte Norm abstrakt Individualschutzwirkungen entfaltet.

643 *Shoda*, FS Rittner, S. 654.

644 Ausf. unten 9. Teil, D. I. 3.

645 Vgl. zur Definition von Verbraucherschutzgesetzen unten 9. Teil, D. I. 3. b.

646 *Emmerich*, Kartellrecht, S. 99; *ders.* in Immenga/Mestmäcker, § 14 Rdn. 7 ff., 80.

647 So ausdrücklich *Schwintowski*, Wettbewerbsrecht, Fall 182, S. 94; vgl. auch *Roth* in FK, § 33 GWB 1999 Rdn. 60.

648 So diskutiert MünchKomm/*Micklitz*, § 22 AGBG Rdn. 33 f. den Verbraucherschutzgesetzcharakter des UWG, nicht aber den des GWB.

bb. Schadensersatzklagen

Neben der Verfolgung von Unterlassungsansprüchen kommt auch die Geltendmachung von Schadensersatzansprüchen durch Verbraucherverbände in Betracht[649]. Wegen der Erfassung mehrerer Fälle dürfte vor allem ein Schadensersatz in Geld in Betracht kommen, da eine Naturalrestitution in Form von Vertragsauflösung oder Kontrahierungszwang schwerwiegend in die unser Wirtschaftsleben tragenden Grundsätze der Vertragstreue und der Vertragsfreiheit eingreift und darüber hinaus auch unübersichtliche und mit Mühen und Kosten verbundene Abwicklungsaufgaben nach sich ziehen würde[650].

Die Zulassung einer Sammel- oder Gruppenklage, angelehnt an die amerikanische „*Class action*"[651], dürfte dabei aber erheblichen Problemen gegenüber stehen. So müssten zunächst überhaupt Schadensersatzansprüche der Verbraucher aus dem GWB ableitbar sein[652]. Des weiteren müssten die Verbraucher entweder ihre Ansprüche an den Verbraucherverband abtreten[653] oder es würden sich die – der ZPO bislang unbekannten – prozessualen Fragen der Prozessstandschaft für den Geschädigten und der Rechtskrafterstreckung stellen[654], wobei sich insbesondere bei der Bindung unbeteiligter Gruppenmitglieder an das Prozessergebnis verfassungsrechtliche Fragen, etwa im Hinblick auf die Gewährung des rechtlichen Gehörs stellen. Im Einzelfall schwierig dürfte auch die Bestimmung des Schadensumfangs sein. Die Einräumung eines dreifachen Schadensersatzes wie in Sec. 4/4a Clayton Act[655] hilft nur bedingt weiter, muss doch erst einmal der einfache Schaden festgestellt werden. Wie sich die Vermögenslage des einzelnen Verbrauchers ohne den kartellrechtlichen Verstoß entwickelt hätte, ist weitgehend hypothetisch. Am ehesten ließe sich bei § 14 GWB ein Schaden durch Vergleich des Preises mit und ohne Preisabsprache nachweisen. Unter Umständen könnte die zum UWG entwickelten Besonderheiten zum Schadensersatzanspruchs herangezogen werden[656]. Zu klären wäre zudem die Schadensersatzverteilung.

Denkbar ist auch, die Befugnis zur Geltendmachung von Schadensersatz nicht als Sammel- oder Gruppenklage auszugestalten, sondern auf den Ersatz des Schadens am „*kollektiven Verbraucherinteresse*" zu richten. Derartige Regelungen finden sich etwa im französischen und im griechischen Recht[657]. Die eingeklagten Schadenssummen könnten zur Finanzierung

---

649 Grundlegend *Micklitz/Stadler*, Unrechtsgewinnabschöpfung, S. 82 ff.; zum Schadensersatz als Ziel der Verbandklage vgl. auch *Franke*, Die Verbandsklagen nach dem Code de la consommation, S. 24 ff., 121 ff.

650 Vgl. *Tilmann*, ZHR 141 (1977), S. 68; vgl. zum Kontrahierungszwang auch unten 6. Teil, C. I.

651 Statt vieler vgl. dazu *Gottwald*, ZZP 91 (1978), S. 1 ff.; *H. Koch*, Kollektiver Rechtsschutz im Zivilprozess, passim., *ders.*, ZZP 113 (2000), S. 413 ff., *Hirte*, FS Leser, S. 335 ff.; *Stadler* in Brönneke, Kollektiver Rechtschutz im Zivilprozessrecht, S. 13 ff.

652 Vgl. dazu unter e.

653 Dies würde nach Maßgabe des im Zuge der Schuldrechtsmodernisierung geänderten Art. 1 § 3 Nr. 8 RBerG nunmehr keinen Verstoß gegen das RBerG begründen– vgl. dazu auch unten 9. Teil, D. II.

654 So schon *Goll*, GRUR 1976, S. 495.

655 Vgl. *Goll*, GRUR 1976, S. 494 Fußnote 82; *I. Schmidt*, Wettbewerbspolitik und Kartellrecht, S. 260.

656 S.u. 4. Teil, C. II. 4.

657 Vgl. die Nachweise bei *H. Koch*, 113 (2000), S. 420 f.; vgl. auch *Halfmeier* in Brönneke, Kollektiver Rechtsschutz im Zivilprozessrecht, S. 137; *Micklitz/Stadler*, Unrechtsgewinnabschöpfung, S. 88 ff. Zur französischen Verbandsklage ausf. *Franke*, Die Verbandsklagen nach dem Code de la consommation, passim.

der Überwachungs-, Abmahnungs- und Prozesstätigkeit der Verbände eingesetzt werden[658]. Offen bleibt aber auch hier die genaue Schadensbestimmung bzw. wenn der Schaden als ein immaterieller, nicht berechenbarer, sondern pauschal festgesetzter Schaden verstanden wird[659], ob hiermit nicht die gleiche Zielrichtung wie beim Ordnungswidrigkeitsverfahren verfolgt wird. Weitere Problemfelder wären, welche Anforderungen an die Legitimität, Repräsentation und Mitgliederstruktur der Verbände zu stellen ist, die derartige Verbandsklagen im öffentlichen Interesse geltend machen[660] und wem der gegebenenfalls erstrittene Schadensersatz zu Gute kommen soll[661]. Bei der Diskussion um Kollektiventschädigungsklagen ist zudem immer zu beachten, inwieweit die Zulassung von Verbandsklagen in eine Art „*Zwangsbeglückung*"[662] ausartet.

e. Ausdehnung des zivilrechtlichen Schutzes auf die Verbraucher selbst

Eine pauschale Ablehnung von Ansprüchen aus § 33 GWB bzw. § 823 Abs. 2 BGB mit Hinweis auf den fehlenden Individualschutz des Verbrauchers durch das GWB ist kaum mehr zu rechtfertigen. Zweck des § 1 GWB ist etwa auch der Schutz der Marktgegenseite[663].

Für § 14 GWB ist anerkannt, dass auch der Schutz der wirtschaftlichen Bewegungsfreiheit der Vertragspartner des gebundenen Unternehmers bezweckt wird[664]. Der individualschützende Charakter des § 19 GWB wird in dessen Abs. 4 klargestellt und § 19 Abs. 4 Nr. 2 und 3 bezwecken offensichtlich auch den Schutz der Marktgegenseite – einschließlich des Verbrauchers – bezüglich missbräuchlicher oder diskriminierender Entgelte und Geschäftsbedingungen[665].

Rechtsvergleichend kann zudem auf Japan verwiesen werden, wo nach § 25 des japanischen Antimonopolgesetzes bzw. der allgemeinen Deliktsklausel des § 709 des japanischen Zivilgesetzbuches auch Verbrauchern bei kartellrechtswidrigem Verhalten Schadensersatzansprüche erwachsen können[666].

Trotzdem sollten im Ergebnis eigene Unterlassungs- und Schadensersatzansprüche des Verbrauchers aus faktischen Gründen abgelehnt werden.

Zum einen wird der einzelne Verbraucher schon vor erheblichen praktischen Schwierigkeiten stehen, einen Kartellrechtsverstoß überhaupt nachzuweisen. Insoweit böte es sich zwar an, die Geltendmachung von Schadensersatzansprüchen an eine Feststellung der Kartellrechts-

---

658 Vgl. dazu auch *Schricker*, GRUR 1974, S. 588.

659 So *H. Koch*, ZZP 113 (2000), S. 420 für den französischen „*dommage collectif*".

660 Insofern könnte auf § 4 UKlaG abgestellt werden - vgl. unten 9. Teil, D. I. 4. Allerdings enthält schon Art. 1 § 3 Nr. 8 RBerG einen von § 4 UKlaG abweichenden Ansatzpunkt – s.u. 9. Teil, D. II. 2. c. und 3.

661 Zu vermeiden ist insbesondere ein Wettlauf der Verbraucherverbände um die Schadensersatzklagen. Insofern liegt nahe, die Klagebefugnis einem Verband zu übertragen oder dass die erstrittenen Summen zunächst generell einem Fonds zufließen, der die Gelder dann an die Verbraucherverbände verteilt.

662 So *Brammsen*, EWS 2001, S. 322.

663 *Roth* in FK, § 33 GWB 1999 Rdn. 48 mit Verweis auf die Regierungsbegründung v. 1952/1956, BT-Drs. II 1158, S. 25.

664 Vgl. *Emmerich*, Kartellrecht, S. 99; *ders.* in *Immenga/Mestmäcker*, § 14 Rdn. 7 ff., 80; *Schwintowski*, Wettbewerbsrecht, Fall 182, S. 94.

665 *Roth* in FK, § 33 GWB 1999 Rdn. 69.

666 Vgl. dazu *Heath*, GRUR Int. 1993, S. 841; *Shoda*, FS Rittner, S. 651 ff.

widrigkeit durch die Kartellbehörde zu knüpfen[667], etwa wenn ein entsprechender Bußgeldbescheid nach § 82 GWB ergangen ist. Dies würde aber nicht nur zu einer Verzögerung führen, sondern auch den Anspruch von einer entsprechenden Entscheidung der Kartellbehörde abhängig machen[668]. Des weiteren bestehen Probleme beim Nachweis des Kausalzusammenhangs zwischen den Preissteigerungen bzw. unterlassenen Preisnachlässen und dem erlittenen Schaden[669]; insbesondere, weil das Kartellrecht keinen Anspruch des Verbrauchers auf einen bestimmten Preis gewährt. Faktisch spricht gegen eine Zulassung individueller Ansprüche des Verbrauchers zudem, dass kartellrechtswidriges Verhalten sich grundsätzlich auf den gesamten jeweiligen Markt auswirkt und dort alle Verbraucher betroffen sind, sei es dass sie auf Grund des Verstoßes Verträge zu anderen Konditionen oder überhaupt nicht abgeschlossen haben. Auch wenn der Gesamtschaden erheblich sein kann, ist doch der einzelne Verbraucher meist nur in geringem Umfang betroffen[670]. Die Zulassung von Verbraucherklagen würde daher die Möglichkeit von Rechtsstreitigkeiten begründen, bei denen es zumeist um Streitwerte ginge, deren gerichtliche Geltendmachung prozessökonomische Gründe entgegenstehen und die Frage nach dem Rechtsschutzbedürfnis[671] aufwerfen. Betrachtet man dies zudem vor der Praxis, dass die meisten Verbraucher wegen fehlender Rechtskenntnis oder Scheu vor dem erforderlichen Aufwand und dem Prozessrisiko ihre Rechte häufig sowieso nicht oder nur in begrenztem Umfang umsetzen[672], scheint die Einräumung von Individualansprüchen zusätzlich fraglich. Diesen Bedenken könnte zwar durch die Zulassung einer „*Class action*" abgeholfen werden, was aber zu weiteren unlösbaren Folgeproblemen führen würde[673].

Neben Schadensersatzansprüchen kommt als zivilrechtliche Sanktion zugunsten des Verbrauchers auch eine Ausdehnung der Nichtigkeitsfolge des § 134 BGB bei Verstoß gegen ein wettbewerbsrechtliches Verbotsgesetz auf die Folgeverträge mit den Verbrauchern in Betracht. Unübersichtliche und mit Mühen und Kosten verbundene Abwicklungsaufgaben, insbesondere wenn die Nichtigkeit erst nach erheblichem Zeitablauf geltend gemacht wird, sprechen aber gegen eine solche Sanktion[674]. Die Gewährung eines generellen, zeitlich begrenzten Widerrufsrechts[675] könnte die Problematik zudem weitgehend entschärfen.

---

667 So ist auch das Geltendmachen eines Anspruchs nach § 25 des japanischen Antimonopolgesetzes von einer den Verstoß feststellenden Entscheidung der Fair Trade Commission abhängig – vgl. *Haeth*, GRUR Int. 1993, S. 844.

668 Zu den diesbezüglichen Problemen im japanischen Recht – vgl. *Haeth*, GRUR Int. 1993, S. 844.

669 Dies war der Hauptgrund zur Abweisung der Verbraucherschadensersatzklagen in Japan – vgl. *Haeth*, GRUR Int. 1993, S. 844.

670 Verwiesen sei auf die Entscheidung des japanischen Bezirksgerichts Yamagata vom 31.3.1981, 28 KTIS 182 in Sachen Sekuiyu Renmei. Dort hatten 1654 Mitglieder einer Verbraucherorganisation auf jeweils 2355 Yen (ca. 15,- €) Schadensersatz geklagt – vgl. dazu *Haeth*, GRUR Int. 1993, S. 844 Fußnote 23.

671 Auch wenn Bagatelleforderungen grundsätzlich beizutreiben sind - vgl. *Thomas/Putzo*, § 753 Rdn. 13 m.w.N. - bestehen doch zumindest gewichtige Bedenken gegen die gerichtliche Geltendmachung von Bagatellforderungen.

672 *V. Hippel*, JZ 1972, S. 421.

673 Vgl. bereits oben d. bb.

674 Vgl. *Tilmann*, ZHR 141 (1977), S. 68; vgl. zum Kontrahierungszwang auch unten 6. Teil, C. I.

675 S.u. 6. Teil, E. II. 6.

D. Europäisches Kartellrecht

I. Gegenstand des europäischen Kartellrechts

1. Überblick[676]

Der unverfälschte Wettbewerb ist ein grundlegendes Ziel der europäischen Gemeinschaft von zwingender Geltung[677]. Die Wettbewerbspolitik nimmt daher, wie auch aus der Zusammenschau von Art. 2, 3 Abs. 1 lit. g), 4, 81-86, 98, 105 Abs. 1 S. 3, 157 EGV zu sehen ist, einen besonderen Rang im Rahmen der Verwirklichung des Gemeinsamen Marktes ein[678].

Ähnlich wie im nationalen Recht besteht ein Kartellverbot und ein Verbot des Missbrauchs einer marktbeherrschenden Stellung.

Das in Art. 81 Abs. 1 EGV geregelte Kartellverbot verbietet „*alle Vereinbarungen zwischen Unternehmen, Beschlüsse von Unternehmensvereinigungen und aufeinander abgestimmte Verhaltensweisen*", die durch eine nicht abschließende Auflistung untersagter Verhaltensweisen konkretisiert werden. Erfasst sind sowohl horizontale als auch vertikale Wettbewerbsbeschränkungen. Nach Art 81 Abs. 3 EGV besteht die Möglichkeit, einzelne Vereinbarungen oder Gruppen von Vereinbarungen vom Kartellverbot des § 81 Abs. 1 EGV freizustellen.

Das europäische Pendant zu den Normen der Missbrauchsaufsicht der §§ 19 ff. GWB findet sich in Art. 82 EGV. Demnach ist die missbräuchliche Ausnutzung einer marktbeherrschenden Stellung auf dem gemeinsamen Markt oder auf einem wesentlichen Teil desselben verboten. Darüber hinaus hat der EuGH auch eine auf Art. 81 EGV (=Art. 86 EWG-Vertrag) gestützte Fusionskontrolle bejaht[679], um der zunehmenden Konzentration durch eine vorbeugende Kontrolle großer Zusammenschlüsse zu begegnen. Da die Zulässigkeit einer Fusionskontrolle aber zweifelhaft war, kam es zum Erlass der FKVO[680].

Für Unternehmen aus dem Montanbereich (vgl. Art. 80 EGKS) regeln die Art. 65, 66 EHKS lex specialis das Kartellverbot und die Fusionskontrolle. Dem Schutz des Wettbewerbs vor staatlichen Interventionen dienen die Art. 86, 87 f. und 90 ff. EGV und die vom europäischen Gerichtshof entwickelten Grundsätze, durch die die Wettbewerbsordnung der Gemeinschaft geschützt werden soll[681].

Voraussetzung für das Eingreifen des europäischen Wettbewerbsrechts ist an sich einschränkend, dass die betreffenden Maßnahmen geeignet sind, den zwischenstaatlichen Handel zu beeinträchtigen (vgl. Art. 81 , 82 EGV – sog. Zwischenstaatlichkeitsklausel[682]). Indes wird dieses Erfordernis weit ausgelegt, da auch rein nationale Sachverhalte potentielle

---

676 Vgl. auch *Dörr/Haus*, JuS 2001, S. 313 ff.
677 EuGH Rs. 6/72 =Slg. 1973, 215, 244 = JuS 1973, S. 508 - Continental Can.
678 Vgl. *Oppermann*, Europarecht, Rdn. 1026.
679 EuGH, Rs. 6/72 – Continental Can/Kommission.
680 Vgl. dazu *Streinz*, Europarecht, Rdn. 832 ff.
681 Vgl. *Emmerich*, Kartellrecht, S. 369 ff.
682 Vgl. dazu *Emmerich*, Kartellrecht, S. 374; *Oppermann*, Europarecht, Rdn. 1035.

ausländische Anbieter vom inländischen Markt abschotten können[683], so dass de facto noch kein Fall vor der Kommission oder dem EuGH hieran gescheitert ist[684]. Grenze des europarechtlichen Wettbewerbsrechts ist daher primär das auf die EuGH-Rechtsprechung[685] zurückgehende Erfordernis der Spürbarkeit der Wettbewerbsbeschränkungen, die die Kommission in einer Bagatellbekanntmachung von 1997[686] konkretisiert hat und die sich im Wesentlichen an einer 5%-Grenze orientiert.

2. Verhältnis zum nationalen Recht

Im Verhältnis zum nationalen Recht[687] hat der EuGH frühzeitig im sog. Farbenurteil klargestellt, dass dem Gemeinschaftsrecht Vorrang gebührt[688]. Danach dürfen nationale kartellrechtliche Vorschriften und ihr Vollzug die einheitliche Anwendung des EG-Kartellrechts im Konfliktfall nicht beeinträchtigen. Parallele Verfahren wegen desselben Sachverhalts[689] und gleichgerichtete Entscheidungen der nationalen und der EG-Behörde bleiben zwar möglich, jedoch können nationale Behörden keine von der europäischen Kommission verbotenen Kartelle erlauben oder umgedreht von dieser freigestellte Zusammenschlüsse verbieten[690]. Soweit auf nationaler Ebene über einen Kartellrechtsverstoß zu entscheiden ist, sind zudem die europäischen Wettbewerbsregeln und die zu ihrer Durchführung ergangenen Verordnungen als unmittelbar geltendes Recht (vgl. Art. 189 Abs. 2, 177 EGV sowie Art. 24 Abs. 1 GG) anzuwenden. Für die Berücksichtigung autonomen, nationalen Kartellrechts ist daneben dann kein Raum mehr[691].

683 Nach der sog. Bündeltheorie ist insbesondere zu berücksichtigen, ob die zu beurteilende Maßnahme Teil eines umfassenden Vertragssystems ist, welches eine in der genannten Weise beeinträchtigende Wirkung zu entfalten geeignet ist – vgl. *Dörr/Haus*, JuS 2001, S. 313 f.; *Emmerich*, Kartellrecht, S. 374.

684 Vgl. *Schwintowski*, PdW Wettbewerbsrecht, Fall 54.

685 Seit EuGH Slg. 1966, 281, 303 „LTM/MBU".

686 Bekanntmachung v. 9.12.1997 ABlEG C 372/13 über Vereinbarungen von geringer Bedeutung = WuW 1998, S. 109.

687 Vgl. dazu auch *Bunte*, Kartellrecht, S. 46 ff.; *Streinz*, Europarecht, Rdn. 808 ff.

688 EuGH Slg. 1969, 1 = NJW 1969, S. 1000.

689 Vgl. BGH WuW/E BGH 2869 Pauschalreisen-Vermittlung II.

690 *Bunte*, Kartellrecht, S. 48; *Streinz*, Europarecht, Rdn. 809.

691 BGH, NJW-RR 1998, S. 764 ff.

II. Zuständigkeit und Verfahren

1. Rechtsgrundlagen

Das Verfahren für die Durchsetzung des Kartellverbots und des Missbrauchsverbots wird noch durch die sog. VO Nr. 17 geregelt[692]. Sie wird ergänzt durch die VO Nr. 99/63[693] und Nr. 3385/94[694].

Das Verfahren zur Fusionskontrolle ist in der FKVO geregelt[695] und wird ergänzt durch die Durchführungsverordnung Nr. 447/98[696]. Da es sich am Verfahren nach der VO Nr. 17 anlehnt, wird auf eine gesonderte Darstellung verzichtet[697].

2. Zuständigkeit

Die europäische Kommission ist gem. Art 9 Abs. 1 VO Nr. 17 zuständig für die Freistellung nach Art. 81 Abs. 3 EGV und gem. Art. 21 Abs. 1 FKVO für die Untersagung von Unternehmenszusammenschlüssen. In allen übrigen Fällen besitzt sie gem. Art. 84 EGV zusammen mit den nationalen Behörden die konkurrierende Zuständigkeit, in der Weise, dass die Zuständigkeit der nationalen Behörden entfällt, sobald die Kommission von ihrer Kompetenz Gebrauch macht, vgl. Art 9 Abs. 3 der VO Nr. 17.

3. Verfahren zur Durchsetzung des Kartellverbots und des Missbrauchsverbots

Das Verfahren wird von der europäischen Kommission entweder von Amts wegen oder auf Antrag eingeleitet. Antragsberechtigt sind die beteiligten Unternehmer oder Unternehmensvereinigungen, deren Antrag Anmeldung genannt wird und auf die Erteilung eines Negativattestes nach Art. 2 VO Nr. 17 oder auf Freistellung nach Art. 81 Abs. 3 EGV zielt. Zudem können gem. Art 3 Abs. 2 lit. a) VO Nr. 17 auch die Mitgliedsstaaten und gem. Art. 3 Abs. 2 lit. b) VO Nr. 17 Personen oder Personenvereinigungen, die ein berechtigtes Interesse darlegen, Antrag auf Einleitung des Verfahrens stellen. Dieser Antrag wird Beschwerde genannt. Allerdings steht es im Ermessen der Kommission, ob sie tatsächlich tätig wird, so dass etwa aus Art. 3 Abs. 2 lit. b) VO Nr. 17 kein gerichtlich durchsetzbarer Anspruch auf Sachentscheidung hergeleitet werden kann[698].

---

692 Durch die VO Nr. 1/2003 (ABlEG v. 4.1.2003 Nr. L 1, S. 1) wird die VO Nr. 17/62 ab dem 1.5.2004 weitgehend abgelöst. Sie führt zu einem Systemwechsel in der Anwendung des europäischen Wettbewerbsrechts. Die bislang bestehende grundsätzliche Anmelde. und Genehmigungspflicht für wettbewerbsbeschränkende Vereinbarungen weicht einem System der Legalausnahme. Wettbewerbsbeschränkende Vereinbarungen gelten danach automatisch als freigestellt, wenn sie die Voraussetzungen des Art. 81 Abs. 3 EGV erfüllen. Gleichzeitig wird der Vorrang des europäischen Rechts erheblich erweitert. Vgl. zur VO Nr. 1/2003 ausf. *Hossenfelder/Lutz*, WuW 2003, S. 118 ff.

693 VO Nr. 99/63 über die Anhörung nach Art 19, ABlEG 1963, S. 2268.

694 VO Nr. 3385/94 v. 21.12.1994 über die Form, den Inhalt und die anderen Einzelheiten der Anträge und Anmeldungen, ABlEG 1994 Nr. L 377, S. 28.

695 Auch im Rahmen der europäischen Fusionskontrolle sind umfassende Reformen geplant – vgl. den Beschluss der Europäische Kommission v. 11.12.2002 zur Reform der FKVO, WuW 2003, S. 45 ff., vgl. dazu auch *Bartosch*, WuW 2003, S. 574 ff.

696 VO Nr. 447/98 v. 21.3.1998, ABlEG 1998 Nr. L 61, S. 1.

697 Zur Fusionskontrolle vgl. *Bunte*, Kartellrecht, S. 452 ff.; *Streinz*, Europarecht, Rdn. 834 ff.

698 Vgl. EuG v. 18.9.1992 Slg. II 1992, S. 2223, 2250 - Automec II; *Bunte*, Kartellrecht, S. 462; *Emmerich*, Kartellrecht, S. 452 f. m.w.N. auch zur Gegenansicht.

Auskunfts- und Nachprüfbefugnisse der Kommission enthalten die Art. 11 bis 14 VO Nr. 17.

Für die beteiligten Unternehmen und Unternehmensvereinigungen besteht nach Art. 19 Abs. 1 VO Nr. 17 ein zwingendes Anhörungsrecht; Dritte können nach Maßgabe des Art. 19 Abs. 2 VO Nr. 17 angehört werden.

Das Verfahren endet entweder durch materiellrechtliche Entscheidungen in Form von Negativattesten, Abstellungsanordnungen und Feststellungsentscheidungen sowie Freistellungsentscheidungen nach Art. 81 Abs. 3 EGV[699]. Möglich ist aber auch die Beendigung des Verfahrens ohne förmliche Entscheidung durch Empfehlungen, Einstellungen sowie durch die sog. comfort letters[700], unter denen einfache Verwaltungsschreiben verstanden werden, durch die die Kommission den Verfahrensbeteiligten mitteilt, dass nach ihrer Rechtsauffassung im Augenblick kein Anlass zum Einschreiten besteht[701].

Will die Kommission einen Negativattest nach Art. 2 oder eine Erklärung nach Art. 81 Abs. 3 EGV abgeben, hat sie den wesentlichen Inhalt hiervon vorab gem. Art. 19 Abs. 3 VO Nr. 17 zu veröffentlichen, um allen betroffenen Dritten die Möglichkeit zu Anmerkungen zu geben.

Sofern die Kommission einen Verstoß gegen Art. 81, 82 EGV bejaht, ergeht nach Anhörung der beteiligten Unternehmen und Unternehmensvereinigungen eine Verbotsentscheidung, in deren Rahmen diese verpflichtet werden können, die festgestellte Zuwiderhandlung einzustellen. Handlungspflichten kann die Kommission dagegen nicht auferlegen, insbesondere sind ausschließlich die nationalen Gerichte berechtigt Schadensersatz zuzusprechen[702] .

Zusätzlich zu diesen Entscheidungsbefugnissen besteht nach Maßgabe der Art. 15, 16 VO Nr. 17 die Möglichkeit zur Verhängung einer Geldbuße und der Festsetzung von Zwangsgeld. Der Bußgeldrahmen liegt zwischen 1000 und 1 Mio. Euro; in besonderen Fällen kann die Bußgeldhöhe aber auch bis zu 10 % des im letzten Geschäftsjahrs erzielten Umsatzes betragen[703].

---

699 *Bunte*, Kartellrecht, S. 464; *Emmerich*, Kartellrecht, S. 455. Freistellungserklärungen nach Art. 81 Abs. 3 EGV können sich auf einzelne Maßnahmen (Einzelfreistellung) oder auf Gruppen von Maßnahmen (Gruppenfreistellungen) beziehen – vgl. *Streinz*, Europarecht, Rdn. 821.

700 Vgl. dazu *Emmerich*, Kartellrecht, S. 378 ff., 455.

701 *Bunte*, Kartellrecht, S. 464; *Emmerich*, Kartellrecht, S. 378.

702 *Bunte*, Kartellrecht, S. 465.

703 *Bunte*, Kartellrecht, S. 465; *Rittner*, Wettbewerbs- und Kartellrecht, S. 395 f. Strafrechtliche Sanktionen sieht das EG-Kartellrecht bislang nicht vor, da die Mitgliedsstaaten der EG keine Strafgewalt übertragen haben. Deshalb vermerkt Art. 15 Abs. 4 VO Nr. 17 ausdrücklich, dass die Bußgeldandrohungen „*nicht strafrechtlicher Art*" sind.

III. Verbraucherschutz im europäischen Kartellrecht

Anders als das nationale Recht nimmt das europäische Recht zumindest vom Wortlaut her in seinen zentralen Normen – Art. 81, 82 EGV und auch Art. 2 FKVO – konkret Bezug auf den Verbraucher. So können wettbewerbsbeschränkende Vereinbarungen und Verhaltensweisen nach Art 81 Abs. 3 EGV nur zugelassen werden, wenn sie zur angemessenen Beteiligung der Verbraucher an dem entstehenden Gewinn zur Verbesserung der Warenerzeugung oder -verteilung[704] oder aber zur Förderung des technischen oder wirtschaftlichen Vorschritts beitragen. Ein Missbrauch einer marktbeherrschenden Stellung besteht gem. Art. 82 Abs. 2 lit. b) EGV insbesondere darin, dass die Erzeugung, der Absatz oder die technische Entwicklung zum Schaden des Verbrauchers eingeschränkt wird. Bei der Fusionskontrolle hat die Kommission schließlich gem. Art. 2 Abs. 1 lit. b) der FKVO die Interessen der Verbraucher zu berücksichtigen.

Die verfahrensrechtliche Beteiligung hängt gem. Art. 3 Abs. 2 lit. b) VO Nr. 17 vom Vorliegen eines berechtigten Interesses ab. Selbst bei Bejahung dieses Interesses würden sich aber keine durchsetzbaren Rechte ergeben, besteht doch insofern – ebenso wie bei der Einleitung des Verfahrens selbst – ein Ermessen der Kommission. Hier könnte wie im Rahmen des nationalen Rechts eine Stärkung der Verbraucherorganisationen angedacht werden.

Die Gewährung zivilrechtlicher Ansprüche hängt u.a. davon ab, ob die entsprechenden europäischen Vorschriften Schutzgesetze i.S.d. § 823 Abs. 2 BGB sind, was angesichts der expliziten Aufführung des Verbrauchers in Art. 81 und Art. 82 EGV für diese beiden Vorschriften nahe liegt[705]. Ähnlich wie im nationalen Recht ergeben sich weitere Folgeprobleme, insbesondere wem in welchem Umfang Klagebefugnis zuzubilligen ist[706].

Vereinbarungen und Beschlüsse, die gegen das Verbot des Art. 81 Abs. 1 EGV verstoßen, sind nach Art. 81 Abs. 2 EGV nichtig[707]. Vereinbarungen mit Dritten bleiben hiervon grundsätzlich aber unberührt[708].

---

704 Vgl. hierzu ausf. *Dresel*, Die Verbraucherbeteiligung am Gewinn als Freistellungsvoraussetzung nach Art. 85 III EWGV, passim.

705 Allg. zum Schutzgesetzcharakter von Art. 81 und Art. 82 EGV und daraus sich ergebender Schadensersatzansprüche – vgl. *Baur/Weyer* in FK, Zivilrechtsfolgen Art. 81 Rdn. 144 ff.; Zivilrechtsfolgen Art. 82 Rdn. 36 ff.

706 S.o. D. V 2 d. bb. und e.

707 Zur Nichtigkeit gem. § 134 BGB bei Verstoß gegen Art. 82 EGV – vgl. *Baur/Weyer* in FK, Zivilrechtsfolgen Art. 82 Rdn. 23 ff.

708 *Baur/Weyer* in FK, Zivilrechtsfolgen Art. 81 Rdn. 142.

4.Teil: Der Schutz des Verbrauchers durch das Recht gegen den unlauteren Wettbewerb

A. Einleitung

Ebenso wie das Kartellrecht schützt auch das Recht gegen den unlauteren Wettbewerb den freien Wettbewerb. Es dient aber – im Gegensatz zum Kartellrecht – nicht der Sicherung des Wettbewerbs in seinem Bestand gegen Beschränkungen, sondern der Bekämpfung unlauterer Wettbewerbshandlungen.

Unlautere Wettbewerbshandlungen begründen in besonderem Maß die Gefahr, die, angesichts der Fülle von Kaufreizen und Angeboten sowieso nicht in vollem Umfang gewährleistete Souveränität der Konsumentenentscheidung[709] zusätzlich in verwerflicher Weise einzuschränken. Dies kann wiederum zu Schäden beim Verbraucher führen, sei es, dass er Verträge abschließt, die er sonst gar nicht geschlossen hätte oder dass der Wert der erworbenen Sache hinter den irreführenden Werbeangaben zurückbleibt[710].

Im Folgenden soll daher dargestellt werden, wo und wie der Verbraucher in seiner Rolle als Marktteilnehmer vor allem im Hinblick auf Fairness im Bereich der Wettbewerbshandlungen, also im Vorfeld des eigentlichen Verbrauchsgüterkaufs durch das Recht gegen den unlauteren Wettbewerb geschützt wird[711].

B. Rechtlicher Rahmen

I. Nationales Recht

Kern des Rechts gegen den unlauteren Wettbewerb ist das UWG, dessen grundlegende Reform derzeit geplant ist[712]. Die das UWG zeitweise flankierende ZugabeVO und das RabattG wurden dagegen durch das Gesetz vom 23.7.2001[713] aufgehoben. Sonderbestimmungen zum unlauteren Wettbewerb finden sich zudem etwa im MarkenG, dem HMWG, im LMBG und im TDG.

Eng mit dem Wettbewerbsrecht sind zudem die zahlreichen Produktkennzeichnungspflichten und das Recht der Preisauszeichnung und Etikettierung verbunden, deren Unwahrheit wettbewerbsrechtlich vor allem im Rahmen des Irreführungsverbots virulent wird. Da ihre Beachtung darüber hinaus der Information des Verbrauchers ganz allgemein dient, soll hierauf

---

709 Vgl. dazu ausf. *Lehmann*, Vertragsanbahnung durch Werbung, S. 64 ff.

710 Vgl. *v. Falkenstein*, Schäden der Verbraucher durch unlauteren Wettbewerb, passim., *ders.*, WRP 1978, S. 507 ff.; *Dominicus*, Schutz des Verbrauchers vor irreführender Werbung, S.9 ff. Vgl. auch *Beater*, Verbraucherschutz und Schutzzweckdenken im Wettbewerbsrecht, S. 121 ff., der ausf. darlegt vor welchen Praktiken und in welcher Weise der Verbraucher geschützt werden muss.

711 Wettbewerbsvorschriften, die nicht unmittelbar Auswirkungen auf das Verhältnis zwischen Verbraucher und Unternehmer haben, wie etwa das LadenschlußG – vgl. dazu *Emmerich*, Unlauterer Wettbewerb, S. 318 f. – oder das Berufsrecht – vgl. dazu *Emmerich*, Unlauterer Wettbewerb, S. 319 ff. – sollen dagegen außen vor bleiben.

712 Ausf. s.u. E. II.

713 BGBl. 2001 I, S. 1663, in Kraft getreten am 24.7.2001.

gesondert eingegangen werden[714].

II. Europäisches Recht

Anders als beim Kartellrecht gibt es beim Recht des unlauteren Wettbewerbs (noch)[715] kein unmittelbar geltendes europäisches Recht gegen unfaire, unlautere Wettbewerbsbeschränkungen. Jedoch bezieht schon sich die Präambel des EGV auf die Gewährleistung eines redlichen Wettbewerbs und Art. 3 Abs. 1 lit. g) EGV nennt als Tätigkeit der Gemeinschaft im Sinne einer Gemeinschaftsaufgabe nach Art. 2 EGV *„ein System, das den Wettbewerb innerhalb des Binnenmarkts vor Verfälschungen schützt"* auf. Fragen unfairer Wettbewerbshandlungen sind der Gemeinschaft als Harmonisierungsaufgabe zugewiesen. Erster Schritt in diese Richtung war die RL zur Angleichung der Rechts- und Verwaltungsvorschriften über irreführende Werbung von 1984[716] in der Fassung der Änderungsrichtlinie von 1997 zur Einbeziehung vergleichender Werbung[717]. Weitere Rechtsvorschriften mit lauterkeitsrechtlichem Inhalt sind die Fernsehtätigkeits-RL[718], die E-Commerce-RL[719], die Humanarzneimittel-RL[720], die Marken-RL[721] und die Tabak-RL[722]. Weiterführende Reformen des europäischen Wettbewerbsrecht und mithin auch des Rechts gegen den unlauteren Wettbewerb werden gefordert[723] und sind geplant[724]. Darüber hinaus ist anerkannt, dass die Art. 28, 49 EGV verbriefte Waren- und Dienstleistungsfreiheit nationalen Regelungen insofern Grenzen setzt, als diese geeignet sind durch zu strenge Beschränkungen den Handel zwischen den Mitgliedsstaaten zu beeinträchtigen[725].

---

714 S.u. 5. Teil.

715 Geplant ist eine VO über Verkaufsförderung im Binnenmarkt – vgl. Vorschlag v. 2.10.2001 KOM (2001) 546 endg., eine zweite Fassung datiert v. 15.1.2002, endg./2, ABlEG C 75 E v. 26.3.2002, S. 11; geänderter Vorschlag v. 25.10.2002 KOM (2002) 585 endg. 2001/0227 (COD) – vgl. dazu auch die Stellungnahme der Arbeitsgruppe Unlauterer Wettbewerb beim Bundesministerium der Justiz im Netz unter http://www.bmj.bund.de/images/11480.pdf.

716 RL 84/450/EWG v. 10.9.1984, ABlEG Nr. 250 v. 19.9. 1984, S. 17 = GRUR Int. 1984, S.688; vgl. dazu *Reich/Micklitz*, Europäisches Verbraucherrecht, S. 283 ff.

717 RL 97/55/EG v. 6.10.1997, ABlEG Nr. L 290 v. 23.10.1997, S. 18 = GRUR Int. 1997, S. 985; vgl. dazu *Reich/Micklitz*, Europäisches Verbraucherrecht, S. 286 ff.

718 RL 89/552/EWG, ABlEG Nr. L 298 v. 17. 10. 1989, S. 23, geändert durch die RL 97/36/EG, ABlEG Nr. L 202 v. 30. 7. 1997, S. 60 – vgl. dazu *Gamerith*, WRP 2003, S. 148.

719 RL 2000/31/EG, ABlEG Nr. L 178 v. 17.7.2000, S. 1.

720 RL 92/28/EWG v. 31.3.1992, ABlEG 1992 L 113 v. 30.4.1992, S. 13.

721 RL 89/104/EWG v. 21.12.1988, ABlEG 1989, L 40, S. 1.

722 RL 2001/37/EG, ABlEG Nr. L 194 v. 18.7.2001, S. 26.

723 Vgl. die Forderungen des vzbv unter: http://www.verbrauchernews.de/neu/0000013282.html.

724 Nach dem Grünbuch der Kommission zum Verbraucherschutz in der EU v. 2.10.2001 Kom (2001) 531 ist insbesondere eine europäische VO über Verkaufsförderung im Binnenmarkt und eine Lauterkeits-Rahmen-RL geplant – vgl. auch *Gamerith*, WRP 2003, S. 150 ff. und unten E. I.

725 Vgl. EuGH, Slg. 1974, S. 837 (Dassonville); Slg. 1979, S. 649 (Cassis de Dijon); EuGH Slg. 1984, S. 1299 (Bocksbeutelflasche), EuGH, GRUR Interesse. 1987, S. 414 (Sektkorken); EuGH, NJW 1987, S. 1133 (Reinheitsgebot); EuGH, EuZW 1993, 544 (Nissan) – vgl. auch *Niederleithinger*, AnwBl. 1992, S. 337 ff.

C. Das UWG

I. Überblick über den Anwendungsbereich des UWG

1. Die Generalklausel des § 1 UWG

Als Grundnorm des UWG sanktioniert § 1 UWG Handlungen im geschäftlichen Verkehr zu Zwecken des Wettbewerbs die „*gegen die guten Sitten*" verstoßen. Wann dies der Fall ist wird kontrovers diskutiert[726]. Gemeinsam ist den in Betracht kommenden Verstößen, dass die Entschließung des Kunden zum Vertragsschluss durch sachfremde Erwägungen überlagert wird und sich nicht oder nicht mehr hinreichend an den Kriterien des Leistungswettbewerbs – Qualität, Preiswürdigkeit, Konditionen, Service – orientiert, die Kundenentscheidung also durch sachfremde Mittel verfälscht wird[727]. Die Generalklausel des § 1 UWG wird im Schrifttum durch Fallgruppen näher konkretisiert[728]. Üblich ist die Unterscheidung folgender fünf Fallgruppen[729], die aber angesichts der umfangreichen Rechtsprechung und Literatur auch nur einen groben Überblick geben können:

- **Unlauterer Kundenfang**, bei dem durch Irreführung, Zwang, Belästigung oder Appell an Mitleid, Gefühle u.ä. ein psychologischer Kaufzwang herbeigeführt wird[730]. Erfasst hiervon ist allgemein die Täuschung des Abnehmers[731] etwa durch täuschende Bezeichnung der Ware[732], durch Tarnung der Werbung selbst[733], durch Täuschung über die gesetzlichen Rechte[734], aber auch die Telefonwerbung[735], die unverlangte Werbung mit E-Mails (Spamming)[736] oder SMS[737] oder die Zusendung unbestellter Waren[738].

---

726 Vgl. insofern *Emmerich*, Unlauterer Wettbewerb, S. 41 ff. m.w.N.

727 *Köhler/Piper*, UWG, § 1 Rdn. 10.

728 Vgl. *Emmerich*, Unlauterer Wettbewerb, S. 57 f.; vgl. auch die Beispiele unlauteren Wettbewerbs in § 4 des Regierungsentwurfs eines Gesetzes gegen den unlauteren Wettbewerb – im Netz unter: http://www.bmj.bund.de/images/11596.pdf.

729 Vgl. *Hombrecher*, Jura 2003, S. 155 ff.; *Baumbach/Hefermehl*, Wettbewerbsrecht, Einl. UWG Rdn. 168 ff.; Rdn. 167 ff.; BVerfG, NJW 2001, S. 3404. Daneben findet sich auch die Einteilung in drei Fallgruppen nach dem jeweils beeinträchtigten Schutzzweck-vgl. *Emmerich*, Unlauterer Wettbewerb, S. 57.

730 Zu den Einzelheiten sei auf die einschlägigen Kommentare verwiesen. Auf die Unzulässigkeit der Werbung gerade aus Verbrauchersicht geht zudem *Scherer*, Privatrechtliche Grenzen der Verbraucherwerbung, S. 73 ff. ausf. ein.

731 Vgl. ausf. zur Irreführung *Köhler/Piper*, UWG, § 1 Rdn. 12 ff.; *Emmerich*, Unlauterer Wettbewerb, S. 148 ff.

732 BGH, GRUR 1966, S. 46 – Markenware; BGH, GRUR 1989, S. 756 – Markenqualität; erfasst sind auch Mogelpackungen, die über die Füllmenge täuschen.

733 Beispiele sind etwa Kaffe- oder Ausflugsfahrten, Filmvorführungen oder Freizeitveranstaltungen, bei denen der werbliche Charakter erst während der Veranstaltung hervortritt – vgl. BGH, GRUR 1962, S. 464 f. – Werbeveranstaltung mit Filmvorführung; GRUR 1986, S. 320 – Verkaufsfahrten I; GRUR 1988, S. 830 – Verkaufsfahrten II, GRUR 10990, S. 1021 f. – Freizeitveranstaltung. Erfasst ist zudem auch die Schleichwerbung – vgl. dazu *Köhler/Piper*, UWG, § 1 Rdn. 38 ff.

734 Insbesondere sind hiervon Fälle erfasst, bei denen nicht, falsch oder unvollständig über die gesetzlichen Widerrufsrechte belehrt wird - vgl. BGH, GRUR 1986, S. 818 - Widerrufsbelehrung beim Teilzahlungskauf.

735 Vgl. BGHZ 54, 188, 191; 113, 282, 283 f.; 141, 124, 127 f.

736 Dazu *Köhler/Piper*, UWG, § 1 Rdn. 294; Das „*Spamming*" ist jetzt auch nach Art. 13 der neuen Datenschutzrichtlinie über elektronische Kommunikation (Richtlinie 2002/58/EG v. 12.7.2002) unzulässig. Diese Richtlinienbestimmung wird im Gesetzesentwurf eines neuen UWG im Rahmen der Regelung der belästigenden Werbung in § 7 umgesetzt.

737 Nach LG Berlin, CR 2003, S. 339 ff. (mit Anm. *Ayad*, CR 2003, S. 341 ff.) beurteilt sich die SMS-Werbung nach den gleichen Grundsätzen wie die E-Mail-Werbung.

- **Behinderung der Konkurrenten** betrifft vor allem Fälle des Preiskampfs[739] und des Boykotts von Mitbewerbern[740], aber auch das Abfangen fremder Werbung oder die Rufschädigung.
- **Ausbeutung fremder Leistung** erfasst Fälle bei denen fremde technische und geistige Leistungen[741] oder ein fremder Ruf oder eine fremde Werbung in unlauterer Weise ausgenutzt werden[742].
- **Rechtsbruch** meint Fälle, bei denen ein Wettbewerbsvorsprung durch Missachtung gesetzlicher Vorschriften begründet wird, etwa durch den Verkauf apothekenpflichtiger Arzneimittel in einer Drogerie[743]. Ferner fallen hierunter Probleme des Ausspannens, d.h. der planmäßigen Abwerbung von Kunden oder Arbeitskräften[744].
- **Verursachen von Marktstörungen** betrifft schließlich Konstellationen, bei denen ein Wettbewerbsverhalten zwar nicht von vornherein unlauter ist, aber doch die ernstliche Gefahr begründet, dass der Leistungswettbewerb hinsichtlich der fraglichen Warenart in nicht unerheblichem Maße eingeschränkt wird[745].

Nicht alle Fallgruppen betreffen spezifische Verbraucherinteressen. Insbesondere die Fallgruppen *„Behinderung der Konkurrenten"*, *„Ausbeutung fremder Leistungen"* und *„Verursachen von Marktstörungen"* betrifft in erster Linie das Verhältnis der Gewerbetreibenden untereinander[746]. Im Einzelfall wirken sich die hiervon erfassten Verhaltensweisen – etwa der Preiskampf zur Ausschaltung von Konkurrenten – zunächst sogar zugunsten des Verbrauchers aus. Auf lange Sicht können sie aber eine Verringerung des Wettbewerbs bewirken und mithin selbst negative Auswirkungen auf die Stellung des Verbrauchers haben.

Unmittelbar sind Verbraucherinteressen aber vor allem beim *„Unlauteren Kundenfang"* und beim *„Rechtsbruch"* betroffen.

Subjektiv erfordert § 1 UWG nur, dass dem Handelnden die Tatumstände bekannt sein müssen[747]. Eines Verschuldens bedarf es nur bei der Geltendmachung von Schadensersatzansprüchen[748].

---

738 BGH, NJW 1965, S. 1662; NJW 1976, S. 1977, NJW 1992, S. 3040; *Baumbach/Hefermehl*, Wettbewerbsrecht, § 1 UWG Rdn. 72 m.w.N. – zur rechtsgeschäftlichen Bewertung unbestellter Zusendung s.u. 6. Teil, B. I.

739 Vgl. RGZ 134, 342 – Benrather Tankstellen.

740 Vgl. BGH WuW/E 2069 – Kundenboykott.

741 Hierunter fällt insbesondere die sklavische Nachahmung –vgl. dazu RGZ 111, 154; BGHZ 21, 266, 272 – Uhren Rohwerk; BGH, WRP 1976, S. 370 – Puderdose.

742 Vgl. BGHZ 86, 90 ff. – Rolls Royce; BGHZ 93, 96 ff. – DIMPLE.

743 Vgl. BGHZ 22, 167; 23, 184. Zum Arzneimittelversand durch Internet-Apotheken im Europäischen Binnenmarkt vgl. *Mand*, WRP 2003, S. 37 ff.

744 Vgl. BGH, GRUR 1971, S. 358 – Textilspitzen; RGZ 149, 114 – Kündigungshilfe.

745 BGHZ 114, 82 – Motorboot-Fachzeitschrift; BGHZ 43, 279 – Kleenex, betraf das Verschenken von Originalware.

746 *Sander*, Individualansprüche des Verbrauchers bei unlauterem Wettbewerb, S. 36.

747 *Köhler/Piper*, UWG, Einf. Rdn. 293 ff.

748 *Köhler/Piper*, UWG, Einf. Rdn. 294; *Sander*, Individualansprüche des Verbrauchers bei unlauterem Wettbewerb, S. 38.

2. Vergleichende Werbung[749]

In Umsetzung der RL 97/55/EG[750] regelt § 2 UWG[751] konkret die Zulässigkeit vergleichender Werbung. Während vergleichende Werbung bis zum Erlass der EG-RL 97/55/EG[752] grundsätzlich unzulässig und nur ausnahmsweise erlaubt war[753], trifft der neue § 2 Abs. 2 UWG eine Einzelregelung, die, ausgehend von der Zulässigkeit der vergleichenden Werbung, die einzelnen Verbotsmerkmale enthält[754].

Ein Sonderproblem besteht im Zusammenhang mit vergleichenden Warentests. Diese sind gem. Art. 5 GG grundsätzlich zulässig, wenn die ihnen zu Grunde liegende Untersuchung neutral, objektiv und sachkundig erfolgt[755]. Die Werbung mit Testergebnissen[756] muss sich bei Nennung der Mitbewerber oder deren Produkte im Rahmen des § 2 UWG halten. Reine Testhinweiswerbung kann gegen § 1 UWG verstoßen, soweit keine Fundstellenangabe erfolgt[757] und gegen § 3 UWG, wenn etwa mit älteren Testergebnissen geworben wird[758].

3. Irreführende Angaben

§ 3 UWG regelt die für die Verbraucher besonders wichtige Fallgruppe der irreführenden Werbeangaben[759]. Hierunter fällt insbesondere die Irreführung über die Beschaffenheit von Waren[760] und Leistungen, die Irreführung über die geographische oder betriebliche Herkunft und die Irreführung über den Preis[761].

Kernproblem des § 3 UWG ist die Konkretisierung des unbestimmten Rechtsbegriffs der Irreführung. Unter Einfluss der Rechtsprechung des EuGH[762] hat sich nun auch national durchgesetzt, dass für die Auslegung des Irreführungsverbots die *„situationsbezogene Aufmerksamkeit des Durchschnittsverbrauchers“* maßgebend ist und mögliche Missverständnisse flüchtiger oder uninteressierter Leser zurücktreten[763].

Im Unterschied zu § 1 UWG – der nicht hinter § 3 UWG zurücktritt, sondern daneben

---

749 Ausf. *Berlit*, Vergleichende Werbung, S. 1 ff.

750 ABlEG Nr. L 290 v. 23.10.1997, S. 18; abgedruckt in WRP 1998, S. 798.

751 Eingeführt durch Gesetz v. 1.9.2000 (BGBl. I, S. 1374), s. dazu auch die Begründung des Regierungsentwurfs in BT-Drs. 14/2959 = WRP 2000, S. 555.

752 ABlEG Nr. L 290 v. 23.10.1997, S. 18 = GRUR Int. 1997, S. 985.

753 Vgl. BGH, GRUR 1998, S. 824 – Testpreis-Angebot; GRUR 1999, S. 69 ff. – Preisvergleichsliste II m.w.N.

754 Vgl. zu den Einzelheiten *Emmerich*, Unlauterer Wettbewerb, S. 82 ff.; *Köhler/Piper*, UWG, § 2 Rdn. 6 ff.

755 Vgl. *Köhler/Piper*, UWG, § 2 Rdn. 67 ff. m.w.N. Im Gesetzesentwurf eines neuen UWG regelt § 6 ausführlich die Zulässigkeit vergleichender Werbung.

756 Dazu *Köhler/Piper*, UWG, § 2 Rdn. 79; *Assmann/Kübler*, Staatliche Verbraucherinformation, S. 68 ff.

757 BGH, GRUR 1991, S. 679 – Fundstellenangabe.

758 BGH, GRUR 1985, S. 932 f. – Veralteter Warentest.

759 Im Gesetzesentwurf eines neuen UWG befasst sich § 5 ausführlich mit der irreführenden Werbung.

760 Zur insofern besonders vakanten Umweltwerbung vgl. *Völker*, Irreführende Umweltwerbung, S. 31 ff.; *Baumann*, Umweltbezogene Werbung, passim.

761 Bei der Irreführung über den Preis sind die Vorgaben der PAngV zu beachten – vgl. unten 5. Teil, A.

762 Vgl. EuGH, GRUR Int. 1991, S. 216 – Pall-Dahlhausen; GRUR Int. 1995, S. 805 – Mars; GRUR Int. 1998, S. 797 – Gut Springenheide; GRUR Int. 1999, S. 348 – Sektkellerei Kessler – vgl. auch die Nachweise bei *Köhler/Piper*, UWG, § 3 Rdn. 51.

763 BGH, NJW-RR 2000, S. 1490 – Orientteppichmuster; NJW 2001, S. 153 – Möbel-Umtauschrecht; NJW 2001, S. 3193 ff.; vgl. zum Ganzen *Emmerich*, Unlauterer Wettbewerb, S. 181 f.; *Köhler/Piper*, UWG, § 3 Rdn. 50 ff.; *Niemöller*, Das Verbraucherleitbild in der deutschen und europäischen Rechtsprechung, S. 1 ff.

anwendbar ist[764], erfasst § 3 UWG auch eine sonstige nichtvorsätzliche Irreführung[765]. Anderseits geht § 1 UWG über § 3 UWG hinaus, als er allgemein auf irreführende Praktiken abstellt[766].

4. Sonstige Verbotstatbestände

Die §§ 6 – 8 UWG enthalten Regelungen, die das Irreführungsverbot des § 3 UWG partiell erweitern. Insbesondere wird die Werbung beim Insolvenzwarenverkauf und beim Verkauf durch Hersteller oder Großhändler an letzte Verbraucher, die Ausgabe von Berechtigungsscheinen an letzte Verbraucher, die progressive Kundenwerbung und die Werbung bei Sonderveranstaltungen und Sonderangeboten[767] sowie beim Räumungskauf eingeschränkt.

In den §§ 14 ff. UWG finden sich weitere Vorschriften zum Schutz von Mitbewerbern.

5. Rabatt- und Zugaberegulierung[768]

Mit Wegfall des RabattG und der ZugabeVO am 24.7.2001 wurde das generelle Verbot von Werbung mit Vergünstigungen aufgehoben. Dies soll sowohl dem Mittelstand als auch dem Verbraucher zu Gute kommen[769] und zur Modernisierung und Liberalisierung des Wettbewerbsrechts beitragen. Bedenken gegen die Aufhebung des Rabattgesetzes bestehen insofern, als der Unternehmer die Rabattwünsche seiner Kunden kalkulatorisch mitberücksichtigen wird und es äußerst zweifelhaft erscheint, ob der Gesamtheit der Verbraucher tatsächlich Vorteile erwachsen[770]. Gegen die Zulassung von Zugaben lässt sich anführen, dass der Kunde unsachlich in seiner Kaufentscheidung beeinflusst wird, wenn Zugaben von der eigentlichen Ware ablenken und er deshalb nicht mehr auf Güte und Preiswürdigkeit achtet[771].

Im Ergebnis ist der Wegfall der beiden Gesetze aber zu begrüßen. Mit ihnen fällt ein Stück staatliche Bevormundung des Verbrauchers weg. Es ist in erster Linie Sache des Verbrauchers zu entscheiden, welchen Vertrag er zu welchem Preis und zu welcher Gegenleistung schließt. Sofern Zugaben und Rabatte über den Wert der Leistung täuschen, kann zudem § 3 UWG herangezogen werden und bei besonders übertriebener Anlockung kann das Verdikt der Sittenwidrigkeit des § 1 UWG erfüllt sein[772].

---

764 Vgl. *Köhler/Piper*, UWG, § 1 Rdn. 13 ff.; § 3 Rdn. 15.

765 *Baumbach/Hefermehl*, Wettbewerbsrecht, § 3 Rdn. 4.

766 *Köhler/Piper*, UWG, § 3 Rdn. 15.

767 Vgl. dazu jüngst der Fall C&A, wo anlässlich der Euro-Einführung mit einem 20%igen Rabatt bei Kartenzahlung beworben wurde, was vom LG und OLG Düsseldorf als Verstoß gegen § 7 UWG angesehen wurde – dazu kritisch *Eppe*, WRP 2003, S. 29 ff.

768 Ausf. *Römermann/Moolen*, Rabatte und Zugaben in der anwaltlichen Beratung, S. 1 ff.

769 Vgl. für das RabattG die Gesetzesbegründung, BT-Drs. 14/5441, S. 8 f.

770 Vgl. *Köhler/Piper*, UWG, § 1 Rdn. 241; *Köhler*, BB 2001, S. 265 ff.; *Berlit*, WRP 2001, S. 349 ff.; *Borck*, WRP 2001, S. 1129 ff.; kritisch zum RabattG *Emmerich*, Unlauterer Wettbewerb, S. 62 f.

771 *Haedicke*, CR 2001, S. 790.

772 Vgl. *Haedicke*, CR 2001, S. 792 ff.; *Köhler/Piper*, UWG, § 1 Rdn. 249 ff., 270 ff. Nach § 4 Nr. 4 des Regierungsentwurfs zum UWG müssen bei Verkaufsförderungsmaßnahmen wie Preisnachlässen, Zugaben oder Geschenken die Bedingungen ihrer Inanspruchnahme klar und deutlich angegben sein.

Im Rahmen des E-Commerce müssen zudem gem. § 7 Nr. 3 TDG bzw. § 10 Abs. 4 Nr. 3 MDStV Angebote zur Verkaufsförderung wie Preisnachlässe, Zugaben und Geschenke klar als solche erkennbar sein und die Bedingungen ihrer Inanspruchnahme leicht zugänglich und klar und verständlich angegeben werden[773]. Im Bereich des HMWG bleibt es nach § 7 HMWG grundsätzlich beim Verbot von Zugaben[774].

II. Sanktionen

1. Überblick

Im Gegensatz zum Kartellrecht gibt es keine den Kartellämtern vergleichbare Behörde, die die Einhaltung des UWG überwacht und durchsetzt. Die Durchsetzung der Lauterbarkeitsnormen des UWG ist vielmehr grundsätzlich Sache der jeweils Betroffenen und ihrer Verbände. Diesen räumt das UWG vor allem Unterlassungsansprüche ein. Soweit der Verstoß gegen Normen des UWG schuldhaft erfolgte, können auch Schadensersatzansprüche in Betracht kommen, denen zur Ermöglichung der Vorbereitung und Durchsetzung ein akzessorischer Auskunftsanspruch zur Seite steht. Generell kann auch ein verschuldensunabhängiger Anspruch aus Bereicherungsrecht in Form der Eingriffskondiktion bestehen, der aber zugunsten des Verbrauchers wegen des insofern erforderlichen Eingriffs in Positionen mit entsprechendem Zuweisungsgehalt[775] irrelevant ist.

Nach Maßgabe des § 13 a UWG kann der Abnehmer bei einem Verstoß i.S.d. § 4 UWG von einem deshalb geschlossenen Vertrag zurücktreten. Auch darüber hinaus können Zuwiderhandlungen gegen das UWG die vertraglichen Rechte beeinflussen.

Einzelne Werbemaßnahmen können auch unter dem Gesichtspunkt der Missachtung des Selbstbestimmungsrechts[776] einen Unterlassungsanspruch aus § 1004 BGB i.V.m. § 823 BGB bzw. §§ 903, 1004, 862 BGB begründen[777]. Relevant ist dies insbesondere bei unaufgeforderter E-Mail-Werbung[778], unerwünschter Telefaxzusendung[779] oder Einwurf von Werbematerial in den Briefkasten wenn dies durch Aufkleber oder Unterlassungsaufforderung untersagt ist[780].

---

773 *Köhler/Piper*, UWG, § 1 Rdn. 295; zu den Informationspflichten nach dem TDG und dem MDStV s.u. 6. Teil, D. III. 3.

774 Vgl. dazu *Vogt*, NJW 2001, S. 3594.

775 Vgl. *Emmerich*, Unlauterer Wettbewerb, S. 366 f.

776 Bei von belästigender Werbung betroffenen Unternehmen wird auch auf das Recht auf den eingerichteten und ausgeübten Gewerbebetrieb abgestellt – vgl. LG Berlin, NJW 2002, S. 2570; LG München, NJW-RR 2003, S. 764 f.; Palandt/*Thomas*, § 823 Rdn. 21. Zum Schutz vor unerwünschten, absichtlichen oder versehentlichen Faxrundsendungen, Briefsendungen, SMS- und E-Mailsendungen besteht auch die Möglichkeit, sich in die sog. Robinsonliste einzutragen – dazu unter http://www.robinsonlist.de/.

777 Zu beachten ist in diesem Zusammenhang auch § 13 a UKlaG, der einen Auskunftsanspruch gegen bestimmte Diensterbringer vorsieht, wenn die Anschrift des in diesem Sinne unzulässig Werbenden nicht anderweitig ermittelt werden kann – dazu s.u. 9. Teil, D. II.

778 Vgl. LG Berlin, NJW 1998, S. 3208 f.; AG Brakel, NJW 1998, S. 3209; LG Berlin, NJW 2002, S. 2570.

779 OLG Oldenburg, NJW 1998, S. 3208.

780 Vgl. BGHZ 106, 229; OLG Frankfurt/Main, NJW 1996, S. 934; Palandt/*Bassenge*, § 1004 Rdn. 10 m.w.N.

Neben diesen zivilrechtlichen Sanktionen finden sich in den §§ 4, 6 c, 15, 17, 18 und 20 UWG auch Straftatbestände, die aber vor allem auf Grund ihrer engen Voraussetzungen nur eine untergeordnete Rolle spielen[781].

Straf- und Zivilurteile können schließlich nach Maßgabe des § 23 UWG bekannt gemacht werden.

2. Der wettbewerbsrechtliche Unterlassungsanspruch nach § 13 UWG

a. Ein wettbewerbsrechtlicher Unterlassungsanspruch wird grundsätzlich durch jeden objektiv rechtswidrigen Verstoß gegen eines der Verbote des UWG ausgelöst, sofern Wiederholungsgefahr besteht[782]. Nach Maßgabe des § 13 Abs. 4 UWG i.V.m. § 13 Abs. 2 UWG und § 14 Abs. 3 UWG haftet der Inhaber eines Betriebes dabei auch für Zuwiderhandlungen seiner Angestellten und Beauftragten. Sofern ernsthafte Anhaltspunkte für eine wettbewerbswidrige Handlung bestehen, kann der Unterlassungsanspruch auch vorbeugend geltend gemacht werden.

Wer im Einzelnen welchen Unterlassungsanspruch geltend machen kann, ergibt sich zum einen unmittelbar aus der verletzten Norm. Danach ist – obwohl im Gesetz nicht ausdrücklich geregelt – der unmittelbar Verletzte zur Geltendmachung berechtigt[783], zu dem aber nach überwiegender Ansicht von vornherein nur Gewerbetreibende nicht aber private Letztverbraucher gezählt werden[784]. Darüber hinaus räumt § 13 Abs. 2 BGB bei bestimmten Wettbewerbsverstößen auch anderen Personen und Personengruppen, u.a. gem. § 13 Abs. 2 Nr. 3 UWG Verbraucherverbänden i.S.d. § 4 Abs. 2 UKlaG[785], die Geltendmachung des Unterlassungsanspruchs ein[786].

b. Fraglich ist, ob bei Verstößen gegen das UWG neben § 13 UWG auch ein Unterlassungsanspruch nach § 2 UKlaG wegen Verletzung eines Verbraucherschutzgesetzes[787] besteht. Praktische Auswirkungen hat dies vor allem im Hinblick auf die gerichtliche Zuständigkeit, die Verjährung der Unterlassungsansprüche und den Klageantrag[788].

---

781 So *Emmerich*, Unlauterer Wettbewerb, S. 370; vgl. allg. zur Strafbarkeit bei Wettbewerbsverstößen *Otto*, Die strafrechtliche Bekämpfung unseriöser Geschäftstätigkeit, passim.
Der BGH hat mit Urteil v. 15.8.2002 (WRP 2002, S. 1432 ff.) erstmals die Strafbarkeit falscher Versprechungen, mit denen zur Teilnahme an entgeltlichen *„Kaffeefahrten“* gelockt werden soll, als wissentlich unwahre und zur Irreführung geeigente Angaben über geschäftliche Angaben nach § 4 Abs. 1 S. 1 UWG bejaht – vgl. dazu *Pluskat*, WRP 2003, S. 18 ff.

782 *Emmerich*, Unlauterer Wettbewerb, S. 329. Die jeweilige Verbotsnorm gewährt entweder selbst einen Unterlassungsanspruch (vgl. § 1 UWG) oder über die Verweisung des § 13 Abs. 1 UWG.

783 BGH, GRUR 1998, S. 1040; GRUR 1999, S. 70; *Emmerich*, Unlauterer Wettbewerb, S. 348 ff.; *Köhler/Piper*, UWG, Vor § 13 Rdn. 84 m.w.N.

784 *Baumbach/Hefermehl*, Wettbewerbsrecht, Einl UWG Rdn. 322; *Köhler/Piper*, UWG, Vor § 13 Rdn. 84.

785 Nach früherem Recht waren alle *„rechtsfähigen Verbände, zu deren satzungsgemäßen Aufgaben es gehört, die Interessen der Verbraucher durch Aufklärung und Beratung wahrzunehmen“* anspruchsberechtigt. In Umsetzung der Unterlassungsklagen-RL erfolgte durch Art. 4 des Gesetzes v. 27.6.2000 (BGBl. 2000 I, S. 897) die Neufassung des § 13 Abs. 2 Nr. 3 UWG, um sicherzustellen, dass *„qualifizierte Einrichtungen“* zum Schutze von Verbraucherinteressen auch in dem Mitgliedsstaat Unterlassungsklage erheben können, in dessen Hoheitsgebiet der Verstoß seinen Ursprung hat – *Köhler/Piper*, UWG, § 13 Rdn. 24.

786 Dazu auch unten 9. Teil, D. I. 3. c., 4.

787 Zum Unterlassungsanspruch nach § 2 UKlaG s.u. 9. Teil, D. I. 3. b.

788 Vgl. ausf. *Micklitz* in Brönneke, Kollektiver Rechtschutz im Zivilprozessrecht, S. 129 ff.

Die Aufzählung des § 2 Abs. 2 UKlaG enthält in § 2 Abs. 2 Nr. 5 UKlaG lediglich einen Verweis auf die §§ 3 bis 13 HMWG nicht aber auf das UWG, ist allerdings auch keine abschließende Regelung. Der Verbraucherschutzcharakter des UWG ist heute allgemein anerkannt[789], so dass das UWG durchaus als Verbraucherschutzgesetz i.S.d. § 2 UKlaG gelten kann[790]. Nach der gesetzgeberischen Begründung zu § 22 AGBG, der in § 2 UKlaG aufgegangenen Vorgängerregelung[791], soll § 13 UWG durch den Unterlassungsanspruch bei verbraucherschutzgesetzwidrigem Verhalten ergänzt werden[792]. Dies spricht dafür, dass neben § 13 UWG grundsätzlich auch § 2 UKlaG eingreift[793].

Der Regierungsentwurf zum UWG sieht in § 8 Abs. 5 S. 2 allerdings nun vor, dass das UKlaG bis auf dessen § 13 keine Anwendung findet, ein Wettbewerbsverstoß also nicht über das UKlaG geltend gemacht werden kann[794].

3. Der Beseitigungsanspruch

Fortwirkende Folgen des Wettbewerbsverstoßes können zudem mit dem gewohnheitsrechtlich anerkannten Beseitigungsanspruch geltend gemacht werden[795].

4. Der Schadensersatzanspruch

Schadensersatzansprüche können auf Grundlage des UWG begehrt werden, wenn diese Rechtsfolge angeordnet wird. Dies ist namentlich in den bei §§ 1, 13 Abs. 6, 14 Abs. 1 und 19 UWG aufgeführten Fällen der Fall. Daneben kommen auch Ansprüche aus §§ 823 ff. BGB[796] und vertragliche Ersatzansprüche in Betracht. Jedoch verdrängt das Wettbewerbsrecht grundsätzlich Ansprüche aus § 823 Abs. 1 BGB i.V.m. dem Recht am eingerichteten und ausgeübten Gewerbebetrieb, da insofern das UWG lex specialis ist[797]. Dies gilt grundsätzlich auch für Ansprüche aus § 823 Abs. 2 BGB i.V.m. §§ 1 ff. UWG[798], soweit überhaupt der Schutzgesetzcharakter der Verbotsvorschriften des UWG bejaht wird[799]. Die Verjährung

789 *Emmerich*, Unlauterer Wettbewerb, S. 17 f.; *Köhler/Piper*, UWG, Einf. Rdn. 23; *Baumbach/Hefermehl*, Wettbewerbsrecht, Einl UWG Rdn. 49 ff.

790 Nach *Köhler/Piper*, UWG, Einf. Rdn. 24, ist das UWG kein Verbraucherschutzgesetz, da Schutzgut des Wettbewerbs der lautere Wettbewerb ist, der den Schutz der Mitbewerber, der Verbraucher und der Allgemeinheit gleichermaßen und gleichrangig einschließt. Die Einordnung als Verbraucherschutzgesetz i.S.d. § 2 UKlaG ist aber auch möglich, wenn es auch anderen Zwecken dient, solange der Verbraucherschutz keine nur untergeordnete Rolle spielt oder nur zufällige Nebenwirkung ist – vgl. BT-Drs. 14/2658, S. 146.

791 S.o. 1. Teil, B. II.

792 Vgl. BT-Drs. 14/2658, S. 52.

793 Vgl. auch *Micklitz* in Brönneke, Kollektiver Rechtsschutz im Zivilprozessrecht, S. 126 ff.; MünchKomm/*Micklitz*, § 22 AGBG Rdn. 13 f.; *Heß* in Ernst/Zimmermann, Zivilrechtswissenschaft und Prozessrechtsdogmatik, S. 531 f.; *E. Schmidt*, NJW 2002, S. 27.

794 Vgl. die Begründung des Regierungsentwurf unter http://www.bmj.bund.de/images/11596.pdf, S. 49.

795 *Emmerich*, Unlauterer Wettbewerb, S. 343 f.; *Köhler/Piper*, UWG, Vor § 13 Rdn. 33.

796 Insofern besteht Anspruchskonkurrenz – vgl. grundlegend BGH, NJW 1962, S. 1103; vgl. auch *Micklitz/Stadler*, Unrechtsgewinnabschöpfung, S. 61 f.

797 *Köhler/Piper*, UWG, Einf Rdn. 41; vgl. auch *Micklitz/Stadler*, Unrechtsgewinnabschöpfung, S. 63.

798 *Baumbach/Hefermehl*, Wettbewerbsrecht, Einl Rdn. 342.

799 Dafür BGHZ 41, 314, 317 – Lavamat I; dagegen BGH, GRUR 1975, S. 150 = NJW 1974, S. 52 – Prüfzeichen hierzu *Emmerich*, JuS 1975, S. 52; vgl. auch *Köhler/Piper*, UWG, Einf. Rdn. 42, Vor § 13 Rdn. 87; *Sander*, Individualansprüche des Verbrauchers bei unlauterem Wettbewerb, S. 126 ff., 143 ff.; *Scherer*, Privatrechtliche Grenzen der Verbraucherwerbung, S. 239 ff.; *Kessler/Micklitz*, Die

richtet sich allein nach § 21 UWG, da das UWG insofern abschließend ist[800]. Soweit ein Produkt nicht die Eigenschaften aufweist, die es nach seiner Darbietung haben soll, können Schäden an weiteren Rechtsgütern nach dem ProdHaftG ersatzpflichtig sein[801].

Neben der Tatbestandsmäßigkeit und Rechtswidrigkeit setzt der Schadensersatzanspruch immer auch Verschulden voraus[802]. Schuldner des Schadensersatzanspruchs ist, wer den Tatbestand einer Haftungsnorm erfüllt oder nach §§ 31, 831 BGB für das Verhalten eines Dritten einzustehen hat[803]. Gläubiger ist der durch den Wettbewerbsverstoß Verletzte, sofern der Schaden in den Schutzbereich der verletzen Norm fällt. Bei UWG-Verstößen können dies nach bislang überwiegender Meinung nur Gewerbetreibende, nicht aber Verbraucher sein[804]. Verbänden steht ein Ersatzanspruch nur zu, soweit sich die Verletzung unmittelbar gegen sie richtet und ihnen daraus ein Schaden erwächst[805].

Besonderheiten gegenüber dem allgemeinen Zivilrecht ergeben sich im Hinblick auf Inhalt und Umfang des Schadensersatzanspruchs. Hauptschadensposten ist vor allem der entgangene Gewinn, der wegen der erheblichen Schwierigkeiten der Schadensberechnung nicht nur konkret berechnet werden kann, sondern vom Geschädigten auch durch Ansetzung einer angemessenen Lizenzgebühr oder nach dem vom Verletzer selbst durch den Eingriff erzielten Gewinn ermittelt werden kann[806]. Als weitere Vermögensschäden kommen in Betracht die Kosten der Rechtsverfolgung[807] und der sog. Marktverwirrungsschaden[808].

5. Der Auskunftsanspruch

Da der Geschädigte zur Vorbereitung von Schadensersatz- und Unterlassungsansprüchen meist auf Auskünfte des Verletzers angewiesen ist, ist heute gewohnheitsrechtlich ein unselbständiger Auskunftsanspruch zur Durchsetzung des Schadensersatzanspruchs und in Ausnahmefällen auch für Unterlassungsansprüche anerkannt[809]. Zur leichteren Durchsetzung der Unterlassungs- und Beseitigungsansprüche besteht zudem nach Maßgabe der § 13 Abs. 7

Harmonisierung des Lauterkeitsrechts in den Mitgliedsstaaten, S. 80 ff.; *Micklitz/Stadler*, Unrechtsgewinnabschöpfung, S. 63 ff.

800 Vgl. *Köhler/Piper*, UWG, Vor § 13 Rdn. 87.

801 *Sander*, Individualansprüche des Verbrauchers bei unlauterem Wettbewerb, S. 131; zur Produkthaftung s.u. 8. Teil.

802 Zur Geltung des Verschuldenserfordernisses – vgl. *Emmerich*, Unlauterer Wettbewerb, S. 361 f.; *Köhler/Piper*, UWG, Vor § 13 Rdn. 93.

803 Vgl. BGH, WRP 2002, S. 533 – Meißner Dekor.

804 BGH, WRP 2000, S. 1119 – Abgasemissionen; *Köhler/Piper*, UWG, Vor § 13 Rdn. 89; *Scherer*, WRP 1992, S. 607 ff. m.w.N.; a.A. *Schricker*, GRUR 1975, S. 111; östOGH, WRP 1998, S. 790; *Sack*, WRP 2001, S. 349.

805 BGH, GRUR 1988, S. 717.

806 Vgl. *Emmerich*, Unlauterer Wettbewerb, S. 363; *Baumbach/Hefermehl*, Wettbewerbsrecht, Einl UWG Rdn. 381 ff.; *Micklitz/Stadler*, Unrechtsgewinnabschöpfung, S. 55 ff.

807 *Emmerich*, Unlauterer Wettbewerb, S. 362; *Köhler/Piper*, UWG, Vor § 13 Rdn. 97; die Kosten der Verfolgung von Wettbewerbsverstößen, insbesondere die Abmahnkosten, sind grundsätzlich aber nur nach den Regeln der GoA, nicht aber als Schaden ersatzfähig – vgl. *Köhler/Piper*, UWG, Vor § 13 Rdn. 89.

808 Vgl. *Emmerich*, Unlauterer Wettbewerb, S. 362; *Köhler/Piper*, UWG, Vor § 13 Rdn. 98.

809 Vgl. *Emmerich*, Unlauterer Wettbewerb, S. 364 ff.; *Köhler/Piper*, UWG, Vor § 13 Rdn. 114.

UWG i.V.m. § 13 UKlaG ein gesetzlicher Auskunftsanspruch gegen bestimmte Diensteerbringer[810].

6. Die Rücktrittsmöglichkeit nach § 13 a UWG[811]

Zur Stärkung der Rechtsstellung des Verbrauchers im Wettbewerbsrecht wurde zum 1.1.1987 die Vorschrift des § 13 a UWG eingeführt[812]. Sie sieht ein Rücktrittsrecht des Abnehmers bei unwahren und irreführenden Werbeangaben i.S.d. § 4 UWG vor[813]. Der Verweis auf § 4 UWG hat zur Folge, dass dessen objektiver Tatbestand verwirklicht werden muss[814]. Anders als bei § 3 UWG reicht hierfür das Vorliegen irreführender Angaben allein nicht aus. Hinzukommen muss, dass die Werbeangabe in öffentlicher Bekanntmachung oder durch Mitteilung, die für einen größeren Kreis von Personen bestimmt ist, erfolgt. Zudem muss die Werbung für den Personenkreis, an den sie sich richtet, für den Abschluss von Verträgen wesentlich sein. Nicht auf den Abnehmer kommt es also insofern an, sondern es ist auf die Durchschnittsauffassung abzustellen[815]. Auf den Abnehmer ist aber abzustellen bei der weiteren Voraussetzung der Ursächlichkeit zwischen irreführender Angabe und Vertragsschluss. Geht die Werbung von einem Dritten aus, so setzt das Rücktrittsrecht zusätzlich voraus, dass der Vertragspartner des Abnehmers die Unwahrheit der Angabe und ihre Eignung zur Irreführung kannte oder kennen musste oder sich die Werbung mit dieser Angabe durch eigene Maßnahmen zu eigen machte.

Die Ausübung des Rücktrittsrechts muss gem. § 13 a Abs. 2 UWG gegenüber dem Vertragspartner unverzüglich erklärt werden, nachdem der Abnehmer von den Umständen Kenntnis erlangt hat, die sein Rücktrittsrecht begründen und ist zudem auf 6 Monate begrenzt.

Die Rechtsfolgen bestimmen sich bei beweglichen Sachen auf Grund der Verweisung des § 13 a BGB nach § 357 Abs. 1 und Abs. 2 BGB[816]. Wenig einsichtig ist dabei die Verweisung auf § 357 Abs. 2 BGB, soweit hierdurch der Verbraucher zur Rücksendung verpflichtet ist und gar innerhalb der 40,- € Schranke auch noch die Möglichkeit besteht, ihm die Rücksendekosten aufzuerlegen[817]. Da § 357 Abs. 2 BGB sich nur auf Verbraucher bezieht, hätte dies zur Folge, dass ein nichtverbraucherischer Abnehmer insofern besser gestellt wäre, als ein Abnehmer, der gleichzeitig Verbraucher i.S.d. § 13 BGB ist. Warum der Abnehmer angesichts der hohen Voraussetzungen des Rücktrittsrecht hierdurch irgendwelche Nachteile hinnehmen sollte, bleibt zusätzlich offen. Die Verweisung auf § 312 f BGB soll schließlich

---

810 Vgl. auch *Köhler/Piper*, UWG, § 13 Rdn. 77 ff. Zu § 13 UKlaG s.u. 9. Teil, E. I. 6.

811 Ausf. zu den Voraussetzungen und Rechtsfolgen von § 13 a UWG – *Dominicus*, Schutz der Verbrauchers vor irreführender Werbung, S. 32 ff.

812 BGBl. 1986 I, S. 1169, zuletzt geändert durch SMG vom 26.11.2001; zur Entstehungsgeschichte und Zielsetzung vgl. *St. Lorenz*, Der Schutz vor dem unerwünschten Vertrag, S. 365 ff.

813 Ausf. zu den Voraussetzungen des Rücktrittsrechts nach § 13 a UWG – vgl. *St. Lorenz*, Der Schutz vor dem unerwünschten Vertrag, S. 368 ff.

814 OLG Nürnberg, GRUR 1990, S. 141 f.; *Köhler/Piper*, UWG, § 13 a Rdn. 3; *Baumbach/Hefermehl*, Wettbewerbsrecht, § 13 a UWG Rdn. 3.

815 *Köhler/Piper*, UWG, § 13 a Rdn. 5.

816 Hinsichtlich der Einzelheiten sei auf die Ausführungen unter 6. Teil, E. IV. 5. verwiesen.

817 So aber *Köhler/Piper*, UWG, § 13 a Rdn. 13.

sicherstellen, dass von diesen Regelungen zum Nachteil des Verbrauchers nicht abgewichen werden kann.

Angesichts der extremen Anforderungen auf Tatbestandsebene, der strengen Regelungen der Ausübung, der zum Teil wenig stringenten Rechtsfolgen und der Konkurrenz zur Anfechtung, dem Gewährleistungsrecht und den sonstigen Widerrufsrechten des Verbrauchers vermag es kaum zu verwundern, dass die praktische Bedeutung des § 13 a BGB gegen null tendiert[818].

7. Vertragliche Auswirkungen von UWG-Verstößen

Verstöße gegen das UWG, insbesondere bei irreführender bzw. unwahrer Werbung, können eine Anfechtung nach §§ 119 Abs. 2, 123 BGB begründen[819], zum Vorliegen eines Sachmangels und mithin zu Gewährleistungsansprüchen[820] führen oder Schadensersatzansprüche aus c.i.c. (§§ 311 Abs. 2, 241 Abs. 2, 280 BGB) [821] auslösen[822]. Im Einzelfall kann der Wettbewerbsverstoß tatbestandlich zugleich ein Widerrufsrecht zur Folge haben, etwa bei Vertragsschlüssen in Folge unlauterer Telefon-, Telefax- oder E-Mail-Werbung[823] oder in Folge unlauterer Haustürwerbung[824] nach § 312 d BGB bzw. § 312 BGB[825]. Die wettbewerbsrechtlich unzulässige Zusendung unbestellter Ware[826] wird zusätzlich sanktioniert durch die Regelung des § 241 a BGB[827] und dem unter Umständen unlauteren Anlocken von Kunden mittels Gewinnzusagen[828] wird begegnet durch § 661 a BGB[829].

Unter Umständen kann wettbewerbswidriges Verhalten zudem einen Garantievertrag und mithin eine Garantiehaftung begründen[830].

---

818 *Dürrschmidt*, Werbung und Verbrauchergarantien, S. 80 ff.; *Emmerich*, Unlauterer Wettbewerb, S. 201 ff.; *Sander*, Individualansprüche des Verbrauchers bei unlauterem Wettbewerb, S. 57 ff., 87 f. – vgl. als seltenen Beispielsfall aus der Rechtsprechung AG Dortmund, VuR 2002, S. 143 f. Der Gesetzesentwurf eines neuen UWG enthält keine dem § 13 a UWG entsprechende Regelung mehr.

819 Dazu *Dürrschmidt*, Werbung und Verbrauchergarantien, S. 44 ff.; *Sander*, Individualansprüche des Verbrauchers bei unlauterem Wettbewerb, S. 92 ff., 148.

820 S.u. 6. Teil, F.

821 Dazu *Dürrschmidt*, Werbung und Verbrauchergarantien, S. 55 ff., 77 f.; *Lehmann*, Vertragsanbahnung durch Werbung, S. 347 ff.; *Sander*, Individualansprüche des Verbrauchers bei unlauterem Wettbewerb, S. 116 ff.

822 Vgl. zum Ganzen ausf. *Sander*, Individualansprüche des Verbrauchers bei unlauterem Wettbewerb, S. 90 ff., der auch die Nichtigkeit nach §§ 134, 138 BGB diskutiert, aber im Ergebnis ablehnt; *Dürrschmidt*, Werbung und Verbrauchergarantien, S. 31 ff.; *Peifer*, JR 2001, S. 265 ff.

823 Dazu *Köhler/Piper*, UWG, § 1 Rdn. 136 ff., 158 ff., 164 ff.

824 Vgl. zu strittigen wettbewerbsrechtlichen Beurteilung der Haustürwerbung – *Köhler/Piper*, UWG, § 1 Rdn. 116 ff.

825 S.u. 6. Teil, E. II.

826 Dazu *Köhler/Piper*, UWG, § 1 Rdn. 180 ff.

827 S.u. 6. Teil, B. I.

828 Unlauterkeitskriterien sind etwa täuschende Angaben über die Kopplung der Teilnahmeberechtigung mit dem Warenabsatz, die Art und Weise der Spielabwicklung oder das übertriebene Anlocken durch wertvolle Gewinne – vgl. *Köhler/Piper*, UWG, § 1 Rdn. 331 m.w.N.

829 S.u. 6. Teil, B. II.

830 Dazu *Dürrschmidt*, Werbung und Verbrauchergarantien, S. 72 ff.

III. Durchsetzung wettbewerbsrechtlicher Ansprüche

1. Außergerichtliche Durchsetzung durch Abmahnung

Die Durchsetzung wettbewerbsrechtlicher Ansprüche erfolgt zunächst grundsätzlich mittels der Abmahnung[831]. Hierbei handelt es sich um eine Mitteilung an den Verletzer, dass er sich durch eine genau bezeichnete Handlung wettbewerbswidrig verhalten habe, verbunden mit der Aufforderung, dieses Verhalten in Zukunft zu unterlassen und binnen einer bestimmten Frist eine strafbewehrte Unterwerfungserklärung abzugeben[832]. Der Vorteil für den Gläubiger liegt darin, dass er mittels Abmahnung den Wettbewerbsverstoß rasch und effektiv ohne gerichtliche Hilfe unterbinden kann bzw. falls der Schuldner der Abmahnung nicht entspricht, seinen Anspruch ohne das Risiko der Kostenfolge des § 93 ZPO gerichtlich geltend machen kann. Der Schuldner erhält seinerseits die Möglichkeit, durch Abgabe der strafbewehrten Unterlassungserklärung die Wiederholungsgefahr und mithin den Unterlassungsanspruch selbst zu beseitigen und dadurch einer etwaigen Klage vorzubeugen[833]. Eine schuldhaft unterlassene Reaktion auf die Abmahnung kann zudem unter dem Gesichtspunkt unterlassener Aufklärung zu Schadensersatzansprüchen gegenüber dem Abmahnenden führen[834].

Abmahnberechtigt ist nur, wer auch klagebefugt ist, also einen Unterlassungsanspruch geltend machen kann[835].

Die Kosten der Abmahnung kann der Abmahner grundsätzlich nach den Regeln der GoA vom Abgemahnten verlangen[836].

2. Einigungsstellen

Nach § 27 a Abs. 1 UWG werden von den Landesregierungen bei den Industrie- und Handelskammern Einigungsstellen gebildet[837]. Sie dienen dem gütlichen Ausgleich zwischen den Parteien und mithin der raschen außergerichtlichen Abwicklung von Wettbewerbsstreitigkeiten[838]. Soweit am Verfahren vor der Einigungsstelle ein Verbraucher oder ein Verbraucherverband beteiligt sind[839], ist die Einigungsstelle nach Maßgabe des § 27 a Abs. 2 UWG mit einem oder mehreren Gewerbetreibenden und Verbrauchern in gleicher Zahl zu besetzen[840].

---

831 Die Abmahnung ist aber keine Voraussetzung des Unterlassungsanspruchs oder der Unterlassungsklage – vgl. *Emmerich*, Unlauterer Wettbewerb, S. 375 f.

832 *Emmerich*, Unlauterer Wettbewerb, S. 373; *Leible* in: Lebensmittelrechts-Hdb. VII Rdn. 341 f.

833 Vgl. *Köhler/Piper*, UWG, Vor § 13 Rdn. 173.

834 Dazu *Baumbach/Hefermehl*, Wettbewerbsrecht, Einl. Rdn. 548 a ff.

835 S.o. II. 2.

836 Vgl. ausf. *Köhler/Piper*, UWG, Vor § 13 Rdn. 191 ff.; *Baumbach/Hefermehl*, Wettbewerbsrecht, Einl. Rdn. 552 ff.

837 Ausf. *Probant*, Die Einigungsstelle nach § 27 a UWG, S. 1 ff.

838 *Köhler/Piper*, UWG, § 27 a Rdn. 1.

839 Das Gesetz spricht nur für den Fall der Anrufung durch einen Verbraucher oder einen Verbraucherverband, jedoch muss dies auch gelten, wenn diese Verfahrensgegner sind – so *Köhler/Piper*, UWG, § 27 a Rdn. 2.

840 Die Vorschrift bereitet insofern Schwierigkeiten, als auch ein Gewerbetreibender im Privatbereich immer auch Verbraucher i.S.d. § 13 BGB ist. Vom Telos her ist wichtig, dass die Beisitzer schwerpunktmäßig aus dem Lager des Verbrauchers kommen, also keine Unternehmer i.S.d. § 14 BGB sein sollten.

3. Gerichtliche Durchsetzung

Die Ansprüche auf Unterlassung, Beseitigung, Schadensersatz und Auskunft, sowie der Anspruch nach § 13 a UWG können selbstverständlich auch gerichtlich geltend gemacht werden. Funktionell zuständig ist bei erstinstanzlicher Zuständigkeit des Landgerichts[841] gem. § 27 Abs. 1, 1. Hs. UWG die Kammer für Handelssachen. Dies gilt nach § 27 Abs. 1, 2. Hs. UWG aber nicht Ansprüche des Verbrauchers auf Grund des Rücktritts nach § 13 a UWG. Hier bleibt es bei der allgemeinen Zuständigkeitsregelung.

§ 23 a UWG sieht die Möglichkeit einer Streitwertminderung, § 23 b UWG die Möglichkeit der Streitwertherabsetzung vor.

Unterlassungsansprüche aus dem UWG und darüber hinaus auch aus dem MarkenG[842] können nach Maßgabe des § 25 UWG unter gegenüber der ZPO erleichterten Voraussetzungen durch einstweilige Verfügungen verfolgt werden[843]. Da der Erlass der Unterlassungsverfügung gem. § 937 Abs. 2 ZPO ohne Anhörung des Anspruchsgegners erfolgen kann, besteht in der Praxis die Möglichkeit zur vorsorglichen Einreichung von sog. Schutzschriften[844].

IV. Verbraucherschutz durch das UWG

1. Bestandsaufnahme

Der Verbraucher ist allgemein als Schutzsubjekt des Wettbewerbsrechts anerkannt[845]. Nicht von ungefähr stellt deshalb das UWG in vielen Vorschriften auf den Letztverbraucher[846] ab. Schutzobjekt des Wettbewerbsrechts ist aber (noch[847]) in erster Linie der lautere Wettbewerb[848]. Demgemäss ergeben sich Individualrechte des Verbrauchers direkt nur aus der praktisch wenig relevanten Vorschrift des § 13 a UWG. Indirekt können Verstöße gegen das UWG, insbesondere bei irreführender bzw. unwahrer Werbung, zur Vertragslösung durch Anfechtung nach §§ 119 Abs. 2, 123 BGB führen, Gewährleistungsansprüche begründen oder Schadensersatzansprüche nach c.i.c. (§§ 311 Abs. 2, 241 Abs. 2, 280 BGB) auslösen.

Unmittelbare Schadensersatzansprüche aus dem UWG stehen dem Verbraucher nicht zu. Allerdings können Ersatzansprüche aus § 823 Abs. 1 BGB bei Verletzung des Eigentums oder der Gesundheit in Folge weiterfressender Mängel in Betracht kommen[849]. Daneben kann bei

---

841 Diese wird regelmäßig gegeben sein, da der Streitwert über 5000,- € liegen wird – vgl. *Köhler/Piper*, UWG, Vor §§ 23 a, 23 b Rdn. 1 ff., insbesondere Rdn. 8 und Rdn. 11 a.E.

842 Dazu *Emmerich*, Unlauterer Wettbewerb, S. 383; *Köhler/Piper*, UWG, § 25 Rdn. 14.

843 Zum Verfügungsverfahren vgl. *Köhler/Piper*, UWG, § 25 Rdn. 2 ff.; *Leible* in: Lebensmittelrechts-Hdb. VII Rdn. 353 ff.

844 Zur Schutzschrift vgl. *Emmerich*, Unlauterer Wettbewerb, S. 380 ff.; *Leible* in: Lebensmittelrechts-Hdb. VII Rdn. 349 ff.

845 *Beater*, GRUR Int. 2000, S. 966 f.; *Emmerich*, Unlauterer Wettbewerb, S. 17 ff.; *Köhler/Piper*, UWG, Einf. Rdn. 23; *Baumbach/Hefermehl*, Wettbewerbsrecht, Einl UWG Rdn. 49 ff.; *Schricker*, GRUR Int. 1970 S. 34 ff.; *Tonner*, NJW 1987, S. 1919; zum Verbraucher im Wettbewerbsrecht vgl. auch die Nachweise bei *Stillner*, VuR 2001, S. 315 ff.; zur Entwicklung des Verbraucherschutzgedankens im UWG vgl. *Dominicus*, Schutz der Verbrauchers vor irreführender Werbung, S. 19 ff.

846 Vgl. auch oben 2. Teil, A. II. 2.

847 Durch die geplante Reform des UWG kann sich hier möglicherweise eine Änderung ergeben – s.u. E.

848 *Köhler/Piper*, UWG, Einf Rdn. 24.

849 *Sander*, Individualansprüche des Verbrauchers bei unlauterem Wettbewerb, S. 127 f.

unrichtigen Werbeangaben, insbesondere bei Werbung mit bestimmten Gütezeichen oder einer bestimmten Verwendbarkeit auch eine Haftung nach dem ProdHaftG bestehen[850]. Die Begründung eines Anspruchs aus § 823 Abs. 2 BGB i.V.m. §§ 1 ff. UWG wird dagegen überwiegend abgelehnt, weil der Verbraucher nicht in den Schutzbereich des UWG fällt[851].

Darüber hinaus besteht für Verbraucherschutzorganisationen nach § 13 Abs. 2 Nr. 3 UWG bei wettbewerbswidrigem Verhalten ein Unterlassungsanspruch gegebenenfalls i.V.m. mit Beseitigungs- und Auskunftsansprüchen.

2. Stellungnahme

Der allgemeinen Anerkennung der Verbraucherinteressen als Schutzzweck des UWG steht eine nur zurückhaltende faktische Berücksichtigung gegenüber[852]. Aus Verbrauchersicht drängen sich vor allem drei Anknüpfungspunkte für einen verbesserten Schutz auf: Rücktrittsrecht, Unterlassungs- und Schadensersatzansprüche.

a. Rücktrittsrecht

Schon des öfteren gab es Bestrebungen nach einem weitgehenderen Rücktrittsrecht im Wettbewerbsrecht als dem, des § 13 a UWG[853]. Insbesondere sollte es nicht nur bei qualifizierter unwahrer Werbung, sondern generell bei unlauterer Werbung bestehen, gegebenenfalls eingeschränkt aber bei Drittwerbung[854]. Einzelne Regelungen des BGB, insbesondere das Anfechtungsrecht, die Berücksichtigung der Werbeangaben zur Feststellung der Mangelhaftigkeit einer Sache und die bestehenden Widerrufsrechte zeigen indes, dass ein zusätzliches, generelles Rücktrittsrecht bei unlauterer Werbung zu Wertungswidersprüchen führen würde[855]. Ein umfassender Schutz des Verbrauchers vor unlauterer Werbung lässt sich andererseits aber für ein verschuldensunabhängiges Vertragslösungsrecht anführen[856].

Die Gewährung eines generellen, zeitlich begrenzten Widerrufsrechts[857] könnte hier eine pragmatische Lösung sein, um auch den wettbewerbsrechtlichen Erwägungen zu einem Vertragslösungsrecht des Verbrauchers gerecht zu werden.

b. Unterlassungsansprüche

Nach § 13 Abs. 2 Nr. 3 UWG haben Verbraucherverbände i.S.d. § 4 UKlaG einen Unterlassungsanspruch bei bestimmten Verstößen gegen das UWG. Für den einzelnen

---

850 *Sander*, Individualansprüche des Verbrauchers bei unlauterem Wettbewerb, S. 128 f.; vgl. zum ProdHaftG auch unten 8. Teil.

851 BGH, WRP 2000, S. 1119 – Abgasemissionen; *Köhler/Piper*, UWG, Einf Rdn. 42; *Scherer*, WRP 1992, S. 607 ff. m.w.N.; a.A. *Schricker*, GRUR 1975, S. 111; östOGH, WRP 1998, S. 790, *Sack*, WRP 2001, S. 349.

852 Zum verbraucherbezogenen Individual- und Kollektivrechtsschutz in anderen Staaten vgl. *Kessler/Micklitz*, Die Harmonisierung des Lauterkeitsrechts in den Mitgliedsstaaten, S. 83 ff., 119 ff.

853 Vgl. *Schricker*, GRUR 1979, S. 4; *Dürrschmidt*, Werbung und Verbrauchergarantien, S. 225 ff., 247 f.; *Sander*, Individualansprüche des Verbrauchers bei unlauterem Wettbewerb, S. 171; *Dominicus*, Schutz des Verbrauchers vor irreführender Werbung, S. 159 f.

854 *Schricker*, GRUR 1979, S. 4; *Dürrschmidt*, Werbung und Verbrauchergarantien, S. 247 f.; *Sander*, Individualansprüche des Verbrauchers bei unlauterem Wettbewerb, S. 171.

855 Vgl. insbesondere *Weiler*, WRP 2003, S. 425 ff.

856 Vgl. *Fezer*, WRP 2003, S. 127 ff., 142.

857 Siehe dazu ausf. unten 6. Teil, E. II. 6.

Verbraucher ist ein solches Recht nicht vorgesehen. Auch wenn es im Einzelfall durchaus wünschenswert erscheinen mag, dem Verbraucher, der unmittelbar mit der unlauteren Wettbewerbsmaßnahme in Berührung kommt, einen Anspruch auf Unterlassung zuzubilligen, sprechen vor allem faktische Gründe dagegen. Problematisch ist schon die Aktivlegitimation, die sinnvoll kaum eingeschränkt werden kann. Allen potentiell mit dem unlauteren Wettbewerbsmaßnahmen in Berührung kommenden Verbrauchern einen Unterlassungsanspruch zuzubilligen, würde auf eine Popularklage hinauslaufen. Die Möglichkeit unzähliger Prozesse durch einzelne Verbraucher erscheint wenig erstrebenswert, wenn auch wegen fehlender Rechtskenntnis oder der Scheu vor dem erforderlichen Aufwand und dem Prozessrisiko eine praktische Inanspruchnahme zweifelhaft ist[858].

Deshalb ist die bestehende Regelung ausreichend aber auch erforderlich. Die Gewährung von Unterlassungsansprüchen an Verbraucherverbände ermöglicht es Verbraucherinteressen – die nicht mit denen der Konkurrenten gleichgesetzt werden können[859] – auch im Wettbewerbsrecht Geltung zu verschaffen, ohne hierdurch die Unternehmer über Gebühr zu belasten. Faktisch muss aber auch sichergestellt werden, dass die Verbraucherverbände ihrer Aufgabe auch gerecht werden können, insbesondere nicht durch finanzielle Risiken, wie erhebliche Prozesskosten[860] oder gar drohende Schadensersatzklagen von der Wahrnehmung ihrer Aufgabe der Bekämpfung unlauteren Wettbewerbs abgehalten werden[861], ohne ihnen andererseits einen Freifahrschein zu erteilen.

c. Schadensersatz[862]

Ähnlich wie im Kartellrecht stellt sich zudem auch im Rahmen des Rechts des unlauteren Wettbewerbs die Frage, inwiefern Schadensersatzansprüche zu gewähren sind. Bislang haben weder der einzelne Verbraucher noch die Verbraucherverbände die Möglichkeit aus unlauteren Wettbewerbsmaßnahmen Schadensersatzansprüche unmittelbar aus dem UWG abzuleiten. Diese drängen sich indes noch stärker auf als im Kartellrecht, ist doch der Verbraucherschutz viel stärker im UWG verankert als im GWB und wirken unlautere Wettbewerbsmaßnahmen viel direkter auf Verbraucherpositionen als Kartellrechtsverstöße[863].

---

858 Vgl. auch *v. Hippel*, JZ 1972, S. 421; *Schricker*, GRUR 1974, S. 588.

859 *Beater*, GRUR Int. 2000, S. 966 f.

860 § 23 a UWG sieht zwar vor, dass der Streitwert in Wettbewerbssachen herabgesetzt werden kann, wenn die Belastung mit den vollen Prozesskosten die wirtschaftliche Lage einer Prozesspartei erheblich gefährden würde. Die gerichtliche Praxis legt diese Vorschrift aber restriktiv aus, was die Zuerkennung der Streitwertvergünstigung an Verbraucherorganisationen angeht – vgl. *Reich/Micklitz*, Verbraucherschutz in der Bundesrepublik Deutschland, S. 121.

861 Zur Gefahr das Verbraucherverbände auf Grund finanzieller Restriktionen von der Klagebefugnis des § 13 UWG abzusehen vgl. *v. Falkenstein*, Die Bekämpfung unlauterer Geschäftspraktiken durch Verbraucherverbände, S. 140 ff.; *Reich/Micklitz*, Verbraucherschutz in der Bundesrepublik Deutschland, S. 120 f.; *Tonner*, NJW 1987, S. 1921 f.; *Schricker*, GRUR 1974, S. 587 erwägt insofern die Schaffung eines staatlichen Garantiefonds.

862 Zu Möglichkeiten und Perspektiven eines kollektiven Schadensersatzanspruchs im UWG - vgl. auch *Micklitz/Stadler*, Unrechtsgewinnabschöpfung, passim.

863 Vgl. auch *Dominicus*, Schutz des Verbrauchers vor irreführender Werbung, S. 143 ff., der sich für einen Schadensersatzanspruch nach § 823 Abs. 2 BGB i.V.m. § 3 UWG ausspricht.

Schadensersatzklagen, sei es durch den Verbraucher selbst oder durch Verbraucherverbände begegnen aber ähnlichen Bedenken wie im Kartellrecht[864].

Der einzelne Verbraucher hat regelmäßig nur geringe Schäden, die er in einem dazu außer Verhältnis stehenden Prozess, der insbesondere wegen des Kausalitätsnachweises zwischen unlauterem Wettbewerb und Schaden ein nicht unerhebliches Prozessrisiko aufweist, geltend machen müsste. Hinzu kommt, dass in einigen Fällen der Verbraucher indirekt Schadensersatz mittels Garantiehaftung, durch c.i.c. Sachmängelgewährleistungsrecht oder das ProdHaftG beanspruchen kann. Die Regelungen des UWG allerdings nicht als Schutzgesetz zugunsten des Verbrauchers anzusehen, lässt sich angesichts der vielfältigen Bezugnahme auf den Verbraucher nur schwerlich vertreten. Eine Ablehnung von Schadensersatzansprüchen könnte allenfalls damit begründet werden, dass die Regelungen des UWG insofern abschließend sind.

Schadensersatzklagen durch Verbraucherverbände würden grundsätzlich auch den Nachweis der Einzelschäden erforderlich machen[865]. Problematisch ist zudem, dass die Zulassung solcher Klagen nicht nur die Fundamente des Prozessrechts berühren würde, sondern auch praktische Schwierigkeiten bei der Schadensersatzverteilung zur Folge hätte[866]. Gegenüber der Zulassung individueller Klagen hätten Verbraucherverbandsklagen aber den Vorteil der Fachkompetenz und dass sie nicht die Gefahr vieler Bagatellklagen begründen. Zudem entsprächen Verbandsklagen auch eher dem UWG, das die Verbraucher primär als Kollektiv schützt.

d. Sonstiges

Zur Durchsetzung des Rechts des unlauteren Wettbewerbs ist auch eine Erweiterung strafrechtlicher Sanktionierung und/oder die Einführung verwaltungsrechtlicher Behörden und Maßnahmen denkbar. Die geringe praktische Wirksamkeit des § 4 UWG und eine zweifelhafte Pönalisierung unter die Strafbarkeitsgrenze des § 263 StGB sprechen aber gegen eine Ausdehnung strafrechtlicher Tatbestände. Die Einführung eines – unter deutschen Verhältnissen erforderlichen umfangreichen Verwaltungsapparats[867] – erscheint angesichts des bestehenden zivilrechtlichen Sanktionsweg weder erforderlich noch erstrebenswert.

Weiter Ansätze zur Bekämpfung unlauterer Werbung finden sich im Beweisrecht[868], der Einführung eines Berichtigungszwangs bei täuschender Werbung[869]. Zum Teil wird auch eine umfassende Deregulierung des UWG vorgeschlagen, hin zu Transparenz, Rechtssicherheit, Freiheit und Effizienz und weg von Paragraphengestrüpp, Bevormundung und Fehlallokation[870].

---

864 S.o. 3. Teil, C. V. e. und d. bb.

865 Der Professorenentwurf von *Köhler/Bornmann/Henning-Bodewig* zum UWG, WRP 2002, S. 1317 ff. sieht in § 9 Abs. 2 S. 3 die Möglichkeit der gerichtlichen Schätzung vor.

866 S.o. 3. Teil, C. V. d. bb.

867 *Schricker*, GRUR 1974, S. 587.

868 *Schricker*, GRUR 1974, S. 583 f. diskutiert die Einführung einer Beweislastumkehr; zur geltenden Rechtslage *Köhler/Piper*, UWG, Vor § 13 Rdn. 333 ff.

869 *Schricker*, GRUR 1974, S. 584 f.

870 *Sterzinger*, Deregulierung im UWG und seinen Nebengesetzen, passim.

D. Spezialgesetzliches Wettbewerbsrecht

Wettbewerbsrechtlich relevant ist zudem das Markenrecht, dessen rechtlicher Rahmen durch das MarkenG vom 25.10.1984[871] gesetzt wird. Es dient dem Schutz von Marken, geschäftlichen Bezeichnungen und geographischen Herkunftsangaben. Soweit hierüber irreführende Angaben gemacht werden greift § 3 UWG, der aber im Bereich geographischer Herkunftsangaben durch die §§ 126 bis 129 MarkenG verdrängt wird, wobei insofern über § 128 MarkenG i.V.m. § 13 Abs. 2 UWG Verbraucherverbänden i.S.d. § 4 UKlaG ein Unterlassungsanspruch zukommt. § 8 Abs. 2 Nr. 4 MarkenG enthält zudem ein Eintragungsverbot für Zeichen, die die Gefahr einer Täuschung begründen.

Auf europäischer Ebene bestehen zudem Vorschriften zur Etikettierung von Agrarerzeugnissen und Lebensmitteln, die u.a. dem Schutz geographischer Angaben und Ursprungsbezeichnungen dienen[872].

Werbung für Arzneimittel i.S.d. § 2 AMG, Medizinprodukte i.S.d. § 3 MedizinprodukteG und andere Mittel, Verfahren, Behandlungen und Gegenstände i.S.d. § 1 Nr. 2 HMWG werden nach Maßgabe des HMWG im Interesse der Volksgesundheit und der Gesundheit der einzelnen Verbraucher enge Grenzen gesetzt[873].

Im LMBG finden sich in den §§ 17, 18, 22, 24, 27 Einschränkungen der Werbung bei Lebensmitteln, Tabakerzeugnissen und kosmetischen Mitteln[874]. Besondere Bedeutung kommt insbesondere § 17 LMBG zu, der den Verbraucher vor Täuschungen, denen er beim Erwerb von Lebensmitteln in mannigfacher Weise ausgesetzt ist, schützen soll[875]. Verboten ist zum Verzehr ungeeignete, nachgemachte, wertgeminderte oder Lebensmittel, die den Anschein einer besseren als der tatsächlichen Qualität haben, in den Verkehr zu bringen, über den Wert, die Reinheit[876] oder sonst irreführend[877] über Lebensmittel zu täuschen.

---

871 BGBl. I S. 3082. Das Markengesetz löste das Warenzeichengesetz ab. Bei der Ausführung des MarkenG ist zudem die MarkenVO vom. 30.11.1994 zu beachten.

872 Vgl. RL 2000/13/EG v. 20.3.2000, ABlEG Nr. L 109, S. 29 und die VO Nr. 2081/92 v. 14.7.1992, ABlEG Nr. L 208, S. 1, zuletzt geändert durch VO Nr. 1068/97 v. 12.6.1997, ABlEG Nr. L 156, S. 10 – vgl. dazu *Köhler/Piper*, UWG, § 3 Rdn. 279 ff.

873 Zum HMWG allg. *Bülow/Ring*, HMWG, passim.; *Leible*, Lebensmittelrechts-Hdb. II, Rdn. 383 ff.; zur Beschränkung der Online-Werbung für Arzneimittel durch das HMWG *Mand*, WRP 2003, S. 192 ff.

874 Vgl. zum wettbewerbswidrigen Handeln mit Lebensmitteln *Leible* in: Lebensmittelrechts-Hdb. III Rdn. 400 ff.; vgl. zum Lebensmittelrecht auch unten 7. Teil, A..

875 Ausf. zu § 17 LMBG *Leible* in: Lebensmittelrechts-Hdb. III Rdn. 412 ff.; *Meyer*, Lebensmittelrecht, S. 76 ff.; Behler/Schroeder, LMBG, Rdn. 32 ff. Zu den Auswirkungen der BasisVO Nr. 178/2002 (dazu unter 8. Teil, C.) auf § 17 LMBG – vgl. *Hecker*, ZRP 2003, S. 131.

876 Insofern ist die EG-ÖkoVO Nr. 2092/91 v. 24.6.1991 (ABlEG Nr. L 198 v. 22.7.1991, S. 1) zu beachten, die die Kontrolle der Betrieb und die Kennzeichnung der Produkte regelt und Einschränkungen bezüglich des Gebrauchs von Bezeichnungen wie öko, ökologisch, bio, biologisch und ähnlicher Angaben enthält - vgl. zur EG-ÖkoVO *Leible* in: Lebensmittelrechts-Hdb. III Rdn. 439 ff.; *Lell*, Umweltbezogene Produktkennzeichnung, S. 336 ff.

877 Verboten ist u.a. die Werbung mit Selbstverständlichkeiten, vgl. BGH GRUR 1956, S. 550, 553 – Tiefenfurther Bauernbrot. Zur Werbung mit *„gentechnikfrei"* – vgl. *Lell*, Umweltbezogene Produktkennzeichnung, S. 279 ff.; *Meyer*, Lebensmittelrecht, S. 74; *ders.*, GenFood, Novel Food, Rdn. 433 ff.; *Streinz*, in: Lebensmittelrechts-Hdb. II Rdn. 521 ff.

§ 18 LMBG regelt zudem das Verbot krankheitsbezogener Werbung[878]. Ein spezielles Täuschungsverbot enthält auch § 25 WeinG. Verstöße gegen das LMBG und das WeinG können mit Bußgeld oder gar Strafen geahndet werden[879]. Soweit man den Schutzgesetzcharakter der einzelnen Normen bejaht[880], können sich Schadensersatzansprüche in Verbindung mit § 823 Abs. 2 BGB ergeben. Auf jeden Fall sind auch die §§ 1, 3 UWG daneben unanwendbar. Insbesondere sind die Bezeichnungsvorschriften des LMBG und des WeinG maßgebend für die Frage der Irreführung der Verbraucher[881]. Auch die Nichtbeachtung der zahlreichen lebensmittelrechtlichen Kennzeichnungsvorschriften[882] kann zu einem Verstoß gegen § 3 UWG führen[883].

Das TDG enthält schließlich in § 7 TDG besondere Informationspflichten bei bestimmten Werbemaßnahmen bei Telediensten im Rahmen kommerzieller Kommunikation[884].

E. Ausblick auf geplante wettbewerbsrechtliche Reformen

Das Wettbewerbsrecht ist derzeit sowohl auf europäischer als auch nationaler Ebene stark im Fluss. Spätestens zum Jahr 2004 ist mit wesentlichen Änderungen zu rechnen, so dass zumindest ein Ausblick auf die möglichen Neuerungen erfolgen soll.

I. Geplante europäische Rechtsakte

Auf europäischer Ebene ist zum einen eine VO über Verkaufsförderung im Binnenmarkt[885] und zum anderen eine RL über unlautere Geschäftspraktiken im binnenmarktinternen Geschäftsverkehr zwischen Unternehmern und Verbrauchern[886] geplant. Zudem sind spezielle Werbeverbote in Vorbereitung und Diskussion.

1. VO über Verkaufsförderung im Binnenmarkt

Die geplante VO soll die unterschiedlichen Vorschriften der Mitgliedsstaaten über Verkaufsförderungsaktionen, die der Verordnungsvorschlag als Rabatte, unentgeltliche Zuwendungen, Zugaben oder die Möglichkeit der Teilnahme an einem Preisausschreiben oder Gewinnspiel definiert, vereinheitlichen. Kernbestimmung des Entwurfs ist Art. 3 Nr. 1 wonach es den Mitgliedsstaaten verwehrt ist, ein generelles Verbot verkaufsfördernder Aktionen zu erlassen. Ferner dürfen die Mitgliedsstaaten auch den Wert solcher Aktionen nicht beschränken, kein

---

878 Vgl. dazu *Sosnitza*, WRP 2003, S. 669 ff., der auch auf die Rechtsprechung des EuGH zum österreichischen Verbot gesundheitsbezogener Werbung und den Kommissionsentwurf für eine VO über nährwert-, wirkungs- und gesundheitsbezogene Angaben auf Lebensmittel eingeht.

879 Zur Möglichkeit der Ahndung mit Bußgeld/Strafe – vgl. § 53 LMBG und § 49 WeinG.

880 Zum Schutzgesetzcharakter etwa von § 17 LMBG – vgl. *Michalski*, ZLR 1991, S. 25 ff.

881 *Köhler/Piper*, UWG, § 3 Rdn. 21.

882 Vgl. *Köhler/Piper*, UWG, § 3 Rdn. 228; zu den Kennzeichnungspflichten vgl. unten 5. Teil, B. und C.

883 Dazu *Köhler/Piper*, UWG, § 3 Rdn. 229.

884 Zu § 7 TDG s. auch unten 6. Teil, D. III. 3.

885 Vgl. Vorschlag v. 2.10.2001 KOM (2001) 546 endg., eine zweite Fassung datiert v. 15.1.2002, endg./2, ABlEG C 75 E v. 26.3.2002, S. 11; geänderter Vorschlag v. 25.10.2002 KOM (2002) 585 endg. 2001/0227 (COD)) – vgl. dazu auch die Stellungnahme der Arbeitsgruppe Unlauterer Wettbewerb beim Bundesministerium der Justiz im Netz unter http://www.bmj.bund.de/images/11480.pdf.

886 Vgl. Vorschlag v. 18.6.2003 Kom (2003) 356 endg. 2003/0124 (COD).

Rabattverbot im Vorfeld von Saisonschlussverkäufen erlassen und die Zulässigkeit von Verkaufsförderungsaktionen nicht von einer Vorabgenehmigung abhängig machen[887].

2. RL über unlautere Geschäftspraktiken im binnenmarktinternen Geschäftsverkehr

Die RL bezweckt, die Vorschriften der Mitgliedsstaaten über unlautere Geschäftspraktiken anzugleichen. Zu diesem Zweck werden unlautere Geschäftspraktiken verboten, die unterteilt in irreführend und aggressiv näher beschrieben werden. Für geeignete und wirksame Maßnahmen zur Bekämpfung der unlauteren Geschäftspraktiken und die Einhaltung der RL im Interesse der Verbraucher haben die Mitgliedsstaaten zu sorgen. Sie müssen aber Rechtsvorschriften erlassen, die es Personen oder Organisationen, die nach nationalem Recht ein berechtigtes Interesse an der Bekämpfung haben, gestattet, gerichtlich gegen unlautere Geschäftspraktiken vorzugehen und/oder ein entsprechendes Verwaltungsverfahren einzuleiten.

3. Spezielle Werbeverbote

Spezielle Werbeverbote[888] sind in der RL zur Angleichung der Rechts- und Verwaltungsvorschriften der Mitgliedsstaaten über Werbung und Sponsoring zugunsten von Tabakerzeugnissen[889] und im Verordnungsentwurf des Europäischen Parlaments und des Rates über nährwert-, wirkungs- und gesundheitsbezogene Angaben auf Lebensmittel[890] vorgesehen[891].

4. Stellungnahme

Die durch die VO geplante weitgehende Freigabe der verkaufsfördernden Maßnahmen kann im Einzelfall zu einer Verringerung des Schutzniveaus führen[892]. Vor dem Hintergrund einer fortschreitenden Liberalisierung des Wettbewerbsrechts, mit einem weitgehend eigenverantwortlich handelndem Verbraucher ist der Wegfall überholter Werbebeschränkungen aber zu begrüßen.

Die geplante RL über unlautere Geschäftspraktiken im binnenmarktinternen Geschäftsverkehr dürfte keine wesentlichen Änderungen für den Verbraucher zur Folge haben, da die Aufzählung verbotener unlauterer Geschäftspraktiken nicht abschließend ist und die geforderten Sanktionen weitgehend schon nach deutschem Recht bestehen.

Kontraproduktiv sind allerdings die beabsichtigten speziellen Werbeverbote, mit denen sich die EU zur „*Gouvernante der Bürger*" und den „*Bürger zum Konsumtrottel*" macht[893].

---

887 Zu den Einzelheiten vgl. *Gamerith*, WRP 2003, S. 150 ff.; *Kessler/Micklitz*, Die Harmonisierung des Lauterkeitsrechts in den Mitgliedsstaaten, S. 54 f.

888 Ausf. Informationen finden sich auch auf der Homepage des Zentralverbandes der deutschen Werbewirtschaft unter http://www.interverband.com/u-img/184/zaw_home_neue_anschrift.htm.

889 Vgl. 2001/0119 (COD); KOM/2002/0699 endg.

890 Vgl. Arbeitsdokument Sanco/1832/2002 im Netz unter http://www.akwien.at/dat/Entwurf-Komm-2002.pdf.

891 Zum Ganzen kritisch WiWo 2003/32, S. 59 f.

892 Vgl. auch *Gamerith*, WRP 2003, S. 157 ff.

893 So *Volker Nickel*, Geschäftsführer beim Zentralverband der deutschen Werbeindustrie (ZAW) in WiWo 2003/32, S. 59.

II. Die geplante Änderung des UWG

Das UWG ist in seinen 100 Jahren vielfach reformiert worden. Eine grundlegende Kodifizierung ist bislang aber nicht gelungen, was aber dank der beiden Generalklauseln in §§ 1 und 3 UWG und den von der Rechtsprechung herausgebildeten Fallgruppen keine nachteiligen Konsequenzen hatte.

Trotz geplanter europäischer Regelungen hat das Bundesjustizministerium am 24.1.2003 einen Referentenentwurf zur umfassenden Reform des UWG vorgelegt, der zu einer schlankeren europaverträglichen Fassung des Gesetzes führen soll[894]. Einen hierauf beruhenden Entwurf einer Neufassung des Gesetzes gegen den unlauteren Wettbewerb beschloss die Bundesregierung am 7.5.2003[895]. Nachdem sich der Bundesrat am 20.6.03 mit dem Gesetzentwurf befasste[896], kam es am 25.9.03 zur ersten Lesung im Bundestag und Überweisung an den Rechtsausschuss.

1. Verbraucherschutzrelevante Änderungen

Vorgesehen ist, den Verbraucher erstmals ausdrücklich als Schutzobjekt im Gesetz zu erwähnen, ohne aber dadurch einem Paradigmenwechsel zu beabsichtigen[897]. Im Gegenteil soll der einzige, freilich kaum relevante Individualanspruch des Verbrauchers, das Rücktrittsrecht nach § 13 a UWG, ersatzlos gestrichen werden. Dem nicht genug stellt die Begründung zudem ausdrücklich klar, dass das UWG kein Schutzgesetz im Sinne des § 823 Abs. 2 BGB ist[898] und individuelle Ansprüche des Verbrauchers werden ausdrücklich abgelehnt, weil hierdurch angeblich das hohe Schutzniveau des UWG in Frage gestellt würde[899].

Inhaltlich sollen die §§ 6 – 6 b UWG ersatzlos wegfallen und Sonderveranstaltungen und Sonderangebote nun grundsätzlich erlaubt sein. Ausdrücklich aufgenommen ist das Verbot der Werbung mit Preissenkungen, wenn der ursprüngliche Preis nur für relativ kurze Zeit gefordert wurde.

Gestrichen werden soll die Möglichkeit der Verhängung von Ordnungsgeldern bei unentschuldigtem Fernbleiben im Einigungsstellenverfahren, wie es bisher § 27 a UWG vorsieht.

Als zusätzliche Sanktion ist – ähnlich § 34 GWB – bei vorsätzlichen Verstößen gegen den unlauteren Wettbewerb, bei denen auf Kosten einer Vielzahl von Abnehmern ein Gewinn erzielt wird[900], ein Gewinnabschöpfungsanspruch zugunsten des Staates vorgesehen, um den

---

894 Vgl. den Referentenentwurf eines Gesetzes gegen den unlauteren Wettbewerb vom 23.01.2003 – im Netz unter http://www.bmj.bund.de/images/11548.pdf, der sich seinerseits anlehnt an den Professorenentwurf von *Köhler/Bornmann/Henning-Bodewig*, abgedruckt in WRP 2002, S. 1317 ff.

895 Vgl. BT-Drs. 15/1487 v. 22.8.03 mit Regierungsvorschlag, Bundesratsstellungnahme (S. 29) und Gegenäußerung des BMJ (S. 40)

896 Vgl. dazu BR-Drs. 301/03 und BT-Drs. 15/1487, S. 29 ff..

897 Besonders kritisch daher der vzbv – vgl. unter http://www.verbrauchernews.de/artikel/0000014490.html.

898 Referentenentwurf, S. 42/Begründung des Gesetzesentwurf der Bundesregierung, S. 46 – der Verweis, dass dies der bisherigen Rechtslage entspräche, geht allerdings fehl – vgl. oben C. II. 4. und insbesondere BGHZ 41, 314, 317 – Lavamat I.

899 Referentenentwurf, S. 42/ Begründung des Gesetzesentwurf der Bundesregierung, S. 46 f.

900 Der Regierungsentwurf beschränkt den Gewinnabschöpfungsanspruch auf vorsätzliche Verstöße und lässt damit im Gegensatz zum Referentenentwurf grob fahrlässige Verstöße unberücksichtigt. Auch bedarf es nach dem Regierungsentwurf keiner systematischen Schadenszufügung mehr - vgl. auch die Begründung des Gesetzesentwurf der Bundesregierung, S. 50 f.

wirtschaftlichen Anreiz für unlauteres Handeln entfallen zu lassen[901].

2. Stellungnahme

Mit der ausdrücklichen Aufnahme des Verbrauchers in den geschützten Personenkreis lässt sich der Schutzzweckcharakter des UWG zugunsten des Verbrauchers i.S.d. § 823 Abs. 2 BGB und mithin von Schadensersatzansprüchen an sich kaum mehr begründen. Die ausdrückliche Ablehnung in der Begründung des Gesetzesentwurfs und das Gesetz selbst, das nur einen Schadensersatz der Mitbewerber vorsieht und einen Gewinnabschöpfungsanspruch einführt, lassen indes keine andere Wahl. Fraglich ist aber, wie dies mit der Zielsetzung des Gesetzesentwurfs, wonach *„der Verbraucher den ihm gebührenden Stellenwert in einem modernen Lauterkeitsrecht erhalten"* soll, zu vereinbaren ist.

Hinsichtlich des Gewinnabschöpfungsanspruchs muss man sich zunächst im Klaren sein, dass hierdurch den Verbraucherverbänden ein bußgeldähnliches Instrumentarium in die Hand gegeben wird. Seine konkrete Ausgestaltung selbst begegnet Bedenken im Hinblick auf seine Praktikabilität, nicht nur wegen seinen verschärften subjektiven Anforderungen, sondern auch, weil er auf eine Gewinnerzielung auf Kosten einer Vielzahl von Abnehmern abstellt. Soweit die Zuwiderhandlung nicht zu einem Gewinn, wohl aber zu Schäden beim Verbraucher führt, geht der Gewinnabschöpfungsanspruch ins Leere[902]. Zudem sollte auch eine zweckgerichtete Verwendung der erstrittenen Summen sichergestellt werden, etwa zur Finanzierung eines Fonds zur Absicherung der Aufgaben der Verbraucherverbände. Schließlich kann es nicht angehen, dass sich der Staat im Ergebnis am Schaden der Verbraucher bereichert.

Die Anpassung der starren Regelungen über Schlussverkäufe an die Erfordernisse eines flexiblen Wirtschaftsstandorts ist zu begrüßen. Ausreichend ist insofern völlig, dass der Verbraucher über § 5 UWG n.F. vor irreführenden Preissenkungen geschützt wird. Darüber hinaus sollte die Preisfestlegung allein Sache des Unternehmers sein[903].

Der Wegfall der Zwangsbefugnisse im Einigungsstellenverfahren begegnet insofern Bedenken, als durch unentschuldigtes Fernbleiben der Parteien, die Beisitzer und Einigungsstellenvorsitzenden die Lust an der ehrenamtlichen Tätigkeit verlieren können.

---

901 Der Professorenentwurf von *Köhler/Bornkamm/Henning-Bodewig* beschränkte die Mehrerlösabschöpfung auf klar umrissene Fälle und sah zudem vor, den Unrechtsgewinn direkt den Verbraucherschutzorganisationen zukommen zu lassen, die damit ihre Arbeit finanzieren können – vgl. WRP 2002, S. 1322 und 1327.

902 Insofern wäre besser, auf einen Schaden der Verbraucher abzustellen, der – zur Vermeidung vieler, regelmäßig geringfügiger Streitwerte – von den Verbraucherverbänden quasi in Prozessstandschaft geltend gemacht wird. Bei der Schadensberechnung könnte dabei auch der vom Verletzer erzielte Gewinn herangezogen werden (s.o. C. II. 4.). Die erstrittene Summe könnte dann von den Verbraucherverbände zur Finanzierung ihrer Aufgaben verwendet werden.

903 In diesem Zusammenhang ist deshalb auch der Vorstoß der Verbraucherschutzministerin *Künast* von Anfang 2003 abzulehnen, die mit Hilfe des Wettbewerbsrechts gegen das Preisdumping der Lebensmitteldiscounter vorgehen, den Absatz von Ökoprodukten fördern und dazu notfalls den Preis für Lebensmittel gesetzlich regeln wollte, was im Ergebnis auf eine Bevormundung der Verbraucher und Unternehmer hinausgelaufen wäre – vgl. dazu auch FAZ v. 17.1.2003, S. 11; alg. zu den staatlichen Möglichkeiten einer *„Agrarwende"* – vgl. *Schroeder*, ZLR 2002, S. 275 ff. Die Förderung von Öko-Produkten könnte m.E. besser dadurch erfolgen, dass nur für diese der ermäßigte Umsatzsteuersatz des § 12 Abs. 2 Nr. 1 UStG gilt.

5.Teil: Verbraucherinformationsrecht

Das Recht des Verbrauchers auf Informationen proklamierte schon *Kennedy* in seiner Verbraucherbotschaft vom 15. März 1962[904]. Es bildet den Kern des Informationsmodells[905] und ist im Grundsatz unumstritten[906].

Auf europäischer Ebene wird der hohe Stellenwert des Rechts auf Verbraucherinformation insbesondere durch dessen Verankerung in Art. 153 EGV deutlich.

Im Rahmen des Verbraucherinformationsrechts geht es vor allem darum, dem Verbraucher neben oder entgegengesetzt zur einseitig im Unternehmensinteresse stattfindenden Werbung eine objektive und sachliche Gegeninformation zu geben[907]. Die Aufstellung von Informationsgeboten ist daher entscheidender Teil des Individualrechtsschutzes[908].

Hinsichtlich des Verbraucherinformationsrechts lässt sich dabei nach dem Recht der Mengenkennzeichnung, den speziellen Produktkennzeichnungspflichten und den freiwilligen Kennzeichnungs- und Informationssystemen thematisieren[909]. Hinzu kommt gerade im Hinblick auf das gescheiterte aber wieder geplante Verbraucherinformationsgesetz die staatliche Verbraucherinformation und auch die sonstigen Verbraucherinformationsmöglichkeiten sollen kurz aufgeführt werden. Begonnen werden soll die Darstellung aber mit den Informationspflichten hinsichtlich des wohl für die Kaufentscheidung wichtigsten Punktes, nämlich der des Preises.

Daneben bestehen noch vertragsbezogene Informationspflichten des Unternehmers, die auf Grund des engeren Sachzusammenhangs im Rahmen des rechtsgeschäftlichen Schutzes des Verbrauchers erörtert werden[910]. Die in diesem Teil behandelten Informationspflichten beziehen sich im Unterschied dazu auf das Produkt selbst und nicht auf Informationen zum Vertragsschluss und die vertraglichen Rechte.

---

904 S.o. 1. Teil, B. III.

905 S.o. 1. Teil, C. I.

906 *Reich/Micklitz*, Verbraucherschutzrecht in der Bundesrepublik Deutschland, S. 46.

907 *Reich/Micklitz*, Verbraucherschutzrecht in der Bundesrepublik Deutschland, S. 46.

908 Vgl. *Kemper*, Verbraucherschutzinstrumente, S. 187; *Meents*, Verbraucherschutz bei Rechtsgeschäften im Internet, S. 149.

909 So *Reich/Micklitz*, Verbraucherschutzrecht in der Bundesrepublik Deutschland, S. 46 ff., vgl. auch *Strassner*, Verbraucherinformationsrecht, S. 5.

910 S.u. 6. Teil, D.

A. Recht der Preisangaben

Das Recht der Preisauszeichnung und Etikettierung ist vor allem in der PAngV[911] geregelt[912]. Sinn und Zweck der PAngV ist in erster Linie, für Preistransparenz, Preisklarheit und Preiswahrheit – durch Angabe von Endpreisen einschließlich aller Preisbestandteile unter Vermeidung jeglicher Irreführung – zu sorgen[913] und zu verhindern, dass sich der Verbraucher seine Preisvorstellungen anhand unterschiedlicher nicht vergleichbarer Preise bildet[914]. Dem Verbraucher soll es möglich sein, sich zutreffend und erschöpfend durch Preisvergleiche über den Preisstand zu informieren[915].

I. Inhalt der PAngV

Grundtatbestand ist § 1 I PAngV, der die Verpflichtung zur Angabe von Endpreisen, bei Angeboten von Waren und Leistungen und bei Werbung unter Angabe von Preisen festlegt, soweit das Anbieten und Werben *„gewerbs- oder geschäftsmäßiger oder regelmäßig in sonstiger Weise“* erfolgt. Endpreis ist der Preis, der einschließlich der Umsatzsteuer und sonstiger Preisbestandteile unabhängig von einer Rabattgewährung zu bezahlen ist[916]. Daraus folgt, dass die Angabe von „*Ca*“-Preisen[917] oder Margenpreisen[918] regelmäßig unzulässig ist. Unkosten, die noch nicht beziffert werden können, müssen aber nicht einbezogen werden[919]. Rückerstattbare Sicherheiten sind gem. § 1 Abs. 3 PAngV neben dem Endpreis anzugeben. Preisändungsvorbehalte sind nur nach Maßgabe des § 1 Abs. 5 PAngV zulässig. Nach Aufhebung des RabattG[920] ist die Angabe des Endpreises aber nur noch bedingt zum Preisvergleich geeignet, da der Unternehmer nunmehr grundsätzlich die unbeschränkte Möglichkeit hat, durch Gewährung von Preisnachlässen von den angekündigten Preisen abzurücken[921].

Als weitere Grundnorm stellt § 1 Abs. 6 PAngV hinsichtlich der inhaltlichen Gestaltung der Preisangaben auf den Grundsatz der Preisklarheit und Preiswahrheit und auf das Erfordernis der Beachtung der allgemeinen Verkehrsauffassung ab, hinsichtlich des äußeren Erscheinungsbilds auf die Notwendigkeit einheitlicher Zuordnung, leichter Erkennbarkeit, deutlicher Lesbarkeit und guter Wahrnehmbarkeit der zu fordernden Angaben. Ferner ist der

---

911 VO v. 14.3.1985, (BGBl. 1985 I, S. 580), neugef. durch Bek. v. 18. 10. 2002, (BGBl. 2002 I, S. 4197 ff.). Ermächtigungsgrundlage der PAngV ist das Preisangaben- und Preisklauselgesetz v. 3.12.1984 (BGBl. 1984 I, S. 1429), zuletzt geändert durch Gesetz v. 29.10.2001 (BGBl. 2001 I, S. 2785, 2813).

912 Bei Fernabsatzverträgen sind auch die Informationspflichten nach § 312 c BGB i.V.m. der BGB-InfoV zu beachten, die auch Preisinformationen beinhalten – vgl. *Köhler/Piper*, PAngV, Einf. Rdn. 23; *Völker*, Preisangabenrecht, Anh. § 1 PAngV Rdn. 1 ff.

913 BGH, GRUR 1991, S. 847 f.– Kilopreise II; vgl. auch *van den Berth/Lehmann*, GRUR Int. 1992, S. 594 f.

914 BGH, GRUR 1991, S. 685 f. – Zirka-Preise; GRUR 1992, S. 856 f. – Kilopreise IV; GRUR 1995, S. 2754 f.– Dollar-Preisangaben; *Völker*, Preisangabenrecht, Einf. Rdn. 1 f.

915 *Köhler/Piper*, PAngV, Einf Rdn. 8.

916 *Völker*, Preisangabenrecht, § 1 PAngV Rdn. 40.

917 Vgl. BGH, GRUR 1991, S. 685 f. – Zirka-Preisangabe; *Völker*, Preisangabenrecht, § 1 PAngV Rdn. 42.

918 *Köhler/Piper*, PAngV, § 1 Rdn. 27; *Völker*, Preisangabenrecht, § 1 PAngV Rdn. 41.

919 *Köhler/Piper*, PAngV, § 1 Rdn. 25; vgl. auch BGH, GRUR 1997 S. 479 f. – Versandkosten.

920 S.o. 4. Teil, C. I. 5.

921 Dazu *Köhler/Piper*, UWG, Einf. PAngV Rdn. 25.

Endpreis hervorzuheben, wenn eine Aufgliederung in Einzelpreise erfolgte. Konkretisiert und ergänzt hinsichtlich des „*Wie*“ der Preisangaben für Angebote von Waren wird § 1 Abs. 6 PAngV durch § 4 PAngV. Die Regelung begründet für besonders häufig vorkommende Formen von Warenangeboten bestimmte Preisauszeichnungspflichten. So sind etwa gem. § 4 Abs. 1 PAngV sichtbar ausgestellte oder vom Verbraucher unmittelbar entnehmbare Waren durch Preisschilder oder Beschriftung der Ware auszuzeichnen.

Für Waren in Fertigverpackungen, für lose Ware sowie vergleichbare Fallgestaltungen verlangt § 2 Abs. 1 PAngV neben der Angabe des Endpreises auch die Angabe des Grundpreises, d.h. des Preises je Mengeneinheit[922]. Als Mengeneinheit dürfen nach Maßgabe des § 2 Abs. 3 PAngV zudem grundsätzlich nur Kilogramm, Liter, Kubikmeter, Meter oder Quadratmeter verwendet werden[923]. Bei loser Ware kann sich der Gewerbetreibende gem. § 2 Abs. 2 PAngV auf die Angabe des Grundpreises beschränken.

§ 3 PAngV betrifft die Preisangaben bei Elektrizität, Gas, Fernwärme oder Wasser. Weitere Sonderregelungen finden sich in § 5 PAngV für Leistungen, in § 6 PAngV für Kredite, in §§ 7 und 8 PAngV für die Preisangaben im Gaststätten- und Tankstellengewerbe. § 9 PAngV trifft schließlich zahlreiche Ausnahmeregelungen. Insbesondere werden Angebote und Werbung gegenüber Letztverbrauchern, die die Ware oder Leistung in ihrer selbständig beruflichen oder gewerblichen oder in behördlicher oder dienstlicher Tätigkeit verwenden[924], vom Anwendungsbereich der PAngV ausgenommen[925].

II. Sanktionen

Verstöße gegen die PAngV sind Ordnungswidrigkeiten i.S.d. § 3 Abs. 1 Nr. 2 WiStG, wenn vorsätzlich oder fahrlässig einer der Tatbestände des § 10 PAngV verwirklicht wird. Sie können gem. § 3 Abs. 2 WiStG mit einer Geldbuße von bis zu 25.000 €, bei Fahrlässigkeit gem. § 17 Abs. 2 OWiG mit einer solchen von bis zu 12.500 € geahndet werden. Die Verfolgung erfolgt von Amts wegen und liegt gem. § 47 OWiG im pflichtgemäßen Ermessen

---

922 Die Verpflichtung zur Angabe des Grundpreises beruht auf der Umsetzung der Verbraucherschutzrichtlinie 98/6/EG v. 16.2.1998 über den Schutz der Verbraucher bei der Angabe der Preise der ihnen angebotenen Erzeugnisse – ABlEG Nr. L 80 v. 18.3.1998, S. 27 f. – durch die VO zur Änderung der Preisangabenverordnung und der Fertigpackungsverordnung v. 26.7.2000 (BGBl. 2000 I, S. 1238) – vgl. *Völker*, Preisangabenrecht, § 2 PAngV Rdn. 1 ff.

923 In den Fällen des § 2 Abs. 3 S. 2 und 3 PAngV kann statt auf Kilogramm/Liter auf 100 Gramm/Milliliter abgestellt werden. Insofern sollte aber gesetzlich sichergestellt werden, dass der Anbieter sich im Rahmen einer bestimmter Gattung einer einheitlichen Mengeneinheit bedient, und nicht etwa nur bei teueren Produkten auf 100 Gramm/Milliliter abstellt.

924 Insofern könnte eine Anpassung des PAngV an die §§ 13, 14 BGB derart erfolgen, dass die PAngV von vornherein nur im Verhältnis zwischen Verbrauchern i.S.d. § 13 BGB und Unternehmern i.S.d. § 14 BGB anzuwenden ist. Gegebenenfalls bedarf es aber Einschränkungen, für den Fall, dass ein Unternehmer zu privaten Zwecken handelt, da es praktisch kaum durchführbar ist, bei der Anwendung der PAngV zu differenzieren, ob ein Unternehmer zu privaten Zwecken handelt und mithin Verbraucher i.S.d. § 13 BGB ist oder nicht.

925 Kritisch zu dieser Ausnahme vom Gesichtspunkt der ökonomischen Effizienz - *van den Bergh/Lehmann*, GRUR Int.1992, S. 595.

der zuständigen Behörde[926]. Sie kann den Täter auch verwarnen oder ihm sonst durch Verwaltungsakt aufgeben, seinen Verpflichtungen nach der PAngV nachzukommen. Soweit erforderlich, kann sie nach Maßgabe des § 2 PAngG von dem zur Preisangabe Verpflichteten Auskunft verlangen und bei ihm Ermittlungen anstellen.

Nur bei Hinzutreten weiterer, die Sittenwidrigkeit nach § 1 UWG oder die Irreführung nach § 3 UWG begründender Umstände[927], kann auch auf das Sanktionssystem des UWG, insbesondere der Klagemöglichkeit des § 13 UWG zurückgegriffen werden. Ist dies nicht der Fall, haben weder der einzelne Verbraucher noch die Verbraucherverbände explizit gesetzlich vorgesehene Möglichkeiten, Verstöße gegen die PAngV zu verfolgen, was angesichts des verbraucherschützenden Charakters der PAngV überrascht. In Betracht kommt allenfalls eine Unterlassungsklage nach § 2 UKlaG. Solange die Grenze der §§ 1, 3 UWG noch nicht erreicht ist, spricht allerdings viel dafür, den Unternehmer nicht gleich der Gefahr von Abmahnungen und Unterlassungsklagen auszusetzen. Zu erwägen ist aber, ob sich nicht das Handlungsermessen der zuständigen Verwaltungsbehörde auf Null reduziert, wenn ihr Verstöße gegen die PAngV durch einen Verbraucherverband i.S.d. § 4 UKlaG angezeigt werden.

Auch zivilrechtlich bleiben Verstöße gegen die PAngV weitgehend ungeahndet. Der Schutzgesetzcharakter der Normen der PAngV i.S.d. § 823 Abs. 2 BGB wird überwiegend abgelehnt[928] und ein Verstoß gegen die PAngV führt nicht zur Nichtigkeit eines daraufhin geschlossenen Vertrags nach § 134 BGB[929]. Allerdings können Verstöße im Rahmen des § 138 BGB und bei der Auslegung unklarer vertraglicher Preisabsprachen relevant werden[930].

Neben der PAngV sind zusätzlich bei Verbraucherkredit- bzw. Ratenlieferungsverträgen die §§ 491 ff., 499, 502 BGB und bei Fernabsatzverträge § 312 c Abs. 1 Nr. 1, Abs. 2 BGB i.V.m. § 1 Abs. 1 Nr. 1, Abs. 2 BGB-InfoV zu beachten. Verstöße hiergegen können zur Nichtigkeit des Vertrages[931] oder dazu führen, dass die Widerrufsfrist nicht zu laufen beginnt[932].

---

926 Die zuständige Behörde ist in Bayern gem. § 2 der VO über die Zuständigkeit der Preisbildung, Preisprüfung und der Preisangaben (Z/T Nr. 590) die Kreisverwaltungsbehörde.

927 Vgl. dazu *Köhler/Piper*, PAngG, § 11 Rdn. 7; Einf Rdn. 17 ff.

928 Vgl. OLG Düsseldorf, WRP 1965, S. 183; *Köhler/Piper*, PAngV, Einf Rdn. 21; *Völker*, Preisangabenrecht, Einl. PAngV Rdn. 25.

929 BGH, NJW 1979, S. 540 f.; *Völker*, Preisangabenrecht, Einl. PAngV Rdn. 22.

930 *Völker*, Preisangabenrecht, Einl. PAngV Rdn. 22 f.

931 Vgl. § 492 BGB, s.u. 6. Teil, C. II. und D. V.

932 Vgl. § 312 d Abs. 2 BGB, s.u. 6.Teil, D. III.

B. Recht der Mengenkennzeichnung

Mit dem Übergang weg von der klassischen Methode des Verkaufs loser Waren, der Einzelabfüllung in Gegenwart des Kunden hin zu immer mehr Fertigverpackungen, besteht für den Verbraucher die Gefahr, dass die Transparenz des Marktes erschwert und der Vergleich von Preisen unmöglich wird, wenn beispielsweise unterschiedliche Füllmengen, nicht standardisierte Verpackungen, Produktdifferenzierungen mittels Verpackungsgestaltungen bis hin zu Mogelpackungen und so weiter auf den Markt treten[933]. Der Gesetzgeber reagierte bereits 1969[934] durch Einführung einer Kennzeichnungspflicht in das Eichgesetz[935]. Das heutige Recht der Mengenkennzeichnung findet sich neben dem Eichgesetz vor allem in der FertigpackungsVO[936]. Sonderbestimmungen enthalten die LMKV[937] und das AMG.

§ 6 Abs. 1 Eichgesetz definiert Fertigverpackungen als Erzeugnisse in Verpackungen beliebiger Art, die in Abwesenheit des Käufers abgepackt und verschlossen werden, wobei die Menge des darin enthaltenen Erzeugnisses ohne Öffnen oder merkliche Änderung der Verpackung nicht geändert werden kann. Sie dürfen gem. § 7 Abs. 1 Eichgesetz nur in den Verkehr gebracht werden, wenn die Nennfüllmenge angegeben ist und die Füllmenge den festgelegten Anforderungen entspricht. Die Einzelheiten hinsichtlich der Angabe von Nennfüllmengen und die Art und Weise dieser Angabe etc. regelt die FertigverpackungsVO[938], die für Verstöße in § 35 auch die Verhängung von Bußgeldern vorsieht. Nach § 7 Abs. 2 Eichgesetz darf durch Fertigpackungen zudem keine größere Füllmenge vorgetäuscht werden (Verbot von Mogelpackungen)[939]. Verstöße hiergegen sind gem. § 19 Abs. 1 Nr. 1 bußgeldbewehrt.

Nach Maßgabe des § 8 der LMKV ist die Menge einer bei Herstellung eines zusammengesetzten Lebensmittels verwendeten Zutat anzugeben. Gem. § 10 Abs. 1 Nr. 6 AMG muss der Inhalt des Fertigarzneimittels nach Gewicht, Rauminhalt und/oder Stückzahl auf der Packung gekennzeichnet werden.

---

933 *Reich/Micklitz*, Verbraucherschutzrecht in der Bundesrepublik Deutschland, S. 56.

934 Vgl. dazu *Strassner*, Verbraucherinformationsrecht, S. 16 f.

935 Gesetz über das Meß- und Eichwesen i.d.F. v. 23.2.1993 (BGBl. 1992 I, S. 711), zuletzt geändert durch Art. 7 des Gesetzes v. 13.12.2001 (BGBl. 2001 I, S. 3586).

936 FertigpackungsVO v. 18.12.1981, BGBl. 1981 I, S. 155 i.d.F. der Bek. v. 8.3.1994 (BGBl. 1994 I, S. 451, berichtigt S. 1307), zuletzt geändert durch VO v 26.7.2000 (BGBl. 2000 I, S. 1238).

937 Verordnung über die Kennzeichnung von Lebensmitteln v. 15.12.1999 (BGBl. 1999 I, S. 2464), zuletzt geändert durch VO v. 8.12.2000, (BGBl. 2000 I, S. 1686). Vgl. ausf. zur LMKV *Bülow*, Kennzeichnungsrecht, Bd. 2 Rdn. L 1 ff.; *Zipfel/Rathke*, Lebensmittelrecht, Bd. 2, C 104.

938 Ausf. zur FertigpackungsVO *Rützler* in: Lebensmittelrechts-Hdb. II Rdn. 67 ff.; Komm. Fertigpackungsrecht, FPV, S. 1 ff.

939 Ausf. *Rützler* in: Lebensmittelrechts-Hdb. II Rdn. 66; Komm. Fertigpackungsrecht, § 7 (2) EichG, S. 69 ff.

C. Kennzeichnungspflichten bei Produkten

Das Kennzeichnungsrecht ist nicht nur in Deutschland nach wie vor virulent, wobei gerade der europäische Binnenmarkt grenzüberschreitende Kennzeichnungspflichten erforderlich macht. Je nach Produktart lassen sich folgende Bereiche unterteilen[940]:

- Produktzusammensetzung
- Produktschädlichkeit bzw. -gefährlichkeit
- Nebenwirkungen
- Zusatz- und Fremdstoffe des Produkts
- Haltbarkeit, eventuell Herstellungsdatum des Produkts
- Anwendung des Produktes
- Produktqualität
- Nährwert bei Lebensmitteln.

Unterteilt nach Lebensmittel und anderen Waren sollen im Folgenden zumindest die wichtigsten Kennzeichnungspflichten aufgeführt werden.

I. Kennzeichnung von Lebensmitteln

1. Allgemeine Kennzeichnungsvorschriften

Lebensmittel werden in § 1 Abs. 1 LMBG definiert als Stoffe, die nach ihrer Zweckbestimmung aus Gründen der Ernährung und/oder des Genusses verzehrt werden[941]. Für sie bestehen eine ganze Reihe von Kennzeichnungspflichten, die sich u.a. aus der besonderen Bedeutung und Wichtigkeit von Lebensmitteln für die Gesundheit des einzelnen Verbrauchers erklären[942].

Wichtigste Rechtsgrundlage ist dabei die auf Grund § 19 Abs. 1 LMBG erlassene LMKV[943]. Sie sieht in § 3 für Lebensmittel in Fertigpackungen[944] grundsätzlich folgende Kennzeichnungselemente vor[945]:

- Verkehrsbezeichnung (§ 4 LMKV),

---

940 Nach *Reich/Micklitz*, Verbraucherschutzrecht in der Bundesrepublik Deutschland, S.47.

941 Vgl. *Meyer*, Lebensmittelrecht, S. 1 ff.; *Rützler* in: Lebensmittelrechts-Hdb. II Rdn. 3 ff.

942 Daneben ist zudem das Täuschungsverbot des § 17 LMBG zu beachten – s.o. 4. Teil, D.

943 VO über die Kennzeichnung von Lebensmitteln, i.d.F. v. 15.12.1999 (BGBl. 1999 I, S. 2464), zuletzt geändert durch VO v. 15.11.2001 (BGBl. 2001 I, S. 3107). Vgl. ausf. zur LMKV *Bülow*, Kennzeichnungsrecht, Bd. 2 Rdn. L 1 ff.; *Zipfel/Rathke*, Lebensmittelrecht, Bd. 2, C 104. Vgl. auch die RL 2000/13/EG zur Angleichung der Rechtsvorschriften der Mitgliedsstaaten über die Etikettierung und Aufmachung von Lebensmitteln sowie die Werbung hierfür v. 20.3.2000 (ABlEG Nr. L 109 v. 6.5.2000, S. 29), geändert durch RL 2001/10/EG v. 26.11.2001, ABlEG Nr. L 310, S. 19, die die RL 79/112/EWG v. 18.12.1978 (ABlEG Nr. L 33 v. 8.2.1979, S. 1) kodifizierte und aufhob.

944 Für Lebensmittel, die unverpackt an Verbraucher abgegeben werden (sog. „*lose Ware*"), gibt es derzeit in Deutschland keine generellen Kennzeichnungsbestimmungen, die denen entsprechen, die für verpackte Lebensmittel gelten. Insofern bestehen aber Bestrebungen des Verbraucherministeriums für eine entsprechende VO – vgl. unter http://www.verbraucherministerium.de/verbraucher/verbraucherinfos.htm.

945 Zu den Einzelheiten *Meyer*, Lebensmittelrecht, S. 53 ff.; *Rützler* in: Lebensmittelrechts-Hdb. II Rdn. 78 ff.

- Name oder Firma und Anschrift des Herstellers oder eines Inverkehrbringers,
- Zutatenverzeichnis (§ 6 LMKV),
- Mindesthaltbarkeitsdatum oder bei leicht verderblichen Lebensmitteln das Verbrauchsdatum (§§ 7 und 7a LMKV),
- bei Getränken mit einem Alkoholgehalt über 1,2 Volumenprozent der Alkoholgehalt (§ 7b LMKV),
- die Menge der enthaltenen Zutaten (§ 8 LMKV)[946].

Verstöße hiergegen können nach Maßgabe des § 10 LMKV i.V.m. § 54 Abs. 1 Nr. 2 LMBG von der zuständigen Landesbehörde[947] mit einer Geldbuße von bis zu 15.000 € geahndet werden.

Nach Maßgabe der LKV[948] dürfen Lebensmittel zudem grundsätzlich nur in den Verkehr gebracht werden, wenn sie mit einer Buchstaben-, Ziffern- oder Buchstaben-Ziffern-Kombination versehen sind, die später etwa eine Rückrufaktion einer Charge eines bestimmten Lebensmittels ermöglicht[949].

Werden im Verkehr mit Lebensmitteln oder in der Werbung mit Lebensmitteln nährwertbezogene Angaben gemacht, muss eine Nährwertkennzeichnung nach der NKV[950] erfolgen[951].

Sonderbestimmungen bestehen für die Kennzeichnung von Lebensmittelzusatzstoffen. Nach § 9 Zusatzstoff-ZulassungsVO[952] müssen Zusatzstoffe mit dem Klassennamen sowie die Verkehrsbezeichnung oder mit der E-Nummer aufgeführt werden[953]. Der Klassenname beschreibt den technologischen Zweck des Zusatzstoffes, z.B. Farbstoff, Konservierungsstoff. Bei der Verkehrsbezeichnung handelt es sich um eine allgemeine oder chemische Bezeichnung eines Zusatzstoffes, z.B. Natriumnitrit. Die E-Nummern sind Bezeichnungen für Zusatzstoffe, die in allen Ländern der Europäischen Union und teilweise weltweit gelten[954].

---

946 Die Mengenkennzeichnung geht zurück auf die europäische QUID (Quantitavie Ingredient Declaration) – RL 97/4/EG (ABlEG Nr. L 043 v. 14.2.1997, S. 21), die die RL 79/112/EWG (ABlEG Nr. L 33 v. 8.2.1979, S. 1) änderte. Die RL 79/112/EWG wurde ihrerseits durch die RL 2000/13/EG zur Angleichung der Rechtsvorschriften der Mitgliedsstaaten über die Etikettierung und Aufmachung von Lebensmitteln sowie die Werbung hierfür v. 20.3.2000, (ABlEG Nr. L 109 v. 6.5.2000, S. 29), geändert durch RL 2001/10/EG v. 26.11.2001, (ABlEG Nr. L 310, S. 19) kodifiziert und aufgehoben.

947 Vgl. dazu *Meyer*, Lebensmittelrecht, S. 110 ff.

948 Los-KennzeichnungsVO v. 23.6.1993 – BGBl. 1993 I, S. 1022.

949 Dazu *Meyer*, Lebensmittelrecht, S. 65.

950 Nährwert-KennzeichnungsVO v. 25.11.1994 (BGBl. 1994 I, S. 3526), zuletzt geändert durch VO v. 5.5.1999 (BGBl. 1999 I, S. 924).

951 Ausf. *Meyer*, Lebensmittelrecht, S. 66 ff.; Komm. Nährwertkennzeichnung, Teil 2, S. 1 ff. Erfasst hiervon ist auch die Angabe von Vitaminen und Mineralstoffen, für welche die Anlage 1 der NKV die empfohlene Tagesdosis aufführt.

952 VO v. 29.1.1998 (BGBl. 1998 I. S. 230), zuletzt geändert durch VO v. 13.11.2000 (BGBl. 2000 I, S. 1510). Die VO geht zurück auf die Zusatzstoff-Rahmen-RL (RL 89/107/EWG v. 21.12.1988, ABlEG Nr. L 40, S. 27, zuletzt geändert durch RL 94/34/EG v. 30.6.1994 – vgl. auch *Meyer/Preuß*, WRP 2003, S. 675 ff. die auf die Europäisierung des Zusatzstoffrechts eingehen.

953 Vgl. zur Kennzeichnung von *Hofmann*, Verbraucherratgeber Lebensmittelrecht, S. 16.

954 Zur Bedeutung der E-Nummern siehe unter www.zusatzstoffe-online.de.

2. Spezielle Kennzeichnungsvorschriften

Für eine Reihe von Lebensmitteln sind spezielle Kennzeichnungspflichten zu beachten, so etwa für Eier[955], Honig[956], Konfitüre[957], Käse[958], Margarine[959], Kakao[960] und Kaffee[961], diätische Lebensmittel[962], Fleisch und Fleischerzeugnisse[963], Fruchtsäfte[964], Wein[965], tiefgefrorene Lebensmittel[966], Tabakerzeugnisse[967] etc.[968].

Zu beachten sind schließlich die nach Maßgabe des Handelsklassengesetzes[969] eingeführten gesetzlichen Handelsklassen für Speisekartoffeln[970] und die zahlreichen EG-Vermarktungsnormen[971] für Obst und Gemüse.

---

955 Vgl. Art. 7 VO Nr. 1907/90 v. 26.5.1999 (ABlEG Nr. L 173, S. 5) unter Berücksichtigung der Änderungen durch VO Nr. 5/20001 v. 19.12.2000 (ABlEG Nr. L 2, S. 1) zum 1.1.2004. Vgl. ausf. zur Eierkennzeichnung unter: http://www.tieraerzte-sachsen.de/Vortrag/Kennzeichnung_Eier.pdf.

956 Vgl. §§ 3, 4 HonigVO v. 13.12.1976 (BGBl. 1976 I, S. 3391), zuletzt geändert durch Gesetz v. 6.8.2001 (BGBl. 2001, S. 3082).

957 Vgl. § 3 KonfitürenVO v. 26.10.1982 (BGBl. 1982 I, S. 1434), zuletzt geändert durch VO v. 14.10.1999 (BGBl. 1999 I, S. 2053).

958 Vgl. §§ 14 ff. KäseVO v. 14.4.1986 (BGBl. 1986 I, S. 412), zuletzt geändert durch VO v. 14.10.1999 (BGBl. 1999 I, S. 2053).

959 Vgl. § 4 Margarine- und MischfettVO v. 31.8.1990 (BGBl. 1990 I, S. 1989), zuletzt geändert durch VO v. 8.6.1999 (BGBl. 1999 I, S. 1261).

960 Vgl. § 6 KakaoVO v. 30.6.1975 (BGBl. 1975 I, S. 1760), zletzt geändert durch VO v. 29.1.1998 (BGBl. 1998 I, S. 230).

961 Vgl. § 2 KaffeeVO v. 15.11.2001 (BGBl. 2001 I, S. 3107).

962 Vgl. §§ 15 ff. DiätVO v. 25.8.1988 (BGBl. 1988 I, S. 1713), zuletzt geändert durch Gesetz v. 6.8.2002 (BGBl. 2002 I, S. 3092).

963 Vgl. § 22 FleischhygieneG v. 8.7.1993 (BGBl. 1993 I, S. 1189), zuletzt geändert durch Gesetz v. 6.8.2002 (BGBl. 2002 I, S. 3092). Im Hinblick auf die BSE-Krise kam es u.a. zur VO Nr. 1769/2000 (ABlEG 2000 Nr. L 204, S. 1) zur Einführung eines Systems zur Kennzeichnung, Registrierung und Etikettierung von Rindfleisch und Rindfleischerzeugnissen. Beachte dazu auch die DurchführungsVO Nr. 1825/2000 (ABlEG 2000 Nr. 216, S. 8).

964 Vgl. § 4 FruchtsaftVO v. 17.2.1982 (BGBl. 1982 I, S. 193), zuletzt geändert durch VO v. 14.10.1999 (BGBl. 1999 I, S. 2053).

965 Vgl. §§ 22 ff. WeinG i.d.F. 16.5.2001 (BGBl. 2001 I, S. 985), zuletzt geändert durch Gesetz v. 21.8.2002 (BGBl. 2002 I, S. 3322).

966 Vgl. §§ 3 ff. VO über tiefgefrorene Lebensmittel v. 29.10.1991 (BGBl. 1991 I, S. 2051), zuletzt geändert durch VO v. 16.11.1995 (BGBl. 1995 I, S. 1520).

967 Vgl. die TabakproduktVO v. 20.11.2002 (BGBl. 2002 I, S. 4434), die die EG-RL 2001/37 v. 5.6.2001 (ABlEG Nr. L 194, S. 26) umsetzt und die VO zur Kennzeichnung von Tabakerzeugnissen und über Höchstmengen von Teer im Tabakrauch v. 29.10.1991 (BGBl. 1991 I, S. 2053) ablöst. Für Tabakerzeugnisse i.S.d. § 3 Abs. 1 LMBG regelt die TabakproduktVO in § 6 die Angabe des Gehalts an Rauchinhaltsstoffen und der Chargennummer und in § 7 die Angabe von Warnhinweisen. Die Art der Kennzeichnung ist speziell in § 8 TabakproduktVO aufgeführt. Nach § 9 der VO dürfen Packungsangaben zudem nicht den Eindruck erwecken, dass ein bestimmtes Tabakerzeugnis weniger schädlich als andere sei. Wer hiergegen verstößt handelt gem. § 10 Abs. 2 Tabakprodukt-VO ordnungswidrig i.S.d. § 53 Abs. 2 LMBG.

968 Vgl. *Rützler* in: Lebensmittelrechts-Hdb. II Rdn. 93 ff.; *Bülow*, Kennzeichnungsrecht, Bd. 2 Rdn. L 46 ff.; Bd. 3, passim.

969 Gesetz i.d.F. v. 23.11.1972 (BGBl. 1972 I, S. 2201) zuletzt geändert durch VO v. 29.10.2001 (BGBl. 2001 I, S. 2785). Vgl. dazu auch *Zipfel/Rathke*, Lebensmittelrecht, Bd. 2, C 9.

970 VO über gesetzliche Handelsklassen für Speisekartoffeln vom 6.3.1985 (BGBl. 1985 I, S. 542) zuletzt geändert am 02.08.1994 (BGBl. 1994 I, S. 2018). Diese Handelsklassen sind zwingend anzuwenden.

971 Grundlegend EG-VO Nr. 2200/96 v. 28.10.1996 über die gemeinsame Marktorganisation für Obst und Gemüse (ABlEG ABl. Nr. L 297 v. 21.11.1996, S. 1), geändert durch VO Nr. 2520/97 v. 15.12.1997 (ABlEG Nr. L 346 v. 17. 12. 1997, S. 41) mit Berichtigung (ABl. Nr. L 271 vom 3. 10. 1997, S. 19). Eine Liste aller den EG-Vermarktungsnormen unterliegenden Erzeugnissen findet sich unter: http://www.ble.de/index.cfm?93FBB064E8894C828551 1CE3FD9F2B4A.

3. Kennzeichnung neuartiger Lebensmittel

Für neuartige Lebensmittel und Lebensmittelzutaten sieht die Novel Food-VO[972] in Art. 8 besondere Kennzeichnungspflichten vor[973]. Für die Novel Food-VO ist ein Lebensmittel/eine Lebensmittelzutat dann „*neuartig*", wenn es/sie in den Ländern der EU „*noch nicht in nennenswertem Umfang für den menschlichen Verzehr verwendet wurde*", wenn also in Europa ein Produkt unbekannt ist und man daher nicht aus langer Erfahrung weiß, dass es sicher und gut verträglich ist und wenn eine der aufgezählten Kategorien von Neuartigkeit, etwa gentechnische Veränderung oder Herstellung, gegeben ist.

Nicht erfasst von der Novel Food-VO sind gentechnisch veränderte oder aus genetisch veränderten Organismen hergestellte Zusatzstoffe und Aromen. Insofern ist die VO Nr. 50/2000[974] zu beachten. Zudem müssen in Folge der SchwellenwertVO[975] unbeabsichtigte, technisch unvermeidbare Beimischungen von genetisch veränderten Organismen bis zu einem Anteil von 1% nicht gekennzeichnet werden[976]. Für gentechnisch veränderte Mais- und Soja-Produkte gelten die besonderen Kennzeichnungsregelungen nach der VO Nr. 1139/98[977], die als Maßstab auch für andere Pflanzen gelten kann.

In Vorbereitung ist eine Verordnung zur Rückverfolgbarkeit und Kennzeichnung genetisch veränderter Organismen[978] und auch für Lebens- und Futtermittel aus gentechnisch veränderten Organismen wird es in der EU künftig eine eigene VO[979] geben.

Verstöße gegen die Novel Food-VO, der VO Nr. 1139/98 und der Verordnung Nr. 50/2000 sind nach Maßgabe der §§ 8, 9 NLV[980] i.V.m. 52, 53 LMBG straf- und bußgeldbewehrt[981] und können auch wettbewerbsrechtlich im Rahmen der §§ 1, 3 UWG relevant werden[982].

---

972 Verordnung (EG) Nr. 258/97 v. 27.1.1997 über neuartige Lebensmittel und neuartige Lebensmittelzutaten (ABlEG Nr. L 43 v. 14.2.1997, S. 1); in Kraft getreten am 15.5.1997. Siehe zur Novel Food-VO auch *Streinz* in: Lebensmittelrechts-Hdb. II Rdn. 500 ff.; *Lell*, Umweltbezogene Produktkennzeichnung, S. 229 ff., 243 ff.; *Meyer*, GenFood, Novel Food, Rdn. 144 ff.

973 Dazu ausf. *Meyer*, GenFood, Novel Food, Rdn. 315 ff.

974 VO v. 10.1.2000 (ABlEG Nr. L 6, S. 15).

975 VO Nr. 49/2000 v. 10.1.2000 (ABlEG Nr. L 6, S. 13).

976 Kritisch hierzu – *Hofmann*, Verbraucherratgeber Lebensmittel, S. 25 f.

977 VO v. 26.5.1998 (ABlEG 1998 Nr. L 159, S. 4), die die VO Nr. 1813/97 ablöste; dazu *Streinz* in: Lebensmittelrechts-Hdb. II Rdn. 516 ff.; *Lell*, Umweltbezogene Produktkennzeichnung, S. 245; *Meyer*, Gen Food, Novel Food, Rdn. 80 ff.

978 Vgl. den Gemeinsamen Standpunkt Nr. 21/2003 vom Rat vorgelegt am 17.3.2003 (ABlEG 2003 Nr. C 304 E, S. 21)

979 Vgl. den Gemeinsamen Standpunkt Nr. 22/2003 vom Rat vorgelegt am 17.3.2003 (ABlEG 2003 Nr. C 304 E, S. 31); dazu auch *Lell*, Umweltbezogene Produktkennzeichnung, S. 261 ff.;

980 Neuartige Lebensmittel- und LebensmittelzutatenVO i.d.F. v. 14.2.2000 (BGBl. 2000 I, S. 123), zuletzt geändert durch VO v. 19.11.2001 (BGBl. 2001 I, S. 3472), vgl. *Meyer*, GenFood, Novel Food, Rdn. 246 ff.

981 Vgl. dazu auch *Dannecker*, ZLR 1998, S. 430 ff.; *Lell*, Umweltbezogene Produktkennzeichnung, S. 274 ff.

982 *Lell*, Umweltbezogene Produktkennzeichnung, S. 273 f.

II. Kennzeichnung sonstiger Produkte

Auch für sonstige Produkte sind im Einzelfall spezielle Kennzeichnungsvorschriften einschlägig. Ähnlich wie im Lebensmittelrecht ist die Rechtslage indes kaum mehr überschaubar und wird zudem dadurch verkompliziert, dass daneben eine Reihe von freiwilligen Kennzeichnungsmöglichkeiten und Gütesiegeln bestehen, die eine Orientierung gerade des Verbrauchers fast unmöglich machen. Im Folgenden soll zumindest versucht werden, einen Überblick über die bestehenden gesetzlichen Kennzeichnungspflichten zu verschaffen.

1. Warenkennzeichnung in der Europäischen Union – CE-Kennzeichnung

Auf europäischer Ebene bestehen eine Reihe von technischen Harmonisierungsrichtlinien, die Schutzanforderungen für bestimmte Produkte, wie etwa für Maschinen, Medizinprodukte, Spielzeug[983] aufstellen. Produkte, die unter diese Richtlinien fallen, dürfen innerhalb der EU nur in den Verkehr gebracht werden, wenn sie mit dem CE-Kennzeichen (CE = Communauté Européenne = Europäische Gemeinschaft) gekennzeichnet sind[984]. Gesetzliche Grundlage für die CE-Kennzeichnung in Deutschland ist vor allem das GSG und die entsprechenden VO zum GSG[985].

Für den Verbraucher ist diese Kennzeichnung nur bedingt hilfreich, zeigt sie doch nur an, dass die Hersteller bzw. sein Bevollmächtigter eigenverantwortlich erklären, dass die gesetzlichen Sicherheitsanforderungen eingehalten und die Ware in der EU verkehrsfähig ist[986]. Allerdings wird zumindest die Einhaltung der Voraussetzung der CE-Kennzeichnung durch die Marktkontrollen der nationalen Behörden überprüft und Verstöße sind bußgeldbewehrt[987]. Die ungerechtfertigte CE-Kennzeichnung kann zudem unter Umständen irreführend i.S.d. § 3 UWG sein[988].

---

983 Vgl. dazu http://www.vdi-nachrichten.com/ce-richtlinien/basics/richtlinien.asp.

984 Vgl. den Beschluss 93/465/EWG des Rates v. 22.7.1993, ABlEG Nr. L 220 v. 30.8.1993, S. 23 ff.

985 Vgl. dazu im Einzelnen http://www.vdi-nachrichten.com/ce-richtlinien/basics/gesetze.asp; vgl. auch *Klindt*, ProdSG, § 14 Rdn. 9.

986 Vgl. http://www.sozialnetz.de/pgs1/tx_ken01.html; allg. zur CE-Kennzeichnung *Niebling*, Die CE-Kennzeichnung, S. 11 ff. S.u. D. zum GS-Zeichen und den Bestrebungen Bayerns ein freiwilliges Sicherheitszertifikat nach dem Vorbild des GS-Zeichens einzuführen.

987 Vgl. z.B. § 5 der 9. GSGV i.V.m. § 16 GSG; vgl. auch *Klindt*, ProdSG, § 14 Rdn. 5 ff. Nach §§ 14, 15 ProdSG ist die missbräuchliche CE-Kennzeichnung insofern bußgeldbewehrt, als Produkte mit der CE-Kennzeichens versehen werden, ohne dass deren Verwendung für dieses Produkt gesetzlich geregelt ist.

988 Dazu *Niebling*, Die CE-Kennzeichnung, S. 24 f.

2. Nationale Warenkennzeichnung

a. Textilien

Für Textilien ist das TKG[989] zu beachten, das die Hersteller von Textilerzeugnissen verpflichtet, alle Textilien für den Verbraucher mit einer detaillierten Angabe über Art und Gewichtsanteile der verwendeten textilen Rohstoffe zu versehen[990]. Zuwiderhandlungen sind gem. § 14 TKG mit Bußgeld bewehrt und können auch Maßnahmen nach dem UWG zur Folge haben. Die größte Lücke des TKG besteht darin, dass die im Produktionsprozess zum Einsatz kommenden chemischen Stoffe nicht gekennzeichnet werden müssen. Auch die Angabe, wer der Hersteller ist und wo das Kleidungsstück gefertigt wurde, ist dagegen nicht gesetzlich vorgeschrieben.

Nicht gesetzlich geregelt ist auch die Pflegekennzeichnung, die aber allgemein üblich ist und auf den Pflegesymbolen der GINETEX[991] (Internationale Vereinigung für die Pflegekennzeichnung von Textilien) beruht[992].

b. Kosmetika

Für Kosmetika[993] trifft die KosmetikVO[994] in den §§ 4 bis 5 a Regelungen zur Kennzeichnung und zu besonderen Hinweisen auf den Produkten - wie Markierungen zur Identifizierung der Herstellungscharge, Mindesthaltbarkeitsdatum, Bestandteile u.a. Diese Angaben müssen grundsätzlich sowohl auf dem Behältnis, als auch auf der Verpackung angebracht werden. Ist dies wegen geringer Größe nicht möglich, so muss auf einen beiliegenden Beipackzettel hingewiesen werden. Verstöße sind gem. § 6 Abs. 3 und 4 KosmetikVO i.V.m. §§ 53, 54 LBMG bußgeldbewehrt.

c. Arzneimittel

Hinsichtlich Arzneimittel sind die §§ 10 ff. AMG[995] zu beachten. Nach § 10 Abs. 1 AMG sind auf Fertigarzneimitteln zahlreiche Angaben wie der Hersteller, die Zulassungsnummer, die Chargenbezeichnung, die Darreichungsform, der Inhalt nach Gewicht, Rauminhalt oder Stückzahl, die Art der Anwendung etc. anzugeben. Warnhinweise, für die Verbraucher bestimmte Aufbewahrungshinweise und für die Fachkreise bestimmte Lagerhinweise können nach Maßgabe des § 10 Abs. 2 AMG hinzukommen und auch die Absätze 3 – 8 enthalten weitere spezielle Kennzeichnungspflichten. In § 11 AMG ist der Inhalt der Packungsbeilage

---

989 Vgl. § 1 Textilkennzeichnungsgesetz (TKG), i.d.F. v. 14.8.1986 (BGBl. 1986 I, S. 1285).

990 Vgl. zum TKG *Brebeck*, TKG, passim und im Internet unter http://www.theoprax.de/pdf/waschen_0105.pdf.

991 Vgl. im Internet unter http://www.ginetex.org/ .

992 Zu den Pflegekennzeichnen im Einzelnen http://www.theoprax.de/pdf/waschen_0105.pdf.

993 Kosmetische Mittel werden äußerlich am Menschen (Haut, Haare, Nägel, Lippen, Zähne, Schleimhäute der Mundhöhle, intime Regionen) angewendet und dienen nicht nur zur Beeinflussung des Aussehens (dekorative Produkte), sondern sind auch Erzeugnisse zur Reinigung, Pflege, zum Schutz und zur Parfümierung – vgl. auch die Legaldefinition des § 4 Abs. 1 LMBG.

994 Verordnung über kosmetische Mittel (KosmetikVO) v. 16.12.1977 (BGBl. 1977 I, S. 2589) i.d.F. der Bekanntmachung v. 7.10.1997 (BGBl. 1997 I, S. 2410) zuletzt geändert durch die 32. Verordnung zur Änderung der Kosmetik-Verordnung v. 18. Dezember 1998 (BGBl. 1998 I, S. 3773).

995 Arzneimittelgesetz v. 24.8.1976 (BGBl. 1976 I, S. 2445, 2448), neugefasst durch Bek. v. 11.12.1998 (BGBl. 1998 I, S. 3586) zuletzt geändert durch Gesetz v. 21.8.2002 (BGBl. 2002 I, S. 3352).

geregelt. § 12 AMG enthält eine Ermächtigungsvorschrift zur Erweiterung der Kennzeichnungspflichten. Verstöße gegen §§ 10, 11 AMG sind gem. § 97 Abs. 2 Nr. 4 und 5 AMG bußgeldbewehrt.

d. Gefährliche Stoffe

Insbesonders für gefährliche Stoffe i.S.d. § 3a ChemG[996] bestehen nach Maßgabe der §§ 5 ff. GefStoffV[997] Kennzeichnungspflichten entsprechend ihrer Gefährlichkeitseinstufung. In diesem Zusammenhang sind auch die Gefahrensymbole zu beachten, bei denen es sich um international eingeführte Warenzeichen zur Kennzeichnung gefährlicher Stoffe und Zubereitungen handelt[998]. Die Gefahrensymbole sind in schwarzem Aufdruck auf orangegelbem Untergrund anzubringen und müssen eine zur Verpackung angemessene Größe haben. Zu dem Gefahrensymbol gehört ein Buchstabe und eine Gefahrenbezeichnung. Daneben müssen auch Hinweise auf besondere Gefahren (R-Sätze) und Sicherheitsratschläge (S-Sätze) angegeben werden[999].

e. Energieverbrauchskennzeichnung

Nach Maßgabe EnVKVO[1000] müssen Kühlschränke, Gefriergeräte, Waschmaschinen, Wäschetrockner, Geschirrspüler, Haushaltslampen, Raumklimageräte und Elektrobacköfen mit einem europaweit einheitlichen Energieverbrauchsetikett gekennzeichnet werden[1001], das den Verbrauch an Strom und gegebenenfalls anderer wichtiger Ressourcen, insbesondere Wasser, der Geräte klar erkennen lässt. Die Geräte werden dabei in Energieeffizienzklassen eingeteilt, die dem Verbraucher auf einen Blick die Beurteilung ermöglichen, ob das Gerät sparsam oder verschwenderisch mit der Energie und den anderen wichtigen Ressourcen umgeht. Kennzeichnungsrichtlinien für weitere energieintensive Haushaltsgeräte sind bei der EU-Kommission in Vorbereitung.

Verstöße gegen die Etikettierungspflichten durch den Hersteller und/oder Händler sind gem. § 9 EnKVO i.V.m. § 2 EnVKG bußgeldbewehrt.

---

996 Chemikaliengesetz i.d.F. v. 20.6.2002 (BGBl. 2002 I, S. 2090), zuletzt geändert durch Gesetz v. 6. 8.2002 (BGBl. 2002 I, S. 3082).

997 VO zum Schutz vor gefährlichen Stoffen v. 26. 10.1993 (BGBl 1993 I, S. 1783) neugef. durch Bek. v. 15.11.1999 (BGBl. 1999 I, S. 2233); zuletzt geändert durch VO v. 15.10.2002 (BGBl. 2002 I, S. 4123).

998 Vgl. dazu http://www.sozialnetz.de/pgs1/tx_ken06.html?csok=1 und http://www.vis-technik.bayern.de/de/left/fachinformationen/chemie_basis/chemie_basis-ix.htm.

999 Der Wortlaut der R-Sätze ist im Anhang III der RL 67/548/EWG, der Wortlaut der S-Sätze ist im Anhang IV der RL 67/548/EWG zu finden – vgl. auch http://www.vis-technik.bayern.de/de/left/fachinformationen/chemie_basis/chemie_basis-ix.htm.

1000 VO über die Kennzeichnung von Haushaltsgeräten mit Angabe über den Verbrauch und anderen wichtigen Ressourcen v. 30.10.1997 (BGBl. 1997 I, S. 2616) zuletzt geändert durch Art. 2 der VO v. 6.12.2002 (BGBl. 2002 I, S. 4517). Die VO beruht ihrerseits auf dem EnVKG v. 1.7.1991 (BGBl. 1997 I, S. 1632), i.d.F. v. 30.1.2002 (BGBl. 2002 I, S. 570) und setzt mehrere EU-Richtlinien, u.a. die Rahmen-RL 92/75/EWG v. 22.9.1992 (ABlEG Nr. L 297, S. 16) in nationales Recht um.

1001 Vgl. dazu auch unter http://www.eu-label.de/.

f. Inhaltsstoffe von Wasch- und Reinigungsmitteln

Hinsichtlich der Kennzeichnung von Inhaltsstoffen von Wasch- und Reinigungsmitteln sieht das WaschMG[1002] in § 7 nur vor , dass „*die wichtigsten Stoffe in allgemein verständlicher eindeutiger Bezeichnung*" aufgeführt werden müssen. Pflicht ist zudem die Angabe von Dosierhinweisen für die vier unterschiedlichen Wasserhärtebereiche und Angaben zur Ergiebigkeit der Produkte. Informativere Angaben zu Umweltverträglichkeit und Rezeptur müssen die Hersteller nur gegenüber dem Umweltbundesamt machen, nicht aber gegenüber Verbrauchern, was von den Verbraucherverbänden seit langem kritisiert wird.

Verstöße gegen § 7 WaschMG werden gem. § 11 Abs. 1 Nr. 3 WaschMG als Ordnungswidrigkeiten geahndet.

g. Bedarfsgegenstände

Für Bedarfsgegenstände i.S.d. § 2 Bedarfsgegenstände-VO[1003] enthalten die §§ 9, 10, 10 a dieser VO Vorschriften über Warnhinweise und zur Kennzeichnung.

Insbesondere sind Lebensmittelbedarfsgegenstände mit einem Hinweis, der ihre Bestimmung beschreibt, bzw. mit der Formel „*für Lebensmittel*" oder mit dem festgelegten Symbol zu kennzeichnen. Besondere Bedingungen der Verwendung sind aufzuführen und der Name oder die Firma sowie Anschrift und Sitz oder die eingetragene Marke des Herstellers, Verarbeiters oder in der EG niedergelassenen Verkäufers anzugeben[1004]. Wer hiergegen verstößt handelt nach Maßgabe des § 12 Abs. 6 Bedarfsgegenstände-VO ordnungswidrig i.S.d. § 54 Abs. 1 Nr. 3 LMBG.

h. Gefahrhinweis

Nach § 3 Abs. 1 GSG dürfen technische Arbeitsmittel[1005] nur in den Verkehr gebracht werden, wenn sie den gesetzlichen sicherheitstechnischen Anforderungen entsprechen und keine Rechtsgüter anderer gefährden[1006]. Soweit hiervon unter bestimmten Bedingungen abgewichen werden kann, normiert § 3 Abs. 3 GSG ergänzend zwei weitere Pflichten die bei Vorliegen bestimmter Prämissen zu erfüllen sind: zum einen eine Hinweispflicht, wenn bestimmte Gefahren durch Art der Aufstellung oder Anbringung eines technischen Arbeitsmittels verhütet werden können und zum anderen die Pflicht zur Lieferung einer Gebrauchsanweisung, wenn zur Verhütung von Gefahren bestimmte Regeln bei der Verwendung, Ergänzung oder Instandhaltung eines technischen Arbeitsmittels beachtet werden müssen[1007].

1002 Gesetz über die Umweltverträglichkeit von Wasch- und Reinigungsmitteln v. 5.3.1987 (BGBl. 1987 I, S. 875); zuletzt geändert durch Art. 155 VO v. 29.10.2001 (BGBl. 2001 I, S. 2785).

1003 VO i.d.F. v. 23.12.1997 (BGBl. 1998 I, S. 5), zuletzt geändert durch Art. 1 der VO v. 7.4.2003 (BGBl. 2003 I, S. 486).

1004 Ausf. zur Kennzeichnung nach der Bedarfsgegenstände-VO *Henning* in: Lebensmittelrechts-Hdb. II Rdn. 423 f.

1005 Was unter „*technischen Arbeitsmitteln*" zu verstehen ist, ergibt sich aus § 2 GSG – vgl. auch *Peine*, GSG, §§ 1, 1 a, 2 Rdn. 11 ff.

1006 Dazu ausf. *Peine*, GSG, § 3 Rdn. 8 ff. und unten 7. Teil, C.

1007 Dazu ausf. *Peine*, GSG, § 3 Rdn. 101 ff.

i. Kraftstoffverbrauch und CO_2-Emmission bei Personenkraftwagen

Die europäische Union hat 1999 die RL 99/94/EG[1008] erlassen, nach der Verbraucher über den Kraftstoffverbrauch von Neuwagen und dem Ausstoß des Treibhausgases CO_2 informiert werden müssen. Die RL hätte bis zum 18.1.2001 in deutsches Recht umgesetzt werden müssen, was bislang aber nicht geschehen ist. Es läuft deshalb ein Vertragsverletzungsverfahren gegen Deutschland vor dem EuGH.

3. Sanktionen bei Verletzungen der nationalen Kennzeichnungsvorschriften

Zum Teil bestehen – wie aufgeführt – zum Schutz der nationalen Kennzeichnungspflichten Ordnungswidrigkeitentatbestände.

Soweit Kennzeichen nicht oder entgegen ihrer Voraussetzungen verwendet werden, liegt ein Verstoß gegen § 3 UWG nahe.

Fehlerhafte, unzureichende oder fehlende Kennzeichnung kann Ansprüche aus Produkthaftung und/oder Sachmängelgewährleistung begründen. Zudem kommt eine Anfechtung des in Folge unrichtiger Kennzeichnung geschlossenen Vertrags nach § 123 BGB oder zumindest § 119 Abs. 2 BGB in Betracht.

[1008] RL v. 13.12.1999, ABlEG v. 18.1.2000 Nr. L 12, S. 16 ff.

D. Freiwillige Kennzeichnungs- und Informationssysteme

Neben den gesetzlichen Kennzeichnungspflichten bestehen eine Reihe von freiwilligen Kennzeichnungs- und Informationssystemen, die wiederum zum Teil auf gesetzlicher Grundlage basieren oder gänzlich ohne gesetzliche Vorgaben auskommen.

Im Lebensmittelbereich bestehen eine Reihe von Ökokennzeichen. Auf europäischer Ebene gibt es seit Februar 2000 ein EU-Öko-Logo[1009], auf nationaler Ebene sichert das Öko-Kennzeichengesetz[1010] das sog. „*Bio-Siegel*" als staatliches Kennzeichen für Öko-Produkte rechtlich ab, dessen Ausgestaltung in der Öko-Kennzeichen-VO[1011] festgelegt wird. Daneben gibt es in Deutschland über 100 Öko-Marken und Warenzeichen[1012]. Von der CMA[1013] werden das CMA-Gütezeichen[1014] und das QS-Prüfzeichen[1015] vergeben und die DLG[1016] verteilt Qualitätssiegel. Vor allem bei Lebensmitteln weisen zum Teil Herkunftszeichen auf den nationalen, regionalen oder lokalen Ursprung eines Produkts hin.

Bei den sonstigen Produkten bestehen eine Reihe von Umweltzeichen[1017], wie der seit 1978 vergebene „*Blaue Engel*"[1018] und die seit 1992 bestehende „*Euro Blume*"[1019].

Freiwillig angegeben werden können auch sog. Sicherheitszeichen, die einen gewissen Sicherheitsstandart beim Gebrauch gewährleisten sollen. Besondere Bedeutung hat das „*GS-Zeichen*" (GS = geprüfte Sicherheit), das gem. § 3 Abs. 4 GSG dann geführt werden darf, wenn ein Produkt eine Bauartprüfung in einer anerkannten staatlichen Prüfungsstelle

---

1009 Vgl. EG-VO Nr. 331/2000 v. 17.12.1999, ABlEG Nr. L 48, S. 1. Zum Inhalt, den Voraussetzungen und der Bedeutung des EU-Prüfsiegels – vgl. *Lell*, Umweltbezogene Produktkennzeichnung, S. 343 f.

1010 Gesetz zur Einführung und Verwendung eines Kennzeichens für Erzeugnisse des ökologischen Landbaus (Öko-Kennzeichengesetz -ÖkoKennzG) v. 10.12.2001 (BGBl. 2001 I, S. 3441). Die Kriterien für das Bio-Siegel als staatliches Kennzeichen für Öko-Produkte richten sich nach den aktuellen Bestimmungen der EG-Öko-VO Nr. 2092/91 v. 24.6.1991 (ABlEG Nr. L 198 v. 22.7.1991, S. 1).

1011 VO zur Gestaltung und Verwendung des Öko-Kennzeichens v. 6.2.2002 (BGBl. 2002 I, S. 589). Vgl. auch unter www.bio-siegel.de.

1012 Vgl. *Hofmann*, Verbraucherratgeber Lebensmittelrecht, S. 34 ff., 89 ff. sowie unter: http://www.allesoeko.net/htm/04kennzeichnung/zeichen.html.

1013 CMA steht für Centrale Marketing-Gesellschaft der deutschen Agrarwirtschaft mbH – näheres dazu unter http://www.cma.de/.

1014 Vgl. zum CMA-Gütezeichen, das zur Angabe „*Markenqualität aus deutschen Landen*" berechtigt unter http://www.cma.de/profis_62670.php#. Der EuGH hat im Urteil v. 5.11.2002 (= NJW 2002, S. 3609 = EuZW 2003, S. 23 m. Anm. *Leible*) entschieden, dass Deutschland durch die Vergabe des CMA-Gütezeichens gegen Art. 28 EGV verstößt – ausf. dazu *Korte/Oschmann*, NJW 2003, S. 1766 ff.

1015 Vgl. http://www.cma.de/profis_2521.php.

1016 DLG steht für die 1885 gegründete Deutsche Landwirtschafts-Gesellschaft; vgl. ausf. zur DLG unter http://www.dlg.org/de/index.html.

1017 Vgl. http://www.vz-nrw.de/UNIQ105029936730325701/doc1658A.html. Allg. zu Formen der Umweltwerbung *Völker*, Irreführende Umweltwerbung, S. 31 ff.

1018 Vgl. http://www.blauer-engel.de sowie *Klindt*, BB 1998, S. 546 ff.; *Völker*, Irreführende Umweltwerbung, S. 33 ff. Der „*blaue Engel*" wird vom Deutschen Institut für Gütesicherung und Kennzeichnung e.V. (RAL) vergeben, wenn bestimmte, vom Umweltbundesamt unter Mitwirkung der betroffenen Wirtschaft und Verbraucher- und Umweltschützerverbänden konzipierte Kriterien erfüllt sind.

1019 Vgl. VO Nr. 880/92 v. 23.3.1992 betreffend ein gemeinschaftliches System zur Vergabe eines Umweltzeichens, ABlEG Nr. L 99, S. 1; neugefasst durch VO Nr. 1980/2000 v. 17.7.2000, ABlEG Nr. L 237, S. 1; vgl. hierzu auch *Klindt*, BB 1998, S. 551 ff.; *Lell*, Umweltbezogene Produktkennzeichnung, S. 139 m.w.N. in Fußnote 109; *Völker*, Irreführende Umweltwerbung, S. 35 ff. In Deutschland wird das Europäische Umweltzeichen (Euro Margerite) ebenfalls vom Deutschen Institut für Gütesicherung und Kennzeichnung e.V. (RAL) vergeben. Vgl. auch den Vorschlag der EG-Kommission, eine „*Europäische Organisation für das Umweltzeichen*" zu schaffen in EuZW 1997, S. 291.

bestanden hat[1020]. Um festzustellen, wer die Zeichenvergabe zu verantworten hat, findet sich das GS-Zeichen immer in Kombination mit dem Zeichen des Prüfinstituts, welches das Prüfzeichen vergeben hat. Zu beachten ist, dass die Zuerkennung des GS-Zeichens entfällt, wenn durch Rechtsverordnung nach § 4 GSG das CE-Zeichen vorgesehen ist[1021]. Die Verwendung oder Werbung mit dem GS-Zeichen ohne Vorliegen der Voraussetzungen hierfür, ist gem. § 16 Abs. 1 Nr. 1, Abs. 3 GSG bußgeldbewehrt.

In vielen Bereichen besteht zudem die Möglichkeit, RAL-Gütezeichen zu erlangen, die vom RAL Deutschen Institut für Gütesicherung und Kennzeichnung e.V.[1022] vergeben werden.

Auch zahlreiche Verbände geben Sicherheitszeichen, wie beispielsweise das VDE-Zeichen auf elektrotechnischen Produkten, dass deren elektronische Sicherheit bestätigt und vom Verband Deutscher Elektriker vergeben wird[1023].

In bestimmten Teilbereichen haben sich zudem auch ausländische Prüfzeichen durchgesetzt, etwa im IT-Bereich das TCO-Label der Schwedischen Angestellten Gewerkschaft.

Normungen, wie DIN[1024], CEN[1025] und ISO[1026] stellen für bestimmte Produkte einheitliche Anforderungen und Standards auf um eine gewisse Vergleichbarkeit und Kompatibilität national und international zu gewährleisten.

Bestimmte Qualitätsvorstellungen können auch mittels Marken vermittelt werden.

Allenfalls geringen verbraucherinformativen Inhalt hat dagegen das Kennzeichen *„Der Grüne Punkt"*, das vom *„Dualen System Deutschland GmbH"* zur Finanzierung der Sammlung und Wiederverwertung von Verpackungen gegen Zahlung einer Lizenzgebühr vergeben wird[1027].

Soweit Kennzeichen ohne Vorliegen der entsprechenden Voraussetzungen verwendet werden, wird regelmäßig § 3 UWG erfüllt sein. Auch eine Anfechtung nach § 123 BGB oder zumindest § 119 Abs. 2 BGB kommt in Betracht. Weiter können sich Sachmängelgewährleistungsansprüche und Produkthaftungsansprüche ergeben.

1020 Zum GS-Zeichen ausf. *Peine*, GSG, § 3 Rdn. 112 ff.

1021 Vgl. *Peine*, GSG, § 3 Rdn. 115. Dies ist sehr bedauerlich, dient das CE-Zeichen doch gerade nicht der Information des Verbrauchers. Insbesondere von Bayern gibt es daher Bestrebungen, für alle Produkte des Non-Food-Bereiches ein freiwilliges Sicherheitszertifikat nach dem Vorbild des GS-Zeichens einzuführen.

1022 Vgl. www.ral.de - RAL war ursprünglich der Kurzname für den am 23.4.1925 gegründeten Reichs-Ausschuss für Lieferbedingungen. Nachdem es nach dem Krieg ab 1952 zeitweilig dem Deutschen Normenausschuss (DNA) angegliedert war und keine eigene Rechtspersönlichkeit besaß, ist es seit 1972 e.V. und tritt seit 1980 unter dem Namen RAL Deutsches Institut für Gütesicherung und Kennzeichnung e.V. auf.

1023 Vgl. www.vde.com.

1024 Vgl. dazu http://www2.din.de/ .

1025 Vgl. dazu http://www.cenorm.be/ .

1026 Vgl. dazu http://www.iso.org/iso/en/ISOOnline.frontpage.

1027 Vgl. *Völker*, Irreführende Umweltwerbung, S. 37 f.

E. Staatliche Verbraucherinformation

Gerade die Lebensmittelskandale von BSE bis zu Nitrofen machen die Notwendigkeit einer möglichst umfassenden Information der Verbraucher in Krisenfällen deutlich, um einen Vertrauensverlust der Bevölkerung in Wirtschaft, Staat und Politik in Folge mangelnder Aufklärung vorzubeugen und die wirtschaftlichen Auswirkungen auf die betroffenen Branchen in Grenzen zu halten. Hinzu kommt, dass ohne Information der Verbraucher die Gefahrenlage kaum erkennen und sich mithin kaum schützen kann. In solchen Fällen bedarf es eines staatlichen Eingreifens vor allem, weil – wie die Praxis gezeigt hat – die gefährdenden Betriebe die sie belastenden Informationen nicht ohne weiteres freiwillig weitergeben werden[1028].

Als Hauptproblem staatlicher Verbraucherinformation erweist sich dabei die Notwendigkeit einer normativen Grundlage und einer Rechtfertigung durch hinreichende Gemeinwohlbelange[1029].

Das BVerfG hat in seinem Beschluss vom 26.6.2002[1030] ausgeführt, dass marktbezogene Informationen des Staates den grundrechtlichen Gewährleistungsbereich der betroffenen Wettbewerber nicht beeinträchtigen, sofern der Einfluss auf wettbewerbserhebliche Faktoren ohne Verzerrung der Marktverhältnisse nach Maßgabe der rechtlichen Vorgaben staatlichen Informationshandels erfolgt. Zu beachten ist dabei insbesondere das Vorliegen einer staatlichen Aufgabe und die Einhaltung der Zuständigkeitenordnung sowie die Beachtung der Anforderungen an Richtigkeit und Sachlichkeit[1031].

Das BVerfG stellte dann weiter fest, dass die Bundesregierung auf Grund ihrer Aufgabe der Staatsleitung überall dort zur Informationsarbeit berechtigt ist, wo ihr eine gesamtstaatliche Verantwortung zukommt, die mit Hilfe von Informationen wahrgenommen werden kann[1032]. Ein allgemeiner Auftrag zur Unterrichtung der Öffentlichkeit wird der Regierungstätigkeit als inhärent angesehen und umschließe auch Empfehlungen und Warnungen. Eine konkrete gesetzliche Grundlage ist demnach also entbehrlich[1033].

Zu beachten ist, dass mit § 8 ProdSG, der über § 2 Abs. 3 Nr. 2 ProdSG auch für Lebensmittel gilt, eine Rechtsgrundlage für behördliche Warnungen vor nicht sicheren Produkten

---

1028 *Frenz*, ZG 2002, S. 227.

1029 *Frenz*, ZG 2002, S. 231; vgl. auch die Nachweise bei *Klindt*, ProdSG, § 8 Rdn. 1 Fußnote 1 und 2.

1030 Beschluss v. 26.6.2002 – 1 BvR 558/91 = NJW 2002, S. 2621 ff.

1031 BVerfG, NJW 2002, S. 2622; vgl. auch *Knitsch*, ZRP 2003, S. 113 ff..

1032 BVerfG, NJW 2002, S. 2623 f.; vgl. auch dem Beschluss des BVerfG v. 26.6.2002 – 1 BvR 670/91 – NJW 2002, S. 2626 ff.

1033 Vgl. allerdings BVerwGE 71, 183, 198; *Knitsch*, ZRP 2003, S. 116 ff. einschränkend auch *Frenz*, ZG 2002, S. 231 ff., der zum einen auf die Belange der Unternehmen wie dem Schutz von geistigem Eigentum und Betriebs- und Geschäftsgeheimnisse verweist und alternativ die Bedeutung freiwilliger Informationsverpflichtungen erläutert.

besteht[1034] und daneben auch zahlreiche landesrechtliche Vorschriften über Warnungen eingreifen[1035].

Für den Bereich des Lebensmittelrechts war und ist weiterhin geplant, dem Verbraucher einen Auskunftsanspruch zu allen bei den Behörden vorhandenen Informationen im Rahmen eines Verbraucherinformationsgesetzes zu gewähren[1036]. Das Gesetz sieht einen Anspruch auf freien Zugang zu Informationen im Lebensmittelbereich vor, soweit keine vorrangigen Interessen berührt sind. Die Informationen sollen insbesondere über das Internet, auf Antrag aber auch durch Auskunft, Akteneinsicht oder sonstige Weise gewährt werden können. Zur Absicherung des Anspruchs besteht die Befugnis, einen Bundesbeauftragten für Verbraucherschutz anzurufen. Des weiteren ist im Verbraucherinformationsgesetz eine Befugnis der Behörde zur Information der Öffentlichkeit vorgesehen.

F. Sonstige Verbraucherinformationsmöglichkeiten

Neben den bislang aufgeführten Informationsmöglichkeiten der Verbraucher bestehen noch eine Reihe weiterer Informationsquellen. *Kuhlmann*[1037] klassifiziert insofern nach zwei Kriterien: dem der Bindung an das Absatzinteresse des Konsumgüteranbieters und dem der Institutionalisierung, die die Anwendung systematischer Regeln bei Erstellung und Verbreitung der Information sichert. Zu den interessengebundenen Informationsquellen, die durchweg einen hohen Grad an Institutionalisierung aufweisen, gehören etwa Werbung und Maßnahmen der Verkaufsförderung. Die nicht interessengebundenen Informationsquellen lassen sich dagegen nochmals in institutionalisierte, wie Testzeitschriften[1038], Testberichte, Verbraucherberatung und nicht-institutionalisierte, wie Auskünfte von Bekannten, Kollegen, Nachbarn oder durch andere Verbraucher etwa mittels von Informationsportalen im Internet[1039], unterteilen.

Einen besonderen Stellenwert im Rahmen der Verbraucherinformation und -beratung nehmen die zahlreichen Verbraucherverbände ein. In Deutschland sind zudem die 16 Verbraucherzentralen der Länder als Anlauf- und Beratungsstellen der Verbraucher zu nennen. An der Schnittstelle zwischen EU-Kommission und Verbraucher arbeiten zudem die EU-geförderten europäischen Verbraucherzentralen[1040], auch Eurogichets genannt, und stehen dem EU-Bürger Rede und Antwort vom Autokauf in Europa bis zur Zitruskennzeichnung.

1034 Vgl. dazu *Klindt*, ProdSG, § 8 Rdn. 1 ff., der in Rdn. 1 darauf hinweist, dass § 8 ProdSG der Debatte um Wesen und Zulässigkeit hoheitlicher Warnungen in wesentlichen Bereichen nunmehr einen einfachgesetzlichen Bezugspunkt gibt und ihr damit zugleich die Grundlage nimmt.

1035 Vgl. dazu *Meyer*, Lebensmittelrecht, S. 122 ff.

1036 Der erste Versuch zum Verbraucherinformationsgesetz scheiterte am Veto des Bundesrates – s.o. 1. Teil, B. II. Fußnote 116. Zum aktuellen Stand - vgl. unter http://www.verbraucherministerium.de/verbraucher/verbraucherinfos.htm.

1037 *Kuhlmann*, Verbraucherpolitik, S. 340 ff.

1038 Hier ist vor allem die Zeitschrift „*test*" der staatlich unterstützten Stiftung Warentest zu erwähnen.

1039 Neben dem reinen Preisvergleich bieten viele Seiten auch die Möglichkeit Erfahrungsberichte anderer Verbraucher abzurufen. Als Beispiel sei auf www.ciao.com oder www.dooyoo.de verwiesen.

1040 Vgl. unter www.evz.de sowie unter http://www.cec-ecc.be/DE/default.asp.

G. Stellungnahme

Schon allein das produktbezogene Informationsangebot ist derart immens, dass eine vollständige Berücksichtigung durch den Verbraucher kaum zu bewältigen ist. Dies ist indes auch nicht erforderlich, vielmehr geht es darum, dem Verbraucher ausreichende Informationsquellen zur Verfügung zu stellen, um ihm zumindest die Möglichkeit zu geben, sich vor seiner Kaufentscheidung entsprechend über das Produkt zu informieren. Unabhängig von der Reichweite der Informationen im Einzelfall sollte bei der Diskussion und Ausgestaltung der Verbraucherinformationen zweierlei beachtet werden: zum einen der Zeitaufwand für den Verbraucher, sich entsprechende Informationen zu beschaffen und zum anderen die Fähigkeit der Verbraucher, aus den zur Verfügung stehenden Informationen entsprechendes Wissen abzuleiten.

Der Zeitaufwand des Verbrauchers, sich entsprechende Informationen über ein Produkt zu verschaffen, darf nicht zu groß sein, da sonst in besonderem Maß die Gefahr besteht, dass die angebotenen Informationen gar nicht berücksichtigt werden. Dies legt vor allem die Verwendung von Prüf- und Gütezeichen nahe, die dem Verbraucher ohne weiteres einen gewissen Qualitäts- oder Umweltstandard signalisieren. Diese Prüf- und Gütezeichen sollten dabei aber eine nachvollziehbare Grundlage haben und sich auf eine für den Verbraucher überschaubare Zahl begrenzen. Damit wird zugleich ein ebenso wichtiger Punkt berührt, nämlich der der Informationsverarbeitung durch den Verbraucher. Die umfassendste Verbraucherinformation hat keinen Wert, wenn der Verbraucher nicht entsprechend sensibilisiert ist oder mit ihr nichts anzufangen weiß. Die überwiegende Zahl der bestehenden Kennzeichnungspflichten selbst im alltäglich so bedeutsamen Lebensmittelbereich dürfte den meisten Verbrauchern unbekannt sein. Das gleiche dürfte weitgehend für die bestehenden freiwilligen Informationssysteme gelten. Neben transparenten und nachvollziehbaren Regelungen, sollte m.E. hierüber eine entsprechende Verbraucherinformation erfolgen, die gerade wegen der Bedeutung, etwa der lebensmittelrechtlichen Kennzeichnungspflichten für die Gesundheit der Verbraucher schon in der Schule beginnen sollte.

6.Teil: Rechtsgeschäftlicher Schutz des Verbrauchers

A. Einleitung

Im Folgenden soll der eigentliche Kern des Verbraucherrechts dargestellt werden, nämlich der Schutz des Verbrauchers im Zusammenhang mit dem Abschluss von Rechtsgeschäften. Dieser Schutz beginnt – wie die §§ 241 a, 661 a BGB und die vorvertraglichen Informationspflichten zeigen – nicht erst mit Abschluss des Rechtsgeschäfts, sondern schon bei dessen Anbahnung. Der Schutz setzt sich fort in Einschränkungen bei der Vertragsfreiheit, zahlreichen nachvertraglichen Informationspflichten, die Gewährung von Vertragslösungsrechten und in Sonderbestimmungen beim Verbrauchsgüterkauf.

B. Verbraucherschutz bei der Vertragsanbahnung

Im Rahmen des Verbraucherschutzes bei der Vertragsanbahnung ist zunächst auf die Konstellationen der Zusendung unbestellter Sachen und bei Gewinnzusagen einzugehen, deren sich der Gesetzgeber in den §§ 241 a, 661 a BGB angenommen hat. Weiter wird auf Besonderheiten beim Vertragsschluss im elektronischen Geschäftsverkehr eingegangen. Der Schutz des Verbrauchers bei der Einbeziehung von AGB wird im Rahmen der Darstellung des AGB-Rechts behandelt[1041].

Die vorvertraglichen Informationspflichten werden dagegen wegen ihrer engen Bezüge zu den nachvertraglichen Informationspflichten einheitlich im Rahmen der vertragsbezogenen Informationspflichten dargestellt.

I. Der Schutz des Verbrauchers bei der Lieferung unbestellter Sachen

1. Allgemeines

Im Rahmen der Umsetzung der Fernabsatz-RL durch das „*Gesetz über Fernabsatzverträge und andere Fragen des Verbraucherrechts sowie zur Umstellung von Vorschriften auf Euro*"[1042] regelte der Gesetzgeber in § 241 a BGB die Problematik der unbestellten Leistungserbringung. Ziel der Norm ist es, den Verbraucher vor Ansprüchen aus der Zusendung von Waren zu schützen, für die er keinen Anlass gegeben hat[1043].

Durch Art. 9 Fernabsatz-RL[1044] war insofern vorgegeben, unbestellte Zusendung von Waren an Verbraucher zu untersagen, sofern damit eine Zahlungsaufforderung verbunden ist, und den Verbraucher von jedweder Gegenleistung für den Fall zu befreien, dass die unbestellte Ware geliefert wurde, wobei das Ausbleiben einer Reaktion nicht als Zustimmung des Vertrages zu werten sei.

1041 S.u. C. IV.

1042 Gesetz v. 27.6.2000 BGBl. 2000 I, S. 897, berichtigt auf S. 1139; vgl. ausf. *Tonner*, BB 2000, S. 1413 ff.

1043 *Bülow/Artz*, Verbraucherprivatrecht, S. 150; *Casper*, ZIP 2000, S. 1605.

1044 Die Fernabsatz-RL greift dabei die schon im Ersten Programm der Europäischen Wirtschaftsgemeinschaft für eine Politik zum Schutz und zur Unterrichtung des Verbrauchers (ABlEG Nr. C 92 v. 25.4.1975, S. 1) angesprochene Notwendigkeit auf, die Käufer von Gütern oder Dienstleistungen vor der Forderung nach Zahlung nicht bestellter Waren zu schützen.

Trotzdem überraschte die Einführung des § 241 a BGB, da die Zusendung unbestellter Waren seit jeher als Form reißerischer Werbung für grundsätzlich unzulässig i.S.d. § 1 UWG angesehen wurde[1045] und insofern kein Umsetzungsbedarf bestand[1046]. Auch machte die Lieferung unbestellter Waren zivilrechtlich der Rechtsanwendung keinerlei Schwierigkeiten[1047], insbesondere stellte das bloße Schweigen auf die Zusendung nach der geltenden Zivilrechtsdogmatik keine Annahme des Vertragsangebots dar[1048].

In der Literatur ist die Vorschrift sowohl hinsichtlich des Inhalts als auch hinsichtlich ihrer Einordnung zwischen den schuldrechtlichen Grundnormen der §§ 241 und 242 BGB – wenn auch mit unterschiedlichen Konsequenzen – überwiegend auf Kritik gestoßen[1049].

2. Regelungsgehalt des § 241 a BGB

Zunächst stellt § 241 a Abs. 1 BGB klar, dass die Lieferung unbestellter Waren durch einen Unternehmer an einen Verbraucher ein Anspruch gegen letzteren nicht begründet wird. Da der Empfänger der unbestellten Ware nicht tätig wird, lässt sich ein privater Zweck und mithin die Verbrauchereigenschaft nur durch hypothetische Betrachtung der Situation bei Annahme des Angebots durch den Empfänger ermitteln[1050]. Diese versagt jedoch bei Gegenständen, die sowohl beruflichen als auch privaten Zwecken dienen können. Soweit keine objektiven Umstände weiterhelfen, ist der Empfänger hier im Zweifel als Verbraucher anzusehen[1051].

§ 241 a Abs. 2 BGB regelt, dass gesetzliche Ansprüche dann nicht ausgeschlossen sind, wenn die Leistung nicht für den Empfänger bestimmt war oder die Leistung in der irrigen Annahme einer Bestellung erfolgte. In beiden Fällen ist zudem erforderlich, dass der Verbraucher dies erkannt hat oder bei Anwendung der im Verkehr erforderlichen Sorgfalt dies hätte erkennen können.

Wann die Lieferung einer unbestellten Ware vorliegt, führt das Gesetz nicht ausdrücklich auf, stellt aber in § 241 a Abs. 3 BGB klar, dass dies jedenfalls nicht der Fall ist, wenn der Unternehmer statt der bestellten eine nach Qualität und Preis gleichwertige Leistung angeboten und darauf verwiesen hat, dass der Verbraucher zur Annahme nicht verpflichtet ist und die Kosten der Rücksendung nicht zu tragen hat. Auch der klassische Fall der Aliudlieferung ist daher ein Fall der Lieferung unbestellter Sachen, sofern nicht eine

---

1045 Vgl. *Sosnitza*, BB 2000, S. 2317 m.w.N. in Fußnote 6.

1046 *Casper*, ZIP 2000, S. 1604; *St. Lorenz*, FS Lorenz, S. 194; Gesetzesbegründung BT-Drs. 14/2658, S. 23.

1047 So ausdrücklich Palandt/*Heinrichs*, § 241 a Rdn. 1.

1048 Vgl. Palandt/*Heinrichs*, Einf v § 116 Rdn. 7; *St. Lorenz*, FS Lorenz, S. 195; *Sosnitza*, BB 2000, S. 2318.

1049 Vgl. *Casper*, ZIP 2000, S. 1609; *Flume*, ZIP 2000, S. 1429, der sich für eine Streichung der Vorschrift oder für die Behandlung als pro non scripto ausspricht; *Hensen*, ZIP 2000, S. 1151; *Schwarz*, NJW 2001, S. 1449 ff.; *Sosnitza*, BB 2000, S. 2323; Palandt/*Heinrichs*, § 241 a Rdn. 1; Jauernig/*Vollkommer*, BGB, § 241 a Rdn. 1; MünchKomm/*Kramer*, § 241 a Rdn. 1.

1050 *Berger*, JuS 2001, S. 651.

1051 *Berger*, JuS 2001, S. 651. Dies ist kein Widerspruch zu der hier vertretenen Auffassung, dass eine gemischte Zweckbestimmung die Verbrauchereigenschaft ausschließt – s.o. 2. Teil, A. V. 2. h. Hier geht es darum, dass die Feststellung der Zweckbestimmung schon gar nicht möglich ist, was allein dem zusendenden Unternehmer anzulasten ist.

Gleichwertigkeit und ein Hinweis nach § 241 a Abs. 3 BGB vorliegt[1052]. Aus § 241 a Abs. 3 BGB geht nicht explizit hervor, ob die Regelung nur bei bewusster oder auch bei unbewusster Falschlieferung greift. Da der geforderte Hinweis bei unbewusster Falschlieferung in der Regel von vornherein ausscheidet, wird man allerdings annehmen müssen, dass § 243 a Abs. 3 BGB nur bei bewusster Falschlieferung eingreift[1053].

Keine Anwendung findet § 241 a Abs. 1 und 3 BGB aber, wenn sich der Unternehmer die Änderung der Leistung wirksam vorbehalten hat, da dann schon keine „*unbestellte*" Leistung gegeben ist[1054].

Aus dem Umkehrschluss zu § 241 a Abs. 2 BGB ergibt sich, dass auch Irrläufer und der Irrtum über das Vorliegen einer Bestellung erfasst werden[1055].

Dagegen folgt aus dem Gesetzeszweck, den Verbraucher vor unerwünschter Leistungserbringung zu schützen, dass jede zurechenbare Veranlassung der Leistungserbringung durch den Verbraucher genügt, um eine Nichtbestellung i.S.d. § 241 a BGB auszuschließen und daher auch bei unwirksamen Bestellungen § 241 a BGB nicht eingreift[1056]. Auch die Fälle der Geschäftsführung ohne Auftrag sollten – zumindest soweit sie nicht zum Zwecke der Anbahnung des Vertrags erfolgen – von § 241 a BGB ausgenommen werden[1057].

3. Reichweite des § 241 a BGB

Heftig umstritten ist die Reichweite des § 241 a BGB und zwar zum einen wieweit der Anspruchsausschluss des Unternehmers gegen den Verbraucher reicht und zum anderen inwiefern durch die Norm ein konkludenter oder gar ein ausdrücklicher Vertragsschluss ausgeschlossen ist.

a. Der Umfang des Anspruchsausschlusses des § 241 a BGB

aa. Gesetzliche Regelung

§ 241 a Abs. 1 BGB regelt, dass ein Anspruch gegen den Verbraucher allein durch die Lieferung nicht begründet wird. Insofern könnte man annehmen, dass hierdurch ein Vertragsschluss und die hieraus resultierenden vertraglichen Ansprüche ausgeschlossen werden, gesetzliche Ansprüche dagegen unberührt bleiben. Die europäischen Vorgabe des Art. 9 der Fernabsatz-RL, die dazu verpflichtet, die mit der einer Zahlungsaufforderung verbundene Lieferung unbestellter Waren zu unterbinden und dafür Sorge zu tragen, dass der Empfänger keinerlei Gegenleistungspflicht trifft, würde einer solchen Auslegung nicht entgegenstehen. Indes ergibt schon der Umkehrschluss aus dem als Ausnahme konzipierten

---

1052 *Casper*, ZIP 2000, S. 1608; *Berger*, JuS 2001, S. 652; *Wrase/Müller-Helle*, NJW 2002, S. 2538.

1053 *Deckers*, NJW 2001, S. 1474 f.; einschränkend auch *Bülow/Artz*, Verbraucherprivatrecht, S. 151.

1054 Dazu *Deckers*, NJW 2001, S. 1475.

1055 *Casper*, ZIP 2000, S. 1604; *Wendehorst*, DStR 2000, S. 1316.

1056 Vgl. *Casper*, ZIP 2000, S. 1604; *Löhnig*, JA 2001, S. 33; für die Anfechtung vgl. Palandt/*Heinrichs*, § 241 a Rdn. 2; im Ergebnis so auch *Wendehorst*, DStR 2000, S. 1316 im Hinblick auf die ohnehin schon bestehende Weite des Tatbestandes.

1057 Dazu ausf. *Hau*, NJW 2001, S. 2863 ff.

§ 241 a Abs. 2 BGB[1058] und auch die Gesetzesbegründung[1059], dass § 241 a Abs. 1 BGB einen umfassenden Anspruchsausschluss beabsichtigt, der alle möglichen vertraglichen und außervertraglichen Ansprüche des Unternehmers gegen den Verbraucher erfasst[1060].

Neben vertraglichen Ansprüchen auf Erfüllung oder Schadensersatz oder nach § 695 BGB sind daher per Gesetz auch Herausgabe- und Rückgewähransprüche aus § 985 und den §§ 812 ff. BGB sowie Schadensersatzansprüche aus den §§ 989, 990 oder § 823 BGB ausgeschlossen. Der Gesetzgeber sieht hierin eine angemessene Sanktion des Wettbewerbsverstoßes, wenn dem Verbraucher bewusst unbestellte Waren aufgedrängt werden[1061].

bb. Auffassungen in der Literatur

In der Literatur wird vor allem der Ausschluss auch des Herausgabeanspruchs aus § 985 BGB im Hinblick auf die Verhältnismäßigkeit des Umfangs der Inhalts- und Schrankenbestimmung zum Teil als verfassungsrechtlich bedenklich angesehen[1062]. Teilweise werden diesen Bedenken dadurch Rechnung getragen, dass zumindest den lauter handelnden Unternehmer im Wege der teleologischen Reduktion, abweichend vom Gesetzeswortlaut, doch ein Anspruch aus § 985 BGB zugebilligt wird[1063]. Andere belassen dem Unternehmer den Vindikationsanspruch trotz § 241 a BGB[1064]. Andererseits finden sich auch Stimmen, die dem gesetzlich vorgegebenen vollständigen Anspruchsausschluss uneingeschränkt folgen[1065].

cc. Stellungnahme

Die Zusendung unbestellter Ware durch den Unternehmer begründet insofern eine Unterlegenheit des Verbrauchers, weil er sich zum einen gegen die Zusendung nicht im Vorfeld wehren kann und weil er nach alter Rechtslage zunächst verpflichtet war, die Ware aufzubewahren, er sie also nicht ohne weiteres wegwerfen konnte[1066]. Dem zu begegnen war daher aus Verbraucherschutzgesichtspunkten durchaus legitim und erforderlich. Hinzu kam, dass die weiteren Rechtsfolgen hinsichtlich des Schadens- und Nutzungsersatzes bei Beschädigung und Gebrauch/Verbrauch und der insofern geltende Haftungsmaßstab umstritten waren[1067] und mithin einer gesetzlichen Klärung bedurften.

Die bestehende Regelung des § 241 a BGB mit ihrem umfassenden Anspruchsausschluss darf für sich zumindest in Anspruch nehmen, dass die Zusendung unbestellter Waren wohl kaum

---

1058 Vgl. dazu *Schwarz*, NJW 2001, S. 1449.

1059 BT-Drs. 14/2658, S. 46.

1060 Vgl. dazu *Bülow/Artz*, NJW 2000, S. 2056; *Casper*, ZIP 2000, S. 1605; *Deckers*, NJW 2001, S. 1474 f.; *Gaertner/Gierschmann*, DB 2000, S. 1605; *Hau*, NJW 2001, S. 2863 ff.; *Kamanabrou*, WM 2000, S. 1426; *St. Lorenz*, JuS 2000, S. 840 f.; *ders.*, FS Lorenz, S. 197 ff.; *Sosnitza*, BB 2000, S. 2319 ff.; *Schwarz*, NJW 2001, S. 1449 ff.; *Schwarz/Pohlmann*, Jura 2001, S. 361 ff.; *Wendehorst*, DStR 2000, S. 1316 f.

1061 BT-Drs. 14/2658, S. 46.

1062 Insbesondere *Deckers*, NJW 2001, S. 1474; *Schwarz*, NJW 2001, S. 1454; *Schwarz/Pohlmann*, Jura 2001, S. 365; vgl. auch die Stellungnahmen des Bundesrates – BR-Drs. 25/00, S. 7.

1063 So Palandt/*Heinrichs*, § 241 a Rdn. 4; *Berger*, JuS 2001, S. 652.

1064 Vgl. *Bülow/Artz*, NJW 2000, S. 2056; *Casper*, ZIP 2000, S. 1605.

1065 Insbesondere *Gaertner/Gierschmann*, DB 2000, S. 1605; *St. Lorenz*, JuS 2000, S. 840 f.; *ders.*, FS Lorenz, S. 196 ff.; *Sosnitza*, BB 2000, S. 2319 ff.; MünchKomm/*Kramer*, § 241 a Rdn. 9 ff.

1066 Vgl. *Sosnitza*, BB 2000, S. 2318.

1067 Vgl. hierzu *Lange*, JuS 1997, S. 431 ff.; *Schwung*, JuS 1985, S. 449 ff.

wirksamer unterbunden werden kann, wenn der Unternehmer im Ergebnis ohne Gegenleistung den Zugriff auf die Ware verliert. Dass die europarechtlichen Vorgaben übererfüllt werden, begegnet im Hinblick auf Art. 14 Fernabsatz-RL, der strengere Bestimmungen zulässt, grundsätzlich keinen Bedenken. Auch der Vergleich mit Regelungen anderer europäischer Länder zeigt, dass ein vollständiger Anspruchsausschluss durchaus nicht ungewöhnlich ist[1068]. Dass die Regelung im Ergebnis zur dauerhaften Trennung von Eigentum und Besitz führt, ist zwar bedenklich[1069], aber vom Gesetzgeber gewollt[1070] und von dessen Entscheidungsspielraum ebenso gedeckt, wie der Umstand, dass § 241 a BGB im Ergebnis Sanktionscharakter zukommt[1071]. Jedoch stehen einem derartigen umfassenden Anspruchsausschluss erhebliche verfassungsrechtliche Bedenken entgegen.

Zwar stellt der Anspruchsausschluss keine Enteignung i.S.d. Art. 14 GG dar, da dies voraussetzt, dass dem Eigentümer durch eine konkrete Maßnahme im Gesetz oder durch hoheitlichen Akt seine subjektive Rechtsposition ganz oder teilweise entzogen wird[1072]. Die mit dem Verlust des Herausgabeanspruchs verbundene faktische Enteignung basiert auf der Handlung des Versenders und nicht auf einem hoheitlichen Eingriff oder unmittelbar auf § 241 a BGB[1073]. Die Regelung des § 241 a BGB stellt somit eine Inhalts- und Schrankenbestimmung dar[1074]. Aber auch diese ist nicht uneingeschränkt zulässig, sondern muss insbesondere dem Verhältnismäßigkeitsgrundsatz genügen, d.h. ein legitimes Ziel verfolgen, geeignet, erforderlich und angemessen sein[1075].

Zweck des § 241 a BGB ist, den Verbraucher vor der Lästigkeit unbestellt erbrachter Leistungen zu schützen[1076], und zwar derart, dass ihm keinerlei Verpflichtungen hinsichtlich der zugesandten Ware treffen. Dies ist durchaus ein legitimer Zweck. Dagegen wäre eine beabsichtigte faktische Enteignung des Unternehmers wohl kaum legitim. Dass die Regelung geeignet ist, zukünftig unbestellte Lieferungen zu unterbinden, steht außer Frage. Die Erforderlichkeit und Angemessenheit eines vollständigen Anspruchsausschlusses sind dagegen äußerst zweifelhaft. Ein Ausschluss jeglicher Schadensersatzansprüche aus den §§ 823, 989, 990 BGB hätte ausgereicht, dem Verbraucher von Aufbewahrungs- oder Sorgfaltspflichten zu befreien und so den Unternehmer von der Lieferung unbestellter Waren abzuhalten. Problematisch ist zudem, dass auch Zusendungen, die nicht gegen § 1 UWG verstoßen[1077], den vollständigen Anspruchsausschluss zur Folge haben. Dass dem Unternehmer wegen bestehendem Eigentums alle Pflichten und Nachteile hieraus treffen,

---

1068 Vgl. dazu die Länderberichte in der Begründung des FernabsatzRL-vorschlags der europäischen Kommission vom 20.5.1992 Dok. Kom (92) endg. – SYN 411, S. 26 bis 70.

1069 Vgl. dazu *Casper*, ZIP 2000, S. 1606; *Schwarz*, NJW 2001, S. 1450 f.; *Sosnitza*, BB 2000, S. 2320.

1070 BT-Drs. 14/2658, S. 46.

1071 Dazu *Casper*, ZIP 2000, S. 1606; *St. Lorenz*, FS Lorenz, S. 200 ff.; *Sosnitza*, BB 2000, S. 2320 ff.

1072 Vgl. BVerfGE 52, 1, 27; 58, 300, 330 f.; 72, 66, 76.

1073 So *Casper*, ZIP 2000, S. 1606.

1074 Vgl. *Casper*, ZIP 2000, S. 1606; *St. Lorenz*, FS Lorenz, S. 199, Fußnote 31; *Schwarz*, NJW 2001, S. 1454; *Sosnitza*, BB 2000, S. 2321.

1075 Vgl. zum Verhältnismäßigkeitsgrundsatz etwa *Pieroth/Schlink*, Grundrechte, Rdn. 272.

1076 Vgl. die Gesetzesbegründung - BT-Drs. 14/2658, S. 46; *Casper*, ZIP 2000, S. 1607; so auch *Sosnitza*, BB 2000, S. 2320.

1077 Vgl. dazu Palandt/*Heinrichs*, § 241 a Rdn. 4; *Berger*, JuS 2001, S. 652.

ohne ihn aber gleichzeitig zu berechtigen, stellt die Angemessenheit der Regelung insgesamt in Frage[1078]. Auch erscheint es wenig stringent, dem Unternehmer einen Herausgabeanspruch gegen den Verbraucher zu verwehren, die gegenüber Dritten, an die der Verbraucher die Sache weiter leitet, aber weiter bestehen würden. Das gleiche gilt für den Fall, dass der Unternehmer nicht Eigentümer der Sache ist. Soll auch der wahre Eigentümer, der die Sache etwa unter Eigentumsvorbehalt verkauft hat oder dem die Sache gestohlen wurde, keinen Herausgabeanspruch haben[1079]?

Daraus folgt, dass § 241 a BGB restriktiv auszulegen ist. Bei nicht gegen das UWG verstoßender Zusendung unbestellter Waren sollte entweder § 241 a Abs. 2 BGB entsprechend zur Anwendung kommen oder zumindest ein Anspruch aus § 985 BGB zugebilligt werden. Auch darüber hinaus ist dem Unternehmer immer zumindest ein Herausgabeanspruch aus § 985 BGB zu gewähren, wenn der Verbraucher die unbestellt zugesandte Sache noch in seinem Besitz hat. Dies hindert das dauerhafte Auseinanderfallen von Besitz und Eigentum und steht auch im Einklang damit, dass der Unternehmer gegen Dritte und der wahre Eigentümer gegen den Verbraucher selbst einen Vindikationsanspruch haben. Zudem trägt die Gewährung des Herausgabeanspruchs den verfassungsrechtlichen Bedenken Rechnung, ohne dass damit das Anliegen des § 241 a BGB gefährdet wird. § 241 a BGB soll den Verbraucher nur vor unbestellten Zusendungen bewahren, nicht aber faktisch eine Schenkung der unbestellten Ware bewirken.

Bei Gewährung allein des Herausgabeanspruchs aus § 985 BGB besteht allerdings für den Unternehmer faktisch zum einen das Problem, den Besitz des Verbrauchers zu beweisen, kann dieser doch behaupten, er habe die Sache weggeworfen und zum anderen, dass der Verbraucher die Sache jederzeit sanktionslos[1080] zerstören könnte[1081]. Dem dadurch zu begegnen, dass man dem Unternehmer bei grundloser Verweigerung der Herausgabe Ansprüche aus Verzug oder §§ 987 ff. BGB zubilligt[1082], würde im Ergebnis den Anspruchs-auschluss des § 241 a BGB nur weiter einschränken. Besser wäre, dem Verbraucher einen Anreiz zur ordnungsgemäßen Verwahrung zu geben, ihm etwa einen Anspruch auf die Verwahrungskosten zu gewähren, wenn er die Sache ordnungsgemäß aufbewahrt, was auch aus ökologischen Gesichtspunkten sinnvoll erscheint. Aus Gründen der Rechtssicherheit für den Verbraucher wäre allerdings eine zeitliche Begrenzung des Herausgabeanspruchs sinnvoll, die durch Fiktion einer Eigentumsaufgabe nach § 959 BGB auch dinglich festgemacht werden könnte, etwa wenn der Unternehmer nicht innerhalb einer gewissen Frist sein Eigentum an der Sache geltend macht.

1078 Vgl. dazu *Schwarz*, NJW 2001, S. 1450 f.
1079 Dazu *Berger*, JuS 2001, S. 653 f.
1080 Bezüglich der – bei Vorsatz – tatbestandlich gegebenen Sachbeschädigung nach § 303 StGB würde § 241 a BGB insofern einen Rechtfertigungsgrund darstellen – vgl. zur strafrechtlichen Bewertung: *Schwarz*, NJW 2001, S. 1453 f.
1081 Vgl. *Casper*, ZIP 2000, S. 1607.
1082 So *Casper*, ZIP 2000, S. 1607.

b. Auswirkungen auf den Vertragsschluss

Vor Einführung des § 241 a BGB war anerkannt, dass in dem Gebrauch, Verbrauch bzw. der Weiterveräußerung unbestellter Leistungen die konkludente Erklärung des Empfängers lag, das in der Übersendung liegende Angebot auf Abschluss des Kaufvertrags unter Verzicht auf den Zugang der Annahme nach § 151 S. 1 BGB anzunehmen[1083].

Vor dem Hindergrund des § 241 a BGB, wird nun weitgehend angenommen, dass ein konkludenter Vertragsschluss ausgeschlossen ist, ein Vertrag also nur noch zu Stande kommt, wenn der Verbraucher zahlt oder ausdrücklich die Annahme erklärt[1084].

Aus dem Wortlaut oder der Gesetzesbegründung lässt sich dies indes direkt nicht entnehmen. § 241 a BGB besagt nur, dass durch die Lieferung von unbestellten Sachen kein Anspruch begründet wird, nicht aber, dass auch dann keine Ansprüche begründet werden, wenn der Verbraucher das hierin liegende Vertragsangebot konkludent durch Gebrauch oder Verbrauch annimmt. Allerdings ist die Ablehnung einer konkludenten Vertragsannahme dann folgerichtig, wenn man den Anspruchsausschluss des § 241 a BGB auch auf die Vindikation der Sache erstreckt, da sonst der Verbraucher über § 433 Abs. 2 BGB für etwas bezahlen muss, was er nach dieser Interpretation des § 241 a BGB ohne Gegenleistung erlangen würde. Mit Ablehnung dieser weiten Auslegung steht aber der Annahme einer konkludenten Vertragsannahme nichts entgegen[1085]. Es ist im Gegenteil nicht ersichtlich, warum die Privatautonomie des Verbrauchers derart eingeschränkt werden soll, dass er nicht mehr durch konkludentes Verhalten Verträge schließen kann.

Zum Schutz des Verbrauchers ist allerdings erforderlich, strenge Anforderungen an einen Vertragsschluss durch konkludentes Verhalten zu stellen. Entsprechend § 454 BGB sollte dem Verbraucher das Recht zur Untersuchung und Erprobung zugebilligt werden. Nutzt er daraufhin die unbestellte Sache aber weiter, dann ist nicht ersichtlich, warum jetzt nach den allgemeinen rechtsgeschäftlichen Regelungen ein Vertragsschluss verneint werden sollte.

4. Unterlassungs- und Auskunftsanspruch

Aus dem am 21.8.2002 in Kraft getretenen § 13 a UKlaG[1086] ergibt sich nicht nur ein Auskunftsanspruch gegen bestimmte Diensteerbringer[1087], wenn die ladungsfähige Anschrift des Lieferanten unbestellter Waren nicht anderweitig zu beschaffen ist, sondern indirekt auch, dass dem Verbraucher gegen den Lieferanten unbestellter Waren nach den §§ 823, 862, 1004 BGB ein Unterlassungsanspruch zustehen kann. Die praktische Relevanz dieser Ansprüche dürfte in Folge von § 241 a BGB aber nicht allzu groß sein.

1083 MünchKomm/*Kramer*, § 151 Rdn. 54; Erman/*Hefermehl*, BGB, § 145 Rdn. 4; Jauernig/*Jauernig*, BGB, § 145 Rdn. 6; abweichend nur *Schwung*, JUS 1985, S. 450.

1084 Vgl. Palandt/*Heinrichs*, § 241 a Rdn. 3; *St. Lorenz*, JuS 2000, S. 841; *Riehm*, Jura 2000, S. 511 f.; *Schwarz*, NJW 2001, S. 1449; *Sosnitza*, BB 2000, S. 2322.

1085 Im Ergebnis so auch *Berger*, JuS 2001, S. 654; *Casper*, ZIP 2000, S. 1607; Jauernig/*Jauernig*, BGB, § 145 Rdn. 6; *Löhnig*, JA 2001, S. 34; einschränkend MünchKomm/*Kramer*, § 241 a Rdn. 8.

1086 Eingeführt durch Art. 2 des *„Gesetzes zur Anpassung von Rechtsvorschriften an veränderte Zuständigkeiten oder Behördenbezeichnungen innerhalb der Bundesregierung sowie zur Änderung des Unterlassungsklagengesetzes und des Außenwirtschaftsgesetzes“* v. 16.8. 2002 (BGBl. I 2002, S. 3165).

1087 Dazu s.u. 9. Teil, D. II.

II. Der Schutz des Verbrauchers bei Gewinnzusagen

Verbraucher durch die Mitteilung angeblicher Gewinne zu Warenbestellungen zu veranlassen, ist unter dem Gesichtspunkt des *„übermäßigen Anlockens“* bzw. des *„psychologischen Kaufzwangs“* wettbewerbswidrig i.S.d. § 1 UWG[1088]. Vor Einführung des § 661 a BGB hatte der Verbraucher indes keine Möglichkeit, einen Unternehmer zur Einhaltung von Gewinnzusagen zu veranlassen, weil die Voraussetzungen einer öffentlichen Auslobung nach § 657 BGB bzw. eines Preisausschreibens i.S.d. §§ 661, 657 BGB nicht erfüllt sind[1089], sondern es sich bei diesen Zusagen um formnichtige Schenkungsversprechen handelt[1090].

Dies wurde vom Gesetzgeber als unzureichend erachtet[1091] und er führte mit dem Gesetz über Fernabsatzverträge[1092] § 661 a BGB ein, wonach ein *„Unternehmer, der Gewinnzusagen oder vergleichbare Mitteilungen an Verbraucher sendet und durch die Gestaltung dieser Zusendungen den Eindruck erweckt, dass der Verbraucher einen Preis gewonnen hat, ... dem Verbraucher diesen Preis zu leisten“* hat. In der Folgezeit kam es zu einer regelrechten Flut von Klagen auf Einlösung versprochener Gewinne[1093].

1. Voraussetzungen des § 661 a BGB

In persönlicher Hinsicht verlangt § 661 a BGB, dass die Mitteilung von einem Unternehmer[1094] an einen Verbraucher versandt wird bzw. der Unternehmer deren Zusendung durch Dritte veranlasst hat[1095].

Sachlich erfordert die Vorschrift eine Ankündigung der unentgeltlichen Leistung eines Preises, wobei es sich um jede Art von Leistung handeln kann[1096]. Entscheidend ist, dass der Empfänger bei objektiver Betrachtung die Mitteilung dahin verstehen konnte, er werde einen ihm zuerkannten Preis erhalten[1097]. Dabei muss zum Ausdruck kommen, dass der Empfänger den Preis bereits gewonnen hat, die Vergabe also schon vollzogen ist und nicht bloß die Möglichkeit des Gewinns besteht[1098]. In Verbindung mit dem Zusendungskriterium ergibt sich, dass der Empfänger sich persönlich als Gewinner angesprochen fühlen muss[1099]. Strittig ist, ob sämtliche einseitige Leistungszusagen von der Norm erfasst sind oder aus dem

---

1088 Vgl. etwa BGH, NJW-RR 1995, S. 808; BGH, NJW-RR 1998, S. 1199; *Baumbach/Hefermehl*, § 1 Rdn. 157 ff., 164 ff.; *Köhler/Piper*, UWG, § 1 Rdn. 327 ff.; *Emmerich*, Unlauterer Wettbewerb, S. 157 ff.

1089 OLG Düsseldorf, NJW 1997, S. 2122 f.; OLG München, VuR 1999, S. 102 ff.; *St. Lorenz*, NJW 2000, S. 3306; *ders.*, Jus 1996, S. 842; *Chr. Schneider*, BB 2002, S. 1653.

1090 *Härting*, FernAbsG, Einl. Rdn. 117; *St. Lorenz*, NJW 2000, S. 3306; *Chr. Schneider*, BB 2002, S. 1653.

1091 Vgl. Begründung zum Regierungsentwurf, BT-Drs. 14/2658, S. 48 f., und Gegenäußerung der Bundesregierung zur Stellungnahme des Bundesrates, BT-Drs. 14/2920, S. 15.

1092 Gesetz v. 27.6.2000, BGBl. I 2000, S. 897, 900.

1093 Vgl. LG Wuppertal, NJW-RR 2001, S. 1275 f.; AG Cloppenburg, NJW-RR 2001, S. 1274 f.; OLG Dresden, VuR 2002, S. 187; LG Braunschweig, IPRax 2002, S. 213 ff.; AG Bremen, NJW-RR 2002, S. 417 f.; AG Rudolstadt, NJW-RR 2002, S. 1631; Vor Inkrafttreten des § 661 a BGB unter Berufung auf § 242 BGB i.V.m. dem Rechtsgedanken des § 661 a BGB – AG Heinsberg, NJW-RR 2001, S. 1274.

1094 Vgl. zur Begründung der Unternehmereigenschaft aus Rechtsschein bei ausschließlich betrügerischem Handeln s.o 2. Teil, B. II. 4. c.

1095 Vgl. Palandt/*Sprau*, § 661 a Rdn. 2; LG Wuppertal, NJW-RR 2001, S. 1276.

1096 Palandt/*Sprau*, § 661 a Rdn. 2; *Chr. Schneider*, BB 2002, S. 1654.

1097 Palandt/*Sprau*, § 661 a Rdn. 2; *St. Lorenz*, NJW 2000, S. 3306.

1098 *St. Lorenz*, NJW 2000, S. 3306; *Chr. Schneider*, BB 2002, S. 1654.

1099 Palandt/*Sprau*, § 661 a Rdn. 2; *Härting*, FernAbsG, Einl. Rdn. 119.

Merkmal *„gewonnen"* ein aleatorisches Element zu verlangen ist, also dass der Empfänger durch eine auf Zufall beruhende Entscheidung ausgewählt wurde[1100]. Der Wortlaut des § 661 a BGB spricht für ein Zufallselement. Soweit Treuepakete oder Treueprämien in Aussicht gestellt werden, lässt sich ein Anspruch des Verbrauchers zudem durch Aufnahme der Treueleistung in die Gegenleistungsverpflichtung des Unternehmers auf Grund der abgeschlossenen Verträge begründen[1101]. Eines Abstellens auf § 661 a BGB bedarf es dann gar nicht. Bei schlichten Schenkungsversprechen sollten nach wie vor die §§ 516 ff. BGB eingreifen.

Aus dem Erfordernis der Zusendung folgt in formeller Hinsicht, dass die Erklärung verkörpert sein muss[1102]. Die Übermittlungsart selbst ist dagegen gleichgültig, so dass selbst Mitteilungen per E-Mail oder SMS ausreichen[1103]. Zum Teil wird wegen des vergleichbaren Schutzbedürfnisses auch eine Analogie des § 661 a BGB auf Fälle mündlicher, insbesondere telefonischer oder im Wege der Haustürwerbung erteilter Gewinnzusagen erwogen[1104]. Dagegen spricht aber nicht nur der klare Wortlaut und der Ausnahmecharakter des § 661 a BGB, sondern auch die ratio des § 518 BGB, die bei einseitigen Verpflichtungen zumindest einen gewissen Übereilungsschutz auch für den Unternehmer nahe legt.

Weitere Voraussetzungen sieht § 661 a BGB nicht vor. Insbesondere bedarf es keiner genauen Bestimmung des Preises, sondern es reicht aus, dass die Leistung bestimmbar ist[1105].

Einschränkungen durch AGB[1106] oder die Einhaltung von Gewinnregelungen[1107] können dem Anspruch aus § 661 a BGB nur entgegen gehalten werden, wenn hierdurch beim Empfänger der Anschein des Preisgewinns aufgehoben wird[1108].

2. Rechtsfolgen

§ 661 a BGB gewährt dem Verbraucher einen durchsetzbaren Anspruch auf Erfüllung der Gewinnzusage des Unternehmers. Er entsteht mit Zugang der Mitteilung an den Empfänger. Eine Rückgängigmachung scheidet regelmäßig aus; insbesondere § 658 BGB passt mangels Handlung des Empfängers nicht[1109]. Der Anspruch ist gerichtet auf Naturalerfüllung des

---

1100 Vgl. *Chr. Schneider*, BB 2002, S. 1654 – Zufallselement erforderlich; a.A. AG Bremen, NJW-RR 2002, S. 417 f. – auch das Inaussichtstellen eines Treuepakets ist erfasst.

1101 Insofern kann auf die Treueprämien im Arbeitsrecht verwiesen werden, die auch als besonderes Entgelt des Arbeitnehmers angesehen werden, auf die der Arbeitnehmer bei Erfüllen der Treuevoraussetzungen auf Grund des Arbeitsvertrages Anspruch hat – vgl. Palandt/*Putzo*, § 611 Rdn. 77 ff., 81 ff.

1102 Palandt/*Sprau*, § 661 a Rdn. 2; *Chr. Schneider*, BB 2002, S. 1654.

1103 Palandt/*Sprau*, § 661 a Rdn. 2.

1104 So *Härting*, FernAbsG, Einl. Rdn. 122.

1105 Vgl. die Beschlussempfehlung des Rechtsausschusses, BT-Drs. 14/3195, S. 33 f.

1106 OLG Dresden, VuR 2002, S. 190; AG Cloppenburg, NJW-RR 2001, S. 1275.

1107 LG Braunschweig, IPRax 2002, S. 213 ff.

1108 Vgl. Palandt/*Sprau*, § 661 a Rdn. 2; Jauernig/*Mansel*, § 661 Rdn. 4; *Chr. Schneider*, BB 2002, S. 1655.

1109 Vgl. *Chr. Schneider*, BB 2002, S. 1655; Jauernig/*Mansel*, § 661 Rdn. 4; nach Palandt/*Sprau*, § 611 a Rdn. 4 kommt eine analoge Anwendung des § 658 Abs. 1 BGB allenfalls bis zur Kontaktaufnahme mit dem Unternehmer in Betracht.

Gewinns[1110]. Auf einen Vertrauensschaden des Verbrauchers selbst kommt es dagegen gerade nicht an[1111].

Bei Leistungsstörungen ergeben sich die weiteren Rechtsfolgen aus den §§ 275 ff. BGB, wobei aber etwa im Rahmen des § 275 Abs. 2 BGB oder des Verschuldens in § 281 BGB die ratio des § 661 a BGB zu berücksichtigen ist.

Daneben kommen Unterlassungsansprüche nach den §§ 1, 13 UWG und § 2 UKlaG[1112] in Betracht. Bei betrügerischen Gewinnzusagen ist zudem eine Strafbarkeit nach § 263 StGB gegeben.

3. Verfassungsmäßigkeit des § 661 a BGB

Von *Chr. Schneider*[1113] wird die Verfassungsmäßigkeit von § 661 a BGB in Frage gestellt. Er hält die Norm wegen Verstoßes gegen das Übermaßverbot und das Verbot der Doppelbestrafung für verfassungswidrig und äußert zudem Bedenken im Hinblick auf das Schuldprinzip, das Bestimmtheitsgebot und den Gleichheitsgrundsatz[1114].

Die Einwände können jedoch nicht überzeugen. Die Tatsache, dass die wettbewerbsrechtliche Unzulässigkeit derartige Verhaltensweisen nicht hat unterbinden können, spricht für die Erforderlichkeit der strikten Regelung des § 661 a BGB und mithin gegen einen Verstoß gegen das Übermaßverbot. Das Fehlen einer Schadenshöchstgrenze dem Gesetzgeber anzulasten[1115] überzeugt vor dem Hintergrund, dass es der Unternehmer in der Hand hat, diese durch entsprechend geringere Gewinnzusagen zu bestimmen, nicht.

Soweit eine Bestrafung nach § 263 StGB überhaupt praktisch relevant wird, ist das Gebot der Doppelbestrafung nicht verletzt. Insofern kann durchaus auf die Rechtslage bei der Vertragsstrafe verwiesen werden, wo das Zusammentreffen mit anderen pönalen Maßnahmen als zulässig erachtet wird[1116]. Eine Gewinnzusage beruht ebenso auf privatautonomer Entscheidung wie eine Vertragsstrafvereinbarung[1117].

Das Schuldprinzip ist auch nicht verletzt. Die Bindung des Unternehmers an seine Gewinnzusage über § 661 a BGB ist nicht anders zu werten als die Bindung nach § 145 BGB oder an ein einseitiges Rechtsgeschäft. Die Notwendigkeit der Auslegung einer Vorschrift begründet schließlich noch keinen Verstoß gegen den Bestimmtheitsgrundsatz, die

---

[1110] Dies kann zu einem Konflikt mit dem Erfordernis einer notariellen Beurkundung nach § 311 b Abs. 1 BGB führen, wenn die Gewinnzusage sich auf ein Grundstück bezieht – vgl. *Chr. Schneider*, BB 2002, S. 1655.

[1111] *St. Lorenz*, NJW 2000, S. 3306.

[1112] Erfüllt der Unternehmer die Gewinnzusage, scheidet eine Zuwiderhandlung gegen § 661 a BGB und mithin eine hierauf gestützte Unterlassungsklage nach § 2 UKlaG aber aus.

[1113] *Chr. Schneider*, BB 2002, S. 1653 ff.

[1114] *Chr. Schneider*, BB 2002, S. 1656 ff.

[1115] So *Chr. Schneider*, BB 2002, S. 1657.

[1116] Vgl. BGHZ 138, 67 ff.

[1117] **A.A.** insofern *Chr. Schneider*, BB 2002, S. 1658, der darauf abstellt, dass § 661 a BGB ein deliktsähnliches Verhalten voraussetzt. Die Abgabe einer Gewinnzusage stellt jedoch zumindest auch eine privatautonome Entscheidung dar.

Nichterfassung einiger ähnlicher Fälle[1118] noch keine Zuwiderhandlung gegen den Gleichbehandlungsgrundsatz.

4. Sinn- und Zweckmäßigkeit des Anspruchs aus § 661 a BGB

a. Umgehungsmöglichkeiten

§ 661 a BGB erfasst nur Gewinnzusagen. Indes gibt es eine Reihe von Fällen in denen eine vergleichbare Interessenlage und regelmäßig auch Wettbewerbswidrigkeit wie bei Gewinnzusagen besteht, aber keine Ansprüche des Verbrauchers auf Erfüllung bzw. zumindest auf Durchführung bestehen.

So besteht kein Anspruch auf Durchführung von Gratisverlosungen oder Gewinnspielen[1119]. Diese kündigen keinen Gewinn an, sondern nur eine Gewinnchance, so dass § 661 a BGB nicht eingreift. Auch die §§ 661, 657 BGB sind nicht einschlägig, da keine wirkliche Leistung verlangt wird[1120].

Aus Preisausschreibungen[1121] können Ansprüche gem. § 661 Abs. 1 BGB nur entstehen, wenn für das Preisausschreiben eine Frist für die Bewerbung bestimmt wurde[1122].

Werden dem Verbraucher im Zusammenhang mit dem Abschluss eines Rechtsgeschäfts Vergünstigungen in Aussicht gestellt[1123], insbesondere Ware zu einem besonders günstigen Preis angeboten, die jedoch nicht ohne die Hauptware erworben werden kann[1124], dann wird sich ein Anspruch auf die Vergünstigung regelmäßig nicht begründen lassen. Die Werbung mit der Vergünstigung ist grundsätzlich kein verbindliches Angebot, das durch bloße Annahme vertragliche Ansprüche entstehen lässt. Ein Anspruch aus § 657 BGB besteht nur bei entsprechender öffentlicher Bekanntmachung. Zudem ist fraglich, ob man im Abschluss des Rechtsgeschäfts über die Hauptware bzw. in der hierauf gerichteten Willenserklärung des Verbrauchers eine durch die Vergünstigung zu belohnende Handlung i.S.d. § 657 BGB sehen kann[1125].

Vor allem die letzte Fallgruppe macht deutlich, dass § 661 a BGB leicht umgangen werden kann, indem etwa nicht der Gewinn eines Autos zusagt wird, sondern die Möglichkeit, dieses besonders günstig zu erwerben. Eine Ausdehnung von § 661 a BGB hierauf, ist angesichts seines Ausnahme- und Strafcharakters bedenklich. Soweit erforderlich, müsste der Gesetzgeber entsprechend eingreifen.

1118 Vgl. *Chr. Schneider*, BB 2002, S. 1657.

1119 Zur wettbewerbsrechtlichen Einordnung – vgl. *Baumbach/Hefermehl*, Wettbewerbsrecht, § 1 Rdn. 149 ff.; *Köhler/Piper*, UWG, § 1 Rdn. 327 ff.

1120 Vgl. OLG Düsseldorf, NJW 1997, S. 2122.

1121 Zur wettbewerbsrechtlichen Einordnung – vgl. *Baumbach/Hefermehl*, Wettbewerbsrecht, § 1 Rdn. 149 ff.; *Köhler/Piper*, UWG, § 1 Rdn. 327 ff.

1122 Palandt/*Sprau*, § 661 Rdn. 1.

1123 Zur wettbewerbsrechtlichen Einordnung – vgl. *Köhler/Piper*, UWG, § 1 Rdn. 192 ff.

1124 Sog. gekoppelte Vorspannangebote – vgl. *Köhler/Piper*, UWG, § 1 Rdn. 230.

1125 Strittig ist, ob § 657 BGB als Handlung auch den Abschluss eines Rechtsgeschäft zulässt – vgl. MünchKomm/*Seiler*, § 657 Rdn. 9. Darüber hinaus ist fraglich, ob hierin eine wirkliche Leistung zu sehen ist.

b. Praktische Wirksamkeit des § 661 a BGB

Die Durchsetzbarkeit von § 661 a BGB setzt zunächst die Identifizierbarkeit des Urhebers der Werbung voraus. Selbst wenn ein Anspruch aus § 661 a BGB rechtskräftig zugesprochen wird, hat der Verbraucher damit regelmäßig nichts „*gewonnen*". Häufig setzen sich nämlich verurteilte Gewinnspiel-Initiatoren ab oder flüchten in die Insolvenz[1126] mit der Folge, dass der klagende Verbraucher unter Umständen auch noch auf den Prozesskosten sitzen bleibt. Vor diesem Hintergrund läge eher eine bußgeldbewehrte oder strafrechtliche Ahndung wettbewerbswidriger Gewinnzusagen nahe[1127].

III. Besonderheiten im elektronischen Rechtsverkehr

Im elektronischen Geschäftsverkehr stellt § 312 e BGB bestimmte Pflichten auf, die vom Unternehmer bei der Vertragsanbahnung zu beachten sind.

1. Anwendungsbereich des § 312 e BGB

§ 312 e BGB ist anwendbar, wenn sich ein Unternehmer zum Zweck des Abschlusses eines Vertrages über die Lieferung von Waren oder über die Erbringung von Dienstleistungen eines Tele- oder Mediendienstes bedient. Hinsichtlich der Begriffe Tele- und Mediendienst kann auf die Legaldefinitionen in § 2 Abs. 1 TDG und § 2 Abs. 1 S. 1 MDStV zurückgegriffen werden[1128]. Erfasst sind etwa Teleshopping oder Angebote von Waren in elektronisch abrufbaren Datenbanken mit interaktivem Zugriff und unmittelbarer Bestellmöglichkeit.

Vertragspartner des Unternehmers muss nicht zwingend ein Verbraucher sein. § 312 e BGB bezieht sich vielmehr allgemein auf den Kunden, erfasst also auch unternehmerische Vertragspartner. Verbraucher sind aber insofern besonders geschützt als ihnen gegenüber von § 312 e Abs. 1 S. 1 Nr. 1 bis 3 BGB gem. § 312 e Abs. 2 S. 2 BGB nicht abgewichen werden kann.

Ausgenommen vom Pflichtenkatalog des § 312 e Abs. 1 Nr. 1 bis 3 BGB sind gem. § 312 e Abs. 3 BGB zudem Verträge die durch Austausch individueller Kommunikation zwischen den Kunden und dem Unternehmer zu Stande kommen.

[1126] Vgl. Finanztest 6/2003, S. 36.

[1127] Insofern bedürfte es einer entsprechenden legislativen Umsetzung, da insbesondere eine Heranziehung des § 4 UWG wegen dessen engem Rahmen meist ausscheidet.

[1128] Das TDG bezieht sich auf Teledienste die in § 2 Abs. 1 TDG als „*alle elektronischen Informations- und Kommunikationsdienste, die für eine individuelle Nutzung von kombinierbaren Daten, wie Zeichen, Bilder oder Töne bestimmt sind und eine Übermittlung mittels Telekommunikation zugrunde liegt*" definiert. Der MDStV gilt dagegen gem. § 2 Abs. 1 S. 1 MDStV „*für das Angebot und die Nutzung von an die Allgemeinheit gerichteten Informations- und Kommunikationsdiensten (Mediendienste) in Text, Ton oder Bild, die unter Benutzung elektromagnetischer Schwingungen ohne Verbindungsleitung oder längs oder mittels eines Leiters verbreitet werden*". Zu den Einzelheiten vgl. *Lütcke*, Fernabsatzrecht, § 312 e Rdn. 5 ff.

2. Pflichten des Unternehmers

Der Unternehmer ist nach § 312 e BGB verpflichtet, dem Kunden technische Möglichkeiten zur Verfügung zu stellen, mittels derer dieser Eingabefehler vor Abgabe seiner Bestellung erkennen und berichtigen kann[1129], bestimmte Informationen zu erteilen[1130], den Zugang der Bestellung unverzüglich auf elektronischem Weg zu bestätigen[1131] und die Möglichkeit zu verschaffen, die Vertragsbestimmungen einschließlich der AGB bei Vertragsschluss abzurufen und zu speichern[1132].

3. Sanktionen bei Pflichtverletzung

Auf den Vertrag selbst hat die Verletzung des § 312 e BGB grundsätzlich keine Auswirkungen[1133]. Jedoch können Schadensersatzansprüche aus § 280 i.V.m. § 311 Abs. 2 BGB begründet werden, die unter Umständen auch die Vertragsaufhebung zur Folge haben können[1134]. Zudem beginnt die Widerspruchsfrist des Verbrauchers abweichend von § 355 Abs. 2 S. 1 BGB nach § 312 e Abs. 3 S. 2 BGB nicht vor Erfüllung der Pflichten aus § 312 e Abs. 1 S. 1 BGB[1135]. Weiter kommt eine Unterlassungsklage nach § 13 UWG als auch nach § 2 UKlaG in Betracht[1136]. Nach der Begründung des Regierungsentwurfs soll der Kunde zudem auch einen Anspruch auf nachträgliche Erfüllung der Pflichten haben, soweit sie noch sinnvoll erfüllt werden können[1137].

1129 Dazu MünchKomm/ *Wendehorst*, § 312 e Rdn. 62 ff.; Hk-VertriebsR/*Micklitz*, § 312 e Rdn. 51 ff.; *Dörner*, AcP 202 (2002), S. 380 f.; zu Art. 11 Abs. 2 EC-RL vgl. *Reich/Micklitz*, Europäisches Verbraucherrecht, S. 629 f.; *Reich/Nordhausen*, Verbraucher und Recht im elektronischen Geschäftsverkehr, S. 139 f.

1130 S.u. D. IV.

1131 Dazu MünchKomm/ *Wendehorst*, § 312 e Rdn. 93 ff.; Hk-VertriebsR/*Micklitz*, § 312 e Rdn. 98 ff.; Palandt/*Heinrichs*, § 312 e Rdn. 7; *Dörner*, AcP 202 (2002), S. 377 ff.

1132 S.u. C. IV. 3. a. bb. (3).

1133 Vgl. Jauernig/*Berger*, § 312 e Rdn. 8; *Grigoleit*, WM 2001, S. 598 f.; einschränkend Hk-VertriebsR/*Micklitz*, § 312 e Rdn. 116. Zur Möglichkeit der Anfechtung bei Eingabefehlern vgl. Hk-VertriebsR/*Micklitz*, § 312 e Rdn. 115.

1134 *Bülow/Artz*, Verbraucherprivatrecht, S. 76; Jauernig/*Berger*, § 312 e Rdn. 8; Hk-VertriebsR/*Micklitz*, § 312 e Rdn. 117 ff.; *Roth*, JZ 2000, S. 1016; *Grigoleit*, NJW 2002, S. 1155.

1135 MünchKomm/ *Wendehorst*, § 312 e Rdn. 109 ff.; Palandt/*Heinrichs*, § 312 e Rdn. 11; Hk-VertriebsR/*Micklitz*, § 312 e Rdn. 108 ff.

1136 Jauernig/*Berger*, § 312 e Rdn. 8; Palandt/*Heinrichs*, § 312 e Rdn. 11; Hk-VertriebsR/*Micklitz*, § 312 e Rdn. 121.

1137 BT-Drs. 14/6040, S. 173; vgl. auch *Lütcke*, Fernabsatzrecht, § 312 e Rdn. 65; *Boente/Riehm*, Jura 2002, S. 229; *Grigoleit*, NJW 2002, S. 1158; MünchKomm/ *Wendehorst*, § 312 e Rdn. 123.

C. Einschränkungen der Vertragsfreiheit zum Schutz des Verbrauchers

In allen drei Bereichen der Vertragsfreiheit – Abschlussfreiheit, Formfreiheit und Gestaltungsfreiheit – finden sich zum Schutz des Verbrauchers Beschränkungen. Besonderheiten gelten zudem nach den §§ 305 ff. BGB im Bereich der AGB.

I. Einschränkungen der Abschlussfreiheit

Die Abschlussfreiheit, d.h. die Freiheit frei zu entscheiden mit einem anderen den von diesem gewünschten Vertrag zu schließen, wird in bestimmten Fällen durch das Institut des Abschluss- bzw. Kontrahierungszwangs beschränkt.

Für wichtige Teilbereiche der Daseinsvorsorge, die jedoch im Rahmen des hier zu betrachtenden Verbrauchsgüterkaufs keine Relevanz haben, ist ein unmittelbarer Abschlusszwang gesetzlich geregelt[1138].

Marktbeherrschende und marktstarke Unternehmer unterliegen gegenüber anderen Unternehmern einem mittelbaren Abschlusszwang, soweit die Ablehnung des Vertragsschlusses gegen das Diskriminierungsverbot des § 20 Abs. 2 GWB verstößt[1139].

Eine dem § 20 Abs. 2 GWB entsprechende allgemeine Schutzvorschrift fehlt für den Verbraucher. Über den Schutz des § 826 BGB hinaus findet sich in der Literatur der Ansatz, dass Unternehmer, die lebenswichtige Güter öffentlich anbieten, den Vertragsschluss nur aus sachlichen Gründen ablehnen dürfen, sofern für den Kunden keine zumutbare Möglichkeit besteht, seinen Bedarf anderweitig zu befriedigen[1140]. Im Rahmen des Verbrauchsgüterkaufs wird dem grundsätzlich aber keine größere Bedeutung zukommen, da dem Verbraucher in der Regel zumutbare Ausweichmöglichkeiten zur Verfügung stehen[1141].

II. Einschränkungen der Formfreiheit

Rechtsgeschäfte bedürfen grundsätzlich keiner Form. Beim Kauf beweglicher Sachen ergibt sich davon zum einen eine Ausnahme im Anwendungsbereich des § 492 BGB, also wenn der Kauf mit einem Verbraucherdarlehensvertrag[1142] verbunden ist oder dem Verbraucher ein Zahlungsaufschub oder eine sonstige Finanzierungshilfe i.S.d. § 499 BGB[1143] gewährt wird, wobei bei Finanzierungsleasingverträgen und Teilzahlungsgeschäften die §§ 500 ff. BGB zu beachten sind. Zum anderen unterliegen auch Ratenlieferungsverträge i.S.d. § 505 BGB[1144] grundsätzlich der Schriftform.

1138 Vgl. Palandt/*Heinrichs*, Einf v § 145 Rdn. 8; Bamberger/Roth/*H.-W. Eckert*, § 145 Rdn. 14.
1139 BGHZ 36, 91; 49, 98; 129, 60; vgl. auch Palandt/*Heinrichs*, Einf v § 145 Rdn. 9.
1140 Vgl. Palandt/*Heinrichs*, § Einf v § 145 Rdn. 10 m.w.N.; Bamberger/Roth/*H.-W. Eckert*, § 145 Rdn. 15, 18.
1141 Vgl. OLG Celle, OLGZ 72, S. 281 für den Lebensmittelhandel.
1142 Zum Verbraucherdarlehensvertrag s.u. E. II. 3. b.
1143 Dazu s.u. E. II. 3. c.
1144 Dazu s.u. E. II. 4.

1. Das Schriftformerfordernis beim Verbraucherdarlehensvertrag

Die nach § 492 erforderliche Schriftform für den Verbraucherdarlehensvertrag bezweckt im Zusammenhang mit dem nach § 492 Abs. 1 S. 5 Nr. 1 bis 7 BGB festzulegenden Inhalt des Vertrages die Aufklärung des Verbrauchers[1145]. Zudem kommt ihr Beweis- und Warnfunktion zu.

Die gesetzliche Schriftform im Sinne des § 126 BGB verlangt die Verkörperung der Willenserklärung und die eigenhändige Unterzeichnung des Erklärenden[1146]. Dem Schriftformerfordernis nicht gerecht wird daher eine Übermittlung per Telefax[1147]. Zudem folgt aus dem Schutzzweck der Norm – Informationssicherung und Warnung – dass eine Unterschrift des Darlehensnehmers unter ein Blankoformular nicht genügt[1148].

Abweichend von § 126 Abs. 2 S. 1 BGB ist gem. § 492 Abs. 1 S. 3 BGB eine getrennte schriftliche Erklärung von Angebot und Annahme zulässig, wobei allein die Erklärung des Darlehennehmers den in § 492 Abs. 1 S. 5 Nr. 1 bis 7 BGB vorgeschriebenen Inhalt aufweisen muss[1149]. Die Erklärung des Darlehengebers bedarf zudem nach § 492 Abs. 1 S. 4 BGB keiner Unterzeichnung, wenn sie mit Hilfe einer automatischen Einrichtung erstellt wird.

Die in § 126 Abs. 3 BGB angesprochene Ersetzung der Schriftform durch die elektronische Form i.S.d. § 126 a BGB ist durch § 492 Abs. 1 S. 2 BGB ausgeschlossen.

In Abweichung von § 167 Abs. 2 BGB muss gem. § 492 Abs. 4 BGB auch die Vollmacht zum Abschluss eines Verbraucherdarlehensvertrags den Anforderungen des § 491 Abs. 1 und 2 BGB genügen[1150].

Die Nichtbeachtung der Form hat gem. § 494 Abs. 1 BGB die Nichtigkeit des Vertrags zur Folge, was auch der Regelung des § 125 BGB entspricht. Bei Leistungserbringung erfolgt aber eine Heilung des Vertrages, wobei es jedoch nach Maßgabe des § 494 Abs. 2 BGB zu Veränderungen des Vertragsinhalts kommt.

2. Schriftformerfordernis bei Zahlungsaufschub oder sonstigen Finanzierungshilfen i.S.d. § 499 BGB

Über die Verweisung des § 499 Abs. 1 BGB ist auch bei der Gewährung eines Zahlungsaufschubs oder einer sonstigen Finanzierungshilfe[1151] das Schriftformerfordernis des § 492 Abs. 1 BGB zu beachten. Die Anwendung des 492 Abs. 4 BGB ist aber nicht

---

[1145] *Bülow*, Verbraucherkreditrecht, § 492 Rdn. 26.

[1146] Palandt/*Heinrichs*, § 126 Rdn. 7; *Bülow*, Verbraucherkreditrecht, § 492 Rdn. 49; *Engelhardt*, Europäisches Verbraucherrecht im BGB, S. 331.

[1147] BGH, NJW 1997, S. 3169 zu § 4 VerbrKrG.

[1148] BGHZ, 132, 119, 126; *Bülow*, Verbraucherkreditrecht, § 492 Rdn. 49; Palandt/*Heinrichs*, § 125 Rdn. 6; *Westphalen/Emmerich/v. Rottenburg*, VerbrKrG, § 4 Rdn. 4; *Engelhardt*, Europäisches Verbraucherrecht im BGB, S. 332.

[1149] Ausf. *Bülow*, Verbraucherkreditrecht, § 492 Rdn. 55 ff.

[1150] Dies wurde im Rahmen des § 4 VerbrKrG noch anders gesehen – vgl. BGH, NJW 2001, S. 1931 ff.; ausf. zum Ganzen *Bülow*, Verbraucherkreditrecht, § 492 Rdn. 67 ff.

[1151] Zum Zahlungsaufschub und zur sonstigen Finanzierungshilfe s.u. E. II. 3. c.

vorgesehen, so dass eine Vollmachtserteilung in diesem Rahmen nicht der Schriftform bedarf. Hinsichtlich der Rechtsfolgen verweist § 499 Abs. 1 BGB auf § 494 BGB.

Die über § 499 Abs. 2 BGB bei Finanzierungsleasingverträgen und Teilzahlungsgeschäften zu beachtenden §§ 500 f. BGB nimmt § 492 Abs. 1 S. 1 bis 4 BGB ebenfalls in den Kreis der anzuwendenden Normen auf. Die Anwendung des § 494 BGB wird dagegen nicht aufgeführt. Während § 502 Abs. 3 BGB bei Teilzahlungsgeschäften die Rechtsfolgen bei Formmängeln regelt, fehlt eine entsprechende Regelung bei § 500 BGB. Die Nichtbeachtung der Schriftform bei einem Finanzierungsleasingvertrag i.S.d. § 500 BGB führt daher gem. § 125 BGB unheilbar zur Nichtigkeit[1152].

Bei Teilzahlungsgeschäften im Fernabsatz ist § 502 Abs. 2 BGB zu beachten. Dieser gestattet ein Absehen vom Schriftformerfordernis, wenn die Angaben des § 502 Abs. 1 BGB dem Verbraucher rechtzeitig vor Vertragsschluss in Textform mitgeteilt werden. Die Formulierungen entsprechen denen aus § 312 c Abs. 1 und 2 BGB. Während aber § 312 c Abs. 1 BGB nur das Kriterium der *„Rechtzeitigkeit“* enthält, nicht aber das Textformerfordernis[1153] und § 312 c Abs. 2 BGB zwar Textform verlangt aber zeitlich auf *„alsbald“* nach Vertragsschluss abstellt[1154], müssen bei § 502 Abs. 2 BGB die Angaben in Textform und rechtzeitig vor Vertragsschluss erfolgen. Der Abschluss von Teilzahlungskäufen im Fernabsatz wäre indes dann kaum sinnvoll durchführbar[1155]. Das *OLG München* hat es deshalb als ausreichend erachtet, dass die Informationen auf der Website zur Verfügung gestellt werden[1156]. In der Literatur ist diese Entscheidung auf erhebliche Kritik gestoßen[1157] und sie dürfte auch der Textform des § 126 b BGB kaum entsprechen[1158]. Um Teilzahlungsgeschäfte im E-Commerce zu ermöglichen, ohne aber den Schutz des Verbrauchers zu vernachlässigen, würde es sich anbieten, dass die Informationen des § 505 Abs. 1 BGB dem Verbraucher schon vor Vertragsschluss i.S.d. § 312 c Abs. 1 BGB oder wie bei § 312 e Abs. 1 S. 1 Nr. 4 BGB abrufbar und speicherbar zur Verfügung stehen müssen, die Übermittlung in der Textform des § 126 b BGB aber auch erst mit der Annahme des Vertragsangebots durch den Unternehmer erfolgen kann. Wegen des entgegenstehenden Wortlauts des § 502 Abs. 2 BGB sollte insofern eine Korrektur durch den Gesetzgeber erfolgen.

1152 *Bülow*, Verbraucherkreditrecht, § 492 Rdn. 29.

1153 S.u. D. III. 1.

1154 S.u. D. III. 2.

1155 Vgl. *Steins*, WM 2002, S. 56 ff., 59.

1156 Vgl. OLG München, NJW 2001, S. 2264 = CR 2001, S. 401 ff., zu § 8 VerbrKrG, der noch auf die Zurverfügungstellung der Informationen auf einen *„dauerhaften Datenträger“* abstellte.

1157 Vgl. *Mankowski*, CR 2001, S. 404 ff.; *St. Lorenz*, NJW 2001, S. 2230 f.

1158 Vgl. *Steins*, WM 2002, S. 59. In der Begründung des Regierungsentwurfs zu § 126 b BGB – BT-Drs. 14/4987, S. 20 – heißt es: *„Allein der Umstand, dass der Empfänger die Erklärung außerhalb seines Zugangs- und Machtbereichs zur Kenntnis genommen hat (z.B. durch Anklicken der Homepage und einer dort nur als Nur-Lese-Version verfügbaren Datei), dürfte regelmäßig nicht ausreichend sein.“*.

3. Schriftform bei Ratenlieferungsverträgen

Bei Ratenlieferungsverträgen[1159] i.S.d. § 505 BGB bestimmt § 505 Abs. 2 S. 1 BGB, dass sie der schriftlichen Form bedürfen. Die Ersetzung der Schriftform durch die elektronische Form i.S.d. § 126 a BGB ist nicht ausgeschlossen. Besteht für den Verbraucher die Möglichkeit, die Vertragsbestimmungen einschließlich der AGB abzurufen und in wiedergabefähiger Form zu speichern, dann kann nach § 505 Abs. 2 S. 2 der Vertrag auch formlos geschlossen werden.

Dem Verbraucher ist aber immer, selbst bei schriftlichem Vertragsschluss, gem. § 505 Abs. 2 S. 3 BGB der Vertragsinhalt in der Textform des § 126 b BGB mitzuteilen[1160].

III. Einschränkungen der Gestaltungsfreiheit

Die Freiheit der inhaltlichen Gestaltung der Verträge findet zunächst ganz allgemein ihre Grenze in den §§ 134, 138 BGB. Konkret zum Schutz des Verbrauchers bestehen zudem eine Reihe von zwingenden Regelungen, von denen nicht zulasten des Verbrauchers abgewichen werden kann. Praktisch bedeutsam gerade auch für den Verbraucher ist schließlich die Inhaltskontrolle bei vorformulierten Vertragsbedingungen nach den §§ 307 ff. BGB[1161].

1. Grenzen durch §§ 134, 138 BGB

Nach § 134 BGB sind Rechtsgeschäfte die gegen Verbotsgesetze verstoßen nichtig[1162]. So sind beispielsweise Kaufverträge über nicht zugelassene Arzneimittel nichtig[1163], was den Verbraucher indirekt vor Arzneimitteln schützt, die nicht das staatliche Zulassungsverfahren durchlaufen haben.

Für sittenwidrige Rechtsgeschäfte regelt § 138 BGB die Nichtigkeitsfolge[1164]. Dabei kann sich die Sittenwidrigkeit etwa daraus ergeben, dass der wirtschaftlich und intellektuell Überlegene die schwächere Lage des anderen Teils bewusst zu seinem Vorteil ausnutzt[1165].

2. Zwingende Regelungen zugunsten des Verbrauchers

Zum Schutz des Verbrauchers bestehen eine Reihe zwingender oder halbzwingender Vorschriften. Zum Teil verbieten Vorschriften ausdrücklich Abweichungen zum Nachteil des Verbrauchers, wie z.B. die §§ 312 f., 475 Abs. 1 und 2, 487, 506 BGB. Darüber hinaus ergibt sich weitgehend auch aus dem Sinn und Zweck und dem Wortlaut der verbraucherrechtlichen Vorschriften des BGB, dass Abweichungen grundsätzlich nur zugunsten des Verbrauchers möglich sind. Der zwingende Charakter von Regelungen lässt sich teilweise auch im

---

[1159] Zum Ratenlieferungsvertrag s.u. E. II. 3. d.

[1160] Palandt/*Putzo*, § 505 Rdn. 13.

[1161] Dazu s.u. IV. 4.

[1162] Vgl. zu den Einzelheiten die einschlägigen Kommentierungen zu § 134 BGB sowie *Brox*, BGB AT, Rdn. 274 ff.

[1163] OLG Karlsruhe, NJW-RR 2002, S. 1206.

[1164] Vgl. zu den Einzelheiten die einschlägigen Kommentierungen zu § 138 BGB sowie *Brox*, BGB AT, Rdn. 283 ff.; *St. Lorenz*, Der Schutz vor dem unerwünschten Vertrag, S. 245 ff.

[1165] Vgl. BGH, NJW 1980, S. 446, S. 1156; Palandt/*Heinrichs*, § 138 Rdn. 34.

Umkehrschluss daraus ableiten, dass einige Vorschriften ausdrücklich Modifizierungen zulasten des Verbrauchers gestatten, wie z.B. § 357 Abs. 2 S. 3 BGB.

Für den Verbrauchsgüterkauf besonders wichtig regelt § 475 BGB den weitgehend zwingenden Charakter des Gewährleistungsrechts[1166].

IV. Schutz vor AGB[1167]

1. Einleitung

Die Herausbildung von AGB beruht auf dem Interesse der Wirtschaft an Abweichungen vom dispositiven Recht, um den geänderten Bedürfnissen des Wirtschaftslebens gerecht zu werden und darüber hinaus eine einheitliche Vertragsordnung für neu entstandene Vertragstypen aufzustellen[1168]. Ihre Verwendung entspringt zudem dem Bedürfnis der Industriegesellschaft, die Vertragabwicklung einschließlich des Vertragsschlusses der vielfach produzierten gleichartigen Güter einheitlich zu gestalten[1169].

Dieser allgemein als positiv eingestuften Rationalisierungsfunktion von AGB birgt auf der anderen Seite die Gefahr, dass der AGB-Verwender die Gegenseite übervorteilt, in dem er einseitig seine Interessen bevorzugt und berechtigte Interessen seines Vertragspartners vernachlässigt[1170]. Die Eignung des Vertrags als Instrument des gerechten Interessenausgleichs mit der bei gegenseitigem freien Aushandeln grundsätzlich gegebenen Richtigkeitsgewähr entfällt und der Vertragspartner muss vielmehr vor ungerechten Vertragsgestaltungen geschützt werden[1171].

Die Rechtsprechung reagierte zunächst durch restriktive Auslegung der Klauseln und in Einzelfällen durch Abstellen auf § 138 BGB. In Folge der Untersuchungen von *Raiser*[1172] zog der BGH verstärkt § 242 BGB heran[1173]. Auf Grundlage der Rechtsprechung kam es zur Verabschiedung des AGBG, das zum 1.4. 1977 in Kraft trat[1174]. Im Zuge des Gesetzes zur Modernisierung kam es zur Übernahme der materiell-rechtlichen Regelungen des AGBG in das BGB, die verfahrensrechtlichen Regelungen wurden in das UKlaG übernommen[1175].

Dieser Schutz des Vertragspartners erfolgt zum einen durch eine Abschlusskontrolle, die Hürden bei der Einbeziehung in den Vertrag aufstellt und zum anderen durch eine Inhaltskontrolle, die unangemessene Klauseln ausschließt.

1166 Dazu s.u. F. II. 2., 4. und 5.

1167 Vgl. allg. *Hart*, Jura 2001, S. 649 ff., der die verbraucherrechtlichen Grundlagen des AGBG erörtert.

1168 *Ulmer* in Ulmer/Brandner/Hensen, AGBG, Einl. Rdn. 3; MünchKomm/ *Basedow*, Vor § 305 Rdn. 2.

1169 *Wolf/Horn/Lindacher*, AGBG, Einl. Rdn. 1; MünchKomm/ *Basedow*, Vor § 305 Rdn. 1 f.

1170 *Ulmer* in Ulmer/Brandner/Hensen, AGBG, Einl. Rdn. 4; *Wolf/Horn/Lindacher*, AGBG, Einl. Rdn. 3; MünchKomm/ *Basedow*, Vor § 305 Rdn. 3.

1171 Vgl. zur geschichtlichen Entwicklung auch oben 1. Teil, B. II.

1172 *Raiser*, AGB, passim.

1173 *Ulmer* in Ulmer/Brandner/Hensen, AGBG, Einl. Rdn. 8; vgl. auch oben 1. Teil, B. II.

1174 *Ulmer* in Ulmer/Brandner/Hensen, AGBG, Einl. Rdn. 12 ff., vgl. auch oben 1. Teil, B. II.

1175 Palandt/*Heinrichs*, Überbl v § 305 Rdn. 1; vgl. dazu auch *Artz*, JuS 2002, S. 528; *v. Westphalen*, NJW 2002, S. 12 ff.

2. Geltung der §§ 305 ff. BGB

a. Unanwendbarkeit der §§ 305 ff. BGB

Die Anwendung der §§ 305 ff. BGB wird allgemein durch § 310 Abs. 4 BGB beschränkt. Die dort aufgeführten Fälle sind aber für den Verbrauchsgüterkauf weitgehend irrelevant.

b. Persönlicher Anwendungsbereich

Generelle Einschränkungen im Hinblick auf den persönlichen Anwendungsbereich der §§ 305 ff. BGB bestehen nicht. Nach § 310 Abs. 1 BGB werden aber einzelne Vorschriften bei AGB, die einem Unternehmer gestellt werden, von der Anwendung ausgenommen.

c. Der Begriff der AGB

Der Schutz der §§ 305 ff. BGB geht grundsätzlich vom Begriff der AGB aus. Diese werden in § 305 Abs. 1 S. 1 BGB legal definiert. Es muss sich demnach um für eine Vielzahl von Verträgen vorformulierte Vertragsbedingungen handeln, die der Verwender der anderen Vertragspartei bei Vertragsschluss stellt.

aa. Vertragsbedingungen

Aus dem Merkmal Vertragsbedingungen folgt, dass AGB Bestandteile eines zwischen dem Verwender und dem anderen Teil abzuschließenden Vertrags sind. Erfasst werden aber auch Vertragsabschlussbedingungen[1176] und vorformulierte Regeln über einseitige Rechtsgeschäfte[1177]. Empfehlungen und Bitten ohne rechtliche Bedeutung sind dagegen keine AGB[1178].

bb. Vorformulierung

Die Vorformulierung setzt voraus, dass die Vertragsbedingungen nicht ad hoc entworfen werden, sondern als Grundlage oder Rahmen für gleichartige Rechtsverhältnisse aufgestellt sind. Eine schriftliche Fixierung ist allerdings nicht erforderlich; auch das „*Speichern*" im Kopf reicht aus[1179].

cc. Vielzahlkriterium

Das Kriterium der Vielzahl betont ebenso wie dasjenige der Vorformulierung den nicht an der individuellen Vertragsbeziehung, sondern am Massengeschäft ausgerichteten Charakter der AGB. Die untere Grenze liegt bei 3 bis 5 Anwendungen[1180], wobei allein die Absicht zur Zeit

---

1176 BGHZ 104, 99; Palandt/*Heinrichs*, § 305 Rdn. 5; *Ulmer* in Ulmer/Brandner/Hensen, AGBG, § 1 Rdn. 13.

1177 BGHZ 98, 28; BGH, NJW 2000, S. 2677; Palandt/*Heinrichs*, § 305 Rdn. 6; *Ulmer* in Ulmer/Brandner/Hensen, AGBG, § 1 Rdn. 16 ff.

1178 BGHZ 133, 184, 188 = NJW 1996, S. 2574, 2575; teilweise abweichend von BGHZ 124, 37, 45 f. = NJW 1004, S. 188; vgl. auch Palandt/*Heinrichs*, § 305 Rdn. 3; MünchKomm/*Basedow*, § 305 Rdn. 12; *Ulmer* in Ulmer/Brandner/Hensen, AGBG, § 1 Rdn. 11 a; *Heinrichs*, NJW 1997, S. 1407 f.

1179 BGH, NJW 2001, S. 2636; OLG Dresden, BB 1999, S. 228 f. mit Anm. *v. Thamm*, bestätigt durch BGH, NJW 1999, S. 2180; Palandt/*Heinrichs*, § 305 Rdn. 3; *Ulmer* in Ulmer/Brandner/Hensen, AGBG, § 1 Rdn. 20 ff.; ausf. *Schuhmann*, JR 2000, S. 441 ff.

1180 Vgl. MünchKomm/*Basedow*, § 305 Rdn. 18; *Medicus*, BGB AT, Rdn. 404.

des Vertragsschlusses[1181] oder die einmalige Verwendung allgemein vorformulierter Vertragsbedingungen ausreicht[1182].

dd. Stellen/Kein Aushandeln

AGB müssen von einer Vertragspartei gestellt werden, was immer dann der Fall ist, wenn eine Partei die Einbeziehung der vorformulierten Bedingungen in den Vertrag verlangt. Daraus folgt auch, dass die andere Vertragspartei keine reale Möglichkeit zum Aushandeln haben darf[1183]. Keine AGB sind demnach – wie auch § 305 Abs. 1 S. 3 BGB klarstellt[1184] – im Einzelnen bei Vertragsschluss ausgehandelte Vertragsbedingungen. Aushandeln erfordert dabei mehr als bloßes Verhandeln oder Erklären der Verhandlungsbereitschaft[1185]. Es setzt vielmehr voraus, dass der Verwender seine AGB inhaltlich ernsthaft zur Disposition stellt und dem anderen Teil Gestaltungsfreiheit zur Wahrung eigener Interessen einräumt[1186]. Dem Gegner muss zudem ein Einfluss auf die Bedingungen konkret möglich und zumutbar sein, was nur für Personen zutreffen wird, die dem Verwender wirtschaftlich und intellektuell einigermaßen gewachsen sind[1187].

ee. Unerhebliche Umstände

Die Gestaltung, Form und der Umfang der Bestimmungen haben gem. § 305 Abs. 1 S. 2 BGB keine Bedeutung bei der Bestimmung des AGB-Begriffs. Insbesondere fallen auch die Klauseln eines Formularvertrags unter die AGB-Definition[1188].

d. Besonderheiten bei Verbraucherverträgen

Für Verbraucherverträge, d.h. für Verträge[1189] zwischen Unternehmer und Verbraucher, enthält § 310 Abs. 3 BGB als Folge der Umsetzung der Missbräuchliche-Klausel-RL[1190] drei

---

1181 BGH, NJW-RR 2002, S. 14; Palandt/*Heinrichs*, § 305 Rdn. 9; Jauernig/*Jauernig*, § 305 Rdn. 4; *Ulmer* in Ulmer/Brandner/Hensen, AGBG, § 1 Rdn. 23 ff.

1182 BGH, NJW 1991, S. 843; OLG Hamm, NJW 1981, S. 1049; Palandt/*Heinrichs*, § 305 Rdn. 9; MünchKomm/*Basedow*, § 305 Rdn. 19; *Ulmer* in Ulmer/Brandner/Hensen, AGBG, § 1 Rdn. 23 ff.; *Medicus*, BGB AT, Rdn. 404; **a.A.** *Michalski/Römermann*, ZIP 1993, S. 1437 f.: der Verwender selbst muss das Vertragsmuster mindestens in 3 Fällen tatsächlich benutzen.

1183 *Wolf/Horn/Lindacher*, AGBG, § 1 Rdn. 27, MünchKomm/*Basedow*, § 305 Rdn. 34; **a.A.** *Ulmer* in Ulmer/Brandner/Hensen, AGBG, § 1 Rdn. 26 f. m.w.N.: das Merkmal „*Stellen*" soll allein die Rolle des Verwenders festlegen und steht mithin nicht im strikten Gegensatz zum Aushandeln i.S.d. § 305 Abs. 1 S. 3 BGB.

1184 Ob § 305 Abs. 1 S. 3 BGB insofern nur der Klarstellung dient oder eine weitere negative Voraussetzung für AGB ist, hängt vom Streit über die Reichweite des Merkmals „*Stellen*" ab. Praktische Konsequenzen hat der Streit im Rahmen des § 305 Abs. 1 BGB indes nicht (zu den Auswirkungen im Rahmen des § 310 Abs. 3 Nr. 1 BGB – s.u. d. aa.), da aus der Regelung des § 305 Abs. 1 S. 3 BGB zumindest einhellig entnommen wird, dass der Verwender der AGB jedenfalls die Beweislast für das Aushandeln zu tragen hat – vgl. *Wolf/Horn/Lindacher*, AGBG, § 1 Rdn. 63; MünchKomm/*Basedow*, § 305 Rdn. 43 ff. m.w.N.

1185 BGHZ 98, 24, 28; BGH, NJW 1991, S. 1679; ausf. *Michalski/Römermann*, ZIP 1993, S. 1438 ff.

1186 Vgl. BGH, NJW 1992, S. 2759; Palandt/*Heinrichs*, § 305 Rdn. 21; *Ulmer* in Ulmer/Brandner/Hensen, AGBG, § 1 Rdn. 45 ff.; *Wolf/Horn/Lindacher*, AGBG, § 1 Rdn. 32 ff.; *Medicus*, BGB AT, Rdn. 407. Zur Problematik bei Angebotsalternativen – vgl. BGH, NJW 2003, S. 1303 und *v. Westphalen*, NJW 2003, S. 1635 f.

1187 BGH, ZIP 1986, S. 1467.

1188 Palandt/*Heinrichs*, § 305 Rdn. 14 ff.; *Ulmer* in Ulmer/Brandner/Hensen, AGBG, § 1 Rdn. 35, 66 ff.

1189 Auch die Erfassung einseitiger Rechtsgeschäfte wird grundsätzlich bejaht – vgl. dazu *Ulmer* in Ulmer/Brandner/Hensen, AGBG, § 24 a Rdn. 10; *Wolf/Horn/Lindacher*, AGBG, § 24 a Rdn. 25; Art. 1 RiLi Rdn. 31.

1190 RL 93/13/EWG (ABlEG Nr. L 95, S. 29) - dazu *Reich/Micklitz*, Europäisches Verbraucherrecht, S. 491 ff.

Sonderbestimmungen, die den Anwendungsbereich der §§ 305 ff. BGB im Hinblick auf Verbraucherverträge modifizieren und erweitern.

aa. Nach § 310 Abs. 3 Nr. 1 BGB gelten AGB als vom Unternehmer gestellt, es sei denn, dass sie durch den Verbraucher in den Vertrag eingeführt wurden[1191]. Damit wird dem Unternehmer weitgehend der Einwand abgeschnitten, dass die Vertragsbedingungen ohne sein Zutun in den Verbrauchervertrag einbezogen wurden, mit der Folge, dass das Merkmal des Stellens für Verbraucherverträge weitgehend seine Bedeutung verliert[1192]. Selbst das Einbringen von AGB durch unparteiische Dritte begründet demnach bei Verbraucherverträgen das Merkmal des Stellens[1193].

Von der Fiktion des Stellens durch den Unternehmer unberührt bleibt der Einwand, dass die Vertragsbedingungen im Einzelnen ausgehandelt sind, weil es dann schon am Vorliegen von AGB fehlt[1194]. Da § 310 Abs. 3 Nr. 1 BGB nicht das *„Stellen"* per se, sondern das *„Stellen durch den Unternehmer"* fingiert, kann dahinstehen, ob das Aushandeln des § 305 Abs. 1 S. 3 BGB ein gesondertes negatives Tatbestandsmerkmal ist.

bb. § 310 Abs. 3 Nr. 2 BGB dehnt die Anwendung wesentlicher Schutzvorschriften[1195] des AGB-Rechts auf nur zur einmaligen Verwendung bestimmte, vorformulierte Vertragsbedingungen aus, soweit der Verbraucher auf ihren Inhalt keinen Einfluss nehmen konnte. Damit werden auch Einmalklauseln in den Schutz des AGB-Rechts einbezogen[1196].

Strittig ist, ob § 310 Abs. 3 Nr. 2 BGB auch bei von Dritten vorformulierten Einmalbedingungen eingreift[1197].

cc. In § 310 Abs. 3 Nr. 3 BGB ist schließlich in Umsetzung von Art. 4 Missbräuchliche-Klausel-RL aufgenommen, dass bei der Beurteilung der Unangemessenheit einer Klausel nach § 307 Abs. 1 und 2 BGB, auch die den Vertragsschluss begleitenden Umstände zu berücksichtigen sind, wie etwa das Kräfteverhältnis zwischen den Parteien, der Wissensstand und die Geschäftserfahrenheit des Verbrauchers oder das Verhalten der Parteien bei Vertragsschluss[1198]. Strittig ist, ob die Umstandskontrolle sich auch zulasten des Verbrauchers

---

1191 Die amtliche Begründung nennt als Beispiel für diese Ausnahme, dass ein bestimmtes Klauselwerk, wie etwa ein ADAC-Formular auf Vorschlag des Verbrauchers Vertragsinhalt wird – vgl. BT-Drs. 13/2713, S. 7; vgl. dazu auch *Heinrichs*, NJW 1996, S. 2192.

1192 *Wolf/Horn/Lindacher*, AGBG, § 1 Rdn. 27.

1193 Vgl. *Heinrichs*, NJW 1996, S. 2192; Palandt/*Heinrichs*, § 310 Rdn. 12; *Ulmer* in Ulmer/Brandner/Hensen, AGBG, § 24 a Rdn. 36.

1194 Vgl. *Heinrichs*, NJW 1996, S. 2192; Palandt/*Heinrichs*, § 310 Rdn. 9; MünchKomm/*Basedow*, § 310 Rdn. 54; *Ulmer* in Ulmer/Brandner/Hensen, AGBG, § 24 a Rdn. 35.

1195 Genannt werden die §§ 305 c Abs. 2, 306, 307 bis 309 BGB. Da das in Art. 5 der Missbräuchlichen-Klausel-RL geregelte Transparenzgebot Geltung für alle Verbraucherverträge beansprucht, wird zum Teil auch die Anwendung von § 305 Abs. 1 S. 2 und § 305 c Abs. 1 BGB bejaht – vgl. *Bülow/Artz*, Verbraucherprivatrecht, S. 144.

1196 *Wolf/Horn/Lindacher*, AGBG, § 24 a Rdn. 35; Jauernig/*Jauernig*, § 310 Rdn. 8.

1197 Dafür die wohl h.M – vgl. *Wolf/Horn/Lindacher*, AGBG, § 24 a Rdn. 35; Palandt/*Heinrichs*, § 310 Rdn. 16; MünchKomm/*Basedow*, § 310 Rdn. 64; *Heinrichs*, NJW 1998, S. 1449 f.; **a.A.** *Ulmer* in Ulmer/Brandner/Hensen, AGBG, § 24 a Rdn. 43; *ders.*, FS Heinrichs, S. 567.

1198 Vgl. dazu ausf. Palandt/*Heinrichs*, § 310 Rdn. 19 ff.; *Heinrichs*, NJW 1996, S. 2193 f.; *Borges*, Die Inhaltskontrolle von Verbraucherverträgen, S. 58 ff.; *Brandner* in Ulmer/Brandner/Hensen, AGBG, § 9 Rdn. 179.

auswirken kann, insbesondere angemessene Umstände inhaltlich unangemessene Vertragsbedingungen aufwiegen können[1199].

Der durch § 310 Abs. 3 Nr. 3 BGB beabsichtigte Schutz des Verbrauchers[1200] und vor allem der Vergleich mit der Verbandsklage[1201] sprechen gegen eine Umstandskontrolle nur zugunsten des Verbrauchers[1202]. Die Berücksichtigung etwa der Geschäftserfahrenheit des Verbrauchers mag zwar im Einzelfall wünschenswert erscheinen, ist aber dem deutschen Verbraucherrecht bislang gerade fremd, stellt es doch auf eine typische Unterlegenheit des Verbrauchers und nicht auf seine Unterlegenheit im Einzelfall ab[1203].

3. Die Abschlusskontrolle

Die Abschlusskontrolle erfolgt durch besondere Einbeziehungsvoraussetzungen, dem Vorrang von Individualvereinbarungen und dem Ausschluss überraschender Klauseln. Zudem regelt § 305 c Abs. 2 BGB, was bei unklaren Klauseln zu gelten hat.

a. Besondere Einbeziehungsvoraussetzungen

AGB bedürfen der Einbeziehung in den Vertrag. Die frühere Rechtsprechung bejahte eine Einbeziehung bereits dann, wenn der Kunde vom Vorhandensein der AGB wusste oder bei Anwendung gehöriger Sorgfalt hätte wissen müssen und wenn für ihn erkennbar war, dass der Unternehmer den Vertrag nur unter Einbeziehung seiner AGB abschließen wollte[1204]. In Abkehr von dieser Rechtsprechung stellt § 305 Abs. 2 BGB dagegen über die §§ 145 ff. BGB hinausgehende Anforderungen auf, um die AGB transparent zu machen und damit die Voraussetzungen für eine bewusste Einbeziehung zu schaffen[1205].

Die Einbeziehung bedarf daher grundsätzlich eines ausdrücklichen Hinweises des Verwenders gegenüber dem Vertragspartner auf die AGB, der Möglichkeit zumutbarer Kenntnisnahme

---

1199 Bejahend OLG Frankfurt a.M., NJW-RR 2001, S. 780 f.; *Brandner* in Ulmer/Brandner/Hensen, AGBG, § 9 Rdn. 180; *Heinrichs*, NJW 1996, S. 2194; *Wolf/Horn/Lindacher*, AGBG, § 24 a Rdn. 53; a.A. Bamberger/Roth/*Becker*, § 310 Rdn. 20; *Borges*, Die Inhaltskontrolle von Verbraucherverträgen, S. 49 ff. m.w.N.; *Michalski*, DB 1999, S. 678 f.; *ders.*, Verbraucherschutzrecht, S. 61 ff.

1200 *Borges*, Die Inhaltskontrolle von Verbraucherverträgen, S. 50 f. weist daraufhin, dass der Verbraucher im Einzelfall sogar schlechter steht als ein Unternehmer, wenn die Vertragsumstände zur Rechtfertigung einer Klausel führen könnten.

1201 Im Verbandsprozess können die Umstände des Vertragsschlusses nicht berücksichtigt werden. Auf ein stattgebendes Urteil kann sich der Verbraucher aber gem. § 11 UKlaG berufen. Die uneingeschränkte Anwendung des § 11 UKlaG hätte dann zur Folge, dass der Ausgang des Individualprozesses von einer vorherigen erfolgreichen Verbandsklage abhinge. Andere Möglichkeit wäre, § 11 UKlaG derart einzuschränken, dass eine an sich auf Grund der Verbandsklage zu unterlassende Klausel im Einzelfall auf Grund der Vertragsumstände doch wirksam vereinbart werden kann, was aber auch kaum überzeugen kann.

1202 So auch *Borges*, Die Inhaltskontrolle von Verbraucherverträgen, S. 50 ff.; *Michalski*, DB 1999, S. 679 f.; *ders.*, Verbraucherschutzrecht, S. 61 ff.

1203 Es ist insbesondere nicht ersichtlich, dass der deutsche Gesetzgeber durch § 310 Abs. 3 Nr. 3 BGB hiervon abweichen wollte. Ein Abstellen auf die Umstände des Vertragschlusses auch zulasten des Verbrauchers würde zudem die Frage aufwerfen, warum dies nicht generell für die Verbraucherrechte gelten soll. Möglicherweise ließen sich hierdurch gerechtere Ergebnisse im Einzelfall erzielen. Die durch die Typizität gewonnene Rechtssicherheit bei der Bestimmung von Verbraucher und Unternehmer würde aber verloren gehen und sowohl die Interessen der Verbraucher als auch der Unternehmer beeinträchtigen.

1204 BGHZ 3, 303; 18, 99; vgl. zur früheren Rechtslage auch *Ulmer* in Ulmer/Brandner/Hensen, AGBG, § 2 Rdn. 8 f.; MünchKomm/*Basedow*, § 305 Rdn. 47.

1205 *Wolf/Horn/Lindacher*, AGBG, § 2 Rdn. 1; MünchKomm/*Basedow*, § 305 Rdn. 48.

des anderen Teils und natürlich des Einverständnisses des Kunden. Maßgeblicher Zeitpunkt hierfür ist der Vertragsschluss.

Im Geschäftsverkehr mit Unternehmern wird § 305 Abs. 2 BGB durch § 310 Abs. 1 BGB ausgeschlossen. Jedoch ist auch hier zumindest die rechtsgeschäftliche Einbeziehung erforderlich.

aa. Ausdrücklicher Hinweis

Gem. § 305 Abs. 2 Nr. 1 BGB bedarf es eines ausdrücklichen Hinweises auf die AGB. Dadurch soll sicher gestellt werde, dass das bloße „*Wissen-müssen*" des Kunden nicht zur Einbeziehung der AGB in den Vertrag führt.

Der Hinweis kann schriftlich oder mündlich erfolgen[1206], nicht aber bloß konkludent[1207]. Ausnahmsweise genügt nach § 305 Abs. 2 Nr. 1 BGB auch ein deutlich sichtbarer Aushang am Ort des Vertragsschlusses, der auf die AGB verweist, wenn ein ausdrücklicher Hinweis nur unter unverhältnismäßigen Schwierigkeiten möglich ist. Dies ist insbesondere der Fall bei konkludent geschlossenen Massenverträgen, bei denen ein Hinweis schon mangels persönlichen Kontakts unmöglich ist und darüber hinaus auch bei sonstigen Geschäften des Massenverkehrs, bei denen ein ausdrücklicher Hinweis die Massenabfertigung erschweren würde[1208].

bb. Möglichkeit der zumutbaren Kenntnisnahme

Neben dem ausdrücklichen Hinweis bzw. neben den Aushang bedarf es nach § 305 Abs. 2 Nr. 2 BGB zur Einbeziehung von AGB der Möglichkeit der zumutbaren Kenntnisnahme.

(1) Verfügbarkeit der AGB

Daraus folgt zum einen, dass die AGB dem Vertragspartner zur Verfügung stehen müssen. Welche Anforderungen hierfür im Einzelnen erforderlich sind, richtet sich nach den Umständen des Vertragsschlusses. Die AGB müssen grundsätzlich entweder vorgelegt oder die Vorlage muss angeboten werden oder sie müssen zumindest zur Einsicht aushängen oder ausliegen[1209]. Bei besonders umfangreichen AGB kann der Kunde auch die Aushändigung der AGB verlangen. Unter Abwesenden kann dem Erfordernis des § 305 Abs. 2 Nr. 2 BGB in der Regel nur durch Übersendung genügt werden[1210].

Schwierigkeiten bereitet die Einbeziehung beim fernmündlichen Vertragsschluss. Einzige, aber wenig praktikable Möglichkeiten wären das Vorlesen der AGB oder die vorherige Übersendung der AGB. Überwiegend hilft man sich dadurch, dass man dem Kunden die Möglichkeit einräumt, durch Individualvereinbarung auf die Einhaltung des § 305 Abs. 2 Nr.

1206 BGH, NJW 1983, S. 817; zum Ganzen ausf. und differenzierend *Ulmer* in Ulmer/Brandner/Hensen, AGBG, § 2 Rdn. 23 ff..

1207 *Ulmer* in Ulmer/Brandner/Hensen, AGBG, § 2 Rdn. 24; *Wolf/Horn/Lindacher*, AGBG, § 2 Rdn. 7.

1208 MünchKomm/*Basedow*, § 305 Rdn. 60 f.; Jauernig/*Jauernig*, § 305 Rdn. 13; Palandt/*Heinrichs*, § 305 Rdn. 31; *Ulmer* in Ulmer/Brandner/Hensen, AGBG, § 2 Rdn. 36 ff.

1209 Palandt/*Heinrichs*, § 305 Rdn. 34; *Michalski*, Verbraucherschutzrecht, S. 19.

1210 Palandt/*Heinrichs*, § 305 Rdn. 35; vgl. auch BGH-RR 1999, S. 1246: Angebot der kostenlosen Übersendung reicht nicht.

2 BGB zu verzichten[1211]. Dies ist aber deshalb bedenklich, weil § 305 Abs. 2 Nr. 2 BGB an sich nicht dispositiv ist.

(2) Lesbarkeit und Verständlichkeit

Weiter erforderlich ist, dass die Kenntnisnahme zumutbar ist. Daraus folgt, dass die AGB mühelos lesbar sein müssen[1212], ein Mindestmaß an Übersichtlichkeit erfüllen und ein im Verhältnis zur Bedeutung des Geschäfts vertretbaren Umfang haben[1213]. Zusätzlich in § 305 Abs. 2 Nr. 2 BGB aufgenommen ist die Berücksichtigung erkennbarer körperlicher Behinderungen des Kunden[1214].

Dieses Transparenzgebot verhindert schon bei der Abschlusskontrolle die Einbeziehung unklarer Klauseln[1215].

(3) Besonderheiten bei interaktiven Vertragsschlüssen

Problematisch ist, welche Anforderungen an die Einbeziehung von AGB bei interaktiven Vertragsschlüssen per Internet oder Fernsehen zu stellen sind[1216]. Das bloße Einblenden soll nur genügen, wenn dem Kunden eine kritische Prüfung möglich ist[1217]. Im Internet wird in der Regel die Möglichkeit des Kunden zum mühe- und kostenlosen runterladen oder ausdrucken verlangt[1218]. Dies entspricht auch § 312 e Abs. 1 Nr. 4 BGB, wonach die Möglichkeit zu verschaffen ist, die Vertragsbestimmungen einschließlich der AGB abzurufen und in widergabefähiger Form zu speichern[1219] und aus dem zumindest die gesetzgeberischen Vorstellungen zur Verfügbarkeit der AGB abgeleitet werden können[1220]. Zudem bedarf es immer auch eines klaren und ausdrücklichen Hinweises auf die AGB[1221].

Strittig ist, inwieweit die Informationspflichten nach § 312 c Abs. 1 BGB i.V.m. der BGB-InfoV[1222] besondere Einbeziehungsvoraussetzungen für bestimmte Klauseln darstellen und § 305 Abs. 2 BGB ergänzen[1223]. Die in § 312 Abs. 1 BGB i.V.m. § 1 BGB-InfoV

1211 MünchKomm/*Basedow*, § 305 Rdn. 58; Jauernig/*Jauernig*, § 305 Rdn. 14; Palandt/*Heinrichs*, § 305 Rdn. 37; *Ulmer* in Ulmer/Brandner/Hensen, AGBG, § 2 Rdn. 49; a.A. AG Krefeld, NJW-RR 1997, S. 245.

1212 Eine Mindestschriftgröße ist gesetzlich nicht vorgesehen. Der Bereich des Zumutbaren wird aber überschritten, wenn die AGB wegen Art und Größe des Schriftbilds nur mit Mühe zu entziffern sind – vgl. BGH, NJW 1983, S. 2772 f.; *Ulmer* in Ulmer/Brandner/Hensen, AGBG, § 2 Rdn. 54.

1213 Palandt/*Heinrichs*, § 305 Rdn. 39.

1214 Vgl. dazu BT-Drs. 14/6040, S. 150; *v. Westphalen*, NJW 2002, S. 13 f. der auch die Frage aufwirft, ob nicht auch die Unkenntnis der deutschen Sprache bei Ausländern zur Nichteinbeziehung nach § 305 Abs. 2 Nr. 2 BGB führen kann. Zur AGB-Einbeziehung beim Vertragsschluss mit Ausländern vgl. auch MünchKomm/*Basedow*, § 305 Rdn. 59.

1215 *Ulmer* in Ulmer/Brandner/Hensen, AGBG, § 2 Rdn. 50; Palandt/*Heinrichs*, § 305 Rdn. 41.

1216 Vgl. dazu *Dilger*, Verbraucherschutz bei Vertragsabschlüssen im Internet, S. 35 ff.; *Mehrings*, BB 1998, S. 2373 ff.; *Löhning*, NJW 1997, S. 1688 f.

1217 Vgl. Palandt/*Heinrichs*, § 305 Rdn. 38.

1218 Palandt/*Heinrichs*, § 305 Rdn. 38; *Wolf/Horn/Lindacher*, AGBG, § 2 Rdn. 24.

1219 Dazu ausf. MünchKomm/ *Wendehorst*, § 312 e Rdn. 100 ff.; Hk-VertriebsR/*Micklitz*, § 312 e Rdn. 104 f.

1220 Nach h.M. entscheidet aber allein § 305 Abs. 2 BGB, ob die AGB Vertragsinhalt geworden sind – vgl. Palandt/*Heinrichs*, § 312 e Rdn. 8; MünchKomm/ *Wendehorst*, § 312 e Rdn. 103. Im Rahmen der Feststellungen zu § 305 Abs. 2 BGB sollten die gesetzgeberischen Anforderungen nach § 312 e BGB aber Berücksichtigung finden.

1221 Vgl. OLG Hamburg, MMR 2002, S. 677; *v. Westphalen*, NJW 2003, S 1636: das Herunterladen betrifft nur die Möglichkeit der Kenntnisnahme.

1222 Dazu s.u. D. III.

1223 Vgl. MünchKomm/ *Wendehorst*, § 312 c Rdn. 21 ff. m.w.N.

aufgeführten Informationspflichten führen größtenteils die Bedingungen des Vertrags auf[1224] und somit erscheint es zweckmäßig, aus § 305 Abs. 2 BGB und § 312 c Abs. 1 BGB einheitliche Anforderungen zu formulieren. Einer Konkretisierung des § 305 Abs. 2 Nr. 2 BGB durch Berücksichtigung von § 312 c Abs. 1 BGB derart, dass eine Einbeziehung nur bei Erfüllung insofern bestehender Informationspflichten erfolgt[1225], begegnet keinen grundsätzlichen Bedenken. Soweit der Unternehmer den inhaltlichen Anforderungen des § 312 c Abs. 1 BGB genügt, dürften insofern grundsätzlich auch die Voraussetzungen des § 305 Abs. 2 BGB erfüllt sein[1226].

Zu beachten ist aber, dass die Umformung der Informationspflichten in Vertragsbedingungen die erforderliche Klarheit und Verständlichkeit gefährden kann[1227]. Zudem ist ein Teil der Informationen gem. § 312 c Abs. 2 BGB i.V.m. § 1 Abs. 3 BGB-InfoV *„in hervorgehobener und deutlich gestalteter Form"* mitzuteilen. Daraus folgt, dass das Vorliegen der Voraussetzungen des § 305 Abs. 2 BGB nicht auf die Erfüllung der Voraussetzungen der Informationspflichten des § 312 c BGB schließen lässt.

Umgekehrt können die Informationspflichten des § 312 c Abs. 2 BGB spätestens bis zur vollständigen Vertragserfüllung bzw. Warenlieferung an den Verbraucher erfolgen, was den Anforderungen des § 305 Abs. 2 BGB nicht genügen würde[1228].

Die Einarbeitung der Informationspflichten in die AGB hindert schließlich nicht, dass die Beweislast im Rahmen des § 312 c BGB und im Rahmen des § 305 Abs. 2 BGB auseinanderfallen kann[1229].

cc. Maßgeblicher Zeitpunkt

Für die Erfüllung der in § 305 Abs. 2 Nr. 1 und 2 BGB zur Einbeziehung von AGB geregelten Voraussetzungen stellt das Gesetz auf den Zeitpunkt des Vertragsschlusses ab. Daraus folgt, dass Handlungen des Verwenders den Inhalt des Vertragsschlusses nicht beeinflussen können. Ein erst nach Vertragsschluss erfolgter Hinweis auf die AGB oder eine erst zu diesem Zeitpunkt bestehende Möglichkeit der zumutbaren Kenntnisnahme von den AGB ist zu spät und verhindert deren Einbeziehung[1230].

dd. Einverständnis mit AGB

Entsprechend der Vertragsnatur und klargestellt durch § 305 Abs. 2 BGB a.E. bedarf es schließlich des Einverständnisses des Kunden mit der Einbeziehung. Die insofern erforderliche Annahmeerklärung richtet sich nach den §§ 145 ff. BGB.

1224 MünchKomm/ *Wendehorst*, § 312 c Rdn. 20.
1225 MünchKomm/ *Wendehorst*, § 312 c Rdn. 23.
1226 Palandt/*Heinrichs*, Anh zu § 312 c Rdn. 9.
1227 Vgl. auch die Begründung des Regierungsentwurfs, BTDrs. 14/2658, S. 38. Nach Hk-VertriebsR/*Micklitz*, § 312 c Rdn. 36 müssen die Informationspflichten des § 312 c Abs. 1 und 2 BGB deshalb für den Verbraucher mit einem Blick von den sonstigen AGB zu unterscheiden sein. Dagegen *Fuchs*, ZIP 2000, S. 1278.
1228 *Bülow/Artz*, Verbraucherprivatrecht, S. 75; Hk-VertriebsR/*Micklitz*, § 312 c Rdn. 35.
1229 Dazu MünchKomm/ *Wendehorst*, § 312 c Rdn. 24.
1230 Vgl. *Ulmer* in Ulmer/Brandner/Hensen, AGBG, § 2 Rdn. 55 ff.; *Wolf/Horn/Lindacher*, AGBG, § 2 Rdn. 71 ff.

ee. Ausnahmen

Nach § 305 Abs. 3 BGB können die Vertragsparteien die Geltung der AGB für eine bestimmte Art von künftigen Rechtsgeschäften schon im Voraus unter Beachtung der in § 305 Abs. 2 BGB genannten Erfordernisse vereinbaren. § 305 a BGB verzichtet für einige, verbrauchsgüterrechtlich unerhebliche Fälle auf die Einhaltung der in § 305 Abs. 2 Nr. 1 und 2 BGB bezeichneten Erfordernisse.

Nach Ansicht des BGH soll § 305 Abs. 2 Nr. 1 und 2 BGB auf Formularverträge keine Anwendung finden, da die Unterschrift des Kunden unter den Vertrag dessen ganzen Inhalt deckt[1231]. Im Hinblick auf das in § 305 Abs. 2 Nr. 2 BGB enthaltene Transparenzgebot geht dies aber zu weit[1232], zumal das Transparenzgebot durch Art. 5 S. 1 der Missbräuchlichen-Klausel-RL europarechtlich vorgegeben ist.

b. Vorrang der Individualabrede, § 305 b BGB

AGB sollen die von den Parteien getroffenen Abreden ergänzen. Sie dürfen sie aber nicht zunichte machen oder aushöhlen. Daher sind Klauseln unwirksam, die in direktem oder indirektem Widerspruch zu Individualvereinbarungen stehen. Auch Schriftformklauseln können die höherrangigen individuellen Abreden nicht außer Kraft setzen[1233].

c. Überraschende Klauseln, § 305 c Abs. 1 BGB

Überraschende Klauseln werden nach § 305 c Abs. 1 BGB nicht Vertragsbestandteil. Eine Klausel ist überraschend, wenn sie objektiv ungewöhnlich ist (z.B. bei erheblicher Abweichung vom dispositiven Recht) und der Kunde mit der Klausel nicht zu rechnen braucht (Stichwort: Überrumpelungs- oder Übertölpelungseffekt).

d. Mehrdeutige Klauseln, § 305 c Abs. 2 BGB

Bei der Auslegung einzelner Klauseln enthält § 305 c Abs. 2 BGB eine Auslegungsregel dahingehend, dass Zweifel zulasten des Verwenders gehen. Die Regelung beruht auf dem Gedanken, dass es Sache des Verwenders ist, sich klar und unmissverständlich auszudrücken.

Voraussetzung ist, dass die Klausel bei objektiver Auslegung unklar ist. Ist dies der Fall, so ist die für den anderen Teil günstigere Regelung zu ermitteln. Dies ist im Allgemeinen die kundenfreundlichste Auslegungsvariante. Demgegenüber verdient jedoch die kundenfeindliche Auslegungsvariante den Vorzug, wenn sich ergibt, dass sie im Rahmen der Inhaltskontrolle gem. §§ 308 ff. BGB zur Unwirksamkeit der Klausel führt, da sich diese Rechtsfolge typischerweise günstiger für den Kunden auswirkt, als es nach der kundenfreundlichsten Auslegungsvariante der Fall wäre.

1231 BGH, NJW 1995, S. 190; vgl. auch MünchKomm/*Basedow*, § 305 Rdn. 55.

1232 So auch Palandt/*Heinrichs*, § 305 Rdn. 32; *Ulmer* in Ulmer/Brandner/Hensen, AGBG, § 2 Rdn. 48.

1233 Vgl. auch *Medicus*, BGB AT, Rdn. 422 ff.; Palandt/*Heinrichs*, § 305 b Rdn. 3 m.w.N.; ausf. zur Schriftformklausel auch *Michalski*, DStR 1998, S. 771 ff.

4. Inhaltskontrolle

Die Inhaltskontrolle der Klauseln richtet sich nach den §§ 307 bis 309 BGB.

a. Reichweite der Inhaltskontrolle

§ 307 Abs. 3 S. 1 BGB beschränkt die Inhaltskontrolle auf Regelungen, die von Rechtsvorschriften abweichen oder diese ergänzen. AGB sollen nur am Maßstab des Gesetzes geprüft werden, nicht aber auf ihre Vereinbarkeit mit weiterreichenden Gerechtigkeitsvorstellungen[1234]. Daraus folgt, dass Leistungsbeschreibungen[1235] und Preisvereinbarungen[1236] grundsätzlich ebenso von der Inhaltskontrolle ausgenommen sind wie Klauseln, die nur das Gesetz wiederholen. Unberührt bleibt gem. § 307 Abs. 1 S. 2 BGB aber auch insofern die Überprüfung des Transparenzgebots des § 307 Abs. 1 S. 2 BGB.

b. Systematik der Inhaltskontrolle

Die §§ 308, 309 BGB enthalten eine Reihe konkreter Klauselverbote, die allerdings gem. § 310 Abs. 1 BGB unmittelbare Geltung nur für den Geschäftsverkehr mit Verbrauchern beanspruchen. In § 308 BGB sind dabei Klauselverbote mit Wertungsmöglichkeit geregelt, während § 309 BGB die missbilligten Klauseln selbst umschreibt. Hinter diesen speziellen Klauselverboten steht die Generalnorm des § 307 BGB, die in Abs. 1 S. 1 zunächst allgemein festhält, dass Klauseln, die *„entgegen den Geboten von Treu und Glauben unangemessen benachteiligen“*, unwirksam sind. Wann eine unangemessene Benachteiligung vorliegt konkretisiert § 307 Abs. 2 BGB dahingehend, dass eine Unvereinbarkeit mit wesentlichen Grundgedanken der gesetzlichen Regelung vorliegt (Nr. 1) oder sog. Kardinalspflichten eingeschränkt werden (Nr. 2). In § 307 Abs. 1 S. 2 BGB ist zudem ausdrücklich das Transparenzgebot aufgeführt, wonach sich auch aus der Unklarheit von Klauseln eine unangemessene Benachteiligung ergeben kann[1237]. Einzelausprägungen des Transparenzgebots sind insbesondere das Verständlichkeitsgebot, das Bestimmtheitsgebot und das Täuschungsverbot[1238].

5. Umgehungsverbot

In § 306 a BGB hat der Gesetzgeber ausdrücklich ein Umgehungsverbot aufgenommen. Wegen der weiten Fassung der §§ 305 ff. BGB und ihres Schutzzweckes kann Umgehungsversuchen in der Regel schon durch Auslegung begegnet werden. Denkbar ist eine Umgehung insbesondere bei der Benutzung von Gestaltungsmöglichkeiten des Vereins- und Gesellschaftsrechts, die gem. § 310 Abs. 4 BGB von den §§ 305 ff. BGB an sich ausgenommen sind[1239].

1234 *Medicus*, BGB AT, Rdn. 429 b.

1235 Dazu Palandt/*Heinrichs*, § 307 Rdn. 57 f.; MünchKomm/*Basedow*, § 307 Rdn. 12 f.

1236 Zur Abgrenzung von kontrollfreien Preisabreden und der Kontrolle unterliegenden Preisnebenabreden – vgl. *Ulmer* in Ulmer/Brandner/Hensen, AGBG, § 8 Rdn. 18 ff.; *Medicus*, BGB AT, Rdn. 429 b; MünchKomm/*Basedow*, § 307 Rdn. 14 f.

1237 Die Aufnahme des Transparenzgebots in § 305 Abs. 2 BGB und in § 307 Abs. 1 S. 2 BGB hat seine Berechtigung darin, dass die fehlende Einbeziehung einer intransparenten Klausel in den Vertrag nicht die Gefährlichkeit ihrer Verwendung in anderen Verträgen nimmt – vgl. *v. Westphalen*, NJW 2002, S. 17.

1238 Vgl. zu den Einzelheiten Palandt/*Heinrichs*, § 307 Rdn. 21 ff.; vgl. auch *v. Westphalen*, NJW 2002, S. 16 f.

1239 Vgl. dazu Palandt/*Heinrichs*, § 306 a Rdn. 1 f.; Baumberger/Roth/*Schmidt*, § 306 a Rdn. 4 f.

6. Sanktionssystem

a. Rechtsfolgen bei Nichteinbeziehung oder Unwirksamkeit

Sind AGB ganz oder teilweise nicht Vertragsbestandteil geworden oder nach den §§ 307 ff. BGB unwirksam, dann bestimmt § 306 Abs. 1 BGB in Ausnahme zu § 139 BGB, dass der Vertrag im Übrigen wirksam bleibt. Dieser Grundsatz der Restwirksamkeit gilt auch innerhalb teilbarer Klauseln, die selbständige Teilregelungen enthalten, die für sich genommen jeweils auch dann noch mit einem sinnvollen Regelungsgehalt bestehen können, wenn andere Teile der Regelung wegfallen[1240]. Verboten ist indes eine geltungserhaltende Reduktion, bei der einzelne unangemessene Bestimmungen auf ihren zulässigen Inhalt zurückgeführt werden, da sonst der Verwender die Grenzen der Gestaltungsfreiheit weitgehend folgenlos überschreiten könnte[1241].

Anstelle der nicht einbezogenen oder unwirksamen AGB tritt gem. § 306 Abs. 2 BGB das dispositive Gesetzesrecht. Soweit sich insofern keine passenden Ersatzregeln finden, kommt zur Lückenausfüllung auch die ergänzende Vertragsauslegung in Betracht. Im Einzelnen strittig ist, inwiefern durch mehr oder minder konkrete salvatorische Klauseln von der Rechtsfolge des § 306 Abs. 2 BGB abgewichen werden kann[1242].

Gesamtnichtigkeit tritt gem. § 306 Abs. 3 BGB ein, wenn ein Festhalten an dem gem. § 306 Abs. 2 BGB geänderten Vertrag für eine der Vertragsparteien eine unzumutbare Härte darstellen würde[1243]. Unabhängig davon tritt Gesamtnichtigkeit ein, wenn nach Wegfall der AGB, etwa der Leistungsbeschreibung, ein weder durch dispositives Recht noch durch ergänzende Vertragsauslegung sinnvoll aufzufüllender Vertragsrest verbleibt[1244].

b. Verbandsklage nach dem UKlaG

Nach § 1 UKlaG kann derjenige, der nach den §§ 307 ff. BGB unwirksame AGB verwendet oder für den rechtsgeschäftlichen Verkehr empfiehlt auf Unterlassung bzw. Widerruf in Anspruch genommen werden[1245].

c. Sonstiges

Ist der Vertrag gem. § 306 Abs. 3 BGB unwirksam, kann er einen Schadensersatzanspruch aus c.i.c. zur Folge haben[1246]. In der planmäßigen Verwendung unwirksamer Bestimmungen kann zugleich eine wettbewerbswidrige Irreführung und Ausnutzung der Rechtsunkenntnis

---

1240 Baumberger/Roth/*Schmidt*, § 306 Rdn. 15; *Ulmer* in Ulmer/Brandner/Hensen, AGBG, § 6 Rdn. 12 ff.

1241 Baumberger/Roth/*Schmidt*, § 306 Rdn. 15; *Ulmer* in Ulmer/Brandner/Hensen, AGBG, § 6 Rdn. 14 ff.

1242 Ablehnend Palandt/*Heinrichs*, § 306 a Rdn. 9 m.w.N.; *Ulmer* in Ulmer/Brandner/Hensen, AGBG, § 6 Rdn. 12 ff.; MünchKomm/*Basedow*, § 306 Rdn. 29; kritisch auch Baumberger/Roth/*Schmidt*, § 306 Rdn. 17; großzügiger *Michalski/Römermann*, NJW 1994, S. 888 m.w.N.; vgl. zur Ersetzungsklauseln ausf. *Michalski*, NZG 1998, S. 7 ff.

1243 Zur Vereinbarkeit der Zumutbarkeitserwägungen des § 306 Abs. 3 BGB mit Art. 6 Missbräuchliche-Klausel-RL vgl. Baumberger/Roth/*Schmidt*, § 306 Rdn. 3 m.w.N.; *Heinrichs*, NJW 1996, S. 2195; MünchKomm/*Basedow*, § 306 Rdn. 6.

1244 BGHZ 130, 153, 155 f.; Palandt/*Heinrichs*, § 306 Rdn. 10 ff.; MünchKomm/*Basedow*, § 306 Rdn. 30 ff.

1245 Vgl. zu den Einzelheiten unten 9. Teil, D. I.

1246 Palandt/*Heinrichs*, Vorb v § 307 Rdn. 14 m.w.N.

der Vertragspartner liegen, was mithin einen Verstoß gegen § 1 UWG begründet[1247]. Der Tatbestand der irreführenden Werbung kann erfüllt sein, falls bei der Produktwerbung eine für den Verkehr unangemessene Aushöhlung der angepriesenen Leistung durch AGB verschwiegen wird[1248].

7. Stellungnahme zu den §§ 305 ff. BGB im Hinblick auf ihre Integration ins BGB

Allgemein anerkannt ist, dass sich das AGB-Recht bewährt hat und die immense Zahl der Abschluss- oder Inhaltskontrolle stattgebenden Entscheidungen zeigen seine große praktische Bedeutung. Aus Verbrauchersicht soll in diesem Zusammenhang nur ein Aspekt aufgegriffen werden, der insgesamt den gesamten rechtsgeschäftlichen Verbraucherschutz betrifft, nämlich die Integration der Regelungen ins BGB im Hinblick auf das Transparenzgebot.

Für die Integration des AGBG und auch der verbraucherschützenden Sondergesetze wurde u.a. angeführt, dass hierdurch die Bedeutung des BGB als zentrale zivilrechtliche Kodifikation wiederhergestellt und gestärkt wird[1249] und dass die Vielzahl von Sondergesetzen den Überblick erheblich erschwere und eine transparente Rechtsordnung behindere[1250].

Schaut man sich die Umsetzung an, dann zeigt sich, dass gerade eine Verbesserung der Transparenz und Übersichtlichkeit nicht erreicht wurde. Die verbraucherschützenden Regelungen sind verstreut in den ersten 2 Büchern des BGB mit seinen fast 1000 Paragraphen und daher von einem *„Durchschnittsverbraucher“* allenfalls mit großer Mühe zu finden. Sie sind meist aufgebläht durch viele langatmige Regelungen und fassen zum Teil nicht zusammengehörende Materien zusammen[1251]. Vor diesem Hintergrund erscheint es mehr als fraglich, ob die Integration des AGBG und auch der verbraucherschützenden Sondergesetze ins BGB ihrerseits den Erfordernissen des Transparenzgebots der §§ 305 Abs. 2 Nr. 2, 307 Abs. 1 S. 2 BGB stand halten würde. Hinzu kommt, dass etwa mit der BGB-InfoV weiterhin verbraucherschutzrelevante, zivilrechtliche Normen außerhalb des BGB zu finden sind.

Vernünftigere Alternative wäre daher gewesen, die Verbraucherschutznormen im engeren Sinne, d.h. die Normen, die an eine Verbraucher-Unternehmer-Konstellation anknüpfen, in einem Verbraucherschutzgesetz zusammenzufassen[1252]. Darüber hinaus sollte das Recht der AGB in einer eigenen Kodifikation aufgenommen werden, da es nicht nur im Verhältnis Verbraucher-Unternehmer schützt und sich als systematisch abgrenzbarer und geordneter Rechtsbereich im Sinne eines begrenzten Kodifikationswerkes formiert hat[1253].

1247 *Brandner* in Ulmer/Brandner/Hensen, AGBG, § 9 Rdn. 47.

1248 *Brandner* in Ulmer/Brandner/Hensen, AGBG, § 9 Rdn. 48.

1249 Begründung des Diskussionsentwurfs eines Schuldrechtsmodernisierungsgesetzes (im Netz unter http://www.lrz-muenchen.de/~Lorenz/schumod/), S. 167.

1250 Begründung des Diskussionsentwurfs eines Schuldrechtsmodernisierungsgesetzes, S. 199, 366 ff.

1251 Vgl. dazu *Ulmer*, JZ 2001, S. 492.

1252 Ähnlich dem österreichischen Konsumentenschutzgesetz und dem französischen *„Code de Consumation“* – vgl. auch *Duve*, Jura 2001, S. 794 m.w.N. Kritisch zu einem *„Verbrauchergesetzbuch“* *Roth*, JZ 1999, S. 533; *Dauner-Lieb*, Verbraucherschutz durch Ausbildung eines Sonderprivatrechts für Verbraucher, S. 141 ff.; *Westermann*, Verbraucherschutz, S. 67 ff.

1253 *Ulmer*, JZ 2001, S. 496; *K. Schmidt*, Die Zukunft der Kodifikationsidee, S. 50 f.

D. Vertragsbezogene Informationspflichten

Die dem Unternehmer obliegenden Informationspflichten gegenüber dem Verbraucher sind vielfältig. Die sich allgemein und unabhängig vom Vertragsschluss ergebenden produktbezogenen Informationspflichten wurden bereits dargestellt[1254]. Vorliegend soll es um die Informationspflichten gehen, die dem Unternehmer gerade im Hinblick auf den Vertragsschluss bzw. den sich aus dem Vertrag ergebenden Rechten und Pflichten obliegen. Im Vordergrund steht dabei die Pflicht zu Belehrung über ein Widerrufs- oder Rücktrittsrecht. Daneben bestehen in bestimmten Fällen weitere zum Teil recht umfangreiche Informationspflichten des Unternehmers.

I. Widerrufsbelehrung

Soweit dem Verbraucher ein Widerrufsrecht nach § 355 BGB zusteht[1255], beginnt gem. § 355 Abs. 2 S. 1 BGB die Widerrufsfrist erst, wenn der Verbraucher eine deutlich gestaltete Belehrung über sein Widerrufsrecht erhält. Der Widerrufsbelehrung kommt demnach entscheidende Bedeutung zu.

1. Form

Die Belehrung muss gem. § 355 Abs. 2 S. 1 BGB in der Textform des § 126 b BGB mitgeteilt werden. Diese unterscheidet sich von der Schriftform insofern, als es keiner eigenhändigen Unterschrift bedarf, so dass auch eine Belehrung per Fax oder E-Mail möglich ist[1256]. Erfolgt die Erklärung in der Schriftform des § 126 BGB ist aber zugleich die Form des § 126 b BGB erfüllt[1257]. Analog § 126 Abs. 4 BGB ersetzt zudem die notarielle Beurkundung auch die Textform[1258]. Insofern hätte es sich vom Wortlaut des § 355 Abs. 2 S. 1 BGB her angeboten, eine Mitteilung *„zumindest"* in Textform zu verlangen.

Mitteilung an den Verbraucher bedeutet, dass ein Exemplar der Belehrung beim Verbraucher verbleiben muss[1259]. Hat der Unternehmer die Belehrung elektronisch übermittelt, ist eine Aufforderung die Belehrung auszudrucken oder elektronisch zu speichern aber ausreichend[1260].

Lässt sich der Verbraucher bei Vertragsschluss vertreten, dann kann die Belehrung grundsätzlich auch gegenüber dem Vertreter erfolgen[1261].

Die Belehrung muss zudem inhaltlich und drucktechnisch deutlich gestaltet sein[1262]. Eine Unterschrift des Verbrauchers ist dagegen nicht mehr gesetzlich vorgeschrieben. Die

---

1254 S.o. 5. Teil.

1255 Vgl. ausf. dazu unten E. II.

1256 Palandt/*Heinrichs*, § 355 Rdn. 16; Hk-VertriebsR/*Tonner*, § 355 Rdn. 38 i.V.m. Rdn. 35; *Dörner*, AcP 202 (2002), S. 393 ff.

1257 Palandt/*Heinrichs*, § 126 b Rdn. 2; Jauernig/*Jauernig*, § 126 b Rdn. 4.

1258 Palandt/*Heinrichs*, § 126 b Rdn. 2.

1259 BGH, NJW 1998, S. 540; Palandt/*Heinrichs*, § 355 Rdn. 17; Jauernig/*Jauernig*, § 355 Rdn. 14.

1260 Palandt/*Heinrichs*, § 355 Rdn. 17.

1261 Dazu ausf. MünchKomm/ *Ulmer*, § 355 Rdn. 41.

1262 Dazu ausf. MünchKomm/ *Ulmer*, § 355 Rdn. 48; Hk-VertriebsR/*Tonner*, § 355 Rdn. 53 ff.

bisherige Ausnahme für Fernabsatzverträge, bei der schon bislang die Textform genügte, ist damit zur Regel geworden[1263]. Wegen der insofern dem Unternehmer gem. § 355 Abs. 2 S. 4 BGB obliegenden Beweislast für den Fristbeginn[1264] ist es aber zweckmäßig, wenn der Unternehmer das bei ihm verbleibende Exemplar der Belehrung vom Verbraucher unterschreiben lässt[1265].

Bedarf der Vertrag der Schriftform[1266], ist dem Verbraucher gem. § 355 Abs. 2 S. 3 BGB auch eine Vertragsurkunde oder eine Abschrift hiervon auszuhändigen. Möglich ist auch die Aushändigung des Antrags des Verbrauchers oder dessen Abschrift, wenn dieser alle Vertragsbedingungen enthält[1267].

2. Inhalt

Inhaltlich erfordert eine ordnungsgemäße Widerrufsbelehrung, dass dem Verbraucher entsprechend den Erfordernissen des eingesetzten Kommunikationsmittels seine Rechte deutlich gemacht werden. Dies beinhaltet insbesondere die Angabe des Namens und der Anschrift des Widerrufsempfängers, einen Hinweis auf den Fristbeginn und auf die Regelung des § 355 Abs. 1 S. 2 BGB, also dass der Widerruf keiner Begründung bedarf[1268], in Textform[1269] oder durch Rücksendung der Sache erfolgen kann und zur Fristwahrung die rechtzeitige Absendung genügt.

Um die vom Gesetz bezweckte Verdeutlichung des Rechts zum Widerruf nicht zu beeinträchtigen, darf die Widerrufsbelehrung grundsätzlich keine anderen Erklärungen enthalten, zumindest wenn diese einen eigenen Inhalt aufweisen und weder für das Verständnis noch für die Wirksamkeit der Widerrufsbelehrung von Bedeutung sind und deshalb von ihr ablenken[1270].

In der Anlage 2 zu § 14 Abs. 1 BGB-InfoV[1271] hat der Gesetzgeber ein unverbindliches, mit zahlreichen Gestaltungshinweisen versehenes Muster für die Widerrufsbelehrung zur Verfügung gestellt, bei dessen ordnungsgemäßer Verwendung die Anforderungen des § 355 Abs. 2 BGB als erfüllt gelten[1272].

1263 Hk-VertriebsR/*Tonner*, § 355 Rdn. 47 ff.; Jauernig/*Jauernig*, § 355 Rdn. 15; MünchKomm/ *Ulmer*, § 355 Rdn. 51.

1264 Dazu Palandt/*Heinrichs*, § 355 Rdn. 21; *Wilmer/Hahn*, Fernabsatz, § 355 Rdn. 19.

1265 Vgl. Palandt/*Heinrichs*, § 355 Rdn. 14 und 21.

1266 S.o. C. II.

1267 Palandt/*Heinrichs*, § 355 Rdn. 17; Hk-VertriebsR/*Tonner*, § 355 Rdn. 58; MünchKomm/ *Ulmer*, § 355 Rdn. 42.

1268 Fehlt der Hinweis, ist die Widerrufsbelehrung unwirksam – vgl. AG Siegburg, NJW-RR 2002, S. 129.

1269 Den Widerruf von der Schriftform abhängig zu machen, wäre daher unzulässig – vgl. AG Siegburg, NJW-RR 2002, S. 129.

1270 Vgl. BGH, ZIP 2002, S. 1730 ff. = NJW 2002, S. 3396 ff.: Der Zusatz, dass die Widerrufsfrist „*mit Aushändigung dieser Vertragsurkunde, nicht jedoch, bevor die auf Abschluss des Vertrages gerichtete Willenserklärung vom Auftraggeber abgegeben wurde*" widerspricht dem Deutlichkeitsgebot des § 355 Abs. 2 S. 1 BGB.

1271 BGB-InfoV gestützt auf Art. 238 ff. EGBGB i.d.F. v. 5.8.2002 – BGBl. 2002 I, S. 3002.

1272 Kritisch zur Musterbelehrung nach § 14 BGB-InfoV und ihrer Einhaltung der gesetzlichen Vorgaben – *Masuch*, NJW 2002, S. 2931 ff.

Zusätzlich enthält § 14 Abs. 4 BGB-InfoV auch eine Konkretisierung hinsichtlich der Belehrung des Unternehmers ohne Verwendung des Musters der Anlage 2 dahingehend, dass der Unternehmer seine ladungsfähige Adresse angeben muss. Die Angabe einer Postfachadresse reicht demnach nicht[1273]. Aus Gründen der Rechtssicherheit und Transparenz hätte diese Regelung an sich in den § 355 Abs. 2 BGB selbst aufgenommen werden müssen.

Im Rahmen des § 312 BGB werden die inhaltlichen Anforderungen an die Widerrufsbelehrung nach § 312 Abs. 2 BGB insofern ergänzt, dass auch auf die Rechtsfolgen des § 357 Abs. 1 und 3 BGB hinzuweisen ist.

3. Sprache der Widerrufsbelehrung

Gesetzlich ungeregelt ist die Frage, in welcher Sprache die Widerrufsbelehrung zu erfolgen hat. Dies überrascht angesichts des grenzüberschreitenden Handelsverkehrs als auch vor dem Hintergrund des nicht unbeträchtlichen Anteils fremdsprachiger Bevölkerungsgruppen in Deutschland. Ausgehend vom Zweck der Belehrung, den Verbraucher über seine Rechte zu informieren und ihn in die Lage zu versetzen diese effektiv auszuüben, bedarf es des Verstehens der Widerrufsbelehrung und mithin der sprachlichen Zugänglichkeit für den Verbraucher[1274]. Andererseits ist es dem Unternehmer kaum zumutbar, Belehrungen in allen möglicherweise in Betracht kommenden Sprachen vorzuhalten. Es ist daher darauf abzustellen, in welcher Sprache die Vertragsverhandlungen geführt werden. Operiert der Unternehmer gezielt in einer fremden Sprache, dann muss auch die Widerrufsbelehrung entsprechend erteilt werden[1275]. Lässt sich der Verbraucher andererseits auf eine andere Vertragssprache ein, insbesondere er auf fremdsprachige Internetangebote in der entsprechenden Sprache reagiert, dann muss auch eine Widerrufsbelehrung in dieser Fremdsprache ausreichen[1276]. Die Darlegungs- und Beweislast dafür, dass die Widerrufsbelehrung in der richtigen Sprache erteilt wurde, trifft allerdings den Unternehmer, so dass es sich empfiehlt, die entsprechenden Informationen zumindest in den Sprachen vorzubehalten, welche die voraussichtlich in Betracht kommenden Kundenkreise sprechen[1277]. Diese kann der Unternehmer zudem durch Regionalisierung seiner Angebote und Verzicht auf Auslandsgeschäfte entsprechend einschränken[1278].

[1273] Damit wird die BGH-Entscheidung (NJW 2002, S. 2391) obsolet, wonach auch die Angabe des Postfachs statt der Hausanschrift ausreicht – vgl. auch Hk-VertriebsR/*Tonner*, § 355 Rdn. 49.

[1274] *Mankowski*, VuR 2001, S. 362.

[1275] Vgl. ausf. *Mankowski*, VuR 2001, S. 364 ff.

[1276] *Mankowski*, VuR 2001, S. 367.

[1277] Vgl. auch die Regierungsbegründung zum Fernabsatzgesetz und andere Fragen des Verbraucherrechts sowie zur Umstellung von Vorschriften auf den Euro, BT-Drs. 14/2658, S. 38; *Kamanabrou*, WM 2000, S. 1422.

[1278] *Kamanabrou*, WM 2000, S. 1423, Fußnote 60.

4. Zeitpunkt der Widerrufsbelehrung

Wann die Widerrufsbelehrung zu erfolgen hat, ist im Gesetz nicht ausdrücklich geregelt.

Zur Frage ab wann die Widerrufsbelehrung erfolgen kann, hat der BGH für die Widerrufsbelehrung bei Haustürgeschäften entschieden, dass sich die Belehrung auf eine konkrete Vertragserklärung des Verbrauchers beziehen muss, was voraussetzt, dass der Verbraucher eine solche Vertragserklärung bereits abgegeben hat oder zumindest zeitgleich mit der Belehrung abgibt[1279]. Dem ist insofern zuzustimmen, als eine Widerrufsbelehrung konkret auf den abzuschließenden Vertrag zu erfolgen hat und nicht etwa auf Vorrat und/oder weit im Vorfeld des Vertragsschlusses erfolgen darf, da der Verbraucher konkret bei Vertragsschluss wissen muss, ob er ein Widerrufsrecht hat[1280]. Dem sollte es aber nicht im Wege stehen, dass der Unternehmer schon im Rahmen der Vertragsverhandlungen unmittelbar vor Vertragsschluss über das Widerrufsrecht belehrt, da es vielfach vom Zufall abhängt, ob erst die Belehrung und dann der Vertragsschluss erfolgt. Zu fordern ist lediglich, dass keine Unterbrechung des Geschehensablaufs zwischen Belehrung und Vertragsschluss vorliegt[1281].

Für die Frage, bis wann die Widerrufsbelehrung erfolgen kann, ergibt sich aus § 355 Abs. 2 S. 2, Abs. 3 S. 1, 3 BGB, dass eine versäumte oder nicht ordnungsgemäß erteilte Widerrufsbelehrung zeitlich unbefristet nachgeholt werden kann und ab Zugang eine Widerrufsfrist von einem Monat in Lauf setzt. Problematisch ist in diesem Zusammenhang, ab welchem Zeitpunkt davon auszugehen ist, dass die Belehrung versäumt wurde. § 355 Abs. 2 S. 2 BGB stellt darauf ab, dass die erweiterte Widerrufsfrist dann gilt, wenn die Belehrung nach Vertragsschluss mitgeteilt wird. Das Abstellen auf den konkreten, in Folge zweier sich entsprechender Willenserklärungen erfolgten Vertragsschlusses bereitet indes Probleme, hängt es doch oftmals vom Zufall ab, ob erst der Vertragsschluss und dann die ordnungsgemäße Belehrung erfolgt[1282]. Die Heranziehung des § 187 Abs. 1 BGB und mithin ein Abstellen auf den nächsten Tag[1283], scheint angesichts des Wortlauts des § 355 Abs. 2 S. 2 BGB zu weitgehend. Auch ist durchaus einsichtig, dass der Verbraucher grundsätzlich bei Vertragsschluss über seine Rechte entsprechend informiert wurde, was eine Zäsur durch den Vertragsschluss rechtfertigt. Zum Ausschluss von Zufälligkeiten auch im Hinblick auf die Nachweisbarkeit sollte es aber ausreichen, dass die Belehrung jedenfalls im unmittelbaren zeitlichen Zusammenhang mit dem Vertragsschluss erfolgt, insbesondere es zu keiner Unterbrechung des Geschehensablaufs zwischen Vertragsschluss und Belehrung kommt[1284].

1279 BGH, ZIP 2002, S. 1732 = NJW 2002, S. 3398; a.A. Staudinger/*Kessal-Wulf*, § 7 VerbKrG Rdn. 39; MünchKomm/ *Ulmer*, § 355 Rdn. 41; *Fischer/Machunsky*, HTWG, § 2 Rdn. 45.

1280 daraus folgt auch, dass die Belehrung gesondert für jedes einzelne Rechtsgeschäft erfolgen muss – vgl. *Fischer/Machunsky*, HTWG, § 2 Rdn. 46.

1281 So ähnlich MünchKomm/ *Ulmer*, § 355 Rdn. 53 im Zusammenhang mit der Frage, wann eine Belehrung nach Vertragsschluss erfolgt. Vgl. auch *Fischer/Machunsky*, HTWG, § 2 Rdn. 45, die einen engen zeitlichen Zusammenhang mit dem Vertragsschluss verlangen.

1282 MünchKomm/ *Ulmer*, § 355 Rdn. 53; vgl. auch *Artz*, BKR 2002, S. 607.

1283 So *Artz*, BKR 2002, S. 607.

1284 Vgl. auch MünchKomm/ *Ulmer*, § 355 Rdn. 53.

5. Folgen nicht oder nicht ordnungsgemäßer Belehrung

Erfolgt keine oder eine den gesetzlichen Vorgaben nicht entsprechende Widerrufsbelehrung, dann wird die Widerrufsfrist nicht in Lauf gesetzt. Insofern besteht auch keine Ausschlussfrist mehr, nach der das Widerrufsrecht unabhängig von der Widerrufsbelehrung erlischt[1285]. Zudem haftet der Verbraucher auf Wertersatz nur, wenn er den Sorgfaltsmaßstab des § 277 BGB verletzt, für Verschlechterung oder Untergang der zurückzugewährenden Sache, da der Ausschluss des § 346 Abs. 3 Nr. 3 BGB nach § 357 Abs. 3 S. 3 BGB nur bei ordnungsgemäßer Belehrung eingreift.

Außerdem ist bei fehlerhafter Information und Belehrung mit Abmahnungen durch Dritte und Unterlassungsklagen gem. § 2 UKlaG zu rechnen[1286].

Zum Teil wird auch ein Rechtsanspruch des Verbrauchers auf Erteilung einer ordnungsgemäßen Belehrung angenommen[1287]. Dem ist aber nicht zuzustimmen[1288]. Das Gesetz gibt dem Verbraucher keinen Anspruch auf ordnungsgemäße Belehrung. Vielmehr knüpft es negative Folgen an deren fehlende oder fehlerhafte Vornahme. Die Erteilung einer ordnungsgemäßen Belehrung ist also als Obliegenheit ausgestaltet. Neben der Abmahnung und Klagemöglichkeit nach dem UKlaG ist ein Rechtsanspruch auf Erteilung einer ordnungsgemäßen Belehrung nicht erforderlich. Vielmehr würde sich der Vorwurf von Rechtsmissbrauch aufdrängen, wenn derjenige, der offensichtlich weiß, welche Anforderungen an eine ordnungsgemäße Widerrufsbelehrung zu stellen sind, den Unternehmer hierauf in Anspruch nehmen könnte.

6. Stellungnahme zur Widerrufsbelehrung

Dass der Unternehmer den Verbraucher über ein bestehendes Widerrufsrecht zu belehren hat, begegnet auf den ersten Blick keinen grundsätzlichen Bedenken. Die Belehrung lässt sich vom Unternehmer automatisieren und dürfte bei Verwendung der Musterbelehrung der Anlage 2 zu § 14 Abs. 1 BGB-InfoV auch inhaltlich keine Probleme bereiten. Der Verbraucher wird über seine Rechte aufgeklärt und sein grundsätzliches Informationsungleichgewicht gegenüber dem Unternehmer wird ausgeglichen. Sichergestellt wird die Erfüllung der Informationspflichten zudem durch umfangreiche Sanktionen.

Die Pflicht, die Art und Weise und die Folgen einer unzureichenden Widerrufsbelehrung geben aber auch Anlass zur Kritik.

Schon die Prämisse eines Informationsungleichgewichts zwischen Verbraucher und Unternehmer ist hinsichtlich der vertraglichen Rechte und Pflichten nicht im gleichen Umfang zwingend, wie hinsichtlich der produktbezogenen Informationen. Einzelne Verbraucherrechte, wie etwa das Widerrufsrecht beim Fernabsatzvertrag, sind relativ neu. Dies begründet aber

---

1285 S.u. E. III. 3.

1286 Hk-VertriebsR/*Tonner*, § 355 Rdn. 37; zur Klage nach § 2 UKlaG s.u. 9. Teil, E. I. 3.

1287 AG Siegburg, NJW-RR 2002, S. 129; Palandt/*Heinrichs*, § 355 Rdn.13; AnwKom-BGB/Ring, § 355 Rdn. 14 i.V.m. Fußnote 22; *Bülow*, Verbraucherkreditrecht, § 495 Rdn. 73; *Stillner*, VuR 2002, S. 82.

1288 So auch MünchKomm/*Ulmer*, § 355 Rdn. 44; Staudinger/*Kaiser*, § 361 a Rdn. 28; *v. Westphalen/ Emmerich/v. Rothenburg*, § 7 VerbrKrG Rdn. 38.

sowohl bei Verbrauchern als auch Unternehmern erheblichen Informationsbedarf. Angesichts der nicht unerheblichen Verbraucheraufklärung durch Verbraucherverbände, Presse und Verbraucherschutzministerium ist es durchaus denkbar, dass im Einzelfall der Verbraucher besser über sein Widerrufsrecht Bescheid weiß, als der Unternehmer. Besonders virulent ist dies, wenn der Verbraucher außerhalb des privaten Bereichs selbst Unternehmer, im besten Fall sogar Rechtsanwalt ist. Hier unter Abstellen auf den typisierenden Schutz des Verbrauchers die Umstände des Einzelfalles außer Acht zu lassen, führt zu unverhältnismäßigen Ergebnissen. Demjenigen ein zeitlich unbefristetes Widerrufsrecht zu gewähren, der an sich genau ob seiner Rechte weiß, nur weil der Unternehmer die Widerrufsbelehrung nicht entsprechend vorgenommen hat, wäre geradezu rechtsmissbräuchlich. Auch wenn weder in den nationalen Regeln als auch in den europäischen Vorgaben entsprechende Einschränkungen vorgesehen sind, sollte hier der typisierende Verbraucherschutz hinter die fehlende konkrete Schutzbedürftigkeit im Einzelfall zurücktreten, wenn offensichtlich ist, dass der Verbraucher keines Schutzes bedarf. Die individualrechtlichen Sanktionen einer unzureichende Widerrufsbelehrung sollten daher zumindest dann entfallen, wenn ihre Gewährung gegen die Grundsätze von Treu und Glauben verstoßen würde[1289].

Die Pflicht zur Belehrung über das Widerrufsrecht seitens des Unternehmers ist darüber hinaus an sich problematisch. Wer am Rechtsverkehr teilnimmt, sollte grundsätzlich selbst über seine Rechte Bescheid wissen[1290]. Unwissenheit etwa hinsichtlich der Rechtsfolgen des Handelns rechtfertigt grundsätzlich keine Privilegierung, was etwa beim Ausschluss der Anfechtung bei einem bloßen Rechtsfolgenirrtum[1291] deutlich wird. Durch die Widerrufsbelehrung muss der Unternehmer den Verbraucher allumfassend über dessen Widerrufsrecht aufklären. Dies mag zum Teil angesichts der Neuheit der Materie und den Schwierigkeiten hinsichtlich des Eingreifens der Widerrufsrechte gerechtfertigt sein. Es stellt sich aber generell die Frage, ob die Entwicklung dahingehen soll, dass der Unternehmer zukünftig den Verbraucher allumfassend über dessen Rechte, etwa auch Anfechtungs- oder Gewährleistungsrechte aufklären muss oder ob nicht besser bei der Verbraucherbildung an sich angesetzt werden sollte, flankiert durch klare, einfache, jedermann ohne weiteres zugängliche Verbraucherschutzrechte[1292]. Dabei ist auch zu bedenken, dass jede Bevormundung des Verbrauchers dessen Eigenverantwortung zurückdrängt und zu seiner weiteren Schwächung gegenüber dem Unternehmer führt.

Schließlich ist auch die – sicherlich gutgemeinte – Zurverfügungstellung eines Musters zur Widerrufsbelehrung zu kritisieren. Schon aus Gründen der Rechtssicherheit wird die Praxis in

---

1289 Ein Ansatz in diese Richtung findet sich in § 357 Abs. 3 S. 3 BGB, der neben der Widerrufsbelehrung auch die anderweitige Kenntniserlangung hiervon ausreichen lässt.

1290 „*Emptor debet esse curiosus*", lautet dereinst die prägnante Formel, die über das Kaufrecht hinaus Gültigkeit beanspruchte und jede Partei anhielt, sich die erforderlichen Informationen bei der Vertragsanbahnung selbst zu beschaffen – vgl. auch *Fleischer*, Informationsasymmetrie im Vertragsrecht, passim und S. 747.

1291 Vgl. dazu MünchKomm/*Kramer*, § 119 Rdn. 70.

1292 Vgl. dazu auch E. II. 6. zur Forderung nach einem generellen Widerrufsrecht beim Verbrauchsgüterkauf.

weitem Umfang auf sie zurückgreifen. Damit erfährt das bürgerliche Recht aber eine Formalisierung, die verwaltungsrechtliche Züge annimmt – die Widerrufsbelehrung erinnert sehr an die Widerspruchsbelehrung. Während es im Verwaltungsrecht aber um Regelungen geht, die eine Behörde einseitig festlegt, wird der Verbrauchervertrag nach wie vor auf Grund einverständlicher Willensübereinstimmung geschlossen. Ob hier das Bestehen einer ähnlich weitreichenden und ausgestalteten Belehrungspflicht zu begrüßen ist, erscheint zumindest fraglich.

II. Informationspflichten beim Rückgaberecht

Soweit gesetzlich zugelassen[1293], kann nach § 356 BGB bei Verträgen die auf Grund eines Verkaufsprospekts[1294] geschlossen werden, das Widerrufsrecht durch ein uneingeschränktes Rückgaberecht ersetzt werden.

Erforderlich ist, dass im Verkaufsprospekt eine deutlich gestaltete Belehrung über das Rückgaberecht erfolgt, deren inhaltliche Anforderungen – mit Ausnahme der Widerrufsmöglichkeit in Textform – sich an denen für die Belehrung über das Widerrufsrecht orientiert[1295]. Auch insofern hat der Gesetzgeber in Anlage 3 zu § 14 Abs. 2 BGB-InfoV ein unverbindliches Muster zur Verfügung gestellt, bei dessen ordnungsgemäßer Verwendung die Anforderungen des § 356 Abs. 1 S. 2 Nr. 1 BGB als erfüllt gelten. Ebenso wie das Widerrufsrecht muss auch das Rückgaberecht gem. § 356 Abs. 1 S. 1 Nr. 3 BGB zumindest in Textform dokumentiert werden[1296].

Neben diesen Informationspflichten verlangt § 356 Abs. 1 S. 1 Nr. 2 BGB, dass der Verbraucher das Verkaufsprospekt in Abwesenheit des Unternehmers eingehend zur Kenntnis nehmen kann[1297]. Da es sich bei dem im Verkaufsprospekt geregelten Rückgaberecht um allgemeine Geschäftsbedingungen i.S.d. § 305 Abs. 1 BGB handelt[1298], ist fraglich ob es angesichts § 305 Abs. 2 BGB dieser zusätzlichen Verschärfung bedurfte. Soweit demnach das Rückgaberecht nicht Vertragsbestandteil würde, bliebe der Vertrag zudem gem. § 306 Abs. 1 BGB im Übrigen wirksam und es würde gem. § 306 Abs. 2 BGB das Widerrufsrecht nach § 355 BGB bestehen[1299].

1293 S.u. E. IV. 6.

1294 Verkaufsprospekte sind etwa Kataloge, Postwurfsendungen, aber auch Inserate und Internetkataloge – vgl. MünchKomm/*Ulmer*, § 356 Rdn. 9; Palandt/*Heinrichs*, § 356 Rdn. 5; allg. auch Hk-VertriebsR/*Tonner*, § 356 Rdn. 6.

1295 S.o. I. 3.

1296 Vgl. zur Textform auch oben I. 1.

1297 Vgl. dazu MünchKomm/*Ulmer*, § 356 Rdn. 18; *Härting*, FernAbsG, Anh. § 3 Rdn. 103; Hk-VertriebsR/*Tonner*, § 356 Rdn. 8. Ob der Verbraucher hiervon Gebrauch macht ist dagegen unerheblich.

1298 Dazu Palandt/*Heinrichs*, § 356 Rdn. 7; Hk-VertriebsR/*Tonner*, § 356 Rdn. 8.

1299 Insofern wird es seitens des Unternehmers regelmäßig einer Widerrufsbelehrung bedürfen, da Rückgaberechtsbelehrung und Widerrufsbelehrung sich inhaltlich zumindest hinsichtlich des Widerrufs durch Erklärung in Textform unterscheiden. Zu den Folgen einer fehlgeschlagenen Widerufsersetzung vgl. auch MünchKomm/ *Ulmer*, § 356 Rdn. 22.

III. Informationspflichten beim Fernabsatzvertrag[1300]

Zentrale Norm für die Unterrichtung des Verbrauchers bei Fernabsatzverträgen ist § 312 c BGB. Ergänzt wird die Vorschrift durch § 1 BGB-InfoV, aus der sich konkret der Inhalt der Informationspflichten ergibt[1301].

Innerhalb des § 312 c BGB ist zunächst zwischen den in Absatz 1 geregelten vorvertraglichen Informationspflichten und den nach Absatz 2 bestehenden Informationspflichten nach Vertragsschluss zu unterscheiden[1302]. Das in § 312 c Abs. 1 S. 1 BGB postulierte Transparenzgebot gilt aber umfassend sowohl für die vorvertraglichen als auch für die vertraglichen Informationspflichten[1303].

1. Vorvertragliche Informationspflichten

a. Zweck

Die vorvertraglichen Informationspflichten sollen dem Verbraucher eine informierte und rationale Entscheidung über den Vertragsschluss ermöglichen[1304].

b. Form

Gem. § 312 c Abs. 1 S. 1 BGB muss der Unternehmer den Verbraucher in einer dem eingesetzten Fernkommunikationsmittel entsprechender Weise klar und verständlich über die dort aufgeführten Punkte informieren. Die Auslegung der Vorschrift hat der Gesetzgeber bewusst Gerichten und Literatur überlassen[1305]. Nach überwiegender Ansicht reicht es dabei aus, wenn der Verbraucher in der Lage ist, sich die Informationen anzusehen[1306]. Die gegenteilige Auffassung des OLG Frankfurts[1307], wonach der Verbraucher gezwungen werden muss, die Informationen aufzurufen, bevormundet den Verbraucher und dürfte in der Praxis auch nicht verhindern, dass die Mehrzahl der Verbraucher die Informationen genervt wegklicken[1308]. Im Hinblick auf den Gesetzeszweck und das Transparenzgebot des § 312 c Abs. 1 S. 1 BGB ist aber zumindest einen ausdrücklichen Hinweis auf die Informationen erforderlich[1309].

1300 Zum Fernabsatzvertrag s. u. E. II. 2.

1301 Die Vorgängerregelung des § 2 FernAbsG führte noch selbst die Informationspflichten abschließend auf.

1302 Hk-VertriebsR/*Micklitz*, § 312 c Rdn. 25; *Lütcke*, Fernabsatzrecht, § 312 c Rdn. 4; vgl. auch Begründung des Regierungsentwurfs, BT-Drs. 14/6040.

1303 Palandt/*Heinrichs*, § 312 c Rdn. 2; ausf. zum Transparenzgebot *Lütcke*, Fernabsatzrecht, § 312 c Rdn. 56 ff.

1304 *Lütcke*, Fernabsatzrecht, § 312 c Rdn. 4; *Dilger*, Verbraucherschutz bei Vertragsschlüssen im Internet, S. 74; *Gaertner/Gierschmann*, DB 2000, S. 1602.

1305 Vgl. BT-Drs. 14/3591, S. 31; *Tonner*, BB 2000, S. 1417.

1306 Vgl. *Lütcke*, Fernabsatzrecht, § 312 c Rdn. 68; *Härting*, FernAbsG, § 2 Rdn. 63; *Fuchs*, ZIP 2000, S. 1277; *Roth/Schulze*, RIW 1999, S. 927; *Steins*, WM 2002, S. 56; *Vehslage*, CR 2001, S. 783.

1307 OLG Frankfurt, CR 2001, S. 782; ähnlich *Meents*, Verbraucherschutz bei Rechtsgeschäften im Internet, S. 188 f., der verlangt, dass die Informations-Web-Seiten so aufgebaut sein müssen, dass der Verbraucher sie vor Vertragsschluss passieren muss.

1308 Aus Unternehmersicht ist aus Gründen der Beweissicherung aber zumindest eine Bestätigung der Kenntnisnahme zweckmäßig und im Hinblick auf die Rechtsprechung des OLG Frankfurts auch notwendig – vgl. *Lütcke*, Fernabsatzrecht, § 312 c Rdn. 69; zum Ganzen auch *Fuchs*, ZIP 2000, S. 1277.

1309 *Lütcke*, Fernabsatzrecht, § 312 c Rdn. 68; MünchKomm/ *Wendehorst*, § 312 c Rdn. 29. Zur Frage, ob dem Verbraucher ein Wechsel des Fernkommunikationsmittels zumutbar ist, ob ihm durch die Information Kosten entstehen dürfen und in welcher Sprache die Informationen zu erteilen sind – vgl. MünchKomm/ *Wendehorst*, § 312 c Rdn. 34 ff.

Eine bestimmte Form zur Erbringung der vorvertraglichen Informationspflichten ist – wie der Vergleich mit § 312 c Abs. 2 BGB zeigt – dagegen nicht zu beachten.

c. Inhalt

Nach § 312 Abs. 1 S. 1 Nr. 1 BGB muss der Unternehmer zunächst über die Einzelheiten des Vertrags, für die dies in § 1 Abs. 1 BGB-InfoV bestimmt ist, informieren. Dies betrifft die Identität des Unternehmers, dessen ladungsfähige Anschrift[1310], wesentliche Merkmale der Ware, den Vertragsschluss, die Vertragslaufzeit, Änderungsvorbehalte, den Preis, Liefer- und Versandkosten, Zahlungs- und Lieferungsmodalitäten, Bestehen eines Widerrufs- oder Rücktrittsrechts Kommunikationskosten sowie die Gültigkeitsdauer befristeter Angebote[1311].

Weiter hat der Unternehmer gem. § 312 c Abs. 1 S. 1 Nr. 2 BGB über den geschäftlichen Zweck des Vertrages, besser des geschäftlichen Kontakts, zu informieren. Damit soll ein Vorgehen verhindert werden, bei dem zunächst der geschäftliche Charakter verborgen bleibt. Weitergehende Einschränkungen vor allem aus § 1 UWG, etwa bei unlauterem Kundenfang[1312], bleiben gem. § 312 c Abs. 4 BGB unberührt.

d. Frist

In zeitlicher Hinsicht müssen die Informationen *„rechtzeitig"* vor Vertragsschluss erbracht werden. Ausgehend vom Sinn und Zweck der Vorschrift[1313] wird man die Information des Verbrauchers als rechtzeitig bezeichnen können, wenn der Verbraucher eine informierte Entscheidung über den Vertragsschluss treffen kann und ihm eine angemessene Bedenkzeit bleibt[1314]. Insbesondere verbieten sich Mindestfristen[1315], da sonst Vertriebsformen, die auf spontane Entscheidung des Verbrauchers gerichtet sind, wie das Teleshopping, nicht mehr durchführbar wären[1316]. Allerdings besteht Einigkeit darüber, dass der Unternehmer den Verbraucher nicht durch zu kurz bemessene Fristen unter Druck setzten darf oder die Informationen so spät übermittelt, dass keine angemessene Zeit zur Entscheidungsfindung bleibt[1317]. Die Informationen müssen jedenfalls zu einem Zeitpunkt gegeben sein, zu dem beim Verbraucher noch nicht der Eindruck entstanden ist, vom Vertragsschluss nicht mehr Abstand nehmen zu können[1318].

1310 Nach Palandt/*Heinrichs*, Anh zu § 312 c Rdn. 2 soll sich aus § 1 Abs. 1 Nr. 2 BGB-InfoV bzw. § 242 BGB die Pflicht zur Angabe auch der Telefon- und Faxnummer sowie der Internet-Adresse ergeben. Im Rahmen des TDG kann insofern aber direkt auf § 6 TDG abgestellt werden – vgl. unten 3.

1311 Hinsichtlich der Einzelheiten sei auf die § 1 Abs. 1 BGB-InfoV und die einschlägigen Kommentierungen – etwa Hk-VertriebsR/*Micklitz*, § 312 c Rdn. 67 ff.; MünchKomm/ *Wendehorst*, § 312 c Rdn. 42 ff.; *Lütcke*, Fernabsatzrecht, § 312 c Rdn. 12 ff.; *Härting*, CR 2000, S. 693 ff. – verwiesen.

1312 Vgl. dazu oben 4. Teil. C. 1. I.

1313 Vgl. BT-Drs. 14/2658, S. 38.

1314 So auch *Lütcke*, Fernabsatzrecht, § 312 c Rdn. 70; Palandt/*Heinrichs*, § 312 c Rdn. 3; *Wilmer/Hahn*, Fernabsatzrecht, § 312 c Rdn. 8; *Fuchs*, ZIP 2000, S. 1277; *Gaertner/Gierschmann*, DB 2000, S. 1602; *Härting*, CR 2000, S. 692.

1315 So aber Hk-VertriebsR/*Micklitz*, § 312 c Rdn. 32: Mindestfrist von 3 Tagen.

1316 Vgl. *Härting*, CR 2000, S. 692; die Praxis beim Teleshopping die Informationen mit Auslieferung der Waren zur Verfügung zu stellen, genügt den Anforderungen des § 312 s Abs. 1 BGB aber nicht.

1317 Vgl. Palandt/*Heinrichs*, § 312 c Rdn. 3; *Fuchs*, ZIP 2000, S. 1277.

1318 So MünchKomm/ *Wendehorst*, § 312 c Rdn. 26.

Soweit der Unternehmer telefonisch zum Verbraucher Kontakt aufnimmt, bestimmt § 312 c Abs. 1 S. 2 BGB, dass er bereits zu Beginn des Gesprächs seine Identität und den geschäftlichen Zweck des Kontakts offen legen muss.

e. Sanktionen

Verletzt der Unternehmer seine vorvertraglichen Informationspflichten, dann kommt in erster Linie ein Unterlassungsanspruch wegen verbraucherschutzgesetzwidriger Praktiken gem. § 2 UKlaG in Betracht. Hat die Verletzung einzelner Informationspflichten Auswirkungen auf den Wettbewerb, wie etwa bei irreführenden Angaben bzw. Nichtangaben, kann daneben ein Unterlassungsanspruch der Konkurrenten nach § 1 oder § 3 UWG i.V.m. § 13 UWG bestehen[1319]. Individualrechtlich ist die Verletzung der vorvertraglichen Informationspflichten dagegen weitgehend sanktionslos, insbesondere hindert es nicht das Zustandekommen des Vertrags oder hat Auswirkungen auf die Widerrufsfrist. Allerdings kann bei fehlender Klarheit und Verständlichkeit von Informationen, die in AGB integriert wurden, ein Verstoß gegen das Transparenzgebot des § 307 BGB vorliegen, der zur Unwirksamkeit der entsprechenden Klausel führt[1320]. Eine Verlängerung der Widerrufsfrist bei Verletzung der vorvertraglichen Informationspflichten ist dagegen abzulehnen[1321].

An unklaren oder unzutreffenden Informationen muss sich der Unternehmer aber festhalten lassen, insbesondere wenn er auf ein an sich gesetzlich nicht bestehendes Widerrufs- oder Rückgaberecht hinweist[1322]. Bei schuldhafter Verletzung der Informationspflichten kommen auch Schadensersatzansprüche in Betracht[1323].

2. Informationspflichten nach Vertragsschluss

a. Zweck

Die Informationspflichten nach Vertragsschluss dienen dazu, für den Verbraucher den Vertragsinhalt zu dokumentieren und ihm die Wahrnehmung von Gewährleistungsrechten zu ermöglichen[1324].

b. Form

Der Unternehmer hat dem Verbraucher gem. § 312 c Abs. 2 BGB i.V.m. § 1 Abs. 2 BGB-InfoV die Informationen nach § 1 Abs. 1 Nr. 1 bis 9 BGB-InfoV sowie die in § 1 Abs. 3 BGB-InfoV genannten Informationen zumindest in Textform[1325] mitzuteilen. Erforderlich ist dabei, dass die Informationen derart in den Machtbereich des Empfängers gelangen, dass sie

---

1319 *Lütcke*, Fernabsatzrecht, § 312 c Rdn. 77; *Härting*, FernAbsG, § 2 Rdn. 37; MünchKomm/*Wendehorst*, § 312 c Rdn. 71; *Wilmer/Hahn*, Fernabsatzrecht, § 312 c Rdn. 3.

1320 *Fuchs*, ZIP 2000, S. 1280; *Wilmer/Hahn*, Fernabsatzrecht, § 312 c Rdn. 3.

1321 Vgl. den Vorschlag von *Meents*, Verbraucherschutz bei Rechtsgeschäften im Internet, S. 195 f.; ablehnend *Fuchs*, ZIP 2000, S. 1280; *Wilmer/Hahn*, Fernabsatzrecht, § 312 c Rdn. 3.

1322 MünchKomm/*Wendehorst*, § 312 c Rdn. 74 f.; zu den Sanktionsmöglichkeiten vgl. auch Hk-VertriebsR/*Micklitz*, § 312 c Rdn. 111 ff.

1323 MünchKomm/*Wendehorst*, § 312 c Rdn. 76; *Grigoleit*, NJW 2002, S. 1155 f.

1324 *Lütcke*, Fernabsatzrecht, § 312 c Rdn. 4.

1325 Zweifelnd ob die Textform den Vorgaben von Art. 5 Fernabsatz-RL genügt, wonach der Verbraucher die Informationen *„schriftlich oder auf einem anderen für ihn verfügbaren Datenträger erhalten"* muss – MünchKomm/*Wendehorst*, § 312 c Rdn. 7; Hk-VertriebsR/*Micklitz*, § 312 cRdn. 61 ff.

vom Unternehmer nicht mehr nachträglich geändert werden können[1326]. Das bloße Zur-Verfügung-Stellen der Daten zur Ansicht, zum Faxabruf oder zum Herunterladen auf der Homepage des Anbieters reicht daher im Gegensatz zu den Informationspflichten aus § 312 c Abs. 1 BGB i.V.m. § 1 Abs. 1 BGB-InfoV nicht aus[1327]. Zudem ist auf die in § 1 Abs. 3 Nr. 1 bis 4 BGB-InfoV genannten Informationen in *„hervorgehobener und deutlich gestalteter Form“* hinzuweisen[1328].

c. Inhalt

§ 1 Abs. 3 BGB-InfoV beinhaltet die Pflicht zu Mitteilungen über das Widerrufs- und Rückgaberecht, die Anschrift des Unternehmers, den Kundendienst, Gewährleistungs- und Garantiebedingungen sowie die Kündigungsbedingungen bei Dauerschuldverhältnissen[1329]. Insofern ist bedauerlich, dass die Informationspflichten nach § 1 Abs. 1 und Abs. 3 BGB-InfoV nicht aufeinander abgestimmt sind und so ein unübersichtliches Nebeneinander teilidentischer Informationspflichten besteht[1330].

d. Frist

Die Informationen sind alsbald, spätestens aber bis zur vollständigen Erfüllung des Vertrages zu übermitteln[1331].

e. Sanktionen

Verletzt der Unternehmer seine Informationspflichten nach Vertragsschluss so kommt auch hier ein Unterlassungsanspruch nach § 2 UKlaG und unter Umständen nach § 1 oder § 3 UWG i.V.m. § 13 UWG in Betracht[1332].

Wichtigste Konsequenz ist allerdings, dass bei Nichterfüllung der Informationspflichten gem. § 312 d Abs. 2 die Widerrufsfristen nicht zu laufen beginnen[1333]. Zum Teil wird vertreten, dass der Verbraucher auch in den Genuss der Haftungsprivilegierung des § 357 Abs. 3 S. 3 BGB kommt, wenn die Informationspflichten des § 312 c Abs. 2 BGB nicht erfüllt werden[1334]. Dies ist aber abzulehnen, da § 357 Abs. 3 S. 3 BGB den Verbraucher hinsichtlich seiner Haftung für Verschlechterung und Untergang privilegieren soll, wenn er nicht von seinem Widerrufsrecht und mithin von einer möglichen Rückgewähr wusste. Ist ihm dies aber klar, so können unzureichende Informationen über die Anschrift oder den Kundendienst des Unternehmers keine Haftungserleichterung rechtfertigen. Weitere Folge ist, dass der Unternehmer an seine Informationen insofern gebunden ist, als er sie nicht mehr einseitig

---

1326 Begründung des Regierungsentwurfs, BT-Drs. 14/2658, S. 41; MünchKomm/ *Wendehorst*, § 312 c Rdn. 95.

1327 MünchKomm/ *Wendehorst*, § 312 c Rdn. 95; vgl. auch BT-Drs. 14/4987, S. 20.

1328 Dazu MünchKomm/ *Wendehorst*, § 312 c Rdn. 98 f.; *Wilmer/Hahn*, Fernabsatzrecht, § 312 c Rdn. 19 ff.

1329 Hinsichtlich der Einzelheiten sei auf § 1 Abs. 1 und Abs. 2 BGB-InfoV und die einschlägige Kommentierungen – etwa Hk-VertriebsR/ *Micklitz*, § 312 c Rdn. 99 ff.; MünchKomm/ *Wendehorst*, § 312 c Rdn. 103 ff.; *Lütcke*, Fernabsatzrecht, § 312 c Rdn. 83 ff. – verwiesen.

1330 *Lütcke*, Fernabsatzrecht, § 312 c Rdn. 80.

1331 Der Regierungsentwurf sah noch die Formulierung *„unverzüglich“* vor, was aber als nicht praxisgemäß angesehen wurde und erheblichen Mehraufwand für den Unternehmer bedeutet hätte – vgl. Rechtsausschuss, BT-Drs. 14/3195, S. 31.

1332 *Lütcke*, Fernabsatzrecht, § 312 c Rdn. 137 f.; *Boente/Riehm*, Jura 2002, S. 229.

1333 Hk-VertriebsR/ *Micklitz*, § 312 c Rdn. 117 ff.; *Lütcke*, Fernabsatzrecht, § 312 c Rdn. 133 ff.

1334 MünchKomm/ *Wendehorst*, § 312 c Rdn. 122; a.A. *Lütcke*, Fernabsatzrecht, § 312 c Rdn. 136.

zulasten des Verbrauchers ändern kann[1335]. Zudem kommen auch hier wieder Schadensersatzansprüche in Betracht[1336].

3. Weitergehende Informationspflichten

Weiterreichende Informationspflichten bleiben gem. § 312 c Abs. 4 BGB unberührt. Bereits eingegangen wurde auf die produktbezogenen Informationspflichten[1337]. Zu beachten ist zudem § 312 e BGB[1338].

Im Anwendungsbereich des TDG[1339] und des MDStV ergeben sich weitere Informationspflichten aus den §§ 6, 7 TDG bzw. § 10 MDStV[1340]. Diese entsprechen zum Teil den Pflichten aus § 312 c BGB, etwa bezüglich der Anschrift. Sie enthalten aber auch Sonderaspekte. So sind nach § 6 TDG (bzw. § 10 Abs. 2 MDStV) neben Namen, Anschrift und Vertretungsberechtigten auch Angaben erforderlich, die eine schnelle elektronische Kontaktaufnahme und unmittelbare Kommunikation ermöglichen (bspw. E-Mail oder Telefon); bei bestehender Zulassungspflicht die entsprechende Aufsichtsbehörde; bei Registereintragung das Register und die Registernummer; unter Umständen die Kammer des Dienstanbieters, die Berufsbezeichnung und die Bezeichnung der berufsrechtlichen Regelungen und wie diese zugänglich sind; die Umsatzsteueridentifikationsnummer[1341].

Aus § 7 TDG bzw. § 10 Abs. 4 MDStV folgt zudem weiter die Verpflichtung, dass kommerzielle Kommunikationen klar zu erkennen sein müssen; die natürliche oder juristische Person, in deren Auftrag kommerzielle Kommunikationen erfolgen, klar identifizierbar sind; Angebote zur Verkaufsförderung wie Preisnachlässe, Zugaben und Geschenke klar als solche erkennbar[1342] und die Bedingungen für ihre Inanspruchnahme leicht zugänglich sein sowie klar und unzweideutig angegeben werden müssen; Preisausschreiben oder Gewinnspiele mit Werbecharakter klar als solche erkennbar und die Teilnahmebedingungen leicht zugänglich sein sowie klar und unzweideutig angegeben werden müssen.

Als Sanktion gegen die Pflichten aus § 6 TDG sieht § 12 TDG (bzw. § 10 Abs. 2 MDSTV i.V.m. § 24 MDStV) eine Geldbuße von bis zu 50.000,- € vor. Verletzungen gegen die §§ 6 und 7 TDG können zudem einen Unterlassungsanspruch nach § 2 UKlaG[1343] und nach den §§ 1, 3, 13 UWG begründen.

1335 MünchKomm/ *Wendehorst*, § 312 c Rdn. 124; Hk-VertriebsR/*Micklitz*, § 312 c Rdn. 118.

1336 MünchKomm/ *Wendehorst*, § 312 c Rdn. 123; Hk-VertriebsR/*Micklitz*, § 312 c Rdn. 119, 128 ff.

1337 S.o. 5. Teil; vgl. allg. auch MünchKomm/ *Wendehorst*, § 312 c Rdn. 125 ff.

1338 Dazu sogleich unter IV.

1339 Teledienstegesetz v. 22.7.1997 (BGBl. I S. 1870); zuletzt geändert durch Art. 1 des Gesetzes über rechtliche Rahmenbedingungen für den elektronischen Geschäftsverkehr (Elektronischer Geschäftsverkehr-Gesetz - EGG) vom 14.12.2001 (BGBl. I S. 3721).

1340 Der Anwendungsbereich von TDG und MDStV unterscheidet sich insofern, dass sich Mediendienste nicht an einen unbestimmten Empfängerkreis richten, sondern bei der redaktionellen Gestaltung die Meinungsbildung für die Allgemeinheit im Vordergrund steht – vgl. *Lütcke*, Fernabsatzrecht, § 312 e Rdn. 11.

1341 Vgl. auch *Steins*, WM 2002, S. 54; *Woitke*, NJW 2003, S. 871 ff.; BT-Drs. 14/2658, S. 37.

1342 Dazu auch s.o. 4. Teil, C. I. 5.

1343 Vgl. OLG München, CR 2002, S. 55.

Soweit vom Verbraucher personenbezogene Daten gespeichert werden, ist das BDSG[1344] mit seiner Benachrichtigungspflicht in § 33 und die Auskunftspflicht in § 34 zu beachten.

IV. Informationspflichten beim elektronischen Geschäftsverkehr

In Umsetzung der E-Commerce-RL[1345] stellt § 312 e Abs. 1 S. 1 Nr. 2 BGB i.V.m. § 3 BGB-InfoV dem Unternehmer umfangreiche Informationspflichten[1346] im Rahmen des elektronischen Geschäftsverkehr[1347] auf.

1. Verhältnis zu den Informationspflichten beim Fernabsatzvertrag

Der Anwendungsbereich des § 312 e BGB geht zum Teil über den des § 312 c BGB hinaus, zum Teil bleibt er hinter diesem zurück.

Er ist insofern weiter, als er nur darauf abstellt, dass ein Unternehmer im elektronischen Geschäftsverkehr handelt, nicht also zusätzlich einen Verbraucher als Vertragspartner erfordert, sondern sich allgemein auf den Kunden bezieht[1348].

Andererseits erfasst er nicht jede Form des Vertragsschlusses unter psychisch abwesenden Personen, sondern nur Verträge, die unter Einsatz von elektronischen Kommunikationsmitteln zu Stande kommen[1349]. Ausgenommen vom elektronischen Geschäftsverkehr sind gem. § 312 e Abs. 3 BGB zudem Verträge, die durch Austausch individueller Kommunikation zwischen dem Kunden und dem Unternehmer zu Stande kommen.

Die Informationspflichten des Fernabsatzrechtes und des elektronischen Geschäftsverkehrs schließen sich demnach also nicht aus, sondern greifen, soweit ein Fernabsatzvertrag unter Einsatz elektronischer Kommunikationsmittel mit einem Verbraucher geschlossen wird, kumulativ ein.

2. Inhalt und Form

Die Informationspflichten des Unternehmers ergeben sich aus § 312 e Abs. 1 S. 1 Nr. 2 BGB i.V.m. § 3 BGB-InfoV. Insbesondere sind die einzelnen technischen Schritte zum Vertragsschluss, die Zugänglichkeit des Vertragstextes, über die Mittel zur Korrektur von Eingabefehlern, die zur Verfügung stehenden Sprachen und einschlägige Verhaltenskodizes mitzuteilen[1350]. Die einzelnen Informationen haben klar und verständlich zu erfolgen.

[1344] Bundesdatenschutzgesetz v. 20. 12. 1990 (BGBl. I S. 2954, 2955) zuletzt geändert durch Gesetz v. 26.07.2002 (BGBl. I S. 2674).

[1345] RL 2000/31/EG über den elektronischen Rechtsverkehr v. 17.7.2000 (ABlEG Nr. L 178, S. 1) – vgl. auch *Reich/Micklitz*, Europäisches Verbraucherrecht, S. 611 ff.

[1346] Zu den weiteren Pflichten im elektronischen Geschäftsverkehr s.o.

[1347] Zum Begriff s.o. B. III. 1.

[1348] Palandt/*Heinrichs*, § 312 e Rdn. 4. Einem Unternehmer gegenüber sind die Informationspflichten jedoch nach Maßgabe von § 312 e Abs. 2 S. 2 BGB dispositiv – vgl. *Bülow/Artz*, Verbraucherprivatrecht, S. 75.

[1349] Palandt/*Heinrichs*, § 312 e Rdn. 3; vgl. dazu auch Hk-VertriebsR/*Tonner*, § 356 Rdn. 25 ff..

[1350] Vgl. zu den Einzelheiten *Grigoleit*, WM 2001, S. 602 ff.; Hk-VertriebsR/*Micklitz*, § 312 e Rdn. 80 ff.; MünchKomm/ *Wendehorst*, § 312 e Rdn. 69 ff.; *Lütcke*, Fernabsatzrecht, § 312 e Rdn. 34 ff.

3. Frist

Die Informationen sind gem. § 312 e Abs. 1 S. 1 Nr. 2 BGB rechtzeitig vor Abgabe der Bestellung mitzuteilen. Im Interesse einer einheitlichen Auslegung ist der Begriff der Rechtzeitigkeit wie bei § 312 c BGB auszulegen[1351].

4. Sanktionen

Auf den Vertrag selbst hat die Verletzung des § 312 e BGB grundsätzlich keine Auswirkungen[1352]. Jedoch können Schadensersatzansprüche aus § 280 i.V.m. § 311 Abs. 2 BGB begründet werden, die unter Umständen auch die Vertragsaufhebung zur Folge haben können[1353]. Zudem beginnt die Widerspruchsfrist des Verbrauchers abweichend von § 355 Abs. 2 S. 1 BGB nach § 312 e Abs. 3 S. 2 BGB nicht vor Erfüllung der Pflichten aus § 312 e Abs. 1 S. 1 BGB. Weiter kommt eine Unterlassungsklage nach § 13 UWG als auch nach § 2 UKlaG in Betracht. Nach der Begründung des Regierungsentwurfs soll der Kunde zudem auch einen Anspruch auf nachträgliche Erfüllung der Pflichten haben, soweit sie noch sinnvoll erfüllt werden können[1354].

5. Weitergehende Informationspflichten

Auch § 312 e Abs. 3 S. 1 BGB lässt ausdrücklich weiterreichende Informationen zu. Hinsichtlich der Einzelheiten kann auf die Ausführungen im Rahmen des § 312 c BGB verwiesen werden[1355].

V. Informationspflichten nach § 492 BGB und § 502 BGB

Soweit der Verbrauchsgüterkauf mit einem Verbraucherdarlehensvertrag[1356] verbunden wurde, sind zusätzlich die nach § 492 Abs. 1 S. 5 Nr. 1 bis 7 BGB erforderlichen Angaben zu erbringen[1357]. Der insofern festzulegende Inhalt des Vertrages dient der Aufklärung des Verbrauchers und hat im Zusammenspiel mit dem Schriftformerfordernis[1358] Beweis- und Warnfunktion[1359]. Werden demnach erforderliche Angaben nicht vorgenommen, so hat dies gem. § 494 Abs. 1 BGB grundsätzlich die Nichtigkeit des Vertrages zur Folge. Bei Leistungserbringung erfolgt aber eine Heilung des Vertrages, wobei es jedoch nach Maßgabe des § 494 Abs. 2 BGB zu Veränderungen des Vertragsinhalts kommt. Die Falschangaben bewirken dagegen keine Nichtigkeit, können aber zu Schadensersatzansprüchen und nach Maßgabe des § 494 Abs. 3 BGB zu Vertragsänderungen führen[1360]. Bei Bevollmächtigung

---

1351 Hk-VertriebsR/*Micklitz*, § 312 e Rdn. 75.
1352 *Grigoleit*, WM 2001, S. 597; vgl. aber weitergehend Hk-VertriebsR/*Micklitz*, § 312 e Rdn. 113 ff.
1353 *Bülow/Artz*, Verbraucherprivatrecht, S. 76; *Roth*, JZ 2000, S. 1016; *Grigoleit*, NJW 2002, S. 1155.
1354 BT-Drs. 14/6040, S. 173; vgl. auch *Lütcke*, Fernabsatzrecht, § 312 e Rdn. 65.
1355 S.o. III. 3.
1356 Zum Begriff vgl. unten E. II. 3. b.
1357 Hinsichtlich der Einzelheiten sei auf die einschlägigen Kommentierungen – z.B. *Bülow*, Verbraucherkreditrecht, § 492 Rdn. 81 ff.; Palandt/*Putzo*, § 492 Rdn. 9 ff. – verwiesen.
1358 Vgl. dazu oben D. II. 1
1359 Palandt/*Putzo*, § 492 Rdn. 1.
1360 Vgl. *Bülow*, Verbraucherkreditrecht, § 494 Rdn. 38 ff; Palandt/*Putzo*, § 494 Rdn. 12.

zum Abschluss eines Verbraucherdarlehensvertrags stellt § 492 Abs. 4 BGB, durch Ausweitung der Vertragsangaben auf die Vollmachtsurkunde, die Erfüllung der Informationspflichten sicher[1361].

Über die Verweisung des § 499 Abs. 1 BGB greifen die Informationspflichten des § 492 Abs. 1 BGB grundsätzlich auch bei der Gewährung eines Zahlungsaufschubs oder einer sonstigen entgeltlichen Finanzierungshilfe i.S.d. § 499 BGB[1362] ein. Bei Finanzierungsleasingverträgen und Teilzahlungsgeschäften ist die Anwendung gem. § 499 Abs. 2 i.V.m. den §§ 500, 501 BGB aber auf § 492 Abs. 1 S. 1 bis 4 BGB beschränkt.

Bei Teilzahlungsgeschäften enthält insofern aber § 502 Abs. 1 S. 1 Nr. 1 bis 6 BGB zu beachtende Angaben, die ebenfalls die umfassende Information des Verbrauchers bezwecken und ihn hinsichtlich seiner Verpflichtungen warnen sollen[1363]. Werden diese – mit Ausnahme der Sicherheitsangaben nach § 502 Abs. 1 S. 1 Nr. 6 BGB – nicht in der vom Verbraucher zu unterschreibenden Vertragsurkunde angegeben, so hat dies gem. 502 Abs. 3 S. 1 BGB grundsätzlich die Nichtigkeit des Vertrages zur Folge. Bei Leistungserbringung erfolgt aber eine Heilung des Vertrages, wobei es jedoch nach Maßgabe des § 502 Abs. 3 BGB zu Veränderungen des Vertragsinhalts kommt. Bei Teilzahlungsgeschäften im Fernabsatz ist das Versandhandelsprivileg des § 502 Abs. 2 BGB zu beachten, wonach die Übermittlung der in § 502 Abs. 1 Nr. 1 bis 5 BGB bezeichneten Angaben rechtzeitig vor Vertragsschluss in Textform ausreicht[1364]. Werden Teilzahlungsgeschäfte im Fernabsatz geschlossen, sind aber auch die Informationspflichten der §§ 312 c und 312 e BGB einzuhalten.

Hinsichtlich der Finanzierungsleasingverträge finden sich keine ähnlich ausgestaltenden Informationspflichten wie bei Teilzahlungsgeschäften.

VI. Informationspflichten beim Ratenlieferungsvertrag

Spezifische Informationspflichten bestehen bei Ratenlieferungsverträgen i.S.d. § 505 BGB grundsätzlich nicht. Jedoch ist auch zu beachten, dass bei Ratenlieferungsverträgen, die im Fernabsatz und/oder elektronischen Geschäftsverkehr geschlossen werden, die Informationspflichten nach §§ 312 c und/oder 312 e BGB eingreifen[1365]. Soweit der Lieferant die Gegenleistung des Verbrauchers über die Vertragsgestaltungen von § 505 Abs. 1 S. 1 Nr. 1 bis 3 BGB hinaus kreditiert, ist der Vertrag zudem ein Kreditvertrag, so dass das Verbraucherkreditrecht mit seinem Informationspflichten in vollem Umfang anwendbar ist[1366].

1361 Im Rahmen des § 4 VerbrKrG war strittig, ob die Vollmachtsurkunde entsprechende Informationen enthalten musste. Von der h.M. wurde dies verneint – vgl. BGH, NJW 2001, S. 1931 und S. 3479 m.w.N.

1362 Zu den Begriffen Zahlungsaufschub und sonstige Finanzierungshilfe vgl. unten E. II. 3.

1363 Palandt/*Putzo*, § 502 Rdn. 1; zu den Einzelheiten vgl. *Bülow*, Verbraucherkreditrecht, § 502 Rdn. 12 ff.

1364 Ausf. zur Freistellung für Fernabsatzgeschäfte *Bülow*, Verbraucherkreditrecht, § 502 Rdn. 28 ff.

1365 Vgl. *Peukert*, VuR 2002, S. 349.

1366 LG Mannheim, NJW-RR 1996, S. 118; *Bülow*, Verbraucherkreditrecht, § 505 Rdn. 11; Erman/*Saenger*, § 2 VerbrKrG Rdn. 8.

VII. Sonstige Informationspflichten

Einzelne gesetzliche Regelungen enthalten weitere spezielle Informationspflichten.

So kommt etwa nach § 286 Abs. 3 S. 1 BGB der Verbraucher innerhalb von 30 Tagen nach Zugang einer Rechnung oder ähnlichen Zahlungsaufforderung nur dann in Verzug, wenn er hierauf in der Rechnung oder Zahlungsaufforderung besonders hingewiesen wurde[1367].

§ 477 Abs. 1 Nr. 1 BGB enthält Hinweispflichten im Zusammenhang mit einer Garantieerklärung[1368].

Bereits behandelt wurden die Hinweispflichten im Rahmen der Einbeziehung von Allgemeinen Geschäftsbedingungen[1369].

Zum Teil hat auch die Rechtsprechung Informations- bzw. Aufklärungspflichten herausgearbeitet. Insbesondere wenn der andere Teil nach Treu und Glauben unter Berücksichtigung der Verkehrsauffassung redlicherweise Aufklärung erwarten durfte, kann das Verschweigen von Tatsachen eine Anfechtung nach § 123 BGB, Schadensersatz aus c.i.c. (§§ 241 Abs. 2, 311 Abs. 2, 280 BGB) oder Gewährleistungsansprüche begründen[1370].

VIII. Stellungnahme zu den vertragsbezogenen Informationspflichten

Die gesetzlich dem Unternehmer obliegenden vertragsbezogenen Informationspflichten sind zum Teil nicht nur fundamental für die Durchsetzung der Verbraucherrechte, sondern auch für den Vertragsschluss und die Vertragsdurchführung selbst. Es steht darüber hinaus außer Frage, dass sie geeignet sind, die Grundlage für die primäre Voraussetzung der Durchsetzung von Verbraucherrechten zu schaffen, nämlich der Kenntnis des Verbrauchers hiervon und auch darüber hinaus dem Abbau des zulasten des Verbrauchers bestehenden Informationsungleichgewichts dienen.

Angesichts der Fülle von Informationspflichten stellt sich aber die Frage, ob deren Erfüllung durch den Unternehmer überhaupt zumutbar ist. Die zu beachtenden Informationspflichten sind nicht nur auf verschiedene Gesetze verteilt, denen unterschiedliche Anknüpfungspunkte und mithin Voraussetzungen zu Grunde zu liegen, sondern sie überschneiden sich zum Teil, um dann in Einzelpunkten weitergehende Anforderungen aufzustellen. Praktisch ist es dem Unternehmer damit fast unmöglich, seinen Informationspflichten ohne anwaltlichen Rat nachzukommen. Dass folglich Web-Auftritte deutscher Unternehmen nur selten den rechtlichen

1367 § 286 Abs. 3 S. 1 BGB knüpft allein an die Verbrauchereigenschaft des Schuldners an. Erfasst werden demnach also auch reine Privatgeschäfte. Ausgehend vom Sinn und Zweck des Verbraucherschutzes, die typisierte Unterlegenheit des Verbrauchers gegenüber dem Unternehmer auszugleichen, geht die Vorschrift zu weit. Jedoch lässt sich die Regelung insofern rechtfertigen, als sie den Gläubiger gegenüber § 286 Abs. 1 BGB privilegiert und daher auch bestimmte Obliegenheiten aufstellen kann.

1368 Vgl. dazu unten F.

1369 S.o. C. IV.

1370 Vgl. Palandt/*Heinrichs*, § 311 Rdn. 42 ff. m.w.N.; MünchKomm/*Emmerich*, § 311 Rdn. 94 ff.; *Fleischer*, Informationsasymmetrie im Vertragsrecht, passim., insbesondere S. 416, 597 ff.

Anforderungen gerecht werden[1371], verwundert kaum. Dies ist umso gefährlicher, als bereits kleinere Versäumnisse die Gefahr begründen, Zielscheibe kostenpflichtiger Abmahnungen nicht nur von Konkurrenzunternehmen sondern vor allem auch von zum Teil unseriösen Abmahnvereinen zu werden[1372]. Im Unternehmerinteresse dürfte daher eine Vereinfachung, Vereinheitlichung und Zusammenführung der einzelnen Informationspflichten liegen[1373]. Der Umfang der Informationspflichten selbst lässt sich auf Grund der weitgehenden europarechtlichen Vorgaben indes kaum beeinflussen. Im Rahmen der Sanktionen sollte aber nicht nur aus Gründen der Verhältnismäßigkeit hinsichtlich der Art und des Umfangs der Informationspflichtverletzung differenziert werden, insbesondere muss nicht jede Verletzung einen Unterlassungsanspruch begründen[1374]. Auch sollten die Informationspflichten und die penible Ausgestaltung ihrer Erfüllung darauf überprüft werden, ob sie nicht zu sehr den europarechtlich gewünschten freien Warenverkehr beschränken.

Des weiteren erscheint vor dem Hintergrund der zahlreichen Informationspflichten auch ihre Wirksamkeit gegenüber dem Verbraucher zweifelhaft. § 1 Abs. 3 BGB-InfoV, der für die dort geregelten Informationen eine Mitteilung in „*hervorgehobener und deutlich gestalteter Form*" verlangt, macht das Spannungsverhältnis zwischen den existierenden umfangreichen Informationspflichten einerseits und der Verständlichkeit und begrenzten Aufnahmefähigkeit des Verbrauchers andererseits deutlich[1375]. Die auf den Verbraucher einstürzende Informationsflut wird dieser faktisch allein durch Nichtbeachtung zumindest eines Großteils der Informationen Herr werden können. Vor allem beim Vertragsschluss im Internet, dessen Vorteil gerade die Schnelligkeit ist, werden wohl die wenigsten Verbraucher die angebotenen vertragsbezogenen Informationen eingehend zur Kenntnis nehmen, sei es aus mangelndem Interesse oder aus Zeitgründen. Mögliche Hilfe könnte hier durch Gütesiegel erfolgen, die den Verbraucher ohne umfangreiche Recherche signalisieren, dass die Verbraucherschutzrechte gewährleistet, insbesondere die erforderlichen Informationen im „*Ernstfall*" ohne weiteres zugänglich sind[1376]. Im Interesse der Verbraucher sollten Voraussetzungen und Vergabe der Gütezeichen von vornherein vereinheitlicht werden, um ein Gütezeichenwirrwarr auszuschließen.

1371 Vgl. dazu WiWo 9/2003 v. 20.2.2003, S. 62 ff.; auch die auf Nachfrage mitgeteilte Praxis beim Tele-Shopping, die Informationen mit Zusendung der Ware zur Verfügung zu stellen, dürfte kaum den Anforderungen des § 312 c Abs. 1 BGB i.V.m. § 1 Abs. 1 BGB-InfoV gerecht werden.

1372 Im Internet bestehen mittlerweile schon Seiten, die sich an die Opfer von Abmahnungen richtet – vgl. www.abmahnungswelle.de; vgl. auch *Franke*, Die Verbandsklagen nach dem Code de la consommation, S. 142 ff.

1373 Vgl. auch *Boente/Riehm*, Jura 2002, S. 229 f.

1374 Im Rahmen des UWG lässt sich dies dadurch erreichen, dass eine Norm als wertneutral eingestuft wird, mit der Folge dass ein Verstoß nicht bereits an sich wettbewerbswidrig ist, sondern besondere Umstände hinzutreten müssen – vgl. dazu *Baumbach/Hefermehl*, UWG, § 1 Rdn. 646. Bei § 2 UKlaG hilft dieser Ansatz aber nicht weiter – vgl. OLG München, CR 2002, S. 55.

1375 *Boente/Riehm*, Jura 2002, S. 230 sprechen insofern von einem „*Informations-Kollaps*".

1376 Zur Anwendung kommen derzeit das Euro-Label „*Geprüfter Online-Shop*" – vgl. dazu http://www.shopinfo.net/ und das „*Trusted shops*"-Siegel – vgl. dazu http://www.trustedshops.de/de/home/.

E. Vertragslösung nach §§ 355 ff. BGB

Das in die Vertragsfreiheit am weitestgehend eingreifende Recht des Verbrauchers stellt das Vertragslösungsrecht per Widerruf bzw. Rückgabe dar, dessen Rechtsfolgen und Ausübung in den §§ 355 ff. BGB geregelt sind. Es handelt sich hierbei um kompensatorische Maßnahmen, die dem Verbraucher in bestimmten Situationen, in denen eine Benachteiligung des Verbrauchers als besonders virulent angesehen wird, ein zeitlich beschränktes Recht geben, sich, ohne Nachteile befürchten zu müssen, vom Vertrag zu lösen. Seine Bindung an die eigene Willenserklärung als Ausdruck von Verantwortung für privatautonomes Handeln ist also insofern relativiert[1377]. Der Verbraucher hat die Möglichkeit, den Vertragsschluss noch einmal zu überdenken und sich gegebenenfalls von dem Vertrag zu lösen.

I. Geschichte der gesetzlichen Regelung

Bis zum „*Gesetz über Fernabsatzverträge und andere Fragen des Verbraucherrechts sowie zur Umstellung des Euro*" vom 27.6.2000[1378] war das Widerrufs- und Rückgaberecht in den einzelnen Verbraucherschutzgesetzen[1379] separat und hinsichtlich der Länge der Widerrufsfrist, des Fristbeginns, der Ausübung und des Erlöschens des Widerrufsrechts sowie der Rechtsfolgen ohne sachlich gerechtfertigten Grund in einem kaum durchschaubaren, fast schon chaotischen Durcheinander[1380] unterschiedlich geregelt. Mit den neu eingefügten §§ 361 a und 361 b BGB erfolgte dann erstmals eine gewisse Vereinheitlichung[1381]. Insbesondere die Widerrufsfrist wurde einheitlich auf 2 Wochen festgesetzt und auch darüber hinaus war der Gesetzgeber um eine Abmilderung der Unterschiede bemüht. Wegen der europäischen Vorgaben waren aber Sonderreglungen unumgänglich[1382].

Durch das Gesetz zur Modernisierung des Schuldrechts[1383] wurden die §§ 361 a und 361 b weitgehend durch die §§ 355 bis 359 BGB ersetzt und das AGBG, das HTWG, das VerbrKrG, das TzWrG und das FernAbsG in das BGB integriert[1384]. An Neuerungen brachte das Gesetz das Erlöschen des Widerrufsrechts bei nicht ordnungsgemäßer Belehrung grundsätzlich 6 Monate nach Vertragsschluss, die Wertersatzpflicht des Verbrauchers in Folge von Wertminderung oder Unmöglichkeit und die §§ 358, 359 BGB fassten die bislang im VerbrKrG, FernAbsG und TzWrG verstreute Problematik der verbundenen Verträge zusammen.

1377 Vgl. *Bülow/Artz*, NJW 2000, S. 2049; *Canaris*, AcP 200 (2000), S. 344.

1378 BGBl. 2000 I, S. 867. Zur Verfassungsmäßigkeit des Gesetzes vgl. BVerfG, NJW 2002, S. 428 f.

1379 HTWG, VerbrKrG, TzWrG, FernUSG.

1380 So Palandt/*Heinrichs*, Einf v § 355 Rdn. 1; *Kappus*, EWS 1996, S. 277 spricht von einem „*Widerrufsrechtswirrwarr*", bei dem dem Verbraucher noch schwindelig wird

1381 Nicht vereinheitlicht wurden – im Hinblick auf die geplante RL über Fernabsatz von Finanzdienstleistungen (vgl. WM 1999, S. 1477) – die Widerrufsrechte nach dem AuslInvG und dem KAGG.

1382 Vgl. vor allem die §§ 312 Abs. 2, 312 d Abs. 2, 485 Abs. 2 und 3, 495 Abs. 1 BGB.

1383 Gesetz v. 26.11.2001 (BGBl. 2001 I, S. 3138).

1384 Zur Geschichte der Integration des verbraucherrechtlichen Widerrufsrechts in das BGB – vgl. *Heller-Hannich*, Jura 2003, S. 371 ff.

Als Folge der Heininger-Entscheidung des EuGH[1385] kam es durch das OLG-VertrÄndG vom 23.7.2002[1386] erneut zu wesentlichen Änderungen des Widerrufs- und Rückgaberechts[1387]. Für die vorliegende Arbeit ist vor allem die Streichung der sechsmonatigen Ausschlussfrist des Widerrufsrechts bei fehlerhafter oder unterlassener Belehrung relevant[1388], was durch Lockerungen bei der Widerrufsbelehrung teilweise kompensiert wurde.

II. Sachlicher Anwendungsbereich[1389]

Die §§ 355 ff. BGB gelten nur, wenn einem Verbraucher durch Gesetz ein Widerrufsrecht nach § 355 BGB eingeräumt wird oder wenn die Parteien die Geltung der Vorschriften auf Grund ihrer Vertragsfreiheit vereinbart haben[1390].

Gesetzlich vorgesehen ist das Widerrufsrecht nach § 355 BGB in § 312 BGB für Haustürgeschäfte, in § 312 d BGB für Fernabsatzgeschäfte, in § 485 BGB für Teilzeit-Wohnrechteverträge, in § 495 BGB für Verbraucherdarlehensverträge, der über § 499 auch für Finanzierungshilfen gilt, in § 505 für Ratenlieferungsverträge und in § 4 FernUSG für den Teilnehmer am Fernunterrichtsvertrag[1391]. Erfasst sind zudem nach Maßgabe der §§ 312 f Abs. 2, 506 Abs. 1 S. 2 BGB auch Umgehungsgeschäfte.

Für die vorliegende Erörterung des Verbraucherschutzes beim Verbrauchsgüterkauf können die Vorschriften über die Teilzeit-Wohnrechteverträge[1392] und das FernUSG[1393] vernachlässigt werden.

[1385] Urteil v. 13.12.2001 – NJW 2001, S. 281 ff. – vgl. auch *Staudinger*, NJW 2002, S. 653 ff.; *J. Hoffmann*, ZIP 2002, S. 145; Folgeentscheidung dazu BGH, NJW 2002, S 1881 ff. – vgl. dazu *Wolf*, BKR 2002, S. 614 ff.

[1386] BGBl. 2002 I, S. 2850; vgl. dazu *Fischer*, VuR 2002, S. 309 ff..

[1387] Vgl. dazu *Meinhof*, NJW 2002, S. 2276 ff.; *Artz*, BKR 2002, S. 603 ff.; *Arnold/Dötsch*, NJW 2003, S. 187 ff.

[1388] S.u. III. 3.

[1389] Zeitlich gelten die §§ 355 ff. BGB gem. Art 229 § 5 EGBGB für Verträge, die nach dem 31.01.2001 abgeschlossen sind – vgl. Palandt/*Heinrichs*, Einf v § 355 Rdn. 4.

[1390] Palandt/*Heinrichs*, Einf v § 355 Rdn. 3.

[1391] § 4 FernUSG und § 355 BGB sind nicht aufeinander abgestimmt. Das FernUSG stellt nach wie vor auf den Teilnehmer ab, da ein Teilnehmer am Fernunterricht zwar typischer- aber nicht notwendigerweise Verbraucher sein muss - vgl. *Bülow/Artz*, NJW 2000, S. 2050. Diesen Teilnehmern, also auch den Nichtverbrauchern, steht nun nach § 4 FernUSG ein Widerrufsrecht nach § 355 BGB zu. § 355 gewährt aber nur Verbrauchern ein Widerrufsrecht. Diese Diskrepanz dürfte dahingehend zu lösen sein, dass die §§ 355 ff. BGB die Modalitäten des Widerrufs- und Rückgaberechts regeln, sich ihr Anwendungsbereich aber allein aus den Verweisungsnormen ergibt. Die Aufführung des Verbrauchers in den §§ 355 ff. BGB dient also allein der Umschreibung des Vertragslösungsberechtigten. Vor diesem Hintergrund wäre eine neutrale Formulierung in den §§ 355 ff. BGB angebracht gewesen, etwa § 355 Abs. 1 S. 1 BGB: *„Wird durch Gesetz ein Widerrufsrecht nach dieser Vorschrift eingeräumt, so ist der Widerrufsberechtigte an ...“.*

[1392] Die §§ 481 ff. BGB beziehen sich auf Rechtskaufverträge, die sich auf die Nutzung von Wohngebäuden oder deren Teile beziehen – vgl. Palandt/*Putzo*, § 481 Rdn. 1 f. Sie fallen daher nicht unter den Verbrauchsgüterkauf, der sich auf bewegliche Sachen bezieht.

[1393] Im Rahmen des FernUSG können zwar auch Lernmaterialien und mithin Verbrauchsgüter erworben werden (vgl. § 6 FernUSG), jedoch wirft dies keine spezifischen Probleme des Verbrauchsgüterkaufs auf und soll deshalb außer Betracht bleiben – vgl. allgemein zum FernUSG *Michalski*, Verbraucherschutzrecht, S. 246 ff.

1. Haustürgeschäfte

a. Allgemeines

Nach § 312 Abs. 1 S. 1 besteht ein Widerrufsrecht nach § 355 BGB bei einem Vertrag zwischen einem Unternehmer und einem Verbraucher, der eine entgeltliche Leistung zum Gegenstand hat und zu dessen Abschluss der Verbraucher in einer Haustürsituation bestimmt wurde. Für diese Verträge legt das Gesetz dabei den Oberbegriff *„Haustürgeschäfte"* einer Legaldefinition zu Grunde[1394].

Hintergrund der Regelung ist, dass der Verbraucher bei Haustürgeschäften in besonderer Weise dem Risiko ausgesetzt ist, in Folge einer Überrumpelung oder auf Grund unsachlicher Beeinflussung einen nicht bedarfsgerechten Vertrag zu schließen[1395]. Ihm werden unvorbereitet meist von verkaufpsychologisch geschulten Verkäufern Leistungen angeboten, deren Wert, Qualität und Nutzung er häufig nicht ohne weiteres einschätzen kann und bei denen ihm Vergleichsmöglichkeiten mit Konkurrenzprodukten fehlen[1396]. Der Verbraucher gerät in eine Zwangslage, da er sich den Vertragsverhandlungen nicht durch bloßes Entfernen entziehen kann, was nicht selten dazu führt, dass der Vertrag auch zu dem Zweck abgeschlossen wird, den Vertreter los zu werden[1397]. Dem Ausgleich der insofern gegebenen Beeinträchtigung der rechtsgeschäftlichen Entscheidungsfreiheit des Verbrauchers und mithin seiner Unterlegenheit gegenüber seinem unternehmerischen Vertragspartner dient die Einräumung des Widerrufsrechts.

b. Die Voraussetzungen im Einzelnen

aa. Verbrauchervertrag

(1) Ein Widerrufsrecht nach § 312 BGB setzt zunächst voraus, dass ein Verbraucher mit einem Unternehmer kontrahiert hat. Geschäfte unter Verbrauchern rechtfertigen schon vom Sinn und Zweck des Verbraucherschutzes keine kompensatorischen Eingriffe, da hier keine typisierende Unterlegenheit eines Vertragspartners angenommen werden kann.

(2) Bei Vertreterhandeln ist zu berücksichtigen, dass es zwar hinsichtlich der persönlichen Voraussetzungen auf die Verbrauchereigenschaft des Vertretenen ankommt[1398], für das Feststellen der Haustürgeschäftssituation aber auf den Vertreter abzustellen ist, was aus dem Rechtsgedanken des § 166 Abs. 1 BGB folgt, da nur der Vertreter der Einflussnahme unter der situationsbedingten Voraussetzung des § 312 BGB ausgesetzt ist[1399]. Wer für den Unternehmer die Verhandlungen führt, ist grundsätzlich gleichgültig. Jedoch schließen

---

[1394] Nach *Grigoleit*, NJW 2002, S. 1151 soll sich die Legaldefinition nur auf die betroffenen Vertriebssituationen beziehen. Der Wortsinn – *„Geschäft"* – spricht aber eher für die Erfassung des gesamten Vertrages, der in den betroffenen Vertriebssituationen geschlossen wurde.

[1395] BGH, NJW 1992, S. 1889 m.w.N.; *Fischer/Machunsky*, HTWG, Grundlagen Rdn. 10 ff.; MünchKomm/ *Ulmer*, § 312 Rdn. 1; *Grigoleit*, NJW 2002, S. 1151.

[1396] Vgl. BT-Drs. 10/2876, S. 6; *Engelhardt*, Europäisches Verbraucherrecht im BGB, S. 123 f.; *Teske*, ZIP 1986, S. 626; Staudinger/ *Werner*, HTWG Vorbem. Rdn. 3.

[1397] Vgl. BT-Drs. 10/2876, S. 6; *Wassermann*, JuS 1990, S. 548.

[1398] S.o. 2.Teil, A. VI. 2.

[1399] BGH, NJW 2000, S. 2268 f.; OLG München, NJW-RR 2002, S. 1489; Palandt/*Heinrichs*, § 312 Rdn. 4; *Fischer/Machunsky*, HTWG, § 1 Rdn. 63.

Verhandlungen des Ehegatten[1400] und naher Angehörige[1401] des Verbrauchers die Anwendung des § 312 BGB aus, sofern sie nicht allgemein werbend für den Unternehmer tätig sind[1402], weil es nicht Aufgabe des Gesetzes ist, vor psychologischem Druck und den Überredungskünsten naher Familienangehöriger zu schützen[1403]. Bei Rechtsgeschäften auf Veranlassung von Nachbarn des Verbrauchers ist dagegen eine Ausnahme vom Schutz des § 312 BGB nicht gerechtfertigt[1404].

bb. Vertrag über entgeltliche Leistung

§ 312 Abs. 1 S. 1 BGB bezieht sich auf Verträge, die *„eine entgeltliche Leistung zum Gegenstand"* haben. Dagegen stellte die Haustürwiderrufs-RL[1405] auf Verträge ab, *„die zwischen einem Gewerbetreibenden, der Waren liefert und Dienstleistungen erbringt, und einem Verbraucher geschlossen werden"*[1406]. Beide Formulierungen haben Rechtsprechung und Literatur in großem Umfang beschäftigt[1407]. Erfasst sind jedenfalls alle gegenseitigen Verträge und mithin der Verbrauchsgüterkauf. Wie das Entgelt selbst bezeichnet oder beschaffen ist, spielt keine Rolle[1408]. Ebenso unerheblich ist, wer das Entgelt zu erbringen hat, so dass auch der verkaufende Verbraucher durch § 312 BGB geschützt ist. Da Entgeltlichkeit allein die Abhängigkeit der Leistung von einer Gegenleistung[1409], nicht aber eine Geldleistung voraussetzt, fallen auch Tauschverträge in den Anwendungsbereich des § 312 BGB[1410].

cc. Haustürsituation

Situationsbedingte Voraussetzung des Widerrufsrechts nach § 312 BGB ist das Vorliegen einer der in § 312 Abs. 1 S. 1 Nr. 1 – 3 BGB enumerativ aufgeführten Konstellationen in denen der Verbraucher zum Abschluss des Vertrages bestimmt worden ist.

(1) § 312 Abs. 1 S. 1 Nr. 1 BGB erfasst zunächst mündliche Verhandlungen am Arbeitsplatz des Verbrauchers oder in einer – nicht notwendig die des Verbrauchers – Privatwohnung.

Entscheidend ist, dass der Vertragsschluss ursächlich auf mündliche Verhandlungen in diesem Bereich zurückgeht. Bestehen bereits Geschäftsverbindungen und bildet die Unterschrift am Arbeitsplatz oder in der Privatwohnung nur den formalen Schlussakt, greift § 312 Abs. 1 S. 1

1400 BGH, NJW 1987, S. 184; NJW 1993, S. 1594 f.; a.A. mit beachtlichen Argumenten und m.w.N. auch zur h.M. *Frings*, ZIP 1996, S. 1193 ff.

1401 BGH, NJW 1987, S. 184; NJW 1996, S. 191 ff.; a.A. *Frings*, ZIP 1996, S. 1193 ff.

1402 BGH, NJW 1996, S. 3414.

1403 BGH, NJW 1993, S. 1595; NJW 1996, S. 192; Erman/*Klingsporn*, § 1 HTWG Rdn. 10.

1404 So KG, NJW 1996, S. 1480 f.; a.A. Palandt/*Heinrichs*, § 312 Rdn. 10. Vgl. zum Ganzen auch *Fischer/Machunsky*, HTWG, § 1 Rdn. 59 f. Davon zu unterscheiden ist die Problematik, inwiefern sich der Unternehmer das Verhalten Dritter zurechnen lassen muss – dazu s.u. (4).

1405 RL 85/577/EWG (ABlEG Nr. L 372, S. 31) - dazu *Reich/Micklitz*, Europäisches Verbraucherrecht, S. 539 ff.

1406 Die Diskrepanz zwischen der europäischen RL und der deutschen Regelung ist darin begründet, dass das HausTWG zeitlich vor der Haustürgeschäftswiderrufs-RL verabschiedet wurde – vgl. zur Entstehungsgeschichte MünchKomm/ *Ulmer*, Vor §§ 312, 312 a Rdn. 2 f.

1407 Vgl. allg. Palandt/*Heinrichs*, § 312 Rdn. 6. Insbesondere die Einordnung der Bürgschaft war Anlass zahlreicher Entscheidungen – vgl. EuGH, NJW 1998, S. 1295; BGH, NJW 1993, S. 1595; NJW 1998, S. 2356, vgl. auch oben 2. Teil, A. VI. 3. a. Zuletzt bejahte der EuGH die Anwendung der Haustürwiderrufs-RL auf Realkreditverträge in der Heininger-Entscheidung – NJW 2002, S. 281 ff.

1408 Palandt/*Heinrichs*, § 312 Rdn. 6; *Wassermann*, JuS 1990, S. 549.

1409 Vgl. BGH, NJW 1982, S. 436; Palandt/*Heinrichs*, Überbl v § 311 Rdn. 8, § 516 Rdn. 8.

1410 Zweifelnd Palandt/*Heinrichs*, § 312 Rdn. 6 a.E.

Nr. 1 BGB aber nicht ein, weil es am Überraschungseffekt fehlt[1411].

Telefonische Kontaktaufnahmen fallen dagegen nicht unter den Anwendungsbereich von § 312 Abs. 1 S. 1 Nr. 1 BGB, da hier die Einflussnahme auf den Kunden weniger intensiv als bei der persönlichen Anwesenheit sein soll[1412]. Diese nicht nur vom Schutzzweck her bedenkliche Ausnahme[1413] hat insofern keine Einschränkungen des Verbraucherschutzes zur Folge, als jetzt regelmäßig ein Fernabsatzvertrag vorliegt und mithin ein Widerrufsrecht nach § 312 d i.V.m. § 312 b BGB bestehen wird[1414].

(2) Freizeitveranstaltungen[1415] des Unternehmers oder Dritter, die zumindest auch im Interesse des Unternehmers durchgeführt werden sind nach § 312 Abs. 1 S. 1 Nr. 2 BGB aufgenommen. Hier bilden vor allem die Kaffee- und Butterfahrten das Regelungsmodell[1416]. Für die rechtliche Einbeziehung ist entscheidend, dass der Verbraucher sich als Folge seiner Beteiligung an der Freizeitveranstaltung und unter dem Eindruck des daraus resultierenden psychologischen Drucks dem Werbeangebot der anderen Partei ausgesetzt sieht und dadurch Gefahr läuft, in seiner rechtsgeschäftlichen Entscheidungsfreiheit beeinträchtigt zu werden[1417].

(3) Nach § 312 Abs. 1 S. 1 Nr. 3 BGB ist schließlich das überraschende Ansprechen in Verkehrsmitteln oder im Bereich öffentlich zugänglicher Verkehrsflächen aufgenommen. Insofern sind hierin zwei unterschiedliche Fallgruppen enthalten[1418]. Das werbemäßige Ansprechen von Passanten auf Straßen und sonstigen öffentlich zugänglichen Verkehrsflächen trägt dem Umstand Rechnung, dass hiermit zumeist eine Überrumpelung verbunden ist und die werbemäßige Belästigung zur typischen Gefährdung der rechtsgeschäftlichen Entscheidungsfreiheit führt[1419]. Das Ansprechen in Verkehrsmitteln ähnelt dagegen hinsichtlich der Verhandlungssituation der in § 312 Abs. 1 S. 1 Nr. 1 BGB geregelten.

(4) Der Verbraucher muss durch die Haustürsituation schließlich zur Abgabe der auf den Vertrag gerichteten Willenserklärung veranlasst worden sein[1420], wobei Mitverursachung genügt[1421]. Problematisch ist, inwiefern sich der Unternehmer drittverursachte Haustürsituationen zurechnen lassen muss. Überwiegend wird darauf abgestellt, ob dem Unternehmer

---

1411 OLG Hamm, NJW 1994, S. 2159; zu weiteren Einschränkungen vgl. MünchKomm/ *Ulmer*, § 312 Rdn. 38; zu arbeitsrechtlichen Vereinbarungen am Arbeitsplatz vgl. BAG, Urteil v. 27.11.2003 (Az.: 2 AZR 177/03).

1412 Vgl. die Gesetzesbegründung BT-Drs. 10/2876, S. 11; BGH, NJW 1996, S. 929 m.w.N.; a.A. *Klingsporn*, NJW 1997, S. 1546 ff.; vgl. auch die Nachweise bei MünchKomm/ *Ulmer*, § 312 Rdn. 58.

1413 Fragwürdig ist die Ausnahme von Telefonwerbung auch vor dem Hintergrund, dass der Ausschlussgrund der vorherigen Bestellung nach § 312 Abs. 3 Nr. 1 BGB gerade dann nicht gegeben ist, wenn die Bestellung auf einer nicht vom Verbraucher veranlassten telefonischen Kontaktaufnahme des Unternehmers beruht – vgl. BGHZ 109, 127 ff.; dazu auch *Reich*, EuZW 1997, S. 583.

1414 Zum Widerrufsrecht bei Fernabsatzverträgen zugleich unter 3. Zu Lücken des Verbraucherschutzes kann es insbesondere dann kommen, wenn der Unternehmer nicht im Rahmen eines für den Fernabsatz organisierten Vertriebs- oder Dienstleistungssystems tätig wird – vgl. dazu unten 3. b. bb.

1415 Zum Begriff der Freizeitveranstaltung vgl. ausf. *Fischer/Machunsky*, HTWG, § 1 Rdn. 122 ff.; *Kaiser*, NJW 1989, S. 1717 ff.; *Wassermann*, JuS 1990, S. 550 f.

1416 Vgl. Bamberger/Roth/*Ann*, § 312 Rdn. 17; MünchKomm/ *Ulmer*, § 312 Rdn. 39.

1417 MünchKomm/ *Ulmer*, § 312 Rdn. 40; *Fischer/Machunsky*, HTWG, § 1 Rdn. 111.

1418 Vgl. die Gesetzesbegründung zum HTWG, BT-Drs. 10/2876, S. 11 f.; MünchKomm/ *Ulmer*, § 312 Rdn. 45.

1419 MünchKomm/ *Ulmer*, § 312 Rdn. 45; *Fischer/Machunsky*, HTWG, § 1 Rdn. 167.

1420 Vgl. zu den Einzelheiten Palandt/*Heinrichs*, § 312 Rdn. 5; MünchKomm/ *Ulmer*, § 312 Rdn. 28 ff.

1421 BGHZ 131, 385.

das Verhalten des Dritten nach den Grundsätzen des § 123 Abs. 2 BGB zuzurechnen ist[1422].

(5) Selbst die nur recht knappen Ausführungen zur Haustürsituation begründen Zweifel ob das Abstellen auf situationsbedingte Voraussetzungen zur Begründung des Widerrufsrechts nach § 312 BGB sachgerecht ist. Insbesondere die Einbeziehung des überraschenden Ansprechens im Bereich öffentlich zugänglicher Verkehrsflächen zeigt, dass der Verbraucher umfassend vor Überrumpelungs- und Überraschungssituationen geschützt werden soll[1423]. Mithin wäre eine Regelung angebracht, die weniger auf situationsbedingte Momente abstellt als darauf, dass der Verbraucher auf Initiative des Unternehmers zu persönlichen Vertragsverhandlungen bewegt wurde, ohne dass er auf Grund der tatsächlichen Gegebenheiten konkret mit diesen rechnen musste und die er nicht ohne weiteres abwenden kann[1424]. Nur dann, wenn der Verbraucher auf den Unternehmer selbst zugeht bzw. sich in Bereiche, wie etwa die Geschäftsräume des Unternehmers begibt, wo er damit rechnen muss, dass an ihn mit entsprechenden Vertragsverhandlungen herangetreten wird, ist eine Überrumpelung des Verbrauchers weitgehend ausgeschlossen und mithin ein Widerrufsrecht nach der ratio des § 312 BGB nicht erforderlich.

ee. Ausschlussgründe

In § 312 Abs. 3 BGB sind schließlich drei Ausschließungsgründe des Widerrufrechts geregelt, und zwar bei vorhergehender Bestellung des Verbrauchers (Nr. 1)[1425], soweit die Leistung sofort erbracht und bezahlt wird und 40,- € nicht übersteigt (Nr. 2) [1426] und soweit die Willenserklärung des Verbrauchers vor einem Notar beurkundet wird (Nr. 3)[1427].

Auf die Aufführung des Ausschlussgrundes in § 312 Abs. 3 Nr. 1 BGB könnte weitgehend verzichtet werden, wenn man schon bei der Begründung des Widerrufsrechts darauf abstellt, dass die Initiative für die Vertragsverhandlungen vom Unternehmer ausgehen müssen. Im Hinblick auf die Bagatellgrenze des § 312 Abs. 3 Nr. 2 BGB wäre eine Klarstellung dahingehend angebracht, dass das „*gesamte*" vereinbarte Entgelt 40,- € nicht übersteigen darf.

1422 BGH, BB 2003, S. 221 ff.; ZIP 2003, S. 432 f.; OLG Stuttgart, ZIP 1999, S. 2005 ff.; OLG Frankfurt a.M., WM 2002, S. 545 ff.; Palandt/*Heinrichs*, § 312 Rdn. 4; MünchKomm/ *Ulmer*, § 312 Rdn. 29; vgl. zum Ganzen auch *Weiler*, BB 2003, S. 1357 ff., der im Rahmen des § 312 Abs. 1 Nr. 1 BGB allerdings ein Zurechnungserfordernis ablehnt und dem Verbraucher stets ein Widerrufsrecht zubilligt, wenn der Vertragsschluss mit dem Unternehmer auf Grund von Vertragsverhandlungen in einer Privatwohnung oder am Arbeitsplatz zu Stande gekommen ist. Nach KG, NJW 1996, S. 1481 reicht es aus, dass der Unternehmer es bewusst hinnimmt, dass die Verhandlungen in einer Haustürsituation erfolgen.

1423 Auch die Begründung der HaustürwiderrufsRL (ABlEG Nr. L 372 v. 31.12.1985, S. 31) weist daraufhin, dass der Überraschungseffekt nicht nur bei Haustürgeschäften im engeren Sinne, sondern auch bei anderen Verträgen, die auf Initiative des Gewerbetreibenden außerhalb seiner Geschäftsräume abgeschlossen werden, besteht – vgl. auch EuGH, NJW 1998, S. 1296 Nr. 19.

1424 In der Literatur werden diese Ansätze zum Teil im Rahmen des Umgehungsverbot (vgl. § 312 f Abs. 2 BGB bzw. § 5 HTWG a.F.) berücksichtigt – vgl. *Meents*, Verbraucherschutz bei Rechtsgeschäften im Internet, S.118 ff.; MünchKomm/ *Ulmer*, § 312 Rdn. 49. *Medicus*, Verschulden bei Vertragsverhandlungen, S. 519 ff., 530 ff.; 534 f. spricht sich für einen allgemeinen, nicht nur auf bestimmte Situationen bezogenen Schutz vor Überrumpelungen aus. Vgl. dazu auch *Kaiser*, NJW 1989, S. 1719; *Löwe*, BB 1986, S. 832; *St. Lorenz*, Der Schutz vor dem unerwünschten Vertrag, S.124 ff.; *Westermann*, Verbraucherschutz, S. 94 ff.

1425 Ausf. dazu und zur Problematik der „*provozierten Bestellung*" – *Wassermann*, JuS 1990, S. 552 ff.

1426 Vgl. zur Bagatellgrenze *Wassermann*, JuS 1990, S. 554; MünchKomm/ *Ulmer*, § 312 Rdn. 83.

1427 Dazu BT-Drs. 10/2876, S. 12; *Wassermann*, JuS 1990, S. 554.

2. Fernabsatzverträge

a. Allgemeines

Ein weiteres Widerrufsrecht des Verbrauchers sieht § 312 d Abs. 1 S. 1 BGB bei Fernabsatzverträgen vor[1428]. Das Fernabsatzgeschäft ist dadurch gekennzeichnet, dass sich der anbietende Unternehmer und der Verbraucher nicht physisch begegnen[1429] und zudem der Verbraucher die Ware oder Dienstleistung vor Vertragsschluss in der Regel nicht in Augenschein nehmen kann[1430]. Daraus ergibt sich die spezifische Gefährdung des Verbrauchers, dass die Beurteilung des Vertragsgegenstands und des Vertragspartners sowie gegebenenfalls die Rechtsverfolgung gegenüber diesem erschwert ist[1431].

b. Der Fernabsatzvertrag

aa. Was unter Fernabsatzverträgen selbst zu verstehen ist, definiert § 312 b BGB. Entscheidend ist demnach, dass der Vertrag – der sich auf die Lieferung von Waren oder die Erbringung von Dienstleistungen beziehen muss[1432] – zwischen Unternehmer und Verbraucher unter ausschließlicher Verwendung von Fernkommunikationsmitteln geschlossen wird, wobei § 312 b Abs. 2 BGB typische Fernkommunikationsmittel wie Briefe, Telefonanrufe, E-Mails aufführt[1433]. Entscheidend ist insofern, dass der Vertragschluss ohne gleichzeitige körperliche Anwesenheit der Vertragsparteien erfolgt[1434].

bb. Weitere Voraussetzung ist, dass der Vertrag im Rahmen eines für den Fernabsatz organisierten Vertriebs- und Dienstleistungssystems geschlossen worden ist. Ein solches Fernabsatzsystem verlangt, dass der Unternehmer mit personeller und sachlicher Ausstattung innerhalb seines Betriebes die Voraussetzungen organisatorisch geschaffen hat, die notwendig sind, um regelmäßig im Fernabsatz zu tätigende Geschäfte vornehmen zu können[1435]. Durch diese Einschränkung sollen Vertragsschlüsse, die *„nur zufällig und gelegentlich“* unter Nutzung von Fernkommunikationsmitteln zu Stande kommen, ausgenommen werden[1436]. Die Grenze ist überschritten, wenn der Inhaber systematisch etwa mit dem Angebot telefonischer Bestellung und Zusendung wirbt[1437].

Da demnach Gelegenheitskäufe, wie z.B. eine telefonische Bestellung im Buchhandel oder

---

1428 Die Regelungen zum Fernabsatz setzen die Fernabsatz-RL 97/7/EG (ABlEG Nr. L 144 v. 4.6.1997, S. 19) um – vgl. zur RL *Reich*, EuZW 1997, S. 581 ff.; *Reich/Micklitz*, Europäisches Verbraucherrecht, S. 573 ff.

1429 Vgl. die Begründung des Regierungsentwurfs, BT-Drs. 14/2568 S. 15. Bei Vertretung kommt es grundsätzlich darauf an, ob die situativen Voraussetzungen in der Person des Stellvertreters vorliegen – vgl. dazu ausf. MünchKomm/ *Wendehorst*, § 312 b Rdn. 60.

1430 MünchKomm/ *Wendehorst*, Vor § 312 b Rdn. 4.

1431 *Grigoleit*, NJW 2002, S. 1151; vgl. auch *Engelhardt*, Europäisches Verbraucherrecht im BGB, S. 126; *Heinrichs*, FS Medicus, S. 189; MünchKomm/ *Wendehorst*, Vor § 312 b Rdn. 4.

1432 Vgl. dazu *Bülow/Artz*, Verbraucherprivatrecht, S. 68; MünchKomm/ *Wendehorst*, § 312 b Rdn. 22 ff.

1433 Vgl. auch *Lütcke*, Fernabsatzrecht, § 312 b Rdn. 68 f.; ausf. MünchKomm/ *Wendehorst*, § 312 b Rdn. 39 ff.

1434 Zur Gefahr der Umgehung bei Vertragsschluss erst bei Anlieferung der Ware – vgl. MünchKomm/ *Wendehorst*, § 312 b Rdn. 43 ff.

1435 Bamberger/Roth/*Schmidt-Räntsch*, § 312 b Rdn. 11; *Bülow/Artz*, Verbraucherprivatrecht, S. 67 f.; *Fuchs*, ZIP 2000, S. 1275; *St. Lorenz*, JuS 2000, S. 838; *Wendehorst*, DStR 2000, S. 1314.

1436 Vgl. Begründung des Regierungsentwurfs, BT-Drs. 14/2658, S. 30; MünchKomm/ *Wendehorst*, § 312 b Rdn. 49 ff.

1437 Begründung des Regierungsentwurfs, BT-Drs. 14/2658, S. 30; die Konkretisierung der Abgrenzung im Einzelfall wird dabei bewusst der Rechtsprechung vorbehalten.

bei einem Reisebüro nicht unter das Fernabsatzrecht fallen, sind an sich gelegentliche Vertragsschlüsse, die auf Initiative des Unternehmers zu Stande kommen, ausgenommen[1438]. Zum Teil wird dies als nicht gerechtfertigt angesehen, da sich der Unternehmer bewusst die Vorteile des Fernabsatzes zunutze macht[1439]. In der Regel dürfte dem Unternehmer zudem auch kaum der Nachweis gelingen, dass seine Initiative gegenüber dem Verbraucher ein Einzelfall ist[1440]. Da sich vor allem aus der insofern gegebenen Überraschungssituation das Eingreifen von Verbraucherrechten aufdrängt, wäre die Anwendung des § 312 BGB nahe liegend[1441]. Konsequenz wäre aber weiter, dass bei Vertragsschlüssen per Telefon hinsichtlich der Verbraucherwiderrufsrechte entsprechend differenziert werden müsste, was wiederum die Rechtsanwendung erschweren würde[1442].

cc. Problematisch ist die Behandlung von Mischfällen. Kommt es zu persönlichem Kontakt während der Vertragsanbahnung, so soll nach weit verbreiteter Meinung die Anwendung der Schutzvorschriften nur dann ausgeschlossen sein, wenn der Verbraucher sich während der Vorverhandlungen über alle für den Vertrag wesentlichen Umstände informiert hat und der Vertrag im unmittelbaren zeitlichen Zusammenhang mit diesem persönlichen Kontakt zu Stande kommt[1443]. Dies ist indes im Wortlaut des § 312 b Abs. 1 BGB so nicht angelegt, der allein bei Abschluss des Vertrags die ausschließliche Verwendung von Fernkommunikationsmitteln verlangt. Zwar lässt sich für eine teleologische Reduktion der Norm anführen, dass dem Verbraucher die Beurteilung des Vertragspartner möglich ist und auch Art. 2 Abs. 1 der Fernabsatz-RL legt durch die Formulierung „*bis zum Abschluss des Vertrages einschließlich des Vertragsschlusses*“ eine einschränkende Interpretation nahe[1444]. Aber die Augenscheinsnahme und Prüfung der Ware ist nicht in gleichem Maße wie beim Sofortkauf gegeben[1445].

Letztlich macht die Einschränkung auch unter Berücksichtigung der Interessen des Unternehmers wenig Sinn. Den Kunden, der sich im Anschluss an ein Beratungsgespräch die Sache noch einmal zu Hause überlegt und dann online bestellt, gegenüber dem Kunden, der sich gleich zum Vertragsschluss entschließt, zu privilegieren, erscheint zwar wenig sachgerecht[1446], jedoch hat der Unternehmer gerade die Möglichkeit der Online-Bestellung im Rahmen eines für den Fernabsatz organisierten Vertriebs- und Dienstleistungssystems geschaffen. Der Aufwand, zwischen Online-Bestellungen mit und ohne vorherige persönlicher Beratung zu differenzieren, dürfte wenig sinnvoll sein und ließe sich zudem vom Verbraucher leicht durch Einschalten von Hilfspersonen umgehen. Schließlich wäre weitere, aus Unternehmersicht geradezu verhängnisvolle Konsequenz, dass der Verbraucher zum

---

1438 Vgl. *Reich*, EuZW 1997, S. 583.

1439 *Lütcke*, Fernabsatzrecht, § 312 b Rdn. 74.

1440 *Lütcke*, Fernabsatzrecht, § 312 b Rdn. 74, 80.

1441 S.o. 1. cc. (1)

1442 Die sich ergebenden Abgrenzungsprobleme würden bei Einführung eines generellen Widerrufsrecht entfallen – s.u. 6.

1443 Palandt/*Heinrichs*, § 312 b Rdn. 8; *Lütcke*, Fernabsatzrecht, § 312 b Rdn. 61; *Meents*, CR 2000, S. 610 f.; *Härting*, FernAbsG, § 1 Rdn. 69; vgl. auch MünchKomm/ *Wendehorst*, § 312 b Rdn. 47.

1444 So *Lütcke*, Fernabsatzrecht, § 312 b Rdn. 61

1445 Darauf verweisen *Bülow/Artz*, NJW 2000, S. 2054.

1446 *Lütcke*, Fernabsatzrecht, § 312 b Rdn. 60.

Erhalt seiner Verbraucherrechte einfach bei einem anderen Online-Händler bestellen bräuchte.

c. Nichtanwendbarkeit des Fernabsatzrechts

Keine Anwendung findet das Fernabsatzrecht auf die in § 312 b Abs. 3 BGB aufgeführten Verträge. Im Rahmen des Verbrauchsgüterkaufs sind vor allem die in § 312 Abs. 3 Nr. 5 und 7 lit. a) BGB aufgeführten Ausnahmetatbestände zu betrachten[1447].

aa. Ausgenommen nach § 312 Abs. 3 Nr. 5 BGB sind Verträge über die Lieferung von Lebensmitteln, Getränken oder sonstigen Haushaltsgegenständen des täglichen Bedarfs, die am Wohnsitz, am Arbeitsort oder am Arbeitsplatz eines Verbrauchers von Unternehmern im Rahmen häufiger und regelmäßiger Fahrten geliefert werden.

Schon was unter Haushaltsgegenständen des täglichen Bedarfs zu verstehen ist, ist umstritten. Zum Teil wird hierunter das gesamte Supermarktsortiment gefasst[1448], zum Teil soll es nur um die alltägliche Gebrauchsartikel gehen[1449]. Da die Lieferung vom Unternehmer im Rahmen häufiger und regelmäßiger Fahrten erfolgen muss, insbesondere eine Auslieferung per Post ausscheidet[1450], dürften die Unterschiede in der Praxis aber nicht allzu erheblich sein.

Dem Erfordernis der Lieferung am Wohnsitz, Aufenthaltsort oder Arbeitsplatz des Verbrauchers kommt dagegen keine einschränkende Wirkung zu, da unter Aufenthaltsort jeder Ort anzusehen ist, an dem der Verbraucher tatsächlich anwesend ist[1451]. Es hätte daher genügt, auf die Lieferung an den Verbraucher abzustellen.

bb. Durch § 312 b Abs. 3 Nr. 7 lit. a) BGB werden vom Fernabsatzrecht schließlich Verträge, die unter Verwendung von Warenautomaten oder automatisierten Geschäftsräumen geschlossen werden, ausgenommen. Unter automatisierten Geschäftsräumen sind dabei wohl *„begehbare Warenautomaten"* zu verstehen[1452]. Erfasst von diesem Ausschluss ist insbesondere der Erwerb von Zigaretten, Getränken oder Lebensmitteln an einem Automaten.

d. Ausschluss des Widerrufsrecht nach § 312 d Abs. 4 BGB

Kein Widerrufsrecht besteht bei den in § 312 d Abs. 4 BGB aufgeführten Fernabsatzverträgen.

aa. In Nr. 1 sind dabei gleich drei Ausnahmen geregelt.

(1) Zunächst können Verträge über die Lieferung von Waren, die nach Kundenspezifikation angefertigt oder eindeutig auf die persönlichen Bedürfnisse zugeschnittene Waren sind, nicht widerrufen werden. Ratio der Vorschrift ist, dass es dem Unternehmer nicht zumutbar sei, die anderweitig nicht mehr verwendbaren Waren zurückzunehmen[1453]. Daraus folgt, dass ein

---

1447 Die in § 312 b Abs. 3 Nr. 6 ausgeschlossenen Verträge über bestimmte Arten von Dienstleistungen können auch kaufvertragliche Elemente, wie etwa die Lieferung von Speisen und Getränken beinhalten. Da die Ausnahmevorschrift aber nur eingreift, wenn die Dienstleistungselemente den Schwerpunkt bilden – vgl. *Lütcke*, Fernabsatzrecht, § 312 b Rdn. 126 – wird hierauf nicht weiter eingegangen.

1448 Palandt/*Heinrichs*, § 312 b Rdn. 15; Bamberger/Roth/*Schmidt-Räntsch*, § 1 FernAbsG Rdn. 41; vgl. auch *Härting*, FernAbsG, § 1 Rdn. 129 ff.; MünchKomm/ *Wendehorst*, § 312 b Rdn. 81.

1449 *Lütcke*, Fernabsatzrecht, § 312 b Rdn. 128; *Roth/Schulze*, RIW 1999, S. 925, zustimmend *Härting*, FernAbsG, § 1 Rdn. 130.

1450 Palandt/*Heinrichs*, § 312 b Rdn. 15; vgl. dazu auch MünchKomm/ *Wendehorst*, § 312 b Rdn. 83.

1451 *Lütcke*, Fernabsatzrecht, § 312 b Rdn. 121; MünchKomm/ *Wendehorst*, § 312 b Rdn. 82.

1452 So Hk-VertriebsR/Micklitz, § 312 b Rdn. 95; vgl. dazu auch *Lütcke*, Fernabsatzrecht, § 312 b Rdn. 136.

1453 Begründung des Regierungsentwurfs BT-Drs. 14/2658, S. 44; Palandt/*Heinrichs*, § 312 d Rdn. 9.

Ausschluss des Widerrufsrechts erst dann gerechtfertigt ist, wenn der Unternehmer mit der Anfertigung begonnen hat[1454]. Insofern hätte sich eine dem § 312 d Abs. 3 BGB entsprechende Regelung angeboten. Umstritten ist, ob die Ausnahmeregelung auch bei aus Einzelteilen individuell zusammengesetzten Sachen (Beispiel: Dell-Computer, Notebook) eingreift. Soweit die Einzelteile ohne weiteres rückführbar sind, können sie noch anderweitig verwendet werden, so dass kein Bedürfnis für den Ausschluss des Widerrufsrechts besteht[1455].

(2) Weiterhin besteht bei Verträgen über Waren, die ungeeignet für die Rückübersendung sind kein Widerrufrecht. Nach der Regierungsbegründung ist dies dann der Fall, wenn die Ware nicht „*rückstandslos*" zurückgegeben werden kann und nennt als Beispiel Heizöl, das sich im Tank des Verbrauchers mit Heizöl einer anderen Qualität vermischt und den Download von Software[1456]. Das erste Beispiel begegnet insofern Bedenken, als bei Unmöglichkeit der Rücksendung dem Verbraucher gem. § 357 i.V.m. § 346 Abs. 2 BGB ein an der Gegenleistung orientierter Wertersatz zu leisten ist[1457]. Gegen die Erfassung des Software-Downloads spricht, dass sie sich nicht darauf begründet, dass die Rücksendung unmöglich ist, sondern weil kein Nachweis zu erbringen ist, dass der Verbraucher keine Kopie zurückbehalten hat[1458]. Auch der Hinweis auf die auf Datenträger verkörperte Software, bei der § 312 d Abs. 4 Nr. 2 BGB zur Anwendung kommt und sich daher aus Gleichbehandlungsgesichtspunkten ein Ausschluss des Widerrufsrecht aufdrängt, überzeugt nicht, da nur versiegelte Datenträger erfasst sind. Jedoch ist zu befürchten, dass bei Bejahung eines Widerrufsrechts der Bezug von Software per Download nicht mehr in Betracht kommt, weil er für den Unternehmer wirtschaftlich nicht vertretbar ist. Verbraucherschutz hätte dann zur Folge, dass der Verbraucher eine einfache und schnelle Bezugsquelle verlöre.

(3) Ausgenommen ist schließlich die Lieferung von Waren, die schnell verderben können bzw. deren Verfallsdatum überschritten würde. Eine anderweitige Verwertung durch den Unternehmer scheidet hier regelmäßig aus. Hinsichtlich der zeitlichen Anforderungen sollte darauf abgestellt werden, ob bei typisierender Betrachtung die Ware innerhalb von 6 Wochen üblicherweise verdirbt bzw. das Verfallsdatum ablaufen würde[1459]. Um eine Umgehung des Widerrufsrechts zu verhindern ist zudem zu fordern, dass es sich, außer bei Notverkäufen zu reduzierten Preisen, um Gegenstände handelt, die tatsächlich schnell verfallen und die nicht lediglich kurz vor Ablauf des Verfallsdatums verkauft werden[1460] bzw. deren Verfallsdatum

---

1454 Hk-VertriebsR/*Tonner*, § 312 d Rdn. 26; MünchKomm/ *Wendehorst*, § 312 d Rdn. 28.

1455 Vgl. BGH, NJW 2003, S. 1665 ff.; OLG Frankfurt, CR 2002, S. 638 ff.; OLG Dresden, NJW-RR 2001, S. 1710; MünchKomm/ *Wendehorst*, § 312 d Rdn. 26; Hk-VertriebsR/*Tonner*, § 312 d Rdn. 27; a.A. *Gaertner/Gierschmann*, DB 2000, S. 1603 wegen der individuellen Konfiguration der Hardware-Komponenten.

1456 Begründung des Regierungsentwurfs BT-Drs. 14/2658, S. 44; vgl. auch MünchKomm/ *Wendehorst*, § 312 d Rdn. 31.

1457 Hk-VertriebsR/*Tonner*, § 312 d Rdn. 29.

1458 Vgl. Hk-VertriebsR/*Tonner*, § 312 d Rdn. 30, dazu auch *Lütcke*, Fernabsatzrecht, § 312 d Rdn. 73 f. m.w.N.

1459 *Lütcke*, Fernabsatzrecht, § 312 d Rdn. 76 f.; vgl. auch MünchKomm/ *Wendehorst*, § 312 d Rdn. 34 ff.

1460 *Lütcke*, Fernabsatzrecht, § 312 d Rdn. 78.

vom Unternehmer individuell besonders kurz festgesetzt wird[1461].

bb. Nr. 2 erfasst entsiegelte Waren im Bereich von Audio- oder Videoaufzeichnungen oder von Software. Hierdurch soll vermieden werden, dass sich der Verbraucher die Ware bestellt, kopiert und zurücksendet. Beim Erwerb unversiegelter Datenträger besteht dagegen ein Widerrufsrecht[1462]. Zudem muss gerade der Verbraucher die Entsiegelung vornehmen[1463].

cc. Der in Nr. 3 geregelte Ausschluss des Widerrufsrechts bei der Lieferung von Zeitungen, Zeitschriften und Illustrierten wird überwiegend kritisiert[1464]. Zwar besteht bei der Bestellung einzelner Zeitungen ähnlich wie bei Datenträgern eine erhebliche Missbrauchsgefahr. Diese besteht aber auch bei den nicht von der Vorschrift erfassten Büchern und zudem dürfte dem Einzelversand von Zeitungen auf Grund von Probeabonnements auch keine große praktische Bedeutung zukommen. Der Hinweis, dass bei Zeitschriftenabonnements ein Widerrufsrecht nach § 505 BGB besteht, greift zu kurz, da dieses erst ab einem Verpflichtungsvolumen von 200,- € besteht[1465].

dd. Die Ausnahme der in Nr. 4 aufgeführten Wett- oder Lotteriedienstleistungen begründet sich aus dem Spekulationscharakter der Verträge[1466]. Zu weit geht der Ausschluss des Widerrufsrechts aber, soweit er auch für die Zukunft eine Vertragslösung ausschließt, etwa beim Kauf eines Dauerloses[1467].

ee. Versteigerungen i.S.d. § 156 BGB nimmt § 312 d Abs. 4 Nr. 5 BGB vom Widerrufsrecht aus. Hintergrund ist der spekulative Charakter dieser Geschäfte. Ob eine Online-Auktion eine Versteigerung i.S.d. § 156 BGB darstellt und damit die Voraussetzungen der Ausnahmevorschrift vorliegen, hängt von der rechtlichen Konstruktion ab[1468]. Nach § 156 BGB kommt bei einer Versteigerung der Vertrag durch den Zuschlag zu Stande. Die meisten Online-Auktionshäuser sehen einen solchen Zuschlag – was rechtlich nicht zu beanstanden ist[1469] – jedoch nicht vor, sondern stellen auf den Ablauf des Bietzeitraums ab[1470].

Insofern ist strittig, ob auch eine derartige Versteigerung eine solche i.S.d. § 156 BGB ist und vom Ausschlusstatbestand des § 312 d Abs. 4 Nr. 5 BGB erfasst wird. Dagegen spricht, dass der Vertrag nicht durch separaten Zuschlag erfolgt[1471]. Auch ist der Verbraucher durchaus schutzwürdig, schließt er doch den Vertrag allein auf Grund der ins Netz gestellten Angaben ab[1472]. Andererseits würde die Durchführung von Versteigerungen im Internet gefährdet, wenn der Unternehmer mit einem Widerruf der Willenserklärung rechnen müsste und

---

1461 Palandt/*Heinrichs*, § 312 d Rdn. 9.
1462 Hk-VertriebsR/*Tonner*, § 312 d Rdn. 32; *Lütcke*, Fernabsatzrecht, § 312 d Rdn. 82.
1463 OLG Dresden, NJW-RR 2001, S. 1710; Hk-VertriebsR/*Tonner*, § 312 d Rdn. 34.
1464 Hk-VertriebsR/*Tonner*, § 312 d Rdn. 34; *Lütcke*, Fernabsatzrecht, § 312 d Rdn. 85 f.; vgl. aber auch MünchKomm/ *Wendehorst*, § 312 d Rdn. 39 ff.
1465 Zu den Einzelheiten unten 4.
1466 Begründung des Regierungsentwurfs BT-Drs. 14/2658, S. 44; MünchKomm/ *Wendehorst*, § 312 d Rdn. 42.
1467 *Lütcke*, Fernabsatzrecht, § 312 d Rdn. 87; MünchKomm/ *Wendehorst*, § 312 d Rdn. 44.
1468 Bamberger/Roth/*Schmidt-Räntsch*, § 312 d Rdn. 33.
1469 Vgl. BGH, NJW 2002, S. 363 – ricardo.de.
1470 Vgl. etwa § 9 der AGB von ebay unter http://pages.ebay.de/help/community/png-user.html.
1471 Vgl. LG Hof, CR 2002, S. 844 = MMR 2002, S. 760; *Bülow/Artz*, Verbraucherprivatrecht, S. 80; *Wenzel*, NJW 2002, S. 1551; *Lettl*, JuS 2002, S. 222.
1472 *Heiderhoff*, MMR 2001, S. 341 f.

gegebenenfalls eine erneute Versteigerung erforderlich wäre[1473]. Dem Gesetzgeber war die Problematik der Internetversteigerungen bewusst und durch den Hinweis auf § 156 BGB sollte an sich sichergestellt werden, dass der Vertragsschluss mit dem Höchstbietenden zu Stande kommt, unerheblich ob dies auf Zuschlag oder Fristablauf beruht[1474]. Tatsächlich deutet der Verweis auf § 156 BGB aber darauf hin, dass nur Versteigerung mit separatem Zuschlag erfasst sind.

Angesichts der immer stärker voranschreitenden Praxis, dass sich eine Reihe von Unternehmern auf den Vertrieb per Internetversteigerung spezialisieren, ist indes nicht einzusehen, dem Verbraucher hier kein Widerrufsrecht zuzubilligen. Er ist hier ebenso schützenswert, wie wenn er direkt auf eine Homepage des Unternehmers zugreifen würde. Die insofern gegebenen Behinderungen von Internetversteigerungen durch Unternehmen sind hinnehmbar und beruhen auf deren Vertriebswahl[1475]. Diese Erwägungen sollten – unabhängig vom Wortlaut und der Entstehungsgeschichte – den Ausschlag für eine einschränkende, Versteigerungen durch Fristablauf nicht erfassende, Auslegung des § 312 d III Nr. 5 BGB geben[1476].

3. Verbraucherdarlehen, Zahlungsaufschub und sonstige Finanzierungshilfen[1477]

a. Allgemeines

Für den Verbrauchsgüterkauf ist zudem weiter das nach §§ 495 Abs. 1, § 499 BGB bestehende Widerrufsrecht bei Verbraucherdarlehensverträgen bzw. bei entgeltlichen Zahlungsaufschüben und sonstigen entgeltlichen Finanzierungshilfen relevant, da es in der Praxis häufig vorkommt, dass der Verbraucher beim Kauf von Waren nicht sofort zahlt, sondern ihm Finanzierungsmöglichkeiten zur Verfügung gestellt werden, die eine schrittweise und/oder verzögerte Erbringung der Kaufsumme ermöglichen.

Für den Verbraucher besteht zum einen die Gefahr, dass er die damit verbundenen höheren Kosten nicht bedenkt[1478]. Zum anderen haben diese Vereinbarungen auf lange Sicht erhebliche Auswirkungen. Sie können insbesondere zu einer dauerhaften und/oder übermäßigen Verschuldung des Verbrauchers führen[1479].

In diesem Zusammenhang sind auch die verbraucherschützenden Vorschriften der §§ 497 f.

1473 Vgl. *Meents*, CR 2000, S. 613.

1474 Vgl. BT-Drs. 14/3195, S. 30; dazu auch *Heiderhoff*, MMR 2001, S. 341 f.; *Lettl*, JuS 2002, S. 222; *Meents*, CR 2000, S. 613; *Schafft*, CR 2001, S. 400.

1475 Zu beachten ist dabei auch, dass nur dann ein Fernabsatzvertrag vorliegt, wenn der Unternehmer sein Vertriebssystem auf den Fernabsatz organisiert hat.

1476 Im Ergebnis wie hier LG Hof, CR 2002, S. 844 = MMR 2002, S. 760; *Bülow/Artz*, Verbraucherprivatrecht, S. 80; *Heiderhoff*, MMR 2001, S. 341 f.; *Wenzel*, NJW 2002, S. 1551; im Ergebnis **a.A.** Bamberger/Roth/*Schmidt-Räntsch*, § 312 d Rdn. 11; MünchKomm/ *Wendehorst*, § 312 d Rdn. 46; *Lettl*, JuS 2002, S. 222; *Meents*, CR 2000, S. 613; *Schafft*, CR 2001, S. 400. Zu beachten ist, dass immer auch die Gewerbsmäßigkeit des Versteigerers gegeben sein muss und dass der Vertrieb im Rahmen eines für den Fernabsatz organisierten Vertriebssystems erfolgen muss. Dies wird sich regelmäßig aber leicht anhand der Anzahl und der Art der Bewertungen des Versteigerers ermitteln lassen.

1477 Vgl. dazu auch einführend *Stillner*, VuR 2002, S. 79 ff.; zur Entstehungsgeschichte und Zielsetzung des Widerrufsrechts nach dem VerbrKrG *St. Lorenz*, Der Schutz vor dem unerwünschten Vertrag, S. 171 ff.

1478 BT-Drs. 11/5462, S. 21; Palandt/*Putzo*, § 495 Rdn. 1; *Bülow*, Verbraucherkreditrecht, § 495 Rdn. 35.

1479 BT-Drs. 11/5462, S. 21; MünchKomm/ *Ulmer*, VerbrKrG, § 7 Rdn. 2; *Engelhardt*, Europäisches Verbraucherrecht im BGB, S. 125.

BGB[1480] und §§ 655 a ff. BGB[1481] zu beachten.

b. Verbraucherdarlehensvertrag

aa. Bei Verbraucherdarlehensverträgen sieht § 495 Abs. 1 BGB ein Widerrufsrecht des Darlehensnehmers nach § 355 BGB vor. Im Rahmen des Verbrauchsgüterkaufs erlangt des Widerrufsrecht insofern Bedeutung, als nach § 358 Abs. 2 BGB der Widerruf eines Verbraucherdarlehensvertrages auch die Bindung eines hiermit verbundenen Vertrags über die Lieferung einer Ware entfällt. Für die Frage, wann ein Vertrag über die Lieferung einer Ware mit einem Verbraucherdarlehensvertrag verbunden ist, regelt § 358 Abs. 3 BGB, dass das Darlehen ganz oder teilweise der Finanzierung des anderen Vertrags dienen müsse oder beide Verträge eine wirtschaftliche Einheit bilden müssen[1482].

bb. Was ein Verbraucherdarlehensvertrag ist, ergibt sich aus § 491 Abs. 1 BGB, nämlich ein entgeltlicher Darlehensvertrag zwischen einem Unternehmer als Darlehensgeber und einem Verbraucher als Darlehensnehmer. Erfasst ist mithin jede Überlassung eines Geldbetrags an den Verbraucher durch den Unternehmer, für das der Verbraucher eine Gegenleistung erbringen muss[1483].

cc. Ob die §§ 491 ff. BGB auf den Schuldbeitritt und die Bürgschaft entsprechend anzuwenden sind, bedarf im Rahmen des hier relevanten Verbrauchsgüterkaufs keiner Erörterung[1484]. § 358 Abs. 2 BGB erstreckt den Widerruf eines Verbraucherdarlehensvertrags durch einen Verbraucher nur auf „*seinen*" damit verbundenen Vertrag über die Lieferung einer Ware. Ein Widerruf des Schuldbeitretenden oder des Bürgen kann daher die Bindung an den Warenlieferungsvertrag nicht berühren, da es sich nicht um „*ihren*" Vertrag handelt.

dd. Die §§ 492 - 498 BGB finden gem. § 491 Abs. 2 BGB keine Anwendung auf Kleindarlehensverträge, Arbeitgeberdarlehen und Förderdarlehen. Besondere Bedeutung kommt dabei dem Ausschluss von Darlehen zu, deren Nettodarlehensbetrag, also die Summe, die dem Verbraucher zur Verfügung gestellt wird, 200,- € nicht übersteigt.

c. Zahlungsaufschub und sonstige Finanzierungshilfen

Auch auf Verträge, durch die ein Unternehmer einem Verbraucher einen entgeltlichen Zahlungsaufschub von mehr als drei Monaten[1485] oder eine sonstige entgeltliche Finanzierungshilfe gewährt, finden gem. § 499 Abs. 1 BGB zahlreiche Verbraucherschutzvorschriften Anwendung. Insbesondere greifen die §§ 494 – 458 BGB, so dass mithin gem.

1480 Die §§ 497 f. BGB nehmen sich der Schuldturmproblematik an und regeln zum einen die Behandlung der Verzugszinsen sowie die Anrechnung von Teilleistungen und beschränken zum anderen das Kündigungsrecht des Darlehensgebers und begrenzen den Schadensersatz mittels einer Restschuldverminderung – vgl. dazu *Emmerich*, JuS 1991, S. 709 f.; *Bülow*, Verbraucherkreditrecht, §§ 497 f.

1481 Die §§ 655 a ff. BGB enthalten Schutzvorschriften zugunsten des Verbrauchers im Hinblick auf Darlehensvermittlungsverträge – dazu *Stillner*, VuR 2002, S. 84 f.; *Bülow*, Verbraucherkreditrecht, §§ 655 a ff. BGB.

1482 Zu den Einzelheiten vgl. Palandt/*Heinrichs*, § 358 Rdn. 13 ff.; *Bülow*, Verbraucherkreditrecht, § 495 Rdn. 254 ff.; MünchKomm/ *Habersack*, § 358 Rdn. 26 ff.

1483 Vgl. Palandt/*Putzo*, Vorb v § 488 Rdn. 2 und § 491 Rdn. 5; *Bülow*, Verbraucherkreditrecht, § 495 Rdn. 105.

1484 Vgl. zu dieser Problematik aber oben 2. Teil, A. VI. 3.

1485 Insofern ist auf den Zeitraum zwischen der gesetzlichen und der gegen Entgelt vertraglich hinausgeschobenen Fälligkeit abzustellen – vgl. Palandt/*Putzo*, Vorb v § 499 Rdn. 3 und § 499 Rdn. 4.

§ 495 BGB ein Widerrufsrecht i.S.d. § 355 BGB besteht. Verbundene Verträge werden bei Widerruf nach den §§ 358, 359 BGB behandelt.

Durch das Abstellen auf sonstige entgeltliche Finanzierungshilfen, wie etwa Finanzierungsleasingverträge[1486] und Teilzahlungsgeschäfte[1487], werden umfassend alle Verträge erfasst, die es dem Verbraucher ermöglichen, seine Zahlungsverpflichtung aus dem zu Grunde liegenden Vertrag, der insbesondere auch ein Verbrauchsgüterkauf sein kann, ganz oder teilweise hinauszuschieben. Voraussetzung ist aber immer die Entgeltlichkeit, die sich nicht auf den finanzierten Vertrag, sondern auf die Finanzierungshilfe bezieht[1488]. Hierzu genügt jede auch nur geringfügige Gegenleistung[1489].

Eingeschränkt wird die Anwendung der §§ 499 – 504 BGB durch § 499 Abs. 3 S. 1 BGB i.V.m. § 491 Abs. 2 und 3 BGB. Im Rahmen des Verbrauchsgüterkaufs ist insbesondere die Herausnahme von Finanzierungshilfen mit einem Kreditbetrag unter 200,- € zu beachten. Bei Teilzahlungsgeschäften ist zur Bemessung dieser Bagatellgrenze gem. § 488 Abs. 3 S. 2 BGB auf den Barzahlungspreis abzustellen, d.h. auf den Preis, den der Verbraucher zu entrichten hätte, wenn Leistung und Gegenleistung sofort vollständig zu erbringen wären[1490].

4. Ratenlieferungsverträge

a. Zum Schutz vor den Belastungen langdauernder Bezugsbindungen, bei denen der Verbraucher kurzfristig nicht in der Lage ist die Dauer der ihn treffenden Bindungen zu überblicken[1491], sieht § 505 Abs. 1 BGB ein Widerrufsrecht nach § 355 BGB bei Ratenlieferungsverträgen zwischen Verbraucher und Unternehmer vor, um dem Verbraucher eine Überlegungsfrist zu gewähren.

b. Erfasst sind zum einen nach § 505 Abs. 1 Nr. 1 BGB Kaufverträge über mehrere als zusammengehörend verkaufte Sachen, die sukzessiv in Teilleistungen geliefert werden und bei denen das Entgelt in Teilzahlungen zu entrichten ist, wie beispielsweise bei mehrbändigen Sammelwerken[1492] oder Bausätzen für eine zusammengesetzte Sache[1493].

c. Über § 505 Abs. 1 Nr. 2 BGB sind Kauf- und Werklieferungsverträge[1494] über eine regelmäßig zu erbringende Lieferung von Sachen gleicher Art erfasst, wie etwa Zeitungs-

---

1486 Zum Begriff - vgl. Palandt/*Putzo*, § 499 Rdn. 6; Palandt/*Weidenkaff*, Einf v § 535 Rdn. 39.

1487 Zum Begriff – vgl. die Legaldefinition des § 499 Abs. 2 BGB und Palandt/*Putzo*, § 499 Rdn. 7.

1488 Palandt/*Putzo*, Vorb v § 499 Rdn. 6; vgl. auch *Bülow*, Verbraucherkreditrecht, § 499 Rdn. 30 ff.

1489 OLG Köln, ZIP 1994, S. 776 zu § 1 VerbrKrG. Gerade im Hinblick auf den Wegfall des RabattG ist es indes dem Unternehmer ein Leichtes die Entgeltlichkeit zu umgehen, indem er von vornherein den Kaufpreis entsprechend kalkuliert, um eine „*kostenlose*" Finanzierungshilfe anzubieten, und Barzahlungskäufern aber entsprechende Rabatte einräumt. Dies und die immer bestehende Gefahr einer übermäßigen Verschuldung des Verbrauchers legen es m.E. nahe, auf die „*Entgeltlichkeit*" zu verzichten.

1490 Bamberger/Roth/*Möller/Wendehorst*, § 499 Rdn. 14; *Bülow*, Verbraucherkreditrecht, § 499 Rdn. 87.

1491 Vgl. BGH, NJW 1990, S. 3444; *Bülow*, Verbraucherkreditrecht, § 505 Rdn. 5.

1492 Palandt/*Putzo*, § 505 Rdn. 6; *Bülow*, Verbraucherkreditrecht, § 505 Rdn. 30.

1493 Vgl. BGHZ 78, 975; Palandt/*Putzo*, § 505 Rdn. 6.

1494 Nicht erfasst sind Dienstleistungsverträge. Eine analoge Anwendung von § 505 Abs. 1 Nr. 2 BGB auf diese Verträge allgemein bzw. Pay-Tarifvertrag-Verträge im Besonderen hat der BGH, NJW 2003, S. 1932 abgelehnt – vgl. dazu auch die Anm. v. *St. Lorenz*, LMK 2003, S. 137 f.

abonnements[1495]. Der Wortlaut der Norm verlangt im Gegensatz zu § 505 Abs. 1 Nr. 1 BGB nicht ausdrücklich Teilzahlungen, jedoch fällt das im Voraus bezahlte Jahresabonnement einer Zeitschrift nicht unter die Vorschrift, da der Verbraucher die ihn treffende Verpflichtung gleich erfüllt[1496]. Die Möglichkeit, den Vertrag jederzeit zu kündigen, hindert dagegen nicht an der Bejahung des sachlichen Anwendungsbereichs von § 505 Abs. 1 Nr. 2 BGB[1497].

d. Sonstige wiederkehrende Verpflichtungen, die nicht die Fälle zusammengehörender oder gleichartiger Sachen betreffen und bei denen nicht eine von vornherein festliegende Lieferung bestimmter Sachen vereinbart wird, sondern bei denen bestimmte Erwerbs- und Bestellpflichten bestehen, werden durch § 505 Abs. 1 Nr. 3 BGB einbezogen[1498]. Hierunter fallen etwa Getränkebezugsverträge oder Buchgemeinschaften[1499].

e. Keine Anwendung findet § 505 BGB nach seinem Abs. 1 S. 2 und 3 auf Geschäfte, die ein Verpflichtungsvolumen von 200,- € bei frühestmöglicher Kündigung übersteigen[1500].

5. Konkurrenzen

a. Fernabsatz und Haustürgeschäft

Vom Grundsatz schließen sich das Widerrufsrecht nach § 312 BGB und der § 312 d BGB tatbestandlich aus, weil § 312 BGB grundsätzlich persönlichen Kontakt bei der Vertragsanbahnung voraussetzt[1501]. Bei telefonischer Kontaktaufnahme durch den Unternehmer liegt aber auch eine Anwendung des Widerrufsrechts bei Haustürgeschäften nahe[1502]. Hier würde sich dann aus § 312 a BGB der Vorrang des Widerrufsrechts nach § 312 d BGB ergeben.

b. Widerrufsrecht auf Grund von Finanzierungshilfen oder Ratenlieferung

Steht dem Verbraucher bereits auf Grund von Finanzierungshilfen nach den §§ 499 Abs. 1, 500, 501, 503 oder in Folge einer Ratenlieferung nach § 505 Abs. 1 BGB ein Widerrufsrecht zu, dann ist das Widerrufsrecht auf Grund der Haustürsituation gem. § 312 a BGB ausgeschlossen[1503].

Besteht zugleich ein Widerrufsrecht nach dem Fernabsatzrecht, dann ergibt sich aus § 312 d Abs. 5 S. 1 BGB, dass das Widerrufsrecht nach § 312 d BGB zurücktritt. Allerdings kommt in diesem Fall gem. § 312 d Abs. 5 S. 2 BGB die Regelung des § 312 Abs. 2 S. 1 BGB über den verspäteten Beginn der Widerrufsfrist im Rahmen der §§ 499 bis 507 BGB zur Anwendung[1504].

1495 Vgl. BGH, NJW 1987, S. 124; *Bülow*, Verbraucherkreditrecht, § 505 Rdn. 36.

1496 BGH, NJW-RR 1990, S. 562; *v. Westphalen/Emmerich/v. Rottenburg*, § 2 Rdn. 19.

1497 Vgl. BGH, NJW 1990, S. 3444 zu § 1 c Nr. 2 AbzG. Allerdings ist zu beachten, dass durch die wertmäßige Einschränkung des Widerrufsrechts in § 505 Abs. 1 S. 2 und 3 BGB (siehe dazu unter e.), ein jederzeitiges Kündigungsrecht in der Regel zum Ausschluss des Widerrufsrechts führt.

1498 Palandt/*Putzo*, § 505 Rdn. 8; *Bülow*, Verbraucherkreditrecht, § 505 Rdn. 41 ff.

1499 Vgl. auch *Bülow*, Verbraucherkreditrecht, § 505 Rdn. 48 ff.

1500 Vgl. dazu *Bülow*, Verbraucherkreditrecht, § 505 Rdn. 24.

1501 So auch der Gesetzgeber BT-Drs. 14/2658, S. 34; *Fuchs*, ZIP 2000, S. 1287; einschränkend Hk-VertriebsR/*Tonner*, § 312 a Rdn. 25.

1502 S.o. 1. b. cc. (1)

1503 Vgl. auch MünchKomm/ *Ulmer*, § 312 a Rdn. 6 f.

1504 Vgl. *Meinhof*, NJW 2002, S. 2275; Palandt/*Heinrichs*, § 312 d Rdn. 14.

c. Widerrufsrecht nach § 495 BGB

Ist ein Verbrauchsgüterkauf mit einem Verbraucherdarlehensvertrag verbunden[1505], dann tritt ein tatbestandlich gegebenes Widerrufsrecht nach § 495 BGB zurück, wenn der Verbraucher die auf Abschluss des verbundenen Vertrages gerichtete Willenserklärung nach § 312 BGB, § 312 d BGB oder § 505 BGB gem. § 358 Abs. 2 S. 2 BGB widerrufen kann. Erklärt der Verbraucher hier den Widerruf des Verbraucherdarlehensvertrags gilt dieser gem. § 358 Abs. 2 S. 3 BGB gegenüber dem Unternehmer als Widerruf des verbundenen Vertrags, selbst wenn die Widerrufserklärung allein gegenüber dem Darlehensgeber erfolgt. Entgegen dem Wortlaut des § 358 Abs. 2 S. 2 und 3 BGB muss aber dann ein Widerruf nach § 495 BGB möglich sein, wenn der Verbraucher allein den Verbraucherdarlehensvertrag widerrufen will, am Liefervertrag selbst aber festhalten will[1506].

6. Stellungnahme zum sachlichen Anwendungsbereich des § 355 BGB

Die Bestimmung, wann im Einzelfall ein Widerrufsrecht nach § 355 BGB besteht, ist dadurch gekennzeichnet, dass zunächst zu prüfen ist ob etwa eine Haustürsituation oder ein Fernabsatzgeschäft der Sache nach gegeben ist, wobei sich schon hier im Detail zahlreiche Einzelprobleme ergeben und insbesondere bei der Bestimmung des Fernabsatzgeschäfts selbst ein Ausnahmekatalog zu beachten ist. Daran schließt sich weiter die Prüfung an, ob nicht das Widerrufsrecht durch einen Ausschlusstatbestand ausgeschlossen ist.

Selbst die kurz gefasste Darstellung der sachlichen Reichweite der einzelnen Widerrufsrechte zeigt zudem, dass die einzelnen Widerrufsrechte nicht aufeinander abgestimmt sind und dass das Eingreifen bzw. Nichteingreifen des einzelnen Widerrufsrechts gerade im Hinblick auf die Parallelregelungen wenig stringent ist. So gewährt das Fernabsatzrecht unabhängig vom Wert des Vertragsgegenstands ein Widerrufsrecht, nimmt aber Verträge über die Lieferung schnell verderblicher Waren aus. Dagegen besteht bei Haustürgeschäften auf den Vertrag bezogen allein die Entgeltgrenze des § 312 Abs. 3 Nr. 2 BGB von 40,- €. Konsequenz ist, dass im Internet geschlossene Verträge über beispielsweise Obst überhaupt nicht widerrufen werden können, selbst wenn der Vertragswert 40,- € übersteigt. Dagegen könnte ein an der Haustür geschlossener Vertrag bei Überschreiten der 40,- € noch widerrufen werden [1507]. Ausgenommen vom Widerrufsrecht nach dem Fernabsatzrecht sind zudem Verträge über die Lieferung von Zeitungen, Zeitschriften und Illustrierten, bei denen zwar § 505 BGB der Sache nach eingreift, aber eben erst ab einer Verpflichtungssumme von über 200,- €. Wenig einsichtige Folge ist, dass zwar bei einem im Internet abgeschlossenen Vertrag über den Kauf von Zahnpasta zu 1,- € ein Widerrufsrecht besteht, bei einem im Internet geschlossenen Zeitungsbezugsvertrag aber nur, wenn das Verpflichtungsvolumen 200,- € übersteigt und auch

---

1505 Wurde nur ein Verbraucherdarlehensvertrag abgeschlossen, dann geht das Widerrufsrecht nach § 495 BGB dem Widerrufsrecht aus Haustürgeschäft oder Fernabsatz vor, vgl. §§ 312 a, § 312 d Abs. 5 BGB. Voraussetzung ist in beiden Fällen, dass ein Widerrufsrecht nach § 495 BGB auch tatsächlich besteht – vgl. dazu auch *Artz*, BKR 2002, S. 607 f.; MünchKomm/*Habersack*, § 358 Rdn. 21.

1506 Palandt/*Heinrichs*, § 358 Rdn. 9; zum Ganzen auch MünchKomm/*Habersack*, § 58 Rdn. 10 ff.

1507 Das Widerrufsrecht wird aber de facto durch die Wertersatzpflicht des § 346 Abs. 2 Nr. 3 BGB eingeschränkt.

nur dann, wenn das Abonnement der Zeitschrift nicht im Voraus bezahlt wird[1508].

Angesichts dieser nicht zu rechtfertigenden Unterschiede liegt eine Vereinheitlichung nahe. Anzudenken ist, ob beim Verbrauchsgüterkauf dem Verbraucher nicht generell, also unabhängig davon, ob ein Fernabsatzvertrag oder eine Haustürsituation oder ein Ratenlieferungsvertrag oder ein Verbund mit einer Finanzierungshilfe gegeben ist, ein Widerrufsrecht von 2 Wochen eingeräumt werden sollte[1509].

Dass hierdurch der Grundsatz „*pacta sunt servanda*", als unverzichtbare Grundstruktur des Vertragsrechts[1510] eine erhebliche Einschränkung erfährt, liegt auf der Hand. Es stellt sich die Frage, was von der Privatautonomie des Unternehmers übrig bleibt, wenn er zwar gemeinsam mit dem Verbraucher festlegen kann, was zwischen ihnen rechtens sein soll, es der Verbraucher aber weitgehend allein in der Hand hat, sich hiervon wieder zu lösen[1511]. Hinzu kommt, dass etwa durch das Widerrufsrecht bei Haustürgeschäften zumindest auch eine gewisse Ächtung und Zurückdrängung derartiger Geschäfte beabsichtigt war, die durch ein allgemeines Widerrufsrecht entfiele.

Andererseits ist zu bedenken, dass nahezu alle in Betracht kommenden Kaufvertragsschlüsse im Rahmen des Fernabsatzes – insbesondere im Internet – erfolgen können, sich also für den Verbraucher schon jetzt weitreichende Möglichkeiten ergeben, ein Widerrufsrecht in Anspruch nehmen zu können. Die situative Beschränkung des Widerrufsrechts kann so zur Folge haben, dass der Verbraucher Vertragsschlüsse, bei denen kein Widerrufsrecht besteht, meidet und so das Zustandekommen von Verträgen benachteiligt wird, bei denen an sich kein Widerrufsrecht aus Schutzwürdigkeitserwägungen gerechtfertigt ist. Hinzu kommt, dass selbst in den Fällen, wo an sich kein Widerrufsrecht besteht, dem Verbraucher schon jetzt oftmals ein Rücktrittsrecht oder ein Umtauschrecht eingeräumt, um ihn zum Kauf zu bewegen, oder aus Kulanz gewährt wird, um ihn als potentiellen Kunden zu erhalten[1512]. Schließlich können durch einen an § 312 Abs. 3 BGB und § 312 d Abs. 4 BGB orientierten Ausnahmekatalog Bagatellfälle und missbrauchssensible Bereiche ausgenommen werden. Insbesondere eine einheitliche wertmäßige Obergrenze für das Eingreifen des Widerrufsrechts liegt nahe[1513], was vor allem die durch ein allgemeines Widerrufsrecht anfallenden Kosten begrenzen würde.

1508 Vgl. dazu BGH, NJW-RR 1990, S. 462.

1509 Beabsichtigt ist dabei aber weniger die Möglichkeit, „*sich aus dem Vertrag herauszulösen,* (wenn) *eine Vertragspartei erkannt hat, dass sich kurzfristig die Möglichkeit ergibt, das Produkt andernortsbilliger einzukaufen oder die Dienstleistungen günstiger nachzufragen*" – so *Micklitz*, ZEuP 1998, S. 265, ablehnend Roth, JZ 1999, S. 543; *Canaris*, AcP 200 (2000), S. 344 – sondern eine einfache, einheitliche Regelung die sowohl dem Verbraucher als auch dem Unternehmer zu Gute kommt.

1510 Vgl. Palandt/*Heinrichs*, Einf v § 145 Rdn. 4 a; *Heller-Hannich*, Jura 2003, S. 369 f.; *St. Lorenz*, Der Schutz vor dem unerwünschten Vertrag, S. 15 ff.

1511 Kritisch zur Einschränkung der Privatautonomie allg. *Rohe*, BKR 2003, S. 267 ff. Nach *Canaris*, AcP 200 (2000), S. 344 könnte eine Inflationierung der Widerrufsrechte verheerende Folgen für Vertragstreue und und Rechtssicherheit nach sich ziehen.

1512 Vgl. zum Kulanzumtausch die Umfrage der Zeitschrift „*test*" im Heft 2/2003, S. 12

1513 Eine Einschränkung des Widerrufsrechts beim Fernabsatzvertrag hätte dies nur theoretisch zur Folge. Zwar besteht beim Fernabsatzvertrag bislang keine Bagatellegrenze. Jedoch ist die Ausübung des Widerrufsrechts durch die bereits angefallenen und meist vom Verbraucher zu tragenden Zusendekosten und die Möglichkeit dem Verbraucher die Rücksendekosten bei Bestellungen bis zu einem Betrag von 40,- € aufzuerlegen, für den Verbraucher wirtschaftlich kaum sinnvoll und daher schon jetzt de facto ausgeschlossen.

Der Gewinn sowohl für Verbraucher als auch Unternehmer wäre eine einheitliche und einfacher handhabbare Regelung. Insbesondere würden sich Auslegungs- und Anwendungsprobleme auf die Ausnahmetatbestände beschränken und zumindest ein Teil der Konkurrenzregelungen könnte gestrichen werden. Auch die Aufhebung des § 13 a UWG ließe sich hierdurch rechtfertigen. Rechtssicherheit und Effektivität des Verbraucherschutzes würden erhöht.

III. Rechtslage bei Widerruflichkeit

Solange für den Verbraucher die Möglichkeit zum Widerruf besteht, ist seine Willenserklärung und mithin der abgeschlossene Vertrag zunächst gültig[1514]. Der Gesetzgeber hat sich insofern also für eine schwebende Wirksamkeit entschieden[1515]. Beim Widerruf handelt es sich um ein Gestaltungsrecht in Form einer rechtsvernichtenden, ex nunc wirkenden Einwendung[1516]. Dies hat zur Folge, dass zunächst Erfüllungs-, Gewährleistungs- und Ansprüche auf Schadensersatz wegen Nichterfüllung bestehen.

Der Unternehmer kann aber in seinen AGB bestimmen, dass er erst nach Ablauf der Widerrufsfrist zu leisten hat. Dies ist gem. § 308 Nr. 1 BGB grundsätzlich zulässig, scheidet aber dann aus, wenn die Widerrufsfrist erst mit der Lieferung beginnt, wie etwa gem. § 312 Abs. 2 BGB bei Fernabsatzverträgen[1517].

Strittig ist, ob der Verbraucher wegen der ihm gesetzlich zustehenden Überlegungsfrist bis zum Ende der Widerrufsfrist die Leistung verweigern kann[1518]. Die Antwort auf diese Frage hat nicht nur Auswirkungen auf den Primäranspruch, sondern auch auf die Möglichkeit des Unternehmers, den Verbraucher in Verzug zu setzen. Wird dem Verbraucher bis zum Ende der Widerrufsfrist ein Leistungsverweigerungsrecht zugebilligt, also eine dilatorische Einrede des Verbrauchers bejaht, dann ist der Anspruch des Unternehmers bis dahin nicht durchsetzbar und Verzug würde bis dahin ausscheiden[1519].

Für die sofortige Durchsetzbarkeit des Anspruchs gegen den Verbraucher spricht die sofortige Leistungspflicht des Unternehmers, von der auch § 308 Nr. 1, Hs. 2 BGB vom Grundsatz her ausgeht[1520]. Es entspräche kaum dem Synallagma des Vertrages, wenn nur der Unternehmer

---

[1514] Palandt/*Heinrichs*, § 355 Rdn. 4; *Heller-Hannich*, Jura 2003, S. 373.

[1515] Vgl. Hk-VertriebsR/*Tonner*, § 355 Rdn. 18 ff.; *Bülow/Artz*, NJW 2000, S. 2051 f.; *Fuchs*, ZIP 2000, S. 1282; *St. Lorenz*, JuS 2000, S. 835. Die §§ 1 HTWG, 7 VerbrKrG und 5 TzWrG folgten dagegen noch dem Modell der schwebenden Unwirksamkeit.

[1516] Hk-VertriebsR/*Tonner*, § 355 Rdn. 27; *Berger*, Jura 2001, S. 289 f.

[1517] Vgl. BT-Drs. 14/2658, S. 47; Palandt/*Heinrichs*, § 308 Rdn. 9; *Ulmer* in Ulmer/Brandner/Hensen, AGBG, § 10 Nr. 1 Rdn. 21 a; *Riehm*, Jura 2000, S. 507; kritisch *Fuchs*, ZIP 2000, S. 1282; *Roth*, JZ 2000, S. 1017.

[1518] Für sofortige Durchsetzbarkeit MünchKomm/ *Ulmer*, § 355 Rdn. 32; *Fuchs*, ZIP 2000, S. 1282; Kamanabrou, WM 200, S. 1418; a.A. Palandt/*Heinrichs*, § 355 Rdn. 4. AnwK-BGB/*Ring*, § 355 Rdn. 14.

[1519] Vgl. Palandt/*Heinrichs*, § 286 Rdn. 12; Erman/*Battes*, § 284 Rdn. 14. Die Möglichkeit des Widerrufs allein würde dagegen den Verzugseintritt nicht hindern, da diese Einwendung als Gestaltungsrecht erst berücksichtigt wird, wenn es tatsächlich ausgeübt wird – ausf. dazu *Emmerich*, Das Recht der Leistungsstörungen, S. 231 ff.; MünchKomm/ *Ernst*, § 286 Rdn. 18 ff.

[1520] § 308 Abs. 1 Hs. 2 BGB gestattet dem Unternehmer sich in seinen AGB vorzubehalten, erst nach Ablauf der Widerrufsfrist nach § 355 Abs. 1 zu leisten, wobei dies aber nicht für Fernabsatz- und Fernunterrichtsverträge gilt, da bei diesen die Widerrufsfrist erst mit der Lieferung beginnt – vgl. dazu Palandt/*Heinrichs*, § 308 Rdn. 9. Kritisch zur systematischen Stellung der Ausnahmeregelung des § 308 Nr. 1 BGB im Hinblick auf den halbzwingenden Charakter der §§ 355-357 BGB – *Mankowski*, S. 359.

zur sofortigen Leistung verpflichtet wäre. Für die sofortige Zahlungsverpflichtung des Verbrauchers lassen sich auch die umfangreichen Informationspflichten des Unternehmers in Bezug auf seine Person anführen, bestehen diese doch gerade zur Durchsetzung der Verbraucherrechte und haben wenig Sinn, wenn der Verbraucher immer erst nach Ablauf der Widerrufsfrist leisten bräuchte. Schließlich zeigt auch die Verweisung des § 357 Abs. 1 S. 2 BGB auf § 286 Abs. 3 S. 1 BGB hinsichtlich der Rückzahlung des Entgelts durch den Unternehmer, dass der Gesetzgeber von der alsbaldigen Zahlungspflicht des Verbrauchers ausgeht[1521].

Für ein Leistungsverweigerungsrecht des Verbrauchers bis zum Ende der Widerrufsfrist lässt sich allerdings anführen, dass der Verbraucher bei Zahlung und späterer Ausübung des Widerrufsrechts hinsichtlich seines Rückgewähranspruchs das Insolvenzrisiko des Unternehmers tragen würde. Auch macht es wenig Sinn, dem Unternehmer die Möglichkeit zur Verzugsbegründung zu geben und mithin Schadensersatzansprüche aus Verzug einzuräumen, solange der Verbraucher den Vertrag widerrufen kann. Prozessrechtlich hätte die Ablehnung einer Verbrauchereinrede zudem zur Folge, dass eine Zahlungsklage des Unternehmers zunächst begründet wäre. Ein Widerruf des Verbrauchers würde zwar ex nunc zur Unbegründetheit und mithin Erledigung der Klage führen, aber er hätte grundsätzlich trotzdem die Kosten des Rechtsstreits zu tragen[1522].

M.E. überwiegen die Argumente gegen eine sofortige Durchsetzbarkeit der Unternehmerforderung und auch die überwiegende Praxis der Unternehmen, erst Zahlung nach Ablauf der Widerrufsfrist zu verlangen, entspricht dieser Ansicht. Soweit es der Unternehmer für erforderlich hält, kann er eine Vorleistungspflicht des Verbrauchers dadurch begründen, in dem er nur per Nachnahme oder Vorkasse die Sachen versendet[1523]. Macht er davon keinen Gebrauch, bedarf es auch keiner frühzeitigen Leistungsverpflichtung des Verbrauchers.

Der Verbraucher ist demnach bis zum Ablauf der Widerrufsfrist berechtigt, die Leistung zu verweigern und kann mangels Durchsetzbarkeit der Forderung bis dahin nicht in Verzug kommen. Zu beachten ist aber, dass der Unternehmer durchaus schon vor Ende der Widerrufsfrist den Verbraucher mahnen kann, da die Mahnung nur die Fälligkeit der Forderung voraussetzt, die Fälligkeit aber nicht vom Vorliegen einer Einrede berührt wird[1524]. Allerdings kann die Mahnung Verzug erst mit Ablauf der Widerrufsfrist begründen. Eine gar nicht oder zu kurz befristete Mahnung müsste gegebenenfalls entsprechend verlängert werden[1525].

1521 So MünchKomm/ *Ulmer*, § 355 Rdn. 32.

1522 Vgl. zur beidseitigen Erledigung Zöller/*Vollkommer*, ZPO, § 91 a Rdn. 1 ff.; zur einseitigen Erledigung Rdn. 34 ff.; 43 ff.; zu den Kosten bei einseitiger Erledigung Rdn. 47.

1523 Vgl. zur Zulässigkeit von Vorleistungspflichten im Hinblick auf §§ 307, 309 Nr. 2 BGB – Palandt/*Heinrichs*, § 307 Rdn. 13; *Ulmer* in Ulmer/Brandner/Hensen, AGBG, § 11 Nr. 2 Rdn. 10 ff.

1524 Vgl. MünchKomm/ *Ernst*, § 286 Rdn. 21 m.w.N.

1525 Hier bietet sich eine Analogie zu § 281 BGB an, wo eine zu kurze Frist eine angemessene Frist in Lauf setzt – vgl. Palandt/*Heinrichs*, § 281 Rdn. 10.

IV. Die Ausgestaltung des Widerrufsrechts

Für alle Widerrufsgründe weitgehend einheitlich werden in den §§ 355 ff. BGB die Länge und der Beginn der Widerrufsfrist, das Erlöschen des Widerrufsrechts, die Möglichkeit der Ersetzung durch ein Rückgaberecht und die Rechtsfolgen des Widerrufs geregelt.

1. Form des Widerrufs

Für die Erklärung des Widerrufs bestehen gem. § 355 Abs. 1 S. 2 BGB zwei Alternativen.

Der Verbraucher kann einmal den Widerruf in der Textform des § 126 b BGB erklären. Eine Widerrufserklärung, die den strengeren Anforderungen des § 126 oder § 128 BGB genügt wird durch das Erfordernis der Textform nicht ausgeschlossen[1526]. Soweit der Unternehmer einen mündlichen Widerruf widerspruchslos entgegennimmt und den Anschein erweckt, dass ein wirksamer Widerruf vorliegt, so dass der Verbraucher von einem weiteren formwirksamen Widerruf absieht, ist die Anwendung des § 242 BGB oder die Annahme einer Abbedingung des § 355 Abs. 1 S. 2 BGB zugunsten des Verbrauchers zu erwägen.

Zum anderen kann der Widerruf auch konkludent durch Rücksendung der Sache erfolgen. Soweit der Verbraucher mehr tut als er tun müsste, etwa die Sache selbst zurückbringt, erfüllt dies auch die Voraussetzungen eines Widerrufs durch Rücksendung.

Inhaltlich bedarf der Widerruf keiner Begründung. Erkennbar sein muss aber, welcher Vertrag nicht mehr gelten soll und wer dies erklärt[1527]. Als Gestaltungsrecht ist der Widerruf – mit Ausnahme von Potestativbedingungen und dem Eventualwiderruf für den Fall, dass die primär vorgetragene Rechtsverteidigung erfolglos bleibt – bedingungsfeindlich[1528].

Sind auf Verbraucherseite mehrere am Vertrag beteiligt, so ist für jede Person das Bestehen des Widerrufsrechts gesondert zu prüfen[1529]. Besteht demnach für mehrere Beteiligte ein Widerrufsrecht, so können sie das Widerrufsrecht grundsätzlich unabhängig voreinander ausüben[1530]. Die Wirkungen des Widerrufs treten dann einheitlich für alle Personen ein[1531].

Sind auf Unternehmerseite mehrere beteiligt, kann das Widerrufsrecht gem. § 351 S. 1 BGB nur mit Wirkung gegen alle ausgeübt werden[1532].

[1526] Vgl. MünchKomm/*Ulmer*, § 355 Rdn. 36; vgl. auch die Parallelproblematik bei der Widerrufsbelehrung in Textform oben E. I. 1.

[1527] Palandt/*Heinrichs*, § 355 Rdn. 6; MünchKomm/*Ulmer*, § 355 Rdn. 35.

[1528] Palandt/*Heinrichs*, § 355 Rdn. 6; MünchKomm/*Ulmer*, § 355 Rdn. 35. Zur Bedingungsfeindlichkeit von Gestaltungsrechten und ihren Ausnahmen – vgl. Palandt/*Heinrichs*, Einf v § 158 Rdn. 12 ff.

[1529] S.o. 2. Teil, A. V. 1. b. bb.

[1530] MünchKomm/*Ulmer*, § 355 Rdn. 25; *Bülow*, Verbraucherkreditrecht, § 491 Rdn. 53; Staudinger/*Kessal-Wulf*, § 7 VerbrKrG Rdn. 16.

[1531] MünchKomm/*Wendehorst*, § 312 d Rdn. 52 mit Verweis auf § 351 BGB; nach MünchKomm/*Ulmer*, § 355 Rdn. 25 richtet sich die vertragliche Bindung der übrigen Beteiligten dagegen nach § 139 BGB; vgl. auch *Bülow*, Verbraucherkreditrecht, § 491 Rdn. 53.

[1532] MünchKomm/*Wendehorst*, § 312 d Rdn. 52.

2. Widerrufsfrist

Die Widerrufsfrist beträgt gem. § 355 Abs. 1 S. 2 BGB grundsätzlich zwei Wochen und überschreitet damit deutlich die Vorgaben der europäischen Richtlinien[1533]. Eine Verlängerung dieser Widerrufsfrist ist – weil zugunsten des Verbrauchers – vertraglich möglich, nicht aber eine Verkürzung. Der Verbraucher ist nicht gehindert, bereits nach Abgabe seiner Vertragserklärung zu widerrufen, selbst wenn der Vertrag noch nicht zu Stande gekommen ist[1534].

Die Widerrufsfrist beginnt nach § 355 Abs. 2 S. 1 BGB erst, wenn der Unternehmer dem Verbraucher eine ordnungsgemäße Widerrufsbelehrung[1535] zur Verfügung gestellt hat. Wird die Belehrung erst nach Vertragsschluss mitgeteilt, verlängert sich die Widerrufsfrist zudem gem. § 355 Abs. 2 S. 2 BGB auf einen Monat. Bei schriftlichen Verträgen muss dem Verbraucher zudem auch die Vertragsurkunde und der schriftliche Antrag bzw. Abschriften hiervon zur Verfügung gestellt werden, § 355 Abs. 2 S. 3 BGB.

Beim Verbrauchsgüterkaufs im Rahmen des Fernabsatzes ist § 312 d Abs. 2 BGB zu beachten. Der Beginn des Fristlaufs tritt nach dieser Vorschrift nicht vor Erfüllung der Informationspflichten des § 312 c Abs. 2 BGB[1536] und nicht vor Empfang der Ware bzw. bei der wiederkehrenden Lieferung gleichartiger Waren nicht vor dem Eingang der ersten Teillieferung ein.

Zur Fristwahrung reicht gem. § 355 Abs. 1 S. 2 BGB die Absendung des Widerrufs innerhalb der Widerrufsfrist, also selbst am letzten Tag der Widerrufsfrist aus. Der Zugang des Widerrufs kann also auch nach Ablauf der Widerrufsfrist erfolgen[1537].

Allerdings trägt der Verbraucher die Beweislast sowohl für die rechtzeitige Absendung des Widerrufs als auch für den Zugang beim Unternehmer[1538], denn § 355 Abs. 2 S. 4 BGB weist dem Unternehmer die Beweislast nur für den strittigen Fristbeginn zu. Zudem wird der Widerruf als Willenserklärung gem. § 130 BGB an sich nur wirksam, wenn er tatsächlich dem Unternehmer zugeht. Das Verlustrisiko bezüglich der Widerrufserklärung liegt also beim Verbraucher. Dies ist insofern nicht schlüssig, als bei konkludentem Widerruf durch Rücksendung der Sache der Unternehmer gem. § 357 Abs. 2 S. 2 BGB die Verlustgefahr tragen soll[1539]. In der Literatur wird dem Verbraucher teilweise unter Verweis auf die

---

1533 Dazu Hk-VertriebsR/*Tonner*, § 355 Rdn. 28. Zur Verlängerung der bisherigen nationalen Widerrufsfristen vgl. MünchKomm/ *Ulmer*, § 355 Rdn. 37.

1534 Palandt/*Heinrichs*, § 355 Rdn. 10.

1535 S.o. E. I.

1536 S.o. D. III.

1537 Vgl. dazu auch Bamberger/Roth/*Grothe*, § 356 Rdn. 11; Palandt/*Heinrichs*, § 355 Rdn. 10.

1538 Hk-VertriebsR/*Tonner*, § 355 Rdn. 31; MünchKomm/ *Ulmer*, § 355 BGB Rdn. 40; Palandt/*Heinrichs*, § 355 Rdn. 21.

1539 Ganz h.M. – vgl. *St. Lorenz*, JuS 2000, S. 836; *Riehm*, Jura 2000, S. 507; Palandt/*Heinrichs*, § 355 Rdn. 10; *Lütcke*, Fernabsatzrecht, § 357 Rdn. 6. Allerdings regelt § 357 laut seiner Überschrift nur die Rechtsfolgen und nicht die Ausübung des Widerrufsrechts, was auch die Auslegung dahingehend zulassen würde, dass die Gefahrtragungsregelung des § 357 II 2 nur bei einem zuvor bereits erfolgten wirksamen Widerruf eingreift.

Parallelproblematik bei § 377 HGB[1540] die Möglichkeit zugebilligt, den Widerruf im Falle des Verlusts der Widerrufserklärung unverzüglich nachzuholen[1541]. Auch Art 27 CISG, wonach *„eine Verzögerung oder ein Irrtum bei der Übermittlung der Mitteilung oder deren Nichteintreffen ... nicht das Recht* (nimmt), *sich auf die Mitteilung zu berufen*", sofern sich die Partei eines geeigneten Übertragungsmittels bedient[1542], spricht gegen die Aufbürdung des Verlustrisikos auf den Verbraucher[1543]. Solange der Gesetzgeber hier aber keine eindeutige Regelung trifft, fällt es schwer, contra legem zu § 130 BGB das Verlustrisiko dem Unternehmer aufzuerlegen, auch wenn mit § 357 Abs. 2 S. 2 BGB ein Schritt in diese Richtung gemacht wurde[1544].

3. Erlöschen des Widerrufsrechts

a. Das Widerrufsrecht erlischt gem. § 355 Abs. 3 S. 1 BGB spätestens sechs Monate[1545] nach Vertragsschluss. Dies gilt aber nach dem, in Folge der Heininger-Entscheidung des EuGH[1546] durch das OLG-VertrÄndG[1547] eingeführten, § 355 Abs. 3 S. 3 BGB nur, wenn der Verbraucher ordnungsgemäß über sein Widerrufsrecht belehrt wurde[1548]. Die zuvor geltende zeitliche Begrenzung selbst bei fehlerhafter oder fehlender Widerrufsbelehrung verstieß gegen die Haustürwiderrufs-RL[1549].

Da der Beginn der Widerrufsfrist gem. § 355 Abs. 2 S. 1 BGB ebenfalls an die Zurverfügungstellung einer ordnungsgemäßen Widerrufsbelehrung anknüpft, kommt ein Erlöschen des Widerrufsrechts nach § 355 Abs. 3 S. 1 BGB nur noch in Betracht, wenn der Beginn der Widerrufsfrist von weiteren Voraussetzungen abhängt, wie etwa nach § 312 d Abs. 2 BGB von der Erfüllung der Informationspflichten des § 312 c Abs. 2 BGB[1550]. In diesem Fall beginnt diese Erlöschensfrist bei der Lieferung von Waren zudem gem. § 355 Abs. 3 S. 2 BGB nicht vor dem Tag ihres Eingangs beim Empfänger.

1540 Zur Rechtslage bei § 377 HGB – vgl. *Baumbach/Hopt*, HGB, § 377 Rdn. 29 m.w.N. und BGHZ 101, 49 ff.= JZ 1987, S. 1028 ff., der allerdings die Verlustgefahr gerade dem Erklärenden auferlegt – kritisch dazu *Mössle*, NJW 1988, S. 1190 f.; *Reinicke*, JZ 1987, 1030 ff.

1541 Hk-VertriebsR/*Tonner*, § 355 Rdn. 34; MünchKomm/ *Ulmer*, § 361 a BGB Rdn. 39.

1542 Vgl. zu Art. 27 CISG – LG Kassel, NJW-RR 1996, S. 1166.

1543 Allerdings leitete der BGH aus Art. 39 Abs. 3 EKG, der Vorgängerregelung zu Art. 27 CISG, gerade ein Argument gegen eine entsprechende Auslegung des insofern schweigenden § 377 Abs. 4 HGB her – BGHZ 101, 49, 52 – vgl. dazu auch *Mössle*, NJW 1988, S. 1191.

1544 Konsequenz ist, dass der Verbraucher, um sicher zu gehen, den Widerruf – soweit möglich – konkludent durch Rücksendung der Ware ausüben sollte.

1545 Kritisch zu dieser Vereinheitlichung im Hinblick auf die Vernachlässigung unterschiedlich gearteter Sachverhalte, vor allem vor dem Hintergrund, dass sich die Tücken eines Verbraucherkreditvertrages erst spät zeigen können – *Bülow*, NJW 2002, S. 1149.

1546 Urteil v. 13.12.2001 – NJW 2001, S. 281 ff. – vgl. auch *Staudinger*, NJW 2002, S. 653 ff.; *J. Hoffmann*, ZIP 2002, S. 145; Folgeentscheidung dazu BGH, NJW 2002, S. 1881 ff. – vgl. dazu *Wolf*, BKR 2002, S. 614 ff.

1547 Gesetz v. 23.7.2002 – BGBl. 2002 I, S 2850; vgl. dazu *Fischer*, VuR 2002, S. 309 ff..

1548 *Artz*, BKR 2002, S. 604 f. Zur noch nicht angepassten Erlöschensfrist des § 4 Abs. 2 FernUSG – vgl. *Wildemann*, VuR 2003, S. 90 ff.

1549 EuGH, NJW 2002, S. 281; BGH, NJW 2002, S. 1881.

1550 Vgl. Palandt/*Heinrichs*, § 355 Rdn. 20; *Artz*, BKR 2002, S. 605. *Ulmer*, ZIP 2002, S. 1082 meint deshalb, dass sich der Anwendungsbereich des § 355 Abs. 3 S. 1 BGB allenfalls dem Spezialisten des Verbraucherrechts erschließt.

b. Auch wenn die Heininger-Entscheidung im konkreten Fall des Widerrufs eines Realkreditvertrags zur Finanzierung des Kaufpreises einer Wohnung berechtigt gewesen sein mag[1551], geht der faktische Ausschluss des Widerrufsrechtserlöschens bei nicht ordnungsgemäßer Widerrufsbelehrung durch § 355 Abs. 3 S. 1 BGB im Rahmen des Verbrauchsgüterkaufs zu weit. Aus Gesichtspunkten der Rechtssicherheit und des Rechtsfrieden ist ein Ausschluss des Widerrufsrecht nach Ablauf einer gewissen Zeitspanne ähnlich wie die Verjährung von Gewährleistungsansprüchen nach § 438 BGB sinnvoll, gerade vor dem Hintergrund der übermäßigen Anforderungen an eine ordnungsgemäße Widerrufsbelehrung. Es erscheint geradezu rechtsmissbräuchlich, wenn der Käufer eines im Rahmen einer Haustürsituation gekauften Staubsaugers nach 3 Jahren mit Verweis auf die nicht ordnungsgemäße Widerrufsbelehrung den Vertrag widerrufen würde.

Faktisch steht dem zumindest aber der Wertersatzanspruch des Unternehmers für eine durch die bestimmungsgemäße Ingebrauchnahme der Sache entstandene Verschlechterung nach § 357 Abs. 3 S. 1 BGB[1552] entgegen.

4. Kein Ausschluss des Widerrufsrechts durch Verbrauch, Verschlechterung etc.

Nach §§ 357 Abs. 1 S. 1, 346 Abs. 2 BGB hat der Schuldner statt Rückgewähr oder Herausgabe Wertersatz zu leisten, soweit die Rückgewähr oder die Herausgabe nach der Natur des Erlangten ausgeschlossen ist, der empfangene Gegenstand verbraucht, veräußert, belastet, verarbeitet oder umgestaltet wurde, sich verschlechtert hat oder untergegangen ist. Daraus folgt im Umkehrschluss, dass diese Umstände das Widerrufsrecht unberührt lassen.

5. Rechtsfolgen des Widerrufs

Die wirksame Ausübung des Widerrufsrechts hat gem. § 355 Abs. 1 BGB zur Folge, dass der Verbraucher an seine Willenserklärung und damit an den von ihm geschlossenen Vertrag nicht mehr gebunden ist. Der zunächst wirksame Vertrag wandelt sich durch den Widerruf ex nunc in ein Rückgewährschuldverhältnis um[1553], auf das über die Verweisung des § 357 Abs. 1 S. 1 BGB, weitgehend die Vorschriften für das gesetzliche Rücktrittsrecht (§§ 346 ff. BGB)[1554] Anwendung finden[1555].

a. Rückgewähr der Leistungen

Aus § 357 Abs. 1 S. 1 BGB i.V.m. §§ 346 Abs. 1, 348 BGB ergibt sich, dass die Parteien die empfangenen Leistungen Zug um Zug zurückzugewähren und die gezogenen Nutzungen herauszugeben haben. Daraus folgt zugleich, dass noch nicht erfüllte Leistungspflichten

---

1551 Vgl. dazu auch die kritischen Ausführungen in Finanztest 6/2003, S. 38 f. zur Rechtsprechung des BGH in Bezug auf das Widerrufsrecht von Kleinanlegern, die „*Schrottimmobilien*" auf Kredit gekauft haben.

1552 S.u. 5. a.

1553 Palandt/*Heinrichs*, § 357 Rdn. 2; MünchKomm/*Ulmer*, § 355 Rdn. 33; *Lütcke*, Fernabsatzrecht, § 357 Rdn. 3.

1554 Allg. zu den §§ 346 ff. BGB – vgl. *Arnold*, Jura 2002, S. 154 ff.

1555 Durch den Verweis auf die §§ 346 ff. BGB und mithin den Ausschluss der §§ 812 ff. BGB verbietet es sich vom Unwirksamwerden des Vertrages zu sprechen – so aber *Lütcke*, Fernabsatzrecht, § 357 Rdn. 2 f. – vgl. zu dieser Problematik Hk-VertriebsR/*Tonner*, § 355 Rdn. 24 ff.

erlöschen. Nach § 357 Abs. 1 S. 2 BGB i.V.m. § 286 Abs. 3 BGB kommt der Unternehmer mit seiner Rückzahlungspflicht spätestens 30 Tage nach Zugang der Widerrufs- oder Rückgabeerklärung des Verbrauchers in Verzug[1556].

Ist die Herausgabe der gezogenen Nutzungen nicht möglich, dann ist gem. § 357 Abs. 1 i.V.m. § 346 Abs. 2 und 3 BGB Wertersatz zu leisten. Dieser soll sich dabei an der vereinbarten Gegenleistung orientieren[1557].

Für nicht gezogene Nutzungen und Verwendungen gilt § 347 BGB, insbesondere auch das Einstehungsprivileg des § 347 Abs. 1 S. 2 BGB des gesetzlich zum Rücktritt/Widerruf Berechtigten[1558].

Aus Verbrauchersicht bedauerlich ist der Wegfall der klaren Regelung des § 347 S. 3 BGB a.F., die für Geldsummen ausdrücklich eine Verzinsungspflicht von der Zeit des Empfanges vorsah. Es bleibt abzuwarten, inwieweit die Rechtsprechung hier zukünftig einen Nutzungsersatz zulässt[1559].

In Ausnahme zu § 346 Abs. 2 Nr. 3 BGB ist der Verbraucher gem. § 357 Abs. 3 S. 1 BGB zudem zum Wertersatz für eine durch die bestimmungsgemäße Ingebrauchnahme der Sache entstandene Verschlechterung verpflichtet, wenn er auf diese Rechtsfolge und eine Möglichkeit sie zu vermeiden, in Textform hingewiesen wurde[1560]. Art 6 Abs. 2 der Fernabsatz-RL, der bei Ausübung des Widerrufsrechts einzig die Auferlegung der unmittelbaren Rücksendungskosten erlaubt, steht dem nicht entgegen, da Ansprüche auf Wertersatz nicht in Folge des Widerrufsrechts bestehen, sondern in Folge des Wertverlusts an der Sache[1561].

Die Ersatzpflicht für Verschlechterung und Untergang der zurückzugewährenden Sache besteht durch den Ausschluss des § 346 Abs. 3 S. 1 Nr. 3 BGB in § 357 Abs. 3 S. 3 BGB selbst dann, wenn der Verbraucher diejenige Sorgfalt beachtet hat, die er in eigenen Angelegenheiten anzuwenden pflegt, soweit er ordnungsgemäß über sein Widerrufsrecht belehrt wurde oder hiervon anderweitig Kenntnis erlangt hat[1562]. Damit wird dem Verbraucher das

---

1556 Palandt/*Heinrichs*, § 357 Rdn. 4 a.E.; MünchKomm/ *Ulmer*, § 357 Rdn. 25.

1557 Kritisch zu dieser Regelung – *Arnold/Dötsch*, NJW 2003, S. 188, da hierdurch das Widerrufsrecht des Verbrauchers auch beim Untergang eines überteuert gekauften Gegenstandes wertlos ist. Vgl. auch *Arnold*, Jura 2002, S. 157 f.

1558 Palandt/*Heinrichs*, § 357 Rdn. 7, § 347 Rdn 2 i.V.m. § 346 Rdn. 13; MünchKomm/ *Ulmer*, § 357 Rdn. 42.

1559 Der BGH hat zu den Nutzungen auch die durch die Geldleistung des anderen Teils ersparten Schuldzinsen gesehen – vgl. BGHZ 138, 160.

1560 Die Vorgängerregelung des § 361 a Abs. 2 BGB hatte noch den Ersatz des Wertverlustes in Folge der bestimmungsgemäßen Ingebrauchnahme ausgeschlossen – vgl. zu dieser Deprivilegierung des Verbrauchers *Bülow*, NJW 2002, S. 1148; *Arnold/Dötsch*, NJW 2003, S. 187.

1561 Vgl. BT-Drs. 14/6040, S. 199; im Ergebnis so auch *Lütcke*, Fernabsatzrecht, § 357 Rdn. 28 f.; a.A. *Bülow*, NJW 2002, S. 1148 f.; *Arnold/Dötsch*, NJW 2003, S. 187 m.w.N. in Fußnote 4; vgl. ausf. zu dieser Problematik auch *Rott* in: Micklitz/Pfeiffer/Tonner/Willingmann, S. 281 ff.

1562 Dazu MünchKomm/ *Ulmer*, § 357 Rdn. 37; Hk-VertriebsR/*Tonner*, § 357 Rdn. 24; *Bülow*, NJW 2002, 1149; *Arnold/Dötsch*, NJW 2003, S. 187 f.

Zufallsrisiko aufgebürdet[1563]. Für Wertverluste, die ausschließlich auf die Prüfung der Sache zurückzuführen sind, ist die Ersatzpflicht aber gem. § 357 Abs. 2 S. 3 BGB ausgeschlossen.

b. Rücksendepflicht

Für Sachen, die durch Paket versandt werden können[1564], ist der Verbraucher gem. § 357 Abs. 2 S. 1 BGB zur Rücksendung verpflichtet. Die Gefahr der Rücksendung trägt allerdings der Unternehmer, d.h. der Verbraucher wird auch bei Verschlechterung oder Untergang der Sache bei der Rücksendung von seiner Rückgewährspflicht frei. Ist die Rücksendung nicht möglich, dann ist es Sache des Unternehmers, die Rücksendung zu organisieren.

c. Rücksendekosten

Kosten der Rücksendung trägt gem. § 357 Abs. 2 S. 2 BGB grundsätzlich der Unternehmer. Bis zu einem Bestellwert von 40,- € ist allerdings nach Maßgabe des § 357 Abs. 2 S. 3 BGB eine Abwälzung der Rücksendekosten auf den Verbraucher möglich[1565]. Da sich nach dem Gesetzeswortlaut die Grenze von 40,- € auf den ursprünglichen Wert der Bestellung und nicht den Wert der zurückgesandten Ware bezieht[1566], ist es dem Verbraucher relativ einfach durch entsprechende Mehrbestellung möglich, die Tragung der Rücksendekosten zu umgehen[1567]. Fraglich ist nur, ob dies letztlich im Sinne der Verbraucher ist, da der Unternehmer seine Preise entsprechend kalkulieren wird.

Eine Vorschusspflicht des Verbrauchers wird mangels gesetzlicher Fixierung – im Gegensatz etwa zu § 637 Abs. 3 BGB – und auch angesichts der eher geringen Beträge für ein Postpaket, überwiegend abgelehnt[1568].

d. Zusendungskosten

Ebenfalls gesetzlich ungeregelt ist, wer bei Widerruf des Vertrags durch den Verbraucher die Kosten für die Lieferung zu tragen hat. Allerdings geht aus Art. 6 Abs. 2 S. 2 der Fernabsatz-RL hervor, dass *"Die einzigen Kosten, die dem Verbraucher infolge der Ausübung seines Widerrufsrechts auferlegt werden können, ... die unmittelbaren Kosten der Rücksendung der Waren"* sind.

1563 *Arnold/Dötsch*, NJW 2003, S. 187; einschränkend im Hinblick auf das Vorliegen einer Sorgfaltspflichtverletzung MünchKomm/*Ulmer*, § 357 Rdn. 38: nur Zurechnung der Unachtsamkeit in eigenen Angelegenheiten.

1564 Als Grenze für die Postversandfähigkeit werden dabei 20 kg angenommen – vgl. Hk-VertriebsR/*Tonner*, § 357 Rdn. 13; *Lütcke*, Fernabsatzrecht, § 357 Rdn. 5. Die Vorgängervorschrift des § 361 a Abs. 2 BGB a.F. sah noch eine Rücksendepflicht ohne Rücksicht auf die Postversandfähigkeit vor.

1565 AGB-Klauseln, wonach die Rücksendekosten vom Unternehmer nur dann getragen werden, wenn die Rücksendung auf begründete Gewährleistungsansprüche des Kunden beruht, verstoßen daher gegen § 9 Abs. 2 Nr. 1 AGBG/§ 307 Abs. 2 Nr. 1 BGB – vgl. LG Düsseldorf, VuR 2002, S. 452 ff.

1566 Vgl. Hk-VertriebsR/*Tonner*, § 357 Rdn. 17; *Kamanabrou*, WM 2000, S. 1420; *Lütcke*, Fernabsatzrecht, § 357 Rdn. 9.

1567 Vgl. *Berger*, Jura 2001, S. 292 f.; *Gaertner/Gierschmann*, DB 2000, S. 1604; *Härting/Schirmbacher*, MDR 2000, S. 921 f. Zum Teil wird deshalb ein Abstellen auf den Wert der zurückgesendeten Gegenstände erwogen – vgl. *Härting/Schirmbacher*, MDR 2000, S. 921 f.

1568 Vgl. *Berger*, Jura 2001, S. 292; *Lütcke*, Fernabsatzrecht, § 357 Rdn. 11; Hk-VertriebsR/*Tonner*, § 357 Rdn. 14; Palandt/*Heinrichs*, § 357 Rdn. 5; a.A. MünchKomm/*Ulmer*, § 357 Rdn. 14; *Bülow/Artz*, NJW 2000, S. 2052.

Eine Kostentragungspflicht des Verbrauchers hinsichtlich der Zusendungskosten entfällt demnach, wenn sie zunächst vom Unternehmer übernommen wurden, also dem Verbraucher nicht extra in Rechnung gestellt wurden. Zum gleichen Ergebnis kommt auch das OLG Frankfurt für den Fall, dass der Kaufpreis inklusive Versandkosten in Rechnung gestellt wurde, da es sich bei den bezahlten Versandkosten aus Sicht des Verbrauchers um seine Leistung an den Unternehmer handelt, weshalb sie ihm gem. § 346 BGB zurückzuerstatten sind[1569].

Aus dem Wortlaut des Art. 6 Abs. 2 S. 2 der Fernabsatz-RL folgt darüber hinaus, dass es dem Unternehmer auch vertraglich verwehrt ist, die Zusendungskosten allein für den Fall des Widerrufs dem Verbraucher aufzuerlegen.

Hat der Verbraucher allerdings von vornherein die Kosten für die Lieferung auf Grund vertraglicher Vereinbarung separat und unabhängig vom Widerrufsrecht zu tragen, dann steht die Fernabsatz-RL der Kostentragungspflicht des Verbrauchers nicht entgegen. Fraglich ist, ob mit dem OLG Frankfurt unter Abstellen auf § 346 BGB ein anderes Ergebnis begründet werden kann. Dagegen spricht, dass die vom Verbraucher bezahlten Versandkosten das Vermögen des Unternehmers nicht bereichern, also keine Leistung an den Unternehmer darstellen, die zurückgewährt werden kann. Zudem würde die Auferlegung der Kosten auf den Unternehmer im Ergebnis auf einen verschuldensunabhängigen Schadensersatzanspruch des Verbrauchers hinauslaufen. Allerdings wurde im Rahmen des § 346 BGB zum Teil vertreten, dass dem Verkäufer bei gesetzlichen Rücktrittsrechten im Hinblick auf § 467 S. 2 BGB a.F., der dies für den Fall der Wandlung ausdrücklich so regelte, die Vertragskosten aufzuerlegen sind[1570], wobei unter Vertragskosten auch die Kosten des Käufers einbezogen wurden, die der Käufer im Zuge der Erfüllung hatte[1571]. Mit dem Wegfall des § 467 S. 2 BGB lässt sich nun aber keine gesetzliche Regelung mehr für eine Kostentragungspflicht des Unternehmers anführen[1572]. Im Gegenteil spricht die Auferlegung der Versendungskosten auf den Käufer in § 448 Abs. 1 BGB und das Nichtbestehen einer Ausnahmevorschrift hierzu, für ein Belassen der Kosten beim Käufer und mithin beim Verbraucher. Auch erscheint es nicht unbillig, dem Verbraucher die ihm separat in Rechnung gestellten und tatsächlich angefallenen Versandkosten zu belassen. Verbraucherschutz soll die Unterlegenheit des Verbrauchers gegenüber dem Unternehmer ausgleichen, nicht vor allen denkbaren Nachteilen seines Handelns im Rechtsverkehr schützen.

1569 OLG Frankfurt, CR 2002, S. 638 ff.

1570 Vgl. MünchKomm/*Janßen*, (2. Aufl.), § 346 Rdn. 13; allerdings wurde vom BGH eine ausdehnende Anwendung des § 467 S. 2 BGB im Falle des Rücktritts wegen eines Rechtsmangels abgelehnt, aber ein Ersatz aus c.i.c. für möglich gehalten – vgl. BGH, NJW 1985, S. 2697, abl. dazu *Muscheler*, NJW 1985, S. 2686 ff. – was wiederum gegen eine generelle Heranziehung des § 467 S. 2 BGB bei gesetzlichen Rücktrittsrechten sprach.

1571 Vgl. im Einzelnen zu der nicht unstrittigen Problematik MünchKomm/*H. P. Westermann*, (2. Aufl.), § 467 Rdn. 9 m.w.N.

1572 Vgl. MünchKomm/*Gaier*, § 346 Rdn. 20. Nach der Gesetzesbegründung (BT-Drs. 14/6040, S. 225) geht die Regelung des 467 S. 2 BGB in dem neuen § 284 BGB auf, der allerdings lediglich eine Haftung für vermutetes Verschulden begründet – vgl. auch *Canaris*, JZ 2001, S. 517 f. Da die Rückabwicklung in Folge Widerrufs nicht auf Verschulden beruht, spricht auch dies gegen die generelle Auferlegung der Zusendekosten auf den Unternehmer.

6. Ersetzung des Widerrufsrechts durch ein Rückgaberecht

Nach Maßgabe des § 356 Abs. 1 BGB[1573] kann das Widerrufsrecht des § 355 durch ein uneingeschränktes Rückgaberecht ersetzt werden, soweit dies ausdrücklich gesetzlich zugelassen ist. Dies ist zum einen in § 312 d Abs. 1 S. 2 BGB für Fernabsatzverträge und zum anderen in § 312 Abs. 1 S. 2 BGB bei Haustürgeschäften, bei denen eine ständige Verbindung aufrecht erhalten werden soll, der Fall.

Vom Widerrufsrecht unterscheidet sich das Rückgaberecht im Wesentlichen dadurch, dass es nur durch Rücksendung der Ware bzw. wenn die Sache nicht als Paket versandt werden kann, durch Rücknahmeverlangen ausgeübt werden kann. Diese Einschränkung gegenüber dem Widerrufsrecht wird dadurch aufgewogen, dass der Unternehmer stets verpflichtet ist, die Kosten der Rücksendung zu tragen, d.h. selbst bei einem Bestellwert von unter 40,- € ist keine Abwälzung auf den Verbraucher möglich[1574]. Trotzdem ist fraglich, ob die Ersetzungsmöglichkeit des Widerrufsrechts durch ein Rückgaberecht der Haustürwiderrufs-RL und der Fernabsatz-RL entspricht, da an sich beide Richtlinien keine Beschränkung hinsichtlich der Ausübung des Widerrufsrechts gestatten[1575].

1573 Vgl. zu den insofern bestehenden Informationspflichten oben E. II.

1574 § 357 Abs. 2 S. 3 BGB sieht die Auferlegung der Rücksendekosten nur im Rahmen des Widerrufs vor – vgl. auch BT-Drs. 14/2658 S. 48.

1575 Gesetzgeber und überwiegende Literatur sind der Auffassung, dass die gegenüber den Richtlinienvorgaben längere Lösungsfrist von 2 Wochen und der Ausschluss dem Verbraucher vertraglich die Rücksendekosten aufzuerlegen den Nachteil des § 357 Abs. 2 S. 3 BGB ausgleichen – vgl. Begründung des Regierungsentwurfs, BT-Drs. 14/2658, S. 44; MünchKomm/ *Ulmer*, § 356 Rdn. 5; Palandt/*Heinrichs*, § 356 Rdn. 2; *Gartner/Gierschmann*, DB 2000, S. 1605. Die Beschränkung der Ausübung des Widerrufsrechts ist für sich aber keine für den Verbraucher günstigere Regelung und daher so weder in der Haustürwiderrufs-RL noch in der Fernabsatz-RL zugelassen. M.E. ist es daher durchaus zweifelhaft, ob richtlinienkonform durch Einräumung eines Rückgaberechts nach § 356 BGB eine Ausübung des Widerrufs durch entsprechende Erklärung ausgeschlossen werden konnte.

F. Der Schutz des Verbrauchers durch das Kaufrecht

Die §§ 433 ff. BGB regeln das Kaufrecht und geben damit im Wesentlichen den gesetzlichen Rahmen für die Rechte und Pflichten aus dem Kaufvertrag, insbesondere das Gewährleistungsrecht, vor. Soweit ein Verbraucher von einem Unternehmer eine bewegliche Sache kauft, werden die §§ 433 ff. BGB zusätzlich durch die §§ 474 ff. BGB modifiziert. Um diese Änderungen nachvollziehen zu können und auch wegen seines schadensrechtlichen Einschlags, sollen zunächst die Grundzüge des kaufrechtlichen Gewährleistungsrechts dargestellt werden.

I. Überblick über das kaufrechtliche Gewährleistungsrecht[1576]

Wie jeder andere Käufer auch, kann ein privater Endabnehmer vom einem unternehmerisch handelnden Verkäufer wegen eines im Zeitpunkt des Gefahrübergangs existenten Mangels einer beweglichen Sache Gewährleistung in dem in den §§ 437 ff. BGB bestimmten Umfang verlangen.

1. Mangelhaftigkeit

Wann eine Sache mangelhaft ist, bestimmt sich nach den §§ 434, 435 BGB.

Nach § 434 Abs. 1 S. 1 BGB liegt ein Sachmangel vor, wenn die Sache nicht die vereinbarte Beschaffenheit aufweist. Mangels entsprechender Vereinbarung ist gem. § 434 Abs. 1 S. 2 Nr. 1 BGB auf die Eignung zur vertraglich vorausgesetzten Verwendung anzustellen. Ist eine solche Verwendung nicht vorausgesetzt worden, kommt es letztlich gem. § 434 Abs. 1 S. 2 Nr. 2 BGB darauf an, ob sich die Sache für die gewöhnliche Verwendung eignet und eine Beschaffenheit aufweist, die bei Sachen der gleichen Art üblich ist und die der Käufer nach der Art der Sache erwarten kann. Nach Maßgabe des § 434 Abs. 1 S. 3 BGB sind bei der Beschaffenheitsermittlung dabei auch öffentliche Äußerungen[1577] des Verkäufers, des Herstellers oder Gehilfen zu berücksichtigen[1578]. Ein Sachmangel liegt gem. § 434 Abs. 2 BGB zudem auch bei Montagemängeln und mangelhaften Montageanleitungen, sofern dies zur fehlerhaften Montage[1579] führt sowie gem. § 434 Abs. 3 BGB bei Falsch- und Mindermengenlieferungen[1580] vor.

Zeitlich ist auf den Gefahrübergang abzustellen. Dieser erfolgt gem. § 446 S. 1 BGB grundsätzlich mit Übergabe der Sache, wird aber beim Versendungskauf nach Maßgabe des § 447 BGB auf den Zeitpunkt der Übergabe der Sache an die Versandperson vorverlagert.

1576 Vgl. auch allg. *Ball*, ZGS 2002, S. 49 ff.

1577 Zur Haftung des Verkäufers für Werbeangaben – vgl. *Peifer*, JR 2001, S. 267 ff.

1578 Vgl. *Westermann*, NJW 2002, S. 245 f.; *ders.*, JZ 2001, S. 533.

1579 Sog. Ekea-Klausel – vgl. dazu ausf. *Brand*, ZGS 2003, S. 96 ff.; *Westermann*, NJW 2002, S. 244 Zur zweifelhaften Anwendung auf „*Gebrauchs- und Installationsanleitungen*" – vgl. *Honsell*, JZ 2001, S. 280; *Brand*, ZGS 2003, S. 99 m.w.N.

1580 Dazu *Westermann*, JZ 2001, S. 534; *Zimmer/Eckhold*, Jura 2002, S. 147; zur Zuwenig-Leistung vgl. *Grigoleit/Riehm*, ZGS 2002, S. 115 ff.; *Honsell*, JZ 2001, S. 280.

Wann ein Rechtsmangel gegeben ist, regelt § 435 BGB. Entscheidend ist demnach, ob Dritte über die im Kaufvertrag aufgenommenen Rechte hinaus den Besitz, das Eigentum oder den Gebrauch der Kaufsache auf Grund eines privaten oder öffentlichen Rechts beeinträchtigen können[1581].

2. Mängelhaftung

Soweit der Konsument im Zeitpunkt des Vertragsschlusses keine Kenntnis oder grob fahrlässige Unkenntnis vom Mangel hatte[1582], steht ihm zunächst ein Anspruch auf unentgeltliche Nacherfüllung gem. den §§ 437 Nr. 1, 439 BGB zu[1583], und zwar nach seiner Wahl auf Ersatzlieferung oder Nachbesserung. Gegen das ausgeübte Nacherfüllungsrecht kann sich der Verkäufer mit dem Einwand der Unmöglichkeit oder der Unverhältnismäßigkeit verteidigen.

Soweit der Käufer sein Nacherfüllungsbegehren mit einer angemessenen Frist[1584] zur Herstellung des vertragsgemäßen Zustands verbunden hat, kann er nach fruchtlosem Fristablauf grundsätzlich gem. den §§ 437 Nr. 2, 323 Abs. 1 BGB vom Kaufvertrag zurücktreten und nach § 437 Nr. 2, 441 Abs. 1 BGB den Kaufpreis mindern[1585].

Unter den Voraussetzungen der §§ 437 Nr. 3, 280 Abs. 1, Abs. 3, 281 Abs. 1, 283 und 311 a BGB kann der Käufer schließlich auch Schadensersatz oder nach § 284 BGB Ersatz seiner Aufwendungen verlangen. Vom Schadensersatzanspruch ist dabei sowohl der Mangelschaden als auch der Mangelfolgeschaden erfasst[1586] so dass die Unterscheidung zwischen beiden Schadensarten insofern ihre Bedeutung verloren hat[1587]. Wichtig ist vielmehr, ob der Käufer Schadensersatz *„statt der Leistung"* verlangt, also den Schaden, der sich aus dem endgültigen Ausbleiben der Leistung ergibt oder Schadensersatz *„neben"* der Leistung. Im ersteren Fall müssen – je nach Grund der Mangelhaftigkeit – die Voraussetzungen der §§ 280, 281, 283, 311 a BGB gegeben sein, während sich der Anspruch auf Schadensersatz *„neben"* der Leistung allein nach § 280 BGB richtet[1588].

1581 Palandt/*Putzo*, § 435 Rdn. 5 f.; vgl. auch *Westermann*, NJW 2002, S. 246.

1582 Sonst kommt es gem. § 441 BGB zum Gewährleistungsausschluss. Kritisch zu § 441 BGB – *Reinking*, DAR 2001, S. 11.

1583 Dazu *Westermann*, NJW 2001, S. 248 f.; *Zimmer/Eckhold*, Jura 2002, S. 148 ff.

1584 Einer Fristsetzung bedarf es dann nicht, wenn und soweit die Fristsetzung wegen § 323 Abs. 2 BGB entbehrlich ist oder ein Fall des § 440 Satz 1 BGB vorliegt, also der Verkäufer beide Arten der Nacherfüllung wegen Unverhältnismäßigkeit verweigert hat bzw. die dem Käufer zustehende Art der Nacherfüllung fehlgeschlagen oder ihm sonst unzumutbar ist. Von vornherein sinnlos ist eine Fristsetzung zudem, wenn die beiden Nacherfüllungsvarianten infolge anfänglicher oder nachträglicher Unmöglichkeit nach § 275 BGB nicht erbracht zu werden brauchen. Unter diesen Voraussetzungen kann der Käufer sofort vom Vertrag zurücktreten oder den Kaufpreis mindern.

1585 Vgl. dazu *Lorenz*, NJW 2002, S. 2498 f.; *Zimmer/Eckhold*, Jura 2002, S. 150 f.; *Honsell*, JZ 2001, S. 281 f.

1586 Ersterer liegt darin, dass der Kaufgegenstand den Käufer im Vergleich zu einer mangelfreien Sache schlechter stellt, letzterer ist der Schaden, der an anderen Rechtsgütern des Käufers in Folge des Mangels entsteht – vgl. Palandt/*Putzo*, § 437 Rdn. 35 f.; *Emmerich*, Das Recht der Leistungsstörungen, S. 321.

1587 Vgl. auch *Lorenz*, NJW 2002, S. 2500; *Grigoleit*, ZGS 2002, S. 78 f.; *Schur*, ZGS 2002, S. 243 ff.

1588 Vgl. zum Ganzen ausf. *Emmerich*, Das Recht der Leistungsstörungen, S. 231 f.; *Lorenz*, NJW 2002, S. 2500 ff. der auch auf die unterschiedlichen Anforderungen an das *„Vertretenmüssen"* eingeht.

3. Verjährung der Gewährleistungsansprüche

Die Gewährleistungsrechte beim Kauf beweglicher Sachen verjähren – soweit keine Baumaterialien nach § 438 Abs. 2 Nr. 2 lit. b) BGB in Rede stehen – einheitlich gem. § 438 Abs. 1 Nr. 3, Abs. 2 BGB in zwei Jahren ab der Lieferung[1589].

4. Haftungsausschluss oder -beschränkung

Ein vertraglicher Ausschluss oder eine Beschränkung der Haftung für Mängel ist nach dem allgemeinen Kaufrecht grundsätzlich zulässig[1590]. Etwas anderes gilt gem. § 444 BGB nur dann, wenn der Verkäufer den Mangel arglistig verschwiegen oder eine Garantie für die Beschaffenheit der Sache übernommen hat[1591].

5. Garantie

Bei Garantien unterscheidet man zwischen unselbständiger Garantie und selbständigem Garantievertrag.

Unselbständige Garantien modifizieren das Kaufrecht zugunsten des Käufers, indem sie die gesetzliche Mängelhaftung verstärken und ergänzen. Insofern sind wiederum zwei Grundformen zu unterscheiden, die von § 443 BGB aufgegriffen werden: die Gewähr, dass die verkaufte Sache eine bestimmte Beschaffenheit aufweist (Beschaffenheitsgarantie)[1592] oder für eine bestimmte Dauer (Haltbarkeitsgarantie)[1593] behält.

Ein selbständiger Garantievertrag tritt als eigenständiges Schuldverhältnis neben den Kaufvertrag. Soweit er eine über § 434 BGB hinausgehende Einstandspflicht, insbesondere durch die verschuldensunabhängige Übernahme eines von der Sachmängelhaftung nicht gedeckten Schadens begründet[1594], wird er von § 443 BGB nicht erfasst. Selbständiger Garantievertrag ist zudem immer auch der Garantievertrag mit Dritten, insbesondere dem Hersteller[1595], der nach den allgemeinen Vorschriften der §§ 145 ff. BGB zu Stande kommt und inhaltlich typischerweise als Beschaffenheits- oder Haltbarkeitsgarantie ausgestaltet ist und dann dem Regelungsbereich des § 443 BGB explizit unterliegt.

Für Beschaffenheits- und Haltbarkeitsgarantien regelt § 433 Abs. 1 BGB, dass dem Käufer unabhängig von den Gewährleistungsrechten die in der Garantie festgelegten Rechte zu den in der Garantieerklärung und der einschlägigen Werbung angegebenen Bedingungen gegenüber

---

1589 Dies ist eine Vervierfachung gegenüber der bis zur Schuldrechtsreform geltenden Verjährungsfrist – vgl. auch Bamberger/Roth/*Faust*, § 444 Rdn. 2. Zu den Auswirkungen der Geltendmachung von Sachmängeln auf die Verjährung – vgl. ausf. *Reinking*, ZGS 2002, S. 140 ff.

1590 Palandt/*Putzo*, § 444 Rdn. 3; Bamberger/Roth/*Faust*, § 444 Rdn. 3 ff.; Hoeren/Martinek/*Malzer*, SKK, § 444 Rdn. 5.

1591 Zur Problematik, inwiefern eine Beschaffenheitsvereinbarung als Beschaffenheitsgarantie i.S.v. §§ 443, 444 BGB ausgelegt werden kann – vgl. *Schulte-Nölke*, ZGS 2002, S. 74 f.

1592 Dazu *Oetker/Maultzsch*, Vertragliche Schuldverhältnisse, S. 123.

1593 Dazu *Oetker/Maultzsch*, Vertragliche Schuldverhältnisse, S. 123 f.; zur Abgrenzung vgl. auch Bamberger/Roth/*Faust*, § 443 Rdn. 9.

1594 Vgl. *Oetker/Maultzsch*, Vertragliche Schuldverhältnisse, S. 124; Palandt/*Putzo*, § 443 Rdn. 4.

1595 *Larenz*, BT I, § 41 a, S. 83; *Medicus*, SR II, Rdn. 96; *Oetker/Maultzsch*, Vertragliche Schuldverhältnisse, S. 125.

dem Garanten zustehen[1596]. Im Falle einer Haltbarkeitsgarantie trifft § 443 Abs. 2 BGB eine Beweislastregel zugunsten des Käufers, indem widerleglich vermutet wird, dass ein während ihrer Geltungsdauer auftretender Sachmangel die Rechte aus der Garantie begründet.

Bei einer Beschaffenheitsgarantie ist die Garantiefrist regelmäßig als Verjährungsfrist für die Ansprüche aus der Garantie auszulegen. Fehlt es an einer solchen Frist, ist § 438 BGB analog anzuwenden. Für Haltbarkeitsgarantien ist aus § 443 Abs. 2 BGB abzuleiten, dass die Garantieansprüche nicht schon mit Ablauf der Garantiefrist ablaufen. Mangels anderweitiger Vereinbarung wird anzunehmen sein, dass ab Entdeckung des Mangels durch den Käufer eine Verjährungsfrist analog § 438 Abs. 1 BGB zu laufen beginnt[1597].

II. Die Modifikationen des Kaufrechts beim Verbrauchsgüterkauf

Auf diesem – nur kurz umrissenen – Regelungskomplex bauen nun die §§ 474 ff. BGB auf und erweitern in Umsetzung der Vorgaben der Verbrauchsgüterkauf-RL[1598] den Schutz zugunsten des privaten Endabnehmers beim Verbrauchsgüterkauf[1599].

Soweit ein Verbraucher von einem Unternehmer eine bewegliche Sache kauft, gelten demnach zusätzlich zu den §§ 433 ff. BGB – von den §§ 445, 447 BGB abgesehen[1600] – die §§ 474 ff. BGB, unabhängig davon, ob es sich um neue, gebrauchte oder verderbliche Ware handelt. Der Anwendungsbereich der §§ 474 ff. BGB wird zudem durch § 480 BGB auf Tauschverträge und durch § 651 S. 1 auf Werklieferungsverträge erweitert[1601].

Das Recht des Verbrauchsgüterkaufs gilt nach § 474 Abs. 1 S. 2 BGB lediglich dann nicht, wenn eine gebrauchte Sache in Rede steht, die in einer öffentlichen Versteigerung verkauft wurde, an der der Verbraucher persönlich teilnehmen konnte. In diesem Fall gelten die §§ 433 ff. BGB ohne verbraucherschutzrechtliche Modifikation. Davon abgesehen lassen sich auch außerhalb des BGB Ausnahmetatbestände finden, so z.B. in § 806 ZPO für die öffentliche Versteigerung (§§ 814 ff. ZPO) oder den freihändigen Verkauf gepfändeter Ware (§§ 817 a Abs. 3, 821, 825 ZPO) bzw. in §§ 56 S. 3, 55 Abs. 2 ZVG beim Erwerb von Zubehörstücken im Rahmen einer Zwangsversteigerung.

1596 Zu den Einzelheiten *Oetker/Maultzsch*, Vertragliche Schuldverhältnisse, S. 125 ff.; Palandt/*Putzo*, § 443 Rdn. 22.

1597 So *Oetker/Maultzsch*, Vertragliche Schuldverhältnisse, S. 126, 127 f.; vgl. auch BGH, NJW 1979, S. 645. a.A. wohl Palandt/*Putzo*, § 443 Rdn. 23, der auf die regelmäßige Verjährungsfrist des § 195 BGB abstellt und auch den Fristbeginn abweichend bestimmt. HK-BGB/*Saenger*, § 443 Rdn. 4 f. stellt hinsichtlich des Fristbeginns immer auf die Entdeckung des Mangels ab.

1598 RL 1999/44/EG v. 25.5.1999, ABlEG L 171, S. 12 ff. Zur RL vgl. *Reich/Micklitz*, Europäisches Verbraucherrecht, S. 645 ff.; zur Umsetzung vgl. *Honsell*, JZ 2001, S. 278 ff.; *Pfeiffer*, ZGS 2002, S. 94 f., 138 ff., 217 ff., 390 ff.

1599 Auf den in den §§ 478, 479 BGB geregelten Rückgriff des Letztverkäufers auf den Lieferanten braucht mangels Verbraucherschutzrelevanz nicht eingegangen werden – dazu *Bereska*, ZGS 2002, S. 59 ff.; *Ernst/Gesell*, ZIP 2001, S. 1393 ff.; *M. Hassemer*, ZGS 2002, S. 100 ff.; *Staudinger*, ZGS 2002, S. 63 ff.; *Wagner/Neuenhahn*, ZGS 2002, S. 395 ff.; *Westermann*, NJW 2002, S. 252 f.; *v. Westphalen*, DB 1999, S. 2553 ff.

1600 Dazu s.u. 1.

1601 Vgl. für den Tausch AnwK-BGB/ *Büdenbender*, § 480 Rdn. 2, der darauf hinweist, dass Tauschverträge in der Praxis überwiegend zwischen Privatpersonen geschlossen werden; für den Werklieferungsvertrag *Mankowski*, MDR 2003, S. 857 ff.

1. Ausschluss der §§ 445, 447 BGB

Die §§ 445, 447 BGB sind gem. § 474 Abs. 2 BGB im Geltungsbereich der §§ 474 ff. BGB nicht anzuwenden. Haftungsbegrenzungen bei öffentlichen Versteigerungen, die nicht unter § 474 Abs. 1 S. 2 BGB fallen, sind demnach beim Verbrauchsgüterkauf nicht möglich und beim Versendungskauf geht die Gefahr des zufälligen Untergangs sowie der zufälligen Verschlechterung erst nach Maßgabe des § 446 BGB, also grundsätzlich erst mit Übergabe der Sache an den Verbraucher, auf diesen über[1602].

2. Unabdingbarkeit

Die wohl wichtigste Modifizierung im Rahmen des Verbrauchsgüterkaufs erfolgt durch § 475 Abs. 1 S. 1 BGB. Danach kann sich der Verkäufer vor Mitteilung des Mangels nicht mit Erfolg auf eine Vereinbarung berufen, die zum Nachteil des Verbrauchers von den §§ 433 bis 435, 437, 439 bis 443 BGB oder der §§ 474 ff. BGB abweicht[1603].

Im Ergebnis werden die genannten Bestimmungen zeitlich begrenzt in den Stand einseitig zwingenden Rechts erhoben, so dass es dem Verkäufer verwehrt ist, mittels AGB oder Individualvereinbarungen hinter dem gesetzlichen Leitbild der vorgenannten Bestimmungen zurückzubleiben. Nach Anzeige des Mangels sind die Parteien jedoch frei, im Hinblick auf den angezeigten Mangel Abreden zu treffen, die sich in Widerspruch zu den §§ 433 bis 435, 437, 439 bis 443 BGB oder den §§ 474 ff. BGB setzen.

Da der Phantasie der Kautelarpraxis naturgemäß keine Grenzen gesetzt sind, lassen sich die vielfältigen Möglichkeiten einer Abweichung vom gesetzlich vorgesehenen Leitbild der §§ 433 bis 435, 437, 439 bis 443 BGB oder den §§ 474 ff. BGB nur sehr schwer systematisieren. Nimmt man die Gewährleistungsrechte des § 437 Nr. 1 und 2 BGB in den Blick, so ist dem Unternehmer beispielweise verwehrt, mittels AGB oder Individualvereinbarungen die Wahl zwischen den möglichen Arten der Abhilfe entgegen § 439 Abs. 1 BGB weg vom Käufer auf sich zu verlagern, die Kosten der Abhilfe trotz § 439 Abs. 2 BGB in irgendeiner Form auf den Verbraucher abzuwälzen oder ein Fehlschlagen der Nachbesserung erst bei einer höheren Anzahl als zwei erfolglosen Nachbesserungsversuchen anzuerkennen. Ebenfalls keinen Erfolg wird der Verkäufer mit Vertragsklauseln haben, mittels derer die Verbraucherrechte auf Vertragsauflösung oder Minderung des Kaufpreises ausgeschlossen oder von einem Verschuldenserfordernis abhängig gemacht werden, um gerade bei unverändert veräußerter Handelsware sich seiner Haftung zu entledigen. Ferner greift § 475 Abs. 1. S. 1 ein, wenn sämtliche Gewährleistungsrechte, und nicht nur das Recht auf Vertragsauflösung (vgl. § 323 Abs. 5 S. 2 BGB), für geringfügige Vertragswidrigkeiten ausgeschlossen werden. Beschränkungen können auch daraus resultieren, dass die Parteien einen zuungunsten des Verbrauchers abweichenden Maßstab von § 442 oder § 443 BGB vereinbaren.

1602 Dazu *Zimmer/Eckhold*, Jura 2003, S. 153 m.w.N.; Bamberger/Roth/*Faust*, § 474 Rdn. 20 f.

1603 Durch die Formulierung „*nicht berufen*", ist klargestellt, dass der Kaufvertrag wirksam ist, sich der Verkäufer insbesondere nicht auf § 139 BGB berufen kann – vgl. Palandt/*Putzo*, § 475 Rdn. 5.

Besondere Probleme ergeben sich mit Blick auf § 434 Abs. 1 S. 1 BGB, der gerade voraussetzt, dass die Parteien sich über die Beschaffenheit der Ware verständigen können. So gesehen ergibt sich ein Konflikt zwischen der in § 434 Abs. 1 S. 1 BGB betonten Vertragsfreiheit und dem Gebot, das Gewährleistungsregime einseitig zwingend auszugestalten[1604].

3. Umgehungsverbot

Durch das in § 475 Abs. 1 S. 2 BGB geregelte Umgehungsverbot sollen auch anderweitige Gestaltungen, die den Schutz des Verbrauchers mittelbar beseitigen wollen, ausgeschlossen werden[1605].

4. Verjährungsfristen

§ 475 Abs. 2 BGB gestaltet die Gewährleistungsfristen in § 438 Abs. 1 Nr. 2 lit. b) sowie Nr. 3 BGB als zwingende Bestimmungen aus, freilich mit einer wichtigen Ausnahme für gebrauchte Güter. Für diese kann der Verkäufer mit dem Verbraucher eine kürzere Verjährungsfrist vereinbaren, soweit nicht eine Mindestfrist von einem Jahr unterschritten wird[1606]. Nach Maßgabe des § 214 BGB besteht auch nach Verjährung die Mängeleinrede fort.

5. Gestaltungsmöglichkeiten beim Schadensersatz

§ 475 Abs. 3 nimmt die in § 437 Nr. 3 BGB aufgeführten Ansprüche auf Schadensersatz von der Geltung der § 475 Abs. 1 und Abs. 2 BGB aus[1607]. Betroffen sind hiervon insbesondere der Anspruch auf Schadensersatz statt Leistung, der dem Käufer gem. §§ 437 Nr. 3 i.V.m. § 281 BGB zusteht und der Anspruch auf Ersatz des Mangelfolgeschadens nach §§ 437 Nr. 3 i.V.m. § 280 Abs. 1 BGB. Da der Aufwendungsersatz in § 284 BGB als Frustrationsschadensersatz zu qualifizieren sein wird, findet § 475 Abs. 3 hier ebenfalls Anwendung[1608].

Diese Schadensersatzansprüche können also gegenüber dem Verbraucher individualrechtlich ausgeschlossen bzw. beschränkt werden[1609]. Unberührt bleibt aber die Inhaltskontrolle von AGB nach den §§ 307 ff. BGB, wobei vor allem die Grenzen des Haftungsausschlusses nach § 309 Nr. 7 und Nr. 8 lit. a) BGB zu beachten sind[1610].

1604 Vgl. dazu *Schulte-Nölke*, ZGS 2002, S. 184 ff.; *M. Hassemer*, ZGS 2002, S. 96 f.

1605 Dazu Bamberger/Roth/*Faust*, § 475 Rdn. 6; zu möglichen Umgehungsmöglichkeiten beim Autokauf – vgl. *Reinking*, DAR 2001, S. 9 f.

1606 Bamberger/Roth/*Faust*, § 475 Rdn. 14; *M. Hassemer*, ZGS 2002, S. 97.

1607 Grund hierfür ist, dass Schadensersatz nicht Gegenstand der Verbrauchsgüterkauf-RL war – vgl. Bamberger/Roth/*Faust*, § 475 Rdn. 17; Jauernig/*Berger*, § 475 Rdn. 8.

1608 Vgl. *Oetker/Maultzsch*, Vertragliche Schuldverhältnisse, S. 181; Bamberger/Roth/*Faust*, § 475 Rdn. 17.

1609 *M. Hassemer*, ZGS 2002, S. 97.

1610 Vgl. *M. Hassemer*, ZGS 2002, S. 97; allg. zu § 309 Nr. 7 und 8 BGB Palandt/*Heinrichs*, § 309 Rdn. 40 ff.; *Michalski*, Verbraucherschutzrecht, S. 80 ff.

6. Beweislastumkehr

Zeigt sich innerhalb von sechs Monaten seit dem Gefahrübergang ein Sachmangel, so ist nach § 476 BGB zugunsten des Verbrauchers zu vermuten, dass die Sache bereits im Zeitpunkt des Gefahrübergangs mangelhaft war[1611], es sei denn, diese Vermutung ist mit der Art der Sache oder des Mangels nicht zu vereinbaren[1612]. Dem Verbraucher obliegt es demnach, die Existenz eines Mangels, der innerhalb von sechs Monaten erkennbar wurde, nachzuweisen. Er ist lediglich von dem an sich ihn treffenden Beweis befreit, dass die Sache gerade zur Zeit des Gefahrübergangs fehlerhaft war (vgl. § 363 BGB). Weist der Verkäufer nach, dass die Vermutung mit der Art des Gutes oder mit der Art der Vertragswidrigkeit unvereinbar ist, trifft den Verbraucher auch innerhalb der ersten sechs Monate die Beweislast dafür, dass die Ware schon im Zeitpunkt des Gefahrübergangs mangelhaft war. Gerade im Hinblick auf die Ausnahmeregelungen ergeben sich gegenwärtig immer noch Schwierigkeiten, inwieweit nämlich nicht die Art der Sache bei Gebrauchtwaren stets der Beweislastumkehr entgegenstehen[1613].

7. Garantie

Räumt der Hersteller, der Verkäufer oder ein Dritter einem Verbraucher eine Beschaffenheits- oder Haltbarkeitsgarantie ein, bürdet § 477 BGB dem Garantiegeber besondere Informations- und Transparenzpflichten auf. So muss die Garantieerklärung einfach und verständlich abgefasst sein, einen Hinweis auf die gesetzlichen Rechte sowie ihre Resistenz gegenüber der Garantie enthalten und den Inhalt der Garantie sowie die wesentlichen Angaben zu deren Durchsetzung wiedergeben. Auf Verlangen des Verbrauchers hat der Garant die Garantieerklärung gem. § 477 Abs. 2 BGB in Textform auszuhändigen.

Ist eine der besagten Anforderungen nicht erfüllt, können den Garantiegeber neben Ansprüchen des Verbrauchers aus den §§ 280, 311 Abs. 2, 241 Abs. 2 BGB auch Folgen aus §§ 1, 3 UWG und § 2 UKlaG treffen[1614]. Die Wirksamkeit der Garantie wird hiervon aber gem. § 477 Abs. 3 BGB nicht berührt[1615]. Unklare Garantien sind zugunsten des Verbrauchers auszulegen[1616].

1611 Kritisch zur Beweislastumkehr *Honsell*, JZ 2001, S. 279 f. m.w.N.

1612 Dieser Einschränkung ist unerlässlich, da viele Verbrauchsgüter, insbesondere Lebensmittel, eine Haltbarkeitsdauer haben, die weit unter 6 Monaten liegt – vgl. auch *Honsell*, JZ 2001, S. 279.

1613 Vgl. *Westermann*, NJW 2002, S. 244.

1614 *Zimmer/Eckhold*, Jura 2003, S. 154; Bamberger/Roth/*Faust*, § 477 Rdn. 13.

1615 Zu den Einzelheiten Bamberger/Roth/*Faust*, § 477 Rdn. 11 f.; Hoeren/Martinek/*Bohne*, SKK, § 477 Rdn. 11 ff.

1616 Vgl. BT-Drs. 14/6040, S. 246; Bamberger/Roth/*Faust*, § 477 Rdn. 12.; Hoeren/Martinek/*Bohne*, SKK, § 477 Rdn. 12.

8. Stellungnahme

Die §§ 474 ff. BGB erweitern den Verbraucherschutz beim Kauf beweglicher Sachen erheblich. Dass bessere Gewährleistungsrechte zumindest teilweise über den Preis an den Verbraucher weitergegeben werden, liegt auf der Hand. Besonders bei höherwertigen Kaufsachen dürfte aber in der Regel das Interesse an der Mangelfreiheit bzw. widrigenfalls an Sachmängelgewährleistungsansprüchen überwiegen. Zudem ist zu erwarten, dass sich die Produkte qualitativ verbessern, wenn ansonsten mit Gewährleistungsansprüchen zu rechnen ist. Bei geringwertigen und gebrauchten Sachen ist es indes durchaus denkbar, dass die vom Verkäufer einzukalkulierenden Gewährleistungskosten, den Wert der Kaufsache erheblich übersteigen können bzw. eine Mängelhaftung außer Verhältnis zum eigentlichen Kaufpreis steht. Zum Teil wird schon der Verbraucher von sich hier auf die Geltendmachung verzichten, da sie auch für ihn zu aufwendig ist bzw. er nicht mehr über entsprechende Nachweismöglichkeiten verfügt. Darüber hinaus käme eine Bagatellgrenze als Lösung in Betracht, bis zu der beispielsweise nur eine sechsmonatige Verjährungsfrist gilt, was aber andererseits auch wieder zu einer Verkomplizierung des Verjährungsrechts führen würde.

Insgesamt problematisch ist, dass die Vertragsfreiheit derart eingeschränkt wird, dass es sogar dem Verbraucher verwehrt ist, sich beispielsweise seine Gewährleistungsrechte über einen niedrigeren Kaufpreis *„abkaufen"* zu lassen. Die Stärkung der Verbraucherrechte beim Sachmängelgewährleistungsrecht geht mithin einher mit einer gewissen Entmündigung des Verbrauchers. Eine Öffnung der Gestaltungsfreiheit insofern, als es dem Verbraucher freisteht ganz oder zum Teil auf seine Gewährleistungsrechte zu verzichten, würde jedoch den Nachweis erfordern, dass ein solcher Haftungsausschluss tatsächlich vom Verbraucher ausging und mithin die Gefahr des Missbrauchs begründen. Über Beschaffenheitsvereinbarungen und über § 442 BGB kann zudem mittelbar ein Haftungsausschluss begründet werden.

Uneingeschränkt zu begrüßen ist die Nichtgeltung der Gefahrtragungsregelung des § 447 BGB beim Verbrauchsgüterkauf. Soweit der Unternehmer eigene Leute einschaltete, hatte er ohnehin zumeist über § 278 BGB für Schäden beim Transport einzustehen[1617]. Bei Versendung durch Dritte bedurfte es bislang im Schadensfall der komplizierten Abwicklung über die Drittschadensliquidation. Kommt es nun zum Untergang oder zur Verschlechterung der Sache beim Transport so ist der Verbraucher außen vor. Es ist allein Sache des Unternehmers, sich mit der von ihm ja auch eingeschalteten Transportperson über die Schadensregulierung zu verständigen.

[1617] Vgl. dazu ausf. MünchKomm/*H. P. Westermann*, § 447 Rdn. 14.

7.Teil: Produktsicherheit

Für den Schutz des Verbrauchers vor Schäden kommt der Produktsicherheit besondere Bedeutung zu[1618]. In diesem Kapitel soll daher dargelegt werden, wie durch verwaltungsrechtliche Vorschriften sichergestellt wird, dass die Produkte, die der Verbraucher erwerben kann, keine Schäden zur Folge haben. Eingegangen werden soll auf die Sicherheit jedes Produkts, *„das für Verbraucher bestimmt ist oder von Verbrauchern benutzt werden könnte und das entgeltlich oder unentgeltlich im Rahmen einer Geschäftstätigkeit geliefert wird, unabhängig davon, ob es neu, gebraucht oder wiederverarbeitet ist“*[1619]. Insofern bietet sich jedoch eine Unterteilung im Hinblick auf das Lebensmittelrecht, das Arzneimittelrecht und die sicherheitsrechtlichen Anforderungen nach dem GSG an. In einem weiteren Abschnitt ist auf sonstige produktbezogene Sonderbestimmungen einzugehen.

A. Lebensmittelrecht

I. Einführung

Der Handel mit Lebensmitteln[1620] ist der umsatzstärkste Markt weltweit. Da der Verbraucher auf Lebensmittel angewiesen ist und sie zudem durch den Verzehr unmittelbar mit seinem Organismus in Berührung kommen, muss sichergestellt werden, dass gerade vor dem Hintergrund des Einsatzes von Zusatzstoffen und der Entwicklung neuartiger Lebensmittel keine Gesundheitsgefahren für den Verbraucher entstehen. Dies zu gewährleisten ist – neben dem Schutz vor Täuschung – Aufgabe des Lebensmittelrechts. Es ist insoweit Teil des Verbraucherschutzrechts[1621].

Dieser Schutz des Verbrauchers wird erreicht durch materielle Vorgaben in Gesetzen und Verordnungen an die Herstellung, das Inverkehrbringen und das Behandeln von Lebensmitteln, durch die Lebensmittelüberwachung, durch die Bewehrung der Vorschriften mit Strafen und Bußgeldern und durch die Ahndung von Verstößen, sowie durch die bereits dargestellte[1622] Information des Verbrauchers[1623].

Das Lebensmittelrecht bildet dabei *„ein kaum noch überschaubares System von Gesetzen, Verordnungen und Leitlinien“*[1624]. Hinzu kommt, dass die deutschen Rechtsnormen nicht nur erheblich von gemeinschaftsrechtlichen Vorgaben beeinflusst werden und zum Teil in Umsetzung entsprechender EU-Richtlinien erlassen wurden[1625], sondern auch unmittelbar geltendes EG-Lebensmittelrecht zu beachten ist. Aus diesem Grund soll und muss sich die

---

[1618] *Reich/Micklitz*, Europäisches Verbraucherrecht, S. 852 bezeichnen die Produktsicherheit als *„Grundrecht des Verbrauchers“*.

[1619] So die umfassende Begriffsbestimmung des Art. 2 der Produktsicherheits-RL; zum Produktbegriff vgl. auch *Klindt*, ProdSG, § 2 Rdn. 3 ff.

[1620] Zum Lebensmittelbegriff vgl. § 1 LMBG und oben 5. Teil, C. I.

[1621] *Streinz* in: Lebensmittelrechts-Hdb. I Rdn. 1.

[1622] S.o. 5. Teil, insbesondere B. und C.

[1623] *Streinz* in: Lebensmittelrechts-Hdb. I Rdn. 1.

[1624] *Borrmann/Michaelis*, Lebensmittel im europäischen Binnenmarkt, S. 70.

[1625] Vgl. *Streinz* in: Lebensmittelrechts-Hdb. I Rdn. 10 ff.

folgende Darstellung auf einen Überblick über das deutsche und europäische Lebensmittelrecht beschränken.

II. Überblick über das deutsche Lebensmittelrecht

Das deutsche Lebensmittelrecht folgt grundsätzlich dem sogenannten Missbrauchsprinzip, wonach Lebensmittel in eigener Verantwortung, d.h. ohne Genehmigung in den Verkehr gebracht werden können[1626]. Sie müssen aber den gesetzlichen Anforderungen entsprechen.

Insbesondere dürfen Lebensmittel gem. § 8 LMBG nicht geeignet sein, die Gesundheit zu schädigen[1627]. Eng damit verbunden ist die Hygiene beim Umgang mit Lebensmitteln, um Einflüsse auszuschalten, die ein Lebensmittel zum Verzehr ungeeignet machen oder gar zu Erkrankungen des Menschen führen können. Um solchen Gefahren entgegenzuwirken, sehen eine Reihe von Rechtsvorschriften, wie die LebensmittelhygieneVO[1628], die MilchVO[1629] oder die FleichhygieneVO[1630], Hygienestandards vor[1631].

Zahlreiche lebensmittelrechtliche Nachbargebiete, wie das Düngemittelrecht, das Pflanzenschutzrecht[1632] und die futtermittelrechtlichen Regelungen[1633], dienen zudem indirekt dem Schutz vor unerwünschten Rückständen. Da Pflanzenbehandlungsmittel oder bestimmte Futterbeigaben akut oder durch Anreicherung im menschlichen Körper langfristig schädlich wirken können, regeln die §§ 46 c ff. LMBG zusätzlich das Lebensmittel-Monitoring als ein *„System wiederholter Beobachtungen, Messungen und Bewertungen von Gehalten an gesundheitlich unerwünschten Stoffen, wie Pflanzenschutzmitteln, Schwermetallen und Mykotoxinen in und auf Lebensmitteln, die zum frühzeitigen Erkennen von Gesundheitsgefährdungen unter Verwendung repräsentativer Proben einzelner Lebensmittel oder der Gesamtnahrung durchgeführt werden“*[1634].

Die Lebensmittelüberwachung ist dabei gem. § 40 LMBG grundsätzlich Sache der Länder[1635].

Mit dem Bundesinstitut für Risikobewertung (BfR)[1636] und dem Bundesamt für Verbraucherschutz und Lebensmittelsicherheit (BVL)[1637] wurden im Jahr 2002 zwei neue

---

[1626] Das Verbotsprinzip, wonach verboten ist, was nicht ausdrücklich erlaubt ist, gilt dagegen grundsätzlich für Zusatzstoffe und im Rahmen der europäischen Novel-Food-VO (dazu unter C.) – vgl. auch *Streinz* in: Lebensmittelrechts-Hdb. I Rdn. 7.

[1627] Ausf. Meyer, Lebensmittelrecht, S. 15 ff.; *Rützler* in: Lebensmittelrechts-Hdb. II Rdn. 25 ff.; *Behler/Schroeder*, LMBG, Rdn. 29 ff. Zu den Auswirkungen der BasisVO Nr. 178/2002 (zur VO s.u. C.) auf § 8 LMBG – vgl. *Hecker*, ZRP 2003, S. 131.

[1628] VO v. 5.8. 1997 (BGBl. 1997 I, S. 2008) zuletzt geändert durch Vo v. 21.5.2001 (BGBl. 2001 I, S. 959).

[1629] VO über Hygiene- und Qualitätsanforderungen an Milch und Erzeugnissen auf Milchbasis i.d.F. 20.7.2000 (BGBl. 2000 I, S. 1178), zuletzt geändert durch Gesetz v. 6.8.2002 (BGBl. 2002 I, S. 3082).

[1630] Gesetz i.d.F. v. 8.7.1999 (BGBl. 1999 I, S. 1189), zuletzt geändert durch Gesetz v. 6.8.2002 (BGBl. 2002 I, S. 3082). Im Zuge der BSE-Krise kam es zusätzlich zur deutschen BSE-VO und zur europäischen VO Nr. 999/2001, ABlEG 2001 Nr. L 147, S. 1, zur Verhütung, Kontrolle und Tilgung bestimmter transmissibler spongiformer Enzephalopathien.

[1631] Vgl. *Meyer*, Lebensmittelrecht, S. 18 ff. *Schulze*, in: Lebensmittelrechts-Hdb. V Rdn. 71 ff.

[1632] Dazu *Streinz/Fuchs* in: Lebensmittelrechts-Hdb. II Rdn. 350 ff.

[1633] Dazu *Streinz/Fuchs* in: Lebensmittelrechts-Hdb. II Rdn. 371 ff.

[1634] Vgl. dazu *Streinz/Hammerl* in: Lebensmittelrechts-Hdb. IV Rdn. 1 ff.; *Steinbüchel* in: Lebensmittelrechts-Hdb. IV Rdn. 117 ff.

[1635] Vgl. *Meyer*, Lebensmittelrecht, S. 110 ff.; *Streinz/Hammerl* in: Lebensmittelrechts-Hdb. IV Rdn. 18 ff.

Institutionen zur Verbesserung der Lebensmittelsicherheit eingerichtet, die das Bundesinstitut für gesundheitlichen Verbraucherschutz und Veterinärmedizin (BgVV) ablösen.

Sanktioniert sind Verstöße gegen lebensmittelrechtliche Bestimmungen nach den §§ 51 bis 54 LMBG bzw. einzelgesetzlichen Sonderbestimmungen zumeist mit Geldbußen, in bestimmten Fällen aber auch mit Strafen[1638].

Auch der Aktionsplan Verbraucherschutz 2003 der Bundesregierung widmet sich schwerpunktmäßig der Lebensmittelsicherheit; geplant ist u.a. die Schaffung eines Lebensmittelgesetzes und eine Überarbeitung der Vorschriften zur Lebensmittelhygiene.

III. Überblick über das europäische Lebensmittelrecht

Die Entwicklung des Lebensmittelrechts auf Gemeinschaftsebene ist relativ kurz. Nach dem Urteil des EuGH im Fall Cassis de Dijon[1639] zu den zulässigen Beschränkungen des Warenverkehrs beschloss die Kommission 1985 zunächst, Gemeinschaftsvorschriften im Lebensmittelsektor auf Maßnahmen zu beschränken, die zum Gesundheitsschutz, zum Schutz der sonstigen Gemeinschaftsinteressen und zur Schaffung der nötigen Überwachungsinstrumente erforderlich waren[1640].

In der Folge kam es zu einer Reihe von Rechtsetzungsakten der Gemeinschaft.

Zur Harmonisierung des Sektors der Lebensmittelzusatzstoffe wurde 1989 die Zusatzstoff-RL[1641] erlassen.

Aus dem gleichen Jahr stammt die RL über die amtliche Lebensmittelüberwachung[1642]. Sie beschreibt die allgemeinen Grundsätze für die Durchführung der Überwachung. Ergänzt werden die Grundsätze durch die RL über Lebensmittelhygiene[1643], die die allgemeinen Hygienevorschriften für das Herstellen, das Behandeln und das Befördern harmonisieren soll. Die RL über zusätzliche Maßnahmen im Bereich der amtlichen Lebensmittelüberwachung[1644]

1636 Das Bundesinstitut für Risikobewertung soll vor allem wissenschaftliche Bewertungen über gesundheitliche Risiken im Bereich der Lebensmittelsicherheit, bei verbrauchernahen Produkten und im Bereich des Verbraucherschutzes abgeben. Seine Aufgabe ist auch die frühzeitige Unterrichtung der politischen Gremien und der Öffentlichkeit über vorhandene oder nicht auszuschließende Gefährdungen. Vgl. auch unter http://www.bfr.bund.de/cms/detail.php?template=internet_de_index_js.

1637 Das Bundesamt für Verbraucherschutz soll Aufgaben des Risikomanagements übernehmen. Es soll koordinierend bei der Lebensmittelüberwachung der Länder tätig sein und Managementaufgaben, wie z.B. die Zulassung bestimmter Stoffe, erfüllen. Vgl. auch unter http://www.bvl.bund.de/.

1638 Zum Ordnungswidrigkeiten- und Strafverfahren nach den §§ 51 ff. LMBG – vgl. *Meyer*, Lebensmittelrecht, S.160 ff.; zum Schicksal des Lebensmittelstrafrechts vor dem Hintergrund der EG-VO Nr. 178/2002 vgl. *Hecker*, ZRP 2003, S. 131 ff.

1639 Rs. 120/78, Slg. 1979, S. 649 (Cassis de Dijon) = NJW 1979, S. 1766.

1640 Vgl. Kom (85) 603 endg.

1641 RL 89/107/EWG (ABlEG 1989 Nr. L 40, S. 27), zuletzt geändert durch RL 94/34/EG (ABlEG 1994, Nr. L 237, S. 1). Aufbauend auf diese RahmenRL kam es zur Farbstoff-RL (ABlEG 1994, Nr. L 237, S. 13) zur Süßungsmittel-RL (ABlEG 1994, Nr. L 237, S. 3) und zur RL über andere Zusatzstoffe (ABlEG 1995, Nr. L 61, S. 1).

1642 RL 89/397/EWG (ABlEG 1989, Nr. L 186, S. 23).

1643 RL 93/43/EWG (ABlEG 1993, Nr. L 175, S. 1).

1644 RL 93/99/EWG (ABlEG 1993, Nr. L 290, S. 14).

vereinheitlicht u.a. die Anforderungen an Laboratorien, die amtliche Lebensmittelproben untersuchen und bewerten dürfen[1645].

Die im Mai 1997 in Kraft getretene Novel-Food-VO[1646] regelt die Geltung eines zwingenden Genehmigungs- bzw. Zulassungsverfahrens für Lebensmittel und Lebensmittelzutaten, welche gentechnisch veränderte Organismen enthalten oder aus solchen bestehen, deren Molekularstruktur verändert ist, sowie für Lebensmittel, bei deren Herstellung ein neuartiges Verfahren angewendet wurde[1647]. Der wachsenden Besorgnis vor mit ionisierenden Strahlen behandelten Lebensmitteln und Lebensmittelbestandteilen tragen die Richtlinien 99/2/EG[1648] und 99/3/EG[1649] Rechnung.

Nach mehrfacher Kritik an der Komplexität, Bruchstückhaftigkeit und mangelnden Kohärenz des Lebensmittelrechts und beeinflusst durch die BSE-Krise kam es 1997 zum Grünbuch über die allgemeinen Grundsätze des Lebensmittelrechts[1650]. Als Hauptziele des Lebensmittelrechts der EG wurden darin definiert:

- ein hohes Maß an Schutz der Volksgesundheit sowie der Sicherheit und der Interessen der Verbraucher zu gewährleisten;
- den freien Warenverkehr innerhalb des Binnenmarkts zu sichern;
- zu gewährleisten, dass die Rechtsvorschriften auf wissenschaftlichen Erkenntnissen und Risikobewertungen beruhen;
- die Wettbewerbsfähigkeit der europäischen Industrie zu sichern und ihre Exportchancen zu verbessern;
- die Primärverantwortung für die Lebensmittelsicherheit den Erzeugern, Verarbeitern und Lieferanten zuzuweisen;
- für Kohärenz, Rationalität und Klarheit der Gesetzgebung zu sorgen[1651].

Ausgehend von den Konsultationen zum Grünbuch erarbeitete die Kommission das Weißbuch zur Lebensmittelsicherheit[1652], in dem die Strategieziele, Prioritäten und das Arbeitsprogramm sowie über 80 Einzelmaßnahmen aufgeführt sind. Damit soll die gesamte Lebensmittelkette einschließlich der Futtermittelherstellung abgedeckt, ein hohes Gesundheitsschutzniveau für die Verbraucher herbeigeführt und Erzeugern, Industrie und Lieferanten eindeutig die Hauptverantwortung für sichere Lebensmittel übertragen werden. Ein weiterer Schwerpunkt ist die Verschärfung der Kontrollen vom Erzeuger bis zum Verkauf an Endverbraucher auf

---

1645 Vgl. zu den europarechtlichen Vorgaben der Lebensmittelüberwachung *Streinz/Hammerl* in: Lebensmittelrechts-Hdb. IV Rdn. 1 ff.

1646 VO Nr. 258/07 v. 27.1.1997, ABlEG 1997 Nr. L 43 v. 14.2.1997, S. 1 – siehe bereits oben 5. Teil, C. I.

1647 Vgl. auch *Streinz*, in: Lebensmittelrechts-Hdb. II Rdn. 504 ff.; *Büscher*, in Streinz, Novel Food, S. 21 ff. Für Lebens- und Futtermittel aus gentechnisch veränderten Organismen soll es in der EU künftig eine eigene Rechtsgrundlage geben – vgl. Kommissionsvorschlag KOM (2001) 182.

1648 ABlEG 1999 Nr. L 66, S. 16.

1649 ABlEG 1999 Nr. L 66, S. 24.

1650 Grünbuch der Kommission, Brüssel 1997, KOM (97) 176 endg.

1651 Vgl. auch http://europa.eu.int/scadplus/leg/de/lvb/l21220.htm

1652 Weißbuch der Kommission, Brüssel, 12.1.2000 KOM (2000) 719 endg. – vgl. auch http://europa.eu.int/comm/dgs/health_consumer/library/pub/pub06_de.pdf.

nationaler und europäischer Ebene, wobei einer der wichtigsten Punkte die Rückverfolgbarkeit durch die gesamte Herstellungskette ist. Als Hauptinstrument wird die Einrichtung einer Europäischen Behörde für Lebensmittelsicherheit genannt.

Durch die Verordnung des Europäischen Parlaments und des Rates zur Festlegung der allgemeinen Grundsätze und Anforderungen des Lebensmittelrechts, zur Errichtung der Europäischen Behörde für Lebensmittelsicherheit und zur Festlegung von Verfahren zur Lebensmittelsicherheit[1653] werden den Anliegen des Weißbuchs zur Lebensmittelsicherheit Rechnung getragen, indem „*einheitliche Grundsätze und Zuständigkeiten, die Voraussetzungen für die Schaffung eines tragfähigen wissenschaftlichen Fundaments und effiziente organisatorische Strukturen und Verfahren zur Untermauerung der Entscheidungsfindung in Fragen der Lebensmittel- und Futtermittelsicherheit festgelegt*" werden[1654]. In den Art. 22 bis 49 VO Nr. 178/2002 sind dazu insbesondere Bestimmungen zur Errichtung der Europäischen Behörde für Lebensmittelsicherheit sowie über deren Aufgaben, Organisation, Arbeitsweise und Finanzierung enthalten[1655].

B. Arzneimittelrecht

Nicht zum Lebensmittelrecht gehört das Arzneimittelrecht[1656], das im AMG seine gesetzliche Grundlage hat[1657] und im Interesse einer ordnungsgemäßen Arzneimittelversorgung von Mensch und Tier für die Sicherheit im Verkehr mit Arzneimitteln[1658], insbesondere im Hinblick auf ihre Qualität, Wirksamkeit und Unbedenklichkeit sorgt. Insbesondere steht die Herstellung von Arzneimitteln gem. § 13 Abs. 1 AMG grundsätzlich unter Erlaubnisvorbehalt und Arzneimittel bedürfen gem. § 21 Abs. 1 AMG grundsätzlich der Zulassung durch das Bundesinstitut für Arzneimittel und Medizinprodukte (BfArM)[1659].

Für eine Reihe von Lebensmitteln ist nach Maßgabe der §§ 43 bis 46 AMG als Vertriebsweg die Apotheke festgelegt[1660]. Soweit es aus Gründen der Arzneimittelsicherheit erforderlich ist, besteht Verschreibungspflicht nach Maßgabe der §§ 48 ff. AMG. Besondere ärztliche Verschreibungen gibt es für Arzneimittel, welche unter das BTMG fallen[1661].

1653 VO Nr. 178/2002 v. 28.1.2002, ABlEG Nr. L 31 v. 1.2.2002, S. 1 ff. – sog. Basisverordnung; vgl. dazu *Hecker*, ZRP 2003, S. 131 f.; zur Verantwortlichkeit in der Lebensmittelkette nach der Basisverordnung vgl. *Dannecker*, ZLR 2002, S. 19 ff.

1654 So die Zielsetzung nach Art. 1 Abs. 1 der VO 178/2002.

1655 Näheres zur Europäischen Behörde für Lebensmittelsicherheit unter http://www.efsa.eu.int/index_de.html .

1656 Dazu *Streinz/Fuchs*, in: Lebensmittelrechts-Hdb. II Rdn. 362 ff.; *Zipfel/Rathke*, Lebensmittelrecht, Bd. 5, A 52.

1657 Zu den europäischen Arzneimittelregelungen vgl. *Reich/Micklitz*, Europäisches Verbraucherrecht, S. 863 ff.

1658 Arzneimittel werden in § 2 Abs. 1 AMG legal definiert. Im Unterschied zu Lebensmitteln werden sie gerade nicht zur Ernährung und/oder zum Genuss verzehrt. Vgl. zum Arzneimittelbegriff auch die einschlägigen Kommentierungen etwa *Rehmann*, AMG, § 2 Rdn. 2 ff.; *Deutsch/Lippert*, AMG, § 2 Rdn. 3 ff.

1659 Vgl. zum BfArM unter http://www.bfarm.de/de/DasBfArM/index.php.

1660 Vgl. auch die VO über apothekenpflichtige und freiverkäufliche Arzneimittel (BGBl. 1988 I, S. 2150, BGBl. 1989 I, S. 254) und § 17 Apothekenbetriebsordnung sowie *Mand*, WRP 2003, S. 36 ff. der auf den Arzneimittelversand durch Unternet-Apotheken im Europäischen Binnenmarkt eingeht.

1661 Vgl. *Borchert*, Verbraucherschutzrecht, S. 78.

C. Gerätesicherheit nach dem GSG

Ausgehend vom Schutz der Arbeitnehmer vor Gefahren, die vom Betrieb von Maschinen ausgehen, will das GSG[1662] verhindern, dass sicherheitstechnisch inakzeptable Geräte von dem Hersteller in den Verkehr gebracht werden. Die vom GSG erfassten Geräte gehen dabei aber so weit, dass auch vom Verbraucher üblicherweise erworbene Gebrauchsgegenstände erfasst werden, sodass das GSG also auch dem Verbraucher zu Gute kommt[1663]. So bezieht sich das GSG in seinem Anwendungsbereich gem. § 1 Abs. 1 GSG auf das Inverkehrbringen und Ausstellen technischer Arbeitsmittel, die gewerbsmäßig oder selbständig im Rahmen einer wirtschaftlichen Unternehmung erfolgen. Vom Begriff technischer Arbeitsmittel erfasst bzw. diesen gleichgestellt sind aber nicht nur Werkzeuge und Arbeitsgeräte sondern etwa auch Haushaltsgeräte, Sport-, Freizeit- und Bastelgeräte sowie Spielzeug.

Alle diese Gegenstände dürfen gem. § 3 Abs. 1 S. 1 und 2 GSG nur in den Verkehr gebracht werden, wenn sie den gesetzlichen Anforderungen[1664] bzw. den allgemeinen Regeln der Technik entsprechen und insbesondere Leben oder Gesundheit der Benutzer oder Dritter bei bestimmungsgemäßer Verwendung nicht gefährdet werden. Die zuständige Behörde[1665] hat gem. § 5 GSG gegebenenfalls die erforderlichen Maßnahmen[1666] zu treffen, um ein gegen § 3 GSG verstoßendes Inverkehrbringen zu unterbinden.

Verstöße gegen § 3 Abs. 1 S. 1 und 2 GSG können Schadensersatzansprüche wegen unerlaubter Handlung nach den §§ 823 ff. BGB und Produzentenhaftung zur Folge haben[1667]. § 3 Abs. 1 S. 1 und 2 GSG sind dabei Schutzgesetze i.S.d. § 823 Abs. 2 BGB[1668].

Die §§ 16, 17 GSG enthalten schließlich Bußgeld- und Straftatbestände.

1662 Gesetz über technische Arbeitsmittel v. 24.6.1968, i.d.F. der Bekanntmachung v. 11.5.2001 (BGBl. 2001 I, S. 866).

1663 Ausf. *Peine*, GSG, Einführung Rdn. 50 ff.; *Lukes*, RdA 1969, S. 220 ff.

1664 Hier sind vor allem die auf Grund von § 4 GSG erlassenen Rechtsverordnungen relevant – vgl. dazu *Peine*, GSG, Anhang (S. 317 ff.).

1665 Der Vollzug des GSG obliegt durchweg den staatlichen Gewerbeaufsichtsämtern – vgl. *Peine*, GSG, § 5 Rdn. 8.

1666 Vgl. dazu auch § 6 GSG – möglich sind die Untersagung, die Anordnung des Rückrufs, die Sicherstellung und bei Gefahr in Verzug auch die hoheitliche Warnung der Öffentlichkeit.

1667 Dazu ausf. *Peine*, GSG, § 3 Rdn. 143 ff.

1668 Vgl. OLG Köln, NJW-RR 1991, S. 414; *Peine*, GSG, § 3 Rdn. 157.

D. Sonstige produktbezogene Sicherheitsbestimmungen

In Deutschland besteht über die bereits behandelten Regelungen hinaus noch ein „*Flickenteppich*"[1669] sonstiger produktbezogener Sicherheitsbestimmungen. So ist für gentechnische Produkte das GenTG[1670], für Bauprodukte das BauPG[1671], bei Medizinprodukten das MedizinprodukteG, für Chemikalien das ChemG[1672], für Waffen das WaffG[1673] zu beachten[1674].

Im August 1997 ist zur Umsetzung der Produktsicherheits-RL[1675] zudem das ProdSG[1676] in Kraft getreten. Seine Bedeutung liegt insbesondere in der Erfassung von Gebrauchsgeräten, die zur privaten Nutzung durch den Verbraucher gewerbs- oder geschäftsmäßig in den Verkehr gebracht werden[1677]. Unter das Gesetz fallende Produkte dürfen u.a. gem. § 4 ProdSG nur in den Verkehr gebracht werden, wenn sie sicher sind, also von ihnen keine Gefahr für die Gesundheit und Sicherheit von Personen ausgeht. Ähnlich wie nach dem GSG können widrigenfalls von der zuständigen Behörde[1678] die erforderlichen Maßnahmen, insbesondere auch Warnungen, vorgenommen werden.

Inwieweit das ProdSG Schutzgesetzcharakter hat und mithin Verletzungen des Gesetzes Schadensersatzansprüche nach § 823 Abs. 2 BGB begründen können, ist strittig[1679]. In Betracht kommt aber jedenfalls die Produkthaftung nach § 823 Abs. 1 BGB und dem ProdHaftG.

§ 15 ProdSG regelt schließlich Bußgeldtatbestände.

1669 So *Klindt*, ProdSG, § 2 Rdn. 1.

1670 Gesetz zur Regelung der Gentechnik v. 16.12.1993 (BGBl. 1993 I, S. 2066); zuletzt geändert durch das Zweite Gesetz zur Änderung des Gentechnikgesetzes vom 16.08.2002 (BGBl 2002 I, S. 3220).

1671 Bauproduktengesetz i.d.F. v. 28.4.1998 (BGBl. 1998 I, S. 812), zuletzt geändert durch Gesetz v. 15.12.2001 (BGBl. 2001 I, S. 3762).

1672 Gesetz zum Schutz vor gefährlichen Stoffen i.d.F. v. 20.6.2002 (BGBl. 2002 I, S. 2090), zuletzt geändert durch Gesetz 6.8.2002 (BGBl. 2002 I, S. 3082).

1673 Gesetz i.d.F v. 11.10.2002 (BGBl. 2002 I, S. 3970), zuletzt geändert durch Gesetz v. 19.12.2002 (BGBL. 2002 I, S. 4592).

1674 Vgl. auch *Klindt*, ProdSG, § 2 Rdn. 25 ff.

1675 RL 92/59/EWG über die allgemeine Produktsicherheit, ABlEG Nr. L 228 v. 11.8.1992, S. 24. Durch die Produktsicherheits-RL 2001/95/EG wird die RL 92/59/EWG ab dem 15.1.2004 aufgehoben – vgl. dazu auch *Reich/Micklitz*, Europäisches Verbraucherrecht, S. 905 ff.

1676 Gesetz v. 22.4.1997 (BGBl. 1997 I, S. 934). Nach dem Aktionsplan Verbraucherschutz 2003 der Bundesregierung ist – im Zuge der Umsetzung der Produktsicherheits-RL 2001/95/EG (ABlEG Nr. L 11 v. 15.1.2001, S. 4) – eine Zusammenführung des GSG und des ProdSG geplant.

1677 *Klindt*, ProdSG, § 2 Rdn. 38.

1678 Dazu *Klindt*, ProdSG, § 7 Rdn. 4.

1679 Kritisch *Klindt*, ProdSG, § 4 Rdn. 16; § 5 Rdn. 9; § 6 Rdn. 35; § 8 Rdn. 36; § 9 Rdn. 17; im Hinblick auf die Rechtslage bei § 3 GSG aber an sich naheliegend.

8.Teil: Produkthaftung

Produkthaftung ist die Haftung des Herstellers oder ihm vergleichbarer Personen für die durch ein Produkt ausgelösten Schäden[1680]. Durch diese primäre Anknüpfung an die durch ein Produkt ausgelösten Schäden, wird sie nicht allein gegenüber Verbrauchern relevant, sondern grundsätzlich allgemein gegenüber den Geschädigten. Für den Schutz des Verbrauchers ist sie aber besonders bedeutsam und es bestehen zudem zum Teil Sonderregelungen zu seinen Gunsten.

Unterteilt werden kann die Produkthaftung in die vertragliche, die deliktische und die Produkthaftung nach dem ProdHaftG[1681]. Daneben bestehen spezialgesetzliche Produkthaftungsregelungen. Einzugehen ist zudem auf die strafrechtliche Produktverantwortung. Soweit keine verbraucherspezifischen Besonderheiten bestehen, soll sich die Darstellung auf einen Überblick beschränken.

A. Vertragliche Haftung

Im Regelfall schließt der Verbraucher den Kaufvertrag nicht mit dem Hersteller des Produkts selbst, sondern mit einem mit diesem nicht identischen Verkäufer, so dass unmittelbare vertragliche Ansprüche gegen den Hersteller grundsätzlich ausscheiden[1682].

Gegen den Verkäufer stehen ihm bei Mangelhaftigkeit des Produkts die Gewährleistungsrechte nach den §§ 437 ff. BGB zu[1683]. Bei schuldhafter Schlechterfüllung des Kaufvertrags haftet der Verkäufer gem. § 437 Nr. 3 BGB sowohl für Mangelschäden[1684] als auch Mangelfolgeschäden[1685], die einheitlich der Verjährung nach § 438 BGB unterliegen[1686].

B. Grundzüge der deliktischen Produkthaftung

Die deliktische Produkthaftung stützt sich auf die §§ 823 ff. BGB.

Anders als die Vertragshaftung richtet sie sich nicht gegen den Vertragspartner, sondern vor allem gegen den Hersteller des Produkts.

Die deliktische Produkthaftung besteht neben der Haftung aus dem ProdHaftG und unterscheidet sich von dieser vor allem durch das Verschuldenserfordernis und durch die Möglichkeit der Exculpation im Rahmen des § 831 BGB.

1680 *Hammerl*, in: Lebensmittelrechts-Hdb. III Rdn. 1 a; *Schmidt-Salzer*, Produkthaftung, Bd. III/1, Rdn. 4.047; *Reich/Micklitz*, Europäisches Verbraucherrecht, S. 1034 f.

1681 So *Hammerl*, in: Lebensmittelrechts-Hdb. III Rdn. 1 a, 4 ff.; vgl. auch die Einteilung im Produkthaftungshandbuch-*v. Westphalen* bzw. -*Foerste*, § 1 Rdn. ff.; § 18 ff.; § 70 ff. Nach *Schmidt-Salzer*, Produkthaftung, Bd. III/1, Rdn. 4.053 soll die Produkthaftung nicht die Gewährleistungshaftung erfassen. Dies ist jedoch schon deshalb bedenklich, weil auch Mangelfolgeschäden nach dem Gewährleistungsrecht ersetzt werden können.

1682 *Larenz*, BT 1, § 41 a, S. 81 ff. m.w.N. Vertragliche Ansprüchge gegen den Hersteller kommen nur aus besonderen, zusätzlichen Gründen, etwa Herstellergarantie, in Betracht – vgl. *Medicus*, SR II, Rdn. 96 ff.

1683 Zu den Einzelheiten, insbesondere zu den Besonderheiten beim Verbrauchsgüterkauf s.o. 6. Teil, F.

1684 Dies sind Schäden am Kaufgegenstand, die an sich durch Nacherfüllung beseitigt werden könnten – vgl. Palandt/*Putzo*, § 437 Rdn. 33.

1685 Dies sind Schäden an anderen Rechtsgütern als am Kaufgegenstand, die der Käufer in Folge des Mangels erleidet – vgl. Palandt/*Putzo*, § 437 Rdn. 33.

1686 Palandt/*Putzo*, § 438 Rdn. 3; *Westermann*, NJW 2002, S. 250.

I. Haftung aus § 823 Abs. 1 BGB

1. Geschützte Rechtsgüter

Maßgebliche Anspruchsnorm im Rahmen der deliktischen Produkthaftung ist § 823 Abs. 1 BGB, wonach für Schäden aus der Verletzung von Leben, Gesundheit, Körper, Freiheit oder sonstiger absoluter Rechte i.S.d. § 823 Abs. 1 BGB[1687] zu haften ist. Jeder, dessen Rechtsgüter bzw. absolute Rechte durch ein fehlerhaftes Produkt verletzt werden, ist anspruchsberechtigt[1688].

Nicht von § 823 Abs. 1 BGB geschützt ist dagegen das Vermögen als solches[1689], so dass Vermögensschäden nur unter den Voraussetzungen der §§ 823 Abs. 2, 826 BGB ersetzt werden können. Grundsätzlich nicht nach § 823 Abs. 1 BGB ersetzbar sind insbesondere Schäden am gelieferten Produkt selbst, es sei denn der Produktfehler erfasst zuvor intakte Produktteile[1690].

2. Ersatzpflichtige und die sie treffenden Verkehrspflichten

Die Feststellung des haftungsbegründenden Verhaltens[1691] bzw. die Beurteilung der Rechtswidrigkeit knüpft gerade im Rahmen der Produkthaftung an die Verletzung von Verkehrsicherungspflichten an[1692], so dass ein näheres Eingehen auf die Ersatzpflichtigen und die sie treffenden Verkehrspflichten angezeigt ist.

a. Hersteller

Ersatzpflichtig ist vor allem der tatsächliche Hersteller, der das Produkt in den Verkehr gebracht hat[1693]. Er hat alle ihm möglichen und zumutbaren Maßnahmen zu ergreifen, um die Verletzung von Rechtsgütern Dritter durch seine Produkte auszuschließen[1694], wobei er nicht nur die bereits anerkannten Regeln der Technik zu beachten hat, sondern auch den aktuellen Stand von Wissenschaft und Technik berücksichtigen muss[1695].

Insbesondere dürfen ihm keine Konstruktions,- Fabrikations- und Instruktionsfehler vorzuwerfen sein[1696]. Produkte müssen den gebotenen Sicherheitsstandards entsprechen[1697]. Ihre Herstellung muss so gestaltet sein, dass vorhersehbare Fehler des Produkts ermittelt

---

1687 Ausf. Produkthaftungshandbuch-*Foerste*, § 21 Rdn. 1 ff.; Palandt/*Putzo*, § 823 Rdn. 3 ff.

1688 Vgl. BGH, BB 1981, S. 1913.

1689 Produkthaftungshandbuch-*Foerste*, § 21 Rdn. 124 m.w.N.

1690 BGH, NJW-RR 1993, S. 1113; NJW 1992, S. 1678; NJW 1992, S. 1225; *Hammerl*, in: Lebensmittelrechts-Hdb. III Rdn. 20 ff.; ausf. auch Produkthaftungshandbuch-*Foerste*, § 21 Rdn. 21 ff.; vgl. auch *Grigoleit*, ZGS 2002, S. 79 f. Zu den möglichen Auswirkungen der Schuldrechtsreform auf die Judikatur zu „weiterfressenden Mängeln" – vgl. *Staudinger*, ZGS 2002, S. 145 f. m.w.N.

1691 Die Unterscheidung zwischen Handlung und Unterlassung ist gerade bei Fahrlässigkeitsdelikten schwierig, verliert aber ohnehin ihre Bedeutung, wenn feststeht, dass das Verhalten im Ergebnis pflichtwidrig war, denn dann bestand jedenfalls eine Pflicht zum Handeln - Produkthaftungshandbuch-*Foerste*, § 24 Rdn. 4.

1692 Zur strittigen Zuordnung der Verkehrssicherungspflichten zur Tatbestands- oder Rechtswidrigkeitsebene vgl. *Medicus*, Bürgerliches Recht, Rdn. 642 ff. m.w.N.

1693 Palandt/*Thomas*, § 823 Rdn. 216; vgl. ausf. Produkthaftungshandbuch-*Foerste*, § 25 Rdn. 1 ff.

1694 *Hammerl*, in: Lebensmittelrechts-Hdb. III Rdn. 12.

1695 Produkthaftungshandbuch-*Foerste*, § 24 Rdn. 19.

1696 Vgl. auch *Michalski*, in Streinz, Novel Food, S. 175 f.

1697 Produkthaftungshandbuch-*Foerste*, § 24 Rdn. 59 ff.; *Hammerl*, in: Lebensmittelrechts-Hdb. III Rdn. 14.

werden können[1698]. Vor gefährlichen Wareneigenschaften hat der Hersteller entsprechend zu warnen[1699].

Ab Inverkehrbringen des Produkts hat der Hersteller seine und solche Produkte, die als Zubehör für die eigenen Erzeugnisse in Betracht kommen[1700], auf noch unbekannt gebliebene schädliche Eigenschaften und sonstige eine Gefahrenlage schaffende Verwendungsfolgen zu beobachten[1701]. Stellt sich durch die Produktbeobachtung ein Produktfehler heraus, hat er vor möglichen Gefahren, die im Zusammenhang mit der Benutzung des Produkts auftreten können, zu warnen[1702]. Kann die Gefährdung allein durch eine Warnung nicht beseitigt werden, dann obliegt dem Hersteller der Rückruf der fehlerhaften Produkte[1703].

Den Hersteller bzw. die Organe einer mit der Warenherstellung befassten juristischen Person trifft zudem die Pflicht, persönlich für die Grundlage einer Organisation zu sorgen, die das Risiko von Produktfehlern mindert[1704].

b. Urproduzent

Bei Naturprodukten ist zu beachten, dass die Einflussnahme auf Eigenschaften und Qualität beschränkt ist. Der „*Urproduzent*" hat aber die Aufgabe, die Rohstoffe vor und nach ihrer Gewinnung von schädlichen Einwirkungen fernzuhalten[1705]. Bei Lebensmitteln bestehen wegen der stets drohenden Gesundheitsgefährdung zudem eine Reihe von öffentlich-rechtlichen Sonderbestimmungen, die Schutz- und Sorgfaltspflichten des Urproduzenten näher ausgestalten und in der Regel verschärfen[1706].

c. Assembler

Die Haftung des Herstellers zusammengesetzter Endprodukte (Assembler) ist insofern gegenüber dem Alleinhersteller eingeschränkt, als er grundsätzlich nicht für Pflichtverletzungen des Zulieferers einzustehen hat.

Er haftet aber für Fehler der Montage und Verarbeitung, für die nach seinen Plänen gefertigten fehlerhaften Zulieferteile, für Pflichtverletzungen bei der Auswahl der Lieferanten, für die Qualitätskontrolle des Endprodukts und für die Überwachung der Funktionsfähigkeit

---

1698 BGH, NJW 1995, S. 2162; NJW 1969, S. 269 ff.; Produkthaftungshandbuch-*Foerste*, § 24 Rdn. 131 ff.; *Hammerl*, in: Lebensmittelrechts-Hdb. III Rdn. 16 ff.

1699 Produkthaftungshandbuch-*Foerste*, § 24 Rdn. 171 ff.; *Hammerl*, in: Lebensmittelrechts-Hdb. III Rdn. 15 ff.

1700 BGH, NJW 1994, 932 f.; NJW 1987, S. 1009 ff.

1701 Produkthaftungshandbuch-*Foerste*, § 24 Rdn. 290 ff.; *Hammerl*, in: Lebensmittelrechts-Hdb. III Rdn. 17; *Michalski*, BB 1998, S. 962 ff.

1702 Produkthaftungshandbuch-*Foerste*, § 24 Rdn. 242 ff.; *Hammerl*, in: Lebensmittelrechts-Hdb. III Rdn. 17; *Michalski*, BB 1998, S. 964.

1703 BGH, NJW 1994, S. 3349 ff.; NJW 1990, S. 2560 ff.; MünchKomm/*Mertens*, § 823 Rdn. 289; Produkthaftungshandbuch-*Foerste*, § 24 Rdn. 258 ff.; *Hammerl*, in: Lebensmittelrechts-Hdb. III Rdn. 17; *Michalski*, BB 1998, S. 964 f.

1704 Zum Organsationsverschulden Palandt/*Thomas*, § 823 Rdn. 206; Produkthaftungshandbuch-*Foerste*, § 24 Rdn. 299 ff.

1705 Produkthaftungshandbuch-*Foerste*, § 25 Rdn. 19 ff.; *Hahn*, Deliktische Produkthaftung für landwirtschaftliche Erzeugnisse und Naturprodukte, S. 81 ff.

1706 S.o. 7. Teil, A. Zur Sorgfaltspflicht des Herstellers von Lebensmitteln – vgl. *Michalski*, ZLR 1991, S. 338 f.; *Zipfel/Rathke*, Lebensmittelrecht, Bd. 2, C 100, Vor § 51 LMBG Rdn. 69 ff.

der verwendeten Zulieferteile[1707]. Werden vom Hersteller Teile der Produktion auf Dritte übertragen, so muss er diese sorgfältig auswählen, instruieren und überwachen[1708].

d. Zulieferer

Der Zulieferer ist für die Fehlerhaftigkeit der von ihm gelieferten Teile verantwortlich und ihm obliegen insoweit grundsätzlich die vollen Herstellerpflichten[1709]. Er hat dafür einzustehen, dass das Teilprodukt im Rahmen des bestimmungsgemäßen Gebrauchs in der Weiterverarbeitung durch andere in vollem Umfang fehlerfrei und ohne Gefährdung des Eigentums oder sonstiger geschützter absoluter Rechte Dritter eingesetzt werden kann[1710].

e. Quasi-Hersteller

Darüber hinaus kann auch eine Haftung des sog. „*Quasi-Herstellers*" in Betracht kommen, der zwar nicht an der Herstellung der Ware objektiv beteiligt ist, sich aber durch das Anbringen seines Namens, seiner Marke oder eines anderen unterscheidungskräftigen Kennzeichens als Hersteller ausgibt[1711]. Eine haftungsrechtliche Gleichstellung mit dem Warenhersteller ist zwar nicht möglich, da er keine der Produktion entsprechende Beziehung zu dem Produkt und dessen Risiken hat[1712]. Eine Haftung für eigene Produktbeobachtungs- und Gefahrabwehrpflichten trifft ihn aber, wenn die konkreten Umstände einem verständigen Verbraucher Anlass geben konnten, Vorsichtsmaßregeln zu unterlassen, die er bei Kenntnis des wahren Herstellers beachtet hätte[1713].

f. Händler

Nur in engen Grenzen ersatzpflichtig für Produktschäden ist der Händler. Er trägt die Verantwortung seiner spezifischen Berufspflichten. Insbesondere darf er keine evident ungeeigneten Produkte liefern, muss den Kunden richtig und vollständig informieren, darf vor allem gefährliche Produkte nur an geeignete Personen abgeben, muss die Produkte sachgerecht lagern und Haltbarkeitsdaten und Verschleiß beachten[1714].

Eine Haftung für Herstellerfehler scheidet grundsätzlich aus. Insbesondere ist der Händler grundsätzlich nicht verpflichtet, die Ware auf Sicherheitsfehler hin zu überprüfen[1715].

g. Importeur

Dem Importeur obliegen grundsätzlich nur die händler-spezifischen Gefahrabwendungspflichten[1716]. Der Importeur von Lebensmitteln wird dagegen dem Hersteller gleichgestellt[1717].

1707 Produkthaftungshandbuch-*Foerste*, § 25 Rdn. 41 ff.; *Hammerl*, in: Lebensmittelrechts-Hdb. III Rdn. 8.

1708 MünchKomm/*Mertens*, § 823 Rdn. 290 ff.

1709 Produkthaftungshandbuch-*Foerste*, § 25 Rdn. 84 ff.; *Hammerl*, in: Lebensmittelrechts-Hdb. III Rdn. 8.

1710 BGH, NJW 1996, S. 2224 ff.; Palandt/*Thomas*, § 823 Rdn. 216.

1711 OLG Karlsruhe, NJW-RR 1994, S. 798; Palandt/*Thomas*, § 823 Rdn. 216; vgl. ausf. Produkthaftungshandbuch-*Foerste*, § 25 Rdn. 12 ff.; § 26 Rdn. 47 ff.

1712 BGH, VersR 1977, S. 839; NJW 1980, S. 1219; NJW 1981, S. 1606; Produkthaftungshandbuch-*Foerste*, § 25 Rdn. 17; § 26 Rdn. 47.

1713 Vgl. BGH, NJW 1994, S. 517 ff.; BGH, NJW-RR 1995, S. 343 f.; Produkthaftungshandbuch-*Foerste*, § 25 Rdn. 17; § 26 Rdn. 49; *Hammerl*, in: Lebensmittelrechts-Hdb. III Rdn. 9 a.

1714 Produkthaftungshandbuch-*Foerste*, § 26 Rdn. 1 ff.; *Hammerl*, in: Lebensmittelrechts-Hdb. III Rdn. 9 b.

1715 Produkthaftungshandbuch-*Foerste*, § 26 Rdn. 19 ff. m.w.N.

h. Verpflichtete Personen

Dem Geschädigten haften persönlich grundsätzlich der Unternehmensinhaber, der Vorstand bzw. der Geschäftsführer, leitende Angestellte und darüber hinaus auch sonstige Mitarbeiter denen Fehler, in ihrem Arbeitsbereich unterlaufen[1718].

i. Haftung mehrerer Ersatzpflichtiger

Stehen dem Geschädigten mehrere Ersatzpflichtige gegenüber, haften diese gem. § 840 Abs. 1 BGB als Gesamtschuldner[1719].

3. Haftungsbegründende Kausalität

Selbstverständliche Voraussetzung der deliktsrechtlichen Haftung ist die haftungsbegründende Kausalität. Im Zivilrecht folgt insbesondere die Rechtsprechung der Adäquanztheorie[1720]. Nach dieser ist ein Verhalten nur dann zurechenbar, wenn es im allgemeinen und nicht nur unter besonders eigenartigen, ganz unwahrscheinlichen und nach dem regelmäßigen Lauf der Dinge außer Betracht zu lassenden Umständen zur Herbeiführung eines Erfolgs geeignet ist[1721].

4. Rechtswidrigkeit

Ein Verstoß gegen eine Verkehrsicherungspflicht indiziert die Rechtswidrigkeit[1722].

5. Verschulden

Die deliktische Produzentenhaftung setzt Verschulden voraus[1723]. Demjenigen der in Anspruch genommen werden soll, muss also ein Fehlverhalten bei der Produktion oder bezüglich der Produktsicherheit persönlich vorzuwerfen sein. Für Fehler von Mitarbeitern – die natürlich ihrerseits nach § 823 Abs. 1 BGB in Anspruch genommen werden können[1724] – haftet ein Unternehmen bzw. sein Inhaber also grundsätzlich nicht nach dieser Vorschrift.

Dieser Grundsatz wird aber in zwei Fällen durchbrochen, indem auch für fremdes Verschulden gehaftet wird oder doch ein eigenes Verschulden vermutet wird. Einerseits haben juristische Personen und Personengesellschaften für unerlaubte Handlungen ihrer Vorstandsmitglieder bzw. Geschäftsführer und leitenden Angestellten nach § 31 BGB

1716 BGH, NJW 1994, S. 515 ff.; NJW 1980 S. 1219 f. Ausf. zur Haftung des Impoteur – Produkthaftungshandbuch-*Foerste*, § 26 Rdn. 55 ff.

1717 *Michalski*, ZLR 1991, S. 339 ff. m.w.N.; *Zipfel/Rathke*, Lebensmittelrecht, Bd. 2, C 100, vor § 51 LMBG Rdn. 88 ff.

1718 Ausf. zu den verpflichteten Personen – Produkthaftungshandbuch-*Foerste*, § 25 Rdn. 208 ff.

1719 Vgl. auch Produkthaftungshandbuch-*Foerste*, § 42 Rdn. 1 ff.

1720 Ausf. zur Adäquanztheorie – Palandt/*Heinrichs*, Vorb v § 249 Rdn. 57 ff.

1721 Ausf. zur haftungsbegründenden Kausalität – Produkthaftungshandbuch-*Foerste*, § 22 Rdn. 5 ff.

1722 Ausf. dazu Palandt/*Thomas*, § 823 Rdn. 32 ff.; *Michalski*, in Streinz, Novel Food, S. 179.

1723 Produkthaftungshandbuch-*Foerste*, § 28 Rdn. 1 ff.; *Michalski*, in Streinz, Novel Food, S. 179 f.

1724 Zur Außenhaftung von Arbeitnehmern – vgl. BGH, NJW 1994, S. 852 ff.; Produkthaftungshandbuch-*Foerste*, § 25 Rdn. 247. Eine andere Frage ist, inwiefern ein Arbeitnehmer von seinem Arbeitgeber Freistellung von den Schadensersatzansprüchen nach den Grundsätzen des innerbetrieblichen Schadensausgleichs verlangen kann – dazu Palandt/*Putzo*, § 611 Rdn. 159; *Bittner*, NZA 2002, S. 833 ff. m.w.N.

einzustehen[1725]. Andererseits hat derjenige, der sich eines sog. Verrichtungsgehilfen bedient, gem. § 831 BGB auch für dessen Pflichtverletzungen einzustehen, falls er nicht beweisen kann, dass er bei der Bestellung und Beaufsichtigung des Gehilfen die erforderliche Sorgfalt beobachtet hat[1726]. Oft können Fehler von Verrichtungsgehilfen dem Unternehmer zudem infolge sonstigem Organisationsverschuldens nach § 823 Abs. 1 BGB zugerechnet werden[1727].

6. Schädigung

Auf Grund der pflichtwidrigen und schuldhaften Rechtsgutsverletzung muss schließlich ein Schaden entstanden sein[1728]. Schaden ist dabei jeder Nachteil, der an Rechtsgütern einer Person entsteht. Ersetzt werden sowohl Vermögens- als auch Nichtvermögensschäden, insbesondere kann gem. § 253 Abs. 2 BGB auch Schmerzensgeld beansprucht werden[1729].

Eintritt und Höhe des Vermögensschadens werden grundsätzlich festgestellt durch Vergleich der Vermögenslage vor und nach Schadenseintritt.

Der Schaden muss zudem auf die Rechtsgutsverletzung zurückgehen. Diese haftungsbegründende Kausalität setzt voraus, dass die Verletzungen im allgemeinen und nicht nur unter besonders eigenartigen, ganz unwahrscheinlichen und nach dem regelmäßigen Verlauf der Dinge außer Betracht zu lassenden Umständen zur Herbeiführung des konkreten Schadens geeignet waren[1730].

7. Beweislast

In der Praxis liegen die Probleme oft auch in Unklarheiten des Sachverhalts. Von entscheidender Bedeutung für die Durchsetzung von Produkthaftungsansprüchen ist mithin, welchen Anforderungen die Beweisführung genügen muss und welche Partei die Folgen einer etwaigen Beweislosigkeit zu tragen hat.

Nach den allgemeinen Grundsätzen der Beweislast[1731] obliegt an sich dem Geschädigten der Nachweis für die Herkunft des Produkts aus dem Herstellerbetrieb, die unnötige Gefährlichkeit des Produkts in Folge einer vom Hersteller zu verantwortenden Pflichtverletzung, die Verletzung von Rechtsgütern auf Grund der Gefährlichkeit und die Ursächlichkeit der Pflichtverletzung für den geltend gemachten Schaden.

Die Rechtsprechung hat die Stellung des Geschädigten durch Fortbildung des Beweisrechts in vielen Fällen aber gestärkt. So lässt die Rechtsprechung hinsichtlich des Produktmangels

---

1725 Produkthaftungshandbuch-*Foerste*, § 25 Rdn. 210 ff.; zur Anwendung des § 31 BGB auf die GbR vgl. BGH, MDR 2003, S. 639.

1726 Ausf. zur Haftung nach § 831 BGB – Produkthaftungshandbuch-*Foerste*, § 37 Rdn. 1 ff.

1727 Dazu *Diederichsen*, NJW 1978, S. 1287; MünchKomm/*Mertens*, § 823 Rdn. 291 f. m.w.N.

1728 Produkthaftungshandbuch-*Foerste*, § 29 Rdn. 2 ff.

1729 Vgl. dazu auch *Jaeger*, ZGS 2002, S. 54 ff.

1730 Produkthaftungshandbuch-*Foerste*, § 29 Rdn. 7 ff. m.w.N. auch zu Zurechnungsproblemen.

1731 Vgl. Zöller/*Greger*, ZPO, Vor § 284 Rdn. 15 ff.; *Thomas/Putzo*, ZPO, Vorbem § 284 Rdn. 23; *Michalski*, ZPO, S. 150 ff.

einen typischen Geschehensablauf als Anscheinsbeweis[1732] oder die Beweisführung mittels Indizien[1733] zu. Bei der Zuordnung des Produktmangels zum Verantwortungsbereich des Herstellers kann ein schuldhafter Verstoß des Herstellers gegen eine Befundsicherungspflicht[1734] zu Beweiserleichterungen bis hin zur Beweislastumkehr führen[1735]. Zudem besteht bei Sicherheitsmängeln des Produkts ein Anscheinsbeweis im Verantwortungsbereich des Herstellers und auch aus Indizien kann sich ergeben, dass das Produkt schon bei Inverkehrbringen mangelhaft war oder nur aus einem bestimmten Betrieb stammen kann[1736]. Die schuldhafte Pflichtverletzung wird vermutet, wenn die Verletzung durch einen Herstellermangel feststeht[1737]. Sobald ein sicherheitsrelevanter Produktfehler und ein bei Gebrauch des Produkts entstandener Schaden feststehen, wird für die haftungsbegründende Kausalität ein Anscheinsbeweis zugelassen[1738]. Zum Nachweis der Schädigung durch die Rechtsgutsverletzung genügt, dass auf Grund greifbarer Anhaltspunkte eine erhebliche und überwiegende Wahrscheinlichkeit für den behaupteten Schadensverlauf besteht[1739].

8. Einwendungen und Einreden

a. Haftungsfreizeichnung

Vertragliche Klauseln, die die Produkthaftung beschränken oder ausschließen, erfassen auch deliktische Ansprüche, wenn diese ausdrücklich in die Haftungsfreizeichnung einbezogen sind oder sich diese Einbeziehung aus dem Vertrag ergibt[1740]. Zu beachten ist aber, dass im Rahmen der §§ 305 ff. BGB[1741] gem. § 309 Nr. 7 BGB bzw. §§ 307, 310 Abs. 1 BGB[1742] nur sehr eingeschränkt Haftungsbeschränkungen zulässig sind[1743].

1732 Vgl. BGH, NJW 1969, S. 269 ff. – Hühnerpest; VersR 1954, S. 100 – Trinkmilch; OLG Frankfurt/Main, NJW 1995, S. 2498; ausf. auch Produkthaftungshandbuch-*Foerste*, § 30 Rdn. 24 ff.; *Michalski*, in Streinz, Novel Food, S. 180 ff.

1733 BGH, VersR 1971, S. 80 f. - Bremsen III; OLG Frankfurt/Main, VersR 1985, S. 890 f. - Mehrwegflasche I; BGH, NJW 1982, S. 2447; VersR 1983, S. 375; ausf. Produkthaftungshandbuch-*Foerste*, § 30 Rdn. 27 ff.

1734 Gegenstand der Befundsicherungspflicht ist der Zustand jedes Produkts. Sie soll sicherstellen, dass, soweit technisch möglich und dem Hersteller zumutbar, alle defekten Waren ausgesondert werden. Vgl. BGH, NJW 1993, S. 528 f. – Mineralwasserflasche I; Produkthaftungshandbuch-*Foerste*, § 30 Rdn. 37.

1735 BGH, NJW 1993, S. 528 f. – Mineralwasserflasche I; NJW 1999, S. 1028; LG Augsburg, NJW-RR 2001, S. 594; vgl. *Diederichsen*, NJW 1978, S. 1287 ff.; *Kullmann*, NJW 1994, S. 1704 ff.; *ders.*, NJW 2000, S. 1915 ff.; *ders.*, NJW 2003, S. 1910 f.; Produkthaftungshandbuch-*Foerste*, § 30 Rdn. 30 ff.

1736 Dazu Produkthaftungshandbuch-*Foerste*, § 30 Rdn. 42 ff.

1737 Vgl. BGH, NJW 1969, S. 269; VersR 1971, S. 80; NJW 1972, S. 2300; NJW 1992, S. 560 ff.; NJW 1992, S. 1039; ausf. auch Produkthaftungshandbuch-*Foerste*, § 30 Rdn. 46 ff.; *Hammerl*, in: Lebensmittelrechts-Hdb. III Rdn. 26 ff. Eine Entlastungsmöglichkeit ist de facto nur bei Fabrikationsfehlern gegeben, bei denen nachgewiesen werden muss, dass es sich bei dem schadhaften Produkt um einen „*Ausreißer*" handelt, der trotz Einhaltung aller Sicherheitsvorkehrungen und trotz bester Kontrolle nicht zu vermeiden war – vgl. *Hammerl*, in: Lebensmittelrechts-Hdb. III Rdn. 19 ff.

1738 BGH, NJW 1969, S. 269; ausf. auch Produkthaftungshandbuch-*Foerste*, § 30 Rdn. 92 ff.; *Hammerl*, in: Lebensmittelrechts-Hdb. III Rdn. 27 ff.

1739 Produkthaftungshandbuch-*Foerste*, § 30 Rdn. 114; *Hammerl*, in: Lebensmittelrechts-Hdb. III Rdn. 28.

1740 BGH, NJW 1992, S. 2016 f.; NJW 1978, S. 2241 ff.; NJW 1977, S. 379; *Hammerl*, in: Lebensmittelrechts-Hdb. III Rdn. 31.

1741 Zum Anwendungsbereich der §§ 305 ff. BGB s.o. 6. Teil, C. IV. 2.

1742 Zur Heranziehung des § 309 Nr. 7 BGB im unternehmerischen Verkehr vgl. Palandt/*Heinrichs*, § 309 Rdn. 48 m.w.N.

1743 Zur analogen Anwendung des § 309 Nr. 7 BGB auf deliktische Ansprüche vgl. BGHZ 100, 184; NJW 1995, S. 1489; Palandt/*Heinrichs*, § 309 Rdn. 41.

b. Mitverschulden

Setzt sich der Geschädigte bewusst der Produktgefahr aus, so kann unter Umständen der daraus erwachsende Schaden wegen Handelns auf eigene Gefahr dem Hersteller schon nicht zurechenbar sein[1744]. Nach § 254 BGB ist ein Verschulden des Geschädigten bei der Schadensentstehung und bezüglich der Unterlassung einer Schadensabwendung oder Minderung anspruchseinschränkend oder gar anspruchsausschließend zu berücksichtigen[1745].

c. Kenntnis vom Produktmangel

Der Ausschluss der Gewährleistungsrechte des Käufers gem. § 442 BGB, wenn dieser die Mangelhaftigkeit des Produkts kannte, bezieht sich nicht auf Ansprüche aus unerlaubter Handlung[1746]. Bei Schäden, die dem Käufer in Folge eines bekanntermaßen fehlerhaften Produkts entstehen, wird allerdings meist ein ganz überwiegendes Mitverschulden vorliegen[1747].

d. Verjährung

Ansprüche aus unerlaubter Handlung verjähren gem. § 195 BGB in 3 Jahren. Die Frist beginnt gem. § 199 BGB mit dem Schluss des Jahres, in dem der Anspruch entstanden ist und der Gläubiger von den anspruchsbegründenden Tatsachen und der Person des Schuldners Kenntnis erlangt hat bzw. ohne grobe Fahrlässigkeit erlangen müsste. Unabhängig von dieser subjektiven Anknüpfung enthalten § 199 Abs. 2 und 3 BGB noch objektive Höchstgrenzen der Verjährung.

II. Weitere deliktsrechtliche Anspruchsgrundlagen

Bei schuldhaftem Verstoß gegen ein Schutzgesetz[1748] kommt zudem eine Haftung nach § 823 Abs. 2 BGB in Betracht[1749]. Sie verschärft die Haftung aus § 823 Abs. 1 BGB vor allem dadurch, als auch Vermögensschäden ersetzbar sind und sich das Verschulden nicht auf die Rechtsgutsverletzung, sondern auf den Verstoß gegen das Schutzgesetz beziehen muss[1750].

Bei vorsätzlicher sittenwidriger Schädigung kann auch § 826 BGB herangezogen werden.

§ 831 BGB schließt schließlich die Lücke, welche die §§ 823 ff. BGB insofern lassen, als sie die Pflicht zum Schadensersatz auf die Personen beschränken, die schuldhaft handeln[1751].

1744 Produkthaftungshandbuch-*Foerste*, § 24 Rdn. 274 ff.

1745 Palandt/*Heinrichs*, § 254 Rdn. 12 ff.; Produkthaftungshandbuch-*Foerste*, § 40 Rdn. 2ff.

1746 Produkthaftungshandbuch-*Foerste*, § 40 Rdn. 26; *Hammerl*, in: Lebensmittelrechts-Hdb. II Rdn. 33; *Kullmann/Pfister*, Produzentenhaftung, Kza. 1426.

1747 Produkthaftungshandbuch-*Foerste*, § 40 Rdn. 26; *Hammerl*, in: Lebensmittelrechts-Hdb. III Rdn. 33.

1748 Wichtige Schutzgesetze werden bei Produkthaftungshandbuch-*Foerste*, § 32 Rdn. 11 ff. aufgeführt. Zum Schutzgesetzcharakter der Novel-Food VO *Michalski*, in Streinz, Novel Food, S. 190 f.

1749 Ausf. zur Haftung nach § 823 Abs. 2 BGB – Produkthaftungshandbuch-*Foerste*, § 32 Rdn. 1 ff.

1750 Vgl. Produkthaftungshandbuch-*Foerste*, § 31 Rdn. 2.

1751 S.o. I. 2.

C. Produkthaftung nach dem ProdHaftG

Das ProdHaftG vom 15.11.1989[1752] basiert auf der Produkthaftungs-RL der EG vom 25.7.1985[1753].

Die Haftung nach dem ProdHaftG besteht unabhängig von vertraglichen Beziehungen und ist daher systematisch dem Deliktsrecht zuzuordnen. Wesentliche Abweichung von der deliktischen Produkthaftung ist die durch § 1 Abs. 1 ProdHaftG begründete verschuldensunabhängige Schadensersatzhaftung.

Ansprüche aus anderer, gesetzlicher oder vertraglicher Haftung stehen gem. § 15 Abs. 2 ProdHaftG selbständig neben denen aus dem ProdHaftG.

I. Haftungsvoraussetzungen

Nach § 1 Abs. 1 ProdHaftG ist der Hersteller eines fehlerhaften Produkts zum Schadensersatz verpflichtet, wenn auf Grund des fehlerhaften Produkts jemand getötet, sein Körper oder seine Gesundheit verletzt oder eine Sache beschädigt wird.

1. Schutzgüter

a. Leben, Körper, Gesundheit

Insofern bestehen weder verbraucherrechtliche Besonderheiten noch Abweichungen gegenüber § 823 Abs. 1 BGB, so dass sich nähere Ausführungen hierzu erübrigen.

b. Sachschäden

Weiter besteht nach § 1 ProdHaftG ein Ersatzanspruch, wenn *„eine Sache beschädigt wird*". Diese Haftung ist jedoch erheblich eingeschränkt.

aa. Die Sachbeschädigung muss zum einen eine andere Sache als das fehlerhafte Produkt betreffen. Anders als bei der Haftung nach § 823 Abs. 1 BGB ist die Haftung des Herstellers bei der Beschädigung zunächst intakter Produktteile nach dem ProdHaftG also ausgeschlossen[1754].

bb. Zum anderen ist die Haftung auf Sachen beschränkt, die ihrer Art nach gewöhnlich für den privaten Verbrauch bestimmt sind und hierzu vom Geschädigten hauptsächlich verwendet wurden. Insofern wird die Haftung also erheblich eingeschränkt. So werden Schäden durch ein fehlerhaftes Produkt an Sachen, die gewöhnlich für den gewerblichen, beruflichen oder behördlichen Gebrauch bestimmt sind, wie z.B. Maschinen, Lieferwagen, Hotel- und Gaststättenbedarfsartikel, nicht ersetzt. Fraglich ist, ob der Haftungsausschluss auch eingreift, wenn der Sachschaden an einer Sache entstanden ist, die sowohl für den privaten als auch nichtprivaten Gebrauch bestimmt ist, wie z.B. Schreibtische, PC's, Werkzeuge und

---

1752 BGBl. 2000 I, S. 2198.

1753 RL 85/374/EWG, ABlEG Nr. L 210 v. 7.8.1985, S. 29; vgl. auch *Reich/Micklitz*, Europäisches Verbraucherrecht, S. 1034 ff.

1754 *Hammerl*, in: Lebensmittelrechts-Hdb. III Rdn. 39 a; *Kullmann*, Produkthaftungsgesetz, S. 36; *Kullmann/Pfister*, Produzentenhaftung, Kza. 3600; *Schmidt-Salzer*, BB 1987, S. 1406; Palandt/*Heinrichs*, § 1 ProdHaft Rdn. 6; zweifelnd *Sack*, VersR 1988, S. 444.

Gartengeräte[1755]. Hinzu kommt, dass die Sache vom Geschädigten hauptsächlich zum privatem Ge- oder Verbrauch verwendet werden muss, was nicht nur Abgrenzungsprobleme bei Gemischtnutzung aufwirft[1756], sondern auch – von den Beweisschwierigkeiten ganz abgesehen – zu Ungereimtheiten führt, da nicht die Verwendung im konkreten Schadensfall entscheidend ist, sondern die bestimmungsgemäße hauptsächliche Verwendung[1757] und insofern zudem nicht auf das schadensverursachende Produkt sondern auf die beschädigte Sache abzustellen ist[1758].

cc. Soweit man überhaupt eine Einschränkung der Produkthaftung für Sachschäden für sinnvoll und erforderlich hält[1759], ist der konkrete Weg des ProdHaftG hierzu wenig sachgerecht. Nicht nur aus Gründen der Rechtsangleichung würde sich hier eine Annäherung an die §§ 13, 14 BGB anbieten, derart, dass der Ausschluss der Produkthaftung für Sachschäden daran anknüpft, ob die Verwendung des fehlerhaften Produkts im konkreten Schadensfall zu unternehmerischen oder zu privaten Zwecken erfolgt. Den Ausschluss der Haftung könnte man etwa mit dem Argument rechtfertigen, dass ein Unternehmer steuerlich absetzbare Absicherungen für Sachschäden aus seinem unternehmerischen Bereich treffen kann. Auch aus Verbrauchersicht ist es naheliegender das Bestehen der Produkthaftung für Sachschäden an die private Nutzung der fehlerhaften Sache zu knüpfen. Es ist wenig einsichtig, warum die Haftung nach dem ProdHaftG ausgeschlossen sein sollte, nur weil die verwendete oder gar die beschädigte Sache zwar nicht im konkreten Schadensfall aber sonst hauptsächlich unternehmerisch zur Verwendung kommt.

2. Ersatzpflichtige

Verpflichtet zum Schadensersatz ist nach § 1 ProdHaftG der Hersteller. Dieser wird in § 4 ProdHaftG näher bestimmt[1760]. Erfasst sind neben dem tatsächlichen Hersteller auch der Quasihersteller und der Importeur. Hilfsweise kann gem. § 4 Abs. 3 ProdHaftG auch der Lieferant in Anspruch genommen werden, wenn der Hersteller des Produkts nicht festgestellt werden kann und dieser auch nicht binnen eines Monats nach entsprechender Aufforderung vom Lieferanten benannt wird.

Durch die uneingeschränkte Erfassung des Quasiherstellers und unter den Voraussetzungen des § 4 Abs. 3 ProdHaftG des Lieferanten ist der Kreis der Ersatzpflichtigen weiter als im

---

1755 *Kullmann*, Produkthaftungsrecht, S. 38.

1756 Vgl. nur die prozentuale Grenzziehung bei *Bartl*, Produkthaftung nach neuem EG-Recht, § 1 Rdn. 31.

1757 *Kullmann*, Produkthaftungsrecht, S. 40.

1758 Kritisch insofern auch MünchKomm/*Cahn*, § 1 ProdHaftG Rdn. 11; aus ökonomischer Sicht kritisch zum Haftungsausschluss, *Wieckhorst*, Recht und Ökonomie des Produkthaftungsgesetzes, S. 206 f.

1759 Die Gesetzesbegründung (BT-Drs. 11/2447, S. 13) rechtfertigt die Beschränkung der Haftung gegenüber Unternehmern mit dem kaum nachvollziehbaren Argument, dass diese regelmäßig bessere Möglichkeiten haben, ihre Rechtsbeziehungen auf vertraglicher Basis zu regeln – kritisch MünchKomm/*Cahn*, § 1 ProdHaftG Rdn. 11 im Hinblick auf wirtschaftlich schwächere unternehmerische Produktbenutzer und die Bezugnahme auf die beschädigte Sache. Stichhaltigeres Argument wäre, dass unternehmerische Schäden regelmäßig höher liegen. Dem hätte aber auch durch Haftungshöchstbeträge Rechnung getragen werden können.

1760 *Kullmann*, Produkthaftungsgesetz, S. 117 ff.; *Michalski*, in Streinz, Novel Food, S. 200 ff.

Rahmen der deliktischen Produkthaftung[1761]. Andererseits fallen Mitarbeiter des Herstellerunternehmens nicht unter den Herstellerbegriff des § 4 ProdHaftG[1762].

Mehrere Ersatzpflichtige haften gem. § 5 ProdHaftG als Gesamtschuldner[1763].

3. Fehlerhaftes Produkt

Produkt ist gem. § 2 ProdHaftG allumfassend jede bewegliche Sache sowie Elektrizität[1764]. Erfasst sind neue wie gebrauchte Waren. Die Ausnahme von landwirtschaftlichen Erzeugnissen von der Produkthaftung in § 2 S. 2 ProdHaftG a.F. wurde vor dem Hintergrund der BSE-Krise mit Wirkung vom 1.12.2000 gestrichen[1765].

Wann ein Produkt fehlerhaft ist, bestimmt § 3 ProdHaftG näher[1766]. Entscheidend ist, dass das Produkt nicht die Sicherheit bietet, die berechtigterweise erwartet werden konnte. Im Unterschied zur deliktischen Haftung knüpft die Haftung nach ProdHaftG nicht an die Verletzung von Verkehrsicherungspflichten, sondern unmittelbar an die Fehlerhaftigkeit des Produkts an. Dies hat zur Folge, dass eine Haftung nach dem ProdHaftG selbst dann besteht, wenn der Mangel trotz Erfüllung aller nur erdenklichen Pflichten nicht zu entdecken war oder bei arbeitsteiliger Produktion, wenn der Fehler auf einem unerkennbaren Mangel eines zugelieferten Teiles beruht und der Hersteller alle seine Pflichten betreffend der Auswahl des Teilherstellers und die Kontrolle des Teilprodukts erfüllt hat[1767].

Produktbeachtung und daraus resultierende Warn- und Rückrufpflichten bestehen dagegen nur im Rahmen des § 823 Abs. 1 BGB, so dass ihre Verletzung keine Ansprüche nach dem ProdHaftG zur Folge hat[1768].

4. Ursachenzusammenhang zwischen Produktfehler und Rechtsgutsverletzung

Durch den Produktfehler muss der entstandene Schaden im Sinne der Adäquanztheorie verursacht worden sein[1769].

1761 MünchKomm/*Cahn*, § 4 ProdHaftG Rdn. 1.

1762 MünchKomm/*Cahn*, § 4 ProdHaftG Rdn. 1; *Kullmann*, Produkthaftungsgesetz, S. 117 ff.

1763 *Kullmann*, Produkthaftungsgesetz, S. 147 ff.

1764 *Kullmann*, Produkthaftungsgesetz, S. 75 ff.; *Michalski*, in Streinz, Novel Food, S. 195 ff.

1765 Gesetz v. 2.11.2000 (BGBl. 2000 I, S. 1478). Durch RL Nr. 1999/34/EG v. 10.5.1999 (ABlEG Nr. L 141, S. 20) war zuvor die Ermächtigung des Art. 15 Abs. 1 lit. a) der Produkthaftungs-RL zur Herausnahme aus dem Produkthaftungsbegriff gestrichen. Vgl. zum Ganzen auch *Kullmann*, Produkthaftungsgesetz, S. 84 ff.; zur Produzentenhaftung bei Lebensmitteln – vgl. Kullmann, ZLR 2002, S. 37 ff. *Buchwaldt*, ZLR 2002, S. 413 ff.

1766 *Kullmann*, Produkthaftungsgesetz, S. 93 ff.; *Michalski*, in Streinz, Novel Food, S. 197 ff.

1767 Vgl. ausf. MünchKomm/*Cahn*, § 3 ProdHaftG Rdn. 3 f.

1768 MünchKomm/*Cahn*, § 3 ProdHaftG Rdn. 4; *Kullmann*, Produkthaftungsgesetz, S. 98 f.

1769 Insofern gibt es keine Abweichungen gegenüber der deliktischen Haftung – s.o. B. I. 3.

5. Verschuldensunabhängige Haftung

§ 1 ProdHaftG knüpft die Haftung nur an die Verursachung der Rechtsgutsverletzung durch das fehlerhafte Produkt. Eines Verschuldens des Herstellers für die Rechtsgutsverletzung bedarf es dagegen nicht, so dass es sich hierbei um eine verschuldensunabhängige Haftung handelt[1770].

6. Die negativen Haftungsvoraussetzungen

In § 1 Abs. 2 ProdHaftG wird die Ersatzpflicht des Herstellers ausgeschlossen[1771], wenn er das Produkt nicht in Verkehr gebracht hat (Nr. 1), von der Fehlerfreiheit des Produkts im Zeitpunkt des In-Verkehr-Bringens nach den Umständen auszugehen ist (Nr. 2), das Produkt weder mit wirtschaftlichem Zweck noch im Rahmen einer beruflichen Tätigkeit hergestellt wurde (Nr. 3), wenn der Fehler auf der Einhaltung zwingender Rechtsvorschriften beruht (Nr. 4) oder der Fehler nach dem Stand der Wissenschaft und Technik noch nicht erkannt werden konnte (Nr. 5). Gerade letztgenannte Ausnahme macht die Bedeutung der daneben bestehenden deliktischen Produkthaftung deutlich, da sich nur aus ihr eine Produktbeobachtungspflicht ergibt.

Die Ersatzpflicht des Herstellers eines Teilprodukts ist ferner gem. § 1 Abs. 3 ProdHaftG ausgeschlossen, wenn der Fehler durch die Konstruktion des Endprodukts oder durch die Anleitungen des Herstellers des Endprodukts entstanden ist.

II. Beweislast

Nach § 1 Abs. 4 S. 1 ProdHaftG trägt der Geschädigte die Beweislast für den Fehler, den Schaden und den ursächlichen Zusammenhang zwischen Fehler und Schaden. Gleiches gilt für die Herstellereigenschaft und die haftungsbegründende Kausalität zwischen Produktfehler und Rechtsgutsverletzung sowie bei Sachbeschädigung für die überwiegend private Verwendung. Für das Vorliegen eines Fehlers und des ursächlichen Zusammenhangs zwischen Fehler und Schaden können dem Geschädigten – in dem von der Rechtsprechung zur deliktischen Produkthaftung entwickelten Umfang – die Erleichterungen des Anscheinsbeweises zu Gute kommen[1772].

Das Vorliegen der Haftungsausschlussgründe nach § 1 Abs. 2 und 3 ProdHaftG hat der Hersteller zu beweisen.

[1770] Strittig ist, ob diese Haftung als Gefährdungshaftung oder als Haftung für sorgfaltswidriges Verhalten zu qualifizieren ist. Praktisch ist dies aber ohne große Bedeutung – vgl. auch *Kullmann*, Produkthaftungsgesetz, S. 44 i.V.m. Fußnote 35 m.w.N.

[1771] Ausf. zu den negativen Haftungsvoraussetzungen – *Kullmann*, Produkthaftungsgesetz, S. 44 ff.; *Michalski*, in Streinz, Novel Food, S. 202 ff.

[1772] MünchKomm/*Cahn*, § 1 ProdHaftG Rdn. 67, 71 f.; *Hammerl*, in: Lebensmittelrechts-Hdb. III Rdn. 43; *Michalski*, in Streinz, Novel Food, S. 206 ff.

III. Einwendungen und Einreden

1. Haftungsfreizeichnung

Im voraus getroffene Haftungsfreizeichnungsvereinbarungen, die den Anspruch des Geschädigten nach § 1 ProdHaftG ausschließen oder beschränken, sind nach § 14 ProdHaftG nichtig.

2. Mitverschulden des Geschädigten

Mitverschulden des Geschädigten mindert im Gegensatz zur Mitverursachung des Schadens durch Dritte die Haftung des Herstellers nach Maßgabe des § 6 Abs. 1 ProdHaftG i.V.m. § 254 BGB. Hauptanwendungsfälle sind die Nichtbeachtung von Gebrauchsanweisungen oder Warnungen und versehentlicher Fehlgebrauch des Produkts.

3. Verjährung und Ausschlussfrist

Schadensersatzansprüche aus dem ProdHaftG verjähren gem. § 12 Abs. 1 ProdHaftG in drei Jahren von dem Zeitpunkt an, in dem der Ersatzberechtigte von dem Schaden, dem Fehler und der Person des Ersatzpflichtigen Kenntnis erlangt oder hätte erlangen können. Im Bezug auf die Verjährung deliktischer Ansprüche nach § 199 Abs. 1 BGB kommt es insofern zu Abweichungen, als die Frist nicht zum Jahresende, sondern mit Kenntnis der anspruchsbegründenden Umstände beginnt und zudem einfache Fahrlässigkeit bezüglich der Unkenntnis zum Fristlauf genügt.

Unabhängig von der Verjährung erlischt ein Anspruch aus dem ProdHaftG nach § 13 ProdHaftG 10 Jahre nach dem Inverkehrbringen des Produkts durch den Hersteller. Auch insofern bestehen Unterschiede zu § 199 Abs. 2 und 3 BGB.

IV. Art und Umfang der Ersatzpflicht

Auch im Rahmen des ProdHaftG ist grundsätzlich wie bei der deliktischen Produkthaftung der entstandene Schaden zu ersetzen. Seit dem 2. Schadensersatzrechtsänderungsgesetz[1773] beinhaltet dies auch einen Schmerzensgeldanspruch[1774].

Die §§ 7 ff. ProdHaftG enthalten darüber hinaus nähere Bestimmungen zum Umfang der Ersatzpflicht des Herstellers.

Wichtig aus Verbrauchersicht und abweichend von der deliktischen Produkthaftung ist dabei zum einen die Haftungshöchstgrenze von 85 Millionen Euro für Personenschäden nach § 10 ProdHaftG und die in § 11 ProdHaftG vorgesehene Selbstbeteiligung bei Sachschäden bis zu einer Höhe von 500,- €.

[1773] BGBl. I 2002, S. 2674, in Kraft getreten am 1.8.2002; vgl. *Däubler*, JuS 2002, S. 625 ff.; *Rauscher*, Jura 2002, S. 577 ff.; *G. Wagner*, NJW 2002, S. 2049 ff.

[1774] Palandt/*Heinrichs*, § 254 Rdn. 7; allg. zum Schmerzensgeld bei Gefährdungshaftung *G. Wagner*, NJW 2002, S. 2053 ff.

Die Haftungshöchstgrenze beabsichtigt das Haftungsrisiko des Herstellers kalkulierbar zu machen, was aber schon deshalb zweifelhaft ist, weil sie nur für Personenschäden, nicht aber für Sachschäden gilt[1775].

Die Selbstbeteiligungsregel für Sachschäden soll die Inanspruchnahme des Herstellers auf gravierende Fälle beschränken und eine allzu große Zahl von Streitfällen vermeiden. Dazu hätte es aber auch gereicht, nur für Schäden unter der Bagatellgrenze jeglichen Ersatz auszuschließen. Die Reduzierung der Ersatzansprüche bei gravierenden Schäden führt nur dazu, dass auf Schäden von mehr als 500,- € zweierlei Recht angewandt wird, nämlich die deliktische Produkthaftung nach den §§ 823 ff. BGB auf den Sockelbetrag und § 1 ProdHaftG auf den darüber hinaus gehenden Schaden[1776].

V. Stellungnahme

Das ProdHaftG enthält nicht, wie man aus seinem Namen schließen könnte, das gesamte Produkthaftungsrecht, sondern ergänzt das deliktische Produkthaftungsrecht nach den §§ 823 ff. BGB bzw. wird von diesem weitgehend sogar verdrängt[1777]. Für den Rechtsanwender hat dies wenig praktikable Konsequenzen. Er hat bei Produkthaftungsfällen verschiedene Anspruchsgrundlagen aus unterschiedlichen Gesetzen heranzuziehen, die zum Teil anderen Beweisregeln und verschiedenen Verjährungsfristen unterliegen, und im Rahmen des ProdHaftG zweifelhafte Haftungshöchstgrenzen und Selbstbeteiligungen zu beachten. Weder dem Verbraucherschutz noch der Rechtsangleichung ist mit einer solchen Komplizierung des Produkthaftungsprozesses gedient.

In Anbetracht dessen, dass die §§ 5 ff. ProdHaftG keine wesentlichen bzw. zweifelhafte Abweichungen von der deliktischen Produkthaftung enthalten, würde sich die Regelung der verschuldensunabhängigen Produkthaftung ähnlich der §§ 833, 836 BGB im BGB anbieten. Denkbar wäre auch, die von der Rechtsprechung zur deliktischen Produkthaftung nach den §§ 823 ff. BGB herausgearbeiteten Grundsätze ins ProdHaftG einzuarbeiten und so aus dem ProdHaftG ein Gesetz zu machen, dass die deliktische Produkthaftung wirklich umfassend regelt.

[1775] Kritisch auch MünchKomm/*Cahn*, § 10 ProdHaftG Rdn. 1, der zudem darauf verweist, dass die Regelung eine Angleichung des Verbraucherschutzes verhindert, da die meisten Mitgliedsstaaten die Option einer Haftungshöchstgrenze nicht ausgeübt haben.

[1776] Vgl. auch MünchKomm/*Cahn*, § 11 Rdn. 1 m.w.N.

[1777] Das ProdHaftG spielt für Produkthaftungsprozesse in Deutschland immer noch keine große Rolle – so ausdrücklich *Kullmann*, NJW 2003, S. 1909.

D. Spezialgesetzliche Produkthaftung

Neben dem ProdHaftG bestehen weitere spezialgesetzliche Produkthaftungstatbestände, von denen § 15 Abs. 1 ProdHaftG aber nur das AMG berücksichtigt. Einzugehen ist aber auch auf das GenTG[1778].

I. Haftung nach dem AMG

Das AMG enthält in den §§ 84 ff. AMG eine Gefährdungshaftung, die dem ProdHaftG gem. § 15 Abs. 1 ProdHaftG als spezielle Regelungen vorgehen, selbst wenn dieses den Geschädigten besser stellen würde[1779].

Die §§ 84 ff. AMG wurden in Reaktion auf die Contergan-Fälle erlassen und im Rahmen des 2. Schadensersatzrechtsänderungsgesetzes aus Anlass der Schadensfälle, die durch Kontamination von Spenderblut und daraus hergestellten Blutproben mit HIV verursacht wurden, weiterentwickelt[1780].

Erfasst vom Anwendungsbereich des AMG sind alle zum Gebrauch bei Menschen bestimmte Arzneimittel[1781], die im Geltungsbereich des AMG in Verkehr gebracht werden.

Das AMG geht in verschiedener Hinsicht über das ProdHaftG hinaus, als auch für Entwicklungsschäden gehaftet wird und die Haftungshöchstsumme des § 88 AMG mit 120 Mio. € üb er den des § 10 Abs. 1 ProdHaftG hinausgeht. Andererseits bleibt die Einstandspflicht des Arzneimittelproduzenten hinter der Herstellerhaftung nach dem ProdHaftG zurück, als nach dem AMG nur Schäden zu ersetzen sind, die bei bestimmungsgemäßem Gebrauch des Medikaments entstehen und Ansprüche des einzelnen Geschädigten nach § 88 AMG auf 600.000,- € beschränkt sind[1782].

Zur Erleichterung des Anspruchsnachweises sehen § 84 Abs. 2 und 3 AMG Beweiserleichterungen für den Fehlerbereichs- und den Kausalitätsnachweis vor. Zudem regelt § 84 a AMG einen Auskunftsanspruch gegen den pharmazeutischen Unternehmer und gegen Arzneimittelbehörden.

[1778] Zu beachten ist zudem die speziell und abschließend in den §§ 25, 24 a AtomG geregelte Haftung für Schäden in Folge eines nuklearen Zwischenfalls, die jedoch mangels Bezug zum Verbrauchsgüterkauf nicht näher erörtert werden sollen – vgl. dazu *Kullmann*, Produkthaftungsgesetz, S. 190; Palandt/*Thomas*, § 15 ProdHaftG Rdn. 1.

[1779] Ob dies mit Art. 13 der Produkthaftungs-RL vereinbar ist, ist fraglich – *Buchner*, DB 1988, S. 36; *Wandt*, VersR 1998, S. 1060 m.w.N.; *G. Wagner*, NJW 2002, S. 2050 i.V.m. Fußnote 4 m.w.N.

[1780] Zur Änderung des AMG durch das 2. Schadensrechtsänderungsgesetz – vgl. ausf. *G. Wagner*, NJW 2002, S. 2049 ff.

[1781] Vgl. zum Arzneimittelbegriff § 2 AMG i.V.m. einschlägigen Kommentierungen etwa *Rehmann*, AMG, § 2 Rdn. 2 ff.; *Deutsch/Lippert*, AMG, § 2 Rdn. 3 ff.

[1782] Vgl. MünchKomm/*Cahn*, § 15 Rdn. 2; zu weiteren Unterschieden zwischen der Haftung nach dem AMG und dem ProdHaftG – vgl. *Rolland*, FS Lorenz, S. 199 f.

II. Haftung nach dem GenTG

Die §§ 32 ff. GenTG regeln die Haftung für den Fall, dass jemand in Folge von Eigenschaften eines Organismus, die auf gentechnischen Arbeiten beruhen, geschädigt wird. Insofern enthält § 34 GenTG eine Ursachenvermutung und § 35 GenTG regelt einen Auskunftsanspruch des Geschädigten. Als Haftungshöchstbetrag sieht § 33 GenTG einheitlich für Personen- und Sachschäden 85 Mio. Euro vor.

Das Verhältnis zur Haftung nach anderen Rechtsvorschriften wird in § 37 GenTG geregelt. Demnach treten die §§ 32 ff. GenTG hinter dem AMG zurück[1783]. Aus § 37 Abs. 2 GenTG ergibt sich weiter, dass das ProdHaftG statt der §§ 32 ff. GenTG zur Anwendung kommt, wenn gentechnisch veränderte Produkte auf Grund einer Genehmigung oder Zulassung in den Verkehr gebracht wurden[1784]. Allerdings wird die Haftung aus dem ProdHaftG insofern verschärft, als § 37 Abs. 2 S. 1 GenTG anordnet, dass der Haftungsausschlussgrund des § 1 Abs. 2 Nr. 5 ProdHaftG nicht eingreift[1785].

E. Strafrechtliche Produktverantwortung

Kommt es in Folge von Produktfehlern zu Körperschäden oder gar zum Tode eines Menschen, dann stellt sich auch die Frage nach der strafrechtlichen Verfolgung der Verantwortlichen vor dem Hintergrund der allgemeinen Körperverletzungs- und Tötungsdelikte. Spezialgesetze, wie etwa das LMBG in § 57 LMBG können zudem weitere Straftatbestände vorsehen.

Während die zivilrechtliche Produkthaftung grundsätzlich das Unternehmen trifft und die persönliche Haftung der Person des Schadensverursachers demgegenüber in den Hintergrund tritt, setzt die strafrechtliche Produktverantwortlichkeit persönliche Schuld voraus und betrifft den einzelnen Mitarbeiter. Eine Zurechnung fremden Verschuldens kennt das Strafrecht nicht[1786]. Nach § 30 OWiG kann aber bei betriebsbezogenen Straftaten und Geldbußen gegen das Unternehmen eine selbständige Geldbuße verhängt werden und Einziehung und Verfall können sich nach Maßgabe der §§ 73 ff. StGB auch auf Gegenstände des Unternehmens erstrecken.

Besondere Probleme bei der Untersuchung strafrechtlicher Produkthaftungsfälle liegen neben der Abgrenzung von Tun und Unterlassen und der Feststellung des pflichtwidrigen Verhaltens vor allem bei der objektiven Zurechnung des tatbestandlichen Erfolgs[1787].

1783 Vgl. *Deutsch*, FS Lorenz, S. 73.

1784 Vgl. *Deutsch*, FS Lorenz, S. 67.

1785 Dazu *Deutsch*, FS Lorenz, S. 69 f. Außerdem gab es bis zum 30.11.2000, d.h. bis zur Streichung von § 2 S. 2 ProdHaftG durch Gesetz v. 2.11.2000 (BGBl. 2000 I, S. 1478), nicht den generellen Haftungsausschluss für landwirtschaftliche Naturprodukte – dazu *Kullmann*, Produkthaftungsgesetz, S. 84 ff., 190 f.

1786 Zur strafrechtlichen innerbetrieblichen Organisationsverantwortung – vgl. das Lederspray-Urteil des BGH v. 6.7.1990, NJW 1990, S. 2560 sowie *Schmidt-Salzer*, NJW 1994, S. 1309 ff.

1787 Vgl. ausf. zur strafrechtlichen Produktverantwortung – Produkthaftungshandbuch-*Goll/Winkelbauer*, § 46 ff.; *Hammerl*, in: Lebensmittelrechts-Hdb. III Rdn. 53 ff.; *Schmidt-Salzer*, Produkthaftung, Bd. 1; *W. Hassemer*, JuS 1991, S. 253 ff.

9.Teil: Rechtsdurchsetzung

Die deutschen Verbraucherschutzrechte würden ins Leere gehen, wenn sie nicht auch entsprechend durchgesetzt werden könnten. Deshalb soll im Folgenden dargestellt werden, welche Regelungen, Institutionen und sonstige Behelfe dem Verbraucher bei der Durchsetzung seiner Rechte zur Seite stehen.

Die Entstehung des europäischen Binnenmarkts und auch die voranschreitende Globalisierung an sich, drängen dabei zunächst die Frage auf, inwiefern ein Verbraucher auch im Rahmen grenzüberschreitender Sachverhalte deutsches Verbraucherschutzrecht für sich in Anspruch nehmen kann.

Im Hinblick auf die Rechtsdurchsetzung des einzelnen Verbrauchers stellt sich zudem die Frage, vor welchem Gericht und gegebenenfalls außergerichtlichen Stelle er seine Rechte vorzubringen hat.

Da die bisherigen Ausführungen deutlich gemacht haben, dass ein Teil der Verbraucherrechte auch oder gar ausschließlich nur von Verbraucherverbänden geltend gemacht werden können, sollen schließlich die Klagemöglichkeiten der Verbraucherverbände erläutert werden.

A. Anwendbares Recht

Soweit ein reiner Inlandsfall gegeben ist, ist – abgesehen von abweichenden und soweit zulässigen Rechtswahlvereinbarungen – allein das deutsche Recht maßgebend[1788]. Weist der Sachverhalt allerdings einen rechtlichen Bezug zu einem anderen Staat auf, stellt sich die Frage, ob auch hier noch uneingeschränkt die deutschen verbraucherschützenden Regelungen zur Anwendung kommen.

I. Rechtliche Grundlagen

Welches Recht bei Rechtsgeschäften deutscher Verbraucher mit ausländischen Unternehmern gilt, ergibt sich grundsätzlich aus den §§ 27 ff. EGBGB[1789].

Insbesondere verdrängt das UN-Übereinkommen über Verträge über den internationalen Warenkauf (CISG)[1790], das seit dem 1.1.1991[1791] auch in Deutschland in Kraft getreten ist und in über 50 Staaten[1792] unmittelbar geltendes Recht ist, das nationale Kaufrecht nur in Ausnahmefällen. Dies ergibt sich aus der Ausnahmeregelung des Art. 2 a) CISG, der den

---

1788 Strittig ist allein, ob das eigene materielle Recht aus eigener Kraft gilt oder sich auch dies erst aus dem IPR ergibt – vgl. dazu einerseits *Lüderitz*, IPR, Rdn. 8; andererseits *Junker*, IPR, Rdn. 9; *Kegel/Schurig*, IPR, § 1 III.

1789 Die Art. 27 ff. EGBGB regeln das deutsche Internationale Vertragsrecht und inkorporieren das europäische Schuldrechtsübereinkommen (EVÜ) v. 19.6.1980 ins deutsche Recht – vgl. zum Ganzen MünchKomm/ *Martiny*, Vor Art. 27 EGBGB, Rdn. 1 ff., 7 ff.

1790 Convention on Contracts for the International Sale of Goods v. 11.4.1980 (BGBl. 1989 II, S. 588, berichtigt 1990 II, S. 1699).

1791 Bekanntmachung v. 23.10.1990 (BGBl. 1990 II, S. 1477), vgl. dazu *Piltz*, NJW 2000, S. 553 ff.; *Goecke*, MDR 2000, S. 63 ff.

1792 Vgl. Palandt/*Heldrich*, Art. 28 EGBGB Rdn. 7.

Kauf von Waren für den persönlichen Gebrauch des Käufers oder den Gebrauch in der Familie oder im Haushalt, von der Anwendbarkeit des Übereinkommens ausnimmt[1793]. Eingeschränkt wird die Vorschrift aber durch den Vorbehalt, dass dies für den Verkäufer nicht erkennbar ist[1794]. Ist demgemäß doch einmal das CISG einschlägig, hat dies folgende Konsequenzen[1795]: Nach Art. 11 CISG sind internationale Kaufverträge immer formfrei; Widerrufsrechte bleiben aber bestehen, da sie als Gültigkeitsbestimmungen nicht vom Ausschluss des Art. 4 CISG erfasst werden.

Maßgebliche Norm im Rahmen der Art. 27 ff. EGBGB ist wiederum die Kollisionsnorm des Art. 29 EGBGB, die der Schutzbedürftigkeit des Verbrauchers Rechnung tragen soll, indem das in Art. 27 EGBGB geregelte Prinzip der freien Rechtswahl[1796] eingeschränkt und die Anknüpfungsregelung des Art. 28 EGBGB bei fehlender Rechtswahl modifiziert wird.

Über Art. 29 EGBGB hinaus konkretisiert Art. 29 a EGBGB den Verbraucherschutz, wenn auf Grund einer Rechtswahl das Recht eines Nicht-Mitgliedsstaates der EU oder des EWR[1797] anzuwenden ist. Soweit ein enger Zusammenhang[1798] mit dem Gebiet eines Mitgliedsstaates der EU oder des EWR besteht, sind dessen Rechtsvorschriften ungeachtet der Rechtswahl anzuwenden[1799].

Nur geringe Bedeutung hat dagegen zumindest für den hier zu erörternden Verbrauchsgüterkauf die Öffnungsklausel[1800] des Art. 34 EGBGB. Nach dieser Vorschrift sind die vertraglich nicht abdingbaren Vorschriften des deutschen Rechts anzuwenden, die den Sachverhalt ohne Rücksicht auf das auf den Vertrag anzuwendende Recht international zwingend regeln[1801]. Wenngleich Normen des Verbraucherschutzrechts durchaus als international zwingendes Recht i.S.d. Art. 34 EGBGB angesehen werden können[1802], ist ein Rückgriff auf Art. 34 EGBGB aber jedenfalls dann ausgeschlossen, wenn einer der in Art. 29 EGBGB aufgeführten Vertragstypen vorliegt[1803] oder Art. 29 a EGBGB eingreift[1804].

Im Rahmen deliktischer Anspruchsgrundlagen ist auf die Art. 40 ff. EGBGB abzustellen.

1793 Vgl. *Dilger*, Verbraucherschutz bei Vertragsabschlüssen im Internet, S. 194 f.; *Goecke*, MDR 2000, S. 63; *Mehrings*, CR 1998, S. 615.

1794 Dazu *Dilger*, Verbraucherschutz bei Vertragsabschlüssen im Internet, S. 194 f.; Schlechtriem/*Ferrari*, CISG, Art. 2 Rdn. 7 ff.; Soergel/*Pfeiffer*, § 13 BGB Rdn. 10.

1795 Vgl. auch *Bülow/Artz*, Verbraucherprivatrecht, S. 148.

1796 In AGB waren Rechtwahlklauseln nach § 10 Nr. 8 AGBG a.F. bis zum 31.8.1986 unwirksam, wenn kein anerkennenswertes Interesse an der Vereinbarung ausländischen Rechts bestand – dazu und zur jetzigen Rechtslage – vgl. *H. Schmidt* in Ulmer/Brandner/Hensen, AGBG, Anh. §§ 9-11 Rdn. 575 ff.

1797 Dieser umfasst neben den Mitgliedsstaaten der EU Island, Norwegen und Lichtenstein.

1798 Art. 29 a EGBGB gibt Beispiele für das Bestehen eines *„engen Zusammenhangs"*, bestimmt diese aber nicht abschließend.

1799 Zu Art. 29 a EGBGB – vgl. *v. Hoffmann*, IPR, § 10 Rdn. 73 b ff. Eines ausf. Eingehens auf Art. 29 a EGBGB bedarf es nicht, da es vorliegend um die Darstellung des deutschen Verbraucherschutzes geht.

1800 Art. 34 EGBGB ist selbst keine Kollisionsnorm, sondern eröffnet die Anwendung inländischer zwingender Normen – vgl. MünchKomm/*Sonnenberger*, Einl. IPR Rdn. 54, 56; *Borges*, ZIP 1999, S. 571.

1801 Palandt/*Heldrich*, Art. 34 EGBGB Rdn. 2.

1802 Strittig – bejahend Palandt/*Heldrich*, Art. 34 EGBGB Rdn. 3 a m.w.N.; verneinend *Mankowski*, RIW 1998, S. 290 f. m.w.N.; zum Ganzen auch *Dilger*, Verbraucherschutz bei Vertragsabschlüssen im Internet, S. 213 f.; MünchKomm/*Sonnenberger*, Einl. IPR Rdn. 54; MünchKomm/*Martiny*, Art. 34 Rdn. 79 ff.

1803 BT-Drs. 10/504, S. 83; BGH, NJW 1994, S. 262; NJW 1997, S. 1699; Palandt/*Heldrich*, Art. 34 EGBGB Rdn. 3 a.; *v. Hoffmann*, IPR, § 10 Rdn. 95 f.

1804 Palandt/*Heldrich*, Art. 29 a Rdn. 5; Art. 34 EGBGB Rdn. 3 a.

II. Die Kollisionsnorm des Art. 29 EGBGB

1. Anwendungsbereich

Art. 29 EGBGB ist nur anwendbar, wenn sein persönlicher, sachlicher und situativer Anwendungsbereich eröffnet ist.

a. Persönlicher Anwendungsbereich

In persönlicher Hinsicht bezieht sich Art. 29 EGBGB vom Wortlaut her nur auf den Verbraucher und gerade nicht auf eine Verbraucher-Unternehmer-Beziehung. Dies legt nahe, Art. 29 EGBGB auch bei reinen Privatgeschäften eingreifen zu lassen[1805]. Ausgehend vom Sinn und Zweck des Verbraucherschutzes, nämlich eine typisierte Unterlegenheit zwischen Verbraucher und Unternehmer auszugleichen, erscheint indes eine Einschränkung auf Verträge zwischen Unternehmern und Verbrauchern sinnvoll[1806]. Praktische Auswirkungen hat der Streit letztlich aber kaum, da zumindest die deutschen Verbraucherschutzregelungen weitgehend auf eine Verbraucher-Unternehmer-Konstellation abstellen.

b. Sachlicher Anwendungsbereich

Sachlich erfasst Art. 29 EGBGB „*Verträge über die Lieferung beweglicher Sachen oder die Erbringung von Dienstleistungen sowie Verträge zur Finanzierung eines solchen Geschäfts*“[1807]. Ausnahmen vom Anwendungsbereich enthält Art. 29 Abs. 4 EGBGB, denen im Rahmen des Verbrauchsgüterkaufs aber keine Relevanz zukommt.

c. Situativer Anwendungsbereich

Art. 29 EGBGB gilt nicht für alle Verbraucherverträge, die der Verbraucher irgendwo in der Welt schließt. Vielmehr bedarf es bestimmter Umstände, die das Rechtsgeschäft mit dem Aufenthaltsstaat des Verbrauchers eng verbinden. Insofern enthält Art. 29 Abs. 1 EGBGB drei Fallgruppen, die den Anwendungsbereich des Art. 29 Abs. 1 Nr. 1 bis 3 EGBGB räumlich begrenzen. Demnach bedarf es in den Fällen der Nr. 1 und 2 einer Absatztätigkeit (ausdrückliches Angebot oder Werbung) des Anbieters im Lande des Verbrauchers, während Art. 29 Abs. 1 Nr. 3 EGBGB auf die Veranlassung der Auslandsreise des Verbrauchers durch den Verkäufer abstellt (Bsp.: Kaffeefahrten)[1808].

2. Rechtsfolgen

Art. 29 Abs. 1 EGBGB lässt die freie Rechtswahl nach Art. 27 EGBGB unberührt. Die zwingenden privatrechtlichen Normen des gewählten Vertragsstatuts, einschließlich dessen Verbraucherschutznormen, sind anzuwenden. Die kollisionsrechtliche Wirkung der Rechtswahl ist aber insofern beschränkt, als sie nach Art. 29 Abs. 1 EGBGB nicht dazu

---

1805 So Palandt/*Heldrich*, Art. 29 Rdn. 3; MünchKomm/*Martiny*, Art. 29 Rdn. 7; Erman/*Hohloch*, Art. 29 Rdn. 22.

1806 So *Junker*, IPR, Rdn. 370; *W. Lorenz*, IPRax 1994, S. 429; *E. Lorenz*, RIW 1987, S. 576; a.A. Palandt/Heinrichs, Art. 29 EGBGB Rdn. 3; *Medicus*, FS Kitawaga, S. 479.

1807 Zu den Einzelheiten vgl. *v. Hoffmann*, IPR, § 10 Rdn. 67; *Junker*, IPR, Rdn. 371; Palandt/*Heldrich*, Art. 29 EGBGB Rdn. 2.

1808 Vgl. *v. Hoffmann*, IPR, § 10 Rdn. 70; Palandt/*Heldrich*, Art. 29 EGBGB Rdn. 5.

führen darf, dass dem Verbraucher der Schutz entzogen wird, den ihm die zwingenden Bestimmungen seines Aufenthaltsstaates gewähren.

Erfolgte keine Rechtswahl, unterliegt der Verbrauchervertrag nach Art. 29 Abs. 2 EGBGB der Rechtsordnung des gewöhnlichen Aufenthaltsorts des Verbrauchers. Diese von der Anknüpfung an die charakteristische Leistung nach Art. 28 Abs. 2 EGBGB abweichende Regel soll dem Verbraucher den Schutz seines Umweltrechts als Mindeststandart sichern[1809].

Nach Art. 29 Abs. 3 S. 2 EGBGB richtet sich schließlich die Form der Verbraucherverträge nach dem Aufenthaltsrecht des Verbrauchers.

3. Problemfälle

a. „*Cran-Canaria*"-Fälle

Anfang der 90iger Jahre kam es unter dem Stichwort „*Cran-Canaria*"-Fälle[1810] zu zahlreichen Gerichtsentscheiden[1811], die Konstellationen zum Gegenstand hatten, bei denen deutsche Urlauber am Urlaubsort Waren unter Umständen erwarben, die in Deutschland den Anwendungsbereich des § 312 BGB eröffnet hätten. Mangels Vorliegen der situativen Voraussetzungen des Art. 29 Abs. 1 Nr. 1 – 3 EGBGB ist an sich deutsches Verbraucherrecht nicht anwendbar, selbst wenn die Verträge durch inländische Lieferanten erfüllt werden. Die Gerichte versuchten dem durch analoge Anwendung des Art. 29 Abs. 1 EGBGB[1812], durch Rückgriff auf die ordre-public-Bestimmung des Art. 6 EGBGB[1813] oder durch Heranziehung von Art. 34 EGBGB[1814] sowie Art. 31 Abs. 2 EGBGB[1815] abzuhelfen.

Vor dem Hintergrund der Wertung des Art. 29 EGBGB und dem Gebot der EVÜ-konformen Auslegung wird eine derartige Ausweitung aber auch kritisiert[1816] und vom BGH letztlich abgelehnt[1817]. Zumindest bei auf Urlauber ausgerichteten Vertriebssystemen besteht indes ein praktisches Bedürfnis zur Anwendbarkeit des heimischen Verbraucherrechts. Insbesondere bei Auslieferung durch inländische Lieferanten besteht auch keine Schutzbedürftigkeit des ausländischen Vertragspartners, kann er sich doch leicht durch seinen Lieferanten über einschlägiges Verbraucherschutzrecht informieren. Insofern läge daher ein gesetzgeberisches Eingreifen nahe.

1809 BT-Drs. 10/504, S. 80.

1810 Die Bezeichnung beruht auf dem ersten geographischen Auftreten dieser Fälle. Da inzwischen in Spanien eine dem § 312 BGB entsprechende Regelung besteht, ist das Problem insofern obsolet, aber im Verhältnis anderer Urlaubsländer nach wie vor virulent.

1811 Vgl. die Nachweise bei *Reithmann/Martiny*, Internationales Vertragsrecht, Rdn. 730 ff.

1812 So OLG Stuttgart, NJW-RR 1990, S. 1083 = IPRax 1991, S. 332, m. krit. Anm. *Mankowsky*, IPRax 1991, S. 305 ff.; krit. auch *Junker*, IPRax 1993, S. 7 ff.; allg. Erman/*Hohloch*, Art. 29 EGBGB, Rdn. 10.

1813 So AG Lichtenfels, IPRax 1990, S. 236, m. Anm. *Lüderitz*, IPRax, 1990 S. 216 ff.

1814 So LG Detmold, NJW 1994, S. 3301 = IPRax 1995, S. 249 m. krit. Anm. *Jayme*, IPRax 1995, S. 234 ff; vgl. auch *Junker*, IPR, Rdn. 374.

1815 LG Gießen, NJW 1995, S. 406 = IPRax 1995, S. 395; LG Stuttgart, RIW 1996, S. 424 m. krit. Anm. *Mankowsky*, RIW 1996, S. 382 ff.

1816 Palandt/*Heldrich*, Art. 27 EGBGB Rdn. 3; Soergel/*v. Hoffmann*; Art. 29 EGBGB Rdn. 34; *v. Hoffmann*, IPR, § 10 Rdn. 73.

1817 BGH, NJW 1997, S. 1699 m.w.N. zur Gegenansicht.

b. Moderne Kommunikationstechniken

Fraglich ist, ob Art. 29 EGBGB auch bei Vertragsschlüssen mittels moderner Kommunikationstechniken, insbesondere bei Internetverwendung, eingreift.

Überwiegend wird es für das Eingreifen des Art. 29 Abs. 1 Nr. 1 EGBGB als ausreichend erachtet, dass der Verbraucher von einem in seinem Aufenthaltsland verbreiteten Medium (etwa Kabelprogramm, Internet, überregionale Zeitschrift) erreicht wird[1818]. Insbesondere Angebot oder Werbung auf einer Website im Internet genügen, da sich das Internet als weltweit wirkendes Medium grundsätzlich auch an den Aufenthaltsstaat richtet[1819]. Selbst wenn sich der Verbraucher daraufhin in das Land des Anbieters begibt, um das Produkt zu kaufen und selbst abzuholen, verliert er nicht den Schutz des Art. 29 Abs. 1 Nr. 1 EGBGB.

Vor allem vor dem Hintergrund, dass der andere Vertragspartner nicht mit dem Verbraucher kontrahieren muss und zudem bestimmte Länder von seinen Angeboten/seiner Werbung ausdrücklich ausnehmen kann[1820], erscheint dies auch sachgerecht.

Der Anwendung von Art. 29 EGBGB auf Vertragsschlüsse mittels moderner Kommunikationstechniken steht auch nicht Art. 3 Abs. 2 E-Commerce-RL bzw. § 4 Abs. 2 TDG entgegen. Diese sehen zwar vor, dass sich Diensteanbieter nur an ihrer eigenen Rechtsordnung orientieren müssen, nicht jedoch an den strengeren Anforderungen des Mitgliedsstaats, in dem das Angebot abgerufen werden kann. Ausgenommen ist aber gem. Art. 3 Abs. 3 E-Commerce-RL i.V.m. Anhang 1 bzw. § 4 Abs. 3 TDG ausdrücklich das auf Verbraucherverträge anwendbare Recht[1821].

c. Unbestellte Lieferungen und Gewinnzusagen

Auch bei unbestellten Lieferungen oder Gewinnzusagen aus dem Ausland stellt sich das Problem, inwiefern die §§ 241 a, 661 a BGB überhaupt zur Anwendung kommen.

Art. 29 EGBGB greift nur bei Verbraucherverträgen, nicht also auf Konstellationen, bei denen ein Vertrag gerade nicht gegeben ist. Insofern bietet sich jedoch – mangels Sperrwirkung durch die Art. 29, 29 a EGBGB – die Heranziehung von Art. 34 EGBGB an[1822].

1818 Vgl. MünchKomm/*Martiny*, Art. 29 EGBGB Rdn. 20; einschränkend Erman/*Hohloch*, Art. 29 Rdn. 11: die Werbung muss sich auf das Aufenthaltsland richten. Ausf. zum Ganzen *Borges*, ZIP 1999, S. 568 ff.; *ders.*, WM 2001, S. 1545 ff.; vgl. auch *Mehrings*, CR 1998, S. 618 f.

1819 *V. Hoffmann*, IPR, § 10 Rdn. 73 a; Palandt/*Heinrichs*, Art. 29 EGBGB Rdn. 5; *Mankowski*, RabelsZ 63 (1999), S. 234 ff.; *Taupitz/Kritter*, JuS 1999, S. 844; einschränkend *Borges*, ZIP 1999, S. 569 f.

1820 Vgl. auch *Mehrings*, CR 1998, S. 619. Für *Borges*, ZIP 1999, S. 569; *ders.*, WM 2001, S. 1547 ist dies allerdings im Hinblick auf den Verbraucherschutz gerade kontraproduktiv, weil i.E. der Unternehmer die Anwendbarkeit des fremden Rechts nur dadurch vermeiden kann, dass er den Vertragsschluss mit Verbrauchern aus diesen Staaten von vornherein ablehnt.

1821 *Bülow/Artz*, Verbraucherprivatrecht, S. 76; Soergel/*Pfeiffer*, § 13 BGB Rdn. 9; allg. zum Herkunftslandprinzip nach Art. 3 E-Commerce-RL/§ 4 TDG *Spindler*, NJW 2002, S. 925 ff.

1822 So für § 661 a BGB Palandt/*Heldrich*, Art. 34 EGBGB Rdn. 3 a. *St. Lorenz*, NJW 2000, S. 3307 ff. sieht die Haftung nach § 661 a BGB als einen Fall der Rechtsscheinhaftung und stellt mit Verweis auf BGHZ 43, 21, 27 bei der Frage nach dem anwendbaren Recht auf den Ort ab, an dem die Gewinnmitteilung empfangen wurde.

III. Deutsches Internationales Deliktsrecht

1. Allgemeines

Das deutsche internationale Deliktsrecht[1823] geht gem. Art. 40 Abs. 1 EGBGB von der Anwendung des Rechts des Tatortes aus, der sich wiederum aus Handlungs- und Erfolgsort bestimmt. Art. 40 Abs. 1 S. 1 EGBGB unterstellt die Haftung aus unerlaubter Handlung unabhängig vom Deliktstyp grundsätzlich dem Recht des Handlungsortes. Dies ist der Ort, an welchem die für den Eintritt der Rechtsgutsverletzung maßgebende Ursache gesetzt wurde[1824]. Nach Art. 40 Abs. 1 S. 2 EGBGB kann der Geschädigte jedoch verlangen, dass das Recht des Erfolgsortes, d.h. des Ortes, an dem das von der Deliktsnorm geschützte Rechtsgut verletzt wird[1825], anzuwenden ist. Von diesem Bestimmungsrecht zugunsten des Rechts des Erfolgsortes muss allerdings bis zum Ende des frühen ersten Termins (§ 275 ZPO) oder des schriftlichen Vorverfahrens (§ 276 ZPO) Gebrauch gemacht werden[1826].

Auflockerungen von der Regelanknüpfung an den Tatort enthalten Art. 40 Abs. 2 EGBGB wenn Schädiger und Geschädigte ihren gewöhnlichen Aufenthalt in demselben Staat haben und Art. 41 Abs. 1 EGBGB, wenn eine enge Verbindung mit einem anderen Staat besteht. Art. 42 EGBGB gestattet den Parteien zudem, das anwendbare Recht im Wege der freien Rechtswahl zu bestimmen. Eine derartige Rechtswahl ist aber nur nachträglich, d.h. nach Eintritt des Schadensereignisses möglich[1827].

2. Wettbewerbsverstöße

Auch bei Wettbewerbsverstößen gilt grundsätzlich die Tatortregelung des Art. 40 Abs. 1 EGBGB. Wettbewerbsrechte nehmen allerdings eine Sonderstellung ein, die darauf beruht, dass die Vorschriften gegen den unlauteren Wettbewerb neben den Individualinteressen des Mitbewerbers auch die Interessen der Verbraucher und der Allgemeinheit zu wahren haben. Als Handlungsort ist daher nach h.M. der Ort anzusehen, an dem die wettbewerbsrechtlichen Interessen kollidieren, d.h. der Ort auf dessen Markt die Wettbewerbsmaßnahme einwirkt[1828]. Dies gilt auch im Bereich des E-Commerce. Insbesondere wird dies nicht durch das Herkunftslandprinzip des Art. 3 E-Commerce-RL/§ 4 TDG berührt[1829].

1823 Zur Neuregelung des internationalen Deliktsrechts zum 1.6.1999 – vgl. *Lorenz*, NJW 1999, S. 2215 ff.

1824 Palandt/*Heldrich*, Art. 40 EGBGB Rdn. 3; *v. Hoffmann*, IPR, § 11 Rdn. 27 ff.

1825 Palandt/*Heldrich*, Art. 40 EGBGB Rdn. 4; *v. Hoffmann*, IPR, § 11 Rdn. 30 ff.; *Kegel/Schurig*, IPR, § 18 IV 1 a bb.

1826 Zum Bestimmungsrecht allg. *Junker*, FS Lorenz, S. 321 ff.; *Lorenz*, NJW 1999, S. 2216 f.

1827 *Lorenz*, NJW 1999, S. 2217; *Micklitz*, VuR 2001, S. 45.

1828 BGHZ 113, 15; NJW 1998, S. 1228 und 2532; *Baumbach/Hefermehl*, Wettbewerbsrecht, Einl. UWG, Rdn. 184; Palandt/*Heldrich*, Art. 40 EGBGB Rdn. 11; *v. Hoffmann*, IPR, § 11 Rdn. 51, *Lindacher*; WRP 1996, S. 647 f.; *Löffler*, WRP 2001, S. 379 f.

1829 Palandt/*Heldrich*, Art. 40 EGBGB Rdn. 11; *v. Hoffmann*, IPR, § 11 Rdn. 54; *Löffler*, WRP 2001, S. 381.

3. Produkthaftung

Auch zur Bestimmung des maßgeblichen Rechts im Rahmen der Produkthaftung sind die Art. 40 ff. EGBGB heranzuziehen[1830]. Insbesondere erfolgte durch die Produkthaftungs-RL keine Sachrechtsangleichung und das Haager Übereinkommen über das auf die Produzentenhaftung anwendbare Recht v. 2.10.1973[1831] wurde von Deutschland bislang nicht unterzeichnet.

Allerdings sind bei der Bestimmung des Tatorts gewisse Besonderheiten zu beachten.

Als Handlungsort wird der Ort angesehen, an dem die Verhaltenssteuerung[1832] im Hinblick auf Herstellung und Vertrieb der Ware ausgeübt wird, wobei strittig ist, ob auf den Produktionsort des schädigenden Produkts bzw. den Sitz des Herstellers[1833] oder auf den Ort der Inverkehrnahme des Produkts[1834] abzustellen ist.

Der Erfolgsort ist der Ort der Rechtsgutsverletzung, wobei bei vertraglichen Beziehungen zwischen Geschädigtem und Produzenten zum Teil auch auf den Erwerbsort bzw. auf das Vertragsstatut abgestellt wird[1835].

B. Zuständigkeitsregelungen

Eine dem Verbraucher gewährte materielle Rechtsposition ist weitgehend wertlos, wenn er nur unter großem Aufwand im Stande ist, diese auch geltend zu machen. Deshalb ist es für den Verbraucher von besonderer Bedeutung, ob ihn ein Unternehmer an einem anderen als seinem allgemeinen Gerichtsstand verklagen und inwiefern er seinerseits einen Aktivprozess gegen einen Unternehmer an seinem allgemeinen Gerichtsstand geltend machen kann.

Bei der Beantwortung dieser Fragen ist zu differenzieren zwischen rein nationalen Sachverhalten, bei denen sich die Antwort aus den Vorschriften der ZPO zur örtlichen Zuständigkeit ergeben und Sachverhalten mit Auslandsberührung, wo insbesondere im europäischen Raum die EuGVVO[1836] zu beachten ist.

I. Örtliche Zuständigkeit bei rein nationalen Sachverhalten

1. Allgemeines

Die örtliche Zuständigkeit ist in den §§ 12 ff. ZPO geregelt. Nach § 12 ZPO sind Klagen grundsätzlich am allgemeinen Gerichtsstand des Beklagten zu erheben, der sich bei

---

1830 Vgl. allg. *R. Koch*, VersR 1999, S. 1453 ff.

1831 Text abgedruckt bei Staudinger/*v. Hoffmann*, Art. 40 Rdn. 80.

1832 Vgl. dazu *Wandt*, Internationale Produkthaftung, Rdn. 700.

1833 So OLG München, RIW 1999, S. 955 ff.; Staudinger/*v.Hoffmann*, Art. 38 EGBGB Rdn. 460; *v. Hoffmann*, IPR, § 11 Rdn. 49. Bei besonderer Nähebeziehung wird im Einzelfall über Art. 41 Abs. 1 EGBGB auf den Markt- oder Erwerbsort abgestellt – vgl. auch Palandt/*Heldrich*, Art. 40 EGBGB Rdn. 10, Art. 41 Rdn. 4.

1834 So *Wandt*, Internationale Produkthaftung, Rdn. 1105, der auf den Ort abstellt, an dem das schädigende Produkt vom letzten Glied der Vertriebskette an den ersten Endabnehmer vermarktet wurde – dem folgend *Micklitz*, VuR 2001, S. 44; vgl. auch *v. Hein*, RIW 2000, S. 820 ff.

1835 Palandt/*Heldrich*, Art. 40 EGBGB Rdn. 11; *v. Hoffmann*, IPR, § 11 Rdn. 54; vgl. auch *v. Hein*, RIW 200, S. 831.

1836 VO Nr. 44/2001 v. 22.12.2000, ABlEG Nr. L 12, S. 1; allg. zur internationalen Zuständigkeit *Coester-Waltjen*, Jura 2003, S. 320 ff.

natürlichen Personen gem. § 13 ZPO nach dem Wohnsitz, bei sonstigen passiv Parteifähigen, wie etwa der BGB-Außengesellschaft, gem. § 17 ZPO nach dem Sitz bestimmt.

Im Rahmen des Verbraucherrechts ist zudem der besondere Gerichtsstand des Erfüllungsorts nach § 29 ZPO und der besondere Gerichtsstand für unerlaubte Handlungen nach § 32 ZPO bedeutsam. Einen Sondergerichtsstand für Klagen nach den §§ 84 f. AMG sieht § 94 a AMG vor.

Ein spezieller Verbrauchergerichtsstand für die hier relevanten Rahmen des Verbrauchsgüterkaufs findet sich aber allein in § 29 c ZPO für Haustürgeschäfte[1837].

Indirekt wird der Verbraucher auch durch die Beschränkung von Gerichtsstands-vereinbarungen nach § 38 ZPO geschützt.

2. Der Verbraucher als Beklagter

Wird ein Verbraucher verklagt, dann folgt aus § 12 ZPO, dass die Klage an seinem allgemeinen Gerichtsstand zu erheben ist[1838]. Soweit der Verbraucher ausnahmsweise kein Interesse daran hat, den Prozess hier zu führen, dann kann er sich gem. § 39 oder § 38 Abs. 3 Nr. 1 ZPO jedenfalls nach Prozessbeginn auf einen anderen Gerichtsstand einlassen[1839].

Ein, von § 12 ZPO abweichender Gerichtsstand, ergibt sich auch nicht aus dem Erfüllungs-gerichtsstand des § 29 Abs. 1 ZPO. Dieser fällt regelmäßig mit dem allgemeinen Gerichtsstand des Verbrauchers zusammen, wenn dieser als Schuldner der streitigen Verpflichtung verklagt wird. Nach der Zweifelsregelung des § 269 Abs. 1 BGB ist nämlich der Schuldnerwohnsitz der gesetzliche Erfüllungsort. Daraus folgt, dass der Unternehmer sowohl eine streitige Kaufpreisforderung[1840] als auch die Herausgabe der Kaufsache im Falle der Rückgängigmachung des Kaufs oder in Folge eines Verbraucherwiderrufsrechts[1841] am Gerichtsstand des Verbrauchers geltend machen muss, da hier gem. §§ 269, 270 ZPO die streitige Verpflichtung zu erfüllen wäre.

Für Klagen des Unternehmers gegen den Verbraucher aus Haustürgeschäften[1842] bestimmt § 29 c Abs. 1 S. 2 ZPO sogar die ausschließliche Zuständigkeit des Wohnsitzgerichts des Verbrauchers. Dies hat zur Folge, dass die Klage nur hier erhoben werden kann und selbst die Begründung einer Zuständigkeit kraft Vereinbarung oder rügeloser Einlassung gem. § 40 Abs. 2 S. 1 Nr. 2, S. 2 ZPO ausgeschlossen ist[1843]. Der Gerichtstand gilt dabei auch für Klagen, die auf in Haustürsituationen geschlossene Verbraucherdarlehensverträge oder Finanzierungs-

---

1837 Vgl. auch *G. Vollkommer/M. Vollkommer*, FS Geimer, S. 1377 ff., die auf alle Gerichtsstände für vertragliche Ansprüche, die typischerweise von Verbraucher abgeschlossen werden, eingehen.

1838 Insofern greift der allgemeine Beklagtenschutz – vgl. *Rudisch*, Grenzüberschreitender Schutz bei Verbrauchergeschäften, S. 203 f.

1839 *H. Koch*, Verbraucherprozessrecht, S. 70.

1840 Dazu *H. Koch*, Verbraucherprozessrecht, S. 70.

1841 Dazu Zöller/*Vollkommer*, ZPO, § 29 Rdn. 25 – Kaufvertrag.

1842 Vgl. die Legaldefinition des § 312 Abs. 1 BGB. Umfasst sind gem. § 312 f BGB auch Umgehungsgeschäfte.

1843 Zöller/*Vollkommer*, ZPO, § 12 Rdn. 8.

hilfen beruhen[1844] und greift unabhängig vom Vorliegen der Ausnahmen des § 312 Abs. 3 BGB ein[1845]. Er erfasst alle Ansprüche, die das Haustürgeschäft betreffen, also nicht nur Rückgewähransprüche in Folge eines Widerrufs, sondern auch Erfüllungsansprüche, vertragliche Schadensersatzansprüche oder Klagen auf Herausgabe der unter Eigentumsvorbehalt gelieferten Sache[1846].

3. Der Verbraucher als Kläger

Während der Verbraucher als Beklagter also grundsätzlich nur an seinem Wohnsitzgericht verklagt werden kann, ist seine Rechtsdurchsetzung als Kläger nicht im gleichem Maße hieran gebunden. Aus § 12 ZPO folgt vielmehr, dass der Verbraucher den Unternehmer an dessen allgemeinem Gerichtsstand zu verklagen hat, soweit nicht ein abweichender besonderer Gerichtsstand einschlägig ist[1847].

Soweit der Verbraucher den Unternehmer auf Leistung verklagt, hilft ihm § 29 ZPO regelmäßig zu keinem von § 12 ZPO abweichenden allgemeinen Gerichtsstand. Leistungsort ist regelmäßig der Verkäuferwohnsitz, selbst wenn die Parteien eine Versendung an den Käufer vereinbart haben[1848]. Zu einer Verlagerung des Erfüllungsortes und damit des Gerichtsstands an den Ort des Geschäftsabschlusses bzw. an den Kundenwohnsitz kann es aber bei Barkäufen außerhalb der Geschäftsräume des Verkäufers und bei echten Bringschulden kommen[1849].

Tritt der Verbraucher in Folge eines Mangels zurück oder widerruft er den Kaufvertrag auf Grund eines Verbraucherwiderrufsrechts, dann wird überwiegend der Ort als Erfüllungsort und damit als Gerichtsstand angesehen, wo sich die Kaufsache zur Zeit des Rücktritts/Widerrufsrechts nach dem Vertrag befindet, da an diesem Ort die Kaufsache zurückzugewähren ist[1850]. Problematisch sind die Fälle, in denen der Verbraucher die Kaufsache schon zurückgegeben oder im Falle der Widerrufsrechtsausübung noch gar nicht erhalten hat und auf Rückzahlung des Kaufpreises klagt. Aus § 269 BGB folgt an sich, dass Erfüllungsort der Wohnsitz des Schuldners, also des Unternehmers ist. Allerdings ist nicht einzusehen, warum der Käufer durch Rückgabe der Kaufsache oder durch Widerruf vor Erhalt der Kaufsache den ihm günstigen Gerichtsstand der Rückabwicklung verlieren soll[1851].

1844 Vgl. Rechtsausschuss BT-Drs. 14/7052, S. 191; *G. Vollkommer/M. Vollkommer*, FS Geimer, S. 1382 f. Der BGH, MDR 2002, S. 896 war im Rahmen des HTWG noch anderer Ansicht und versagte Kreditgeschäften, die in einer Haustürsituation geschlossen wurden, den besonderen Gerichtsstand des § 7 Abs. 1 HTWG. Dies mag mangels entsprechender europäischer Vorgaben auch im Hinblick auf EuGH, NJW 2002, S. 281 unbedenklich gewesen sein. Die bevorstehende Änderung des § 29 c ZPO hätte indes ein anderes Ergebnis nahe gelegt.

1845 Zöller/*Vollkommer*, ZPO, § 29 c Rdn. 4.

1846 Zöller/*Vollkommer*, ZPO, § 29 c Rdn. 4.

1847 Nach § 35 ZPO hat der Kläger ein Wahlrecht bei Konkurrenz mehrerer allgemeiner oder besonderer Gerichtsstände – vgl. Zöller/*Vollkommer*, ZPO, § 35 Rdn. 1.

1848 BGHZ 113, 111; Palandt/*Heinrichs*, § 269 Rdn. 1.

1849 *H. Koch*, Verbraucherprozessrecht, S. 72.

1850 BGHZ 87, 104, 109 f.; Zöller/*Vollkommer*, ZPO, § 29 Rdn. 25 – Kaufvertrag; Palandt/*Heinrichs*, § 269 Rdn. 16.

1851 So Zöller/*Vollkommer*, ZPO, § 29 Rdn. 25, Stichwort: Kaufvertrag m.w.N.

Für Klagen aus Haustürgeschäften kann der Verbraucher über § 29 c ZPO seinen Wohnsitzgerichtsstand begründen.

Der Tatortgerichtsstand des § 32 ZPO kann in Aktivprozessen des Verbrauchers etwa für die Produkthaftung eine Rolle spielen. Im Hinblick auf die Rechtsprechung, die zur Begründung der internationalen Zuständigkeit bei Klagen aus § 661 a BGB auf Art. 5 Nr. 3 EuGVVO abstellt[1852], liegt es nahe, auch die örtliche Zuständigkeit bei Ansprüchen aus § 661 a BGB aus § 32 ZPO herzuleiten.

4. Notwendigkeit eines Verbrauchergerichtsstands

Die Gerichtsstandsregelung des § 29 c ZPO bezieht sich nur auf Haustürgeschäfte. Fraglich ist, ob nicht auch darüber hinaus zwischen Verbraucher und Unternehmer eine entsprechende Verbrauchergerichtsstandsregelung eingreifen sollte[1853].

Dafür spricht, dass es dem Unternehmer eher zumutbar sein dürfte, am Gerichtsstand des Verbrauchers zu erscheinen als dem Verbraucher an dem des Unternehmers[1854]. Auch Art. 16 Abs. 1 EuGVVO, der bei grenzüberschreitenden Sachverhalten weitgehend die Möglichkeit der Klage am Verbrauchergerichtsstand vorsieht, legt eine Ausweitung des § 29 c ZPO nahe. Das gegen einen Verbrauchergerichtsstand vorgebrachte Argument, dass hierdurch eine wünschenswerte Konzentration am Sitz des beklagten Unternehmers verhindert wird[1855], steht nicht nur im Widerspruch zum Verbraucherschutz[1856] und des erleichterten Zugangs zum Gericht[1857], sondern überzeugt auch deswegen nicht, weil dies konsequenterweise einen allgemeinen Unternehmergerichtsstand erfordern würde[1858]. Ein allgemeiner Verbrauchergerichtsstand ist daher überfällig und der Gesetzgeber sollte entsprechend tätig werden.

Was die Reichweite eines Verbrauchergerichtsstands anbetrifft[1859], sollten zunächst alle Fälle erfasst sein, in denen vertragliche Ansprüche zwischen Verbraucher und Unternehmer in Streit stehen. Zudem sollten auch Klagen nach §§ 241 a, 661 a BGB und – soweit entsprechende Individualansprüche bejaht werden – Ansprüche auf Einhaltung von Informationspflichten – explizit erfasst werden.

1852 S.u. II. 2.

1853 Vgl. dazu auch *G. Vollkommer/M. Vollkommer*, FS Geimer, S. 1384 ff.

1854 Vgl. dazu *Reich/Gambogi*, VuR 2001, S. 272 ff.

1855 So gegenüber dem Vorschlag hinsichtlich eines besonderen Gerichtsstands in Reisesachen, BT-Drs. 8/2343; dazu *H. Koch*, Verbraucherprozessrecht, S. 78.

1856 Die Gewährung weitreichender materieller Schutzinstrumente wäre wertlos, wenn sie der Verbraucher nicht effektiv und wirksam einsetzen kann – vgl. *G. Vollkommer/M. Vollkommer*, FS Geimer, S. 1391.

1857 *H. Koch*, Verbraucherprozessrecht, S. 78; *G. Vollkommer/M. Vollkommer*, FS Geimer, S. 1385.

1858 Der Gesetzgeber bewegt sich wohl auch langsam in diese Richtung. In BT-Drs. 11/5462, S. 16 erschien ihm für Klagen des Verbrauchers gegen den Kreditgeber ein von den allgemeinen Vorschriften abweichender ausschließlicher Gerichtsstand nicht erforderlich. In BT-Drs. 14/7052, S. 191 führt er aus, dass kein Grund dafür ersichtlich ist, warum dem Verbraucher, der z.B. einen Verbraucherdarlehensvertrag *„an der Haustür"* geschlossen hat, nicht auch der in § 29 c ZPO vorgesehene Gerichtsstand zu Gute kommen sollte.

1859 Vgl. dazu auch *G. Vollkommer/M. Vollkommer*, FS Geimer, S. 1387 ff.

5. Prorogationsbeschränkungen

Die Einführung des § 38 Abs. 1 ZPO, der Gerichtsstandsvereinbarungen mit einem Verbraucher im Ergebnis ausschließt[1860], wurde als *„bisher bedeutendste Maßnahme auf zivilprozessualem Gebiet"* zum Verbraucherschutz bezeichnet[1861]. Vor allem Gerichtsstandsvereinbarungen in AGB und Formularverträgen zum Nachteil der Vertragsparteien führten zuvor zu unverhältnismäßig vielen Versäumnisurteilen, weil der beklagte Verbraucher in größerer Entfernung zum prorogierten Gerichtsort wohnte und keine Möglichkeit zur persönlichen oder anwaltlichen Terminswahrnehmung sah[1862].

Gerichtsstandsvereinbarungen eines Verbrauchers sind jetzt nur noch nach § 38 Abs. 3 ZPO zulässig, wenn sie ausdrücklich und schriftlich nach Entstehen der Streitigkeit oder für den Fall der Wohnsitzverlegung ins Ausland oder an einem unbekannten Ort geschlossen werden.

II. Internationale Zuständigkeit im Geltungsbereich der EuGVVO

1. Allgemeines

Die EuGVVO regelt im Verhältnis zu den Mitgliedsstaaten der EU – mit Ausnahme Dänemarks und die nach Art. 68 Abs. 1 EuGVVO i.V.m. Art. 229 EGV ausgenommenen Hoheitsgebiete der Mitgliedsstaaten – seit dem 1.3.2002[1863] unmittelbar die Entscheidungszuständigkeit der Gerichte und die Anerkennung und Vollstreckung von Urteilen. In ihrem Anwendungsbereich löst sie das EuGVÜ v. 27.9.1968 ab[1864].

Zwingende und abschließende Schutzbestimmungen zugunsten des Verbrauchers enthalten die Art. 15 bis 17 EuGVVO. Sie sehen für bestimmte Verbrauchersachen im grenzüberschreitenden Rechtsverkehr eine besondere Zuständigkeit vor, die eine eigene, grundsätzlich abschließende Zuständigkeitsordnung dahingehend festlegt, dass der Verbraucher das Privileg des Wohnsitzgerichtsstands auch in den Fällen hat, die sonst einen anderen Gerichtsstand begründen würden. Hierdurch sollen der Unterlegenheit des Verbrauchers gegenüber dem beruflich bzw. gewerblich Handelnden Rechnung getragen und der schwächeren und weniger gewandten Partei die Vorteile des eigenen Gerichtsstands verschafft werden[1865].

Für unerlaubte Handlungen sieht zudem Art. 5 Nr. 3 EuGVVO den Ort des Schadenseintritts als Gerichtsstand vor[1866]. Erfasst sind u.a. Ansprüche aus UWG[1867], aus Produkthaftung und

---

[1860] § 38 Abs. 1 ZPO erlaubt Gerichtsstandsvereinbarungen nur zwischen Kaufleuten, juristischen Personen oder öffentlich-rechtlichen Sondervermögen. Zu erwägen ist, ob insofern nicht generell auf Unternehmer i.S.d. § 14 BGB abgestellt werden sollte. Dies würde zu einer Rechtsvereinheitlichung und -vereinfachung führen, andererseits aber etwa bisher von § 38 Abs. 1 ZPO ausgenommene Kleingewerbetreibende oder Freiberufler vom Verbot des § 38 Abs. 1 ZPO ausnehmen.

[1861] Vgl. *Löwe*, NJW 1974, S. 473.

[1862] Dazu *H. Koch*, Verbraucherprozessrecht, S. 75.

[1863] Vgl. Art. 76 EuGVVO.

[1864] Vgl. dazu auch *Thomas/Putzo*, Vorbem EuGVVO Rdn. 2.

[1865] *Reich/Gambogi*, VuR 2001, S. 270.

[1866] Vgl. dazu auch *Micklitz*, Vur 2001, S. 42 f. zu Vorgängerregelung des Art. 5 EuGVÜ.

[1867] Zöller/*Geimer*, Anh. I Art. 5 EuGVVO Rdn. 22.

Unterlassungsklagen privater Verbraucherverbände[1868] und wohl auch Ansprüche aus § 661 a BGB[1869].

2. Anwendungsbereich des Verbrauchergerichtsstands der EuGVVO

Voraussetzung für das Eingreifen der Art. 15 ff. EuGVVO ist zunächst das Vorliegen eines Verbrauchervertrages, der in Art. 15 Abs. 1 EuGVVO – zum Teil abweichend vom deutschen Recht[1870] – definiert wird als Vertrag, den eine Person zu einem Zweck abgeschlossen hat, *„der nicht ihrer beruflichen oder gewerblichen Tätigkeit zugerechnet werden kann"*.

Darüber hinaus muss entweder ein Teilzahlungs- oder Finanzierungskauf bezüglich beweglicher Sachen vorliegen oder der Vertrag muss in die berufliche oder gewerbliche Tätigkeit des Vertragspartners fallen, die dieser im Mitgliedsstaat des Verbrauchers ausübt oder auf diesen Mitgliedsstaat ausrichtet. Durch letztere Alternative werden umfassend alle Verträge mit ausländischen Unternehmern erfasst, soweit deren Tätigkeit auch auf den Wohnsitzmitgliedsstaat des Verbrauchers ausgerichtet ist. Für ein *„ausrichten"* ist dabei bereits etwa die Vermarktung auf einer Website, die in dem Mitgliedsstaat zugänglich ist, ausreichend[1871].

Fraglich ist die Anwendung der Art. 15 ff. EuGVVO im Rahmen des 661 a BGB, da Art. 15 EUGVVO vom Wortlaut her an einen Vertrag oder Ansprüche aus einem Vertrag anknüpft. Der EuGH hat eine Klage auf Herausgabe des Gewinns als Klage aus Gewinn i.S.d. Art. 13 I Nr. 3 EuGVÜ[1872] qualifiziert, wobei allerdings im konkreten Fall auch ein Vertrag auf Grund der Gewinnzusage geschlossen wurde[1873]. Die deutsche Rechtsprechung bejaht die Anwendung des Art. 13 Abs. 1 Nr. 3 EuGVÜ darüber hinaus auch ohne Vertragsschluss, da die Gewinnbenachrichtigungen auf die Vertragsanbahnung abzielen[1874]. Hilfsweise wird zudem auch Art. 5 Nr. 3 EuGVVO herangezogen, um im Rahmen des § 661 a BGB die Zuständigkeit der deutschen Gerichte bei Gewinnzusagen aus dem Ausland zu begründen[1875].

1868 S.u. E. III. 2.

1869 Vgl. dazu BGH, NJW 2003, S. 426 ff.; OLG Dresden, VuR 2002, S. 187 ff.; mit Verweis auf die grundlegenden Ausführungen von *St. Lorenz*, NJW 2000, S. 3309 f.

1870 Zum einen muss der Vertragspartner kein Unternehmer sein - vgl. aber Art. 15 Abs. 1 lit. c) EuGVVO. Aus der ratio der Art. 15 ff. EuGVVO ergibt sich aber, dass der andere Vertragspartner nicht seinerseits Verbraucher sein darf – *v. Hoffmann*, IPR, Rdn. 236. Zum anderen genügt die Zurechnung zur unselbstständig beruflichen Tätigkeit zum Ausschluss des Verbrauchervertrages.

1871 Vgl. *Reich/Gambogi*, VuR 2001, S. 271 ff. m.w.N. und auch zu der Frage zur Zumutbarkeit für den Vertragspartner des Verbrauchers.

1872 Die Ausführungen zu Art. 13 EuGVÜ gelten erst recht im Rahmen der erweiterten Nachfolgeregelung des Art. 15 EuGVVO.

1873 Vgl. EuGH, NJW 2002, S. 2697 ff.

1874 Vgl. BGH, NJW 2003, S. 426 ff.; OLG Dresden, VuR 2002, S. 187 ff.; zurückhaltend *St. Lorenz*, NJW 2000, S. 3309.

1875 Vgl. BGH, NJW 2003, S. 426 ff.; OLG Dresden, VuR 2002, S. 187 ff.; mit Verweis auf die grundlegenden Ausführungen von *St. Lorenz*, NJW 2000, S. 3309 f.

3. Der Verbrauchergerichtsstand der EuGVVO

a. Für Klagen des Verbrauchers regelt Art. 16 Abs. 1 EuGVVO, dass der Verbraucher seinen Vertragspartner wahlweise vor den Gerichten des Mitgliedsstaats, in dessen Hoheitsgebiet dieser seinen Wohnsitz hat oder am Gericht seines Wohnsitzes verklagen kann. Regelmäßig wird der Verbraucher letztere Alternative wählen und seinen Vertragspartner am Gericht seines Wohnsitzes verklagen, womit gleichzeitig die örtliche Zuständigkeit vorgegeben ist[1876].

Zu beachten ist, dass dem Kläger, der eine von einem Verbraucher abgetretene Forderung geltend macht, die Art. 15 ff. EuGVVO nicht zu Gute kommen und zwar nach Ansicht des BGH unabhängig davon, ob der Kläger bei Erwerb oder der Geltendmachung in Ausübung seiner beruflichen oder gewerblichen Tätigkeit handelte[1877].

b. Für Klagen gegen den Verbraucher sind gem. Art. 16 Abs. 2 EuGVVO ausschließlich die Gerichte des Mitgliedsstaates zuständig, in dem der Wohnsitz des Verbrauchers liegt. Im Gegensatz zur nationalen ausschließlichen Zuständigkeit ist ein rügeloses Einlassen auf ein anderes Gericht aber zulässig[1878].

Welches Gericht konkret örtlich zuständig ist, bestimmt sich nach den nationalen Vorschriften[1879], also grundsätzlich das Wohnsitzgericht des Verbrauchers[1880].

4. Gerichtsstandsvereinbarungen

Gerichtsstandsvereinbarungen sind in Verbrauchersachen nur dann zulässig, wenn die Voraussetzungen einer der Alternativen des Art. 17 EuGVVO erfüllt sind[1881], was auch in Art. 23 Abs. 5 EuGVVO klargestellt wird. Zusätzlich sind die Formerfordernisse des Art. 23 Abs. 1 und 2 EuGVVO zu beachten.

1876 So *Thomas/Putzo*, Art. 16 Rdn. 5; *v. Hoffmann*, IPR, Rdn. 236 e; *Mankowsky*, IPRax 2001, S. 33 ff.; **a.A.** Zöller/*Geimer*, Art. 15 EuGVVO Rdn. 10: die örtliche Zuständigkeit bestimmt sich nach dem nationalen Recht.

1877 Vgl. BGH, NJW 1993, S. 2685 f.; **a.A.** soweit der Kläger nicht in Ausübung seiner beruflichen oder gewerblichen Tätigkeit handelt – Zöller/*Geimer*, Art. 15 EuGVVO Rdn. 7 und vom Tenor her EuGH, EuZW 1993, S. 224 der dies allerdings im Urteil selbst unter Abschnitt 22 wieder einschränkt – vgl. auch unten C. III. 2. b. zur Zuständigkeitsproblematik bei einer Verbraucherverbandsklage für einen Verbraucher.

1878 *Thomas/Putzo*, Vorbem zu Art. 15 – 17 EuGVVO Rdn. 1.

1879 Vgl. *v. Hoffmann*, IPR, Rdn. 236 e.

1880 S.o. I. 2.

1881 Dies sind: Vereinbarung nach Entstehung der Streitigkeit, Erweiterung allein der Gerichtsstandswahl des Verbrauchers oder Vereinbarung der Zuständigkeit eines Gerichts eines Mitgliedsstaats, in dem beide Parteien ihren Wohnsitz oder gewöhnlichen Aufenthalt haben.

III. Grundzüge der internationalen Zuständigkeit außerhalb der EuGVVO

Im Verhältnis mit Dänemark ist das EuGVÜ[1882] heranzuziehen; im Verhältnis zu Island, Norwegen, der Schweiz und Polen greift das Luganer-Übereinkommen vom 16.09.1988[1883], das mit geringfügigen Änderungen auf die Regelungen der EuGVÜ verweist. Das EuGVÜ regelt in den Art. 13 ff. EuGVÜ die Zuständigkeit für Verbrauchersachen, die grundsätzlich denen der Art. 15 ff. EuGVVO entsprechen. Allerdings ist der Anwendungsbereich des Verbrauchergerichtsstands der EuGVVO weiter als der der EuGVÜ, da Art. 15 Abs. 1 lit. c) EuGVVO insofern erweitert wurde[1884]. Zudem regelt Art. 16 Abs. 1 EuGVVO, anders als Art. 14 EuGVÜ, auch die örtliche Zuständigkeit des Verbraucherwohnsitzes[1885].

Außerhalb dieses Rahmens besteht kein spezieller Gerichtsstand für Verbraucher.

Art. 7 des Haager Konventionsentwurfs[1886] sieht einen solchen zwar vor, zu einer Umsetzung der Konvention ist es bislang aber nicht gekommen. Insbesondere den USA und Japan widerstrebte die Idee eines speziellen Verbrauchergerichtsstands[1887]. Da sich ein durchschnittlicher Verbraucher kaum ein Verfahren im Ausland leisten kann, wäre ein solcher Gerichtsstand ähnlich Art. 16 EuGVVO indes angebracht. Zwar erhöhen sich hiermit die Kosten und Risiken vor allem für die Internet-Anbieter. Diese haben es jedoch selbst in der Hand, ihre Angebote geographisch einzugrenzen, um so ihre Kosten und Risiken zu begrenzen[1888].

1882 Übereinkommen über die gerichtliche Zuständigkeit und die Vollstreckung gerichtlicher Entscheidungen in Zivil- und Handelssachen v. 27.9.1968, BGBl. 1972 II, S. 774.

1883 Dazu *v. Hoffmann*, IPR, Rdn. 187; der Beitritt der Tschechischen Republik ist weitgehend abgeschlossen und der Ungarns ist in Vorbereitung.

1884 Dazu *Reich/Gamboni*, VuR 2001, S. 270 f.; zum Verbrauchergerichtsstand nach dem EuGVÜ – vgl. *Rudisch*, Grenzüberschreitender Schutz bei Verbrauchergeschäften, S. 211 ff.

1885 Dies konnte im Anwendungsbereich der Art. 13, 14 EuGVÜ dazu führen, dass zwar die internationale Zuständigkeit deutscher Gerichte begründet war, es jedoch an einem örtlich zuständigen Gericht fehlte - vgl. dazu die Nachweise bei *G. Vollkommer/M. Vollkommer*, FS Geimer, S. 1368 ff.

1886 Abgedruckt bei *Reich/Gamboni*, VuR 2001, S. 276; im Netz unter: http://www.hcch.net/e/conventions/draft36e.html.

1887 Dazu *Reich/Gamboni*, VuR 2001, S. 278 f.

1888 *Reich/Gamboni*, VuR 2001, S. 279 f.

C. Anerkennung und Vollstreckung ausländischer Entscheidungen

Die sog. Exequatur ausländischer Urteile kann für den Verbraucher Gefahren heraufbeschwören, die vor allem im Überraschungseffekt liegen, sei es, dass er von einem ausländischen Prozess gar nicht oder nur unzureichend informiert war oder dass er glaubte, sich auf das dortige Verfahren nicht einlassen zu müssen[1889]. Deshalb soll kurz ein Überblick über die Anerkennung und die Vollstreckung ausländischer Urteile gegeben werden.

I. Anerkennung ausländischer Urteile

1. Rechtsquellen

Soweit weder Abkommen[1890] noch Sonderregeln eingreifen, richtet sich die Anerkennung ausländischer Urteile nach § 328 ZPO. Anwendungsvorrang kommt aber insbesondere der EuGVVO zu, die in den Art. 33 ff. die Anerkennung in neuartiger und großzügiger Weise regelt. Künftig könnte sich die Vollstreckung ausländischer Entscheidungen auch nach dem in Ausarbeitung befindlichen Haager Übereinkommen über die gerichtliche Zuständigkeit in Zivil- und Handelssachen[1891] richten.

2. Verfahren

Ein besonderes Anerkennungsverfahren ist grundsätzlich weder nach § 328 ZPO noch in der EuGVVO vorgesehen. Die Anerkennung tritt vielmehr ohne besonderen Ausspruch ein, soweit ihre Voraussetzungen vorliegen[1892]. Im Regelfall entscheidet das Gericht, dessen Entscheidung von der Anerkennung abhängt, inzident über die Anerkennung.

3. Anerkennungsvoraussetzungen

Sowohl § 328 Abs. 1 ZPO als auch die Art. 34, 35 EuGVVO führen Anerkenntnishindernisse auf. Aus Verbrauchersicht von besonderer Bedeutung ist vor allem § 328 Abs. 1 Nr. 1, 2, 4 ZPO bzw. Art. 34 Nr. 1, 2, 35 Abs. 1 i.V.m. Art. 15 ff. EuGVVO.

Nach § 328 Abs. 1 Nr. 2 ZPO und Art. 34 Nr. 2 EuGVVO wird der Beklagte vor der Anerkennung einer ausländischen Entscheidung geschützt, wenn er nicht ordnungsgemäß oder nicht rechtzeitig geladen wurde.

Die fehlende Zuständigkeit ausländischer Gerichte stellt gem. § 328 Abs. 1 Nr. 2 ZPO ebenfalls ein Anerkenntnishindernis dar. In der EuGVVO ist dies explizit so nicht geregelt, jedoch ergibt sich aus Art. 35 Abs. 1 i.V.m. den in Abschnitt 4 des 2. Kapitel geregelten Vorschriften der internationalen Zuständigkeit in Verbrauchersachen, dass deren Verletzung die Anerkennung hindert. Den Art. 15 ff. EuGVVO kommt damit eine doppelte Schutzfunktion zu: Einmal regeln sie unmittelbar die Zuständigkeit des anerkennenden Gerichts und schützen den Verbraucher damit vor der Gerichtspflicht an entfernten Orten.

1889 *H. Koch*, Verbraucherprozessrecht, S. 114.
1890 Vgl. *Thomas/Putzo*, § 328 Rdn. 30 ff.
1891 Vgl. dazu *R. Wagner*, IPRax 2001, S. 533 ff.
1892 *V. Hoffmann*, IPR, § 3 Rdn.158.

Werden sie missachtet, so verhindern sie mittelbar die spätere Anerkennung eines im falschen Forum ergangenen Urteils[1893].

Noch ungeklärt ist, inwiefern dem ordre public-Vorbehalt des § 328 Abs. 1 Nr. 4 ZPO bzw. des Art. 34 Nr. 1 EuGVVO gerade aus Verbrauchersicht Bedeutung zukommen kann. Ein Verstoß gegen den deutschen ordre public liegt dann vor, wenn das konkrete Ergebnis der ausländischen Entscheidung ernstlich grundlegenden deutschen Vorstellungen über Minimalanforderungen des Rechtsschutzes oder fundamentalen Grundsätze der Rechtsordnung widerspricht und ein hinreichender Inlandsbezug besteht[1894]. Der BGH hat hierunter auch die Verurteilung eines Bürgen gefasst, wenn dieser durch das ausländische Zahlungsgebot in seiner Handlungsfreiheit verfassungswidrig eingeschränkt wird, was insbesondere in besonders extremen Fällen der strukturellen Unterlegenheit in Betracht kommt[1895]. Vor diesem Hintergrund ist zumindest bei schwerwiegenden Verletzungen von Verbraucherschutznormen die Heranziehung des ordre public-Vorbehalts denkbar.

II. Vollstreckung ausländischer Entscheidungen

Soweit keine Sonderregelungen[1896] eingreifen, gelten die §§ 722 f. ZPO. Hiernach ist ein besonderes Urteilsverfahren (Exequaturverfahren) vorgesehen. Tauglicher Vollstreckungstitel ist nicht das ausländische Urteil sondern das deutsche Vollstreckungsurteil i.S.d. § 722 Abs. 1 ZPO, das auf Klage des Vollstreckungsgläubigers gegen den Vollstreckungsschuldner ergeht[1897].

Im Anwendungsbereich der EuGVVO besteht ein wesentlich vereinfachtes Anerkennungsverfahren. Die Vollstreckbarkeitserklärung erfolgt gem. Art. 41 EuGVVO ohne vorherige Anhörung des Schuldners in einem einseitigen Verfahren[1898]. Die Überprüfung, ob ein Anerkenntnishindernis und damit ein Vollstreckungshindernis vorliegt, findet gem. den Art. 41, 45 Abs. 1 EuGVVO nicht im Vollstreckungsverfahren selbst, sondern im dagegen vorgesehenen Rechtsbehelfsverfahren statt[1899]. Nach der geplanten EU-VO über den europäischen Vollstreckungstitel soll bei unbestrittenen Forderungen die Vollstreckbarkeitserklärung sogar völlig entfallen[1900].

1893 *H. Koch*, Verbraucherprozessrecht, S. 115.
1894 Vgl. *Bungert*, ZIP 1992, S. 1709 ff.; *Thomas/Putzo*, § 328 Rdn. 16.
1895 Vgl. BGH, IPRax, 1999, S. 371 m. Anm. *Schulze*, IPRax 1999, S. 342; *Roth*, JZ 1999, S. 1119.
1896 Vgl. *Thomas/Putzo*, § 723 Rdn. 3 f.
1897 *V. Hoffmann*, § 3 Rdn. 179.
1898 Einzelheiten des Verfahrens regelt in Deutschland das Gesetz zur Ausführung zwischenstaatlicher Anerkennungs- und Vollstreckungsverträge in Zivil- und Handelssachen (AVAG).
1899 Vgl. dazu auch *Wagner*, IPRax 2002, S. 83.
1900 Vgl. dazu Zöller/*Geimer*, Art. 1 EuGVVO Rdn. 15 a.

D. Weitere Aspekte des Verbraucherschutzes bei der individuellen Rechtsdurchsetzung[1901]

I. Prozesskosten- und Beratungshilfe

Die vorgesehenen Möglichkeiten der Rechtsdurchsetzung helfen wenig, wenn der einzelne Verbraucher aus finanziellen Gründen nicht in der Lage ist, von ihnen Gebrauch zu machen. Um auch wirtschaftlich schlecht gestellten Personen die Rechtsverfolgung und Rechtsverteidigung zu ermöglichen, kann nach den §§ 114 ff. ZPO Prozesskostenhilfe gewährt werden[1902]. Im außergerichtlichen Bereich greift ergänzend das BeratungshilfeG[1903].

II. Auskunftsanspruch nach § 13 a UKlaG

Gerade bei der Lieferung unbestellter Ware oder der Zusendung oder sonstigen Übermittlung unverlangter Werbung, besteht die Gefahr, dass nach den §§ 823, 862, 1004 BGB bestehende Unterlassungsansprüche deshalb nicht durchgesetzt werden können, weil der potentielle Anspruchsgegner unter einer Anschrift handelt, unter der er nicht verklagt werden kann, weil sie nicht den Anforderungen des § 253 Abs. 2 Nr. 1 ZPO genügt. Insofern besteht nach Maßgabe des § 13 a UKlaG i.V.m. § 13 UKlaG ein Auskunftsanspruch gegen geschäftsmäßige Post-, Telekommunikations-, Tele oder Mediendiensteerbringer[1904].

III. Beweisführung

Gerade beim Verbrauchsgüterkauf stellt sich das Problem, dass sich oft nicht eindeutig feststellen lässt, worauf Gebrauchseinschränkungen, Qualitätseinschränkungen und Mengenfehler zurückzuführen sind. Im Rahmen der Produkthaftung gilt ähnliches bezüglich der Feststellung des Produktfehlers und seiner Kausalität zum Schaden. Bei geringwertigen Verbrauchsgütern kommt hinzu, dass die Beteiligten oft auf beweiskräftige Dokumentation, Aufbewahrung von Belegen und dem Heranziehen von Zeugen verzichten.

Mithin wird deutlich, dass Fragen der Beweisbarkeit und der Beweislast entscheidend sowohl für die Erfolgsaussichten im Prozess als auch für die vorprozessuale Verhandlungsposition sind. Beweiserleichterungen und das Beweisverfahren sind daher von besonderer Bedeutung.

Aus Verbrauchersicht enthält vor allem § 476 BGB eine wichtige Regelung zur Beweislastumkehr[1905]. Daneben sind besonders im Rahmen der Produkthaftung die seit langem anerkannten Beweiserleichterungen des Anscheinsbeweises und der

[1901] Vgl. auch *H. Koch*, Verbraucherprozessrecht, passim.
[1902] Dazu *Michalski*, ZPO, S. 248; *Borchert*, Verbraucherschutzrecht, S. 92 f.
[1903] Dazu *Michalski*, ZPO, S. 249; *Borchert*, Verbraucherschutzrecht, S. 93 f.
[1904] Die Aufnahme des materiellen Auskunftsanspruchs sonstiger Betroffener im, an sich die Verbandsklage regelnden UKlaG ist allerdings sowohl systematisch als auch was die Rechtsanwendung angeht, verfehlt.
[1905] S.o. 6. Teil, F. III. 6; vgl. auch AG Potsdam, ZGS 2003, S. 120.

Beweislastumkehr für den Beweis eines Produktfehlers bei Beweisvereitelung für den Fehler- und Kausalitätsbeweis zu nennen[1906].

IV. Summarische Verfahren

Ein Großteil der im Mahnverfahren nach den §§ 688 ff. ZPO geltend gemachten Forderungen dürfte aus Verbrauchergeschäften stammen[1907]. Der Unternehmer kann sich dieses Verfahrens weitgehend uneingeschränkt zur Geltendmachung von Geldforderungen gegen den Verbraucher bedienen. Unzulässigkeit besteht nach § 688 Abs. 2 ZPO nur bei hochverzinslichen Verbraucherkrediten, Abhängigkeit des Anspruchs von einer Gegenleistung oder bei Notwendigkeit einer öffentlichen Zustellung. Für den Verbraucher ist das Mahnverfahren dabei insofern von besonderer Gefährlichkeit, als hierdurch ohne gerichtliche Überprüfung (vgl. § 692 Abs. 1 Nr. 2 ZPO) die Möglichkeit besteht, einen Vollstreckungstitel zu erlangen (vgl. § 699 ZPO).

Auch von Versäumnisurteilen dürften in besonderem Maße Verbraucher betroffen sein. Beim Versäumnisverfahren gegen den verklagten Verbraucher nach den §§ 331 ff. ZPO muss das Gericht aber zumindest die Schlüssigkeit des Klagevorbringens prüfen.

Zustellungserfordernisse und entsprechende Hinweise und Belehrungen gewährleisten zudem in beiden Verfahren, dass der Verbraucher über die maßgeblichen Verfahrensgänge und Rechtsfolgen des Untätigbleibens informiert wird. Bei vorsätzlicher, sittenwidriger Ausnutzung der Rechtskraft kann zudem § 826 BGB zur Korrektur herangezogen werden[1908].

1906 *Kullmann/Pfister*, Produzentenhaftung, Kza. 1526; MünchKomm/ *Cahn*, ProdHaftG, § 1 Rdn. 67, 71 f.
1907 *H. Koch*, Verbraucherprozessrecht, S. 101.
1908 Vgl. BGHZ 50, 115; Michalski, ZPO, S. 208; *Thomas/Putzo*, § 322 Rdn. 50 f.

E. Klagemöglichkeiten der Verbraucherverbände

Gerade im Rahmen des Verbraucherrechts stellt sich das Problem, dass verbraucherwidriges Verhalten den einzelnen Verbraucher nur geringfügig tangiert[1909] oder selbst bei schwerwiegenden Schäden, in Anbetracht des immer bestehenden Prozess- und Kostenrisikos und des meist finanziell und juristisch überlegenen Unternehmers auf der anderen Seite, der Verbraucher von der Geltendmachung seiner Rechte absieht[1910].

Der Gesetzgeber ist dem insbesondere dadurch begegnet, dass er den Verbraucherverbänden die Möglichkeiten eingeräumt hat, in bestimmten Fällen selbst Verbraucherrechte durchzusetzen.

Insofern ist vor allem auf das UKlaG und § 13 Abs. 2 Nr. 3 UWG einzugehen. Zudem ist das neue Klagerecht der Verbraucherverbände nach dem RBerG darzustellen.

Die schutzgesetzliche Verbandsklage, bei der ein Verband Ansprüche seiner Mitglieder in gewillkürter Prozessstandschaft geltend macht[1911], dürfte dagegen keine große Bedeutung haben, da bei den Verbraucherverbänden die Fremdorganisation überwiegt.

I. Verbraucherverbandsklagen nach dem UKlaG und UWG

1. Rechtsentwicklung[1912]

Das UWG von 1896 räumte das Recht, auf Unterlassung von Wettbewerbsverstößen zu klagen, außer den Mitbewerbern, auch den rechtsfähigen „*Verbänden zur Förderung gewerblicher Interessen*" ein. 1965 wurde das Verbandsklagerecht dann auf bestimmte Verbraucherverbände, 1986 auf die Industrie- und Handelskammern sowie die Handwerkskammern erstreckt. Der Verleihung der Klagebefugnis an Verbraucherverbände lag die gesetzgeberische Erwägung zu Grunde, dass auch der Verbraucherschaft die Möglichkeit gegeben werden müsse, im Wege der Zivilklage gegen sie benachteiligende Wettbewerbshandlungen vorzugehen. Damit sollte die Lücke geschlossen werden, die bei der Bekämpfung unlauteren Wettbewerbs dadurch entstanden war, dass Gewerbeverbände nicht selten schwerwiegende Wettbewerbsverstöße nicht verfolgten und die in einem Verband zusammengeschlossenen Mitglieder gewisse Formen der Werbung oder ein bestimmtes Geschäftsgebaren duldeten[1913].

Mit dem AGBG von 1976 wurde die Klagebefugnis von Verbraucher- und Wirtschaftsverbänden auf die Inhaltskontrolle von AGB ausgedehnt und das Verfahren der AGB-Kontrollklage in den §§ 13 ff. AGBG geregelt.

[1909] Vgl. insbesondere die Erörterung der Ansprüche bei Wettbewerbsverstößen – oben 3. Teil, C. V. 2. d. und e.; 4. Teil, C. IV. 2. b. und c.

[1910] Generell zur Bündelung von Verbraucherinteressen im Zivilprozessrecht - *Stadler* in Brönneke, Kollektiver Rechtschutz im Zivilprozessrecht, S. 3 ff.

[1911] Dazu Zöller/*Vollkommer*, Vor § 50 Rdn. 60; vgl. auch *Marotzke*, Von der schutzgesetzlichen Unterlassungsklage zur Verbandsklage, passim.

[1912] Vgl. auch 1. Teil, B. II.

[1913] Vgl. *Greger*, ZZP 113 (2000), S. 401 m.w.N.

Mit Gesetz v. 27.6.2000[1914] wurde § 22 AGBG eingefügt, der einen Unterlassungsanspruch bei verbraucherschutzwidrigen Praktiken einführte.

Das SMG führte zur Aufnahme des materiellen AGB-Rechts in die §§ 305 ff. BGB[1915] und zur separaten Regelung der verfahrensrechtlichen Durchsetzung im UKlaG[1916].

2. Rechtsnatur der Verbraucherverbandsklagen

Um eine Überprüfung von Amts wegen bis in die Revisionsinstanz hinauf zu ermöglichen, gelangte der BGH zu der „*Doppelnatur*" der Verbandsklageberechtigung als Prozess- und materielle Anspruchsvoraussetzung[1917], mit der Folge, dass ihr Fehlen zur Unzulässigkeit der Klage führte.

Aus dem Wortlaut des § 3 Abs. 1 UKlaG, wonach die Ansprüche der §§ 1 und 2 UKlaG „*zustehen*", und auch die gesetzgeberischen Erwägungen zur Änderung des § 13 Abs. 2 AGBG a.F. wird zum Teil gefolgert, dass das UKlaG nur die Aktivlegitimation regelt und nicht zugleich auch die Prozessführungsbefugnis[1918]. Zwingend ist dies allerdings nicht, wie auch der Wortlaut des § 3 Abs. 2 UKlaG zeigt, der weiter von „*nicht geltend machen*" spricht[1919].

Auch bei § 13 UWG ist es beim alten Wortlaut „*geltend gemacht werden*" geblieben, so dass auch hier strittig bleibt, ob die Regelung neben der Aktivlegitimation die Prozessführungsbefugnis regelt[1920].

3. Zweck und Voraussetzungen der Verbraucherverbandsklagen

a. Der in § 1 UKlaG geregelte Unterlassungs- und Widerrufsanspruch soll gewährleisten, dass der Rechtsverkehr von unwirksamen AGB freigehalten wird, und verhindern, dass sich Rechtsunkundige von der Geltendmachung und Durchsetzung ihrer Rechte abhalten lassen, wenn ihnen eine nach den §§ 307 bis 309 BGB unwirksame Klausel entgegengehalten wird[1921]. Neben der Unwirksamkeit nach den §§ 307 bis 309 BGB, zu der auch ein Verstoß gegen das Transparenzgebot des § 307 Abs. 1 S. 2 BGB gehört, kann eine Klage auch auf einen Verstoß gegen zwingendes Recht gestützt werden[1922]. Verstöße gegen zwingendes

---

1914 BGBl. 2000 I, S. 897.

1915 Dazu s.o. 6. Teil, C. IV.

1916 Durch das Gesetz zur Regelung des Urheberrechts in der Informationsgesellschaft v. 10.9.2003 (BGBl. 2003 I, S. 1774) wurde das UKlaG um – für die Verbraucherverbandsklage weniger relevante – Regelungen für einen urheberrechtlichen Unterlassungsklage erweitert – vgl. §§ 2 a, 3 a UKlaG n.F.

1917 Vgl. BGHZ 133, 316, 319; GRUR 1996, S. 804 f.; vgl. auch *Greger*, ZZP 113 (2000), S. 402 f. m.w.N. auch zum Schrifttum.

1918 *Greger*, ZZP 113 (2000), S. 403 f. mit Verweis auf BT-Drs. 14/2658, S. 52.

1919 Vgl. Palandt/*Bassenge*, § 3 UKlaG Rdn. 2. Die praktische Relevanz des Streits dürfte nicht allzu groß sein, da durch die Listeneintragung ein leicht nachweisbares Kriterium zur Feststellung der Aktivlegitimation und gegebenenfalls der Prozessführungsbefugnis gegeben ist.

1920 Bejahend *Köhler/Piper*, UWG, § 13 Rdn. 4 m.w.N.; Palandt/*Bassenge*, § 3 UKlaG Rdn. 2; **a.A.** *Greger*, ZZP 113 (2000), S. 403; *ders.*, NJW 2000, S. 2462.

1921 BGH, NJW 1994, S. 2693; Palandt/*Bassenge*, § 1 UKlaG Rdn. 1.

1922 Vgl. BGH, NJW 1983, S. 1322; *Hensen* in Ulmer/Brandner/Hensen, AGBG, § 13 Rdn. 5 ff. m.w.N.; **a.A.** Erman/*Werner*, § 13 AGBG, Rdn. 25.

Verbraucherschutzrecht können, einerlei ob sie in Form von AGB begangen werden oder nicht, mit dem Unterlassungsanspruch nach § 2 UKlaG geltend gemacht werden[1923].

Ungeschriebene materielle Voraussetzung des Unterlassungsanspruchs ist die Wiederholungsgefahr oder die ernsthaft drohende erstmalige Verwendung/Empfehlung[1924]. Der Widerrufsanspruch setzt einen fortdauernden Störungszustand voraus, zu dessen Beseitigung der Widerruf notwendig und geeignet ist[1925].

Zu beachten ist, dass den nach § 3 Abs. 1 Nr. 1 UKlaG anspruchsberechtigten Verbraucherverbänden gem. § 3 Abs. 2 UKlaG die Prozessführungsbefugnis für Klagen nach § 1 UKlaG fehlt, wenn AGB ausschließlich gegenüber Unternehmern verwendet bzw. zur Verwendung gegenüber Unternehmern empfohlen werden[1926].

b. Der Unterlassungsanspruch des § 2 UKlaG soll die Einhaltung von Verbraucherschutzvorschriften gegenüber dem Unternehmer[1927] gewährleisten[1928].

Er setzt die Zuwiderhandlung gegen ein Verbraucherschutzgesetz voraus, also gegen Normen, die dem Schutz des Verbrauchers dienen[1929]. Daraus folgt auch, dass eine Unterlassungsklage nach § 2 UKlaG grundsätzlich nur in Verbraucher-Unternehmer-Konstellationen in Betracht kommt[1930]. Eine Norm *„dient"* dann dem Schutz des Verbrauchers i.S.d. UKlaG, wenn es sich hierbei um ihren eigentlichen Zweck handelt[1931]. Hierzu genügt nicht, dass Verbraucherschutz eine nur untergeordnete Bedeutung hat oder nur eine zufällige Nebenwirkungen ist[1932]. Andererseits soll es ausreichen, dass die Vorschrift oder das Gesetz zumindest auch dem Verbraucherschutz dient, selbst wenn der größere Schwerpunkt des Gesetzes an anderer Stelle liegt[1933]. Zur näheren Konkretisierung enthält § 2 Abs. 2 UKlaG insofern eine nicht abschließende Liste von Verbraucherschutzgesetzen[1934].

Die Geltendmachung und Durchsetzung des Anspruchs muss zudem im Interesse des Verbraucherschutzes liegen, was dann der Fall ist, wenn die Zuwiderhandlung in ihrer Bedeutung und ihrem Gewicht nicht nur Individualinteressen, sondern Kollektivinteressen der

---

1923 *Hensen* in Ulmer/Brandner/Hensen, AGBG, § 13 Rdn. 7. Allerdings legt § 11 UKlaG nahe, Verstöße gegen Verbraucherschutzgesetze in AGB mit der Klage nach § 1 UKlaG geltend zu machen, da nur bei einem auf § 1 UKlaG beruhenden Unterlassungsgebot eine Rechtskrafterstreckung möglich ist.

1924 BGH, NJW 1981, S. 2412; Palandt/*Bassenge*, § 1 UKlaG Rdn. 6.

1925 Palandt/*Bassenge*, § 1 UKlaG Rdn. 12.

1926 Palandt/*Bassenge*, § 3 UKlaG Rdn. 14; *Hensen* in Ulmer/Brandner/Hensen, AGBG, § 13 Rdn. 44.

1927 Anspruchsgegner ist der unmittelbare Störer und bei Zuwiderhandlungen in einem geschäftlichen Betrieb von Angestellten oder Beauftragten auch der Betriebsinhaber – vgl. auch § 2 Abs. 1 S. 2 UKlaG.

1928 Soweit der Unternehmer ihm vom Gesetz auferlegte Pflichten, insbesondere Informationspflichten nicht erfüllt, handelt er nicht, sondern unterlässt. Die Unterlassungsklage wäre dann darauf gerichtet, die Unterlassung zu unterlassen. Insofern wäre sie dann eine Erfüllungsklage – vgl. *Hensen* in Ulmer/Brandner/Hensen, AGBG, § 22 Rdn. 6; kritisch *E. Schmidt*, NJW 2002, S. 26.

1929 Vgl. zum Verbraucherschutzgesetzcharakter des GWB oben 3. Teil, C. V. 2. d. aa.; zum Verbraucherschutzgesetzcharakter des UWG oben 4. Teil, C. II. 2. b.

1930 Vgl. *Micklitz* in Brönneke, Kollektiver Rechtschutz im Zivilprozessrecht, S. 108.

1931 Palandt/*Bassenge*, § 2 Rdn. 5; *Hensen* in Ulmer/Brandner/Hensen, AGBG, § 22 Rdn. 8.

1932 BT-Drs. 14/2658 S. 53.

1933 MünchKomm/*Micklitz*, § 22 AGBG Rdn. 25; *Micklitz* in Brönneke, Kollektiver Rechtschutz im Zivilprozessrecht, S. 106.

1934 Vgl. dazu auch Palandt/*Bassenge*, § 2 UKlaG Rdn. 11 ff.; MünchKomm/*Micklitz*, § 22 AGBG, Rdn. 33 ff.

Verbraucher betrifft[1935]. Schließlich ist auch im Rahmen des § 2 UKlaG eine Wiederholungsgefahr oder ernsthaft drohende erstmalige Zuwiderhandlung erforderlich.

c. Der Unterlassungsanspruch nach § 13 Abs. 2 UWG gewährt auch Verbraucherverbänden i.S.d. § 4 UKlaG das Recht, sich gegen Verstöße gegen die §§ 1, 3, 4, 6 bis 6 c, 7, 8 UWG zu wenden. Soweit ein Verstoß gegen § 1 UWG geltend gemacht wird, bedarf es zusätzlich einer Berührung wesentlicher Verbraucherbelange[1936], wobei es aber genügt, dass Verbraucherinteressen als solche berührt werden, mag auch die Maßnahme im Einzelfall nur einen oder mehrere Verbraucher betreffen[1937].

d. Da das UWG auch Verbraucherschutzgesetz i.S.d. § 2 UKlaG[1938] ist, kann im Einzelfall sowohl die Klage nach § 13 Abs. 2 Nr. 3 UWG als auch nach § 2 UKlaG eingreifen[1939]. Wegen der gegenüber § 2 UKlaG zum Teil höheren Anforderungen, liegt zumindest ein Bedeutungsverlust des § 13 Abs. 2 UKlaG nahe[1940] und wirft die Frage nach einer generellen Vereinheitlichung auf.

Der Regierungsentwurf zum UWG sieht in § 8 Abs. 5 S. 2 allerdings nun vor, dass das UKlaG keine Anwendung findet, ein Wettbewerbsverstoß also nicht über das UKlaG geltend gemacht werden kann[1941].

4. Anforderungen an Legitimität und Mitglieder der Verbraucherverbände

Ansprüche nach den §§ 1, 2 UKlaG und § 13 Abs. 2 UWG stehen gem. § 3 Abs. 2 UKlaG nur solchen Verbraucherverbänden zu, die in die Liste qualifizierter Einrichtungen beim Bundesverwaltungsamt nach § 4 UKlaG[1942] oder in dem Verzeichnis der Europäischen Kommission nach Art. 4 der Unterlassungsklagen-RL[1943] eingetragen sind.

Voraussetzung für die Aufnahme in die Liste beim Bundesverwaltungsamt[1944] sind ein entsprechender Antrag eines rechtsfähigen Verbands, der Nachweis, dass die Wahrnehmung der Verbraucherinteressen durch Aufklärung und Beratung nicht nur vorübergehend zu den

---

1935 BT-Drs. 12/2658, S. 53; Palandt/*Bassenge*, § 2 UKlaG Rdn. 6.

1936 Der Regierungsentwurf zum UWG sieht diese Einschränkung nicht mehr vor, da bei Wettbewerbsverstößen, die keine Verbraucherbelange berühren, von vornherein kein Interesse an einer Klage besteht – vgl. auch die Begründung des Regierungsentwurf unter http://www.bmi.bund.de/images/11596.pdf, S. 48 f.

1937 Vgl. BGH, GRUR 1989, S. 753 f. – Telefonwerbung II; *Köhler/Piper*, UWG, § 13 Rdn. 35. Nach *Micklitz* in Brönneke, Kollektiver Rechtschutz im Zivilprozessrecht, S. 105 f., 135 sollen für die Bestimmung der wesentlichen Belange der Verbraucher im Sinne des § 13 Abs. 2 Nr. 3 UWG identische Anforderungen wie für die Bestimmung der Gesetze und Vorschriften, die gem. § 2 UKlaG im Interesse der Verbraucher erlassen wurden, gelten.

1938 S.o. 4. Teil, C. II. 2. b.

1939 *Heß* in Ernst/Zimmermann, Zivilrechtswissenschaft und Schuldrechtsreform, S. 531 f.; *E. Schmidt*, NJW 2002, S. 27.

1940 Nach *Heß* in Ernst/Zimmermann, Zivilrechtswissenschaft und Prozessrechtsdogmatik, S. 532 können alle bislang von § 13 UWG verfolgten Verstöße ausnahmslos über § 22 AGBG/§2 UKlaG geahndet werden; einschränkend aber *Micklitz* in Brönneke, Kollektiver Rechtschutz im Zivilprozessrecht, S. 89 ff., 134 f.

1941 Vgl. auch die Begründung des Regierungsentwurf unter http://www.bmi.bund.de/images/11596.pdf, S. 49.

1942 Vgl. http://www.bva.bund.de/imperia/md/content/abteilungen/abteilungii/referatiib5/13.pdf.

1943 Gem. Art. 4 Abs. 3 Unterlassungsklagen-RL werden Änderungen des Verzeichnisses unverzüglich veröffentlicht und die aktualisierte Liste wird alle sechs Monate im Amtsblatt der EU publik gemacht.

1944 Vgl. zum Ganzen *Brönneke* in Brönneke, Kollektiver Rechtsschutz im Zivilprozessrecht, S. 77 ff.; *Greger*, NJW 2000, S. 2460 f.; Palandt/*Bassenge*, § 4 UKlaG Rdn. 4 ff.

satzungsgemäßen Aufgaben des Verbands gehört und dass er in diesem Aufgabenbereich tätige Verbände[1945] oder mindestens 75 natürliche Personen als Mitglieder hat. Bei Verbraucherzentralen und anderen Verbraucherverbänden, die mit öffentlichen Mitteln gefördert werden, entfällt dieses Nachweiserfordernis auf Grund der unwiderleglichen gesetzlichen Vermutung des § 4 Abs. 2 S. 2 UKlaG.

In das Verzeichnis der Europäischen Kommission erfolgt eine Aufnahme auf Grund der Meldungen der Mitgliedsstaaten, die ihrerseits feststellen, ob ein Verband die Merkmale einer qualifizierten Einrichtung erfüllt[1946].

5. Zivilprozessuale Besonderheiten der Verbandsklagen

a. Für Klagen nach den §§ 1, 2 UKlaG sieht § 6 Abs. 1 S. 1 UKlaG die ausschließliche Zuständigkeit des Landgerichts, in dessen Bezirk der Beklagte seinen Wohnsitz hat, vor. Nach § 7 UKlaG steht es im Ermessen des Gerichts, dem obsiegenden Kläger auf Antrag die Befugnis zur Veröffentlichung des Urteils auf Kosten des Beklagten im Bundesanzeiger einzuräumen. Das in § 20 AGBG a.F. vorgesehene Register, in dem Klagen und ihr Ausgang eingetragen werden sollten, verbunden mit einem entsprechenden Auskunftsanspruch, ist durch das SMG ersatzlos gestrichen worden. Von besonderer Bedeutung ist § 11 UKlaG, der eine Rechtskrafterstreckung von stattgebenden Urteilen nach § 1 UKlaG im Individualprozess enthält, soweit sich der betroffene Vertragsteil hierauf beruft und die Voraussetzungen einer Klage nach § 10 UKlaG nicht eröffnet sind[1947].

Über § 5 UKlaG gelten schließlich die §§ 23 a, 23 b und 25 UWG auch im Rahmen des UKlaG[1948].

b. Für Klagen nach § 13 Abs. 2 UWG ergibt sich aus § 24 Abs. 1 UWG die ausschließliche örtliche Zuständigkeit des Gerichts, in dessen Bezirk der Beklagte seine gewerbliche Niederlassung bzw. in Ermangelung einer solchen seinen Wohnsitz hat. Die gem. § 24 Abs. 2 S. 1 UWG wahlweise Zuständigkeit des Gerichts, in dessen Bezirk die wettbewerbswidrige Handlung begangen wurde[1949], ist gem. § 24 Abs. 2 S. 2 UWG gegenüber den nach § 13 Abs. 2 UWG Klageberechtigten nur dann gegeben, wenn keine inländische Niederlassung bzw. ein entsprechender Wohnsitz gegeben ist.

Sachlich zuständig ist praktisch immer das Landgericht[1950], bei dem wiederum funktionell die Kammer für Handelssachen zu entscheiden hat. Der obsiegenden Partei kann nach § 23 Abs. 2 UWG die Befugnis zur Bekanntmachung des Urteils eingeräumt werden. Die §§ 23 a und

---

1945 Hierdurch soll gewährleistet werden, dass auch Dachverbände in die Liste aufgenommen werden können.
1946 *Greger*, NJW 2000, S. 2460.
1947 Dazu *Michalski*, Verbraucherschutzrecht, S. 124.
1948 Dazu s.o. 4. Teil, C. III. 3.
1949 Bei der Unterlassungsklage ist auch auf den Ort abstellbar, an dem die Wiederholung ernsthaft droht *Köhler/Piper*, UWG, § 24 Rdn. 14.
1950 S.o. 4. Teil, C. III. 3.

23 b UWG enthalten Regelungen zur Streitwertbemessung und -herabsetzung; § 25 UWG regelt Erleichterungen im Rahmen der einstweiligen Verfügung[1951].

6. Auskunftsanspruch

Zur Durchsetzung der Ansprüche nach den §§ 1, 2 UKlaG auch dann, wenn die nach § 253 Abs. 2 Nr. 1 ZPO erforderliche zustellungsfähige Anschrift des potentiell Beklagten nicht bekannt ist, sieht § 13 Abs. 1 UKlaG einen Auskunftsanspruch gegen gewerbsmäßige Post-, Telekommunikations-, Tele- oder Mediendiensteerbringer vor.

7. Anspruch auf Kostenerstattung

Eine konkrete Regelung über den Ersatz von Aufwendungen, die Verbraucherverbänden im Rahmen der außergerichtlichen oder gerichtlichen Durchsetzung ihrer Unterlassungsansprüche entstehen, besteht nicht.

Die Rechtsprechung hat als Anspruchsgrundlage für den Aufwendungsersatz bei einer berechtigten vorprozessualen Abmahnung die §§ 683 S. 1, 677, 670 BGB herangezogen[1952].

Soweit es zu einem Prozess kommt, greift bezüglich der Prozesskosten § 91 ZPO. Die Einbeziehung der im Vorfeld zur Abwendung des Rechtsstreits angefallenen Kosten, insbesondere der vorprozessualen Abmahnung, wird von der Rechtsprechung weitgehend aber abgelehnt[1953], so dass die Kosten gestützt auf die §§ 683 S. 1, 677, 670 BGB gesondert geltend zu machen sind.

8. Stellungnahme

a. Die Verbraucherverbandsklage ist bislang in den Fällen des § 1 und § 2 UKlaG und des § 13 a UWG möglich. Ihre Ausdehnung auf § 33 GWB ist angezeigt[1954].

Schaut man sich den Kreis der generell zur Verbandsklage berechtigten Verbände an, dann fällt auf, dass an sie – abgesehen von § 33 GWB – im Wesentlichen die gleichen Anforderungen gestellt werden[1955]. Hält man sich die wechselseitigen Verweisungen von § 13 Abs. 2 Nr. 3 UWG auf § 4 UKlaG oder § 5 UKlaG auf die §§ 23 a, 23 b und 25 UWG oder den fast identischen Regelungsgehalt von § 7 UKlaG und § 23 UWG vor Augen[1956], dann liegt eine Vereinheitlichung der Verbandsklage nahe[1957]. Dies wird bestärkt durch die Ab-

---

1951 S.o. 4. Teil, C. III. 3.

1952 Vgl. BGHZ 52, 393, 399 f.; BGHZ 115, 210, 212; OLG Nürnberg, OLGZ 1980, S. 217, 219; zum Ganzen kritisch *Halfmeier* in Brönneke, Kollektiver Rechtsschutz im Zivilprozessrecht, S. 140 ff. m.w.N., der i.E. aus § 280 Abs. 1 BGB wegen Nichterfüllung der Unterlassungspflicht als Anspruchsgrundlage heranziehen will.

1953 Vgl. Zöller/*Herget*, § 91 Rdn. 13 – Abmahnung.

1954 Dazu oben 3. Teil, C. V. 2. d. aa.

1955 Vgl. auch die Übersicht bei *Greger*, NJW 2000, S. 2459.

1956 Greger, NJW 2000, S. 2459 bezeichnet dies noch in Bezug auf das AGBG zutreffend als „*Zerstückelungs- und Verweisungslegislatur*“, die wie Hohn auf die berechtigte Forderung nach Transparenz der Gesetzgebung wirkt.

1957 Vgl. auch Greger, NJW 2000, S. 2463, der sich für ein umfassendes Verbraucherschutzgesetz, in dem die materiellen Voraussetzungen der Verbandsklage geregelt sind und die Aufnahme der prozessrechtlichen Vorschriften über die Verbandsklage in die ZPO, ausspricht.

grenzungs- und Überschneidungsprobleme der Klagen nach § 13 Abs. 2 Nr. 3 UWG und § 2 UKlaG.

b. Darüber hinaus ist anzuregen, die Veröffentlichungsbefugnis des § 7 UKlaG (und gegebenenfalls auch § 23 UWG) derart auszugestalten, dass unzulässige Klauseln oder verbraucherschutzgesetzwidriges Verhalten zusammen mit zumindest den wesentlichen Entscheidungsgründen im Internet auf einer etwa vom Verbraucherschutzministerium hierfür eigens geschaffenen und dauerhaft unterhaltenen Web-Site aufgelistet und abrufbar sein sollten. Hierdurch könnte eine sinnvolle und wohl eher als eine Veröffentlichung im Bundesanzeiger wahrnehmbare Informationsquelle aufgebaut werden, die es dem Verbraucher jederzeit ohne nennenswerte Kosten ermöglicht, verbraucherschutzrelevante Entscheidungen zu recherchieren. Das Ermessen des Gerichts hinsichtlich der Veröffentlichungsbefugnis sollte dabei insofern eingeschränkt werden, als nur in Ausnahmefällen, etwa wenn die maßgebliche Entscheidung keine neueren Erkenntnisse vermittelt, die Veröffentlichungsbefugnis zu versagen ist.

II. Klagerecht der Verbraucherverbände nach dem RBerG

1. Sinn und Zweck

Im Zuge der Schuldrechtsmodernisierung wurde Art. 1 § 3 Nr. 8 RBerG derart geändert, dass Verbraucherverbände das Recht haben, für den einzelnen Verbraucher aus abgetretenem Recht oder mittels Einziehungsermächtigung, Forderungen einzuklagen, wenn dies im Interesse des Verbraucherschutzes erforderlich ist.

Dies soll es den Verbraucherverbänden ermöglichen, Zahlungsansprüche von Verbrauchern auch dann gerichtlich geltend zu machen, wenn für diese etwa wegen der geringen Anspruchshöhe kein Anreiz für Individualklagen besteht[1958]. Bislang gestattete die Ausnahmevorschrift des Art. 1 § 3 Nr. 8 RBerG nur die außergerichtliche Beratung der Verbraucherverbände, so dass die gerichtliche Geltendmachung von Verbraucherforderungen in Prozessstandschaft oder als Zessionar grundsätzlich durch Art. 1 § 1 RBerG verboten war[1959].

2. Die Voraussetzungen im Einzelnen

a. Die gerichtliche Geltendmachung der Forderung durch den Verbraucherverband setzt zunächst voraus, dass der Anspruchsinhaber den Verbraucherverband entweder zur

[1958] Begründung des Regierungsentwurfs, BT-Drs. 14/6040, S. 277. Diese Begründung hätte es nahe gelegt, Einschränkungen hinsichtlich der Forderungshöhe aufzunehmen. Im Hinblick auf § 661 a BGB und darauf, dass die Geltendmachung von Forderungen gerade gegen dubiose Firmen wegen des Kostenrisikos nach § 49 S. 1 GKG meist unterbleibt, ist die fehlende höhenmäßige Einschränkung aber sachgerecht.

[1959] Ob in der Geltendmachung individueller Ansprüche im Interesse des Verbraucherschutzes überhaupt eine *„geschäftsmäßige Besorgung femder Rechtsangelegenheiten"* i.S.d. Art. 1 § 1 RBerG liegt, ist aber zumindest zweifelhaft – vgl. auch *Stadler* in Brönneke, Kollektiver Rechtsschutz im Zivilprozessrecht, S. 46.

Einziehung ermächtigt oder die Forderung zu Einziehungszwecken an den Verbraucherverband abtritt[1960].

Im ersteren Fall liegt gewillkürte Prozessstandschaft vor[1961]. Hinsichtlich des grundsätzlich erforderlichen, eigenen, rechtsschutzwürdigen Interesses des Prozessstandschafters sollte im Einklang mit Art. 1 § 3 Nr. 8 RBerG auf das Interesse am Verbraucherschutz abgestellt werden[1962], da es sich sonst wohl kaum begründen lässt.

Im Falle der Abtretung ist der Verbraucherverband Rechtsinhaber, klagt also ein eigenes Recht ein, so dass es eines Eigeninteresses an der Rechtsverfolgung nicht bedarf[1963].

b. Weitere Voraussetzung ist, dass die Klage des Verbraucherverbands im Interesse des Verbraucherschutzes erforderlich ist. Damit wird deutlich, dass die Verbraucherverbände nicht als verlängerter Arm von Individualinteressen tätig sein und dem Verbraucher das Prozess- und Kostenrisiko abnehmen sollen, sondern die Verfahren im Interesse der Verbraucherschaft liegen müssen[1964]. Insofern sollte den Verbraucherverbänden durchaus ein gewisser Entscheidungsspielraum zugebilligt werden, da angesichts des Prozess- und Kostenrisikos und auch wegen der generell knappen Ressourcen, diese wohl schon von selbst nur die wirklich erforderlichen Prozesse durchführen werden.

c. Schließlich ist nicht jeder Verbraucherverband, nicht einmal jeder Verbraucherverband i.S.d. § 4 Abs. 2 UKlaG, zur Klage berechtigt, sondern nur Verbraucherzentralen und solche Verbraucherverbände, die mit öffentlichen Mitteln gefördert werden. Zudem muss die Prozessführung im Rahmen ihres Aufgabenbereichs liegen.

3. Stellungnahme

Die durch Art. 1 § 3 Nr. 8 RBerG erfolgte Erweiterung der Rechtsberatungsbefugnisse der Verbraucherverbände ist durchaus zu begrüßen. Für sie sprechen praktische Gesichtpunkte und Bedürfnisse und auch die positiven Erfahrungen mit der Verbands-Musterklage in Österreich[1965] legen sie nahe. Die konkrete Ausgestaltung ist aber in sich nicht immer stringent. Um den insofern zulässigen Klagen der Verbraucherverbände die Bedeutung von Musterklagen zu geben, ist zudem zu prüfen, inwiefern eine Berücksichtigung und Anpassung des Zivilverfahrensrechts erforderlich ist.

Insbesondere werden durch die Beschränkung auf die Geltendmachung von Forderungen des Verbrauchers wichtige Problemfelder nicht erfasst. So sind etwa Feststellungsklagen, dass Ansprüche nicht bestehen, ebensowenig möglich, wie die Unterstützung des Verbrauchers

---

[1960] Der Wortlaut des Art. 1 § 3 Nr. 8 RBerG ist insofern irreführend, als er hinsichtlich der Alternativen „*und*" verwendet und somit ein kumulatives Vorliegen nahe legt. Eine abgetretene Forderung, ist aber keine fremde Forderung mehr, sondern dann eine eigene Forderung des Zessionars. Auch die Begründung des Regierungsentwurfs (BT-Drs. 14/6040, S. 277) nimmt Bezug auf „*Prozessstandschafter oder Zessionar*"; unklar insofern *Heidemann-Peuser*, VuR 2002, S. 458.

[1961] Dazu allg. *Thomas/Putzo*, § 51 Rdn. 31 ff.

[1962] So wohl auch *Heidemann-Peuser*, VuR 2002, S. 458.

[1963] Vgl. Zöller/*Vollkommer*, Vor § 50 Rdn. 61.

[1964] *Heidemann-Peuser*, VuR 2002, S. 457.

[1965] Dazu *Kolba* in Brönneke, Kollektiver Rechtsschutz im Zivilprozessrecht, S. 53 ff. insbesondere 65 ff.

gegen Klagen des Unternehmers selbst, etwa im Rahmen des § 241 a BGB. Insofern hätte es sich eher angeboten generell die Besorgung auch gerichtlicher Rechtsangelegenheiten von Verbrauchern zuzulassen, soweit dies im Interesse des Verbraucherschutzes erforderlich ist.

Auch die Beschränkung der Klageberechtigung auf Verbraucherzentralen und öffentlich geförderte Verbraucherverbände überzeugt nicht, zumal der Gesetzgeber hierzu nicht Stellung nimmt. Grund könnte sein, dass bei diesen Verbänden das satzungsgemäße öffentliche Interesse an der Führung fremder Rechtsangelegenheiten überwiegt[1966]. Die nicht geringen Voraussetzungen des § 4 Abs. 2 UKlaG und das Abstellen auf die Erforderlichkeit im Interesse des Verbraucherschutzes hätten insofern m.E. aber völlig zur Eingrenzung des Art. 1 § 3 Nr. 8 RBerG genügt und zudem eine gewisse Einheitlichkeit im Rahmen der Verbraucherverbandsklage erhalten.

Um sicher zu stellen, dass es tatsächlich auch zur Grundsatzentscheidung des BGH kommt, muss die Eröffnung des Instanzenzugs bis zum BGH auch gegeben sein. Unabhängig vom Ausgangsgericht ist der Verfahrenslauf bis zum BGH gem. den §§ 511, 542 f, 566 ZPO grundsätzlich von der Zulassung des Ausgangs- bzw. Berufungsgerichts abhängig[1967], die bei grundsätzlicher Bedeutung der Rechtssache aber zu gewähren ist[1968]. Soweit ein Verbraucherverband die Besorgung gerichtlicher Rechtsangelegenheiten im Interesse des Verbraucherschutzes bejaht, sollte hieraus auch die grundsätzliche Bedeutung der Rechtssache folgen[1969].

III. Anwendbares Recht und Zuständigkeit bei der Verbandsklage

1. Anwendbares Recht

a. Klagt ein Verband auf Unterlassung nach dem UKlaG oder UWG gegen einen ausländischen Unternehmer, dann ist zunächst fraglich, ob überhaupt deutsches Recht anwendbar ist. Art. 29 EGBGB hilft insofern nicht weiter, da er sich nur auf Verbraucherverträge bezieht. Vielmehr ist auf Art. 40 EGBGB abzustellen und deutsches Recht ist dann anwendbar, wenn die den Unterlassungsanspruch begründende Zuwiderhandlung in Deutschland erfolgte oder zu befürchten ist[1970].

b. Soweit ein Verbraucherverband in Prozessstandschaft oder als Zessionar eine individuelle Verbraucherforderung gegen einen ausländischen Unternehmer im Rahmen von Art. 1 § 3 Nr. 8 RBerG geltend macht, kann auf die Art. 29, 34, 40 EGBGB zur Begründung der Anwendbarkeit deutschen Rechts zurückgegriffen werden.

[1966] Vgl. *Stadler* in Brönneke, Kollektiver Rechtsschutz im Zivilprozessrecht, S. 47.

[1967] Vgl. ausf. zur Berufung und Revision *Michalski*, ZPO, S. 252 ff.

[1968] Grundsätzliche Bedeutung liegt vor, wenn eine für den vorliegenden Rechtsstreit entscheidungserhebliche Rechtsfrage bisher höchstrichterlich nicht geklärt und über den zu entscheidenden Einzelfall hinaus bedeutsam ist – vgl. *Thomas/Putzo*, § 511 Rdn. 20.

[1969] Insofern bleibt abzuwarten, inwiefern die Gerichte die Ausschöpfung des Instanzenzugs bei Verbraucherverbandsklagen fördern. Bei zu restriktiver Handhabung läge ein Einschreiten des Gesetzgebers nahe.

[1970] Vgl. Palandt/*Heldrich*, Art. 40 EGBGB Rdn. 11 a.E. m.w.N.

2. Zuständigkeit

a. Für Unterlassungsklagen nach dem UKlaG und dem UWG folgt aus den Regelungen zur örtlichen Zuständigkeit in § 6 Abs. 1 S. 2 UKlaG bzw. § 24 UWG grundsätzlich auch die internationale Zuständigkeit[1971].

Im räumlichen Anwendungsbereich der EuGVVO gebührt dieser aber der Vorrang vor den nationalen Vorschriften[1972]. Insofern kann jedoch über Art. 5 Nr. 3 EuGVVO auf den Verwendungsort der AGB[1973] bzw. den Begehungsort des Verstoßes gegen das Verbraucherschutzgesetz oder UWG[1974] abgestellt werden.

b. Bei Klagen in Prozessstandschaft oder in Vertretung für den Verbraucher durch einen Verbraucherverband sollte dieser grundsätzlich auf die zugunsten des Verbrauchers bestehenden Zuständigkeitsregelungen zurückgreifen können.

Problematisch ist insofern, dass der BGH hinsichtlich der Zuständigkeitsregelung des Art. 13 Abs. 1 EuGVÜ (der Vorgängerregelung von Art. 15 f. EuGVVO) entschieden hat, dass sie nur von dem Verbraucher in Anspruch genommen werden kann, der an einem in Art. 13 EuGVVO aufgeführten Vertrag beteiligt ist[1975]. Klagen von Verbraucherverbänden gegen ausländische Unternehmer gerichtet auf Ansprüche aus Verträgen i.S.d. Art. 15 EuGVVO könnten dann grundsätzlich nicht mehr vor einem inländischen Gericht zulässig erhoben wären. Dies würde indes dem Sinn der Erweiterung von Art. 1 § 3 Nr. 8 RBerG widersprechen. Bei Verbraucherverbandsklagen für einen Verbraucher sollten deshalb die zugunsten des Verbrauchers bestehenden internationalen Zuständigkeitsregelungen eingreifen[1976].

1971 Palandt/*Bassenge*, § 6 UKlaG Rdn. 4 bzw. *Köhler/Piper*, UWG, Einf. Rdn. 106.

1972 BGHZ 109, 32; Palandt/*Bassenge*, § 6 UKlaG Rdn. 4 bzw. *Köhler/Piper*, UWG, Einf. Rdn. 107.

1973 Die Verwendung unwirksamer AGB steht einer unerlaubten Handlung gleich – vgl. KG Berlin, NJW-RR 2002, S. 113; Palandt/*Bassenge*, § 6 UKlaG Rdn. 4. Der EuGH, EuZW 2002, S. 657 ff. bejahte die Heranziehung des Gerichtsstands für unerlaubte Handlungen nach Art. 5 Nr. 3 EuGVÜ für die vorbeugenden Unterlassungsklagen eines Verbraucherschutzvereins auf Untersagung der Verwendung angeblich missbräuchlicher Klauseln.

1974 Vgl. *Köhler/Piper*, UWG, Einf. Rdn. 108 m.w.N.

1975 BGH, NJW 1993, S. 2683.

1976 Zum gleichen Ergebnis kommt man, wenn man von vornherein allein darauf abstellt, dass der Kläger nicht in Ausübung seiner beruflicher oder gewerblichen Tätigkeit handeln darf – vgl. Zöller/*Geimer*, Art. 15 EuGVVO Rdn. 7 und vom Tenor her EuGH, EuZW 1993, S. 224 der dies allerdings im Urteil selbst unter Abschnitt 22 wieder einschränkt.

F. Außergerichtliche Streitbeilegung[1977]

Neben der Möglichkeit, Konflikte auf dem klassischen Weg der Klage bei einem ordentlichen Gericht zu lösen, besteht sowohl bei der Individual- als auch bei der Verbandsklage die Möglichkeit der eigenständigen Problembewältigung mit Hilfe eines Schlichters oder die Entscheidung von Streitfragen durch ein Schiedsgericht[1978].

I. Die Schlichtung

Dem Schlichtungsgedanken liegt das Bestreben zugrunde, beide oder auch mehrere Parteien zufriedenzustellen und damit eine selbstbestimmte Gestaltung ihrer Beziehung zueinander zu erreichen. Die Streitenden sollen die Möglichkeit erhalten, selbst und unabhängig eine für alle akzeptable Lösung zu erarbeiten, indem sie sich auf ein unvoreingenommenes Gespräch mit dem anderen einlassen, um seine Position zu verstehen. Der bei den Gesprächen anwesende Schlichter (Mediator) steht nicht als Entscheidungsorgan über den Parteien. Er nimmt vielmehr die Position eines Beobachters und Vermittlers ein. Die Verhandlungen finden unter Ausschluss der Öffentlichkeit statt. Findet eine Einigung statt, so können Kosten und Zeit gespart werden. Ein großer Vorteil der Schlichtung ist die absolute Freiwilligkeit der Teilnahme. Die Verhandlungen können jederzeit abgebrochen werden. Der Gerichtsweg steht weiterhin offen. Auch das EU-Projekt OnlineConfidence, an dem sich die DIHK seit Januar 2001 beteiligt, will mit Hilfe eines Online-Schlichtungssystems dem Verbraucher auf schnellem und kostengünstigem Weg zu seinem Recht verhelfen und hierdurch das Vertrauen der Online-Käufer und Online-Verkäufer in den grenzüberschreitenden E-Commerce fördern[1979].

In manchen Bundesländern ist – basierend auf § 15 a ZPO[1980] – für bestimmte Streitigkeiten zudem eine obligatorische außergerichtliche Streitschlichtung vor Erhebung einer Klage zu einem ordentlichen Gericht vorgesehen[1981].

1977 Vgl. ausf. *Scherpe*, Außergerichtliche Streitbeilegung in Verbrauchersachen, passim.

1978 Vgl. zur praktischen Bedeutung von Schlichtungs- und Schiedsstellen *Reich/Micklitz*, Verbraucherschutzrecht in der Bundesrepublik Deutschland, S. 367 ff.; *Scherpe*, Außergerichtliche Streitbeilegung in Verbrauchersachen, S.5 ff.

1979 Vgl. dazu unter http://www.frankfurt-main.ihk.de/recht/streitbeilegung/online-streitschlichtung/ und unter http://www.onlineconfidence.org/.

1980 Zu § 15 a EGZPO ausf. *Scherpe*, Außergerichtliche Streitbeilegung in Verbrauchersachen, S.72 ff.

1981 Vgl. zu den Schlichtungsgesetzen der Länder - *Scherpe*, Außergerichtliche Streitbeilegung in Verbrauchersachen, S. 80 ff.; zur obligatorischen außergerichtlichen Streitschlichtung in Bayern – vgl. *Michalski*, ZPO, S. 55 f.

Für Klagen nach den §§ 13, 13 a UWG und § 2 UKlaG besteht gem. § 27 a UWG, § 12 UKlaG die Möglichkeit, zur Streitbeilegung eine bei der IHK eingerichtete Einigungsstelle anzurufen[1982].

II. Das Schiedsgerichtsverfahren

Bei einem Schiedsgerichtsverfahren trifft ein vorher durch die Parteien festgelegtes Schiedsgericht als einzige Instanz eine endgültige und vollstreckbare Entscheidung. In den meisten Fällen kann das Verfahren den Interessen der Parteien schneller und kostengünstiger gerecht werden und nebenbei zur Entlastung der Justiz beitragen. Wesentliche Vorschriften zum Schiedsverfahren in Deutschland finden sich in den §§ 1025 ff. ZPO[1983]. Aus Verbrauchersicht enthält dabei § 1031 Abs. 5 S. 1 ZPO eine Sonderbestimmung dahingehend, dass Schiedsvereinbarungen, an denen ein Verbraucher beteiligt ist, in einer von den Parteien eigenhändig unterzeichneten Urkunde enthalten sein müssen. Eine Heilung des Formmangels ist gem. § 1031 Abs. 6 ZPO möglich durch Einlassung auf die schiedsgerichtliche Verhandlung zur Hauptsache.

III. Das Europäische Netz für außergerichtliche Streitbelegung

Auf europäischer Ebene besteht seit 2001 ein Europäisches Netz für außergerichtliche Streitbelegung (englisch: European Extra-Judicial Network oder EEJ-Net), das den Verbrauchern bei ihrem Versuch helfen soll, einen Streit mit einem Gewerbetreibenden in einem anderen Land auf alternative Weise, d.h. ohne Einschaltung eines Gerichts, beizulegen[1984]. Zu diesem Zweck haben die beteiligten Länder zentrale Kontaktstellen eingerichtet, bei denen der Verbraucher Informationen und Unterstützung für den Zugang zu bestehenden Systemen der alternativen Streitbeilegung erhalten kann[1985].

1982 Dazu bereits oben 4. Teil, C. III. 2.

1983 Vgl. zum Schiedsverfahren *Michalski*, ZPO, S. 238 ff.; *Scherpe*, Außergerichtliche Streitbeilegung in Verbrauchersachen, S. 69 ff.

1984 Zu den europarechtlichen Vorgaben für die außergerichtliche Streitbeilegung in Verbrauchersachen vgl. *Scherpe*, Außergerichtliche Streitbeilegung in Verbrauchersachen, S.43 ff.

1985 Vgl. unter http://www.eejnet.org/.

Zusammenfassung und Resümee

Die vorliegenden Ausführungen machen deutlich, dass der Verbraucher beim Kauf beweglicher Sachen in vielfältiger Weise und auf den verschiedensten Ebenen geschützt wird.

Die geschichtliche Entwicklung des Verbraucherschutzes zeigt dabei, dass es vor allem in jüngerer Zeit und vielfach bedingt durch europäische Vorgaben zu maßgeblichen verbraucherschützenden Regelungen und Maßnahmen kam, was aber durchaus in Kongruenz zur fortschreitenden Entwicklung der Produktvielfalt, nicht zuletzt auch durch die Schaffung des europäischen Binnenmarkts, steht.

Diese Fort- und Weiterentwicklung des Verbraucherschutzes ging allerdings einher mit der tatbestandlichen Loslösung des Verbraucherbegriffs vom *„Verbrauch"*. Dies ist nicht nur aus etymologischen Gründen zu bedauern, sondern auch deshalb, weil die daraus resultierende Weite des Verbraucherbegriffs sowohl die Herausarbeitung eines einheitlichen Sinn und Zwecks des Verbraucherschutzes, als auch die Entwicklung eines darauf aufbauenden, in sich stimmigen *„Verbraucherrechts"* erschwert, wenn nicht gar verhindert.

Insofern bietet die vorliegende, auf den Kauf beweglicher Sachen bezogene Darstellung des Verbraucherschutzes im viel besserem Maße die Möglichkeit, nicht nur Lücken bzw. zu weitgehende Regelungen zu erkennen, sondern auch mögliche Synergien und effizientere Lösungen herauszuarbeiten.

In diesem Rahmen lässt sich hinsichtlich des Umfangs des Verbraucherschutzes konstatieren, dass das Verbraucherschutzniveau in Deutschland sehr hoch ist. Defizite, wie etwa die rudimentären Individualrechte des Verbrauchers bei unlauterer Werbung oder ein fehlender allgemeiner Verbrauchergerichtsstand, – aber auch Auswüchse, wie der zu weitreichende § 241 a BGB – sind weniger genereller Art, sondern eher im Einzelfall zu diskutieren. Nur das Kartellrecht, das trotz seiner Bedeutung für den Wettbewerb und mithin für den Verbraucher, diesen allenfalls am Rande erwähnt, wirft die Frage nach einer grundsätzlichen Einarbeitung der Verbraucherinteressen auf. Aus Verbrauchersicht ständig virulent dürfte zudem der Bereich der Lebensmittelsicherheit bleiben, nicht nur wegen *„neuartiger Lebensmittel"*, sondern ganz generell, weil es sich hierbei um einen gerade für die Gesundheit des Verbrauchers überaus sensiblen Bereich handelt.

Die umfangreichen verbraucherschützenden Normen werfen darüber hinaus aber vor allem die Frage nach ihrer Wirksamkeit und Effektivität auf.

Diese leiden in erster Linie an den nur wenig transparenten, zum Teil schwer auffindbaren und gerade für den Laien nur selten sich erschließenden Verbraucherschutzregelungen. Dem Gesetzgeber – sowohl auf europäischer als auch nationaler Ebene – sollte bewusst sein, dass Verbraucherschutz schon bei der Gesetzgebung beginnt. Als Ausfluss des Transparenzgebotes liegt es insbesondere nahe, die verbraucherschützenden Normen zusammengefasst und einheitlich, eben in einem Verbraucherschutzgesetz zu kodifizieren. Auch sollte sich der Gesetzgeber pragmatischen Lösungen nicht verschließen, wobei zu berücksichtigen ist, dass ein Weniger an Verbraucherrechten nicht zwangsläufig zum Nachteil des Verbrauchers gereichen bzw. deren Erweiterung für die Unternehmer nicht nur negative Auswirkungen zur Folge haben muss. Insbesondere sind einfache, klare und leicht erfüllbare Regelungen sowohl im Verbraucher- als auch im Unternehmerinteresse.

Konkret beim Verbrauchsgüterkauf bietet sich vor allem eine Vereinheitlichung des Verbraucherwiderrufsrechts an. Der Verbraucher sollte grundsätzlich – d.h. unabhängig von situativen Voraussetzungen und abgesehen von Bagatellgrenzen – die Möglichkeit haben, einen Vertrag über eine bewegliche Sache innerhalb einer gewissen Frist unwirksam werden zu lassen. Dieser ohne Frage schwerwiegende Eingriff auf die Privatautonomie ließe sich auch gegenüber dem Unternehmer vertreten, wenn er etwa einhergeht mit dem weitgehenden Wegfall der Widerrufsbelehrung und mithin auch der negativen Folgen ihrer Nichterteilung, was zugleich die fragwürdige Pflicht des Unternehmers zur Aufklärung des Verbrauchers über dessen gesetzlichen Rechte entschärfen würde.

Schließlich ist zu beachten, dass selbst die weitreichensten Verbraucherschutzrechte und die umfassensten Verbraucherinformationen wirkungslos verpuffen, wenn sie vom Verbraucher nicht auch in Anspruch genommen werden (können). Voraussetzung hierfür ist insbesondere, dass die Verbraucher über ihre Rechte und die Bedeutung der zur Verfügung gestellten Informationen zumindest in Grundzügen Bescheid wissen. Dies zu gewährleisten darf allerdings, wegen der damit einhergehenden Bevormundung des Verbrauchers und des bestehenden Interessengegensatzes, nicht auf den Unternehmer abgewälzt werden. Vielmehr sollte es dem Staat im Rahmen der Schuldbildung obliegen, dafür zu sorgen, dass bereits den Schülern ihre Verbraucherrechte vermittelt werden und ihnen etwa die Bedeutung der zahlreichen Produktkennzeichnungen aufgezeigt wird.

Literaturverzeichnis

Amtenbrink, Fabian	Harmonisierungsmaßnahmen im Binnenmarkt im Lichte der Entscheidung des Europäischen Gerichtshofs zur Tabakwerberichtlinie in VuR 2001, S. 163 ff. zitiert: *Amtenbrink*, VuR 2001, S.
Annuß, Georg	Der Arbeitnehmer als solcher ist kein Verbraucher! in NJW 2002, S. 2845 ff. zitiert: *Annuß*, NJW 2002, S.
Anwaltskommentar Schuldrecht	Erläuterungen der Neuregelungen zum Verjährungsrecht, Schuldrecht, Schadensersatzrecht und Mietrecht, hrsg. v. *Barbara Dauner-Lieb, Thomas Heidel, Manfred Lepa, Gerhard Ring*, Bonn 2002 zitiert: AnwK-BGB/*Bearbeiter*, § Rdn.
Arnold, Arnd	Das neue Recht der Rücktrittsfolgen in Jura 2002, S. 154 ff. zitiert: *Arnold*, Jura 2002, S.
Arnold, Arnd / Dötsch, Wolfgang	Verschärfte Verbraucherhaftung beim Widerruf? in NJW 2003, S. 187 ff. zitiert: *Arnold/Dötsch*, NJW 2003, S.
Artz, Markus	Der Verbraucher als Kreditnehmer, Berlin 2001 zitiert: *Artz*, Der Verbraucher als Kreditnehmer, S.
ders.	Anmerkung zum BGH-Urteil v. 23.10.2001 – XI ZR 61/01 in JZ 2002, S. 457 ff. zitiert: *Artz*, JZ 2002, S.
ders.	Die Neuregelung des Widerrufsrechts bei Verbraucherverträgen in BKR 2002, S. 603 ff. zitiert: *Artz*, BKR 2003, S.
Assmann, Hein-Dieter / Kübler, Friedrich	Staatliche Verbraucherinformation im Ordnungsgefüge des Privatrechts, Königstein 1981 zitiert: *Assmann/Kübler*, Staatliche Verbraucherinformation, S.
Ball, Wolfgang	Neues Gewährleistungsrecht beim Kauf in ZGS 2002, S. 49 ff. zitiert: *Ball*, ZGS 2002, S.
Bamberger, Georg / Roth, Herbert (Hrsg.)	Kommentar zum Bürgerlichen Gesetzbuch, hrsg. v. *Heinz Georg Bamberger* und *Herbert Roth*, 3 Bd., München 2003 zitiert: Bamberger/Roth/*Bearbeiter*, § Rdn.
Bartl, Harald	Produkthaftung nach neuem EG-Recht, Kommentar zum deutschen Produkthaftungsrecht, Landberg/ Lech 1989 zitiert: *Bartl*, Produkthaftung nach neuem EG-Recht, § Rdn.

Bartosch, Andreas	Gehorsam oder Widerstand? - Reformvorschlag der Kommission zur FKVO und die Rechtsprechung des EuG im Fall Airtours ./. Kommission in WuW 2003, S. 574 ff. zitiert: *Bartosch*, WuW 2003, S.
Bauer, Jobst-Hubertus / Kock, Martin	Arbeitsrechtliche Auswirkungen des neuen Schuldrechts in DB 2002, S. 42 ff. zitiert: *Bauer/Kock*, DB 2002, S.
Baumbach, Adolf / Hefermehl, Wolfgang	Wettbewerbsrecht, Gesetz gegen den unlauteren Wettbewerb, 22. Aufl., München 2003 zitiert: *Baumbach/Hefermehl*, Wettbewerbsrecht, § Rdn.
Baumbach, Adolf / Hopt, Klaus J.	Handelsgesetzbuch, Kommentar, bearbeitet v. *Klaus J. Hopt*, begründet v. *Adolf Baumbach*, 31. Aufl., München 2003 zitiert: *Baumbach/Hopt*, HGB, § Rdn.
Baumann, Sybille	Umweltbezogene Werbung aus Sicht des deutschen und europäischen Wettbewerbsrechts, Frankfurt am Main u.a. 2000 zitiert: *Baumann*, Umweltbezogene Werbung, S.
Beater, Axel	Verbraucherschutz und Schutzzweckdenken im Wettbewerbsrecht, Tübingen 2000 zitiert: *Beater*, Verbraucherschutz und Schutzzweckdenken im Wettbewerbsrecht, S.
dies.	Zum Verhältnis von europäischem und nationalem Wettbewerbsrecht Überlegungen am Beispiel des Schutzes vor irreführender Werbung und des Verbraucherbegriffs in GRUR Int. 2000, S. 963 ff. zitiert: *Beater*, GRUR Int. 2000, S.
Bechthold, Rainer	Kartellgesetz, Gesetz gegen Wettbewerbsbeschränkungen, 2. Aufl., München 1999 zitiert: *Bechthold*, GWB, § Rdn.
Behler, Astrid / Schroeder, Elke	Das Lebensmittel- und Bedarfsgegenständegesetz, Berlin 2002 zitiert: *Behler/Schroeder*, LMBG, Rdn.
Benöhr, Hans-Peter	Konsumentenschutz vor 80 Jahren – Zur Entstehung des Abzahlungsgesetzes vom 16. Mai 1894 in: ZHR 138 (1974), 492 ff. zitiert: *Benöhr*, ZHR 138 (1974), S.
Berger, Christian	Die Neuregelung des verbraucherrechtlichen Widerrufsrechts in § 361 a BGB in Jura 2001, S. 289 ff. zitiert: *Berger*, Jura 2001, S.
ders.	Der Ausschluss gesetzlicher Rückgewähransprüche bei der Erbringung unbestellter Leistungen nach § 241 a BGB in JuS 2001, S. 649 ff. zitiert: *Berger*, JuS 2001, S.

Bergh, Roger van den / Lehmann, Michael — Informationsökonomie und Verbraucherschutz im Wettbewerbs- und Warenzeichenrecht
in GRUR Int. 1992, S. 588 ff.
zitiert: *van den Bergh/Lehmann*, GRUR Int. 1992, S.

Bereska, Christian — Der neue Lieferantenregress nach §§ 478, 479 BGB – eine Arbeitshilfe
in ZGS 2002, S. 59 ff.
zitiert: *Bereska*, ZGS 2002, S.

Berlit, Wolfgang — Auswirkungen der Aufhebung des Rabattgesetzes und der Zugabeverordnung auf die Auslegung von § 1 UWG und § 3 UWG
in WRP 2001, S. 349 ff.
zitiert: *Berlit*, WRP 2001, S.

ders. — Vergleichende Werbung, München 2002
zitiert: *Berlit*, Vergleichende Werbung, S.

Biervert, Bernd / Fischer-Winkelmann, Wolf F. / Haarland, Hans-Peter / Köhler, Gabriele / Rock, Reinhard — Plädoyer für eine neue Verbraucherpolitik, hrsg. v. *Bernd Biervert, Wolf F. Fischer-Winkelmann, Hans-Peter Haarland, Gabriele Köhler* und *Reinhard Rock*, Wiesbaden 1978
zitiert: *Bievert/Fischer-Winkelmann/Haarland/Köhler/Rock*, Plädoyer für eine neue Verbraucherpolitik, S.

Biervert, Bernd / Fischer-Winkelmann, Wolf F. / Rock, Reinhard — Grundlagen der Verbraucherpolitik, hrsg. v. *Bernd Biervert, Wolf F. Fischer-Winkelmann* und *Reinhard Rock*, Reinbek bei Hamburg 1977
zitiert: *Bievert/Fischer-Winkelmann/Rock*, Grund-lagen der Verbraucherpolitik, S.

dies. — Verbraucherpolitik in der Marktwirtschaft, hrsg. v. *Bernd Biervert, Wolf F. Fischer-Winkelmann* und *Reinhard Rock*, Hamburg 1978
zitiert: *Bievert/Fischer-Winkelmann/Rock*, Verbraucherpolitik in der Marktwirtschaft, S.

Bittner, Claudia — Die Erfüllung des arbeitsrechtlichen Freistellungsanspruchs
in NZA 2002, S. 833 ff.
zitiert: *Bittner*, NZA 2002, S.

Boemke, Burkhard — Höhe der Verzugszinsen für Entgeltforderungen des Arbeitnehmers
in BB 2002, S. 96 f.
zitiert: *Boemke*, DB 2002, S.

Boente, Walter / Riehm, Thomas — Besondere Vertriebsformen im BGB
in Jura 2002, S. 222 ff.
zitiert: *Boente/Riehm*, Jura 2002, S.

Böhm, Dietrich — Die Entschädigung der Contergan-Kinder, Gummersbach 1973
zitiert: *Böhm*, Die Entschädigung der Contergan-Kinder, S.

Borchert, Günter — Verbraucherschutzrecht, München, 1994
zitiert: *Borchert*, Verbraucherschutzrecht, S.

Borck, Hans-Günther — Vermutungen über vergleichende Werbung, über Wertreklame und deren weitere Entwicklung
in WRP 2001, S. 1124 ff.
zitiert: *Borck*, WRP 2001, S.

Borges, Georg — Weltweite Geschäfte per Internet und deutscher Verbraucherschutz
in ZIP 1999, S. 565 ff.
zitiert: *Borges*, ZIP 1999, S.

ders. — Die Inhaltskontrolle, von Verbraucherverträgen, Berlin 2000
zitiert: *Borges*, Die Inhaltskontrolle von Verbraucherverträgen, S.

ders. — Lokalisierung von Angeboten beim Elektronic Banking
in WM 2001, S. 1542 ff.
zitiert: *Borges*, WM 2001, S.

Borrmann, Christine / Michaelis, Jochen — Lebensmittel im europäischen Binnenmarkt, Hamburg 1990
zitiert: *Borrmann/Michaelis*, Lebensmittel im europäischen Binnenmarkt, S.

Brammsen, Joerg — Auf dem Weg zur europäischen Direktvertriebsrichtlinie
in EWS 2001, S. 312 ff.
zitiert: *Brammsen*, EWS 2001, S.

Brand, Oliver — Problem mit der „IKEA -Klausel“
in ZGS 2003, S. 96 ff.
zitiert: *Brand*, ZGS 2003, S.

Brebeck, Christian — Kommentar zum Textilkennzeichnungsgesetz, 2. Aufl., Frankfurt/Main 1987
zitiert: *Brebeck*, TKG, S.

Brönneke, Tobias (Hrsg.) — Kollektiver Rechtsschutz im Zivilprozess, hrsg. v. *Tobias Brönneke*, Baden-Baden 2001
zitiert: *Bearbeiter* in Brönneke, Kollektiver Rechtsschutz im Zivilprozessrecht, S.

Brox, Hans — „Schlüsselgewalt“ und „Haustürgeschäft“
in Staat, Kirche, Wissenschaft in einer pluralistischen Gesellschaft, FS zum 65. Geburtstag von *Paul Mikat*, hrsg. v. *Dieter Schwab*, Berlin 1989, S. 841 ff.
zitiert: *Brox*, FS Mikat, S.

ders. — Allgemeiner Teil des BGB, 26. Aufl., Köln u.a. 2002
zitiert: *Brox*, BGB AT, Rdn.

Buchner, Herbert — Neuorientierung des Produkthaftungsrechts? Anwendung der EG-Richtlinien auf das deutsche Recht
in DB 1088, S. 32 ff.
zitiert: *Buchner*, DB 1988, S.

Buchwaldt, Ekkehard — Lebensmittel und Schadensersatz
in ZLR 2002, S. 413 ff.
zitiert: *Buchwaldt*, ZLR 2002, S.

Bülow, Peter — Kennzeichnungsrecht und Produktwerbung für Lebens-, Genuß-, Arzneimittel und Kosmetika, in 4 Bänden, Köln u.a. 1990
zitiert: ***Bülow***, Kennzeichnungsrecht, Bd. Rdn.

ders. — Beweislastfragen im Verbraucherkreditrecht
in NJW 1998, S. 3454 ff.
zitiert: ***Bülow***, NJW 1998, S.

ders. — Heidelberger Kommentar zum Verbraucherkreditrecht, 5. Aufl., Heidelberg 2002
zitiert: ***Bülow***, Verbraucherkreditrecht, § Rdn.

ders. — Verbraucherkreditrecht im BGB
in NJW 2002, S. 1145 ff.
zitiert: ***Bülow***, NJW 2002, S.

Bülow, Peter / Artz, Markus — Fernabsatzverträge und Strukturen eines Verbraucherprivatrechts im BGB
in NJW 2000, S. 2049 ff.
zitiert: ***Bülow/Artz***, NJW 2000, S.

dies. — Verbraucherprivatrecht, Heidelberg, 2003
zitiert: ***Bülow/Artz***, Verbraucherprivatrecht, S.

Bülow, Peter / Ring, Gerhard — Gesetz über die Werbung auf dem Gebiet des Heilwesens (HMWG), Kommentar, 2. Aufl. Köln 2001
zitiert: ***Bülow/Ring***, HMWG, §

Bungert, Hartwin — Vollstreckbarkeit US-amerikanischer Schadensersatzurteile in exorbitanter Höhe in der Bundesrepublik
in ZIP 1992, S. 1707 ff.
zitiert: ***Bungert***, ZIP 1992, S.

Bunte, Hermann-Josef — Kartellrecht mit der neuen Vergabeordnung, München 2003
zitiert: *Bunte*, Kartellrecht, S.

Büscher, Reinhard — Was ist „Novel Food"? Zum Anwendungsbereich der „Novel Food"- Verordnung
in „Novel Food", Rechtliche und wirtschaftliche Aspekte der Anwendung neuer biotechnologischer Verfahren bei der Lebensmittelherstellung, hrsg. v. *Rudolf Streinz*, 2. Aufl., Bayreuth 1995, S. 21 ff.
zitiert: ***Büscher***, in Streinz, Novel Food, S.

Bydlinski, Franz — System und Prinzipien des Privatrechts, Wien 1996
zitiert: ***Bydlinski***, System und Prinzipien des Privatrechts, S.

Canaris, Claus-Wilhelm — Handelsrecht, 23. Aufl., München 2000
zitiert: ***Canaris***, Handelsrecht, § Rdn.

ders. — Wandlung des Schuldvertragsrechts – Tendenzen zu seiner „Materialisierung"
in AcP 200 (2000), S. 275 ff.
zitiert: ***Canaris***, AcP 200 (2000), S.

ders. | Die Reform des Rechts der Leistungsstörungen
in JZ 2001, S. 499 ff.
zitiert: *Canaris*, JZ 2001, S.

Casper, Matthias | Die Zusendung unbestellter Waren nach § 241 a BGB
in ZIP 2000, S. 1602 ff.
zitiert: *Casper*, ZIP 2000, S.

Cebulla, Mario / Pützhoven, Andreas | Geschäfte nach dem Haustürwiderrufsgesetz und die Schlüsselgewalt des § 1357 I BGB
in FamRZ 1996, S. 1124 ff.
zitiert: *Cebulla/Pützhoven*, FamRZ 1996, S.

Coester-Waltjen, Dagmar | Die internationale Zuständigkeit deutscher Gerichte in Zivil- und Handelssachen
in Jura 2003, S. 320 ff.
zitiert: *Coester-Waltjen*, Jura 2003, S.

Crebert, Heinrich | Künstliche Preissteigerung durch Für- und Aufkauf. Ein Beitrag zur Geschichte des Handelsrechts, in Deutschrechtliche Beiträge Band 11 (1916), S. 177 ff.
zitiert: *Crebert*, Künstliche Preissteigerung durch Für- und Aufkauf, S.

Danco, Anne | Die Novellierung der Verbraucherkreditrichtlinie
in WM 2003, S. 853 ff.
zitiert: *Danco*, WM 2003, S.

Dannecker, Gerhard | Sorgfaltspflichten im Hinblick auf das Inverkehrbringen und die Kennzeichnung neuartiger Lebensmittel und neuartiger Lebensmittelzutaten nach der Novel Food-Verordnung und der Neuartige-Lebensmittel- und Lebensmittel-Zutaten-Verordnung
in ZLR 1998, S. 425 ff.
zitiert: *Dannecker*, ZLR 1998, S.

ders. | Stufenverantwortung – wer haftet wofür?
in ZLR 2002, S. 19 ff.
zitiert: *Dannecker*, ZLR 2002, S.

Damm, Reinhard | Privatautonomie und Verbraucherschutz
in VersR 1999, S. 129 ff.
zitiert: *Damm*, VersR 1999, S.

Däubler, Wolfgang | Die Auswirkungen der Schuldrechtsmodernisierung auf das Arbeitsrecht
in NZA 2001, S. 1329 ff.
zitiert: *Däubler*, NZA 2001, S.

ders. | Die Reform des Schadensrechts
in JuS 2002, S. 625 ff.
zitiert: *Däubler*, JuS 2002, S.

Dauner-Lieb, Barbara | Verbraucherschutz durch Ausbildung eines Sonderprivatrechts für Verbraucher, Berlin 1983
zitiert: *Dauner-Lieb*, Verbraucherschutz durch Ausbildung eines Sonderprivatrechts für Verbraucher, S.

Dauner-Lieb, Barbara / Dötsch, Wolfgang
Ein „Kaufmann" als „Verbraucher"? – Zur Verbrauchereigenschaft des Personengesellschafter
in DB 2003, S. 1666 ff.
zitiert: *Dauner-Lieb/Dötsch*, DB 2003, S.

Dauner-Lieb, Barbara / Heidel, Thomas / Lepa, Manfred / Ring, Gerhard
Das neue Schuldrecht
hrsg. v. *Barbara Dauner-Lieb, Thomas Heidel, Manfred Lepa, Gerhard Ring*, Heidelberg 2002
zitiert: *Dauner-Lieb/Heidel/Lepa/Ring*, Das neue Schuldrecht, § Rdn.

Deckers, Stefan
Zusendung unbestellter Ware
in NJW 2001, S. 1474 f.
zitiert: *Deckers*, NJW 2001, S.

Dethloff, Nina
Die Eingetragene Lebenspartnerschaft – Ein neues familienrechtliches Institut
in NJW 2001, S. 2598 ff.
zitiert: *Dethloff*, NJW 2001, S.

Deutsch, Erwin
Produkt- und Arzneimittelhaftung im Gentechnikgesetz
in FS für *Werner Lorenz* zum 70. Geburtstag, hrsg. v. *Bernhard Pfister* und *Michael R. Will*, Tübingen 1991, S. 65 ff.
zitiert: *Deutsch*, FS Lorenz, S.

Deutsch, Erwin / Lippert, Hans-Dieter
Kommentar zum Arzneimittelgesetz, Berlin u.a. 2001
zitiert: *Deutsch/Lippert*, AMG, § Rdn.

Dichtl, Erwin
Zur Schutzwürdigkeit des Verbrauchers
in Verbraucherschutz in der Marktwirtschaft, hrsg. v. *Erwin Dichtl*, Berlin 1975, S. 26 ff.
zitiert: *Dichtl*, Zur Schutzwürdigkeit des Verbrauchers, S.

Dick, Hans
Das Verbraucherleitbild in der Rechtsprechung, München 1995
zitiert: *Dick*, Das Verbraucherleitbild in der Rechtsprechung, S.

Diederichsen, Uwe
Wohin treibt die Produkthaftung?
in NJW 1978, S. 1281 ff.
zitiert: *Diederichsen*, NJW 1978, S.

Dilger, Petra
Verbraucherschutz bei Vertragsabschlüssen im Internet, München 2002
zitiert: *Dilger*, Verbraucherschutz bei Vertragsabschlüssen im Internet, S.

Dörner, Heinrich
Rechtsgeschäfte im Internet
in AcP 202 (2002), S. 363 ff.
zitiert: *Dörner*, AcP 202 (2002), S.

Dörr, Dieter / Haus, Florian C.
Das Wettbewerbsrecht des EGV
in JuS 2001, S. 131 ff.
zitiert: *Dörr/Haus*, JuS 2001, S.

Drebes, Ralph	Vom Schutz des Kreditnehmers zum Verbraucherschutz, Dresden 2000 zitiert: *Drebes*, Vom Schutz des Kreditsicherungsnehmers zum Verbraucherschutz, S.
Dreher, Meinrad	Der Verbraucher – Das Phantom in der opera des europäischen und deutschen Rechts? in: JZ 1997, S. 167 ff. zitiert: *Dreher*, JZ 1997, S.
Dresel, Martina	Die Verbraucherbeteiligung am Gewinn als Freistellungsvoraussetzung nach Art. 85 III EWGV, Frankfurt am Main 1994 zitiert: *Dresel*, Die Verbraucherbeteiligung am Gewinn als Freistellungsvoraussetzung nach Art. 85 III EWGV, S.
Drexl, Josef	Die wirtschaftliche Selbstbestimmung des Verbrauchers, Tübingen 1998 zitiert: *Drexl*, Die wirtschaftliche Selbstbestimmung des Verbrauchers, S.
Dürrschmidt, Armin	Werbung und Verbrauchergarantien, Zur Notwendigkeit einer Novellierung des § 13 a UWG vor dem Hindergrund der europäischen Rechtsentwicklung, München 1997 zitiert: *Dürrschmidt*, Werbung und Verbrauchergarantien, S.
Duve, Thomas	Verbraucherschutzrecht und Kodifikationsgedanke in: Jura 2002, S. 795 ff. zitiert: *Duve*, Jura 2002, S.
Emmerich, Volker	Das Verbraucherkreditgesetz in JuS 1991, S. 705 ff. zitiert: *Emmerich*, JuS 1991, S.
ders.	Kartellrecht, 9. Aufl., München 2001 zitiert: *Emmerich*, Kartellrecht, S.
ders.	Unlauterer Wettbewerb, 6. Aufl., München 2002 zitiert: *Emmerich*, Unlauterer Wettbewerb, S.
ders.	Das Gesetz zur Regelung der Preisbindung bei Verlagserzeugnissen und die Verbraucher in WuW 2003, S. 255 zitiert: *Emmerich*, WuW 2003, S. 255
ders.	Das Recht der Leistungsstörungen, 5. Aufl., München 2003 zitiert: Emmerich, Das Recht der Leistungsstörungen, S.
Emmerich, Volker / Sonnenschein, Jürgen / Habersack, Matthias	Konzernrecht, 7. Aufl., München 2001 zitiert: *Emmerich/Sonnenschein/Habersack*, Konzernrecht, S.
Eppe, Mark	Der Fall C&A – Ein Impuls zur Liberalisierung des § 7 Abs. 1 UWG in WRP 2003, S. 29 ff. zitiert: *Eppe*, WRP 2003, S.

Erman	Bürgerliches Gesetzbuch, Kommentar, hrsg. v. *Harm Peter Westermann*, 2. Bd., 10. Aufl., Köln 2000 zitiert: Erman/*Bearbeiter*, BGB, § Rdn.
Ernst, Stefan	Datenschutz, Direktmarketing und Rabattvereine in VuR 2001, S. 225 ff. zitiert: *Ernst*, VuR 2001, S.
Faber, Wolfgang	Elemente verschiedener Verbraucherbegriffe in EG-Richtlinien, zwischenstaatlichen Übereinkom-men und nationalem Zivil- und Kollisionsrecht in: ZEuP 1998, S. 854 ff. zitiert: *Faber*, ZEuP 1998, S.
Falkenstein, Roland von	Schäden der Verbraucher durch unlauteren Wettbewerb, Köln 1979 zitiert: *v. Falkenstein*, Schäden der Verbraucher durch unlauteren Wettbewerb, S.
ders.	Verbraucherverbandsklagen, Schädigung der Konsumenten und UWG-Novelle in WRP 1978, S. 502 ff. zitiert: *v. Falkenstein*, WRP 1978, S.
Fehrenbacher, Oliver / Herr, Gunther	Die BGB-Gesellschaft – eine natürliche Person im Sinne des Verbraucherschutzrechts? in BB 2002, S. 1007 ff. zitiert: *Fehrenbacher/Herr*, BB 2002, S.
Fezer Karl-Heinz	Das wettbewerbsrechtliche Vertragslösungsrecht in der UWG-Reform in WRP 2003, S. 127 ff. zitiert: *Fezer*, WRP 2003, S.
Fiebig, Andreas	Der Arbeitnehmer als Verbraucher in DB 2002, S. 1608 ff. zitiert: *Fiebig*, DB 2002, S.
Fischer, Ansgar / Machunsky, Jürgen	Haustürwiderrufsgesetz, Kommentar, 2. Aufl., Neuwied u.a. 1995 zitiert: *Fischer/Machunsky*, HTWG, § Rdn.
Fischer, Nikolaj	Die Reform der Schuldrechtsreform in VuR 2002, S. 309 ff. zitiert: *Fischer*, VuR 2002, S.
Fleischer, Holger	Informationsasymmetrie im Vertragsrecht, München 2001 zitiert: *Fleischer*, Informationsasymmetrie im Vertragsrecht, S.
Flume, Werner	Vom Beruf unserer Zeit für die Gesetzgebung in: ZIP 2000, S. 1427 ff. zitiert: *Flume*, ZIP 2000, S.

Franke, Nicole	Die Verbandsklagen der Verbraucherverbände nach dem französischen Code de la consommation im Vergleich zum deutschen Recht, Frankfurt am Main u.a. 2002 zitiert: *Franke*, Die Verbandsklagen nach dem Code de la consommation, S.
Frankfurter Kommentar	Frankfurter Kommentar zum Kartellrecht, hrsg. v. *Helmut Glassen, Helmuth von Hahn, Hans-Christian Kersten* und *Harald Rieger*, Loseblatt-Kommentar, 6 Bände, Köln, Stand: Oktober 2002 zitiert: *Bearbeiter* in FK, § Rdn.
Frege, Michael C. / Keller, Ulrich / Riedel, Ernst	Insolvenzrecht, 6. Aufl., München 2002 zitiert: *Frege/Keller/Riedel*, Insolvenzrecht, Rdn.
Frenz, Walter	Verbraucherinformation durch Gesetz und Selbstverpflichtungen in ZG 2002, S. 226 ff. zitiert: *Frenz*, ZG 2002, S.
Frings, Michael	Bürgschaftsvermittlung durch den Ehepartner kein Haustürgeschäft? in ZIP 1996, S. 1193 ff. zitiert: *Frings*, ZIP 1996, S.
Fuchs, Andreas	Das Fernabsatzgesetz im neuen System des Verbraucherschutzes in ZIP 2000, S. 1273 ff. zitiert: *Fuchs*, ZIP 2000, S.
Gaertner, Reinhard / Gierschmann, Sybille	Das neue Fernabsatzgesetz in DB 2000, S. 1601 ff. zitiert: *Gaertner/Gierschmann*, DB 2000, S.
Gamerith, Helmuth	Neue Herausforderungen für ein europäisches Lauterkeitsrecht in WRP 2003, S. 143 ff. zitiert: *Gamerith*, WRP 2003, S.
Gärtner, Rudolf	Zum Standort des Verbraucherrechts in JZ 1992, S. 73 ff. zitiert: *Gärtner*, JZ 1992, S.
ders.	Zivilrechtlicher Verbraucherschutz und Handelsrecht in BB 1995, S. 1753 ff. zitiert: *Gärtner*, BB 1995, S.
Gassner, Ulrich M. / Dangelmaier, Gregor M.	Neues zur Kartellrechtswidrigkeit von Verkäufen unter Einstandspreis in WuW 2003, S. 491 ff. zitiert: *Gassner/Dangelmaier*, WuW 2003, S.
Gernhuber, Joachim / Coester-Waltjen,, Dagmar	Lehrbuch des Familienrechts, 4. Aufl., München 1992 zitiert: *Gernhuber/Coester-Waltjen*, Familienrecht, §

Geyer, Rolf — Der Gedanke des Verbraucherschutzes im Reichsrecht des Kaiserreichs und der Weimarer Republik (1871-1933), Frankfurt am Main 2001
zitiert: *Geyer*, Der Gedanke des Verbraucherschutzes im Reichsrecht des Kaiserreichs und der Weimarer Republik, S.

Gierke, Otto v. — Die soziale Aufgabe des Privatrechts, Berlin, 1889
zitiert: *v. Gierke*, Die soziale Aufgabe des Privatrechts, S.

Gitter, Wolfgang / Michalski, Lutz — Arbeitsrecht, 5. Aufl., Heidelberg 2002
zitiert: *Gitter/Michalski*, Arbeitsrecht, S.

Goecke, Klaus — Der internationale Warenkauf
in MDR 2000, S. 63 ff.
zitiert: *Goecke*, MDR 2000, S.

Gola, Peter / Klug, Christoph — Die Entwicklung des Datenschutzrechts in den Jahren 2002/2003
in NJW 2003, S. 2420 ff.
zitiert: *Gola/Klug*, NJW 2003, S.

Goll, Hans — Verbraucherschutz und Kartellrecht
in GRUR 1976, S. 486 ff.
zitiert: *Goll*, GRUR 1976, S.

Greger, Reinhard — Neue Regelung für die Verbandsklage im Verbraucherschutz- und Wettbewerbsrecht
in NJW 2000, S. 2457 ff.
zitiert: *Greger*, NJW 2000, S.

ders. — Verbandsklage und Prozessrechtsdogmatik – Neue Entwicklung in einer schwierigen Beziehung
in ZZP 113 (2000), S. 399 ff.
zitiert: *Greger*, ZZP 113, S.

Grigoleit, Hans Christoph — Rechtsfolgenspezifische Analyse „besonderer" Informationspflichten am Beispiel der Reformpläne für den E Commerce
in WM 2001, S. 597 ff.
zitiert: *Grigoleit*, WM 2001, S.

ders. — Weiterfresserschäden und Mangelfolgeschäden nach der Schuldrechtsreform: Der mangelhafte Traktor
in ZGS 2002, S. 78 ff.
zitiert: *Grigoleit*, ZGS 2002, S.

ders. — Besondere Vertriebsformen im BGB
in NJW 2002, S. 1151 ff.
zitiert: *Grigoleit*, NJW 2002, S.

Grigoleit, Hans Christoph / Riehm, Thomas — Grenzen der Gleichstellung von Zuwenig-Leistung und Sachmangel
in ZGS 2002, S. 115 ff.
zitiert: *Grigoleit/Riehm*, ZGS 2002, S.

Gröner, Helmut / Köhler, Helmut	Verbraucherschutzrecht in der Marktwirtschaft, Tübingen 1987 zitiert: *Gröner/Köhler*, Verbraucherschutzrecht in der Marktwirtschaft, S.
Grundemann, Stefan,	Privatautonomie im Binnenmarkt in JZ 2000, S. 1133 ff. zitiert: *Grundemann*, JZ 2000, S.
Grziwotz, Heribert	Familienrecht und Verbraucherverträge in FamRZ 2002, S. 1004 ff. zitiert: *Grziwotz*, FamRZ 2002, S.
Haedicke, Maximilian	Die künftige Zugabe- und Rabattregulierung durch das UWG zwischen Liberalisierung und Lauterkeitsschutz in CR 2001, S. 788 ff. zitiert: *Haedicke*, CR 2001, S.
Hahn, Hans Georg	Deliktische Produkthaftung für landwirtschaftliche Erzeugnis se und Naturprodukte, 1993 zitiert: *Hahn*, Deliktische Produkthaftung für landwirtschaftliche Erzeugnisse und Naturprodukte, S.
Handwörterbuch der Absatzwirtschaft	hrsg. v. *Bruno von Tietz*, Stuttgart 1974 zitiert: *Verfasser*, Handwörterbuch der Absatzwirtschaft, Sp.
Hänlein, Andreas	Der mitverpflichtete Gesellschafter-Geschäftsführer als Verbraucher? in DB 2001, S. 1185 ff. zitiert: *Hänlein*, DB 2001, S.
Handbuch des Kartellrechts	hrsg. v. *Gerhard Wiedemann*, München 1999 zitiert: Wiedemann/*Bearbeiter*, Hdb. Kartellrecht, § Rdn.
Handbuch des Verbraucherschutz	hrsg. v. der Arbeitsgemeinschaft der Verbraucher und vom Deutschen Gewerkschaftsbund, Loseblatt, Stand 1990, Neuwied u.a. zitiert: HdVR/*Bearbeiter*, Gruppe Rdn.
Handkommentar Bürgerliches Gesetzbuch	Bürgerliches Gesetzbuch, Schriftleitung *Rainer Schulz*, Handkommentar, 2. Aufl., Baden-Baden 2002 zitiert: HK-BGB/*Bearbeiter*, § Rdn.
Handkommentar Vertriebsrecht	Haustür-, Fernabsatzgeschäfte und elektronischer Geschäftsverkehr, v. *Hans-W. Micklitz* und *Klaus Tonner*, Handkommentar, 1. Aufl. Baden-Baden 2002 zitiert: Hk-VertriebsR/*Bearbeiter*, § Rdn.
Härting, Nico	Fernabsatzgesetz, Kurzkommentar, Köln 2000 zitiert: *Härting*, FernAbsG, § Rdn.
ders.	Verbraucherwerbung nach dem Fernabsatzgesetz in CR 2000, S. 691 ff. zitiert: *Härting*, CR 2000, S.
Hart, Dieter	Verbraucherrechtliche Grundlagen des AGBG in Jura 2001, S. 649 ff. zitiert: *Hart*, Jura 2001, S.

Hart, Dieter / Joerges, Christian	Verbraucherrecht und Marktökonomie: Eine Kritik ordnungstheoretischer Eingrenzungen der Verbraucherpolitik in Wirtschaftsrecht als Kritik des Privatrechts, hrsg. v. *Heinz-Dieter Assmann, Gert Brügemeiner, Dieter Hart und Christian Joerges*, Königstein/Taunus 1980, S. 83 ff. zitiert: *Hart/Joerges*, in Assmann/Brüggemeier/Hart/Joerges, Wirtschaftsrecht als Kritik des Privatrechts, S.
Hart, Dieter / Köck, Wolfgang	Zum Stand der Verbraucherentwicklung in ZRP 1991, S. 61 ff. zitiert: *Hart/Köck*, ZRP 1991, S.
Hassemer, Michael	Kaufverträge nach der Schuldrechtsreform – Vertragsgestaltung gegenüber Verbrauchern und im Handelsgeschäft in ZGS 2002, S. 95 ff. zitiert: *M. Hassemer*, ZGS 2002, S.
Hassemer, Winfried	Strafrechtliche Produktverantwortung in JuS 1991, S. 253 ff. zitiert: *W. Hassemer*, JuS 1991, S.
Hau, Wolfgang	Geschäftsführung ohne Verbraucherauftrag in NJW 2001, S. 2863 ff. zitiert: *Hau*, NJW 2001, S.
Hausmann, Wilhelm	Die Veräußerung beweglicher Sachen gegen Ratenzahlung, Berlin 1891 zitiert: *Hausmann*, Die Veräußerung beweglicher Sachen gegen Ratenzahlung, S.
Heath, Christopher	Der Verbraucherschutz im japanischen Kartell-, Wettbewerbs- und Warenzeichengesetz in GRUR Int. 1993, S. 841 ff. zitiert: *Heath*, GRUR Int. 1993, S.
Hecker, Bernd	Bleibt vom Lebensmittelstrafrecht nur ein Torso übrig? in ZRP 2003, S. 131 ff. zitiert: *Hecker*, ZRP 2003, S.
Heidemann-Peuser, Helke	Neues Klagerecht der Verbraucherverbände nach dem Rechtsberatungsgesetz in VuR 2002, S. 455 ff. zitiert: *Heidemann-Peuser*, VuR 2002, S.
Heiderhoff, Bettina	Internetauktionen als Umgehungsgeschäfte in MMR 2001, S. 640 ff. zitiert: *Heiderhoff*, MMR 2001, S.
Hein, Jan von	Grenzüberschreitende Produkthaftung für „Weiterfresserschäden“: Anknüpfung an den Marktort ist interessengerechter in RIW 2000, S. 820 ff. zitiert: *v. Hein*, RIW 2000, S.

Heinbuch, Holger — Theorien und Strategien des Verbraucherschutzes – am Beispiel des Fernunterrichtsschutzgesetzes, Frankfurt am Main u.a. 1983
zitiert: *Heinbuch*, Theorien und Strategien des Verbraucherschutzes am Beispiel des Fernunterrichtschutzgesetzes, S.

Heinrichs, Helmut — Umsetzung der EG-Richtlinie über missbräuchliche Klauseln in Verbraucherverträgen durch Auslegung
in NJW 1995, S.153 ff.
zitiert: *Heinrichs*, NJW 1995, S.

ders. — Das Gesetz zur Änderung des AGB-Gesetzes
in: NJW 1996, S. 2190 ff.
zitiert: *Heinrichs*, NJW 1996, S.

ders. — Die Entwicklung des Rechts der Allgemeinen Geschäftsbedingungen im Jahre 1996
in NJW 1997, S. 1407 ff.
zitiert: *Heinrichs*, NJW 1997, S.

ders. — Das Widerrufsrecht nach der Richtlinie 97/7/EG über den Verbraucherschutz bei Vertragsschlüssen im Fernabsatz
in FS für *Dieter Medicus* zum 70. Geburtstag, hrsg. v. *Volker Beuthien, Maximilian Fuchs, Herbert Roth, Gottfried Schiemann, Andreas Wacke*, Köln u.a. 1999, S. 177 ff.
zitiert: *Heinrichs*, FS Medicus, S.

Heller-Hannich, Caroline — Vertragslösungsrecht des Verbrauchers aus dem BGB – Geschichte und Gegenwart
in Jura 2003, S. 369 ff.
zitiert: *Heller-Hannich*, Jura 2003, S.

Hensen, Horst-Diether — Zur Entstehung des AGB-Gesetzes
in Recht im Spannungsverhältnis von Theorie und Praxis, FS für *Helmut Heinrichs* zum 70. Geburtstag, hrsg. v. *Andreas Heldrich, Peter Schlechtriem, Eike Schmidt*, München 1998, S. 335 ff.
zitiert: *Hensen*, FS Heinrichs, S.

ders. — Das Fernabsatzgesetz oder: Man könnte heulen
in: ZIP 2000, S. 1151 f.
zitiert: *Hensen*, ZIP 2000, S.

Henssler, Martin — Gewerbe, Kaufmann und Unternehmen
Herkunft und Zukunft der subjektiven Anknüpfung des Handelsrechts
in ZHR 161 (1997), S. 13 ff.
zitiert: *Henssler*, ZHR 161 (1997), S.

Herdegen, Matthias — Völkerrecht, München 2000
zitiert: *Herdegen*, Völkerrecht, §

Heß, Burkhard	Das geplante Unterlassungsklagengesetz in Zivilrechtswissenschaft und Schuldrechtsreform, hrsg. v. *Wolfgang Ernst* und *Reinhard Zimmermann*, Tübingen 2001 zitiert: *Heß* in Ernst/Zimmermann, Zivilrechtswissenschaft und Schuldrechtsreform, S.
Heymann	Handelsgesetzbuch (ohne Seerecht), Kommentar, hrsg. v. *Norbert Horn*, 4 Bd. Berlin u.a. 1989 ff., 2. Aufl. Bd. 1 1995 zitiert: Heymann/*Bearbeiter*, HGB, § Rdn.
Hinten-Reed, Nils v. / Camesasca, Peter D. / Schedl, Michael	Reform der Europäischen Fusionskontrolle in RIW 2003, S. 321 ff. zitiert: *v. Hinten-Reed/Camesasca/Schedl*, RIW 2003, S.
Hippel, Eike von	Grundfragen des Verbraucherschutzes in JZ 1972, S. 417 ff. zitiert: *v. Hippel*, JZ 1972, S.
ders.	Verbraucherschutz, 3. Auflage, Tübingen, 1986 zitiert: *v. Hippel*, Verbraucherschutz, S.
ders.	Präventiver Verbraucherschutz: Vorbeugen ist besser als Heilen in Aus Politik und Zeitgeschichte 24/2001, S. 16 ff. zitiert: *v. Hippel*, Aus Politik und Zeitgeschichte 24/2001, S.
Hirte, Heribert	Sammelklagen – Fluch oder Segen? Ein Blick in die amerikanische Diskussion in Brücken für die Rechtsvergleichung, Festschrift für *Hans G. Leser*, hrsg. v. *Olaf Werner, Peter Häberle, Zentaro Kitagawa, Ingo Saenger*, Tübingen 1998, S. 335 ff. zitiert: *Hirte*, FS Leser, S.
Hoeren, Thomas / Martinek, Michael (Hrsg.)	Systematischer Kommentar zum Kaufrecht, Recklinghausen 2000 zitiert: Hoeren/Martinek/*Bearbeiter*, SKK, §
Hoffmann, Bernd von	Internationales Privatrecht, 7. Auflage, München 2002 zitiert: *v. Hoffmann*, IPR, § Rdn.
Hoffmann, Jochen	Realkredite im Europäischen Verbraucherschutz-recht in ZIP 2002, S. 145 ff. zitiert: *J. Hoffmann*, ZIP 2002, S.
Hofmann, Inge	Verbraucherratgeber Lebensmittelrecht, Niederhausen/Ts. 2001 zitiert: *Hofmann*, Verbraucherratgeber Lebensmittelrecht, S.
Hombrecher, Lars	Der Begriff der Sittenwidrigkeit in § 1 UWG – Eine Einführung in das Wettbewerbsrecht – in Jura 2003, S. 153 ff. zitiert: *Hombrecher*, Jura 2003, S.

Hommelhoff, Peter — Verbraucherschutz im System des deutschen und europäischen Privatrechts, Heidelberg, 1996
zitiert: *Hommelhoff*, Verbraucherschutz im System des deutschen und europäischen Privatrechts, S.

Honsell, Heinrich — Die EU-Richtlinie über den Verbrauchsgüterkauf und ihre Umsetzung ins BGB
in JZ 2001, S. 278 ff.
zitiert: *Honsell*, JZ 2001, S.

Hossenfelder, Silke Lutz, Martin — Die neue Durchführungsverordnung zu den Artikeln 81 und 82 EG-Vertrag
in WuW 2003, S. 118 ff.
zitiert: *Hossenfelder/Lutz*, WuW 2003, S.

Hromadka, Wolfgang — Schuldrechtsmodernisierung und Vertragskontrolle im Arbeitsrecht
in NJW 2002, S. 2523 ff.
zitiert: *Hromadka*, NJW 2002, S.

Huber, Peter — Die „Schlüsselgewalt" (§ 1357 BGB)
in Jura 2003, S. 145 ff.
zitiert: *Huber*, Jura 2003, S.

Hübner, Heinz — Rechtsgeschäftslehre und Verbraucherschutz
in Europarecht – Energierecht – Wirtschaftsrecht, FS für *Bodo Börner* zum 70. Geburtstag, hrsg. v. *Jürgen F. Baur, Peter-Christian Müller-Graff* und *Manfred Zuleeg*, Köln u.a. 1992, S. 717 ff.
zitiert: *Hübner*, FS Börner, S.

Hümmerich, Klaus / Holthausen, Joachim — Der Arbeitnehmer als Verbraucher
in NZA 2002, S. 173 ff.
zitiert: *Hümmerich/Holthausen*, NZA 2002, S.

Immenga, Ulrich / Mestmäcker, Ernst-Joachim (Hrsg.) — GWB-Kommentar zum Kartellgesetz, 3. Aufl., München 2001
zitiert: *Bearbeiter* in Immenga/Mestmäcker, § Rdn.

Jaeger, Lothar — Verlagerung der Schmerzensgeldregelung vom Deliktsrecht in das allgemeine Schuldrecht
in ZGS 2002, S. 54 ff.
zitiert: *Jaeger*, ZGS 2002, S.

Jauernig — Bürgerliches Gesetzbuch, hrsg. v. *Othmar Jauernig*, 10. Aufl. München 2003
zitiert: Jauernig/*Bearbeiter*, BGB, § Rdn.

Jauernig, Othmar — Verbraucherschutz in „Mischfällen"?
in FS für *Peter Schlechtriem* zum 70. Geburtstag, hrsg. v. *Ingeborg Schwenzer* und *Günther Hager*, Tübingen 2003, S. 569 ff.
zitiert: *Jauernig*, FS Schlechtriem, S.

Joerges, Christian — Verbraucherschutz als Rechtsproblem, Heidelberg 1981
zitiert: *Joerges*, Verbraucherschutz als Rechtsproblem, S.

ders. — Der Schutz des Verbrauchers und die Einheit des Zivilrechts
in AG 1983, S. 57 ff.
zitiert: *Joerges*, AG 1983, S.

Junker, Abbo — Internationales Privatrecht, München 1998
zitiert: *Junker*, IPR, Rdn.

ders. — Das Bestimmungsrecht des Verletzten nach Art. 40 I EGBGB
in FS für *Werner Lorenz* zum 80. Geburtstag, hrsg. v. *Thomas Rauscher* und *Heinz-Peter Mansel*, München 2001, S. 321 ff.
zitiert: *Junker*, FS Lorenz, S.

Kaiser, Mathias — Zum Begriff der „Freizeitveranstaltung" im Haustürwiderrufsgesetz
in NJW 1989, S. 1717 ff.
zitiert: *Kaiser*, NJW 1989, S.

Kamanabrou, Sudabeh, — Die Umsetzung der Fernabsatzrichtlinie
in WM 2000, S. 1426 ff.
zitiert: *Kamanabrou*, WM 2000, S.

Kappas, Andreas — EU-Time-Sharing-Richtlinie und deutsche Umsetzungsgesetzgebung
in EWS 1996, S. 273 ff.
zitiert: *Kappus*, EWS 1996, S.

ders. — Verbraucherschutz am Nadelöhr?
in NJW 1997, S. 2653 ff.
zitiert: *Kappas*, NJW 1997, S.

Kegel, Gerhard / Schurig, Klaus — Internationales Privatrecht, 8. Aufl., München 2000
zitiert: *Kegel/Schurig*, IPR, §

Kemper, Rainer — Verbraucherschutzinstrumente, Baden-Baden 1994
zitiert: *Kemper*, Verbraucherschutzinstrumente, S.

Kessler, Jürgen / Micklitz, Hans-W. — Die Harmonisierung des Lauterkeitsrechts in den Mitgliedsstaaten der Europäischen Gemeinschaft und die Reform des UWG, Baden-Baden 2003
zitiert: *Kessler/Micklitz*, Die Harmonisierung des Lauterkeitsrechts in den Mitgliedsstaaten, S.

Kessal-Wulf, Sibylle — Die Gesellschaft bürgerlichen Rechts als „Verbraucher"
in Gedächtnisschrift für *Jürgen Sonnenschein*, hrsg. v. *Jochen Jickeli*, *Peter Knutz* und *Dieter Reuter*, Berlin 2003, S. 671 ff.
zitiert: *Kessal-Wulf*, FS Sonnenschein, S.

Kilian, Benno — Der Verbraucherbegriff in der Europäischen Union, Augsburg 1998
zitiert: *Kilian*, Der Verbraucherbegriff in der Europäischen Union, S.

Kimminich, Otto / Hobe, Stephan | Einführung in das Völkerrecht, 7. Aufl., Tübingen 2000
zitiert: *Kimminich/Hobe*, Einführung in das Völker-recht, S.

Klindt, Thomas | Die Umweltzeichen „Blauer Engel“ und „Europäische Blume“ zwischen produktbezogenem Umweltschutz und Wettbewerbsrecht
in BB 1998, S. 545 ff.
zitiert: *Klindt*, BB 1998, S.

ders. | Produktsicherheitsgesetz (ProdSG), München 2001
zitiert: *Klindt*, ProdSG, § Rdn.

Knitsch, Peter | Die Rolle des Staates im Rahmen der Produktinformation
in ZRP 2003, S. 113 ff.
zitiert: *Knitsch*, ZRP 2003, S.

Koch, Harald | Kollektiver Rechtsschutz im Zivilprozess, Frankfurt am Main 1976
zitiert: *H. Koch*, Kollektiver Rechtsschutz im Zivilprozess, S.

ders. | Verbraucherprozessrecht, Heidelberg 1990
zitiert: *H. Koch*, Verbraucherprozessrecht, S.

ders. | Die Verbandsklage in Europa - Rechtsvergleichende, europa- und kollisionsrechtliche Grundlagen -
in ZZP 113 (2000), S. 413 ff.
zitiert: *H. Koch*, ZZP 113 (2000), S.

Koch, Robert | Zur Regelung des Internationalen Deliktsrechts: Beschränkung des Günstigkeitsprinzips und Einführung der vertragsakzessorischen Bestimmung des Deliktsstatuts?
in VersR 1999, S. 1453 ff.
zitiert: *R. Koch*, VersR 1999, S.

Köhler, Gerhard | Lexikon der europäischen Rechtsgeschichte, München, 1997
zitiert: *Köhler*, Lexikon der europäischen Rechtsgeschichte, S.

Köhler, Helmut | Rabattgesetz und Zugabeverordnung: Ersatzlose Streichung oder Gewährleistung eines Mindestschutzes für Verbraucher und Wettbewerb?
in BB 2001, S. 265 ff.
zitiert: *Köhler*, BB 2001, S.

Köhler, Helmut / Piper, Henning | Gesetz gegen den unlauteren Wettbewerb mit Preisangabenverordnung, 3. Aufl., München 2002
zitiert: *Köhler/Piper*, Gesetz, § Rdn.

Kommentar Fertigpackungsrecht | hrsg. v. *Arthur Strecker*, 2. Bd. Hamburg, Loseblatt, Stand: August 1999
zitiert: Komm. Fertigpackungsrecht, Gesetz, S.

Kommentar Nährwertkennzeichnung | hrsg. v. *Dietrich Gorny*, Hamburg, Loseblatt, Stand: Oktober 1998
zitiert: Komm. Nährwertkennzeichnung, Teil, S.

Korte, Stefan / Oschmann, Frank — Das CMA-Gütezeichen – ein Auslaufmodell?
in NJW 2003, S. 1766 ff.
zitiert: *Korte/Oschmann*, NJW 2003, S.

Krebs, Peter — Verbraucher, Unternehmer oder Zivilperson
in DB 2002, S. 515 ff.
zitiert: *Krebs*, DB 2002, S.

Krell, Ulrich — BSE – Chronik und Fakten
in ZLR 2001, S. 23 ff.
zitiert: *Krell*, ZLR 2001, S.

Krejci, Heinz — Ist das Verbraucherrecht ein Rechtsgebiet?
in Verbraucherschutz in Europa, Festgabe für *Heinrich Mayrhofer*, hrsg. v. *Bernhard Eccher, Kristin Nemeth* und *Astrid Tangl*, Wien 2002, S. 119 ff.
zitiert: *Krejci*, Festgabe Mayrhofer, S.

Kropholler, Jan — Europäisches Zivilprozessrecht: Kommentar zu EuGVÜ und Lugano-Übereinkommen, Heidelberg, 7. Aufl., 2002
zitiert: *Kropholler*, Europäisches Zivilprozessrecht, Art. Rdn.

Kuhlmann, Eberhard — Verbraucherpolitik, München, 1990
zitiert: *Kuhlmann*, Verbraucherpolitik, S.

Kullmann,, Hans-Josef — Die Rechtsprechung des BGH zum Produkthaftpflichtrecht in den Jahren 1992-1994
in NJW 1994, S. 1698 ff.
zitiert: *Kullmann*, NJW 1994, S.

ders. — Die Rechtsprechung des BGH zum Produkthaftpflichtrecht in den Jahren 1998-2000
in NJW 2000, S. 1912 ff.
zitiert: *Kullmann*, NJW 2000, S.

ders. — Produkthaftungsgesetz, 3. Aufl., Berlin 2001
zitiert: *Kullmann*, Produkthaftungsgesetz, S.

ders. — Die Produzentenhaftung für Lebensmittel nach dem Stand der Rechtsprechung
in ZLR 2002, S. 37 ff.
zitiert: *Kullmann*, ZLR 2002, S.

ders. — Die Rechtsprechung des BGH zum Produkthaftpflichtrecht in den Jahren 2001-2003
in NJW 2003, S. 1908 ff.
zitiert: *Kullmann*, NJW 2003, S.

Kullmann,, Hans-Josef / Pfister, Bernhard — Produzentenhaftung, 3 Bände, Berlin, Loseblatt, Stand: 2003
zitiert: *Kullmann/Pfister*, Produzentenhaftung, Kza.

Kurz, Stefan — Ist der Mehrheitsgesellschafter und Alleingeschäftsführer einer GmbH „Verbraucher“?
in NJW 1997, S. 1828 f.
zitiert: *Kurz*, NJW 1997, S.

Lange, Knut	Der praktische Fall – Bürgerliches Recht: Die nicht bestellten Weihnachtskarten in JuS 1997, S. 431 ff. zitiert: *Lange*, JuS 1997, S.
Langen/Bunte	Kommentar zum deutschen und europäischen Kartellrecht, 2. Bd., begr. v. *Eugen Langen*, hrsg. v. *Hermann-Josef Bunte*, 9. Aufl. Neuwied u.a. 2001 zitiert: Langen/*Bearbeiter*, Kartellrecht, § Rdn.
Larenz, Karl	Lehrbuch des Schuldrecht, Zweiter Band, Besonderer Teil. 1. Halbband, 13. Aufl., München 1986 zitiert: *Larenz*, BT 1, §, S.
ders.	Lehrbuch des Schuldrecht, Erster Band, Allgemeiner Teil, 14. Aufl., München 1987 zitiert: *Larenz*, SR I, S.
Larenz, Karl / Wolf, Manfred	Allgemeiner Teil des bürgerlichen Rechts, begründet v. *Karl Larenz*, fortgeführt v. *Manfred Wolf*, 8. Aufl., München 1997 zitiert: *Larenz/Wolf*, AT, § Rdn.
Lebensmittelrechts-Handbuch	Redakteur *Rudolf Streinz*, München, Loseblatt, Stand: November 2002 zitiert: *Bearbeiter* in: Lebensmittelrechts-Hdb. Ziffer Rdn.
Lehmann, Michael	Vertragsanbahnung durch Werbung, München, 1981 zitiert: *Lehmann*, Vertragsanbahnung durch Werbung, S.
Leible, Stefan	Bingo! – Gewinnbestätigung jetzt auch aus Karlsruhe in NJW 2003, S. 407 ff. zitiert: *Leible*, NJW 2003, S.
Lell, Otmar	Umweltbezogene Produktkennzeichnungen im deutschen, europäischen und internationalen Recht, Berlin 2003 zitiert: *Lell*, Umweltbezogene Produktkennzeichnung, S.
Letwoski, Janusz	Verbraucherschutz in Polen in RabelsZ 40 (1976), S. 654 ff. zitiert: *Letowski*, RabelsZ 40 (1976), S.
Lettl, Tobias	Versteigerung im Internet – BGH, NJW 2002, 363 in JuS 2002, S. 219 ff. zitiert: *Lettl*, JuS 2002, S.
Lindacher, Walter F.	Zum Internationalen Privatrecht des unlauteren Wettbewerbs in WRP 1996, S. 645 ff. zitiert: *Lindacher*, WRP 1996, S.
Löffler, Severin	Werbung im Cyberspace – Eine kollisionsrechtliche Betrachtung in WRP 2001, S. 379 ff. zitiert: *Löffler*, WRP 2001, S.

Lohmann, Hans-Jochen
Die Contergan-Katastrophe revisited – Ein Lehrstück vom Beitrag der Wissenschaft zur gesellschaftlichen Blindheit
in Umweltmed Forsch Prax 2000, S. 295 ff.
zitiert: ***Lohmann***, Umweltmed Forsch Prax 2000, S.

Löhnig, Martin
Die Einbeziehung von AGB bei Internet-Geschäften
in NJW 1997, S. 1688 f.
zitiert: ***Löhnig***, NJW 1997, S.

ders.
„Zusendung unbestellter Waren“ und verwandte Probleme nach Inkrafttreten des § 241 a BGB
in JA 2001, S. 33 ff.
zitiert: ***Löhnig***, JA 2001, S.

Lorenz, Stephan
Der Schutz vor dem unerwünschten Vertrag, München 1997
zitiert: *St. Lorenz*, Der Schutz vor dem unerwünschten Vertrag, S.

ders.
Richtlinienkonforme Auslegung, Mindestharmonisierung und der „Krieg der Senate“
in NJW 1998, S. 2937 ff.
zitiert: *St. Lorenz*, NJW 1998, S.

ders.
Zivilprozessuale Konsequenzen der Neuregelung des Internationalen Deliktsrechts: Erste Hinweise für die anwaltliche Praxis
in NJW 1999, S. 2215 ff.
zitiert: *Lorenz*, NJW 1999, S.

ders.
Gewinnmitteilungen aus dem Ausland: Kollisionsrechtliche und internationalzivil-prozessuale Aspekte von § 661 a BGB
in NJW 2000, S. 3305 ff.
zitiert: *St. Lorenz*, NJW 2000, S.

ders.
Im BGB viel Neues: Die Umsetzung der Fernabsatzrichtlinie
in JuS 2000, S. 833 ff.
zitiert: *St. Lorenz*, JuS 2000, S.

ders.
§ 241 a BGB und das Bereicherungsrecht – zum Begriff der „Bestellung“ im Schuldrecht
in FS für *Werner Lorenz* zum 80. Geburtstag, hrsg. v. *Thomas Rauscher* und *Heinz-Peter Mansel*, München 2001, S. 191 ff.
zitiert: *St. Lorenz*, FS Lorenz, S.

ders.
Zeitschriftenabonnements im Internet – heute und morgen
in NJW 2001, S. 2230 ff.
zitiert: *St. Lorenz*, NJW 2001, S.

ders. | Rücktritt, Minderung und Schadensersatz wegen Sachmängeln im Kaufrecht: Was hat der Verkäufer zu vertreten?
in NJW 2002, S. 2497 ff.
zitiert: *Lorenz*, NJW 2002, S.

Lorenz, Egon | Die Rechtswahlfreiheit im internationalen Schuldvertragsrecht
in: RIW 1987, S. 569 ff.
zitiert: *E. Lorenz*, RIW 1987, S.

Lorenz, Walter | Kollisionsrecht des Verbraucherschutzes: Anwendbares Recht und internationale Zuständigkeit
in IPRax 1994, S. 429 ff.
zitiert: *Walter*, IPRax 1994, S.

Löwe, Walter | Das neue Recht der Gerichtsstandsvereinbarungen
in NJW 1974, S. 473 ff.
zitiert: *Löwe*, NJW 1974, S.

ders. | Schutz vor Überrumpelung beim Vertragsschluss
in BB 1986, S. 82 ff.
zitiert: *Löwe*, BB 1986, S.

Lukes, Rudolf | Vom Arbeitnehmerschutz zum Verbraucherschutz – Überlegungen zum Maschinenschutzgesetz
in RdA 1969, S. 220 ff.
zitiert: *Lukes*, RdA 1969, S.

Lütcke, Jens | Fernabsatzrecht, Kommentar zu den §§ 312 b – 312 f BGB, München 2002
zitiert: *Lütcke*, Fernabsatzrecht, § Rdn.

Lutz, Paul / Neumann, Sybille | Auslegung der Art. 13 ff. EuGVÜ auf Realkredite
in RIW 1999, S. 827 ff.
zitiert: *Lutz/Neumann*, RIW 1999, S.

Magoulas, Georgios / Ahrens, Martin (Hrsg.) | Recht und Ökonomie beim Konsumentenschutz und Konsumentenkredit, Baden-Baden 1985
zitiert: *Bearbeiter* in Magoulas/Ahrens, Recht und Ökonomie beim Konsumentenschutz und Konsumentenkredit, S.

Mand, Elmar | Arzneimittelversand durch Internet-Apotheken im Europäischen Binnenmarkt
in WRP 2003, S. 37 ff.
zitiert: *Mand*, WRP 2003, S.

ders. | Online-Werbung für Arzneimittel im Europäischen Binnenmarkt
in WRP 2003, S. 192 ff.
zitiert: *Mand*, WRP 2003, S.

Mankowski, Peter | Strukturfragen des Internationalen Verbraucherrechts
in RIW 1998, S. 287 ff.
zitiert: *Mankowski*, RIW 1998, S.

ders. — Das Internet im Internationalen Vertrags- und Deliktsrecht
in RabelsZ 63 (1999), S. 205 ff.
zitiert: *Mankowski*, RabelsZ 63 (1999), S.

ders. — Keine örtliche Ersatzzuständigkeit der Hauptstadtgerichte für Verbrauchersachen unter dem EuGVÜ oder: Tod einer Theorie in Berlin
in IPRax 2001, S. 33 ff.
zitiert: *Mankowski*, IPRax 2001, S.

ders. — Verbraucherschutzrechtliche Widerrufsbelehrung und Sprachrisiko
in VuR 2001, S. 359 ff.
zitiert: *Mankowski*. VuR 2001, S.

ders. — Verbrauchervertrag und Vertrag zu Gunsten Dritter
in VuR 2002, S. 269 ff.
zitiert: *Mankowski*, VuR 2002, S.

ders. — Die Neuerungen durch § 651 BGB und der Abschied vom Werklieferungsvertrag
in MDR 2003, S. 854 ff.
zitiert: *Mankowski*, MDR 2003, S.

Marotzke, Wolfgang — Von der schutzgesetzlichen Unterlassungsklage zur Verbandsklage, Tübingen 1992
zitiert: *Marotzke*, Von der schutzgesetzlichen Unterlassungsklage zur Verbandsklage, S.

Martis, Rüdiger — Die Anwendbarkeit des Verbraucherkreditgesetzes
in MDR 1998, S. 1189 ff.
zitiert: *Martis*, MDR 1998, S.

Masuch, Andreas — Musterhafte Widerrufsbelehrung des Bundesjustizministeriums?
in NJW 2002, S. 2931 ff.
zitiert: *Masuch*, NJW 2002, S.

Medicus, Dieter — Verschulden bei Vertragsverhandlungen
in Bundesminister der Justiz, Gutachten und Vorschläge zur Überarbeitung des Schuldrechts, Bd. I, Köln 1981, S. 479 ff.
zitiert: *Medicus*, Verschulden bei Vertragsverhandlungen, S.

ders. — Wer ist ein Verbraucher?
in Wege zum japanischen Recht: Festschrift für *Zentaro Kitawaga* zum 60. Geburtstag am 5. April 1992, hrsg. v. *Hans G. Leser* und *Tamotsu Isomura*, Berlin 1992, S. 471 ff.
zitiert: *Medicus*, FS Kitawaga, S.

ders. — Schutzbedürfnisse (insbesondere der Verbraucherschutz) und das Privatrecht
in: JuS 1996, S. 761 ff.
zitiert: *Medicus*, Jus 1996, S.

ders.	Allgemeiner Teil des BGB, 8. Aufl., Heidelberg 2002 zitiert: *Medicus*, BGB AT, Rdn.
ders.	Bürgerliches Recht, 19. Aufl., München 2002 zitiert: *Medicus*, Bürgerliches Recht, Rdn.
ders.	Schuldrecht II, Besonderer Teil, 11. Aufl., München 2003 zitiert: *Medicus*, SR II, Rdn.
Meents, Jan Geerts	Verbraucherschutz bei Rechtsgeschäften im Internet, Köln 1998 zitiert: *Meents*, Verbraucherschutz bei Rechtsgeschäften im Internet, S.
ders.	Ausgewählte Probleme des Fernabsatzes bei Rechtsgeschäften im Internet in CR 2000, S. 610 ff. zitiert: *Meents*, CR 2000, S.
Mehrings, Josef	Verbraucherschutz im Cyberlaw: Zur Einbeziehung von AGB im Internet in BB 1998, S. 2373 ff. zitiert: *Mehrings*, BB 1998, S.
Meinhof, Alexander	Neuerungen im modernisierten Verbrauchervertragsrecht durch das OLG-Vertretungsänderungsgesetz in NJW 2002, S. 2273 ff. zitiert: *Meinhof*, NJW 2002, S.
Meyer, Alfred Hagen	Lebensmittelrecht, Stuttgart 1998 zitiert: *Meyer*, Lebensmittelrecht, S.
ders.	Gen Food, Novel Food - Recht neuartiger Lebensmittel -, München 2002 zitiert: *Meyer*, Gen Food, Novel Food, Rdn.
Meyer, Alfred Hagen / Preuß, Axel	Die Europäisierung des Zusatzstoffrechts oder: § 2 LMBG ist mausetot in WRP 2003, S. 675 ff. zitiert: *Meyer/Preuß*, WRP 2003, S.
Michalski, Lutz	Der Schutzgesetzcharakter des § 17 LMBG in ZLR 1991, S. 25 ff. zitiert: *Michalski*, ZLR 1991, S.
ders.	Sorgfaltspflichten im Lebensmittelrecht in ZLR 1991, S. 333 ff. zitiert: *Michalski*, ZLR 1991, S.
ders.	Zivilrechtliche Haftung für gentechnisch hergestellte Lebensmittel in „Novel Food“, Rechtliche und wirtschaftliche Aspekte der Anwendung neuer biotechnologischer Verfahren bei der Lebensmittelherstellung, hrsg. v. *Rudolf Streinz*, 2. Aufl., Bayreuth 1995, S. 171 ff. zitiert: *Michalski*, in Streinz, Novel Food, S.

ders. | Funktion, Arten und Rechtswirkungen von Ersetzungsklauseln
in NZG 1998, S. 7 ff.
zitiert: *Michalski*, NZG 1998, S.

ders. | Schriftformklauseln in Individual- und Formularverträgen
in DStR 1998, S. 771 ff.
zitiert: *Michalski*, DStR 1998, S.

ders. | Die Berücksichtigung von vertragsabschlußbegleitenden Umständen nach § 24 a Nr. 3 AGB-Gesetz
in DB 1999, S. 677 ff.
zitiert: *Michalski*, DB 1999, S.

ders. | Gesellschaftsrecht
Band 2: Körperschaften des Privatrechts, Heidelberg 2001
zitiert: *Michalski*, GR 2, S.

ders. | Verbraucherschutzrecht, Köln 2002
zitiert: *Michalski*, Verbraucherschutzrecht, S.

ders. | Zivilprozessrecht, 2. Aufl., Köln u.a. 2003
zitiert: *Michalski*, ZPO, S.

Michalski, Lutz / Römermann, Volker | Die Wirksamkeit der salvatorischen Klausel
in NJW 1994, S. 886 ff.
zitiert: *Michalski/Römermann*, NJW 1994, S.

Micklitz, Hans W. | Perspektiven eines Europäischen Privatrechts
in ZEuP 1998, S. 255 ff.
zitiert: *Micklitz*, ZEuP 1998, S.

ders. | Grenzüberschreitende Produkthaftung – eine Bücherbesprechung
in VuR 2001, S. 41 ff.
zitiert: *Micklitz*, VuR 2001, S.

Micklitz, Hans W. / Reich Norbert | Verbraucherschutz im Vertrag über die Europäische Union – Perspektiven für 1993
in EuZW 1992, S. 593 ff-
zitiert: *Micklitz/Reich*, EuZW 1992, S.

Micklitz, Hans W. / Stadler, Astrid | Unrechtsgewinnabschöpfung, Baden-Baden 2003
zitiert: *Micklitz/Stadler*, Unrechtsgewinnabschöpfung, S.

Mitropoulus, Stefan | Verbraucherpolitik in der Marktwirtschaft, Berlin 1997
zitiert: *Mitropoulos*, Verbraucherpolitik in der Marktwirtschaft, S.

Möllers, Thomas M. J. | Themenklausur – Bürgerliches Recht: Der Verbraucherschutz im deutschen Zivilrecht
in: JuS 1999, S. 1191 ff.
zitiert: *Möllers*, JuS 1999, S.

Möschel, Wernhard	Die 7. GWB-Novelle ante portas in WuW 2003, S. 571 zitiert: *Möschel*, WuW 2003, S. 571
Mössle, Klaus P.	Verlustrisiko bei § 377 HGB in NJW 1988, S. 1190 f. zitiert: *Mössle*, NJW 1988, S.
Münchner Kommentar	Münchner Kommentar zum Bürgerlichen Gesetzbuch, hrsg. v. *Kurt Rebmann, Roland Rixecker, Franz Jürgen Säcker*, 4. Aufl. in 11 Bd. und einem Loseblattergänzungsband, soweit in 4. Aufl. noch nicht erschienen, 3. Aufl., München 1993 ff. zitiert: MünchKomm/*Bearbeiter*, § Rdn.
Müller, Edda	Grundlinien einer modernen Verbraucherpolitik Aus Politik und Zeitgeschichte 24/2001, S. 6 ff. zitiert: *Müller*, Aus Politik und Zeitgeschichte 24/2001, S.
Muscheler, Karlheinz	Der Ersatz von Vertragskosten beim gesetzlichen Rücktrittsrecht in NJW 1985, S. 2686 ff. zitiert: *Muscheler*, NJW 1985, S.
Natzel, Ivo	Schutz des Arbeitnehmers als Verbraucher? in NZA 2002, S. 595 ff. zitiert: *Natzel*, NZA 2002, S.
Niebling, Jürgen	Die CE-Kennzeichnung, Stuttgart u.a. 1995 zitiert: *Niebling*, Die CE-Kennzeichnung, S.
Niederleithinger, Ernst	Harmonisierung des Wettbewerbsrechts – en détail oder en gros? in AnwBl. 1992, S. 337 ff. zitiert: *Niederleithinger*, AnwBl. 1992, S.
Niemöller, Stefan	Das Verbraucherleitbild in der deutschen und europäischen Rechtsprechung, München 1999 zitiert: *Niemöller*, Das Verbraucherleitbild in der deutschen und europäischen Rechtsprechung, S.
Oetker, Hartmut / Maultzsch, Felix	Vertragliche Schuldverhältnisse, Berlin u.a. 2002 zitiert: *Oetker/Maultzsch*, Vertragliche Schuldverhältnisse, S.
Oppermann, Thomas	Europarecht, 2. Aufl., München 1999 zitiert: *Oppermann*, Europarecht, Rdn.
Otto, Harro	Die strafrechtliche Bekämpfung unseriöser Geschäftstätigkeit, Lübeck 1990 zitiert: *Otto*, Die strafrechtliche Bekämpfung unseriöser Geschäftstätigkeit, S.
Palandt	Kommentar zum Bürgerlichen Gesetzbuch, 63. Aufl. München 2004 zitiert: Palandt/*Bearbeiter*, § Rdn.

Peifer, Karl-Nikolaus	Die Haftung des Verkäufers für Werbeangaben in JR 2001, S. 265 ff. zitiert: *Peifer*, JR 2001, S.
Peine, Franz-Joseph	Gesetz über technische Arbeitsmittel (Gerätesicherheitsgesetz), Kommentar, 3. Aufl. Köln u.a. 2002 zitiert: *Peine*, GSG, § Rdn.
Peukert, Alexander	Ratenlieferungsverträge im Fernabsatz in VuR 2002, S. 347 zitiert: *Peukert*, VuR 2002, S.
Pfeiffer, Thomas	Ein zweiter Anlauf des deutschen Bürgschaftsrechts zum EuGH in NJW 1996, S. 3297 ff. zitiert: *Pfeiffer*, NJW 1996, S.
ders.	Die Bürgschaft unter dem Einfluss des deutschen und europäischen Verbraucherrechts in ZIP 1998, S. 1129 ff. zitiert: *Pfeiffer*, ZIP 1998, S.
ders.	Der Verbraucherbegriff als zentrales Merkmal im europäischen Privatrecht in Europäische Rechtsangleichung und nationale Privatrechte, hrsg. v. *Hans Schulte-Nölke* und *Reiner Schulze*, Baden-Baden 1999, S. 21 ff. zitiert: *Pfeiffer*, Der Verbraucherbegriff als zentrales Merkmal im europäischen Privatrecht, S.
ders.	Vom kaufmännischen Verkehr zum Unternehmensverkehr in: NJW 1999, S. 169 ff. zitiert: *Pfeiffer*, NJW 1999, S.
ders.	Unkorrektheiten bei der Umsetzung der Verbrauchsgüterkaufrichtlinie in das deutsche Recht in ZGS 2002, S. 94 f., 138 ff., 217 ff., 390 ff. zitiert: *Pfeiffer*, ZGS 2002, S.
Pieroth, Bodo / Schlink, Bernhard	Grundrechte – Staatsrecht II, 18. Aufl., Heidelberg 2002 zitiert: *Pieroth/Schlink*, Grundrechte, Rdn.
Piltz, Burghard	Neue Entwicklungen im UN-Kaufrecht in NJW 2000, S. 553 ff. zitiert: *Piltz*, NJW 2000, S.
Planck, Gottlieb	Zur Kritik des Entwurfs eines bürgerlichen Gesetzbuchs für das deutsche Reich in AcP 75 (1889), S. 327 ff. zitiert: *Planck*, AcP 75 (1889), S.
Pluskat, Sorika	Die Tücken von „Kaffeefahrten" in WRP 2003, S. 18 ff. zitiert: *Pluskat*, WRP 2003, S.

Probant, Wolfgang	Die Einigungsstelle nach § 27 a UWG, Berlin 1993 zitiert: *Probant*, Die Einigungsstelle nach § 27 a UWG, S.
Raiser, Ludwig	Das Recht der allgemeinen Geschäftsbedingungen, Hamburg 1935, unveränderter Nachdruck des 1935 erschienenen Werkes, Bad Homburg von der Höhe 1961 zitiert: *Raiser*, Das Recht der allgemeinen Geschäftsbedingungen, S.
Rauscher, Thomas	Familienrecht, Heidelberg 2001 zitiert: *Rauscher*, Familienrecht, §
ders.	Die Schadensrechtsreform in Jura 2002, S. 577 ff. zitiert: *Rauscher*, Jura 2002, S.
Rehmann, Wolfgang A.	Arzneimittelgesetz, 2. Aufl., München 2003 zitiert: *Rehmann*, AMG, § Rdn.
Reich, Norbert	Zivilrechtsdogmatik, Sozialwissenschaften und Verbraucherschutz in: ZRP 1974, S. 187 ff. zitiert: *Reich*, ZRP 1974, S. 187 ff.
ders.	Abzahlungsrecht und Verbraucherschutz in JZ 1975, S. 550 ff. zitiert: *Reich*, JZ 1975, S.
ders.	Markt und Recht, Neuwied/Darmstadt 1977 zitiert: *Reich*, Markt und Recht, S.
ders.	Die neue Richtlinie 97/7/EG über den Verbraucherschutz bei Vertragsabschlüssen im Fernabsatz in EuZW 1997, S. 581 ff. zitiert: *Reich*, EuZW 1997, S.
Reich, Norbert / Gambogi, Carvalho	Gerichtsstand bei internationalen Verbraucherstreitigkeiten im E-commerce – Die EG-Verordnung 44/2001 vom 22.12.2000 und der Haager Konventionsentwurf über die gerichtliche Zuständigkeit und die Anerkennung und Vollstreckung ausländischer Entscheidungen in Zivil- und Handelssachen in VuR 2001, S. 269 ff. zitiert: *Reich/Gambogi*, VuR 2001, S. 270.
Reich, Norbert / Micklitz, Hans-W.	Verbraucherschutz in der Bundesrepublik Deutschland, New York u.a., 1980 zitiert: *Reich/Micklitz*, Verbraucherschutz in der Bundesrepublik Deutschland, S.
dies.	Europäisches Verbraucherrecht, 4. Aufl., Baden-Baden 2003 zitiert: *Reich/Micklitz*, Europäisches Verbraucher-recht, S.
Reich, Norbert / Nordhausen, Anette	Verbraucher und Recht im elektronischen Geschäftsverkehr (eG), Baden-Baden 2000 zitiert: *Reich/Nordhausen*, Verbraucher und Recht im elektronischen Geschäftsverkehr, S.

Reich, Norbert / Tonner, Klaus / Wegener, Hartmut Wegener	Verbraucher und Recht, Göttingen, 1976 zitiert: *Reich/Tonner/Wegener*, Verbraucher und Recht, S.
Reifner, Udo	Alternatives Wirtschaftsrecht am Beispiel der Verbraucherverschuldung, Neuwied/Darmstadt 1979 zitiert: *Reifner*, Alternatives Wirtschaftsrecht am Beispiel der Verbraucherverschuldung, S.
Reim, Uwe	Arbeitnehmer und/oder Verbraucher ? in DB 2002, S. 2434 ff. zitiert: *Reim*, DB 2002, S.
Reinicke, Dietrich / Tiedtke. Klaus	Schutz des Bürgen durch das Haustürwiderrufsgesetz in ZIP 1998, S. 893 ff. zitiert: *Reinicke/Tiedtke*, ZIP 1998, S.
Reinking, Kurt	Auswirkungen des Schuldrechtmodernisierungsgesetzes auf den Neu- und Gebrauchtwagenkauf in DAR 2001, S. 8 ff. zitiert: *Reinking*, DAR 2001, S.
ders.	Die Geltendmachung von Sachmängeln und ihre Auswirkung auf die Verjährung in ZGS 2002, S. 140 ff. zitiert: *Reinking*, ZGS 2002, S.
Reithmann, Christoph / Martiny, Dieter	Internationales Privatrecht, 5. Aufl., Köln 1996 zitiert: *Reithmann/Martiny*, Internationales Vertragsrecht, Rdn.
Remien, Oliver	AGB-Gesetz und Richtlinie über missbräuchliche Verbrauchervertragsklauseln in ihrem europäischen Umfeld in ZEuP 1994, S. 34 ff. zitiert: *Remien*, ZEuP 1994, S.
RGRK	Das Bürgerliche Gesetzbuch mit besonderer Berücksichtigung der Rechtsprechung des Bundesgerichtshofs, Kommentar, hrsg. v. den Mitgliedern des Bundesgerichtshofes, 12. Aufl. 1974 ff. zitiert: *Bearbeiter* in BGB-RGRK, § Rdn.
Riehm, Thomas	Das Gesetz über Fernabsatzverträge und andere Fragen des Verbraucherrechts zitiert: *Riehm*, Jura 2000, S. 505 ff.
Rittner, Fritz	Vertikalvereinbarungen und Kartellverbote in der 7. GWB-Novelle in WuW 2003, S. 471 zitiert: *Rittner*, WuW 2003, S. 471
ders.	Wettbewerbs- und Kartellrecht, 6. Aufl., München 1999 zitiert: *Rittner*, Wettbewerbs- und Kartellrecht, S.
Rohe, Matthias	Privatautonomie im Verbraucherkreditrecht wohin? in BKR 2003, S. 267 ff. zitiert: *Rohe*, BKR 2003, S.

Rolland, Walter,	Zur Sonderstellung des Arzneimittelherstellers im System des Produkthaftungsrechts in FS für *Werner Lorenz* zum 70. Geburtstag, hrsg. v. *Bernhard Pfister* und *Michael R. Will*, Tübingen 1991, S. 193 ff. zitiert: *Rolland*, FS Lorenz, S.
Römermann, Volker / Moolen, Mark van der	Rabatte und Zugaben in der anwaltlichen Beratung, Bonn 2002 zitiert: *Römermann/Moolen*, Rabatte und Zugaben in der anwaltlichen Beratung, S.
Roth, Herbert	EG-Richtlinien und Bürgerliches Recht in JZ 1999, S. 529 ff. zitiert: *Roth*, JZ 1999, S.
ders.	Das Fernabsatzgesetz in JZ 2000, S. 1013 ff. zitiert: *Roth*, JZ 2000, S.
Rott, Peter	Widerruf und Rückabwicklung in Schuldrechtsreform und Verbraucherschutz hrsg. v. *Hans-W. Micklitz, Thomas Pfeiffer, Klaus Tonner, Armin Willingmann*, Baden-Baden 2001, S. 249 ff. zitiert: *Rott* in: Micklitz/Pfeiffer/Tonner/Willingmann, S.
Rudisch, Bernhard	Grenzüberschreitender Schutz bei Verbrauchergeschäften im Gefüge internationalen Privatrechts und internationalen Verfahrensrechts in Internationales Verbraucherschutzrecht, hrsg. v. *Anton K. Schneyder*, *Helmut Heiss* und *Bernhards Rudisch*, Tübingen 1995, S. 191 ff. zitiert: *Rudisch*, Grenzüberschreitender Schutz bei Verbrauchergeschäften, S.
Sack, Rolf	Das Verhältnis der Produkthaftungsrichtlinie der Europäischen Gemeinschaft zum nationalen Recht in VersR, S. 439 ff. zitiert: *Sack*, VersR 1988, S.
Sack, Rudolf	Vergleichende Werbung nach der UWG-Novelle in WRP 2001, S. 327 ff. zitiert: *Sack*, WRP 2001, S.
Sander, Ansgar	Individualansprüche des Verbrauchers bei unlauterem Wettbewerb, Aachen 1996 zitiert: *Sander*, Individualansprüche des Verbrauchers bei unlauterem Wettbewerb, S
Schafft, Thomas	„Reverse Auctions" im Internet in CR 2001, S. 393 ff. zitiert: *Schafft*, CR 2001, S.
Schaub	Arbeitsrechtshandbuch v. *Günther Schaub*, *Ulrich Koch* und *Rüdiger Linck*. 10. Aufl., München 2002 zitiert: *Schaub*, Arbeitsrechtshandbuch, § Rdn.

Scherer, Inge	Zur Schutzqualität von §§ 1, 3 UWG für Verbraucher in WRP 1992, S. 607 ff. zitiert: *Scherer*, WRP 1992, S.
dies.	Privatrechtliche Grenzen der Verbraucherwerbung, Berlin 1996 zitiert: *Scherer*, Privatrechtliche Grenzen der Verbraucherwerbung, S.
Scherhorn, Gerhard	Verbraucherinteresse und Verbraucherpolitik 1975 zitiert: *Scherhorn*, Verbraucherinteresse und Verbraucherpolitik, S.
Scherpe, Jens M.	Außergerichtliche Streitbeilegung in Verbrauchersachen, Tübingen 2002 zitiert: *Scherpe*, Außergerichtliche Streitbeilegung in Verbrauchersachen, S.
Schlechtriem ,Peter	Kommentar zum Einheitlichen UN-Kaufrecht, hrsg. v. *Peter Schlechtriem*, 3. Aufl., München 2000 zitiert: Schlechtriem/*Bearbeiter*, CISG, Art. Rdn.
Schneider, Christian	Erfüllungszwang bei Gewinnzusagen – verfassungsmäßig? in BB 2002, S. 1653 ff. zitiert: *Chr. Schneider*, BB 2002, S.
Schneider, Tilmann	Der Begriff des Verbrauchers im Recht in BB 1974, S. 764 ff. zitiert: *T. Schneider*, BB 1974, S.
Schmidt, Eike	Von der Privat- zur Sozialautonomie in JZ 1980, S. 153 ff. zitiert: *E. Schmidt*, JZ 1980, S.
ders.	Verbraucherschützende Verbandsklagen in NJW 2002, S. 25 ff. zitiert: *E. Schmidt*, NJW 2002, S.
Schmidt, Ingo	Wettbewerbspolitik und Kartellrecht, 7. Aufl., Stuttgart 2001 zitiert: *I. Schmidt*, Wettbewerbspolitik und Kartellrecht, S.
Schmidt, Karsten	Die Zukunft der Kodifikationsidee, Heidelberg 1985 zitiert: *K. Schmidt*, Die Zukunft der Kodifikationsidee, S.
ders.	Bemerkungen und Vorschläge zur Überarbeitung des Handelsgesetzbuches in DB 1994, S. 515 ff. zitiert: *K. Schmidt*, DB 1994, S.
ders.	HGB-Reform im Regierungsentwurf in ZIP 1997, S. 909 ff. zitiert: *K. Schmidt*, ZIP 1997, S.
ders.	Handelsrecht, 5. Aufl., Köln u.a., 1999 zitiert: *K. Schmidt*, Handelsrecht, §

ders.	Die BGB-Außengesellschaft: rechts- und parteifähig in NJW 2001, S. 993 ff. zitiert: *K. Schmidt*, NJW 2001, S.
Schmidt, Klaus / Koberski, Wolfgang / Tiemann, Barbara / Wascher, Angelika	Heimarbeitsgesetz, Kommentar zum Heimarbeitsgesetz v. *Klaus Schmidt, Wolfgang Koberski, Barbara Tiemann, Angelika Wascher*; begründet v. *Wilhelm Maus*, 4. Aufl. München 1998 zitiert: *Schmidt/Koberski/Tiemann/Wascher*, HAG, § Rdn.
Schmidt-Salzer, Joachim	EG-Richtlinie Produkthaftung: Der Entwurf für das deutsche Transformationsgesetz (ProdHaftG) in BB 1987, S. 1404 ff. zitiert: *Schmidt-Salzer*, BB 1987, S.
ders.	Produkthaftung, 4 Bände, 2. Aufl., Heidelberg 1988 ff. zitiert: *Schmidt-Salzer*, Produkthaftung, Bd., Rdn.
ders.	Verbraucherschutz, Produkthaftung, Umwelthaftung, Unternehmensverantwortung in NJW 1994, S. 1305 ff. zitiert: *Schmidt-Salzer*, NJW 1994, S.
Schmude, Jürgen	Verbraucherschutz und Vertragsfreiheit in Festschrift für *Kurt Ballerstedt* zum 70. Geburtstag, hrsg. von *Werner Flume, Peter Raisch, Ernst Steindorf*, Berlin 1975 zitiert: *Schmude*, FS Ballerstedt, S.
Schricker, Gerhard	Unlauterer Wettbewerb und Verbraucherschutz in GRUR Int. 1970, S. 32 ff. zitiert: *Schricker*, GRUR Int. 1970, S.
ders.	Entwicklungstendenzen im Recht des unlauteren Wettbewerbs in GRUR 1974, S. 579 ff. zitiert: *Schricker*, GRUR 1974, S.
ders.	Zur Reform des Gesetzes gegen den unlauteren Wettbewerb, Schadensersatzansprüche der Abnehmer und Rücktritt vom Vertrag bei irreführender und unlauterer Werbung in GRUR 1979, S. 1 ff. zitiert: *Schricker*, GRUR 1979, S.
Schroeder, Werner	Verbraucherleitbild – Verbraucherverantwortung – Verbrauchererziehung in ZLR 2002, S. 275 ff. zitiert: *Schroeder*, ZLR 2002, S.
Schuhmacher, Wolfgang	Verbraucher und Recht in historischer Sicht, Wien 1981 zitiert: *Schuhmacher*, Verbraucher und Recht in historischer Sicht, S.
Schuhmann, Ralph	Die „vorformulierte" Vertragsbedingung im Lichte der AGBG-Novelle 1996 in JR 2000, S. 441 ff. zitiert: *Schuhmann*, JR 2000, S.

Schulte-Nölke, Hans	Vertragsfreiheit und Informationszwang nach der Schuldrechtsreform in ZGS 2002, S. 72 ff. zitiert: *Schulte-Nölke*, ZGS 2002, S.
ders.	Anforderungen an haftungseinschränkende Beschaffenheitsvereinbarungen beim Verbrauchsgüterkauf in ZGS 2002, S. 184 ff. zitiert: *Schulte-Nölke*, ZGS 2002, S.
Schur, Wolfgang	Der Anspruch des Käufers auf Schadensersatz wegen eines Sachmangels in ZGS 2002, S. 243 ff. zitiert: *Schur*, ZGS 2002, S.
Schwab, Dieter	Familienrecht, 11. Aufl., München 2001 zitiert: *Schwab*, Familienrecht, Rdn.
Schwarz, Günther Christian	§ 241 a BGB als Störfall für die Zivilrechtsdogmatik in NJW 2001, S. 1449 zitiert: *Schwarz*, NJW 2001, S.
Schwarz, Günther Christian / Pohlmann, Jörg	Der Umfang des Anspruchsausschlusses bei unbestellter Warenlieferung gemäß § 241 a BGB: Die Umsetzung der EG-Fernabsatzrichtlinie als methodisches Problem in Jura 2001, S. 361 ff. zitiert: *Schwarz/Pohlmann*, Jura 2001, S.
Schwartz, Ivo E.	Übereinkommen zwischen den EG-Staaten: Völkerrecht oder Gemeinschaftsrecht? in Im Dienste Deutschlands und des Rechtes, Festschrift für *Wilhelm G. Grewe* zum 70. Geburtstag am 16. Oktober 1981, hrsg. v. *Friedrich J Kroneck* und *Thomas Oppermann*, Baden-Baden 1981, S. 551 ff. zitiert: *Schwartz*, FS Grewe, S.
Schwerdtfeger, Jörg	Änderungen des AGB-Gesetzes durch Umsetzung der Verbrauchervertragsrichtlinie in DStR 1997, S. 499 ff. zitiert: *Schwerdtfeger*, DStR 1997, S.
Schwintowski, Hans-Peter	Prüfe dein Wissen, Wettbewerbsrecht (GWB/UWG), 3. Aufl., München 1999 zitiert: *Schwintowski*, PdW Wettbewerbsrecht, Fall
Schwung	Die Zusendung unbestellter Waren in JUS 1985, S. 449 ff. zitiert: *Schwung*, JuS 1985, S.
Shoda, Akira	Kartellrecht und Verbraucher in Beiträge zum Handels- und Wirtschaftsrecht, Festschrift für *Fritz Rittner* zum 70. Geburtstag, hrsg. v. *Manfred Löwisch, Christian Schmidt-Leithoff* und *Burkhard Schmiedel*, 1991 zitiert: *Shoda*, FS Rittner, S.

Simitis, Konstantin — Verbraucherschutz – Schlagwort oder Rechtsprinzip?, Baden-Baden 1976
zitiert: *Simitis*, Verbraucherschutz, Schlagwort oder Rechtsprinzip?, S.

Singer, Reinhard — Vertragsfreiheit, Grundrechte und der Schutz des Menschen vor sich selbst
in JZ 1995, S. 1133 ff.
zitiert: *Singer*, JZ 1995, S.

Smid, Stefan — Grundzüge des Insolvenzrechts, 4. Aufl., München 2001
zitiert: *Smid*, Grundzüge des Insolvenzrechts, § Rdn.

Smith, Adam — Der Wohlstand der Nationen, hrsg. v. *Horst Claus Recktenwald*, nach der 5. Aufl., London 1789, 9. Aufl., München 2001
zitiert: *Adam Smith*, Der Wohlstand der Nationen, S.

Sombart, Werner — Der moderne Kapitalismus, 3. Band, 2. Halbband, 1955
zitiert: *Sombart*, Der moderne Kapitalismus, S.

Soergel — Kommentar zum Bürgerlichen Gesetzbuch mit Einführungsgesetz und Nebengesetz, wissenschaftliche Redaktion *Manfred Wolf*, 12. Aufl., 1987 ff.; soweit erschienen 13. Aufl., 2000 ff., Stuttgart u.a.
zitiert: Soergel/*Bearbeiter*, § Rdn.

Sosnitza, Olaf — Wettbewerbsrechtliche Sanktionen im BGB: Die Reichweite des neuen § 241 a BGB
in BB 2000, S. 2317
zitiert: *Sosnitza*, BB 2000, S.

ders. — Gesundheitsbezogene Werbung für Lebensmittel – Paradigmenwechsel in Europa?
in WRP 2003, S. 669 ff.
zitiert: *Sosnitza*, WRP 2003, S.

Spindler, Gerald — Das Gesetz zum elektronischen Geschäftsverkehr – Verantwortlichkeit der Diensteanbieter und Herkunftslandprinzip
in NJW 2002, S. 921 ff.
zitiert: *Spindler*, NJW 2002, S.

Staudinger — Kommentar zum Bürgerlichen Gesetzbuch mit Einführungsgesetzen und Nebengesetzen, 12. Aufl., 1979 ff.; soweit erschienen 13. Aufl., 1995 ff., Berlin
zitiert: Staudinger/*Bearbeiter*, § Rdn.

Staudinger, Ansgar — Der Widerruf bei Haustürgeschäften: eine unendliche Geschichte?
in NJW 2002, S. 653 ff.
zitiert: *Staudinger*, NJW 2002, S.

ders. — Der Rückgriff des Unternehmers in grenzüberschreitenden Sachverhalten
in ZGS 2002, S. 63 ff.
zitiert: *Staudinger*, ZGS 2002, S.

ders. — Das Schicksal der Judikatur zu „weiterfressenden Mängeln“ nach der Schuldrechtsreform
in ZGS 2002, S. 145 f.
zitiert: *Staudinger*, ZGS 2002, S.

Stechow, Henning von — Das Gesetz zur Bekämpfung des unlauteren Wettbewerbs vom 27. Mai 1896, Berlin 2002
zitiert: *v. Stechow*, Das Gesetz zur Bekämpfung des unlauteren Wettbewerbs vom 27. Mai 1896, S.

Steins, Clemens Tobias — Entwicklung der Informationspflichten im E-Commerce durch Rechtsprechung und Schuldrechtsreform
in WM 2002, S. 53 ff.
zitiert: *Steins*, WM 2002, S.

Sterzinger, Hermann — Deregulierung im UWG und seinen Nebengesetzen, München 1997
zitiert: *Sterzinger*, Deregulierung im UWG und seinen Nebengesetzen, S.

Stillner, Walter — Der Verbraucher im Wettbewerbsrecht – Eine Buchbesprechung
in VuR 2001, S. 315 ff.
zitiert: *Stillner*, VuR 2001, S.

ders. — Verbraucherkreditgeschäfte – Eine Einführung –
in VuR 2002, S. 79 ff.
zitiert: *Stillner*, VuR 2002, S.

Streinz, Rudolf — Europarecht, 5. Aufl., Heidelberg 2001
zitiert: *Streinz*, Europarecht, Rdn.

Taupitz, Jochen / Kritter, Thomas — Electronic Commerce – Probleme bei Rechtsgeschäften im Internet
in JuS 1999, S. 839 ff.
zitiert: *Taupitz/Kritter*, JuS 1999, S.

Thomas, Heinz / Putzo, Hans — Zivilprozessordnung, Kommentar v. *Heinz Thomas, Hans Putzo, Klaus Reichold* und *Rainer Hüßtege*, 24. Aufl., München 2002
zitiert: *Thomas/Putzo*, § Rdn.

Tilmann, Winfried — Zur Rechtsstellung des Verbrauchers bei Wettbewerbsdelikten
in ZHR 141 (1977), S. 32 ff.
zitiert: *Tilmann*, ZHR 141 (1977), S.

Teske, Wolfgang — Der Begriff des „Verbrauchers“ – Resümee und Annäherung
in Recht und Ökonomie beim Konsumentenschutz und Konsumentenkredit, hrsg. v. *Georgios Magoulas* und *Jürgen Simon*, Baden-Baden 1985, S. 15 ff.
zitiert: *Teske* in Magoulas/Simon, Recht und Ökonomie beim Konsumentenschutz und Konsumentenkredit, S.

ders. — Das neue Gesetz über den Widerruf von Haustürgeschäften und ähnlichen Geschäften
in ZIP 1986, S. 624 ff.
zitiert: *Teske*, ZIP 1986, S.

Tonner, Klaus — Verbraucherschutz im UWG und die UWG-Reform von 1986
in NJW 1987, S. 1917 ff.
zitiert: *Tonner*, NJW 1987, S.

ders. — Die Rolle des Verbraucherrechts bei der Entwicklung eines europäischen Zivilrechts
in JZ 1996, S. 533 ff.
zitiert: *Tonner*, JZ 1996, S.

ders. — Das neue Fernabsatzgesetz – oder: System statt „Flickenteppich"
in BB 2000, S. 1413 ff.
zitiert: *Tonner*, BB 2000, S.

Ulmer, Peter / Brandner, Erich / Hensen, Horst-Dieter — Kommentar zum Gesetz zur Regelung des Rechts der Allgemeinen Geschäftsbedingungen, 9. Aufl., Köln 2001
zitiert: *Bearbeiter* in Ulmer/Brandner/Hensen, AGBG, § Rdn.

Ulmer, Peter — Notarielle Verbraucherverträge und § 24 a AGBG – Verbraucherschutz contra Rechtssicherheit? –
in Recht im Spannungsverhältnis von Theorie und Praxis, FS für *Helmut Heinrichs* zum 70. Geburtstag, hrsg. v. *Andreas Heldrich*, *Peter Schlechtriem* und *Eike Schmidt*, München 1998, S. 555 ff.
zitiert: *Ulmer*, FS Heinrichs, S.

ders. — Das AGB-Gesetz: ein eigenständiges Kodifikationswerk
in JZ 2001, S. 491 ff.
zitiert: *Ulmer*, JZ 2001, S.

ders. — Anmerkung zum BGH-Urteil v. 9.4.2002 – XI ZR 91/99
in ZIP 2002, S. 1080 ff.
zitiert: *Ulmer*, ZIP 2002, S.

Vogt, Stefan — Die Entwicklung des Wettbewerbsrechts in den Jahren 1999 bis 2001
in NJW 2001, S. 3592 ff.
zitiert: *Vogt*, NJW 2001, S.

Völker, Judith — Irreführende Umweltwerbung, Baden-Baden 2000
zitiert: *Völker*, Irreführende Umweltwerbung, S.

Völker, Stefan — Preisangabenrecht, Recht der Preisangaben und Preiswerbung,
2. Aufl., München 2002
zitiert: *Völker*, Preisangabenrecht, § Rdn.

Vollkommer, Gregor / Vollkommer, Max — Empfiehlt sich ein (ggf. subsidiärer) allgemeiner oder besonderer Verbrauchergerichtsstand in der ZPO?
in Einheit und Vielfalt des Rechts, FS für *Reinhold Geimer* zum 65. Geburtstag, hrsg. v. *Rolf A. Schütze*, München 2002, S. 1367 ff.
zitiert: *G. Vollkommer/M. Vollkommer*, FS Geimer, S.

Vowinckel, Cornelius — Unanwendbarkeit des § 312 BGB n.F. (Widerrufsrecht bei Haustürgeschäften) auf die Bürgschaft
in DB 2002, S. 1362 ff.
zitiert: *Vowinckel*, DB 2002, S.

Wacke, Andreas — Streitfragen um die neugeregelte „Schlüsselgewalt"
in NJW 1979, S. 2585 ff.
zitiert: *Wacke*, NJW 1979, S.

Wadle, Elmar — Fabrikzeichenschutz und Markenrecht. Geschichte und Gestalt des deutschen Markenschutzes.
Erster Teil: Entfaltung (1977)
zitiert: *Wadle*, Fabrikzeichenschutz und Markenrecht, S.

ders. — Das Reichsgesetz zur Bekämpfung des unlauteren Wettbewerbs von 1896 – Etappe eines zögerlichen Beginns
in JuS 1996, S. 1064 ff.
zitiert: *Wadle*, JuS 1996, S.

Wagner, Axel-Michael / Neuenhahn, Stefan — Die Anwendbarkeit der §§ 478 und 479 BGB auf die „Beschaffungskette" des Herstellers
in ZGS 2002, S. 395 ff.
zitiert: *Wagner/Neuenhahn*, ZGS 2002, S.

Wagner, Gerhard — Das zweite Schadensrechtsänderungsgesetz
in NJW 2002, S. 2049 ff.
zitiert: *G. Wagner*, NJW 2002, S.

Wagner, Rolf — Die Bemühungen der Haager Konferenz für Internationales Privatrecht um ein Übereinkommen über die gerichtliche Zuständigkeit und ausländischen Entscheidungen in Zivil- und Handelssachen. Ein Sachstandsbericht nach dem 1. Teil der Diplomatischen Konferenz
in IPRax 2001, Heft 6, S. 533 ff.
zitiert: *R. Wagner*, IPRax 2001, S.

Wandt, Manfred — Deutsche Arzneimittelhaftung und EG-Produzentenhaftung
in VersR 1998, S. 1059 ff.
zitiert: *Wandt*, VersR 1998, S.

Wassermann, Peter — Grundfälle zum Recht der Haustürwiderrufsgeschäfte
in JuS 1990, S. 548 ff.
zitiert: *Wassermann*, JuS 1990, S.

Weiler, Frank — Die Zurechnung einer drittverursachten Haustürsituation
in BB 2003, S. 1357 ff.
zitiert: *Weiler*, BB 2003, S.

ders.	Ein lauterkeitsrechtliches Vertragslösungsrecht des Verbrauchers? in WRP 2003, S. 423 ff. zitiert: *Weiler*, WRP 2003, S.
Wendehorst, Christiane	Das neue Gesetz über Fernabsatzverträge und andere Fragen des Verbraucherrechts in DStR 2000, S. 1311 zitiert: *Wendehorst*, DStR 2000, S.
Wenzel, Henning	Vertragsabschluss bei Internet-Auktion – ricardo.de in NJW 2002, S. 1551 f. zitiert: *Wenzel*, NJW 2002, S.
Westermann, Harm Peter	Verbraucherschutz in Bundesminister der Justiz, Gutachten und Vorschläge zur Überarbeitung des Schuldrechts, Bd. III, Köln 1983, S. 1-122 zitiert: *Westermann*, Verbraucherschutz, S.
ders.	Das neue Kaufrecht einschließlich des Verbrauchsgüterkaufs in JZ 2001, S. 530 ff. zitiert: *Westermann*, JZ 2001, S.
ders.	Das neue Kaufrecht in NJW 2002, S. 241 ff. zitiert: *Westermann*, NJW 2002, S.
Westphalen, Friedrich Graf von	Schattenseiten des Verbraucherschutzes in DB 1981, S. 61 ff. zitiert: *v. Westphalen*, DB 1981, S.
ders.	Die Novelle zum AGB-Gesetz in BB 1996, S. 2101 ff. zitiert: *v. Westphalen*, BB 1996, S.
ders	Die Umsetzung der Verbrauchsgüterkauf-Richtlinie im Blick auf den Regreß zwischen Händler und Hersteller in DB 1999, S. 2553 ff. zitiert: *v. Westphalen*, DB 1999, S.
ders.	AGB-Recht im BGB – Eine erste Bestandaufnahme in NJW 2002, S. 12 ff. zitiert: *v. Westphalen*, NJW 2002, S.
ders.	AGB-Recht im Jahr 2002 in NJW 2003, S. 1635 ff. zitiert: *v. Westphalen*, NJW 2003, S.
Westphalen, Friedrich Graf von / Emmerich, Volker / Rothenburg, Franz von	Verbraucherkreditrecht, Kommentar, 2. Aufl., Köln 1996 zitiert: *v. Westphalen/Emmerich/v. Rottenburg*, VerbrKrG, §
Wieckhorst, Thomas	Recht und Ökonomie des Produkthaftungsgesetzes, Baden-Baden 1994 zitiert: *Wieckhorst*, Recht und Ökonomie des Produkthaftungsgesetzes, S.

Wilmer, Thomas / Hahn, Harald J. Th.	Fernabsatzrecht, Kommentar und systematische Darstellung, Heidelberg 2002 zitiert: *Wilmer/Hahn*, Fernabsatzrecht, § Rdn.
Wildemann, Andree	„Heininger" und das vergessene FernUSG in VuR 2003, S. 90 ff. zitiert: *Wildemann*, VuR 2003, S.
Woitke, Thomas	Das „Wie" der Anbieterkennzeichnung gemäß § 6 TDG in NJW 2003, S. 871 ff. zitiert: *Woitke*, NJW 2003, S.
Wolf, Manfred / Horn, Norbert / Lindacher, Walter F.	AGB-Gesetz, Kommentar, 4. Aufl., München 1999 zitiert: *Wolf/Horn/Lindacher*, AGBG, § Rdn.
Wolf, Manfred	Nicht „nur", sondern „auch", aber auch das „nicht immer" die „richtlinienkonforme Auslegung" des § 5 Abs. 2 HWiG durch den BGH in BKR 2002, S. 614 ff. zitiert: *Wolf*, BKR 2002, S.
Wrase, Michael / Müller-Helle, Adrian	Aliud-Lieferung beim Verbrauchsgüterkauf – ein nur scheinbar gelöstes Problem in NJW 2002, S. 2537 ff. zitiert: *Wrase/Müller-Helle*, NJW 2002, S.
Zimmermann, Walter	Insolvenzrecht, 5. Aufl., Heidelberg 2003 zitiert: *Zimmermann*, Insolvenzrecht, S.
Zipfel, Walter (Begr.) / Rathke, Kurt-Dietrich (Hrsg.)	Lebensmittelrecht – Kommentar der gesamten lebensmittel- und weinrechtlichen Vorschriften sowie des Arzneimittelgesetzes, 5. Bd., München, Loseblatt, Stand: Juli 2002 zitiert: *Zipfel/Rathke*, Lebensmittelrecht, Bd., Buchstabe Nr., § Rdn.
Zöller	Zivilprozessordnung, Kommentar, begr. v. *Richard Zöller*; 23. Aufl., Köln 2002 zitiert: Zöller/*Bearbeiter*, ZPO, § Rdn.

Stichwortverzeichnis

Kolibri 360 GmbH
Ferdinand-Jühlke-Straße 7
99095 Erfurt, Deutschland
produktsicherheit@kolibri360.de

Druck:
CPI Druckdienstleistungen GmbH
im Auftrag der
Kolibri 360 GmbH
Ferdinand-Jühlke-Str. 7
99095 Erfurt